讀史札記　下

呂思勉全集

10

丙帙　魏晉南北朝

〔四二九〕　好　名　之　弊

　　五胡之亂,所以致神州陸沈,百年丘墟者,其道多端,而尚文之弊其一也。夫尚文之弊,其所由來者舊矣。然人孰不好文而惡質?覩其文采斐然而悦之,遂至溺而不反,雖違彬彬之義,猶是天下之公心也。至於自私其身,以七尺之軀,不能久存,而欲藉文章以傳其名於後,則私矣。崇尚文辭之弊,隋李諤推其原,以爲起於魏之三祖。今觀《三國志·文帝紀注》引《魏書》曰:"帝初在東宮,疫癘大起,時人彫傷,帝深感歎,與素所敬者大理王朗書曰:生有七尺之形,死惟一棺之土,惟立德揚名,可以不朽,其次莫如著篇籍。疫癘數起,士人彫落,余獨何人,能全其壽?故論撰所著《典論》、詩、賦,蓋百餘篇,集諸儒於肅城門内,講論大義,侃侃無倦。"《王粲傳注》引《魏略》,載帝爲太子時《與吳質書》曰:"昔年疾疫,親故多罹其災;徐、陳、應、劉,一時俱逝,痛何可言邪!"所指蓋即初在東宮時事。又曰:"頃撰其遺文,都爲一集。歷觀諸子之文,對之抆淚,既痛逝者,行自念也。"則猶夫與王朗書之志也。王羲之叙蘭亭燕集曰:"脩短隨化,終期於盡。古人云:死生亦大矣,豈不痛哉?"又曰:"一死生爲虛誕,齊彭、殤爲妄作,後之視今,亦猶今之視昔。"其與文帝,真可謂先後同揆矣。當時所謂名士,存心如此者何限?夫如是,安有殺身成仁,舍生取義者?京洛冠帶之區,安得不淪爲犬羊窟宅,而當任其責者,又豈獨一王夷甫哉?

　　《晉書·羊祜傳》:"祜樂山水,每風景,必造峴山,顧謂從事中郎鄒湛等曰:自有宇宙,便有此山。由來賢達勝士,登此遠望,如我與卿者多矣,皆湮滅無聞,使人悲傷。"《杜預傳》:"預好爲後世名。嘗言高岸爲谷,深谷爲陵,刻石爲二碑,紀其勳績。一沈萬山之下,一立峴山之上。曰:焉知此後不爲陵谷乎?"貪癡如此,真所謂以身名爲桎梏者矣。預嘗言德不可企及,立功立言,可庶幾也,而惡知夫能立德則無慕乎外,學問猶以爲麤,事功猶以爲末;雖有蓋

657

世之勳，不朽之言，湮滅而無傳於後，而亦無所憾乎？

原刊《光華大學半月刊》第四卷第三期，一九三五年十一月十日出版

〔四三〇〕　諸葛亮治戎

《三國志·諸葛亮傳》：亮卒於軍，及軍退，宣王案行其營壘處所，曰：天下奇才也。此非虛美之辭。《晉書·職官志》曰：武帝甚重兵官，故軍校多選朝廷清望之士居之。先是陳勰爲文帝所待，特有才用，明解軍令。帝爲晉王，委任使典兵事。及蜀破後，令勰受諸葛亮圍陳用兵倚伏之法，又甲乙校標幟之制，勰悉闇練之，遂以勰爲殿中典兵中郎將，遷將軍。久之，武帝每出入，勰持白獸幡在乘輿左右，鹵簿陳列齊肅。太康末，武帝嘗出射雉，勰時已爲都水使者，散從，車駕逼暗乃還，漏已盡，當合函停乘輿，良久不得合，乃詔勰合之，勰舉白獸幡指麾，須臾之間而函成，皆謝勰閑解，甚爲武帝所任。此事足見諸葛亮之治戎，確有法度也。

〔四三一〕　魏　武　帝

從古英雄，堅貞坦白，無如魏武者。予每讀《三國志注》引《魏武故事》所載建安十五年十二月己亥令，未嘗不愴然流涕也。他且勿論，其曰：“合兵能多得耳，然常自損，不欲多之；所以然者，兵多意盛，與強敵爭，倘更爲禍始。”自清末至民國，軍人紛紛，有一人知念此者乎？其引齊桓、晉文及樂毅、蒙恬之事，自明不背漢，可謂語語肝鬲。且曰：“孤非徒對諸君說此也，常以語妻妾，皆令深知此意。孤謂之言：顧我萬年之後，女曹皆當出嫁，欲令傳道我心，使他人皆知之。”以衆人之不知也，使豪傑獨抱孤忠，難以自明如此，豈不哀哉？又曰：“然欲孤便爾委捐所典兵衆，以還執事，歸就武平侯國，實不可也。何者？誠恐己離兵，爲人所禍也。既爲子孫計，又己敗則國家傾危，是以不得慕虛名而處實禍。”又曰：“前朝恩封三子爲侯，固辭不受，今更欲受之，非欲復以爲榮，欲以爲外援，爲萬安計。”從古英雄，有能如是坦白言之者乎？夫惟無意於功名者，其功名乃真。公初僅欲作郡守，後又欲以泥水自蔽，絕賓客往來之望，雖至起兵討卓之後，猶不肯多合兵是也。惟不諱爲身謀者，其爲公家謀乃真。使後人處公之位，必曰所恤者國家傾危，身之受禍非所計，更不爲子孫計也。然其誠否可知矣。

《董昭傳》載昭說太祖建封五等曰：“大甲、成王未必可遭，今民難化，甚於

殷、周，處大臣之勢，使人以大事疑己，誠不可不重慮也。明公雖邁威德，明法術，而不定其基，爲萬世計，猶未至也。定基之本，在地與人，宜稍建立，以自藩衛。"此即太祖欲受三子侯封以爲外援之説，意在免禍，非有所圖；且太祖早自言之矣，何待昭之建議。乃傳又載昭之言曰："自古以來，人臣匡世，未有今日之功。有今日之功，未有久處人臣之勢者也。明公忠節穎露，天威在顔，耿弇牀下之言，朱英無妄之論，不得過耳。昭受恩非凡，不敢不陳。後太祖遂受魏公、魏王之號，皆昭所創。"《荀彧傳》云：建安"十七年，董昭等謂太祖宜進爵國公，九錫備物，以彰殊勛，密以諮彧。彧以爲太祖本興義兵以匡朝寧國，秉忠貞之誠，守退讓之實；君子愛人以德，不宜如此。太祖由是心不能平。會徵孫權，表請彧勞軍於譙，因輒留彧，以侍中光禄大夫，持節，參丞相軍事。太祖軍至濡須，彧疾留壽春，以憂薨。明年，太祖遂爲魏公矣。"一似太祖之爲魏公、魏王，實爲篡逆之階，董昭逢之，荀彧沮之者，此則誣罔之辭矣。太祖果欲代漢，易如反掌，豈待董昭之逢，亦豈荀彧所能沮，欲篡則竟篡矣，豈必有魏公、魏王以爲之階？《昭傳注》引《獻帝春秋》，謂太祖之功，方之吕望、田單，若泰山之與丘垤，徒與列將功臣，并侯一縣，豈天下之所望？此以事言爲極確，即以理論爲至平，開建大國，并封諸子，使有磐石之安宜也，於篡奪乎何與？《彧傳》之説既全屬訛傳，即《昭傳》之辭，亦附會不實。然謂公忠節穎露，耿弇、朱英之謀不得過耳，則可見太祖當時守節之志甚堅，爲衆人所共知，故雖附會者，亦有此語也。己亥令所言之皆實，彌可見矣。

《郭嘉傳》：嘉薨，太祖臨其喪，哀甚，謂荀攸等曰："諸君年皆孤輩也，惟奉孝最少。天下事竟，欲以後事屬之，而中年夭折，命也夫！"《注》引《傅子》載太祖與荀彧書亦云："欲以後事屬之。"此太祖之至心，亦即公天下之心也。然其事卒不克就，身死未幾，子遂篡奪，豈郭嘉外遂無人可屬哉？人之心思，恒爲積習所囿。父死者必子繼，處不爲人臣之勢，則終必至於篡奪而後已。人人之見解如此，固非一二人之力所能爲也。太祖即有所屬，受其屬者，亦豈能安其位哉？然而太祖之卓然終守其志，則可謂難矣。英雄固非衆人之所能移也。

《蜀志·李嚴傳注》云："《諸葛亮集》有嚴與亮書，勸亮宜受九錫，進爵稱王。亮答書曰：吾本東方下士，誤用於先帝，位極人臣，禄賜百億，今討賊未效，知己未答，而方寵齊、晉，坐自貴大，非其義也。若滅魏斬叡，帝還故居，與諸子并升，雖十命可受，況於九邪！"如亮之言，使其爲魏武帝，豈有不受九錫者哉？而李嚴當日，豈有勸亮爲帝之理與？而以魏武帝之受九錫，進王封，必爲篡奪之階，其誣亦可知矣。

〔四三二〕　諸葛亮南征考

諸葛亮之南征，《三國志》記其事甚略。《亮傳注》引《漢晉春秋》曰：亮在南中，所在戰捷。聞孟獲者，爲夷漢所服，募生致之。既得，使觀於營陳之間。問曰：“此軍何如？”獲對曰：“向者不知虛實，故敗。今蒙賜觀看營陳。若秖如此，即定易勝耳。”亮笑，縱使更戰。七縱七禽，而亮猶遣獲，獲止不去，曰：“公天威也，南人不復反矣。”遂至滇池。南中平。皆即其渠師而用之。或以諫亮；亮曰：“若留外人，則當留兵，兵留則無所食，一不易也，加夷新傷破，父兄死傷，留外人而無兵者，必成禍患，二不易也。又夷累有廢殺之罪，自嫌釁重，若留外人，終不相信，三不易也。今吾欲使不留兵，不運糧，而綱紀麤定，夷漢麤安故耳。”《馬謖傳注》引《襄陽記》曰：亮征南中，謖送之數十里。亮曰：“雖共謀之歷年，今可更惠良規。”謖對曰：“南中恃其險阻，不服久矣。雖今日破之，明日復反耳。今公方傾國北伐，以事強賊。彼知官勢内虛，其叛亦速。若殄盡遺類，以除後患，既非仁者之情，且又不可倉卒也。夫用兵之速，攻心爲上，攻城爲下；心戰爲上，兵戰爲下；願公服其心而已。”亮納其策，赦孟獲以服南方，故終亮之世，南方不敢復反。攻心攻城，心戰兵戰，後世侈爲美談，其實不中情實。案當時叛者，牂柯朱褒、益州雍闓、越嶲高定。褒之叛在建興元年，闓、定則尚在其前。《後主傳》：建興元年夏，牂柯太守朱褒反。先是益州郡大姓雍闓反，流太守張裔於吴。越嶲夷王高定亦叛。據《張裔傳》及《馬忠傳》，則闓前次已殺太守正昂。《吕凱傳》云：雍闓等聞先主薨於永安，驕黠恣甚。又載亮表凱及王伉，謂其執忠絶域，十有餘年，則當先主之世，闓亦未嘗服從也。闓又係爲吴所誘。見《蜀志·張裔、吕凱傳》，《吴志·步騭、士燮傳》。其答李嚴書，辭絶桀慢。見《吕凱傳》。蓋其蓄叛謀久矣。其心豈倉卒可服？《李恢傳》云：爲庲降都督，住平夷縣，先主薨，高定恣睢於越嶲，雍闓跋扈於建寧，朱褒反叛於牂柯。丞相亮南征，先由越嶲，而恢案道向建寧。諸縣大相糾合，圍恢軍於昆明。恢出擊，大破之。追奔逐者，南至槃江，東接牂柯，與亮聲勢相連。南土平定，恢軍功居多。《吕凱傳》：永昌不韋人也。仕郡五官掾功曹，雍闓降於吴，吴遥署闓爲永昌太守，永昌既在益州郡之西，道路壅塞，與蜀隔絶，而郡太守改易。凱與府丞蜀郡王伉，帥屬吏民，閉境拒闓。及丞相亮南征討闓，既發在道，而闓已爲高定部曲所殺。亮至南，表以凱爲雲南太守，亮平南之後，改益州郡爲建寧郡。分建寧、永昌郡爲雲南郡，又分建寧、牂柯爲興古郡。王伉爲永昌太守。《馬忠傳》云：亮入南，拜忠牂牁太守。郡丞朱褒反，叛亂之後，忠撫育恤理，甚有威惠。昆明種落，西至楪榆，其距越嶲，已不甚遠。亮兵自越嶲而出，至雲南附近，必已與李恢、呂凱相接。永昌本未破壞。自昆明以東，又爲恢所平定，則亮之戰績，當在越嶲、雲南之間。既抵雲南，遂可安行至滇池矣。亮之行，蓋至滇池爲止。自此以東，蓋因李恢兵勢，更遣馬忠往撫育之。《後主傳》僅云：南征四郡，四郡皆平；《亮傳》亦僅云：率衆南征，其秋悉平；不詳述其戰績者，亮軍實無多戰事也。七縱七擒事同兒戲，其說信否，殊難質言。即謂有之，亦必在平原，非山林深阻之區。且以亮訓練節制之師，臨南夷未經大敵之衆，勝算殆可預操。孟獲雖得衆心，實非勁敵。累戰不捷，強弱皎然，豈待七擒而後服？況攻心攻城，心戰兵戰，乃廟算預定之策，非臨機應變之方，謀之歷年，當正指此，安得待出軍之日，然後問之？馬謖亦安得遲至相送之日，然後言之乎？《李恢傳》云：軍還，南夷復叛，殺害守將。恢身往撲討，鉏盡惡類，徙其豪帥於成都，賦出叟、濮耕牛戰馬、金銀犀革，充繼軍資，於時費用不乏。此所謂軍還者，當指亮南征之軍。所謂費用不乏，亦即《亮傳》所謂軍資所出，國以富饒。其事相距不遠，故承其秋悉平之下終言之。則是亮軍還未幾，南夷即叛也。《後主傳》：建興十一年，南夷劉胄反，將軍馬忠討平之。《馬忠傳》亦云：建興十一年，南夷豪帥劉胄反，擾亂諸郡。徵庲降都督張翼還，以忠代翼，忠遂斬胄，平南土。而據《張翼傳》，則翼之爲庲降都督，事在建興九年，劉胄作亂，翼已舉兵討胄，特未破而被徵。然則胄之亂尚未必在十一年；即謂其在十一年，而亮之卒實在十二年八月，相去尚幾兩年也。《馬忠傳》又云：初建寧郡殺太守正昂，縛太守張裔於吳，故都督常駐平夷縣。至忠，乃移治味縣。又越嶲郡亦久失土地，忠率將太守張嶷，開復舊郡。《張嶷傳注》引《益都耆舊傳》云：忠之討胄，嶷屬焉。戰鬭常冠軍首。遂斬胄平南。事訖，牂牁、興古獠種復反。忠令嶷領諸營往討。此事當在建興十一、二年間，亮亦尚未卒。又《後主傳》：延熙三年春，使越嶲太守張嶷平定越嶲郡。《張嶷傳》云：自丞相亮討高定之後，叟夷數反，殺太守龔祿、焦璜。是後太守不敢之郡，祇住安定縣，去郡八百餘里，其郡徒有名而已。時論欲復舊郡，除嶷爲越嶲太守。嶷在官三年，乃徙還故郡。定莋、臺登、卑水三縣，舊出鹽鐵及漆，夷徼久自固。嶷乃率所領奪取，署長吏。郡有舊道，經旄牛中至成都，既平且近。自旄牛絶道，已百餘年，更由安上，既險且遠。嶷乃與旄牛夷盟誓，開通舊道，復古亭驛。又《霍峻傳》：子弋。永昌郡夷獠，恃險不賓，數爲寇害。乃以弋領永昌太守，率偏軍討之。遂斬其豪帥，破壞邑落，郡界寧靜。此事在弋爲太子中庶子之後，太子璿之立,事在延熙元年,則戈之守永昌,當略與嶷之守越巂同時,然則不但終亮之世,南方不敢復反爲虛言;抑亮與李恢、吕凱等,雖竭力經營,南夷仍未大定,直至馬忠督庲降,張嶷守越巂,霍弋守永昌,然後竟其令功也。諸人者,固未嘗不竭撫育之勞,亦未聞遂釋攻戰之事,此又以見攻心心戰之策,未足專恃矣。要之亮之素志,自在北方;其於南土,不過求其不爲後患而止。軍國攸資,已非夙望,醜安醜定,自繫本懷。一出未能敉平,原不足爲亮病,必欲崇以虛辭,轉貽致譏失實矣。

原刊《青年半月刊》第二卷第三期,一九四〇年六月一日出版

〔四三三〕　諸葛亮隨身衣食悉仰於官不別治生

　　諸葛亮自表後主曰:"成都有桑八百株,薄田十五頃,子弟衣食,自有餘饒。至於臣在外任,無别調度,隨身衣食,悉仰於官,不别治生,以長尺寸,若臣死之日,不使内有餘帛,外有贏財,以負陛下。"及卒,如其所言。見《三國志》本傳。讀史者以爲美談。其實當時能爲此者,非亮一人也。夏侯惇"性清儉,有餘財,輒以分施,不足資之於官,不治產業。"徐邈"賞賜皆散與將士,無入家者"。嘉平六年,詔與田豫并褒之。以上均見《三國志》本傳。鄧芝"爲大將軍二十餘年,身之衣食,資仰於官,不苟素儉,然終不治私產,妻子不免饑寒。死之日,家無餘財"。吕岱"在交州,歷年不餉家,妻子饑乏"。其所爲皆與亮同。陳表"家財盡於養士,死之日,妻子露立"。朱桓"愛養吏士,贍護六親,俸祿產業,皆與共分。及桓疾困,舉營憂戚"。見《三國志》本傳。則尤有進焉者矣。君子行不貴苟難,不以公家之財自私則可矣;祿盡於外,而妻子饑寒則過矣。要之治生自治生,廉潔自廉潔,二者各不相妨也。

　　袁涣"前後得賜甚多,皆散盡之,家無所儲,終不問產業,乏則取之於人,不爲皦察之行,然時人服其清"。見《三國志》本傳。有袁涣之行則可也。無之,則有借通財之名,行貪取之實者矣。隨身用度,悉仰於官,而無節度,亦不能保貪奢者之不恣取也。爲之權衡斗斛,則并權衡斗斛而竊之,於私產之世而求清廉,終無正本之策也。是故督責之術之不可以少弛也,於財計尤然。

　　羊續爲南陽太守,妻與子祕俱詣郡舍,續閉門不納。妻自將祕行,其資藏惟有布衾、敝袛裯、鹽麥數斛而已。顧敕祕曰:"吾自奉若此,何以資爾母乎?"使與母俱歸。劉虞"以儉素爲操,冠敝不改,乃就補其穿。及遇害,瓚兵搜其內,而妻妾服羅紈,盛綺飾,時人以此疑之"。均見《後漢書》本傳。步騭"被服居處

有如儒生。然門内妻妾，服飾奢綺，頗以此見譏"。見《三國志》本傳。夫虞與騭非必其爲僞也，和洽曰："夫立教觀俗，貴處中庸，爲可繼也。今崇一概難堪之行以檢殊塗，勉而爲之，必有疲瘁。"見《三國志》本傳。儉者之家人，不必其皆好儉也。身安於儉焉，習於儉焉，勉於儉焉，皆無不可，必欲强其家人以同好，則難矣。迫其家人爲一概難堪之行，以立己名，尤非真率平易者所能爲。故居官者攜家室以俱行，未爲失也，必欲使之絶父子之恩，忘室家之好，如世所稱妻子不入官舍者，亦非中庸之行矣。然身儉素而家人奢泰，以此累其清節者，亦非無之。妻子不入官舍，亦有時足爲苞苴濫取之防，以此自屬，究爲賢者，較之以家自累者，則遠勝矣。《三國志》載：蔣欽，"權嘗入其堂内，母疏帳縹被，婦妾布裙。權歎其在貴守約。"則家人能俱安於儉者，亦有之，然非可概諸人人也。

治生之道，循分爲難。何謂循分？曰：耕而食，織而衣，有益於己，無害於人者是已。然在交易既興之後則難矣。無已，其廉賈乎？然身處闤闠之中，爲操奇計贏之事，而猶能不失其清者，非有道者不能，凡人未足以語此也。士大夫之家，既不能手胼足胝，躬耕耘之業，又不能持籌握算，博蠅頭之利；使爲農商，必將倚勢陵人，滯財役貧矣。陳化敕子弟廢田業，絶治産，仰官廩祿，不與百姓争利，見《三國志·孫權傳》黄武四年《注》引《吳書》。以此也。若其財果出於廩祿，雖治産亦何傷？所以必絶之者，正以士大夫而治生，易有妨於百姓故也。諸葛亮之不別治生，其以此歟？

《三國志·孫休傳》注引《襄陽記》言："（李）衡每欲治家，妻輒不聽。後密遣客十人，於武陵龍場泛洲上作宅，種甘橘千株。臨死，敕兒曰：汝母惡我治家，故窮如是。然吾州里有千頭木奴，不責汝衣食，歲上一匹絹，亦可足用耳。衡亡後二十餘日，兒以白母，母曰：此當是種甘橘也。汝家失十户客來七八年，必汝父遣爲宅。汝父恒稱太史公言，江陵千樹橘，當封君家。吾答曰：且人患無德義，不患不富，若貴而能貧，方好耳，用此何爲？吳末，衡甘橘成，歲得絹數千匹，家道殷足，晉咸康中，其宅址枯樹猶在。"患無德義而不憂貧，衡之妻何其賢？然勤樹藝之利，而不剥削於人，衡之治生，亦可謂賢矣。然自吳末至咸康，五十年耳，木已枯矣，信乎樹木之利，不如樹人也。

士之能屬清節者寡矣，亂世尤甚，以法紀蕩然，便於貪取也。《三國志·王脩傳》言：袁氏政寬，在職勢者多畜聚。太祖破鄴，籍没審配等家財物以萬數。此袁氏所由亡歟？《郭嘉傳注》引《傅子》，謂嘉言紹有十敗，曹公有十勝，漢末政失於寬，紹以寬濟寬，公糾之以猛。然則紹之寬，非寬於人民，乃寬於虐民者耳。然雖太祖，亦未能使其下皆屬廉節也。太祖爲司空時，以己率下，每歲發調，使本縣平資。於時譙令平曹洪資財與公家等，太祖曰："我家資那得如子廉邪?"《三國志·曹洪傳注》引《魏略》。洪之多財可知矣。諸葛瑾及其子恪并質素，雖在軍旅，身無采飾；而恪弟融，錦罽文綉，獨爲奢綺。潘璋"性奢泰，末年彌甚，服物僭擬，吏兵富者，或殺取其財物"。均見《三國志》本傳。其不法如此。然非獨武人也，曹爽等實不世之才，而卒以奢敗。魏之何晏，蜀之劉琰，吳之呂範，并以豪汰稱，而其風且傳於奕世。何曾，晏之子也。晉治之不善，王、石等之奢汰實爲之，而其風則仍諸魏末者也。以魏武帝、諸葛武侯之嚴，吳大帝之暴，而不能絶，亦難矣。

太祖父嵩之死，《武帝紀注》引《世語》、《吳書》，其説不同。《世語》云："嵩在泰山華縣。太祖令泰山太守應劭送家詣兗州，劭兵未至，陶謙密遣數千騎掩捕。嵩家以爲劭迎，不設備。謙兵至，闔門皆死。"《吳書》言："太祖迎嵩，輜重百餘兩。陶謙遣都尉張闓將騎二百衛送，闓於泰山華、費間殺嵩，取財物，因奔淮南。"謙雖背道任情，謂其與闕宣合從寇鈔，似失之誣，當以《吳書》之言爲是。然無論其爲謙遣騎掩捕，抑衛送之將所爲，嵩之慢藏誨盜則一也。處亂世者，可不戒歟?

魯肅指囷，讀史者亦久傳爲美談，然亦非獨肅也。先主轉軍廣陵海西，麋竺進奴客二千，金銀貨幣，以助軍資。於時困匱，賴以復振，亦肅指囷之類也。知《管子》謂丁氏之粟足食三軍之師，爲不誣矣。然用財貴得其當，劉備、周瑜，皆末世好亂之士，助之果何爲哉?

原刊《青年月刊》第三卷第七期，一九四一年出版

〔四三四〕　獎率三軍，臣職是當

《三國志·諸葛亮傳》：建興五年，亮率諸軍北駐漢中，臨發，上疏曰："今南方已定，兵甲已足，當獎率三軍，北定中原。"及馬謖爲張郃所破，亮還漢中，上疏請自貶曰："《春秋》責帥，臣職是當。"《華陽國志》作"帥將三軍，職臣是當"。皆較優。《三國志》文蓋訛誤。

〔四三五〕　如其不才君可自取

蜀先主謂諸葛亮曰："若嗣子可輔，輔之；如其不才，君可自取。"《三國志·諸葛亮傳》。世皆以爲豁達大度推心置腹之言，實亦不然也。孫策臨亡，以弟權託張昭。《吳志·張昭傳注》引《吳曆》曰："策謂昭曰：若仲謀不任事者，君便自

取之。正復不克捷，緩步西歸，亦無所慮。”其言與備亦何以異？董昭建議：
“宜脩古建封五等。”太祖曰：“建設五等者，聖人也，又非人臣所制，吾何以堪
之？”昭曰：“自古以來，人臣匡世，未有今日之功；有今日之功，未有久處人臣
之勢者也。”《三國志》本傳。此乃明白曉暢之言，勢之所迫，雖聖人將奈之何哉？
菁華已竭，褰裳去之，爲是言易，欲行是事，不可得也。古來聖賢豪杰有蓋世
之才智，卒不能自免於敗亡以此。

〔四三六〕　君與王之別

　　《三國志·烏丸傳注》引《魏書》曰：“常推募勇健能理決鬥訟相侵犯者爲
大人，邑落各有小帥，不世繼也。數百千落自爲一部，大人有所召呼，刻木爲
信，邑落傳行，無文字，而部衆莫敢違犯。”《後漢書·烏桓傳》本之，而曰：
“有勇健能理決鬥訟者，推爲大人，無世業相繼，邑落各有小帥”云云。知《魏
書》“不世繼也”句，當在“邑落各有小帥”之上，今本誤倒也。邑落小帥，君
也，不可無，亦不能無。或禪或繼，各當自有成法。大人則邑落所共推，猶
之朝覲訟獄之所歸也，有其人則奉之，無則闕。德盛則爲衆所歸，德衰則
去之。三代以前，王霸之或絕或續，一國之所以忽爲諸侯所宗，忽云諸侯
莫朝以此。

　　《三國志·鮮卑傳注》引《魏書》述檀石槐事曰：“乃分其地爲中東西三
部。從右北平以東至遼東，接夫餘、貊爲東部，二十餘邑，其大人曰彌加、闕
機、素利、槐頭。從右北平以西至上谷爲中部，十餘邑，其大人曰柯最、闕居、
慕容等，爲大帥。從上谷以西至敦煌，西接烏孫爲西部，二十餘邑，其大人曰
置鞬落羅、日律推演、宴荔游等，皆爲大帥，而制屬檀石槐。”此大人蓋亦邑落
所共推。而《後漢書》云：“分其地爲三部，各置大人主領之。”一若本無大
人，而檀石槐始命之者，誤矣。《魏書》於烏丸，述其法俗甚詳，於鮮卑則甚
略，以烏丸、鮮卑法俗多同，述其相異者，同者則不及也。然則鮮卑亦當數百
千落乃爲一部。而檀石槐三部，中部十餘邑，東西各二十餘而已。而其大人
皆非一人，則大人侔於小帥矣。檀石槐之衆，合計不過五六十落，安能稱強
北邊？然則所謂十餘邑二十餘邑云者，乃其大人所治之邑，即中部有大人十
餘，東西部各有二十餘耳。屬此諸大人之邑落，自在其外。此諸大人者，乃
一方之主，猶之周初周、召分陝，一治周南，一治召南。太公所治，則東至於
海，西至於河，南至於穆陵，北至於無棣也。其後吳、楚稱王，猶自各王其域，

彼此各不相干。曰天無二日，民無二王，乃冀望之辭，非事實也。《魏書》又曰：自檀石槐死後，諸大人遂世相襲，則猶周衰而齊、晉、秦、楚不隨之而俱替耳。

《魏書》及《後漢書》所謂大人，即後世所謂可汗，檀石槐乃大可汗也。越之亡也，諸族子或爲王，或爲君，濱於江南海上，服朝於楚。其爲王者，猶之鮮卑之諸大人；楚之君則猶檀石槐也。蒙古自成吉思汗以前，哈不勒忽圖剌皆有汗號，成吉思亦先見推爲汗，後乃更見推爲成吉思汗。其初稱汗也，與哈不勒忽圖剌同，猶是小可汗，後則大可汗矣。回紇諸部尊唐太宗爲天可汗，則又駕於諸大可汗之上，雖其等級不同，其理則一也。

〔四三七〕　孫氏父子輕佻

陳壽言孫堅及策皆以輕佻果躁，隕身致敗。其實非獨堅及策如此，即孫權亦然。建安十八年正月，曹公攻濡須，權與相拒月餘。《吳主傳注》引《吳歷》言：“權乘輕船，從濡須口入公軍。諸將皆以爲是挑戰者，欲擊之。公曰：此必孫權欲身見吾軍部伍也。勅軍中皆精嚴，弓弩不得妄發。權行五六里，迴還作鼓吹。公見舟船器仗軍伍整肅，喟然歎曰：生子當如孫仲謀，劉景升兒子若豚犬耳！”又引《魏略》曰：“權乘大船來觀軍，公使弓弩亂發，箭著其船，船偏重將覆，權因迴船，復以一面受箭，箭均船平，乃還。”二說未知孰是。要之身乘船以入敵軍，危道也。十九年，權征合肥。合肥未下，徹軍還。兵皆就路，權與凌統、甘寧等在津北爲魏將張遼所襲，統等以死扞權，權乘駿馬越津橋得去。《注》引《獻帝春秋》曰：“張遼問吳降人：向有紫髯將軍，長上短下，便馬善射，是誰？降人答曰：是孫會稽。遼及樂進相遇，言不早知之，急追自得。舉軍歎恨。”又引《江表傳》曰：“權乘駿馬上津橋，橋南已見徹，丈餘無版。谷利在馬後，使權持鞍緩控，利於後著鞭，以助馬勢，遂得超度。權既得免，即拜利都亭侯。”《賀齊傳》《注》引《江表傳》曰：“權征合肥還，爲張遼所掩襲於津北，幾至危殆。齊時率三千兵在津南迎權。權既入大船，會諸將飲宴，齊下席涕泣而言曰：至尊人主，常當持重。今日之事，幾致禍敗，羣下震怖，若無天地，願以此爲終身誡。”此役蓋權生平最危險之一役，然特邂逅致之。《張紘傳》言權是時率輕騎，將往突敵，以紘諫而止。果使遂往，其危險又當如何也。不特此也，《權傳》黃武五年《注》引《江表傳》曰：“權於武昌新裝大船，名爲長安，試泛之釣臺圻。時風大盛，谷利令柂工取樊口。權曰：當張頭取羅州。利拔刀向栬工曰：不取樊口者斬。工即轉栬入樊口，風遂猛不可行，乃還。權曰：阿利畏水，何怯也？”《張昭傳》云：“權每田獵，常乘馬射虎，虎常突前攀持馬鞍。昭變色而前曰：將軍何有當爾？權謝昭曰：年少慮事不遠，以此慚君。然猶不能已，乃作射虎車，爲方目，間不置蓋，一人爲御，自於中射之。時有逸羣之獸，輒復犯車，而權每手擊以爲樂。昭雖諫爭，常笑而不答。”蓋其不能自克如此。案堅之死也，以單馬行峴山。而《虞翻傳》言策好馳騁遊獵，翻諫以從官不暇嚴，吏卒常苦之。白龍魚服，困於豫且。策曰：“君言是也。然時有所思，端坐悒悒，有裨諶草創之計，是以行耳。”此文過之辭也。《注》引《吳書》曰：“策討山越，斬其渠帥，悉令左右分行逐賊，獨騎與翻相得山中。翻問左右安在，策曰：悉行逐賊。翻曰：危事也！令策下馬：此草深，卒有驚急，馬不及縶策，但牽之，執弓矢以步。翻善用矛，請在前行。得平地，勸策乘馬。翻步隨之。得一鼓吏，策取角自鳴之，部曲識聲，小大皆出。”其後策之死，果以出獵驅馳逐鹿，所乘馬精駿，從騎絕不能及，單騎與許貢客遇故。是誠虞翻之所慮也。而權之不知以父兄爲鑑，身屢蹈危，而猶不知戒如故，此無他，一時之風氣使之也。《孫翊傳》言其驍悍果烈，有兄策風。《注》引《典略》曰：“翊名儼，性似策。策臨卒，張昭等謂策當以兵屬儼，而策呼權，佩以印綬。”使翊而果，其輕躁當尤甚於權。建安二十五年，權下令諸將曰：“夫存不忘亡，安必慮危，古之善教。昔雋不疑，漢之名臣，於安平之世，而刀劍不離於身，蓋君子之於武備，不可以已。況今處身疆畔，豺狼交接，而可輕忽不思變難哉？頃聞諸將出入，各尚謙約，不從人兵，甚非備慮愛身之謂。夫保己遺名，以安君親，孰與危辱？宜深警戒，務崇其大，副孤意焉。”則當時諸將，亦莫非輕佻果躁之徒也。故曰一時之風氣使然也。

〔四三八〕　孫　策　欲　襲　許

　　孫策欲襲許之説，見於《三國・魏志・武帝紀》，又見於《吳志策傳》，《策傳》且謂其欲襲許迎漢帝。注引《江表傳》，則謂“策前西征，陳登陰遣間使，以印綬與嚴白虎餘黨，圖爲後禍，以報陳瑀見破之辱。登、瑀從兄子。策歸復討登，軍到丹徒，須待運糧，見殺”，《九州春秋》及《傅子》又謂“策聞曹公將征柳城，而欲襲許”，異説紛如。夫策見殺在建安五年，而柳城之役在十二年。《九州春秋》及《傅子》之謬，不待辨矣。孫盛《異同評》謂：“策雖威行江外，略有六郡，然黃祖乘其上流，陳登間其心腹，且深險彊宗，未盡歸服，曹、袁虎爭，勢傾山海,策豈暇遠師汝、潁,而遷帝於吳、越哉?"又謂"紹以建安五年至黎陽,策以四月遇害"。而《志》云策聞曹公與紹相距於官渡,謬矣。謂伐登之言爲有證,其説是也。而裴松之謂:"黄祖始被策破,魂氣未反,劉表君臣,本無兼并之志,强宗驍帥,祖郎、嚴虎之徒,禽滅已盡,所餘山越,蓋何足慮。若使策志獲從,大權在手,淮、泗之間,所在可都,何必畢志江外,遷帝揚、越?"又致"武帝建安四年已出屯官渡,策未死之前,久與袁紹交兵",因謂策之此舉,理應先圖陳登,而不止於登,《國志》所云不謬,則誤矣。劉表、黄祖,庸或不能爲策患,江南之强宗驍帥,則雖處深險之區,實爲心腹之疾,策雖輕狡,豈容一無顧慮,即謂其不足爲患? 抑策并不知慮此。然以策之衆,豈足與中國争衡,即謂袁、曹相持,如鷸蚌兩不得解,策欲襲許,亦未有濟,況徒偏師相接乎? 淮、泗之間,豈足自立? 策之衆,視陶謙、袁術、劉備、吕布何如? 若更遠都江表,則義帝之居郴耳,豈足有濟。況漢至獻帝之世,威靈久替,扶之豈足有濟? 曹公之克成大業,乃由其能嚴令行,用兵如神,非真天子之虚名也。不然、因獻帝而臣伏於操者何人哉? 以曹公之明,挾獻帝而猶無所用,而況於策乎? 況以策之輕狡,又豈足以知此乎?

　　《吳志·吕範傳》云:"下邳陳瑀,自號吳郡大守,住海西,與强族嚴白虎交通。策自將討虎,遣範與徐逸攻瑀於海西,梟其大將陳牧。"而《孫策傳》注引《江表傳》謂:"建安二年,詔以策爲騎都尉,襲爵烏程侯,領會稽太守。又詔與領徐州牧温侯布,及行吳郡太守安東將軍陳瑀,共討袁術。"則瑀行吳郡太守,乃朝命,非自號也。《傳》又言:"是時陳瑀屯海西,策奉詔治嚴,當與布、瑀參同形勢,行到錢塘,瑀陰圖襲策,遣都尉萬演等密渡江,使持印傳三十餘細賊與丹陽、宣城、涇、陵陽、始安、黟、歙諸險縣大帥祖郎、焦己,及吳郡烏程嚴白虎等,使爲内應,伺策軍發,欲攻取諸郡,策覺之,遣吕範、徐逸攻瑀於海西,大破瑀,獲其吏士妻子四千人。"案:策之渡江,本爲袁術,漢朝命吏,如劉繇、王朗、華歆等,無不爲其所逐。是時雖有與吕布、陳瑀同討袁術之命,特權宜用之,非信其心也。有隙可乘,加以誅翦,夫固事理所宜。《吕範傳》注引《九州春秋》曰:"初平三年,揚州刺史陳禕死,袁術使瑀領揚州牧,後術爲曹公敗於封丘,南人叛瑀,瑀拒之。術走陰陵,好辭以下瑀,瑀不知權,而又怯,不即攻術,術於淮北集兵向壽春,瑀懼,使其弟公琰請和於術。術執之而進,瑀走歸下邳。"然則瑀實乃心王室者。陳登之結白虎餘黨,蓋亦欲繼其從父之志,裁翦亂人,非徒爲雪家門之恥也。《張邈傳》注引《九州春秋》言:登甚得江淮間歡心,有吞滅江南之志,孫策遣軍攻登,再敗,而遷爲東城太守。孫權遂跨有江外。太祖每臨大江而歎,恨不早用陳元龍計,而令封豕養其爪牙,則登之才，蓋非劉繇、王朗等比，而任之不專，致使大功不竟，輕狡之子，坐據江外數十年，豈不惜哉。

〔四三九〕 張 純 之 叛

《三國志·公孫瓚傳》云："光和中，涼州賊起，發幽州突騎三千人，假瓚都督行事傳，使將之。軍到薊中，漁陽張純誘遼西烏丸丘力居等叛，劫略薊中，自號將軍，略吏民，攻右北平、遼西屬國諸城，所至殘破。瓚將所領，追討純等有功，遷騎都尉。屬國烏丸貪至王率種人詣瓚降。遷中郎將，封都亭侯，進屯屬國，與胡相攻擊五六年。丘力居等鈔略青、徐、幽、冀，四州被其害，瓚不能御。朝議以宗正東海劉伯安既有德義，昔爲幽州刺史，恩信流著，戎狄附之，若使鎮撫，可不勞衆而定，乃以劉虞爲幽州牧。"案云瓚與胡相攻擊五六年，則張純之叛，不得在中平四年可知。而《後書·靈帝紀》記純、舉之叛在是年。《後書·烏桓傳》亦云："中平四年前中山太守張純畔入丘力居衆中者，以舉稱天子，純稱彌天安定王"，在是年也。《後書·瓚傳》云："中平中，以瓚督烏桓突騎車騎將軍張溫討涼州賊，會烏桓反畔，與賊張純等攻擊薊中，瓚率所領追討純等有功，遷騎都尉。"《注》云："涼州賊即邊章等。"案邊章之叛，事在中平元年。明年乃命張溫討之，下距中平四年，決不足五六年，《後書》之説誤也。中平二年瓚或嘗奉隨張溫討邊章之命，然張純之叛，必不在此事之後。《劉虞傳》謂純、舉之叛，在涼州賊起之後，更不足信。

〔四四〇〕 邊 章 、韓 遂

《後漢書·董卓傳》云："北宮伯玉等劫致金城人邊章、韓遂，使專任軍政，共殺金城太守陳懿，攻燒州郡。"《注》引《獻帝春秋》曰："梁州義從宋建、王國等反，詐金城郡降，求見涼州大人故新安令邊允、從事韓約。約不見，太守陳懿勸之，國等便劫質約等數十人。金城亂，懿出，國等扶以到護羌營，殺之，而釋約、允等。隴西以愛憎露布，冠約、允名以爲賊，州購約、允各千户侯。約、允被購，約改爲遂，允改爲章。"《三國志·魏武紀》："建安二十年，西平、金城諸將麴演、蔣石等共斬送韓遂首。"《注》引《典略》曰："遂字文約，始與同郡邊章俱著名西州。章爲督軍從事。遂奉計詣京師，何進宿聞其名，特與相見。遂説進使誅諸閹人，進不從，乃求歸。會涼州宋揚、北宮玉等反，校殿本無伯字，否。舉章、遂爲主，章尋病卒，遂爲揚等所劫，不得已，遂阻兵爲亂，積三十二年，至是乃死，年七十餘矣。"又引劉艾《靈帝紀》曰："章一名元。"案元疑當作允。校殿本非允之誤否？遂字文約，亦可見其本名約。宋建亦名揚，北宫伯玉亦名玉，蓋邊郡之事，傳聞不能甚審，故名字或有異同也。自建安二十年上溯三十二年，爲靈帝中平元年，與《後書》本紀、《董卓傳》俱合。何進之謀誅閹人，當在靈帝崩後，而《典略》云："遂説進誅閹人，"即傳聞不審之一證。然據《獻帝春秋》及《典略》觀之，則章、遂本不欲叛，似皆可信也。

〔四四一〕　曹嵩之死

　　《三國志·魏武帝本紀》興平元年云："初，太祖父嵩去官後還譙，董卓之亂，避難琅邪，爲陶謙所害，故太祖志在復仇東伐。"《後漢書·陶謙傳》云："初，曹操父嵩、避難琅邪，時謙別將守陰平，士卒利嵩財寶，逐襲殺之。"董卓之亂，未嘗及譙，而嵩須避難者，以太祖合兵誅卓也。嵩所避居之琅邪，蓋今山東諸城縣東南之琅邪山，而非治開陽、在今臨沂縣境之琅邪郡，僻處海隅，爲耳目所不及，故可避卓購捕之難。漢陰平縣治在今江蘇沭陰縣東北，相距頗近，故爲陶謙別將戍此者所害也。《三國志注》引《世語》曰："嵩在泰山華縣，太祖令泰山太守應劭，送家詣兖州，劭兵未至，陶謙密遣數千騎掩捕。嵩家以爲劭迎，不設備，謙兵至，殺太祖弟德於門中，嵩懼，穿後垣先出其妾，妾肥不能得出，嵩逃於廁，與妾俱被害，闔門皆死。"又引韋曜《吳書》曰："太祖迎嵩，輜重百餘兩，陶謙遣都尉張闓將騎二百衞送，闓於泰山、華、費間殺嵩，取財物，因奔淮南。"案：初平四年下邳闕宣聚衆數千人，自稱天子。謙與共舉兵取泰山、華、費，略任城，太祖乃征謙，則兖徐構釁，禍始泰山、華、費。或又以爲操與謙有不共戴天之仇，遂妄謂嵩之見殺，爲在泰山、華、費之間也。初平三年《紀》云："袁術與紹有隙，術求援於公孫瓚，瓚使劉備屯高唐，單經屯平原，陶謙屯發干，以逼紹。太祖與紹會擊，皆破之。"蓋是時之相爭者，袁紹與劉表爲朋，袁術與公孫瓚爲伍，太祖據兖州，紹之黨也。田楷據青州，陶謙據徐州，皆瓚之與也。發干之屯，謙既躬進兵以逼紹；泰山之略，謙又合闕宣以圖操，則自初平四年夏以前，陶謙皆攻取之師，袁紹與魏太祖僅備御之師而已。初平四年之秋，興平元年之夏，魏祖始再舉攻謙，謂之徼利之師可，謂之除害之師，亦無不可；謂之復仇則誣。嵩之死，固由謙之不能約束所部，然不能約束所部者亦多矣，究與躬行殺害者有別也。

《後漢書・應劭傳》六年拜泰山太守。"興平元年,前太尉曹嵩及子德,從琅邪入太山,劭遣兵迎之,未到,而徐州牧陶謙素怨嵩子操數擊之,乃使輕騎追嵩、德,并殺之於郡界,劭畏操誅,棄郡奔冀州牧袁紹。"

《三國志・陶謙傳》注引《吳書》謂:曹公父於泰山被殺,歸咎於謙,欲伐謙而畏其强,乃表令州郡一時罷兵。謙被詔,上書拒命,曹公得謙上書事,知不罷兵,乃進攻彭城。裴松之謂此時天子在長安,曹公尚未秉政,罷兵之詔,不得由曹氏出。

〔四四二〕　關羽欲殺曹公

《華陽國志・劉先主志》:建安五年,公東征先主。先主敗績,妻子及關羽見獲。公壯羽勇鋭,拜偏將軍。初,羽隨先主從公圍呂布於濮陽,時秦宜禄爲布求救於張楊。羽啓公:"妻無子,下城乞納宜禄妻。"公許之。及至城門,復白。公疑其有色,自納之。後先主與公獵,羽欲於獵中殺公,先主爲天下惜,不聽,故羽常懷懼。公察其神不安,使將軍張遼以情問之。羽歎曰:"吾極知曹公待我厚,然我受劉將軍恩,誓以共死,不可背之,要當立功以報曹公。"公聞而義之。案關羽壯士,與劉備誓共死,不肯背之,其夙心也,然其懷懼不安,則自以初求秦宜禄妻,而曹公自納之,及嘗欲殺曹公之故。《三國志・關羽傳》於此均未叙及,則情節漏略矣。《注》引《蜀記》與《華陽國志》之事略同,然但言公留宜禄妻,而羽心不自安,更不言羽因欲殺曹公而懷懼,情節亦爲不全。羽初欲取宜禄妻,其當懷懼,固不如嘗欲殺公之深也。惟云:"獵中衆散,羽勸備殺公。"衆散二字,又可補常璩之闕。知古人叙事,多不甚密,欲求一事之真,非互相校勘不可也。

〔四四三〕　袁　曹　成　敗

袁、曹成敗,昔人議論孔多,然皆事後傅會之辭,非其實也。建安五年,曹操之東征劉備也,《武帝紀》曰:"諸將皆曰:與公争天下者袁紹也,今紹方來,而棄之東,紹乘人後,若何? 公曰:夫劉備,人傑也,今不去,後必爲患。袁紹雖有大志,而見事遲,必不動也。郭嘉亦勸公。嘉傳無此語。遂東擊備,破之。公還官渡,紹卒不出。"紹傳亦云:"太祖自東征備,田豐説紹襲太祖後,紹辭以子疾,不許,豐舉杖擊地曰:夫遭難遇之機,而以嬰兒之病失其會,惜哉!"皆病紹之用兵，不能乘時逐利。案用兵各有形勢，輕兵掩襲，乘時逐利，與持重後進，專以摧破敵人之大軍爲主旨者，各一道也。紹之計，蓋爲先定河北，然後蓄勢并力，以與强者爭衡。當操與吕布相持於兗州時，强敵在前，饑軍不立，欲從袁紹之説，遣家居鄴。《三國志·魏書·程昱傳》。其勢可謂危矣，然以程昱之諫而遂止，袁紹亦不之問。其後吕布爲操所敗，張邈從布走，張超猶守雍丘，臧洪以故吏之誼，欲乞兵往救。紹當是時大可存超以爲牽制，而猶終不聽許，至反因此與洪構釁，誠欲專力於河北，未欲問鼎於河南也。建安四年，紹既并公孫瓚，將進軍攻許，則既遣人招張繡，復與劉備連和，其明年，兩軍既相持，則有劉辟等應紹略許下，紹又使劉備助之，則紹於牽制操耳，亦不爲不力矣。然終不發大兵爲之援者，許下距河北遠，多遣兵則勢不能捷，少則無益於事，徒招挫折，故紹不肯遣大兵，即操亦知其如此，度其時日，足以定備，是以敢於輕兵東鶩，非真能逆億紹之昧機而不動也。紹之南也，田豐説紹曰："曹公善用兵，變化無方，衆雖少，未可輕也，不如以久持之，簡其精鋭，分爲奇兵，乘虛迭出，以擾河南，救右則出其左，救左則出其右，使敵疲於奔命，民不得安業，我未勞而彼已困，不及二年，可坐克也。今釋廟勝之策，而決成敗於一戰，若不如志，悔無及也。"及兵既接，沮授又曰："北兵數衆，而果勁不及南；南谷虛少，而貨財不及北；南利在於急戰，北利在於緩搏，宜徐持久，曠以日月。"一以兵之不逮，一以將之不及，不欲速戰，而主持久以敝敵。蓋時河北雖云凋敝，然其空乏初不如河南之甚，田豐違旨，終遭械繫，沮授之策，則紹實不可謂不用。紹傳云："太祖與紹相持日久，百姓疲乏，多叛應紹，軍食乏。"《武帝紀》亦謂：操以糧少，與荀彧書，議欲還許。而紹則連轂車爲徐晃、史渙所邀擊者數千乘。又使淳于瓊等五人，將兵萬餘人送之，悉爲操所燒，乃致大潰。則其糧儲之豐可知，使徐晃、史渙功不成，操攻瓊而之誅不啓，抑或不克濟，事之成敗，固未可知。或傳太祖軍糧方盡，書與彧議，欲還許以引紹，彧曰："今軍食雖少，未若楚、漢在滎陽、成皋間也。是時劉、項莫肯先退，先退者勢屈也。公以十分居一之衆，劃地而守之，扼其喉而不得進，已半年矣。情見勢竭，必將有變，此用奇之時，不可失也。"夫楚漢相持，漢以兵多食足見長，楚兵少食盡，其勢與曹操之勢正相反，安得舉以爲喻。陸遜之策劉備曰："備是猾虜，更嘗事多，其軍始集，思慮精專，未可干也。今住已久，不得我便，兵疲意沮，計不復生，犄角此寇，正在今日。"此即荀彧所謂情見勢絀，用奇之時。徐晃、史渙之邀擊，及操之自將以攻淳于瓊，正是其事。然亦幸而獲濟耳，使紹而慮精專，此等竟不能遂，則其後之成否，固猶未可知也。然則袁紹之成敗，亦間不容髮耳。所謂還許以引紹者，即是不支而退，使其竟爾如此，而紹以大兵乘其後，曹軍之勢必土崩瓦解，不復支矣。然則紹之籌策，固亦未嘗可謂其不奏功也。

《滿寵傳》云：時袁紹盛於河朔，而汝南紹之本郡，門生賓客佈在諸縣，擁兵拒守。太祖憂之，以寵爲汝南太守。寵募其服從者五百人，率攻下二十餘壁，誘其未降渠帥，於坐上殺十餘人，一時皆平。得户二萬，兵二千人，令就田業。《李通傳》云建安初，通舉衆詣太祖於許。釋通振威中郎將，屯汝南西界。太祖討張綉，劉表遣兵以助綉，太祖軍不利。通將兵夜詣太祖，太祖得以復戰，通爲先登，大破綉軍。拜裨將軍，封建功侯。分汝南二縣，以通爲陽安都尉。通妻伯父犯法，朗陵長趙儼收治，致之大辟。是時殺生之柄，決於牧守，通妻子號泣以請其命。通曰："方與曹公戮力，義不以私廢公。"嘉儼執憲不阿，與爲親交。太祖與袁紹相拒於官渡。紹遣使拜通征南將軍，劉表亦陰招之，通皆拒焉。通親戚部曲流涕曰："今孤危獨守，以失大援，亡可立而待也，不如亟從紹。"通按劍以叱之，即斬紹使，送印綬詣太祖。又擊郡賊瞿恭、江宮、沈成等，皆破殘其衆，送其首。遂定淮、汝之地。《趙儼傳》云：袁紹舉兵南侵，遣使招誘豫州諸郡，諸郡多受其命。惟陽安郡不動，而都尉李通急録户調。儼見通曰："方今天下未集，諸郡并叛，懷附者復收其綿絹，小人樂亂，能無遺恨！且遠近多虞，不可不詳也。"通曰："紹與大將軍相持甚急，左右郡縣背叛乃爾。若綿絹不調送，觀聽者必謂我顧望，有所須待也。"儼曰："誠亦如君慮；然當權其輕重，小緩調，當爲君釋此患。"乃書與荀彧，彧報曰："輒白曹公，公文下郡，綿絹悉以還民。"上下歡喜，郡內遂安。此可見操之多忠亮死節之臣，劉辟等之所以不能搖動以此也。《後漢書·紹傳》云：紹與操相持，許攸進曰："曹操兵少而悉師拒我，許下餘守勢必空虛，若分遣輕軍，星行掩襲，許拔則操爲成禽，如其未潰，可令首尾奔命，破之必也。"夫遣騎輕則如曹仁等優足拒之矣，安得使操疲於奔命而況侈言拔許哉！

曹操之攻淳于瓊也，袁紹聞之謂長子譚曰："就彼破瓊等，吾攻拔其營，彼固無所歸矣！"乃使張郃、高覽攻曹洪，此亦未爲非計。《三國志·魏書·武帝紀》。而郃謂曹公營固，攻之必不拔，《三國志·張郃傳》。其後果然，則操之備豫不虞不爲不至。安得如書生談兵謂一即可襲取哉。

要之兩漢三國時史所傳，惟一大綱，餘皆事後傅會之辭，遽一一信爲事實則慎矣。《蜀志》又謂曹公北征烏丸，先主說表襲許，表不能用其說，當時又謂孫策聞公與紹相持，乃謀襲許，未發爲刺客所殺，《三國志·魏書·武帝紀》。則近於子虛烏有矣。參《孫策欲襲許》條。

《荀彧傳》載彧論曹公較之袁紹有四勝，又曰不先取呂布，河北亦未易圖也。《郭嘉傳》注引《傅子》又謂嘉料紹有十敗，公有十勝，其所謂十敗十勝者，實與彧之辭無大異，特敷衍之，多其節目耳。又曰："嘉曰紹方北擊公孫瓚，可因其遠征，東取呂布，不先取布，若紹爲寇，布爲之援，此深害也。"兩人之言有若是其如出一口者乎，其爲事後傅會，而非其實，審矣。然此等綜括大體之辭，較之專論一事者差爲近理。要之當時之史尚係傳述之辭，多所謂某人某人之語，未必可即作其人之辭觀。然以此爲其時人之見解，固無不可也。《史》、《漢》之《留侯傳》，《三國志》之《荀彧傳》均可作如是觀。

〔四四四〕　李　邈

《華陽國志·先賢士女總讚》云：李邈，守漢南，邵兄也。牧璋時，爲牛鞞長，先主領牧，爲從事。正旦命行酒，得進見，讓先主曰："振威以討賊元功，未效，先寇而滅，邈以將軍之取鄙州，甚爲不宜也。"先主曰："知其不宜，何以不助之？"邈曰："匪不敢也，力不足耳。"有司將殺之，諸葛亮爲請，得免，爲犍爲太守、丞相參軍、安漢將軍。建興六年，亮西征，馬謖在前，亮將殺之。邈諫，以爲秦赦孟明，用霸西戎；楚誅子玉，再世不競。失亮意，還蜀。十三年亮卒。案亮卒在十二年。後主素服發哀三日。邈上疏曰："吕禄、霍禹，未必懷反叛之心，孝宣不好爲殺臣之君，直以臣懼其逼，主畏其威，故姦萌生。亮身杖强兵，狼顧虎臣，五大不在邊，臣常危之。今亮殞歿，蓋宗族得全，西戎静息，大小爲慶。"後主怒，下獄誅之。夫好惡之不可一久矣。今讀《三國志》，諸葛亮爲朝野所好，更無異辭，此豈實録乎？邈幾爲先主所誅，亮爲請得免，則於亮非有私憾，其言如此，則當時同邈所危者，必不止一人也。特莫敢以爲言，若有私議，則史不傳耳。然邈則可謂直矣，縱不然其言，何至下獄誅之？後主之闇，亦可謂甚矣。豈邈素好直，怨者孔多，而借此陷之歟？君子是以知直道之不見容也。

〔四四五〕　姜維不速救成都

《三國志·姜維傳》：維保劍閣拒鍾會，列營守險，會不能克。糧運縣遠，將議還歸。而鄧艾自陰平由景谷道旁入，遂破諸葛瞻於綿竹。後主請降於艾，艾前據成都。維等初聞瞻破，或聞後主欲固守成都，或聞欲東入吳，或聞

欲南入建寧，於是引軍由廣漢、郪道以審虛實。尋被後主敕令，乃投戈放甲，
詣會於涪軍前，將士咸怒，拔刀斫石。《華陽國志》則謂維未知後主降，謂且固
城，素與執政者不平，欲使其知衛敵之難而後逞志，乃回由巴西出郪五城。案
維當詣會之後，猶欲殺會而復蜀，其無意於降魏可知。成都雄郡，鄧艾孤軍，
安知後主之遽降？維既無意降魏，豈有不捧漏沃焦，與艾爭一旦之命者？而
顧遲曲其行，則常璩之言是也。王崇謂鄧艾以疲兵二萬溢出江油，姜維舉十
萬之師，案道南歸，艾爲成擒，擒艾已訖，復還拒會，則蜀之存亡，未可量也。
乃回道之巴，遠至五城，使艾輕進，逕及成都，兵分家滅，已自招之，其言允矣。
故知文武不和，未有不招覆亡之禍者也；而武人褊隘，欲望其休休盡匪躬之節
難矣。

〔四四六〕　司馬宣王征遼東

《傳》曰：“雖鞭之長，不及馬腹。”此爲兵家所最忌。司馬宣王之征遼東也，
策之曰：“棄城預走，上計也。據遼水以距大軍，次計也。坐守襄平，此成擒耳。”
又曰：“惟明者能深度彼己，預有所棄，此非其所及也。今縣軍遠征，將謂不能持
久，必先距遼水而後守，此中下計也。”既至襄平，大雨，賊恃水，樵牧自若。諸將
欲取之，皆不聽。曰：“自發京師，不憂賊攻，但恐賊走。今賊糧垂盡，而圍落未
合，掠其牛馬，抄其樵採，此故驅之走也。夫兵者詭道，善因事變。賊憑衆恃雨，
故雖飢困，未肯束手，當示無能以安之。取小利以驚之，非計也。”其懼淵之走如
此。蓋懸遠之地，少用師則力不足，多用師則饋運不繼；即敵竄伏不敢抗，而分
軍搜捕爲難，多軍填厭又不易；師盡撤，則敵復出而前功盡棄，甚或乘吾之敝，擊
其莫歸，其患有不可勝言者；故必視之以弱，聚而殲旃也。

《兵法》曰：“用兵之法，……諸侯自戰其地者爲散地。”《孫子·九地》第十一。
此言徵之於史而屢驗。司馬宣王之征遼東，兵少於公孫淵，亦其一事也。然
此非自度兵强於敵，知慮謀略皆出敵上，足以制其死命不可。故縣師遠征，究
非易事也。圍之未合也，司馬陳珪曰：“昔攻上庸，八部并進，晝夜不息，故能一旬之半拔堅城，斬孟
達。今者遠來，而更安緩，愚竊惑焉。”宣王曰：“孟達衆少而食支一年；將士四倍於達，而糧不淹月；以
一月圖一年，安可不速？以四擊一，正令半解，猶當爲之；是以不計死傷，與糧競也。今賊衆我寡，賊飢
我飽，水雨乃爾，功力不設，雖當促之，亦何所爲？”“與糧競”之言甚精。宣王所以不肯多用師，以運糧
難也。此非兵精於敵，知慮謀略，皆出敵上，後患有不可勝言者；而專恃兵多而又不精者無論矣。楊鎬
之征遼是已。此等用兵，即使幸勝，亦不足貴。以其所費多，不易再舉，又不能久駐以殄餘敵也。論者
徒咎其分兵爲四，未爲知言。

淵之窮也，使其相國王建、御史大夫柳甫乞降，請解圍面縛，不許。皆斬之。檄告淵曰："昔楚、鄭列國，而鄭伯猶肉袒牽羊而迎之。孤爲王人，位則上公，而建等欲孤解圍退舍，豈楚、鄭之謂邪？必傳言失旨，已相爲斬之。若意有未已，可更遣年少有明決者來。"淵復遣侍中衞演乞克日送任。宣王謂演曰："軍事大要有五：能戰當戰，不能戰當守，不能守當走，餘二事惟有降與死耳。汝不肯面縛，此爲決就死也。不須送任。"此等處，以言用兵，誠可謂當機立斷；以言乎軍禮，則古人遺意，蕩焉盡矣，亦可以觀世變矣。

〔四四七〕　司馬宣王之忍

孟子曰："不仁哉，梁惠王也！仁者以其所愛，及其所不愛；不仁者以其所不愛，及其所愛。"《盡心下》。吳起殺妻以求將，義士非之。然古説流傳，率多失實，不足信也。拓跋力微，欲圖兼并，手刃其妻，并害妻之兄弟。此在夷狄，不足責也。司馬宣王固云服膺儒教者，其託風痺以辭魏武之辟也，暴書遇雨，不覺自起收之。家惟一婢，見之。張夫人恐事泄致禍，手殺之以滅口，而親執爨。密勿同心，可謂至矣。《安平獻王傳》云：漢末喪亂，與兄弟處危亡之中，簞食瓢飲。蓋宣王家素貧，張夫人所謂糟糠之妻也。乃後寵柏夫人，張夫人遂罕得進見。卧疾往省，晉以老物可憎，致幾自殺。以諸子不食，乃驚而致謝。退謂人曰："老物不足惜，慮困我好兒耳。"《晉書·宣穆張皇后傳》。其天性涼薄，可以見矣。景皇又以其妃魏氏之甥，鴆而殺之。《景懷夏侯皇后傳》。仍世凶德如此。明帝問前世所以得天下。王導陳宣帝創業之謀，及文王末高貴鄉公事。明帝以面覆牀，曰："若如公言，晉祚安得長遠？"蓋其所爲，有鮮卑黃鬚奴所不忍問者矣。記曰："其所厚者薄，而其所薄者厚，未之有也。"漢高推墮孝惠、魯元公主車下，視太公居俎上；漠然無所動於其中。唐太宗親推刃同氣，而取其妃；千古姦雄，如出一轍，豈仁之果不勝不仁哉？世習於爭奪相殺之已久，非阻兵安忍者，不足以有所訣而取濟於一時也。殘賊之橫行，亦衆生之共業，有以召之耳。

〔四四八〕　晉武帝不廢太子

唐甄曰："善治必達情，達情必近人。人君之於父母，異宮而處，朝見以時，則曰天子之孝，與庶人異；人君之於子孫，異宮而處，朝見以時，則曰天子之慈，與庶人異；人君之於妻，異宮而處，進御有時，則曰天子之匹，與庶人異；骨肉之間，驕亢習成，是以養隆而孝衰，教疏而恩薄。讒人間之，廢嗣廢后，易於反掌。不和於家，亂之本也。"善哉言乎！天子之家，猶庶人之家也。而其家事，往往牽動國事，至於毒痛四海，則政制不善，將一人一家之事，與國事并爲一談致之也。而其家之所以易亂，則淫侈之積，有以成之。伊川之言曰："天下之害，無不由末之勝也。峻宇雕牆，本於宮室；酒池肉林，本於飲食；淫酷殘忍，本於刑罰；窮兵黷武，本於征伐；凡人欲之過者，皆本於奉養，其流之遠，則爲害矣。"惟權力亦然。越人男女同川而浴；而號稱冠帶之國，則必深宮固門，閹寺守之。秦人父子同室而居；而山東禮義之邦，則由命士以上，父子異宮。方其翹然獨異於人，豈不顧盼自憙，而不知兵刃之隨其後也。故曰："高明之家，鬼瞰其室。"晉武帝疑太子不堪政事，悉召東宮官屬，使以尚書事令太子決之。太子不能對。賈妃遣左右代對，多引古義。給事中張泓曰：太子不學，陛下所知，今宜以事斷，不可引書。妃從之。泓乃具草，令太子書之。武帝覽而大悦。太子遂安。夫疑太子之不堪政事，何難召與之言？乃必出之以紙墨，假手於傳達，亦可謂迂而不近情者矣。無他，習之已成，不自知也。《易》曰："崇高莫大乎富貴。"積而至於崇高，則危矣。由其與下隔也。《呂覽·達鬱》之篇，可以深長思矣。

原刊《光華大學半月刊》第三卷第五期，一九三四年十二月十日出版

〔四四九〕　史　事　失　實

子貢曰：紂之不善、不如是之甚也，是以君子惡居下流，天下之惡皆歸焉。善哉言乎。《晉書·賈充傳》言：充婦郭槐，性妒忌，子黎民，年三歲，乳母抱之當閣。黎民見充入，喜笑，充就而拊之，槐望見，謂充私乳母，即鞭殺之。黎民戀念，發病而死。後又生男，過期復爲乳母所抱，充以手麾其頭，郭疑乳母，又殺之，兒亦思慕而死，充遂無胤嗣。天下有此刻板事乎？三歲及過期小兒，知戀念乳母至於發病而死乎？亦罕矣。所謂欲甚其惡者，史猶采之，亦不免於失實矣。

〔四五〇〕　劉庸祖、麥鐵杖

傳說之辭，往往輾轉附會，不得其實。而昔人脩史，好奇愛博，過而取之，遂至

顯然不足信者，亦有所不暇計矣。《宋書·劉庸祖傳》云：便弓馬，膂力絶人。每犯法，爲郡縣所録，輒越屋踰牆，莫之能擒。夜入人家，爲有司所圍，突圍去，并莫敢追。因夜還京口，半夕便至。明旦，守門詣府州要識，俄而建康移書録之。府州執事者，并證庸祖其夕在京，遂得無恙。《隋書·麥鐵杖傳》云：驍勇有膂力，日行五百里，走及奔馬。陳大建中，結聚爲羣盜。廣州刺史歐陽頠俘之，以獻。没爲官户，配執御傘。每罷朝後，行百餘里，夜至南徐州，踰城而入，行光火劫盜。旦還及時，仍又執傘。如此者十餘度。物主識之，州以狀奏。朝士見鐵杖每旦恒在，不之信也。後數告變，尚書蔡徵曰：此可驗耳。於仗下時，購以百金，求人送詔書與南徐州刺史。鐵杖出應募，賫敕而往。明旦及奏事，帝曰：信然，爲盜明矣。惜其勇捷，誠而釋之。合觀兩事，明明皆非實録。特有此一類傳説，隨事增飾附會耳。其不足信，顯而易見，而李延壽脩《南、北史》，亦俱取之。豈真見不及此哉，亦所謂與其過而廢之，毋寧過而存之也。

〔四五一〕　馬　　鈞

古今巧士，莫過馬鈞。然裴秀難之，曹羲復與之同，何哉？傅玄之説羲曰：馬氏所作，因變而得。是則初所言者，不皆是矣。其不皆是，因不用之，是不世之巧，無由出也。曰“因變而得”，曰“初所言者不皆是”：則鈞之所就，亦皆屢試而後成；而試之無成者，亦在所不免。度秀、羲等必以是而忽之也。此固爲淺見。然自來長於巧者，多短於言。巧者之所成就，多非其所自傳，而長於言者傳之，其人不長於巧也。不知其事之曲折，不著其屢試屢易之艱苦；而但眩其成就之神奇，遂若凡有巧製，皆冥思而得，一蹴而成矣。此古來備物致用立成器以爲天下利者，其事之真，所以多無傳於後也。

前人巧製，每多不傳於後，淺者每咎後人之不克負荷，此亦不然。凡物之能綿延不絶者，必其能有用於時者也。三國之世，諸葛亮作連弩，而馬鈞欲五倍之；鈞又欲發石車；亮又作木牛流馬；時蜀又有李譔，能致思於弓弩機械；而吳亦有張奮能造攻城大攻車，奮，昭弟子，見昭傳。蓋時攻戰方亟，故軍械及運糧之具，相繼而興也。天下一統矣，攻戰無所復事；而運糧以當時之情形，亦無須乎木牛流馬，則其器安得而傳哉？不觀今世所謂機械者之於窮鄉僻壤乎？人力既賤，資本家斥資以購機械，其贏曾不如用人力之爲多也，則機械見屏矣。昔時巧製之不傳，不與此同理乎？故機械之發明改革，實與羣治相關。徒謂機械足以改革社會，亦言之不盡也。

〔四五二〕　王　景　文

　　讀宋明帝答王景文求解揚州詔，其通達可謂無以復加，論禍福之不應趨避，無可趨避，不必趨避，尤可謂洞見真際，宜乎其必不爲無益之舉矣。然終不免於殺景文，以景文之亟求退讓，以蘄免禍，似乎臨命時必悲惶不能自主矣，而其從容乃殊出意計之外，則知人之善惡，不繫乎其能明理與否，而繫乎其能循理與否也。抑以景文之淡定，而猶不免禍，豈禍真無可避邪？古豈無獲全於危亂之世者乎？孔子曰：危邦不入，亂邦不居，豈皆臨時而求去乎？景文屢陳退讓，而卒不獲去，豈於避禍之道，猶有圖之不夙者邪？故曰：介於石，不終日，貞吉。

〔四五三〕　柳　仲　禮

　　侯景之圍臺城也，四面援軍雲集，雖不皆精銳，然其數十倍於景，謂其不能解圍，無是理也。所以無功者，全誤於柳仲禮之懷挾異志。仲禮之爲大都督，乃韋粲所推，粲雖無功，然赴援甚速，死事甚烈，一子三弟，皆及於難，親戚死者數百人，謂非乃心王室不可也。仲禮爲粲外弟，粲當知其爲人，而執欲推之甚固，其故殊不可解。案此無難解也。《柳仲禮傳》云：“侯景潛圖反噬，仲禮先知之，屢啓求以精兵三萬討景，朝廷不許，及景濟江，朝野便望其至，兼蓄雍司精卒，與諸蕃赴援，見推總督。景素聞其名，甚憚之。”《韋粲傳》云：粲建議推仲禮爲大都督，報下流衆軍，裴之高自以年位高，恥居其下。乃云：柳節下已是州將，何須我復鞭板，累日不決。粲乃抗言於衆曰：“今同赴國難，義在除賊，所推柳司州者，政以久扞邊疆，先爲侯景所憚，且士馬精銳，無出其前，若論位次，柳在粲下，語其年齒，亦少於粲，直以社稷之計，不得復論，今日貴在將和，若人心不同，大事去矣。裴公朝之舊齒，豈應復挾私以沮大計，粲請爲諸君解釋之。”乃舸至之高營，切讓之。之高泣曰：“吾荷國榮，自應率先士卒，顧恨衰老，不能效命，跂望柳使君，共平凶逆，前謂衆議已定，無俟老夫爾。若必有疑，當剖心相示。”於是諸將定議，仲禮方得進軍。合觀二傳，則仲禮當時兵最強，必得大都督而後肯進，粲不得已而推之，而之高之泥之，亦非必自負年位，不肯相下，蓋亦前知其爲人矣。仲禮，驕將也，以其兵強，不得已而用之，而卒爲所誤，故驕將必不可用。

679

〔四五四〕　曹景宗、韋叡

　　南北朝時,南北構兵,南多敗衄。梁武帝天監六年邵陽洲之戰,北方以元英之重兵,楊大眼之勇將,而皆潰敗,決裂不可收拾,實南方之一奇捷也。是役之功,實在韋叡,而曹景宗不與焉。

　　是役也,元英違邢巒之議,逆世宗之詔,志在必取壽陽,固曰愎諫以要功,然守者之力已窮,攻者之勢方烈,設無邵陽洲之捷,昌義之不爲朱脩之、蔡道恭之續者亦僅耳。是役也,武帝實先使曹景宗往援,詔其頓道人洲,待衆軍齊集俱進,而景宗欲專其功,違敕而進,遽遇風沉溺,則又還守先頓,使無韋叡以促之,景宗必逗橈不進,亦如其救司州時矣。《曹景宗傳》言叡受景宗節度,而《南史·韋叡傳》言景宗未敢進。帝詔叡會焉,賜以龍環御刀,曰:“諸將有不用命者、斬之。”則實使叡督促景宗也。叡之受命也,自合肥逕陰陵大澤,遇澗谷輒飛橋以濟師。人畏魏軍盛多,勸叡緩行,叡曰:“鍾離今鑿穴而處,負户而汲,車馳卒奔,猶恐其後,而況緩乎?”旬日而至邵陽,於景宗營前二十里,夜掘長塹,樹鹿角,截洲爲城,比曉而營立。元英大驚,以杖擊地曰:“是何神也!”非此捧漏沃焦之勢,又何及於事乎? 是時,魏人先於邵陽洲兩岸,爲兩橋,樹柵數百步,跨淮通道,其難克者在此。《韋叡傳》云:叡裝大艦,使梁郡太守馮道根、廬江太守裴邃、秦郡太守李文釗等爲水軍,值淮水暴漲,叡即遣之。鬭艦競發,皆臨敵壘,以小船載草,灌之以膏,從而焚其橋,風怒火盛,煙塵晦冥,敢死之士,拔柵斫橋,水又漂疾,倏忽之間,橋柵盡壞。而道根等皆身自搏戰,軍人奮勇,呼聲動天地,無不一以當百,魏人大潰。《曹景宗傳》言:高祖詔景宗等,預裝高艦,使與魏橋等,爲火攻計。令景宗與叡,各攻一橋。叡攻其南,景宗攻其北。六年三月,春水生,淮水暴長六、七尺,叡遣所督將馮道根、李文釗、裴邃、韋寂等,乘艦登岸擊魏,洲上軍盡殪。景宗因使衆軍皆鼓噪亂登諸城,呼聲震天地。大眼於西岸燒營,英自東岸棄城走,諸壘相次土崩,悉棄其器甲,爭投水死,淮水爲之不流。合觀兩傳,先登者實叡軍,而景宗特繼之耳。

　　天監四年之北伐,詔叡都督衆軍。叡遣長史王超宗及馮道根攻魏小峴城,未能拔。叡巡行圍柵,魏城中忽出數百人,陳於門外。叡欲擊之,諸將皆曰:向本輕來,未有戰備,徐還授甲,乃可進耳。叡曰“魏城中二千餘人,閉門堅守,足以自保,無故出人於外,必其驍勇者也。若能挫之,其城自拔。衆皆猶遲疑,叡指其節曰:朝廷授此,非以爲飾,韋叡之法,不可犯也。乃進兵士,皆殊死戰，魏軍果敗走，因急攻之，中宿而城拔。遂進討合肥。先是右軍司馬胡景略等至合肥，久未能下。叡按行山川曰：吾聞汾水可以灌平陽，絳水可以灌安邑，即此是也。乃堰肥水，親自夜率，頃之，堰成水通，舟艦繼至。魏初分築東西小城夾合肥，叡先攻二城。既而魏援將揚靈胤帥軍五萬奄至，衆懼不敵，請表益兵。叡笑曰：臨難鑄兵，豈及馬腹。且吾求濟師，彼亦徵衆，師克在和不在衆，古之義也。因與戰，破之，軍人少安。初，肥水堰立，使軍主王懷靜築城於岸守之，魏攻陷懷靜城，千餘人皆没，魏人乘勝至叡堤下，其勢甚盛（未完）。

〔四五五〕　周　弘　正

　　從古學人之無行者，周弘正其最乎？臺城陷，弘正詔附王偉，又與周石珍合族，避侯景諱，改姓姬氏，拜爲太常。景將篡，使掌禮儀。及王僧辨東討，元帝謂之曰："王師近次，朝士孰當先來？"僧辨曰："其周弘正乎，弘正智不後機，體能濟勝，無妻子之顧，有獨決之明，其餘碌碌不逮也。"俄而前部傳云，弘正至。記曰："其所厚者薄，而其所薄者厚，未之有也。"人情孰不念父母，顧妻子，至激於義理者不然，乃有所不得已也。弘正既已屈節於景矣，所謂不得已者安在？於此而稱其無妻子之顧，有獨決之明。然則知不後機，體能濟勝者，乃惟明於一身之利害，而果以行其趨避之計乎？弘正之來也。僧辨飛騎迎之，即日啓元帝，帝手書與弘正，仍遣使迎之，及至，禮數甚優，朝臣無比。帝嘗著《金樓子》曰："余於士大夫，重汝南周弘正。"君若臣之所重者如此，安得不亡國敗家，并喪其身乎？王克仕侯景，景敗，迎候僧辨，僧辨曰：勞事夷狄之君。何不以此語詰弘正？他日一敗而臣於淵明，所遣往迎者，即弘正也，豈不哀哉？抑元帝性多猜忌，於名無所假人，微有勝己者，必加毁害，而於弘正，獨優禮之，何也？則以其似直而實諛也。史稱弘正俳諧似優，剛腸似直，簡文之立爲太子，弘景奏記，請其抗目夷之義，執子臧之節，明知其時爲不能以是加罪也。元帝不肯歸建鄴，弘正驟諫，似逆帝意，且忤近臣，然當時諫者甚多，朱買臣，帝之親昵也，而亦諫，則非帝之所甚惡，亦非近臣之所深忌也。此所謂剛腸似直者也。其歸元帝也，授之顯官，而以著犢鼻褌衣朱衣，爲有司所彈，其平時之行類俳優可想。君子正其衣冠，尊其瞻視，寧必以此示異於人，内重者外自不得而輕也。觀人者必於其威儀，豈無故哉？或曰：妮妮謹威儀者，遂可以有爲乎？曰：不必其有爲也。而庶幾有所不爲，有所不爲者，必始於介也，介不足以限奇士，而恒人要不可不以此自勉，故以威儀觀人者，或失之於奇士，必不失之於恒人。

弘正在武帝時，有罪應流徙，勅以賜干陁利國，未去，寄繫尚方，於獄上武帝講武詩，降勅原罪，仍復本位。當時用法甚寬，至欲屛之四夷，其所犯之重可知，此等人宥之何爲哉？

〔四五六〕　張雕不擇所事

張雕爲齊後主所委信，遂以澄清爲己任，意氣甚高，貴幸皆側目。尚書左丞封孝琰與侍中崔季舒，皆爲祖珽所厚。孝琰嘗謂珽曰：公是衣冠宰相，異於餘人。近習聞之，大以爲恨。會齊主將如晉陽，季舒與雕議，以爲壽陽被圍，大軍出拒，信使往還，須稟節度；且道路小人，或相驚恐，以爲大駕向并州，畏避南寇；若不啓諫，恐人情駭動，遂與從駕文官，連名進諫。時貴臣趙彥深、唐邕、段孝玄等，意有異同，季舒與爭未決。韓長鸞遽言於帝曰：諸漢官連名總署，聲云諫章并州，其實未必不反，宜加詰戮。齊主遂悉召已署名者集含章殿，斬季舒、雕、孝琰及散騎常侍劉迪、黃門侍郎裴澤、郭遵於殿庭。效忠異族之禍，至於如此。張雕頗有抱負，奈何不擇所事邪？張雕《儒林傳》亦作張雕武。蓋本名雕虎，避唐諱去下一字，或改虎爲武。

〔四五七〕　殺　人　自　殺

《北齊書·廢帝紀》云：“文宣登鳳臺，召太子使手刃囚，太子惻然有難色，再三不能斷其首，文宣怒，親以馬鞭撞太子三下，由是氣悸語吃，精神時復昏擾。”《孝昭紀》言孝昭入雲龍門，至昭陽殿“庭中及兩廊下衛士二千餘人，皆被甲，待詔，武衛娥永樂武力絶倫，又被文宣重遇，撫刃思效，廢帝性吃訥兼倉卒不知所言”，遂不能用。然則文宣之教子殺人，乃正所以殺其子也。夫欲殺人者，不過以求自存。然人所以自存之道，豈徒在殺人而已哉？人未有孑然獨存於世者，而欲有以鳩其羣而不渙，則必有道矣。故曰：不嗜殺人者能一之，然則君子之所以存心者又可知矣。古之人未嘗不事田獵也，而又曰君子遠庖廚，有以也夫！

〔四五八〕　藉　手　報　仇

陳武帝遣文帝攻杜龕，王清援之，歐陽頠同清援龕，中更改異，殺清而歸武帝。清子猛，終文帝之世，不聽音樂，疏食布衣，以喪禮自處。宣帝立，乃始求位。《南史·王准之傳》。人或議之，然無可議也。文帝之後嗣，爲宣帝所替，猛蓋謂其仇已雪，抑且視宣帝爲代己報仇者矣。梁武助齊明以傾鬱林亦是道也。然則人不可以妄殺也。妄殺而骨肉之間，或爲仇人所藉手矣。孟子曰："殺人之父者，人亦殺其父；殺人之兄者，人亦殺其兄。"然則非自殺之也，一間耳，猶未若此之可畏也。

〔四五九〕　紈　袴　狎　客

《通鑒》：長城公禎明二年，隋師將至。帝從容謂侍臣曰："王氣在此，齊兵三來，周師再來，無不摧敗，彼何爲者邪。"孔範曰："長江天塹，古以爲限隔南北，今日虜軍，豈能飛渡邪。邊將欲作功勞，妄言事急，臣每患官卑，虜若渡江，臣定作太尉公矣。"或妄言北軍馬死。範曰："此是我馬，何爲而死。"帝笑以爲然。案時臨平湖草久塞，忽然自開，帝惡之，乃自賣於佛寺爲奴以厭之，則亦未嘗不知事勢之亟。而臨危之際，又藉王氣在此以自寬，奭弱之人，往往如是。至孔範，則惟知獻媚，罔恤大局，强敵壓境，而以談笑道之，更可謂全無心肝矣。此等情態，吾於今世所謂紈袴子弟及狎客者屢見之。

〔四六〇〕　用人以撫綏新附

《三國·魏志·鄧艾傳》：艾既平蜀，言於司馬文王曰："兵有先聲而後實者，今因平蜀之勢以乘吳，吳人震恐，席卷之時也。然大舉之後，將士疲勞，不可便用，且徐緩之；留隴右兵二萬人，蜀兵二萬人，煮鹽興冶，爲軍農要用，并作舟船，豫順流之事，然後發使告以利害，吳必歸化，可不征而定也。今宜厚劉禪以致孫休，安士民以來遠人，若便送禪於京都，吳以爲流徙，則於向化之心不勸。宜權停留，須來年秋冬，比爾吳亦足平。以爲可封禪爲扶風王，錫其資財，供其左右。郡有董卓塢，爲之官舍。爵其子爲公侯，食郡内縣，以顯歸命之寵。開廣陵、城陽以待吳人，則畏威懷德，望風而從矣。"謂吳可不征而定，自屬太過，然其言確係良圖，則不可誣也。然厚待劉禪，僅足傾動孫氏之主耳，若爲長治久安計，則吳、蜀平後，所以撫綏其士大夫者，尤不可少矣。

《晉書·儒林傳》：文立，巴郡臨江人，蜀時游太學，師事譙周，仕至尚書。泰始初，拜濟陰太守，入爲太子中庶子，上表以諸葛亮、蔣琬、費禕等子孫流徙中畿，宜見叙用，一以慰巴蜀之心，其次傾吴人之望，事皆施行。詔稱光武平隴蜀，皆收其賢才以叙之。以立爲散騎常侍。又曰：蜀故尚書犍爲程瓊，雅有德業，與立深交。武帝聞其名，以問立，對曰：臣至知其人，但年垂八十，稟性謙退，無復當時之望，不以上聞耳。是武帝之於蜀士，確頗留意。然《本紀》：泰始五年二月己未，詔蜀相諸葛亮孫京，隨才署史。則即武侯後裔，亦有用之未盡者也。吴平之後，拔用其人，尤爲不盡，劉頌除淮南相，上疏言：“封幼稚皇子於吴、蜀，臣之愚慮，謂未盡善。夫吴、越剽輕，庸、蜀險絶，此故變釁之所出，易生風塵之地。且自吴平以來，東南六州將士，更守江表，此肘之至患也。又内兵外守，吴人有不自信之心，宜得壯王以鎮撫之，使内外各安其舊。又孫氏爲國，文武衆職，數擬天朝，一旦堙替，同於編户，不識所蒙更生之恩，而災困逼身，自謂失地，用懷不靖。今得長王以臨其國，隨才授任，文武并叙，士卒百役，不出其鄉。求富貴者取之於國内，内兵得散，新邦又安，兩獲其所，於事爲宜。”此其事機，可謂極緊急矣。然《賀循傳》言：循以無援於朝，久不進序，陸機上疏薦之。其言曰：“臺郎所以使州州有人，非徒以均分顯路，惠及外州而已。誠以庶士殊風，四方異俗，壅隔之害，遠國益甚。至於荆、揚二州，户各數十萬，今揚州無郎，而荆州江南，乃無一人爲京城職者，誠非聖朝待四方之本心。”觀此，知晉初士夫，競進成俗，而能爲國遠慮者，則幾於無人矣。《陶侃傳》：侃察孝廉，至洛陽，數詣張華，華初以遠人，不甚接遇，後與語，乃異之，除郎中。伏波將軍孫秀，以亡國支庶，府望不顯，中華人士，恥爲掾屬，以侃寒宦，召爲舍人。蓋其時之歧視遠人如此。王導輔元帝，説其招致顧榮、賀循，爲史所豔稱。然明帝太寧三年，八月，詔曰：“吴時將相名賢之胄，有能纂脩家訓，又忠孝仁義，静己守真，不聞於時者，州郡中正，亟以名聞，勿有所遺。”則至易世之後，而其撫用猶有未盡也。《桓温傳》：温平李勢，“停蜀三旬，舉賢旌善，僞尚書僕射王誓、中書監王瑜、鎮東將軍鄧定、散騎常侍常璩，皆蜀之良也，并以爲參軍，百姓咸悦。”温時如此，而況晉初乎！

　　《梁書·武帝紀》：天監五年，正月丁卯朔，詔曰：“在昔周漢，取士方國，頃代凋謬，幽仄罕被，人地孤絶，用隔聽覽，士操淪胥，因兹靡勸。凡諸郡國舊族邦内無在朝位者，選官搜括，使郡有一人。”此即陸機所謂以除壅隔之害者，固不僅爲士大夫謀出路也。七年二月庚午，詔於州郡縣置州望、郡宗、鄉豪各一人，專掌搜薦，蓋亦爲此。

　　《魏書·邢巒傳》：夏侯道遷内附，詔加巒使持節、都督征梁漢諸軍事，詔曰：“巒至彼，須有板官，以懷初附，高下品第，可依征義陽都督之格也。”及巴西平，巒表曰："巴西、南鄭,相離一千四百,去州迢遞,恒多生動。昔在南之日,以其統綰勢難,故增立巴州,鎮靜夷獠。梁州藉利,因而表罷。彼土民望,嚴、蒲、何、楊,非惟五三,族落雖在山居,而多有豪右,文學箋啓,往往可觀,冠帶風流,亦爲不少。但以去州既遠,不能仕進,至於州綱,無由廁跡。巴境民豪,便是無梁州之分,是以鬱快,多生動靜。比建義之始,嚴玄思自號巴州刺史,克城已來,仍使行事。巴西廣袤一千,戶餘四萬,若彼立州,鎮攝華獠,則大帖民情,從墊江以還,不復勞征,自爲國有。"當時蜀中,勢實岌岌,以世宗固不用巒之議,又王足反正,乃得幸免耳。然則不徒天朝,即州郡,亦不可不思引用賢能以撫綏所屬矣。抑以巴中之辟陋,冠帶風流,猶足稱舉,尚安得諉曰地實無才哉!

又《韓麒麟傳》:麒麟以高祖時爲齊州刺史,以新附之人,未階臺宦,士人沈抑,乃表曰:齊土自屬僞方,歷載久遠,舊州府寮,動有數百。自皇威開被,并職從,省守宰,闕任不聽土人監督。竊惟新人未階朝宦,州郡扃任甚少,沈塞者多,願言冠冕,輕爲去就。愚謂守宰有闕,宜推用豪望,增置吏員,廣延賢喆,則華族蒙榮,良才獲叙,懷德安土,庶或在兹。朝議從之。又《李彪傳》:彪上封事七條,其三曰:"臣又聞前代明主,皆務懷遠人,禮賢引滯。臣謂宜於河表七州人中,擢其門才,引令赴闕,依中州官比,隨能序之。一可以廣聖朝均新舊之義,二可以懷江、漢移有道之情。"蓋當時反側於兩國之間者,率爲地方豪右,故以是爲招致之具也。《齊書·鬱林王紀》:永明十一年八月,辛丑,詔曰:往歲蠻虜協謀,志擾邊服,羣帥授略,大殲凶醜,革城克捷,及舞陰固守,二處勞人,未有沾爵賞者,可分遣選部,往彼序用。此所序用者,必多當地之人,鼓舞之用,誠不可闕。然《宋書·長沙景王道憐傳》言元嘉時,淮西江北長吏,悉叙勞人武夫,多無政術,雖合酬庸之典,未免擾民之患,又不可以不慎也。

風未甚同、道未甚一之世,各地方之間,恒不免此疆彼界之見。《晉書·孔坦傳》:"遷尚書郎,時臺郎初到,普加策試。元帝手策問曰:吳興徐馥爲賊殺郡將,郡今應舉孝廉不?"此在今日言之爲不可解;而當時有此策者,各地方之相視,如今異國人之相視,爲恩爲怨,非以其人,而以其族,此等成見,猶未盡除也。遠方所以宜加意撫綏,其理亦由於此。

原刊一九四七年四月二十五日上海《益世報》副刊"史苑"

〔四六一〕　近 鄉 情 更 怯

詩惟有至性至情者,乃能道出人心坎中事。唐人詩云:"近鄉情更怯,不敢問來人。"此非久經羈旅者不知，抑亦久經羈旅者人人心所欲言，而口不能言者也。毛脩之代王鎮惡爲安西司馬，義真敗，爲赫連勃勃所擒。及赫連昌滅，入魏。後朱脩之俘於魏，經年不忍問家鄉消息，久之，乃訪焉。脩之具答，并云："賢子亢矯，甚能自處。"脩之悲不得言，直視良久，乃長嘆曰："烏乎！"自此一不復及。夫經年始訪，即近鄉情更怯之意也。然詩人不過羈旅之思，脩之則更有家國之痛焉。一嘆之後，終身不及，亦可悲矣。長安之戍，實同棄師，功臣良將，駢肩而没。至於虜馬飲江，乃登城而思道濟，亦何益哉？

〔四六二〕　亂時取二妻

　　時直非常，則有非常之事。漢魏之際，喪亂薦臻。而要二妻者，遂屢有所聞焉。太康元年，東平王楙上言，相王昌父毖，本居長沙，有妻息，漢末使入中國，值吳叛，仕魏爲黃門郎，與前妻息死生隔絶，更取昌母。今江表一統，昌聞前母久喪，當追成服，求平議。其時議者，謝衡以爲雖有二妻，蓋有故而然，不爲害於道，宜更相爲服，蓋以爲無妨二適者也。張惲謂《堯典》以釐降二女爲文，不殊嫡媵，傳記以妃夫人稱之，明不立正后，則以爲可不分適庶者也。其以爲不容二適者，則虞溥謂未有遭變而二適，故昌父更娶之辰，是前妻義絶之日。許猛以爲地絶。衛恒謂地絶死絶無異。蓋謂不容二適，乃出以求全。然昌妻何故當義絶乎？李胤謂毖爲黃門侍郎，江南已叛，石厚與焉。大義滅親，毖可得以爲妻乎？夫江南叛，非毖之妻叛也。如毖之説，境有叛首，境内之人，皆在當絶之列乎？於義窒矣。虞溥謂妻專一以事夫，夫懷貳以接已。開僞薄之風，傷貞信之教，於以純化篤俗，不亦艱乎？其説是也。地絶之説本已難通。劉卞云：地既通，何故追而絶之，於義尤允。虞溥謂據已更娶，有絶前之證，又欲方之惡疾。謂雖無過，亦可見出。然揆諸人情，終不如卞粹謂昌父當莫審之時而娶後妻，則前妻同之於死而義不絶之爲允也。衛恒謂絶前爲奪舊與新，爲禮律所不許，人情所不安，信矣。絶與死同，無嫌二嫡，此所以濟事之窮，然以言終絶者則可矣。其如絶而復通，如朱某鄭子羣陳詵者何？於是嫡庶之别，終不得不辨矣。劉卞云：毖於南爲邦族，於北爲羈旅，此以名分言之，前妻爲元妃，後婦爲繼室，然娶妻必於邦族，竊所未聞。干寶云：同産者無適側之别，而先生爲兄，諸侯同爵無等級之差，而先封爲長，今二妻之入，無貴賤之禮，則宜以先後爲秩，今生而同室者寡，死而同廟者衆，及其神位，故有上下也。春秋賢趙姬遭禮之變而得禮情，朝廷於此，宜導之以趙姬，齊之以詔命，使先妻恢含容之德，後妻崇卑讓之道，室人達少長之序，百姓見變禮之中，若此可以居生，又況於死乎？如寶之論，以處死則得矣。以之居生，先妻不恢含容之德，後妻不崇卑讓之道，將若何？時吳國朱某，娶妻陳氏，生子東伯，入晉，晉賜妻某氏，生子綏伯。太康中，某已亡，綏伯將母以歸邦族，兄弟交愛敬之道，二母篤先後之序，及其終也，二子交相爲服，即行寶之説者也。君子以爲賢，然虞溥云伯夷讓孤竹，不可以爲後王法，此可以爲教不可以立法也。安豐太守程諒先已有妻，後又娶，遂立二嫡。前妻亡，後妻子勗疑所服，荀勗議曰：昔鄉里鄭子羣娶陳司空從妹，後隔呂布之亂，不復相知存亡，更娶鄉里蔡氏女，徐州平定，陳氏得還，遂二妃并存，蔡氏之子字元豔，爲陳氏服嫡母之服，事陳公以從舅之禮，族兄宗伯曾責元豔，謂抑其親，干寶之議，於斯窮矣。沛國劉仲武先娶毌丘氏，生子正舒正則，毌丘儉反，敗，仲武出其妻，娶王氏生陶，仲武爲毌丘氏別舍而不告絶，及毌丘氏卒，正舒求祔葬焉。而陶不許，舒不釋服，訟於上下，泣血露骨，縗裳綴絡，數十年不得從，以至死亡。陶之所爲於人情，則有嗛矣，於法不能責也。咸康二年零陵李繁姊先適南平郡陳詵，産四子而遭賊，於賊請活姑命，賊略將姊去。詵更娶嚴氏，生三子，繁後得姊消息，往迎還詵，詵籍注領二妻，及李亡，詵疑制服，以事言征西大將軍庾亮，府司馬王愆期議曰：詵有老母，不可以莫之養，妻無歸期，納妾可也。李雖没賊，尚有生冀，詵尋求之理不盡，而便娶妻，誠詵之短，其妻非犯七出，臨危請活姑命，可謂孝婦矣。議者欲令在没略之中，必全苦操，有隕無二，是望凡人皆爲宋伯姬也。後子不及前母，故無制服之文。然衲祠烝嘗，未有不以前母爲母者，亡猶母之，況其存乎？繼室本非適也。雖云非適，義在始終，嚴寧可以，詵不應二妻而已涉二庭乎？若能下之，則趙姬之義，若云不能，官當有制。先適後繼，有自來矣。此議惟責嚴氏不當涉二庭爲過，餘皆平允也。以上據《晉書·禮志》。

　　《晉書·賈充傳》：初充前妻李氏，淑美有才行，生二女，褒、裕。褒一名荃，裕一名濬。父豐誅，李氏坐流徙，後娶城陽太守郭配女，即廣城君也。武帝踐阼，李以大赦得還，帝特詔充置左右夫人，充母亦敕充迎李氏。郭槐怒，攘袂數充曰：刊之律令，爲佐命之功，我有其分，李那得與我并？充乃答詔，托以謙沖，不敢當兩夫人盛禮，實畏槐也。而荃爲齊王妃，欲令充遣郭而還其母，時沛國劉含母及帝舅羽林監王虔前妻，皆毌丘儉孫女。此例既多，質之禮官，皆不能決。雖不遣後妻，多異居私通。充自以宰相，爲海內準則，乃爲李築室於永年里，而不往來。荃、濬每號泣謂充，充竟不往，會充當鎮關右，公卿

687

供帳祖道。荃、濬懼充遂出，乃排幔出，於坐中叩頭流血，向充及羣僚陳母應還之意，衆以荃王妃，皆驚起而散，充甚愧愕，遣黃門將官人扶去。既而郭槐女爲皇太子妃，帝乃下詔，斷如李比皆不得還，後荃恚憤而薨。及充薨後，李氏二女乃欲令其母祔葬，賈后弗之許也。及后廢，李氏乃得合葬。

〔四六三〕　飲食侈靡之禍

西元三一二、三一六年，洛陽、長安相繼淪陷。自此政府偏安於南方者二百七十三年。其間北方非無可乘之機，然終不克奏恢復之烈者，士大夫階級之腐敗，其大原因也。士大夫階級之腐敗，事有多端，奢侈其大焉者也。奢侈之事，亦有多端，飲食其大焉者也。賀琛之告梁武帝也，曰：“今天下宰守，所以皆尚貪殘，罕有廉白者，風俗侈靡，使之然也。淫奢之弊，其事多端，麤舉二條，言其尤者。今之燕喜，相競誇豪。積果如山嶽，列肴同綺綉。露臺之產，不周一燕之資。而賓主之間，裁取滿腹，未及下堂，已同臭腐。又歌姬舞女，本有品制。今雖庶賤，皆盛姬妾。務在貪污，爭飾羅綺。故爲吏牧民者，競爲剝削。雖致貲巨億，罷歸之日，不支數年。乃更追恨向所取之少，如復傳翼，增其搏噬，一何悖哉？”案前世士夫，多畜聲伎，燕客則使之奏技以娛賓，而欲延客賞其伎樂者，亦必盛爲飲食以餉之。賀琛所言，二事實一事也。五侯之鯖，著稱雒下，何曾之譜，流衍江東，五胡之禍，蓋與飲食若流終始？豈不哀者？

〔四六四〕　清　談　一

清談之風，起於魏之正始。世遂以晉人之不事事，歸咎於王弼、何晏之徒，其實非也。晏等不徒非不事事之人，且係欲大有爲之人，觀夏侯玄對司馬宣王之問可知。《蔣濟傳》曰：曹爽專政，丁謐、鄧颺等，輕改法度。會有日食之變，詔羣臣問其得失。濟上疏曰：“齊侯問災，晏嬰對以布惠；魯君問異，臧孫答以緩役。應天塞變，乃實人事。今二賊未滅，將士暴露，已數十年，男女怨曠，百姓貧苦。夫爲國法度，惟命世大才，乃能張其綱維，以垂於後，豈中下之吏，所宜改易哉？終無益於治道，適足傷民望，宜使文武之臣，各守其職，率以清平，則和氣祥瑞，可感而致也。”《國志》文最簡略，爽等之所更張，蓋皆無傳於後矣。至於山濤、阮籍等，則皆有所爲而爲之，亦非酣嬉沈醉之徒也。《晉書·戴逵傳》：逵著論曰：“竹林之爲放，有疾而爲顰者也；元康之爲放，無德而折巾者也。”可謂洞見情實。范甯乃以末流之弊，追議創始之人，謂王弼、何晏，罪深於桀紂，不亦誣乎？

　　訾議清談之論，至晉世而後盛，蓋其弊實至晉而始著也。三國時訾議清談者，《魏志·袁渙傳》載渙從弟霸之子亮，深疾何晏、鄧颺等，著論以譏切之。《傳》既不載其論，其説不可得聞。《傅嘏傳注》引《傅子》，有譏切何晏、鄧颺、夏侯玄之語，則嘏本與晏等不合，爲其免官。《管輅傳》及《注》引《輅別傳》，亦有譏切何晏之語，并謂輅豫知晏、颺之當被禍，則事後附會之辭，彌不足信矣。正始八年何晏治身遠小人之奏，卓然儒家禮法之談。庾亮風格峻整，動由禮節，閨門之內，不肅而成，時人亦擬諸夏侯玄。見《晉書·亮傳》。疑正始諸公之縱恣，并不如傳者所言之甚也。

　　原刊《光華大學半月刊》第四卷第二期，一九三五年十月二十五日出版

〔四六五〕　清　談　二

　　《三國·魏志·荀彧傳注》引何劭《荀粲傳》，粲嘗謂傅嘏、夏侯玄曰：“子等在世塗間，功名必勝我，但識劣我耳。”嘏難曰：“能盛功名者，識也。天下孰有本不足而末有餘者耶？”粲曰：“功名者，志局之所獎也。然則志局自一物耳，固非識之所獨濟也。”此説最通。凡諸清談之徒，特其識解相近，才志自各不同；故其立身途轍，亦各有異。有真不能任事者，若焦和、見《魏志·臧洪傳注》引《九州春秋》。《後漢書·臧洪傳》略同。王澄、謝萬之徒是也。有託以避禍者，如阮孚、謝鯤、庾敱之徒是也。有熱中權勢，無異恒人者，如郭象是也。有處非所宜，以致敗績者，如畢軌是也。以上皆見《晉書》本傳。《曹爽傳注》引《魏略》，謂李勝前後所宰守，未嘗不稱職；勝出未幾，而司馬氏之變起。伐蜀駱谷之謀，亦出於勝。《傳》謂鄧颺等勸爽伐蜀，又謂颺與爽參軍楊偉爭於爽前，而偉之言曰：“颺、勝將敗國家事，可斬也。”則二人并爲主謀，《魏略》之言不誣矣。勝之才，蓋足與司馬景王、鍾會匹敵矣。《晉書·景帝紀》曰：“宣帝之將誅曹爽，深謀祕計，獨與帝潛畫，文帝弗之知也。將發夕，乃告之。既而使人覘之，帝寢如常，而文帝不能安席。晨會兵司馬門，鎮靜內外，置陳甚整。宣帝曰：此子竟可也。”景帝在諸名士中，可謂最爲梟傑矣。東晉諸主，才略莫優於明帝，而嘗論聖人真假之意，王導等不能屈，蓋亦清談之雋。而名臣如桓彝、溫嶠、庾亮、邵續等，亦咸以清談著聞。見《晉書·謝鯤》、《羊曼傳》。王忱鎮荆州，能裁抑桓玄；王廙能誅戮陶侃將佐；其才蓋亦相等，史褒忱而貶廙，則成敗之論耳。王敦雅尚清談；簡文帝爲會稽王，與孫綽商略諸風流人，綽以桓溫與劉惔、王濛、謝尚并舉；則亂世之姦

雄,亦未嘗非捉麈尾之人矣。殷仲堪之敗,蓋所遭直與忱異,非其才之不足以制桓玄也。殷浩能統率三軍,北定中原,雖喪敗,亦事勢爲之,其才則雄於謝安矣,而況王導乎?

清談者不必皆無能之人,反清談者,亦不必皆有爲之士。庾翼輕杜乂、殷浩,謂當束之高閣。其與浩書,深致譏議。然翼之才,豈能優於亮哉?毋丘儉文武兼資,忠義蓋世,而薦裴秀於曹爽曰:"生而岐嶷,長蹈自然。玄静守真,性入道奧。博問强記,文無不該。"其所稱道,全與時人無殊。則知風尚既成,賢者不必能自外;亦不以此而喪其賢。風俗之衰,受其弊者特恒人耳。然庸衆者英傑之所資,衆人皆莫能自振,賢豪亦無所藉以成其功矣。故風俗之清濁,究爲治亂之原,而有唱道率將之責者,不可以不慎也。

學識既無與於才不才,故觀其人之風度,亦不能定其賢否;古人戒以貌取人,蓋爲是也。簡文帝少有風儀,善容止,凝塵滿席,湛如也。嘗與桓溫及武陵王晞同載遊板橋,溫遞令鳴鼓吹角,車馳卒奔;晞大恐,求下車,而帝安然無懼色;溫由此憚服。初即位,溫撰辭欲自陳述,帝對之悲泣,溫懼不能言。有司承溫旨,奏誅武陵王,帝不許。溫固執,至於再三,帝手詔報曰:"若晉祚靈長,公便宜奉行前詔;如其大運去矣,請避賢路。"溫覽之,流汗變色,不敢復言。可謂處變不驚矣。然謝安稱爲惠帝之流;謝靈運跡其行事,亦以爲報、獻之輩。即孝武幼稱聰悟,謝安歎其精理不減先帝,亦未見其才略之有餘於簡文也。王戎之奔郟也,親接鋒刃,談笑自若;時召親賓,歡娛永日;亦可謂歷險夷而不改其度者,曾何解於覆餗之譏哉?

成都王穎,樂廣之壻也,與長沙王乂搆難。乂以問廣,廣神色不變,徐答曰:"廣豈以五男易一女?"乂猶以爲疑,廣竟以憂卒。《晉書·樂廣傳》。則知能矯飾於外者,未必能無動於中也。此較告子之不動心,又遜一籌矣。

孫登贈嵇康曰:"子才多識寡,難乎免於今之世。"《魏志·王粲傳注》引《魏氏春秋》。何晏以爲聖人無喜怒哀樂,鍾會等述之,王弼不與同,以爲:"聖人茂於人者神明也,同於人者五情也。神明茂,故能體沖和以通無;五情同,故不能無哀樂以應物,然則聖人之情,應物而無累於物者也。今以其無累,便謂不復應物,失之多矣。"其《答荀融書》又云:"常狹斯人,以爲未能以情從理者也,而今乃知自然之不可革。"何劭《弼傳》。亦見《魏志注》。孫登所謂識,與荀粲不同。粲所謂識,但指知解,登則兼該夫以情從理,故謂嵇康無識,則無以自免也。人能以情從理與否,亦因稟賦而不同,王弼所謂自然之不可革也。東漢之季,能以情從理者,郭泰、申屠蟠是也;其不能者,李固、張儉是也。荀粲謂父或不如從兄攸。或整軌儀以訓物，而攸不治外形，慎密自居而已。《魏志·彧傳注》引《晉陽秋》。邴原能先詣魏祖；在軍歷署，終不當事；《魏志》本傳《注》引《原別傳》。可謂善自韜晦。然其在遼東，猶以清議格物，爲公孫度以下所不安，賴管寧密遣之還，《寧傳注》引《傅子》。則知如張閣之不知美好者，非易事矣。《魏志·邴原傳注》。晉文帝欲爲武帝求昏於阮籍，籍醉六十日，不得言而止。鍾會數以時事問籍，欲因其可否而致之罪，皆以酣醉獲免。山濤與尚書和逌交，又與鍾會、裴秀并申款昵。二人居勢爭權，濤平心處中，各得其所，而俱無恨焉。皆見《晉書》本傳。而嵇康以箕踞而鍛忤鍾會，以非薄湯武忤大將軍。亦見《魏志注》引《魏氏春秋》。康之識，豈不如阮籍、山濤哉？情有所不自禁也。何晏等皆好交遊，而丁謐獨以忤諸王繫獄，《曹爽傳注》引《魏略》。視此矣。然則以情從理，誠非易事也，豈真王弼所謂自然不可革者邪？要非所語於能以學問變化氣質者。知自然之不可革也，而不知學問之可以變化氣質也，此當時之名士，所以多無以自免也。

　　寬容與忌刻，亦秉諸自然者也。王敦之舉兵也，劉隗勸元帝盡除諸王，王導率羣從詣闕請罪。直周顗將入，導呼謂顗曰："伯仁，以百口累卿。"顗直入不顧，既見帝，言導忠誠，申救甚至。帝納其言，顗喜飲酒，致醉而出。導又呼顗，顗不與言，顧左右曰："今年殺諸賊奴，取金印如斗大繫肘。"既出，又上表明導，言甚切至。導不知救己，而甚銜之。敦既得志，欲誅顗，以問導，導遂無言。致有"我雖不殺伯仁，伯仁由我而死"之歎，《晉書·周顗傳》。啜其泣矣！嗟何及矣！是導外寬而內忌，顗外率而內寬也。此稟賦之殊也。然一時名士，忌刻者多。故王弼結憾於黎融，亦見《魏志注》。羊祜無德於戎、衍，王澄以舊意侮王敦而見殺，羲之以舊惡恨王述而誓墓。皆見《晉書》本傳。悻悻然小丈夫哉！何其自處之卑，相報之慘也？無他，識解雖超，而情不免於徼利。不忮不求，何用不臧？忮且求，亦何以善其後哉？識足以平揖古賢，而行不免爲市井鄙夫之所恥，君子於是齒冷乎當時之所謂名士者矣。

　　同是清談之士，有能守禮法者，有不能守禮法者，亦由各率其情而行之，而未能變化之以學問也。王澄、胡毋輔之等任放爲達，或至裸體。樂廣聞而笑之曰："名教中自有樂地，何必乃爾？"和嶠居喪，以禮法自持，而王戎母憂，不拘禮制。非必樂廣、和嶠操持過於王戎、王澄、胡毋輔之等，亦其性本近謹飭耳。能守禮法與否，亦與其人之才不才無涉。庾亮風格峻整，固爲名臣；王忱放誕，慕王澄之爲人，然其守荆州，亦威風肅然，殊得物和，且能裁抑桓玄也。

　　王昶名其兄子曰默曰沈，子曰渾曰深，而書以戒之，欲其遵儒者之教，履道家之言;深以惑當時之譽、昧目前之利爲戒;可謂知自克矣。然其言曰:"如不知足,則失所欲。"又曰:"能屈以爲申,讓以爲得,弱以爲强,鮮不遂矣。"《三國·魏志》本傳。則其自克,乃正所以徼利而避禍也。志士不忘在溝壑,勇士不忘喪其元,儉德避難,非苟免之謂也;況又情存於徼利乎? 此又嵇康之徒所不忍爲也。

原刊《光華大學半月刊》第四卷第二期,一九三五年十月二十五日出版

〔四六六〕　清　談　三

清談之士,以忮敗,尤多以求敗,以其冒利而不能自克也。《三國志》言:何晏等專政,共分割洛陽、野王典農部桑田數百頃,及壞湯沐地,以爲産業,承勢竊取官物,因緣求欲州郡。有司望風,莫敢忤旨。爽飲食車服,擬於乘輿;尚方珍玩,充牣其家;妻妾盈後庭,又私取先帝才人等,以爲伎樂。擅取太樂樂器,武庫禁兵。作窟室,綺疏四周,數與晏等會其中,飲酒作樂。爽等罪狀,出於司馬氏之口,自不免於失實,然不能盡誣也。《注》引《魏略》,言鄧颺好貨,丁謐父斐亦好貨,畢軌在并州名爲驕豪,何晏養於太祖家,服飾擬於太子。然則正始秉政之人,實多驕奢之士,其人皆人望也;司馬氏爲其所擯,屏息不敢出氣者幾十年,其才亦非不足取也;而卒以覆滅者,豈不以驕則人惡之,奢則民怨之,故變起於肘腋之間而不之知、莫之援哉?

《晉書·王衍傳》:父卒於北平,送故甚厚,爲親識之所借貸,因以舍之;數年之間。家資罄盡,出居田園,似誠有高致矣。然石勒之責衍曰:"君名蓋四海,身居重任;少壯登朝,至於白首,何得言不豫世事耶? 破壞天下,正是君罪。"雖愛衍者,不能爲衍辯也。天下破壞,固非一人所能爲,然懷禄而不去,何歟? 如衍者,豈得云識不能及哉? 然則其少日之輕財,正是矯情以干譽耳。矯情者,假之也,而不知其終不可假也。衍覩中國已亂,欲爲自全之計,乃以弟澄爲荆州,族弟敦爲青州,謂曰:"荆州有江、漢之固,青州有負海之險,卿二人在外,而吾留此,足以爲三窟矣。"而終不免於排牆之禍,哀哉?

當時知名之士,未嘗無儉德之人。如山濤爵同千乘,室無媵媵;阮修四十不能娶;阮放爲吏部郎,不免饑寒;嵇康、向秀,鍛以自食,秀又與吕安灌園於山陽是也。然此或爲避禍計,或則性本簡傲,不與俗諧,乃甘食蔬衣敝耳,非有得於道也。干寶之言曰:"悠悠風塵,皆奔競之士;列官千百,無讓賢之舉。"《愍帝紀論》引。庾峻之言曰:"普天之下,先競而後讓;舉世之士,有進而無退。"熊遠之言曰:"今逆賊猾夏,暴虐滋甚。二帝幽殯,梓宮未返。昔齊侯既敗,七年

不飲酒食肉。況此恥尤大,臣子之責,宜在枕戈,爲王前驅。若此志未果者,當上下克儉,恤人養士,徹樂減膳,惟脩戎事。陛下憂勞於上,而羣官未同戚容於下;每有會同,務在調戲酒食而已。"均見《晉書》本傳。晏安鴆毒,人其中者鮮能自振,此北方之所以終不可復歟!

《記》曰:"君子有諸己而後求諸人,無諸己而後非諸人;所藏乎身不恕,而能喻諸人者,未之有也。"何其言之親切而有味也?吾嘗默察并世中庸之士,亦未嘗無爲善之心,特其自私之念過深,必先措其身於至安,肥其家使無乏,然後正身以圖晚蓋。其意若曰:"天下大矣,吾一人自私何害?"殊不知人心之感應,捷於影響,自私而望人之不私,自利而責人無欲利,不可得也。此古之欲爲善者,所以貴以身先之。而如今人之所爲,是後之也,其不得於人,無足怪矣。王述家貧,求試宛陵令,頗受贈遺,而脩家具,爲州司所檢。王導使謂之曰:"名父之子,不患無祿。屈臨小縣,甚不宜爾。"述答曰:"足自當止。"時人未之達也。比後屢居州郡,清潔絕倫,祿賜皆散之親故,宅宇舊物,不革於昔,始爲當時所歎。《晉書》本傳。此去貪求無已者一間耳;抑世之貪求無已者,豈不自以爲未足,而曰足自當止歟?

清談之士,固多名利之徒,然亦有受誣不白者。殷浩之廢也,史稱桓溫將以爲尚書令,遺書告之。浩欣然許焉。將答書,慮有繆誤,開閉者數十,竟達空函,大忤溫意,由是遂絕。《晉書》本傳。此厚誣君子之言也。浩縱不肖,何至并矯情鎮物而不能? 而以溫之忌刻,亦豈待達空函而後絕浩邪? 謝安、王坦之猶足厄溫,而況於浩? 溫又豈肯用之以自樹難乎?

原刊《光華大學半月刊》第四卷第二期,

一九三五年十月二十五日出版

〔四六七〕 清 談 四

裴頠《崇有》之論曰:"夫總混羣本,宗極之道也。方以族異,庶類之品也。形象著分,有生之體也。化感錯綜,理跡之原也。夫品而爲族,則所稟者偏;偏無自足,故憑乎外資。是以生而可尋,所謂理也。理之所體,所謂有也。有之所須,所謂資也。資有攸合,所謂宜也。擇乎厥宜,所謂情也。識智既授,雖出處異業,默語殊塗,所以寶生存宜,其情一也。賢人君子,知欲不可絕,而交物有會。觀乎往復,稽中定務。故大建厥極,綏理羣生,訓物垂範,於是乎在。賤有則必外形,外形則必遺制,遺制則必忽防,忽防則必忘禮。禮制弗存,則無以爲政矣。"《晉書》本傳。其説甚辯,然未足以服貴無者之心也。顧之意,乃謂人不能不自愛其生;欲全其生,不能無資乎物;衆皆有求,爭奪斯起,故不可無禮以爲率由之準。而不知貴無者之欲去禮,正以其不足以爲率由之準也。奚以知其然也? 魏太祖令,謂州人説禰衡受傳孔融之論,以爲:父母與人無親,譬若瓬器,寄盛其中;又言若遭饑饉,而父不肖,寧贍活餘人。《三國·魏志·崔琰傳注》引《魏氏春秋》。此等議論,非恒人思慮所及,可知其必出於融,非誣辭也。是融能破世俗所謂父子之義也。《典略》云:"融昔在北海,見王室不寧,招合徒衆,欲圖不軌,此乃誣辭。融非功名之徒,安得有篡奪之念。言我大聖之後也,而滅於宋。有天下者,何必卯金刀?"《魏志·王粲傳注》引。是融能破世俗所謂君臣之義也。君臣父子之倫,乃昔專制之世所最不敢訾議者,而融能毅然反之,足徵其識解之超矣。魏文帝既受禪,顧謂羣臣曰:"舜、禹之事,吾知之矣。"《魏志·文帝紀注》引《魏氏春秋》。阮籍爲晉文帝從事中郎。有司言有子殺母者,籍曰:"嘻,殺父乃可,至殺母乎?"《晉書》本傳。《傳》又曰:"坐者怪其失言。帝曰:殺父,天下之極惡,而以爲可乎? 籍曰:禽獸知母而不知父。殺父,禽獸之類也;殺母,禽獸之不若。"此權辭以釋衆議耳,非其本旨也。則知衝決網羅,爲凡談玄者之所共,而非孔融之所獨矣。籍、咸、嵇康、劉伶、謝鯤、胡毋輔之父子、畢卓、王尼、羊曼之倫,所以必蔑棄禮法者,毋亦其視之與方内之士大異,覺其蹴然不安,而不可以一日居邪?

王坦之《廢莊論》云:"夫自足者寡,故理懸於羲、農;徇教者衆,故義申於三代。先王知人情之難肆,懼違行以致訟,故陶鑄羣生,謀之未兆,每攝其契而爲節焉。天下之善人少,不善人多,故莊生之利天下也少,害天下也多。"《晉書》本傳。其意略與裴頠同。然亦未思拘守世俗之禮者,未可云能攝其契也。

李充《學箴》云:"老子云絶仁棄義,家復孝慈,豈仁義之道絶,然後孝慈乃生哉? 蓋患乎情仁義者寡,利仁義者衆也。道德喪而仁義彰,仁義彰而名利作,禮教之弊,直在兹也。先王以道德之不行,故以仁義化之;行仁義之不篤,故以禮律檢之。檢之彌繁,而僞亦愈廣。老、莊是乃明無爲之益,塞爭欲之門;化之以絶聖棄知,鎮之以無名之樸。聖教救其末,老、莊明其本,本末之塗殊,而爲教一也。人之迷也,其日久矣。見形者衆,及道者鮮。不覩千仞之門,而逐適物之跡,逐跡愈篤,離本愈遠,遂使華端與薄俗俱興,妙緒與淳風并絶。後進惑其如此,將越禮棄學,而希無爲之風,見義教之殺,而不覩其隆矣。"又曰:"世有險夷,運有通圮。損益適時,升降惟理。道不可以一日廢,亦不可以一朝擬。禮不可爲千載制,亦不可以當年止。非仁無以長物,非義無以齊恥。仁義固不可違,去其害仁義者而已。"《晉書》本傳。其論最爲持平也。

　　然當時放誕之士，初非見不及此，乃皆藉以爲利耳。戴逵之論曰："儒家尚譽者，本以興賢也。既失其本，則有色取之行，懷情喪真，以容貌相欺，其弊必至於末僞。道家去名者，欲以篤實也。苟失其本，又有越檢之行；情理俱虧，則仰詠兼忘，其弊必至於本薄。夫僞薄者，非二本之失，而爲弊者，必託二本以自通。夫道有常經，而弊無常情，是以六經有失，二政有弊。苟乖其本，固聖賢所無奈何也。"《晉書》本傳。可謂言之深切著明矣。江惇謂"放達不羈，以肆縱爲貴者，非但動違禮法，而亦道之所棄"，《晉書》本傳。其意亦與逵同。夫情有所不安，不能自克，以就當世之繩墨，雖或以是賈禍，其志固可哀矜；至於以是徼名利焉，以是圖便安焉，而其心不可問矣。此又劉伶、阮籍之徒之所棄也。

原刊《光華大學半月刊》第四卷第二期，

一九三五年十月二十五日出版

〔四六八〕　清　談　五

　　清談所以求明理也，其後或至於尚氣而求勝。如謝朗，病起體羸，於叔父安前，與沙門支遁講論，遂至相苦。其母王氏再遣信令還。安欲留使竟論。王氏因出云："新婦少遭艱難，一生所寄，惟在此兒。"遂流涕攜朗去。謝道韞爲王凝之妻。凝之弟獻之，嘗與賓客談議，辭理將屈。道韞遣婢白獻之曰："欲爲小郎解圍。"乃施青綾步障自蔽，申獻之前議。皆是也。然此特末流之失，原其朔，則誠有志在明理，從善服義，不計勝負者。《樂廣傳》云："尤善談論，每以約言析理，以厭人心。"《阮瞻傳》云："遇理而辯，辭不足而旨有餘。見司徒王戎，戎問曰：聖人貴名教，老莊明自然，其旨同異？瞻曰：將毋同。戎咨歎良久，即命辟之，時人謂之三語掾。"《王承傳》云："言理辯物，但明其指要，而不飾文辭。有識者服其約而能通。"是當時談者，皆以要言不煩爲貴，不貴喋喋利口也。《廣傳》又云："其所不知，默如也。"《裴頠傳》："樂廣嘗與頠清言，欲以理服之，而頠辭論豐博，廣笑而不言。"《王述傳》云："性沈靜，每坐客馳辯，異端競起，而述處之恬如也。"則并不貴有言矣。《王衍傳》曰："義理有所不安，隨即改更，世號口中雌黄。"以上均各見《晉書》本傳。《三國·魏志·荀彧傳注》引何劭《荀粲傳》，謂"太和初，到京邑與傅嘏談。嘏善名理而粲尚玄遠，宗致雖同，倉卒時或有格而不相得意。裴徽通彼我之懷，爲二家騎驛，頃之，粲與嘏善。"《晉書·張憑傳》：詣劉惔，"惔處之下坐，神意不接。憑欲自發而無端，會王濛就惔清言，有所不通，憑於末坐判之，言旨深遠，足暢彼我之懷。一坐皆驚,恢延之上坐,清言彌日。"此尤絕無彼我之見,而能獲講習之益者矣。

原刊《光華大學半月刊》第四卷第二期,

一九三五年十月二十五日出版

〔四六九〕　晉人之矯誕

自後漢以名取士,而當世遂多矯偽之人,色取行違,居之不疑,至易代而猶未革。《晉書》所載,居喪過禮、廬墓積年、負土成墳、讓産讓財、撫養親族、收恤故舊之士甚多,豈皆篤行,蓋以要名也。而其尤矯誕者,要莫如鄧攸。《攸傳》云:"石勒過泗水。攸乃斫壞車,以牛馬負妻子而逃。又遇賊掠其牛馬,步走。擔其兒及其弟子綏,度不能兩全,乃謂其妻曰:吾弟早亡,惟有一息,理不可絕,止應自棄我兒耳。幸而得存,我後當有子。妻泣而從之,乃棄之。其子朝棄而暮及,明日,攸繫之於樹而去。攸棄子之後,妻不復孕,過江納妾,甚寵之。訊其家屬,説是北人遭亂,憶父母姓名,乃攸之甥。攸素有德行,聞之感恨,遂不復蓄妾,卒以無嗣。時人義而哀之,爲之語曰:天道無知,使鄧伯道無兒。"史臣論之曰:"力所不能,自可割情忍痛,何至豫加徽纆,絕其奔走者乎? 斯豈慈父仁人之所用心也? 卒以絕嗣,宜哉!"其言善矣,然猶未盡也。夫云"朝棄暮及",則兒已自能奔走,何待負擔? 此而繫之,是自殺其子也。不徒不足稱義,抑當服上刑矣。禮:買妾不知其姓則卜之。攸縱不知此,而當買納之初,豈不訊其家屬? 必待寵幸既久,然後及之邪? 史之所云,無一語近於情理,而衆口相傳,譽爲義士,固知庸衆之易欺;而當時憤世之士,必欲違衆而蔑禮,至於賈禍而不悔,固亦有激之使然者也。

《隱逸·郭翻傳》云:"嘗墜刀於水。路人有爲取者,因與之。路人不取,固辭。翻曰:爾鄉不取,我豈能得? 路人曰:我若取此,將爲天地鬼神所責矣。翻知其終不受,復沈刀於水。路人悵焉,乃復沈没取之。翻於是不逆其意,乃以十倍刀價與之。其廉不受惠,皆此類也。"孔子曰:"魯道衰,洙泗之間,斷斷如也。"若翻之所爲,豈特斷斷而已。孟子曰:"可以取,可以無取,取傷廉;可以與,可以無與,與傷惠。"若翻者,己既傷惠,而又傷人之廉,雖市井薄俗有不忍爲,而謂隱者爲之乎? 然當日知名之士,亦間有天性篤厚之人。《劉驎之傳》云:"去驎之家百餘里,有一孤姥,病將死,歎息謂人曰:誰當埋我? 惟有劉長史耳。何由令知? 驎之先聞其有患,故往候之。直其命終,乃身爲營棺,殯送之。"若驎之者,不敢謂其無徼名之心,然就其事論之,則誠凡民有喪、匍匐救之之仁人矣。世豈遂無仁人？以徼名而勉爲仁者，蓋亦不乏，則名亦未始不足以獎進人也。然終以矯僞之士爲多。是以君子尚玄德，不貴偏畸之行也。

原刊《光華大學半月刊》第四卷第三期，一九三五年十一月十日出版

〔四七〇〕　晉人不重天道

漢世災異，策免三公，上言者亦多援引天道。至魏晉以後，則異是矣。《晉書·摯虞傳》：虞對策東堂。策曰："頃日食正陽，水旱爲災，將何所脩，以變大眚？"虞對曰："古之聖明，原始以要終，體本以正末。故憂法度之不當，而不憂人物之失所；憂人物之失所，而不憂災害之流行。誠以法得於此，則物理於彼；人和於下，則災消於上。其有日月之眚，水旱之災，則反聽内視，求其所由，遠觀諸物，近驗諸身。推之於物則無忤，求之於身則無尤。萬物理順，内外咸宜，祝史正辭，言不負誠，而日月錯行，夭癘不戒，此則陰陽之事，非吉凶所在也。期運度數，自然之分，固非人事所能供御，其亦振廩散滯，貶食省用而已矣。是故誠遇期運，則雖陶唐殷湯，有所不變；苟非期運，則宋衛之君，諸侯之相，猶能有感。"《郤詵傳》載詵對策，實同時事。其言曰："水旱之災，自然理也。故古者三十年耕必有十年之儲，堯湯遭之而人不困，有備故也。自頃風雨，雖頗不時，考之萬國，或境土相接，而豐約不同；或頃畝相連，而成敗異流。固非天之必害於人，人實不能均其勞苦。失之於人，而求之於天，則有司惰職而不勤，百姓殆業而咎時，非所以定人志，致豐年也。宜勤人事而已。"其論雖亦古人所有，然古者勤脩人事，實畏天心，二者或未易軒輊，此專以勸人事爲言，固與兩漢拂士異其趣矣。

〔四七一〕　州郡秩俸供給

送故迎新之費，特郡縣之吏取之於民之一端耳，自此而外，禄秩供給，蓋無一不取之當地者。人不能自攜資財以作官，以當地之財供當地之用，宜也。然立法不嚴，則因之以貪取者亦多矣。

《齊書·豫章王嶷傳》："宋氏以來，州郡秩俸及雜供給，多隨土所出，無有定准。嶷上表曰：伏尋郡縣長尉俸禄之制，雖有定科，而其餘資給，復由風俗，東北異源，西南各緒，習以爲常，因而弗變。緩之則莫非通規，澄之則靡不入

罪。臣謂宜使所在各條公用公田秩石迎送舊典之外，守宰相承，有何供調，尚書精加洗覈，務令優衷。事在可通，隨宜開許，損公侵民，一皆止卻。明立定格，班下四方，永爲恒制。從之。"此即後世陋規歸公之説也。《南史·范雲傳》："遷零陵内史。零陵舊政，公田俸米之外，別雜調四千石。及雲至郡，止其半，百姓悦之。"又《王延之傳》："在江州，禄俸外一無所納。"此已爲賢者。《梁書·良吏傳》：孫謙，以宋明帝時爲巴東、建平二郡太守，"俸秩出吏民者，悉原除之。"禄俸豈可不取，得無賢知之過乎？豈其取之之法，固未盡善邪？《齊書·王秀之傳》："出爲晉平太守。至郡期年，謂人曰：此邦豐壤，禄俸常充，吾山資已足，豈可久留，以妨賢路。上表請代。時人謂王晉平恐富求歸。"豐壤禄俸常充，則瘠土有不給者矣。所謂東北異源，西南各緒也。

《梁書·裴邃傳》："遷北梁、秦二州刺史，開創屯田，省息邊運，民吏獲安，乃相率餉絹千餘匹。邃從容曰：汝等不應爾，吾又不可逆，納其絹二匹而已。"又孫謙："齊初爲錢塘令，去官。百姓以謙在職不受餉遺，追載縑帛以送之，謙卻不受。"此等餉遺，并非常例。非常例，則既非秩俸所應得，亦非公用之所資，其卻之宜也。然肆行貪取者亦多。《南史·宗元饒傳》："遷御史中丞。時合州刺史陳褒贓汙狼藉，遣使就渚斂魚，又令人於六郡乞米，百姓甚苦之，元饒劾奏免之。"又《梁宗室傳》：始興王憺，"拜益州刺史。舊守宰丞尉，歲時乞丐，躬歷村里，百姓苦之，習以爲常。憺至，停斷嚴切，百姓以蘇。"此等乞取，尚復成何事體。又《謝朏傳》："朏爲吳興，以雞卵賦人，收雞數千。"畜馬乘不察於雞豚，況於賦民而使之畜。食人二雞卵，而衞以是棄干城之將，況於賦民以卵而責其雞乎！

《陳書·孔奂傳》："除晉陵太守。曲阿富人殷綺，見奂居處素儉，乃餉衣一襲，氈被一具。奂曰：太守身居美禄，何爲不能辦此；但民有未周，不容獨享温飽耳。勞卿厚意，幸勿爲煩。"此蓋富人每喜獻媚官吏，藉相往來，自以爲榮也。然有因此遂見誅求者。《南史·孝義傳》：趙拔扈新城人。兄震動，富於財，太守樊文茂求之不已，震動怒曰："無厭，將及我！"文茂聞其語，聚其族誅之。拔扈走免，亡命聚黨，殺文茂。非夙與官府交關，雖有誅求，豈容過甚。非所謂慢藏誨盜者邪？

裴邃、孫謙、孔奂等卻吏民之饋，廉矣。然《陳書·文學傳》：褚玠除山陰令，"在任歲餘，守禄俸而已；去官之日，遂乃不堪自致，因留縣境，種蔬菜以自給。"則徒恃禄俸，誠有不能自活者。《南史·裴昭明傳》：元徽中，出爲長沙郡丞，罷任，刺史王藴之謂曰：卿清貧，必無還資。湘中人士，有須一禮之命者，我不愛也。此後世之陋規，所以雖云非法而卒不可絕也。朱修之刺荊州，百城觀贈，一無所受，惟以蠻人宜存撫納，有餉皆受，得輒與佐吏賭之，未嘗入己。《南史》本傳。賭雖非法，可謂曰廉。然去鎮之日，秋豪不犯可也，計在州以來，然油及私牛馬食官穀草，以私錢六十萬償之，則賢知之過矣。伏暅爲東陽太守，郡多麻苧，家人乃至無以爲繩，《梁書·良吏傳》。其失惟鈞。蕭琛頻蒞大郡，不治產業，有闕則取，不以爲嫌。《梁書》本傳。此則古人隨身衣食，悉仰於官，不別治生之義也。《南史·何遠傳》："遷武昌太守，餽遺秋豪無所受。武昌俗皆汲江水，盛夏，遠患水溫，每以錢買人井寒水，不取錢者，則挹水還之。"此亦賢知之過。昏莫叩人之門戶，求水火，無弗與者，至足矣。受者與之，不受者亦可以無還也。

　　伏暅之守東陽也，民賦稅不登者，輒以太守錢米助之。何思澄父敬叔，爲齊長城令，在縣清廉，不受禮遺。夏節至，忽牓門受餉。數日中，得米二千餘斛，他物稱是。悉以代貧人輸租。《南史·文學傳》。此以其乘輿濟人於溱洧之類也，固不如爲法以遺後嗣矣。而如敬叔之所爲，尤足使巧者藉口也。

　　有貪取於民，流俗顧不責其貪，猶以他事稱道之者。《梁書·張率傳》："率嗜酒，事事寬恕，於家務尤忘懷。在新安，遣家僮載米三千石還吳宅；既至，遂耗大半。率問其故，答曰：雀鼠耗也，率笑而言曰：壯哉雀鼠！竟不研問。"三千石米，不爲不多，新安、吳中之路，不爲近矣，果皆出於祿俸，不煩民力乎？家僮侵蝕，置諸不問，以是爲高，則何如陶潛之公田半以種秫也？

　　朱修之，史美其百城觀贈，一無所受。是爲州郡者，不徒貪取於民，又取之於下僚也。《南史·傅昭傳》："遷臨海太守。縣令嘗餉栗，置絹於簿下，昭笑而還之。"是其事矣。大官貪取於僚屬，則僚屬不得不益誅求於吏民。斯時之以貪貨聞者，刺史如益州劉悛、梁州陰智伯，并藏貨巨萬。《梁書·江淹傳》。縣令如山陰虞肩，亦藏汙數百萬。《梁書·陸杲傳》。事實相因也。蕭洽仕梁爲南徐州從事，近畿重鎮，職吏數千人，前後在者，皆致巨富，洽清身率職，餽遺一無所受，妻子不免饑寒，誠可謂難矣。

　　不獨上官貪取於下也，即朝廷亦責郡縣以獻遺。《齊書·明帝紀》，建武元年十一月詔曰："邑宰祿薄俸微，不足代耕，雖任土恒貢，亦爲勞費，自今悉斷。"可見其名爲土貢，實則出之令長矣。《南史·垣閎傳》："孝武帝即位，以爲交州刺史。時交土全實，閎罷州還，資財巨萬。孝武末年貪欲，刺史二千石罷任還都，必限使獻奉，又以蒱戲取之，要令罄盡乃止。閎還至南州，而孝武晏駕，擁南資爲富人。明帝初，以爲司州刺史。出爲益州刺史，蜀還之貨，亦數千金，先送獻物，傾西資之半，明帝猶嫌其少。及閎至都，詣廷尉自簿，先詔獄官留閎，於是悉送資財，然後被遣。凡蠻夷不受鞭罰，輸財贖罪，謂之賧，時人謂閎爲被賧刺史。"又《張興世傳》：宋元徽中，"興世在家，擁雍州還資，見錢三千萬，蒼梧王自領人劫之，一夜垂盡，興世憂懼病卒。"又《孔靖傳》：子琇之，"爲臨海太守。在任清約，罷郡還，獻乾姜二十斤。齊武帝嫌其少；及知琇之清，乃歎息。"又《崔慧景傳》："慧景每罷州，輒傾資獻奉，動數百萬，武帝以此嘉之。"皆可見其誅求無藝，更甚於唐世之進奉也。《蕭惠開傳》："惠開妹當適桂陽王休範，女又當適孝武子，發遣之資，應須二千萬，乃以爲豫章内史，聽其肆意聚納，由是在都著貪暴之名。"此何異縱虎兕以噬人歟？

北魏之初，百官無禄，故其恣取於下，尤爲有辭。《魏書·崔寬傳》：附《崔玄伯傳》。"拜陜城鎮將。三崤地險，民多寇劫。寬性滑稽，誘接豪右、宿盜魁帥，與相交結，傾衿待遇，不逆微細，是以能得民庶忻心，莫不感其意氣。時官無禄力，惟取給於民。寬善撫納，招致禮遺，大有受取，而與之者無恨。"此取之於豪猾，似無傷於細民。然因此，能無寬縱豪猾邪？《景穆十二王傳》：任城王雲，"出爲冀州刺史，留心政事，甚得下情。合州請户輸絹五尺，粟五升，以報雲恩。"此名爲樂輸，實亦未嘗不出獻媚也。《北齊書·陽州公永樂傳》："罷豫州，家産不立。神武問其故，對曰：裴監爲長史，辛公正爲別駕，受王委寄，斗酒隻雞不入。神武乃以永樂爲濟州，仍以監、公正爲長史、別駕。謂永樂曰：爾勿大貪，小小義取莫復畏。"神武頗有意於整飭吏治，而其言猶如是，可見其恬不爲怪矣。《周書·裴俠傳》："除河北郡守。舊制有漁獵夫三十人，以供郡守。俠曰：以口腹役人，吾所不爲也。乃悉罷之。又有丁三十人，供郡守役使，俠亦不以入私，并收庸直，爲官市馬。歲月既積，馬遂成羣。去職之日，一無所取。民歌之曰：肥鮮不食，丁庸不取。裴公貞惠，爲世規矩。"此自奉養之出於民者也。《北齊書·裴讓之傳》：弟諏之，"爲許昌太守。客旅過郡，出私財供給，民間無所與。"則凡吏之宗族交游，亦無不煩民供應矣。《周書·申徽傳》："出爲襄州刺史。時南方初附，舊俗官人皆通餉遺，徽性廉慎，乃畫楊震像於寢室以自戒。"北人之貪取如是，而乃諉其罪於南方舊俗，何其立言之巧也。

原刊一九四七年十一月二十九日上海《益世報》副刊"史苑"

〔四七二〕　符洪因讖改姓之誣

東漢以後，讖緯之説甚行，外夷之竊據中原者，亦相率傅會，殊可笑也。

《晉書·苻洪載記》云:"始其家池中蒲生,長五丈,五節如竹形,時咸謂之蒲家,因以爲氏焉。洪以讖文有草付應王,又其孫堅背有草付字,遂改姓苻氏。"案《三國·蜀志·後主傳》:建興十四年,"徙武都氏王苻健及氐民四百餘户於廣都。"《張嶷傳》:"十四年,武都氐王苻健請降,遣將軍張尉往迎,過期不到,大將軍蔣琬深以爲念。嶷平之曰:苻健求附款至,必無他變。素聞健弟狡黠,又夷狄不能同功,將有乖離,是以稽留耳。數日,問至,健弟果將四百户就魏,獨健來從。"《晉書·宣帝紀》:青龍三年,"武都氐王苻雙强端帥其屬六千餘人來降。"青龍三年,在建興十四年之前一年,是時武都已有苻氏。洪死於晉穆永和六年,年六十六,則當生於武帝太康六年,上距青龍三年,尚五十年也。草付應王之讖,既系妄言;蒲生五丈之説,必爲矯誣,從可知矣。

〔四七三〕　五胡次序無汝羌名

《晉書·苻堅載記》:姚萇求傳國璽於堅,曰:"萇次膺符曆,可以爲惠。"堅瞋目叱之曰:"小羌乃敢干逼天子,豈以傳國璽授汝羌也? 圖緯符命,何所依據? 五胡次序,無汝羌名,違天不祥,其能久乎?"或據謂五胡以羌爲最賤,誤。此羌字指姚萇言之,非指凡羌人。當時最重圖緯,故萇以是求而堅斥其誣。《苻登載記》:馮翊郭質起兵廣鄉以應登,宣檄三輔曰:"姚萇窮凶肆害,毒被人神,於圖讖曆數,萬無一分,而敢妄竊重名,厚顔瞬息,日月固所不照,二儀實亦不育。"意與堅之言同。不然,圖讖豈有不爲一人造而爲一種族造者邪?

〔四七四〕　慕容、拓跋

晉世五胡,率好依附中國,非徒慕容、拓跋稱黄帝之後,宇文託於炎帝,苻秦自稱出於有扈,羌姚謂出於有虞也;即其部落舊名,亦喜附會音義,別生新解。如慕容廆曾祖莫護跋,魏初率其諸部,入居遼西,從宣帝征伐有功,拜率義王,始建國於棘城之北,此蓋慕容氏有土之始,後人遂以其名爲氏。慕容二字,固明明莫護轉音也,乃《晉書·慕容廆載記》曰:"時燕、代多冠步摇冠,莫護跋見而好之,乃斂髮襲冠,諸部因呼之爲步摇,其後音譌,遂爲慕容焉。"豈諸部皆解華語乎? 步摇二字,固不難知,然諸部於漢人之冠,未必不能自造一名以名之,亦未必皆用漢名也。況禹入裸國,裸人衣出;莫護跋豈必斂髮襲冠,以其名諸部乎?《禿髮氏載記》云:"其先與後魏同出。"禿髮,拓跋,蓋同音異譯,魏人又自附會爲后土,其謬同此。《秃髮氏載記》云:"壽闐之在孕,母胡掖氏因寢而産於被中,鮮卑謂被爲秃髮,因而氏焉。"此亦附會。秃髮二字,蓋覆被之義。

〔四七五〕　校　　郎

《晉書·沮渠蒙遜載記》:蒙遜聞劉裕滅姚泓,怒甚。門下校郎劉祥言事於蒙遜,蒙遜曰:"汝聞劉裕入關,敢研研然也!"遂殺之。可謂非我族類,其心必異矣。然孰使汝爲異族效力乎?胡三省《通鑑注》曰:"自曹操、孫權置校事司察羣臣,謂之校郎,後遂因之。蒙遜置諸曹校郎,如門下校郎、中兵校郎是也。"義熙十三年。然則蒙遜之司察其臣,可謂特甚。而詐爲之鷹犬,豈佳士哉?其死也,固有自取之道也。

原刊一九四七年五月十二日天津《民國日報》副刊"史與地"

〔四七六〕　後魏出自西伯利亞

五胡諸族,多好自託於古帝之裔,其説殊不足信。然其自述先世事跡,仍有不盡誣者。要當分別觀之,不得一筆抹殺也。《魏書》謂"後魏之先,出自黄帝。黄帝子曰昌意。昌意少子,受封北國。其後世爲君長,統幽都之北,廣漠之野。黄帝以土德王,北俗謂土爲拓,謂後爲跋,故以爲氏"。又謂"其裔始均,仕堯時,逐女魃於弱水北,人賴其勛,舜命爲田祖"。此全不可信者也。然謂"國有大鮮卑山,因以爲號",則其説不誣。已見《鮮卑》條。又云:"積六七十代,至成帝毛,統國三十六,大姓九十九,威振北方。五傳至宣帝推寅,南遷大澤,方千餘里。厥土昏冥沮洳。謀更遷徙,未行而崩。又七傳至獻帝鄰,有神人,言:此土荒遐,宜徙建都邑。獻帝年老,以位授其子聖武帝詰汾,命南移。山谷高深,九難八阻,於是欲止。有神獸似馬,其聲類牛,導引歷年乃出。始居匈奴故地。其遷徙策略,多出宣、獻二帝,故時人并號爲推寅,蓋鑽研之義也。"此爲拓跋氏信史,蓋成帝强盛,故傳述之事,始於其時也。《魏書》云:"時事遠近,人相傳授,如史官之有記録焉。"

今西伯利亞之地,自北緯六十五度以北,地理學家稱爲凍土帶。自此南至五十五度,稱森林帶。又南,稱曠野帶。最南,稱山嶽帶。其山,即西伯利亞與蒙古之界山也。凍土帶極寒,人不能堪之處甚多。森林帶多蚊虻。曠野帶雖沃饒,然卑濕,多疫癘,亦非樂土。拓跋氏蓋始處凍土帶,以苦寒南徙,復

陷曠野帶中，最後乃越山嶽帶而至今外蒙古也。大澤方千餘里，必曠野帶中
藪澤。或謂今拜喀勒湖，非也。拜喀勒湖乃古北海，爲丁令所居，漢時服屬匈
奴，匈奴囚蘇武即於此，可見往來非難，安有山谷高深，九難八阻之事？

〔四七七〕　拓跋氏先世考上

　　晉世五胡，多好自託於神明之胄，其不足信，自無待言。而魏人自述先
世，荒渺尤甚，又嘗以史事誅崔浩，故其説彌不爲人所信。然其中亦略有事
實，披沙揀金，往往見寶，所貴善爲推求，不當一筆抹殺也。《魏書・序紀》云：
"昌意少子，受封北土，國有大鮮卑山，因以爲號。"此因漢世烏丸、鮮卑，史皆
云以山爲號，因有是言，不足信者也。又云："積六十七世，至成帝毛統國三十
六，大姓九十九。"九十九者，合己爲百姓也。統國三十六者，四面各九國。自
受封至成帝六十七世，又五世至宣帝，又七世至獻帝，又二世至神元，其數凡
八十一。八十一者，九九之積也。自成帝至神元十五傳，爲三與五之積，蓋取三才五行之義，
比擬三皇五帝也。世數及所統國姓，無一非九之積數，有如是巧合者乎？況自神
元以前，除成帝、宣帝、獻帝、聖武帝外，絶無事跡可見。世有事跡傳述如是其
疏，顧於受封以來之世數，及成帝以降十餘世之名諱，獨能識之弗忘者乎？其
爲僞造，夫復奚疑！然安帝統國有九十九姓之説，亦見《官氏志》。九十九
之數，雖不足信，其曾統有諸姓，則必不盡誣，特不當造作成帝其人，而繫之於
其時耳。至云：宣帝"南遷大澤，方千餘里，厥土昏冥沮洳，謀更南遷，未行而
崩"。獻帝時，"有神人言於國曰：此土荒遐，未足以建都邑，宜復徙居。帝時
年老，乃以位授子。""聖武帝詰汾，獻帝命南移，山谷高深，九難八阻，於是欲
止。有神獸，其形似馬，其聲類牛，先行道引，歷年乃出。始居匈奴故地。亦見
《魏書・靈徵志》。其遷徙策略，多出宣、獻二帝，故人并號曰推寅，蓋俗云鑽研之
義。"此中聖武帝其人，及獻帝之名，又爲僞造；而其遷徙之事，及先後有兩推
寅，則不盡誣。"詰汾無婦家，力微無舅家"，造作者蓋亦微示人以聖武以上，
悉無其人。至推寅則所謂以德爲號者。以德爲號而無其名，又傳以神獸道引
荒誕之説，正與野蠻部落十口傳説之性質相符，故知其非子虛也。
　　《禮志》云："魏先之居幽都也，鑿石爲祖宗之廟於烏洛侯國西北。自後南
遷，其地隔遠。真君中，烏洛侯國遣使朝獻，云石廟如故，民常祈請，有神驗
焉。其歲，遣中書侍郎李敞詣石室告祭天地，以皇祖先妣配。"《烏洛侯傳》云：
"真君四年來朝。據本紀，事在是年三月壬戌。稱其國西北，有國家先帝舊墟。石室

南北九十步,東西四十步,高七十尺。室有神靈,民多祈請。世祖遣中書侍郎李敞告祭焉,刊祝文於室之壁而還。"此云舊墟,蓋是。《禮志》云鑿石爲廟則誣矣。魏之先,能興如是大工乎?然云其地爲魏之故土,則自不誣,此固無庸造作也。烏洛侯在地豆干之北,去代都四千五百里。其國西北有完水,東北流合於難水。其地小水,皆注於難,東入於海。又西北二十日行,有于己尼大水,所謂北海也。難水今嫩江;完水今額爾古訥河;北海即貝加爾湖;于己尼蓋入湖之巨川也。魏人編髮,故稱索虜;而烏洛侯繩髮;地豆干在失韋西千餘里,失韋丈夫索髮;可見自失韋以西北,其俗皆同。謂魏人曾居黑龍江、貝加爾湖之間,必不誣也。然其初所居,尚當在此之北。今西伯利亞:自北緯六十五度以北,地理學家稱爲凍土帶;自此南至五十五度曰森林帶;又南曰曠野帶;極南曰山嶽帶,則蒙古與西伯利亞之界山也。凍土帶極寒,人不能堪之處極多。魏人蓋自此南徙。森林帶多蚊虻,亦非樂土,不可居;且鮮卑習騎射,亦不似林木中人也。魏人當時,似自凍土帶入曠野帶。其地沃饒,然卑溼多疫癘,所謂昏冥沮洳者也。終至山嶽帶定居焉。後又踰山南出,則所謂匈奴故地者,其地當在漠北。自此至漠南,尚當多歷年歲。其事,魏人都不能記矣。自後推寅至神元,歷時必久,世數亦必非一。

魏人此等矯誣之説,果始自何時乎?《衛操傳》謂桓帝崩後,操爲立碑於大邗城南,以頌功德。云魏爲軒轅之苗裔。皇興初,雍州別駕雁門段榮於大邗掘得此碑。此説而信,則拓跋氏之自託於軒轅,尚在惠、懷之世;桓帝死於惠帝永興二年,衛操卒於懷帝永嘉四年。然不足信也。《靈徵志》云:"真君五年二月,張掖郡上言:往曹氏之世,丘池縣大柳谷山石表龍馬之形,石馬脊文曰大討曹,而晉氏代魏。今石文記國家祖宗諱,著受命之符。乃遣使圖寫其文。大石有五,皆青質白章,間成文字。其二石記張、呂之前已然之效。其三石記國家祖宗以至於今。其文記昭成皇帝諱,繼世四六天法平,天下大安,凡十四字;次記太祖道武皇帝諱,應王載記千歲,凡七字;次記太宗明元皇帝諱,長子二百二十年,凡八字;次記太平天王,繼世主治,凡八字;次記皇太子諱,昌封太山,凡五字。初上封太平王,天文圖録又受太平真君之號,與石文相應。太宗名諱之後,有一人象,攜一小兒。見者皆曰:上愛皇孫,提攜臥起,不離左右,此即上象靈契,真天授也。"此事誣罔,無待於言。又《皇后傳》云:"高宗初,穿天淵池,獲一石銘,稱桓帝葬母封氏,遠近赴會二十餘萬人。有司以聞。命藏之太廟。"部落會葬,事所可有,何當舉部偕來,至於二十餘萬乎?其爲誣罔,殆與丘池獲石等矣。觀此二事,則知造作石刻以欺人,實爲魏人慣技。桓帝時雖稍知招徠晉人，恐尚未知以文辭自炫。且衞操、衞雄、姬澹、莫含等，皆乃心華夏，其於拓跋氏，特欲借其力以犄匈奴耳，何事道諛貢媚，爲作誣辭乎？《操傳》又云：“衞雄、姬澹、莫含等名皆見碑。”一似惟恐人之不信，故列多人以爲徵驗者，其情亦大可見矣。然則此等矯誣之説，果始何時乎？案道武定國號詔曰：“昔朕遠祖，總御幽都，控制遐國，雖踐王位，未定九州，”此爲魏人自言其先世可考之始。僭位之後，即追尊成帝已下及后號謚。詔有司議定行次。崔玄伯等奏從土德。蓋一切矯誣之説，皆起於此時。所以自託於軒轅者，以從土德；所以從土德，則以不欲替趙、秦、燕而承晉故也。太和十四年高閭之議如此，見《禮志》。崔玄伯立説雖異，用意當同，蓋不敢替異族以觸拓跋氏之怒也。世祖冊沮渠蒙遜曰：“昔我皇祖，胄自黃軒。”見《蒙遜傳》。辭出崔浩。據本紀，事在神䴥四年。高祖時，祕書令高祐、丞李彪等奏曰：“自始均以後，至於成帝，其間世數久遠，是以史弗能傳。”《魏書·高祐傳》。皆與《魏書·序紀》合。知道武之世，造作久定，後人特祖述其説而已。

隋文詔魏澹別成《魏史》，義例多與魏收不同。其二曰：“魏氏平文以前，部落之君長耳。太祖遠追二十八帝，并極崇高，違堯、舜憲章，越周公典禮。但道武出自結繩，未師典誥。當須南董直筆，裁而正之。反更飾非，豈是觀過？但力微天女所誕，靈異絶世，尊爲始祖，得禮之宜。”《隋書·魏澹傳》。然則拓跋氏先世可考者止於神元，固人人所共知也。道武天興二年，祠上帝，以神元配，瘞地於北郊，以神元竇后配；見《禮志》。太武使祭告天地石室，僅云以皇祖先妣配，而不援昌意、始均、成帝之倫；儻亦不欲厚誣其祖乎？然兩推寅固當確有其人也。

拓跋氏事有年可考者，當始文帝入質之歲，實曹魏景元二年。《魏書》以是年爲神元四十二年者，上推神元元年爲庚子，取與曹魏建國同時也。亦不足信。

或曰：神元能遣子入侍，其部落當不甚微，何至父祖名號，亦無省記？獨不觀《南史·侯景傳》乎？景僭位後，王偉請立七廟，并請七世諱。景曰：“前世吾不復憶，惟阿耶名標。”景黨有知景祖名乙羽周者；自外悉偉别制其名位。神元之初，聲名文物，豈能逾於侯景之時？況神元依妻家以起，乃贅壻之倫；其部落之大，蓋自并没鹿回始；前此蓋微不足道矣。推寅神獸而外，一無省記，又何足怪乎？

《晉書》謂禿髮氏之先，與後魏同出，其説最確。《魏書·源賀傳》：世祖謂賀曰：“卿與朕同源，因事分姓，今可爲源氏。”《唐書·宰相世系表》：源氏出自後魏聖武帝詰汾長子疋孤。七世孫禿髮傉檀據南涼。子賀降後魏。太武見之曰："與卿同源,可改爲源氏。"魏人固自言之矣。烏孤五世祖樹機能,略與神元同時。其八世祖匹孤,始自塞北遷於河西。以三十年爲一世計之,匹孤早於神元約百年,其時在後漢中葉,正北匈奴敗亡、鮮卑徙居其地之時也。西伯利亞南邊部落,蓋亦以此時踰山南出。

《宋書・索虜傳》云:"其先漢將李陵後也。陵降匈奴,有數百千種,各立名號,索虜亦其一也。"《齊書・魏虜傳》云:"匈奴種也。"又云:"匈奴女名托跋,妻李陵。胡俗以母名爲姓,故虜爲李陵之後。虜甚諱之,有言其是陵後者輒見殺。"胡俗以母名爲姓,説無徵驗。若援前趙改姓劉氏爲徵,則其時入中國已久,非復胡人故俗矣;況亦母姓而非其名也? 匈奴與鮮卑相混,事確有之。《魏書・官氏志》中有須卜氏、林氏其證;而宇文氏出於匈奴,事尤明顯,《隋書・李穆傳》:"自云隴西成紀人,漢騎都尉陵之後也。陵没匈奴,子孫代居北狄。其後隨魏南遷,復歸汧、隴。祖斌,以都督鎮高平,因家焉。"此則出於依託矣。然不得云拓跋氏爲匈奴種也。魏太武與宋文帝書曰:"彼年已五十,未嘗出户。雖自力而來,如三歲嬰兒,復何知我鮮卑常馬背中領上生活?"合諸世祖命源賀之言,拓跋氏固明以鮮卑自居也。

原刊《齊魯學報》第二期,一九四一年七月出版

〔四七八〕　拓跋氏先世考下

《魏書》謂桓帝葬母,遠近赴者二十萬人,説不足信,既已辭而闢之矣,然《序紀》中類此之言尚多,請一一辯之。《序紀》云:神元之時,控弦上馬二十餘萬。案神元吞并没鹿回,部落誠稍大,然謂有二十餘萬,則必誣也。《晉書・衛瓘傳》曰:除征北大將軍、都督幽州諸軍事、幽州刺史、護烏丸校尉。至鎮,表立平州。後兼督之。於時幽并東有務桓,西有力微,并爲邊害。瓘離間二虜,遂致嫌隙。於是務桓降而力微以憂死。考《武帝紀》,平州之立,事在泰始十年。其明年爲咸寧元年,六月,力微即遣使來獻。三年正月,又使瓘討力微。是年,即《魏書》文帝被害而神元死之年也。《魏書》云:文帝爲神元信讒所殺,蓋飾辭,實則部落離叛,子見殺而父以憂死耳。此豈似擁衆二十萬者乎? 神元之後,傳章帝、文帝、平帝三世,凡十六年,拓跋氏蓋其微已甚。思帝死,昭帝、桓帝、穆帝三分其衆,勢顧稍張。然云控弦騎士四十餘萬,則又誣也。是年,爲晉惠帝元康五年。《魏書》云:穆帝始出并州,遷雜胡,北徙雲中、

五原、朔方。又西渡河，擊匈奴、烏丸諸部。越二年，桓帝度漠北巡，因西略諸國，積五歲始還。史云諸降附者二十餘國，蓋其經略頗勤，故其勢稍振。然穆帝七年，即晉愍帝建興六年，與劉琨會於平陽，會石勒禽王浚，國有匈奴雜胡萬餘家，多勒種類，聞勒破幽州，謀爲亂，欲以應勒，發覺，伏誅，討聰之計，於是中止。此即元康五年之所遷也，不過萬餘家，而主部之勢，既不足以制之矣，而《序紀》謂昭帝十年，晉惠帝永興元年。桓帝以十餘萬騎會司馬騰，昭帝同時大舉以助之；穆帝三年，晉懷帝永嘉四年。平文以二萬騎助劉琨攻鐵弗；是年得陘北之地，徙十萬家以充之；五年，永嘉六年。又躬統二十萬衆以擊劉粲；不尤誣乎？

　　穆帝之死也，《序紀》云：衛雄、姬澹率晉人及烏丸三百餘家隨劉遵南奔并州。此事亦見《雄》、《澹傳》。云時新舊猜嫌，迭相誅戮。雄、澹并爲羣情所附，謀欲南歸，言於衆曰：聞諸舊人忌新人悍戰，欲盡殺之，吾等不早爲計，恐無種矣。晉人及烏丸驚懼，皆曰：死生隨二將軍。於是雄、澹與劉琨任子遵率烏丸、晉人數萬衆而叛。案《晉書‧琨傳》云：遵與澹帥衆三萬人，馬牛羊十萬，悉來歸琨；下文云：琨悉發其衆，命澹領步騎二萬爲前驅；則《雄》、《澹傳》之言，爲得其實。《序紀》所云，蓋諱飾之辭也。《官氏志》云：昭成建國後，諸方雜人來附者，總謂之烏丸。分爲南北部，帝弟觚監北部，子寔君監南部，分民而治，若古之二伯焉。太祖登國元年，因而不改，南北猶置大人，對治二部。諸方來附，總謂烏丸，蓋其衆實以烏丸爲多，他部莫足與比也。魏初西部齮齕最甚，東部即慕容、宇文，亦見《官氏志》。較拓跋氏爲強，不得爲之臣屬。然則拓跋氏之所有者，南北部耳。而烏丸之盛如此，庫賢沮衆，而神元云亡；普洛唱叛，而道武出走；其無足怪。然則拓跋氏之本部亦微矣。遵、澹南歸，幾於魚爛，平文綏撫，未知遺落幾何，而《序紀》云西兼烏孫故地，東吞勿吉以西，控弦上馬，將有百萬，不尤言之不怍乎？

　　《燕鳳傳》云：苻堅問鳳：代王何如人？鳳對曰：寬和仁愛，經略高遠，一時之雄主，常有并吞天下之志。堅曰：卿輩北人，無剛甲利器，敵弱則進，强即退走，安能并兼？鳳曰：北人壯悍，上馬持三仗，驅馳若飛。主上雄儁，率服北土，控弦百萬，號令若一。軍無輜重樵爨之苦，輕行速捷，因敵取資，此南方所以疲敝，而北方所以常勝也。堅曰：彼國人馬，實爲多少？鳳曰：控弦之士數十萬，馬百萬匹。堅曰：卿言人衆可爾，説馬太多，是虛辭耳。鳳曰：雲中川自東山至西河二百里，北山至南山百有餘里，每歲孟秋，馬常大集，略爲滿川。以此推之，使人之言，猶當未盡。此言經後人增飾，非其實。堅當日，蓋問鳳以北方諸部人馬多少，非專問拓跋氏。不然，昭成時敢自誇於秦，謂有并吞之志邪？然《魏書》侈言部衆之多，則可由是知其來歷。蓋皆并計當時北方部族之數，指爲己有耳。説雖夸大，仍略有事實爲憑，善求之，未必不可藉考當日朔陲形勢也。

昭成之世，勢亦小張。其所由然，則以其服高車之衆也。《序紀》：昭成二十六年，討高車，大破之，獲萬口，馬牛羊百餘萬頭。明年，討没歌部，破之，獲牛馬羊數百萬頭。三十年，征衛辰，衛辰與宗族西走，收其部落而還，俘獲生口及馬牛羊數十萬頭。三十三年，征高車，大破之，史不言其有所俘獲。然北狄專以俘掠爲務，未必此役獨不然也。非史失紀，則其所俘較少，未之及。三十九年，苻洛來侵，昭成避於陰山之北，高車雜種，四面寇鈔，不得芻牧，乃復度漠南。《獻明皇后傳》云：苻洛之内侮也，后與太祖及故臣吏避難北徙。俄而高車奄來鈔掠，后乘車與太祖避賊而南。中路失轄。后懼，仰天而告曰：國家胤胄，豈止爾絶滅也？惟神靈扶助。遂馳。輪正不傾，行百餘里，至七介山南，而得免難。可見是時情勢之危。高車之數，蓋遠逾於其舊部矣。

道武之驟盛，其事亦與昭成同。道武之初立也，輔之者惟賀蘭，旋即叛去。其衆僅南北部，猶懷反側。劉顯來侵，北部大人復率烏丸而叛，其不爲昭成之續者幾希。當時所以獲免，蓋惟賴慕容賀驎之援。然劉顯既敗，不數年遂至盛强，則實由其脅服之衆也。道武之破窟咄，事在登國元年十月。明年五月，復徵師於慕容垂，垂又使賀驎來。六月，遂破劉顯於馬邑南，盡收其部落。其明年五月，北征庫莫奚，六月，破之，獲其四部雜畜十餘萬。十二月，西征解如部，破之，獲男女雜畜十數萬。四年正月，襲高車諸部落；二月，討叱突隣部；皆破之。五年三月，西征，襲高車袁紇部，破之，虜獲生口，馬牛羊二十餘萬。四月，與賀驎討賀蘭、紇突隣、紇奚諸部落，破之。九月，破叱奴部於囊曲河。十月，破高車豆陳部於狼山，十一月，紇奚部大人庫寒，十二月，紇突隣大人屈地鞬皆舉部内屬。六年三月，遣討黜弗部，破之。十二月，滅衛辰。簿其珍寶畜産，名馬三十餘萬匹，牛羊四百餘萬頭。山胡酋大幡頹、業易于等率三千餘家内附。八年三月，西征侯吕隣部，四月，破之。六月，遣救慕容永，破類拔部帥劉曜等。類拔，疑當作頬拔。《太宗紀》：永興五年正月，頬拔大渠帥四十餘人詣闕奉貢。徙其部落。八月，征薛干部帥太悉佛，徙其民而還。至十年，遂與慕容氏搆兵矣。以上均見《太祖紀》。蓋虜獲既多，諸部又間有内附者，得其人足以爲强，得其畜足以爲富，故其勢驟張也。然則慕容氏之助拓跋，不幾於藉寇兵齎盗糧乎？道武以皇始元年八月出兵攻燕，至天興元年正月克鄴，事乃贏定。是年六月，遷都平城。十二月僭號。明年正月，即復分兵襲高車矣。自此至天賜元年，仍歲出兵北略；二年乃無聞，則以散發故也。明元立，其勤北略復如故。訖太武世不變。非徒建都平城，形勢不得不爾，亦其所以致盛强者，本由於此也。

　　游牧部落，易合易離。有雄主興，數十百萬之衆，可以立集；及其亡也，則其土崩瓦解亦忽焉。檀石槐之已事，其明徵也。雖契丹之亡，其道亦不外是。拓跋氏所以屢仆復起者，實緣先得陘北，根基稍固之故。然則劉琨之有造於拓跋氏大矣。當時特欲藉其力以犄匈奴，而惡知其爲百三十年之後，索虜薦居中國之漸也。故曰：土地人民，國之寶也。有國有家者，一民尺土，不可以與人。

原刊《齊魯學報》第二期，一九四一年七月出版

〔四七九〕　拓跋氏之虐

　　拓跋氏之專以褁脅爲强，不獨其於北族然也，即於中國亦然。道武之定河北，即徙山東六州民吏及徙何、高麗雜夷三十六萬，百工伎巧十萬餘口，以實雲中。旋又徙六州二十二郡守宰、豪傑、吏民二千家於代都。皆天興元年事。自此至太武，破中原之國，無不徙其民。而内地酋豪以及郡縣長吏，亦頗有苦於亂，自歸以托庇者，而其勢不可遏矣。然道武遇中原之人實虐，所加意撫綏者，則北方部族之衆耳。天賜元年，距河北之定已六年矣，而是年三月，限縣戶不滿百罷之，當時郡縣之彫殘可想。太武太延元年，詔長安及平涼民徙在京師，其孤老不能自存者，聽還鄉里。以魏人之視民如草芥，而猶有此詔，徙民之流離失所，可知也。而天賜元年，大選朝臣，令各辨宗黨，保舉才行，諸部子孫失業賜爵者二千餘人。其於漢人及部族厚薄，爲何如乎？然亦於其舊部則爾，於新降之衆，遇之未嘗不虐。天興二年，獲高車之衆，即令起鹿苑於南臺陰，北距長城，東苞白登，屬之西山，廣輪數十里，鑿渠引武川水注之苑中，疏爲三溝，分流宮城内外，又穿鴻雁池。此與甫定河北，即發卒治直道，自望都鐵關鑿恒嶺至代，天興元年事。後又屢勤其力，以起宮室苑囿者何異？宜乎高車之衆，時有叛服也。

　　抑於舊有部族加意撫綏，亦道武僭位以後則然，若上溯諸昭成以前，則其虐用其民，亦與新降之衆無異。《序紀》云：穆帝“忿聰、勒之亂，志欲平之。先是，國俗寬簡，民未知禁；至是明刑峻法，諸部民多以違命得罪，凡後期者，皆舉部戮之；或有室家相攜而赴死所，人問何之？答曰：當往就誅”。此事亦見《刑罰志》，云“死者以萬計”。蠻人性質固多殘酷，然拓跋氏等起於塞外者似尤甚。苻堅之厚撫羌與鮮卑，固非本心；然究猶能僞爲之也。至慕容暐謀殺堅事露，乃并鮮卑在城者盡誅之，少長無遺，本心露矣。

然究猶退敗而然也。至於柔然敗投西魏,已無能爲,乃徒以突厥人之求,執其君民三千餘人盡付之,使之并命,此則不徒中國所不爲,稍沾中國之化者,亦必不能爲矣。屈丐之敗奔薛干也,道武使求之,部帥太悉佛出屈丐以示使者曰:今窮而見投,寧與俱亡,何忍遣之。所謂後期,蓋後師期,乃欲强發其衆南犯也。時穆帝長子六脩領南部,召之不至,怒討之,失利遂死。蓋南部亦不從其命也。此爲六脩弒父,抑穆帝戰敗自死,尚未可知。蓋普根攻滅六脩,則不得不以六脩弒父爲口實耳。普根先守外境,聞難來赴,攻六脩,滅之。普根立月餘而薨,子始生,桓帝后立之,其冬又薨。其爲良死與否,尚未可知。而平文立,又欲迫其衆南下。平文二年,聞晉愍帝爲劉曜所害,顧謂大臣曰:“今中原無主,天其資我乎?”劉曜遣使請和,不納。明年,石勒請爲兄弟,斬其使以絶之。其決意如此。五年,晉元帝使韓暢加崇爵服,亦絶之。史謂其治兵講武,有平南夏之意,桓帝后以帝得衆心,恐不利於己子,害帝,遂崩,大臣死者數十人。夫苟得衆心,一婦人何能爲? 蓋亦以違衆取敗也。桓帝中子賀傉立,是爲惠帝,未親政事,太后臨朝,即遣使與石勒通和,其情事可見。昭成帝十三年,冉閔殺石鑒自立。十四年,昭成曰:“石胡衰滅,冉閔肆禍,中州紛梗,莫有匡救。吾將親率六軍,廓定四海。”乃勑諸部各率所統,以俟大期。諸大人諫,乃止。昭成所爲,猶之穆帝,特較能從諫,故未及禍。然則當道武南伐以前,拓跋氏之覘覦中原舊矣,而其衆皆不同。固知芸芸之民,特欲安居樂業,父子相保,未有無故覬殺掠者,雖游牧之族猶然。而驕暴之主,每以私意驅之。此墨子所由焦脣敝舌以游説於王公大人者邪? 道武之軍九門也,中山拒守,饑疫并臻,羣下咸思還北。道武乃謂之曰:“斯固天命,將若之何! 四海之人,皆可與爲國,在吾所以撫之耳,何恤乎無民!”真視民如草芥矣。陳留王虔之子悦説太宗,謂京師雜人,不可保信,宜誅其非類者;又雁門人多詐,并可誅之。史稱悦懷姦計,故爲是言,其實乃拓跋氏之積習也。

　　夫天下不可以力服也。芮芮之於拓跋,亦切近矣,而終魏之世不服。魏人屢勤大兵以討之,而烽火猶時通於平城。雖乘阿那瓌時内亂,一臣伏之,未造復畏之如虎。則魏人因酷虐所喪者多矣。抑魏之兵力,非真足畏也。宋文而後,南風不競,自不足與之敵耳。宋武北伐,道武之衆非減於曩時,而竟坐視後秦之亡而不能救;赫連氏之取長安,而不能議其後,則後燕之奔潰,亦其自亡,而非魏之能亡之也。北方衆雖獷悍,而無訓練節制,乏堅甲利兵,故苻堅謂其不足畏。觀其累敗於羯石、氐苻、衛雄、姬澹之衆,桓帝所倚以征伐者,而不足當石勒之一擊,而以道武方興之鋭,慕容垂垂死之年,猶能唾手而入平城,則知堅之言爲不誣。假使中國安寧,將卒用命,命一大將,嚴兵守塞上,而以賈生五餌之策，招暴酋攜貳之民，當穆帝、平文之世，民有不歸之如水，諸部落有不自相翦滅，雖道武能不爲神元之續乎？而諸將猜疑，長安即失，謀臣武將，或以叛亂受戮，或以猜忌見誅，坐使胡馬飲江，燕巢林木，天之方慣，無然泄泄，莫肯念亂，不亦悲乎！

〔四八〇〕高　肇

景明而後，魏政不綱，朝臣之公忠體國者，高肇一人而已。史顧誣爲姦佞之流，甚矣其無是非也。《魏書·張彝傳》：彝除秦州刺史。"爲國造佛寺，名曰興皇。諸有罪咎者，隨其輕重，謫爲土木之功，無復鞭杖之罰。時陳留公主寡居，彝志願尚主，主亦許之。僕射高肇亦望尚主，主意不可。肇怒，譖彝於世宗，稱其擅立刑法，勞役百姓。詔遣直後萬貳興馳驛檢察。貳興，肇所親愛，必欲致彝深罪。彝清身奉法；求其愆過，卒無所得；見代還洛，猶停廢數年。"彝即清身，所爲豈可云奉法？亂法而勞民，肇爲僕射而舉其罪，可以謂之譖乎？彝之咎，止於見代，欲深罪之者顧如是乎？謂其以爭尚主而怨怒，則莫須有之辭也。此亦肇見誣之一端也。

〔四八一〕後魏吏治之壞①

《廿二史劄記》謂魏入中原，頗以吏治爲意，及其末造，國亂政淆，宰縣者乃多廝役，入北齊而更甚。卷十五。此誤也。拓跋氏非知治體者，其屢詔整飭吏治，必其虐民實甚，更難坐視。此不足見其留意吏治，適足見其吏治之壞耳。據《魏書·本紀》，道武天興元年，定都平城，即遣使循行郡國，舉守宰之不如法者。此承北方僭僞之後，其政治本極苟簡，又新遭喪亂，或不能盡爲後魏咎。然其後歷代詔令頻繁，所述守宰貪暴之狀，悉出意表，即可知其吏治之壞，實爲古今所罕覯矣。明元帝神瑞元年十一月，詔使者巡行諸州，校閱守宰資財，非自家所齎，悉簿爲贓；又詔守宰不如法，聽民詣闕告言之。已可見其貪殘之甚。二年三月詔曰："刺史守宰，率多逋慢，前後怠惰，數加督罰，猶不悛改。今年賦調懸違者，謫出家財充之，不聽徵發於民。"是其時刺史守宰，不徒下腴民膏，亦且上虧國課也。太武始光四年十二月，行幸中山，守宰以貪污免者十數人。明年(神䴥元年)正月，又以天下守令多行非法，精選忠良悉代之。可見貪暴者之多。太延三年五月詔曰："比年以來，屢詔有司班宣惠政，與民寧息。而內外羣官及牧守令長，不能憂勤所司，糾察非法，廢公黨私，更相隱置，濁貨為官，政存苟且。夫法之不用，自上犯之，其令天下吏民，得舉告守令不如法者。"此可見當時監察之司，悉成虛語。文成太安四年五月，詔曰："朕即祚至今，屢下寬大之旨，蠲除煩苛，去諸不急，欲令物獲其所，人安其業。而牧守百里，不能宣揚恩意，求欲無厭，斷截官物，以入於己。使課調懸少，而深文極墨，委罪於民，苟求免咎，曾不改懼。國家之制，賦役乃輕，比年已來，雜調減省。而所在州郡，咸有逋懸，非在職之官綏導失所，貪穢過度，誰使之然？自今常調不充，民不安業，宰民之徒，加以死罪。"觀此，可知神瑞二年之詔之所由來，而其弊迄未嘗革矣。明年九月，又詔曰："牧守蒞民，侵食百姓，以營家業，王賦不充，雖歲滿去職，應計前逋，正其刑罪。而主者失於督察，不加彈正，使有罪者優游獲免，無罪者妄受其辜，是啟姦邪之路，長貪暴之心，豈所謂原情處罪，以正天下？自今諸遷代者，仰列在職殿最，案制治罪，克舉者加之爵寵，有愆者肆之刑戮，使能否殊貫，刑賞不差，主者明為條制，以為常楷。"蓋時於逋負，督責嚴切，去職者乃蒙蔽監司，嫁其罪於後人也。和平二年正月，詔曰："刺史牧民，為萬里之表，自頃每因發調，逼民假貸，大商富賈，要射時利，旬日之間，增贏十倍。上下通同，分以潤屋。故編戶之家，困於凍餒，豪富之門，日有兼積，為政之弊，莫過於此。其一切禁絕，犯者十疋以上皆死。布告天下，咸令知禁。"昔時發調，多用實物，編戶之家，不能咸備，誅求之亟，惟有乞假於積貯之家，駔賈豪商，遂乘之以要利。此弊由來已久，乃至官吏與之通同，則更不成事體矣。四年三月詔曰："今內外諸司，州鎮守宰，侵使兵民，勞役非一。自今擅有召役，逼雇不程，皆論同枉法。"役之屬民，實尤甚於賦，虐取之餘，重之以召役逼雇，民復何以自存哉？孝文延興二年七月，詔州、郡、縣各遣二人，才堪專對者，赴九月講武，常親問風俗。三年六月詔曰："往年縣召民秀二人，問以守宰治狀，善惡具聞，將加賞罰，而賞者未幾，罪者眾多，肆法傷生，情所未忍。今特垂寬恕之恩，申以解網之惠，諸為民所列者，特原其罪，盡可貸之。"所謂民秀，蓋即去歲七月所召。太和七年正月詔曰："朕每思知百姓之所疾苦，以增脩寬政。故具問守宰苛虐之狀於州郡使者、秀孝、計掾，而對多不實，甚乖朕虛求之意。宜案以大辟，明罔上必誅。然情猶未忍，可恕罪聽歸，申下天下，使知後犯無恕。"州郡使者、秀孝、計掾，自不免與官吏扶同，然民秀果敢盡言乎？乃能使賞者希，罰者眾，魏之吏治可想矣。

《魏書・張袞傳》：顯祖詔諸監臨之官，所監治受羊一口，酒一斛者，罪至大辟，與者以從坐論。糾告得尚書已下罪狀者，各隨所糾官輕重而授之。袞玄孫白澤表諫，謂“周之下士，尚有代耕，況皇朝貴仕，而服勤無報，請依律令舊法，稽同前典，班祿酬廉”。案魏初百官無祿，論者或以是爲其時官吏之貪取恕；然昔時郡縣之吏，之任代下，所賫悉取於民，所謂送故迎新也。在任時隨身衣食，悉仰於官，亦爲相沿成法，則無祿者雖不能有所得，亦不至有所耗。而且送迎及供應所入，必不能僅足而無餘，豈可以是爲貪求之口實乎？魏之班祿，事在太和八年。而延興三年，詔縣令能静一縣劫盜者，兼治二縣，即食其祿；能静二縣者，兼治三縣，三年遷爲郡守；二千石能静二郡上至三郡亦如之，三年遷爲刺史。此所謂祿，即其出於地方，法令亦許之不以爲罪者也，豈真枵腹從公哉！

州郡弊政之深，一由督察之不力，一由選用之太輕。《北齊書・元文遙傳》云：“齊因魏朝，宰縣多用廝濫，至於士流恥居百里。文遙以縣令爲字人之切，遂請革選，於是密令搜揚貴游子弟，發敕用之。猶恐其披訴，總召集神武門，令趙郡王叡宣旨唱名，厚加慰喻。士人爲縣，自此始也。”趙氏引此，以證魏末之弊。然據《魏書・辛雄傳》：雄以肅宗時轉吏部郎中，上疏曰：“助陛下治天下者，惟在守令，最須簡置，以康國道。但郡縣選舉，由來共輕，貴游儁才，莫肯居此，宜改其弊，以定官方。請上等郡縣爲第一清，中等爲第二清，下等爲第三清。選補之法，妙盡才望，如不可并，後地先才；不得拘以停年，竟無銓革。三載黜陟，有稱者補在京名官，如前代故事，不歷郡縣不得爲内職。”則其弊實不始魏末。《北史・元文遙傳論》云：“漢氏官人，尚書郎出宰百里。晉朝設法，不宰縣不得爲郎。後魏令長，多選舊令史爲之，故縉紳之流恥居其位，爰逮有齊，此途未改。”亦不云其事始於魏末也。《周書・于謹傳》言謹屏居閭里，未有仕進之志，或勸之，謹曰：“州郡之職，昔人所鄙；台鼎之位，須待時來。吾所以優游郡邑，聊以卒歲耳。”此亦魏盛時之俗，非其末葉始然也。《晉書・傅玄傳》：詔羣僚舉郡縣之職以補内官，玄子咸上書曰：“才非一流，職有不同。中間選用，惟内是隆，外舉既頹，復多節目，競内薄外，遂成風俗，此弊誠宜亟革。”則當魏晉之世，外選業已寖輕矣，況於拓跋氏之不知治體者乎！

魏、齊、周三朝中，北周最能模倣中國之治法，其能滅齊而開隋、唐之先路，非無由也。宇文泰任蘇綽，立法改制，模擬《周官》，其事并無足取，而其整頓吏治，則實爲致治之大端。蘇綽制文案程式及計帳户籍之法，又爲六條詔書奏施行之，是也。北齊亦有班五條詔書之法。見《隋書・禮儀志》四。殊無益於吏治者，彼行之以文，此行之以實也。然周時刺史，多以功臣爲之，其弊頗著。《周書·令狐整傳》：弟休，與整同起兵，入爲中外府樂曹参軍。時諸功臣多爲本州刺史，晉公護謂整曰：“以公勳望，應得本州，但朝廷藉公委任，無容遠出，然公門之内，須有衣錦之榮。”乃以休爲敦煌郡守。此可見其習爲故常矣。《隋書·柳彧傳》：遷治書侍御史。於時刺史多任武將，類不稱職。彧上表曰：“伏見詔書，以上柱國和平子爲杞州刺史。其人年垂八十，鐘鳴漏盡，前任趙州，闇於職務，政由羣小，賄賂公行，百姓吁嗟，歌謠滿道，乃云老禾不早殺，餘種穢良田。古人有云：耕當問奴，織當問婢。此言各有所能也。平子弓馬武用，是其所長，治民蒞職，非其所解。如謂優老尚年，自可厚賜金帛；若令刺舉，所損殊大。”上善之，平子竟免。此亦周世之餘弊也。又《北齊書·高隆之傳》曰：“魏自孝昌已後，天下多難，刺史太守，皆爲當部都督，雖無兵事，皆立佐僚，所在頗爲煩擾。隆之表請：自非實在邊要，見有兵馬者，悉皆斷之。”夫置吏猥多，則擾民必甚。此等皆當時弊政，正不獨郡縣選任之輕也。

原刊一九四七年二月七日上海《益世報》副刊“史苑”

〔四八二〕　魏立子殺母

《廿二史札記》云：“《魏書·道武宣穆皇后傳》：魏故事，后宫産子，將爲儲貳，其母皆賜死，故后以舊法薨。然考紀傳，道武以前，未有此事。《明元本紀》載道武將立明元爲太子，召而告之曰：昔漢武將立其子而殺其母，不令婦人與國政也。汝當繼統，故吾遠同漢武。於是劉貴人死，明元悲不自勝。據此，則立子先殺其母之例，實自道武始也。徧檢《魏書》，道武以前，實無此例。而傳何以云魏故事邪？《北史》亦同此誤。”今案魏自道武以前，曷嘗有建儲之事，況云欲立其子而殺其母乎？往史之誣，不待辯也。然云其例始於道武亦誤。道武曷嘗立明元爲太子。《明元紀》言：劉貴人死，明元哀泣，不能自勝，太祖怒之。帝還宫，哀不自止，日夜號泣。太祖知而又召之。帝欲入，左右曰：孝子事父，小杖則受，大杖避之，今陛下怒甚，入或不測，不如且出，待怒解而進。帝懼，從之，乃游行逃於外。此蓋既殺其母，又欲誅其子耳，非欲立之也。《齊書·魏虜傳》云：初，佛狸母是漢人，爲木末所殺，佛狸以乳母爲太后。自此以來，太子立，輒誅其母。今案，自佛狸以後，文成元皇后爲常太后所殺，孝文貞皇后則爲文明皇后所殺，惟獻文思皇后爲良死，則其人之有無不可知。《齊書》之言，信有徵矣。然明元之殺太武母，亦非以慮婦人與政而然也。

《魏書·皇后傳》云：明元密皇后，杜氏，鄴人，陽平王超之姊也。初以良家子選入太子宫，有寵，生世祖。及太宗即位，拜貴嬪，泰常五年薨。世祖保母竇氏，初以夫家坐事誅，與二女俱入宫，太宗命爲世祖保母，性仁慈，勤撫導，世祖感其恩訓，奉養不異所生，及即位，尊爲保太后，後尊爲皇太后，與《齊書》佛狸以乳母爲太后之説合，與其母爲木末所殺之説則乖。今案，魏太武以泰常七年攝政，時年十五。密后果歿於泰常五年，太武年已十三，尚何待竇氏之保育，其感恩安得如是其深？然則謂密皇后歿於泰常五年，其説殆不足信，一語既虚，滿盤是假。《杜超傳》謂其泰常中爲相州别駕，奉使京師，以法禁不得與后通問，亦子虚烏有之談。太武之母在魏宫，蓋本無位號，亦難考其以何時見殺。太武之獲長大，非得竇氏保全之力，則必得其養育之功，故其德之如是其深也。《胡靈后傳》云：召入掖庭，爲承華世婦，椒掖之中，以國舊制，相與祈祝，皆願生諸王公主，不願生太子。唯后每謂夫人等言，天子豈可獨無兒子，何緣畏一身之死，而令皇家不育冢嫡乎？及肅宗在孕，同列猶以故事相恐，勸爲諸計，后固意確然，幽夜獨誓云："但使所懷是男，次第當長，子生身死，所不辭也。"此乃附會之談。獻文及廢太子恂母之見殺，未知何故，要必非遵行故事，疑當時宫掖之中，有此等慘酷之事，欲藉辭於先世，乃造作道武欲法漢武之説。不徒《魏史》不能發其覆，即南國傳聞，亦不免爲其所誤也。《太宗紀》：泰常七年四月，甲戌，封皇子燾爲泰平王。初、帝素服寒食散，頻年動發，不堪萬幾。五月，詔皇太子臨朝聽政。是月，泰平王攝政。《世祖紀》：泰常七年四月，封泰平王。五月，爲監國。太宗有疾，命帝總攝百揆。《崔浩傳》載浩對明元之問曰："自聖化龍興，不崇儲貳，是以永興之始，社稷幾危，今宜早建東宫，選公卿忠賢，陛下素所委仗者，使爲師傅，左右信臣，簡在聖心者，以充賓友，入總萬機，出統戎政，監國撫軍，六柄在手。若此，則陛下可以優游無爲，頤神養壽，進御醫藥。萬歲之後，國有成主，民有所歸，則姦宄息望，旁無覬覦，此乃萬世之令典，塞禍之大備也。今長皇子燾，年漸一周，明叡温和，衆情所繫，時登儲副，則天下幸甚。"浩辭中雖有早建東宫，時登儲副等語，然傳言太宗納之，使浩奉策告宗廟，命世祖爲國副主，居正殿臨朝，絶無立爲太子之説。然則本紀中詔皇太子臨朝聽政一語，乃史家措辭不審，抑或原文實係皇長子，後人傳寫，誤長爲太，皆未可知。要之，明元未嘗立太武爲太子也。《浩傳》又載太武監國後，明元謂左右侍臣，以長孫嵩等六人輔相，吾與汝曹，游行四境，伐叛柔服，可得志於天下矣。會聞宋武帝之喪，遂欲取洛陽、虎牢、滑臺，其後卒自將南下。世豈有不能聽政，顧能躬履行陣者？然則明元使太武監國，意實別有所在，其死於明年，特偶然之事，初非當退居西宮之日，即有不可救藥之病。《浩傳》及《北史・長孫嵩傳》等皆謂明元因病，而命太武監國，又事後附會之談也。序紀言：昭帝之時，分國爲三部，帝與桓、穆二帝，各主其一。其時昭帝未聞外出，而桓、穆二帝，則皆躬出經略，穆帝且歷五年而後歸。其後獻文傳位於孝文，亦曾北征蠕蠕。然則大酋或主國政，或親戎馬，實拓跋氏之舊習，故文明太后迫獻文傳位，而當時不以爲篡也。然則拓跋氏自獻文以前，始終未有建儲之事，安得云道武欲立明元而殺其母，況又謂道武係奉行故事乎？

〔四八三〕　神武得六鎮兵

　　北齊神武帝之所以興，實緣得爾朱兆所分六鎮之衆，而所以得此衆者，魏齊二書記載皆欠明耳。今綜核其文而億測之。《齊書・神武紀》云：費也頭紇豆陵步藩入秀容，逼晉陽。兆徵神武。神武將往。賀拔焉過兒請緩行以弊之。神武乃往，逗留，辭以河無橋，不得渡。步藩軍盛，兆敗走。兆又請救於神武，神武內圖兆，復慮步藩後之難除，乃與兆悉力破之，藩死。兆深德神武，誓爲兄弟。時世隆、度律、彥伯共執朝政，天光據關右，兆據并州，仲遠據東郡，各擁兵爲暴，天下苦之。葛榮衆流入并，肆者二十餘萬，爲契胡陵暴，皆不聊生。大小二十六反，誅夷者半，猶草竊不止。兆患之，問計於神武。神武曰：“六鎮反殘，不可盡殺。宜選王素腹心者，私使統焉。若有犯者，直罪其帥，則所罪者寡。”兆曰：善。遂以委焉。神武以兆醉，醒後或致疑貳，乃出。宣言“受委統州鎮兵，可集汾東受令”，乃建牙陽曲川，陳部分。兵士素惡兆而樂神武，莫不皆至。居無何，又使劉貴請兆：以“并、肆頻歲霜旱，降户掘黃鼠而食之，皆面無穀色，徒汙人國土。請令就食山東，待溫飽而處分之。”兆從其議。其長史慕容紹宗諫曰：“今四方擾擾，人懷異望，高公雄略，又握大兵，將不可爲。”兆曰：“香火重誓，何所慮也？”紹宗曰：“親兄弟尚爾難信，何論香火？”時兆左右已受神武金，因譖紹宗與神武舊有隙。兆乃禁紹宗而催神武發。神武乃自晉陽出滏口。路逢爾朱榮妻北鄉長公主自洛陽來，馬三百匹，盡奪易之。兆聞，乃釋紹宗而問焉。紹宗曰：“猶掌握中物也。”於是自追神武。至襄垣，會漳水暴漲，橋壞。神武隔水拜曰：“所以借公主馬，非有他故，備山東盜耳。王受公主言，自來賜追。今渡河而死不辭，此衆便叛。”兆自陳無此意。用輕馬渡，與神武坐幕下，陳謝。遂授刀引頸，使神武砍己。神武大哭曰："自天柱薨背，賀六渾更何所仰？願大家千萬歲，以申力用。今旁人構間至比，大家何忍復出此言？"兆投刀於地，遂刑白馬而盟，誓爲兄弟。留宿夜飲。尉景伏壯士欲執之，神武齧臂止之，曰："今殺之，其黨必奔歸聚結，兵饑馬瘦，不可相支。若英雄崛起，則爲害滋甚。不如且置之。兆雖勁捷，而兇狡無謀，不足圖也。"旦日，兆歸營，又召神武。神武將上馬詣之。孫騰牽衣，乃止。兆隔水肆詈，馳還晉陽。如此説是神武受委統衆在平步蕃之後也。《魏書·尒朱兆傳》云：初榮既死，莊帝召河西人紇豆陵步蕃等，令襲秀容。兆入洛後，步蕃兵勢甚盛，南逼晉陽。兆所以不服留洛，回師禦之。兆雖驍果，本無策略，頻爲步蕃所敗。於是部勒士馬，謀出山東。令人頻徵獻武王於晉州。乃分三州、六鎮之人，令王統領。既分兵別營，乃引兵南出，以避步蕃之銳。步蕃至於樂平郡，王與兆還討破之，斬步蕃於秀容之石鼓山。其衆退走。兆將數十騎詣王，通夜宴飲。後還營召王。王知兆難信，未能顯示，將欲詣之。臨上馬，長史孫騰牽衣而止。兆乃隔水責罵騰等。於是各去。王遂自襄垣東出，兆歸晉陽。是神武受委統衆在破步蕃之先也。《齊書》本紀雖與《魏書》岐異，而其《慕容紹宗傳》曰：紇豆陵步蕃逼晉陽，尒朱兆擊之，累爲所破，欲以晉州征高祖，共圖步蕃。紹宗諫曰："今天下擾擾，人懷覬覦，正是智士用策之秋，高晉州才雄氣猛，英略蓋世，譬諸蛟龍，安可藉以雲雨？"兆怒曰："我與晉州，推誠相待，何忽輒相猜阻，橫生此言？"便禁止紹宗，數日方釋。遂割鮮卑隸高祖。高祖共討步蕃，滅之。亦謂割衆隸神武，在破步蕃之先，與《魏書》合。今案《魏書·孝莊紀》永安三年十二月，河西人紇豆陵步蕃、破落韓常大敗尒朱兆於秀容山。蓋即兆傳所云，兆入洛後，步蕃進逼之事，兆因此反斾拒之，其戰事猶在秀容，未至晉陽也。其後蓋因兆部勒士馬謀出山東，乃後乘虛南逼至於晉陽，兆於此時蓋又反斾禦之，而又屢爲所敗，乃欲征神武以自助。《齊書》本紀直言步蕃入秀容，逼晉陽，一似長驅直下，所向無前者固非。《魏書·兆傳》亦將步蕃南逼晉陽，誤叙於兆欲部勒士馬，謀出山東之前，信如是亦爲非是。兆當自顧不遑，何暇更謀東略乎？神武在尒朱榮時，即刺晉州。而《慕容紹宗傳》言兆欲以晉州征高祖，一似待步蕃既滅之後，乃以此酬庸者，措語亦殊麤略，觀稱神武爲晉州可知。推原其故，蓋兆之入洛，神武不從，嫌隙既構，兆入洛後，蓋有奪神武晉州之意，至是又仍舊職。故諸家記載，有以晉州征之語，作史者摭其單辭，而未計其與全文不合也，亦可謂疏矣。兆所分神武之衆，蓋即其部勒之，欲率以出山東者，繼因晉陽見逼，乃又率之回援，其衆素怨，是以累敗。大小二十六反，正在此時，非謂統入并、肆後并計之也。

其衆本以乖離而敗,故分之神武而即克,然則兆之分兵,蓋亦有不得不然者,非因酒醉而然矣。三州蓋謂并肆及兆所刺汾州,其中并、肆之衆,蓋以葛榮降户爲多。三州六鎮之兵,雖非必鮮卑種人,亦必爲所謂累世北邊,習其俗遂同鮮卑者。《齊書·神武紀》言神武如此。故《紹宗傳》稱爲鮮卑,神武起兵實藉此衆,故其誓師有不得欺漢兒之語也。兆分神武之衆究若干,不可知。然必不能其多。神武起兵時,雖恃此衆爲主,必不能此外一無所有。韓陵之役,高昂所將,即非鮮卑,此外率部曲與於此役者尚多。然韓陵之戰,猶云馬不滿二千,兵不滿三萬。則受委時,可知本紀侈言其數爲二十余萬。蓋承上文尒朱氏諸人爲暴,遂并凡葛榮降衆言之,而不悟兆所分諸神武者,止就其隸行伍,并止就其當時所統率者而言也。上言凡降户,而下言受委統州鎮兵,可謂一簡之中,自相抵牾矣。神武之受委統衆,自當在破步蕃之先,其建牙陽曲,令士集汾東,則當在就食山東得請之後。《齊書·神武紀》誤其受委在破步蕃之後,《魏書·尒朱兆傳》則漏去請就食山東一節,其事之始末,遂不可知矣。慕容紹宗之諫,在兆分兵畀神武,抑許其東出時,不可知。此雖難必然,竊疑當在分兵之時,《神武紀》言神武請選腹心統衆時,兆曰:善,誰可行也? 賀拔允時在坐,請神武。神武拳毆之,折其一齒,曰:生平天柱時,奴輩伏處分如鷹犬,今日天下,安置在王,而阿鞠泥敢誣下罔上,請殺之。兆以神武爲誠,遂以委焉。竊疑當時實公議之欲用神武者固多,反之者亦不少,兆則決用神武。故一怒而禁紹宗,此特借以攝衆,非有惡於紹宗也。史所載紹宗諫兆之辭,固非衆議之語,然紹宗特亦不然分兵於神武者之一,其辭蓋出後來附會,非當時語實如是也。然必非因其征神武,以圖步蕃而發。征神武以圖步蕃,神武且爲兆用,何嫌何疑,而須强諫。《紹宗傳》上言紹宗之諫,以兆之征神武,而下言兆之距諫,不云遂征神武而云割鮮卑以隸,更矛盾不可通矣。六朝史書之疏略,大率如此,恨不能一一斠正之也。并州逼近晉陽,神武居此,必不能叛。一出山東,則真所謂蛟龍得雲雨者矣。當時山東不服尒朱氏者固多,此兆所以部勒其衆而欲親出,神武之請就食,未嘗不以前驅陳力嘗寇爲辭,此兆之所以許之。至奪北鄉之馬,則其非信臣可知,故又悔而自追之。然卒無如何者,則爲神武此衆便叛一語所脅,兆固自度必不能善馭此衆也。六鎮之師武臣力實,尒朱氏所由興,而虐用其衆以資敵,興亡之故,亦可鑒矣。

〔四八四〕 宇文氏先世

《周書》謂周之先,出自炎帝。炎帝爲黄帝所滅,子孫遁居朔野。其後有葛烏兔者，雄武多算略。鮮卑奉以爲主。遂總十二部落，世爲大人。其裔孫曰普回，因狩，得玉璽三紐，文曰皇帝璽。其俗謂天子曰宇文，故國號宇文，并以爲氏。普回子莫那，自陰山南徙，始居遼西，爲魏甥舅之國。自莫那九世至侯豆歸，爲慕容晃所滅。出自炎帝乃妄語。自莫那至侯豆歸，世次事實亦不具。當以《魏書·宇文莫槐傳》正補之。《宇文莫槐傳》，謂其先出自遼東塞外，世爲東部大人。莫槐虐用其民，爲部下所殺。更立其弟普撥。普撥傳子丘不勤。丘不勤傳子莫廆。莫廆傳子遜昵延。遜昵延傳子乞得龜。丘不勤取魏平帝女，遜昵延取昭帝長女，所謂爲魏甥舅之國也。莫廆、遜昵延、乞得龜三世皆與慕容廆相攻，皆爲廆所敗。乞得龜時，廆乘勝長驅，入其國，收資財億計，徙部人數萬戶以歸。別部人逸豆歸，遂殺乞得龜自立。與慕容晃相攻，爲所敗，遠遁漠北，遂奔高句麗。晃徙其部衆五千餘落於昌黎，自是散滅矣。逸豆歸即侯豆歸。侯、逸同聲。侯應議罷邊備塞吏卒，謂"北邊塞至遼東，外有陰山，東西千餘里"，則陰山之脈，遠接遼東。《周書》謂莫那自陰山南徙，《魏書》謂莫槐出遼東塞外，似即一人。惟自莫槐至逸豆歸，僅得七世。《周書》世次既不具，所記或有譌誤也。《晉書》以宇文莫槐爲鮮卑；《魏書》謂南單于之遠屬；又謂其語與鮮卑頗異。疑宇文爲匈奴、鮮卑雜種，語亦雜匈奴也。又《魏書》以奚、契丹爲宇文別種，爲慕容晃所破，走匿松漠之間，則逸豆歸敗亡時，慕容廆所徙五千餘落，實未盡其衆，奚、契丹之史，亦可補宇文氏先世事跡之闕矣。奚事跡無考。契丹事跡可知者，始於奇首可汗，別見《契丹部族》條。奇首遺跡，在潢、土二河流域，已爲北竄後事，不足補宇文氏先世事跡之闕。惟《遼史·太祖本紀贊》，謂"遼之先，出自炎帝，此即據《周書》言之。世爲審吉國。其可知者，蓋自奇首云"。審吉二字，尚在奇首以前，或宇文氏故國之名歟？然事跡無可徵矣。

寫於一九三四年四月前

〔四八五〕 周人畏突厥之甚

《隋書·蘇威傳》：威有從父妹，適河南元雄。雄先與突厥有隙，突厥入朝，請雄及其妻子，將甘心焉，周遂遣之。威曰：夷人昧利，可以賂動。遂標賣田宅，罄家所有以贖雄，論者義之。案柔然之亡也，其餘衆千餘家奔關中，突厥請盡殺以甘心焉。周文遂收縛其主已下三千餘人，付突厥使者於青門外斬之。亦既不仁且不武矣，猶得曰柔然故爲中國患，乘此殄之也。若元雄，固中國之人也，乃虜使一來，其受命也如響。棄子民以快夷狄之欲，不亦重愧爲民

719

父母之義乎？周武帝號雄主，而其所爲如此，周之畏突厥，可謂甚矣。其交涉之事，不可告人者必尚多，史皆削之耳。漢高祖被圍於平城，卒其所以得脱者，世莫得而言也。唐高祖嘗稱臣於突厥，《唐書》亦僅微露其辭。屈辱於外，而僞飾於内，所謂臨民者，不亦重可笑哉！

〔四八六〕　突　厥　之　先

突厥强盛，始於土門，然其先，尚有可考者三世，訥都六設、阿賢設、大葉護是也。《北史》載突厥緣起三説：第一説謂始率部落出於穴中者爲阿賢設，至大葉護種類漸强，當後魏之末，而有伊利可汗。第二説謂本平涼雜胡阿史那氏，魏太武滅沮渠氏，阿史那以五百家奔蠕蠕。居金山之陽，爲蠕蠕鐵工，金山形似兜鍪，俗號兜鍪爲“突厥”，因以爲號。第三説則以訥都六設爲伊質泥師都之大兒，阿賢設爲訥都六設之幼子。《新唐書·西突厥傳》云：“其先訥都陸之孫吐務，號大葉護，長子曰土門伊利可汗，次子曰室點蜜，亦曰瑟帝米。”訥都陸即訥都六，顯而易見。伊質泥師都，不知果有其人否？而《唐書》之大葉護，即《北史》之大葉護，則無可疑。其名及其爲訥都陸之孫，土門之父，《北史》皆不具，而《唐書》著之。是土門之前可考者確得三世也。特不知大葉護是否阿賢設之子耳。

《北史》之説，《周書》具載之。惟將其第一、第二兩説并爲一説，而無“本平涼雜胡阿史那氏，魏太武滅沮渠氏，阿史那以五百家奔蠕蠕”之説，不知後人傳寫有所刊落邪？抑其辭本如此，而《北史》又有增益也？《周書》曰：“其後曰土門，部落稍盛，始至塞上市繒絮，願通中國。大統十一年，太祖遣酒泉胡安諾槃陁使焉。十二年，土門遂遣使獻方物。時鐵勒將伐茹茹，土門率所部邀擊，破之，盡降其衆五萬餘落。恃其强盛，乃求婚於茹茹。”《隋書》則云：“伊利可汗以兵擊鐵勒，大敗之，降五萬餘家，遂求婚於茹茹。”其辭雖有詳略，其事則無異也。《北史》前録《隋書》之文，後又襲《周書》之語，則其辭重出矣。度《北史》并録兩説，必有自注，爲傳寫者所删耳。

《隋書》曰：“伊利可汗卒，弟逸可汗立，病且卒，捨其子攝圖，立其弟俟斗，稱爲木杆可汗。”逸可汗，《北史》作阿逸可汗，俟斗作俟叔，木杆作水杆。外夷單語甚少，疑《隋書》奪阿字；俟斗、俟叔，并俟斤之誤；水杆爲木杆之誤，顯而易見。《周書》曰：“土門死，子科羅立，號乙息記可汗。科羅死，弟俟斤立，號木汗可汗。”《北史》亦同其文，而曰“科羅捨其子攝圖，并其弟俟斤”，則乙息記之與阿逸，其爲一人，亦鑿然無疑。乙息記，《周書》云爲伊利子，《隋書》謂爲伊利弟，則《周書》是而《隋書》非也。《北史》云：木杆舍其子大邏便，而立其弟他鉢。他鉢病且卒，復命其子菴邏避大邏便。及卒，國中將立大邏便，以其母賤，衆不服，竟立菴邏爲嗣。大邏便不得立，不服，菴邏不能制，遂讓位於攝圖。攝圖立，是爲沙鉢略可汗，以大邏便爲阿波可汗；已而襲破之，殺其母。阿波西奔達頭可汗。《隋書》曰：“達頭者，名玷厥，沙鉢略之從父也。”《北史》同。《新唐書》曰：“瑟帝米之子曰達頭可汗，亦曰步迦可汗。”必乙息記爲土門之子，達頭乃得爲沙鉢略從父；若爲土門弟，則達頭與沙鉢略爲昆弟行矣。攝圖以子雍虞閭愞，遺令立弟處羅侯。攝圖卒，雍虞閭使迎處羅侯。處羅侯曰：“我突厥自木杆可汗來，多以弟代兄，以庶奪適，失先祖之法，不相敬畏，汝當嗣位，我不憚拜汝也。”明兄弟相及，始於木杆之於乙息記，土門不得傳弟也。

　　《隋書》曰：“佗鉢以攝圖爲爾伏可汗，統其東面。又以其弟褥但可汗子爲步離可汗，居西方。”《北史》無子字，案《北史》是也。步離即步迦，此即西突厥之達頭可汗耳。都藍時曾遣母弟褥但特勒獻於闐玉杖。褥但，蓋可汗介弟之尊稱也。

　　《隋書》曰：攝圖號伊利俱盧設莫何始波羅可汗，一號沙鉢略可汗。下文載其致書隋文帝，自稱伊利俱盧設莫何始波羅，而文帝報書則稱爲伊利俱盧設莫何沙鉢略，然則沙鉢略即始波羅之異譯，中國於四夷名字，恒截稱其末數字以求簡，非有二號也。今人簡稱，多截取首數字，此古今語法不同。然俗人猶沿舊習，如上海法租界有路名勃來泥蒙馬浪，俗人簡稱爲馬浪路，不曰勃來路也。

〔四八七〕　稱禿髮氏爲漢兒

　　《通鑑》陳宣帝大建五年，源師爲左外兵郎，攝祠部，嘗白高阿那肱，龍見當雩。阿那肱驚曰：“何處龍見，其色如何？”師曰：“龍星初見，禮當雩祭，非真龍也。”阿那肱怒曰：“漢兒多事，強知星宿。”遂不祭。師出，竊嘆曰：“禮既廢矣，齊能久乎？”注曰：諸源本出於鮮卑禿髮，高氏生長於鮮卑，自命爲鮮卑，未嘗以爲諱，鮮卑遂自謂貴種，率謂華人爲漢兒，率侮詬之。諸源世仕魏朝，貴顯，習知典禮，遂有雩祭之請，冀以取重，乃以取詬。《通鑑》詳書之，又一慨也。案《通鑑》是年，又載韓長鸞尤疾士人，朝夕宴私，惟事譖訴，嘗帶刀走馬，未嘗安行，瞋目張拳，有啖人之勢，朝土咨事，莫敢仰視，動致呵叱。每罵云：“漢狗不可耐，惟須殺之。”其輕視漢人，可謂甚矣。諸源本出鮮卑，而高阿那肱等亦以漢人視之，蓋以其已同於漢也。此可見民族異同，只論法俗，不論種姓。春秋之義，用夷禮則夷之，進於中國則中國之，誠有由也。

　　古稱漢民族曰華。《左氏》：夷不謀夏，裔不亂華，又戎子駒支謂：我諸戎飲食衣服，不與華同是也。古者民族之義，尚未光昌，故稱我民族者，率以其朝代之名。如《漢書・匈奴傳》言：衛律爲單于謀，穿井築城治樓以藏穀，與秦人守之。《西域傳》言：匈奴縛馬前後足置城下，馳言秦人我匄若馬是也。漢有天下久，秦人之稱，遂漸易爲漢人。此時民族之義漸著，知民族之與王朝，非是一物，遂沿稱漢民族爲漢人。朝名猶氏名，以朝名名其民，蓋知有氏族，而未知有民族也。在本國中，諸氏族之界限漸泯，而又與異民族遇，則民族之義漸昌矣。魏晉之世，作史者猶沿舊例，稱漢族人爲魏人、晉人，而語言則迄未嘗改。故鮮卑人猶稱中國人爲漢人也。自此相沿，遂爲定稱。如唐時稱漢蕃不曰唐蕃是也。故我漢族之名，實至漢以後而漸立。

〔四八八〕　秃髮與拓跋

　　《魏書・源賀傳》：世祖謂賀曰：“卿與朕同源，因事分姓，今可爲源氏。”《廿二史考異》云：古讀輕脣如重脣，髮從犮得聲，與跋音正相近。魏伯起書尊魏而抑涼，故別而二之。《晉書》亦承其説。案此蓋魏人迻譯時有意用不同之字，亦未必伯起爲之也。《魏書・烏孤傳》云：初母孕壽闐，因寢產於被中，乃名秃髮。其俗爲被覆之義。此説似較可信。或謂壽闐爲樹機能之祖。元魏與秃髮氏之分攜，安得如是其晚。然無妨秃髮爲被覆之義真，而其出於壽闐爲附會也。《晉書・載記》言：烏孤八世祖匹孤，率其部自塞北遷於河西。元魏與秃髮氏之分攜，或當在是時也。

〔四八九〕　乞　伏　氏

　　《晉書・乞伏氏載記》云：在昔有如弗斯、出連、叱盧三部，自漠北南出太陰山，遇一巨蟲於路，狀若神龜，大如陵阜，乃殺馬而祭之，祝曰：“若善神也，便開路；惡神也，遂塞不通。”俄而不見，乃有一小兒在焉。時又有乞伏部，有老父無子，請養爲子。衆咸許之。老父欣然，自以有所依憑，字之曰紇干。紇干者，夏言依倚也。年十歲，驍勇善騎射，彎弓五百斤，四部服其雄武，推爲統主，號之曰：乞伏可汗托鐸莫何。托鐸者，言非神非人之稱也。案《魏書·乞伏國仁傳》云：“其先如弗，自漠北南出”，則乞伏當屬如弗斯，不得自爲一部。後述延居苑川，以斯引烏塗爲左輔將軍，鎮蔡園川，出連高胡爲右輔將軍，鎮至便川。叱盧那胡爲率義將軍，鎮牽屯山。斯引烏塗，蓋如弗斯部之酋，猶是三部鼎立也。竊疑乞伏氏之於如弗斯，猶字兒只斤之於蒙古，後乃別爲一族，初非獨爲一部。

如弗與女勃同音，疑部名或係出陰山後居女勃水畔而得，則其得名亦非甚早。

〔四九〇〕　大人簡稱爲“大”

《晉書·石勒載記》：“時胡部大張㔨督馮莫突等，擁衆數千，壁於上黨，勒往從之。”殿本考證云：“綱目集覽，姓大張，名㔨督，正誤云。一部之長，呼爲部大。姓張氏，下文亦有都督部大之名是也。”案“部大”乃部落大人之簡稱。《魏書·段就六眷傳》云：“其伯祖曰陸眷，因亂被賣爲漁陽烏丸大庫辱官家奴，諸大人集會幽州，皆持唾壺，惟庫辱官獨無”云云。烏丸大之大，即下文諸大人之大也。《宋書·大且渠蒙遜傳》云：“匈奴有左且渠右且渠之官，蒙遜之先爲此職。羌之酋豪曰大，故且渠以位爲氏，而以大冠之。”其實酋豪曰大，不獨羌人然也。

〔四九一〕　考績之法　上

盧毓爲吏部尚書，魏明帝詔之曰：“選舉莫取有名，名如畫地作餅，不可啖也。”毓對曰：“名不足以致異人，而可以得常士。常士畏教慕善，然後有名，非所當疾也。愚臣既不足以識異人，又主者正以循名案常爲職，但當有以驗其後。故古者敷奏以言，明試以功。今考績之法廢，而以毀譽相進退，故真僞渾雜，虛實相蒙。”帝納其言，即詔作考課法。《三國·魏志·盧毓傳》。案入官之爲利祿之途久矣，無論以何途取之士，皆將巧僞而冒進；初砥行而立名，後枉法而致敗者多矣。故察吏之法，考績實重於登庸。論者多注重於取之之時，而不留意於用之之後，此其所以吏職不舉，而政事罕見脩明也。

《漢書·京房傳》云：“治《易》，事梁人焦延壽。延壽字贛。贛貧賤，以好學得幸梁王，王共其資用，令極意學。既成，爲郡史，察舉，補小黃令。以候司先知姦邪，盜賊不得發。贛常曰：得我道以亡身者，必京生也。”世因謂房之所以亡身者,爲延壽之《易》學,誤也。《儒林傳》言:"延壽云嘗從孟喜問《易》。會喜死,房以延壽《易》即孟氏學,而翟牧、白生不肯,皆曰非也。至成帝時,劉向校書,考《易》説,以爲諸《易》家説皆祖田何、楊叔、丁將軍,大誼略同,惟京氏爲異。黨焦延壽獨得隱士之説,託之孟氏,不相與同。"然則延壽之《易》,實爲無本之學。梁王既共其資用,令極意,安得如此? 然則延壽殆别有所學,其用以候司知姦邪者,即本其所學以爲用,而亦即延壽考功課吏之法所自出也。王符言先師京君科察考功,以遺賢俊,太平之基,必自此始,無爲之化,必自此來也。《潛夫論·考績》。杜預言魏氏考課,即京房之遺意。見《晉書》本傳。案魏氏考課,除盧毓外,又有劉劭作《都官考課》七十二條,王昶嘗受詔撰百官考課事。"昶以爲唐、虞雖有黜陟之文,而考課之法不垂。周制冢宰之職,大計羣吏之治而誅賞,又無校比之制。由此言之,聖王明於任賢,略舉黜陟之體,以委達官之長,而總其統紀,故能否可得而知也。"《三國·魏志·王昶傳》。案劉劭所作考課之法,今已不傳,而其所爲《人物志》具存,其論博大精深,斷非一人一時思慮之所能到。蓋實文王官人之遺,足見先秦之世,已有此一種學術,而漢魏之世實承其流,若焦延壽、京房之所授受者則是也。延壽謂房得之以亡身者蓋指此。《漢書》辭不完具,後人遂以爲指《易》學,誤也。

《漢書·王吉傳》:谷永奏言"聖王不以名譽加於實效。考績用人之法",《谷永傳》:永對策亦言"論材選士,必試於職。明度量以程能,考功實以定德,毋用比周之虛譽,毋聽寖潤之譖愬"。後漢左雄亦欲令"吏職滿歲,宰府州郡乃得辟舉"。《後漢書》本傳。和帝永元五年詔曰:"選舉良才,爲政之本;科別行能,必由鄉曲;而郡國舉吏,不加簡擇。故先帝明勅在所令試之以職,乃得充選。又德行尤異,不須經職者,别署狀上。"然則科別行能,亦當歷試;而德行尤異,乃特爲别署耳。然則兩漢之世,考績之義本明,而惜乎莫之通行也。《三國·魏志·鄧艾傳》:"遷兗州刺史。上言國之所急,惟農與戰,國富則兵强,兵强則戰勝。然農者,勝之本也。上無設爵之勸,則下無財畜之功。今使考績之賞,在於積粟富民,則交游之路絶,浮華之原塞矣。"澄清選舉,必由考績,雖武夫亦知之矣。

欲行考績,必行久任,左雄言之詳矣。《三國·魏志·王昶傳》:司馬宣王既誅曹爽,乃奏博問大臣得失。昶陳治略五事:其二欲用考試,其三欲令居官者久於其職。《劉廙傳注》引《廙别傳》載廙表論治道亦言"數轉易,則往來不已,送迎之煩,不可勝計。轉易之間,輒有姦巧,既於其事不省,而爲政者亦以不得久安之故,知惠益不成於己,而苟且之可免於患,皆將不念盡心於卹民,而夢想於聲譽,此非所以爲政之本意也",其論全與左雄同。或謂新任職者,多有朝氣,久則不免暮氣,此誠有之;然積久而暮氣乘之,亦由是非不別,功罪不明。苟其不然,安得如此。況新出者雖有朝氣,然□□①未足,亦安足任乎?未使天下之士,可不待督責,而自致於□,②則善矣。如其不然,考績安可廢?欲行考績,則非□□□□□□□□□□,③王安石所謂賢者則其功可以致於成,不肖者則其罪可以至於著也。

　　考績必有其法,如王昶之言,是爲無術矣。本慮官吏相比周,而設監司以檢察之;若悉委諸長官,又何煩爲此紛紛乎?豈長官皆可任邪?然監察之司,亦有不可信者。劉廙之言曰:"今之所以爲黜陟者,頗以州郡之毀譽,聽往來之浮言耳。長吏之所以爲佳者,奉法也,憂公也,卹民也。此三事者,或州郡有所不便,往來者有所不安。而長吏執之不已,於治雖得計,其聲譽未爲美;屈而從人,於治雖失計,其聲譽必集也。長吏皆知黜陟之在於此也,亦何能不去本而就末哉?"此監司之弊也。廙以爲長吏皆宜使少久,足使自展。歲課之能,三年總計,乃加黜陟。課之皆當以事,不得依名。事者,皆以戶口率其墾田之多少,及盜賊發興,民之亡叛者,爲得負之計。如此行之,則無能之吏,脩名無益;有能之人,無名無損。法之一行,雖無部司之監,姦譽妄毀,可得而盡。以上劉廙之言均見《三國·魏志·劉廙傳注》引《廙別傳》載廙表論治道。夫以部司監郡,而又須防其姦譽妄毀,此齊威王之所以烹阿大夫封即墨大夫也。夫國家之使監司察郡縣,非謂監司必可信也,特其職如此耳。然則法之所定,固亦可使下官監察上官。京房之法,公卿朝臣會議者,皆訾其令上下相司,煩碎不可許,度其法必有大過人者,而惜乎其不傳也。

　　《後漢書·朱浮傳》:浮因日食上疏,言"間者守宰,數見換易,迎新相代,疲勞道路。尋其視事日淺,未足昭見其職。既加嚴切,人不自保,各相顧望,無自安之心。有司或因睚眥以騁私怨,苟求長短,求媚上意。二千石及長吏,迫於舉劾,懼於刺譏,故爭飾詐僞,以希虛譽"。此急考課而不久任之弊也。

　　敷奏以言,似與軍功無涉,然其事亦未可以已。此則葛洪言之矣。其言曰:"古者猶以射擇人,況經術乎?如其舍旃,則未見餘法之賢乎此也。假令不能盡得賢能,要必愈於了不試也。今且令天下諸當在貢舉之流者,莫敢不勤學;但此一條,其爲長益風教,亦不細矣。"又曰:"予意謂新年當試貢舉者,今年便可使儒官才士豫作諸策,計足周用集。禁其留草,殿中封閉之。臨試

---

① 原稿缺字。
② 原稿缺字。
③ 原稿缺字。

之時，亟賦之，人事因緣於是絶。當答策者，皆可會著一處，高選臺省之官，親監察之，又嚴禁其交關出入，畢事乃遣，違犯有罪無赦。如此，屬託之冀室矣。夫明君恃己之不可欺，不恃人之不欺己也，亦何恥於峻爲斯制乎？若試經法立，則天下不可以不立學官，而人自勤學矣。”又曰：“漢四科亦有明解法令入仕。今在職之人，官無大小，悉不知法令，而使之決獄，是以死生委之，以輕百姓之命，付無知之人也。亦可令廉良之吏，皆取明律令者試之如試經，高者隨才品叙用。如此，天下必少弄法之吏，失理之獄矣。”以上葛洪之言，均見《抱朴子·審舉篇》。其言於後世科舉所致之利，所行之法，一一若燭照而數計；使非其書久著，幾使人疑爲科目既興之後，後人依託前人之談矣。故謂事全不可逆億非也。前人□□之談，後人往往有不率由者。何者？勢之所趨，不得不然，言之者亦不過能審乎其勢耳。此前人之抱道者，所以可自信百世以俟聖人而不惑也。

　　名不足以致異人，而可以得常士。此言最爲平允。惟可以得常士也，故策試考績諸法，明知其不盡可恃，而終不可廢。惟不足致異人也，故漢武帝、魏太祖欲求跅弛之士也。參看《漢末名士》條。

〔四九二〕　考績之法下

　　九品中正之弊，歷數百年，夫人而知之矣。其原何自起乎？曰：起於漢末之朋黨也。何以言之？案《三國志·夏侯玄傳》：“玄議以爲官才用人，國之柄也，故銓衡專於臺閣，上之分也；孝行存乎閭巷，優劣任之鄉人，下之叙也。夫欲清教審選，在明其分叙，不使相涉而已。若令中正但考行倫輩，輩當行均，斯可官矣。奚必使中正干銓衡之機於下，而執機柄者有所委仗於上，上下交侵，以生紛錯哉？且臺閣臨下，考功校否，衆職之屬，各有官長，旦夕相考，莫究於此；閭閻之議，以意裁處，而使匠宰失位，衆人驅駭，欲風俗清静，其可得乎？天臺縣遠，衆所絶意。所得至者，更在側近，孰不脩飾以要所求？所求有路，則脩己家門者，已不如自達於鄉黨矣。自達鄉黨者，已不如自求之於州邦矣。苟開之有路，而患其飾真離本，雖復嚴責中正，督以刑罰，猶無益也。”然則中正之弊，實由臺閣不聽官長考功校否之談，而馮閭閻以意裁處之議也。

〔四九三〕　才不中器

　　世之論人者，率先才而後德，以爲徒善無能爲；苟有才，雖或不善，亦可資以成事也。此見大誤。世事之所以紛紛，皆徒有才而不正者，背公營私，損人利己致之也。《三國·魏志·盧毓傳》言：毓於人及選舉，必先性行而後言才。李豐嘗以問毓，毓曰："才所以爲善也，故大才成大善，小才成小善。今稱之有才而不能爲善，是才不中器也。"物必成器，然後有用；不中器，則直爲無用之材矣。其言可謂深切矣。

〔四九四〕　訪　　問

《晉書·劉卞傳》："卞從縣令至洛陽，入大學試經，爲臺四品吏。訪問令寫黄紙一鹿車，卞曰：劉卞非爲人寫黄紙者也。訪問知怒，言於中正，退爲尚書令史。"案《齊書·王諶傳》："明帝好圍棋，置圍棋州邑，以建安王休仁爲圍棋州都大中正，諶與太子右率沈勃、尚書水部庾珪之、彭城丞王抗四人爲小中正，朝請褚思莊、傅楚之爲清定訪問。"訪問蓋中正僚屬，助之采聽清議者也。劉毅論九品曰："置州都者，取州里清議，咸所歸服，將以鎮異同，一言議。不謂一人之身，了一州之才。"自不能無助之訪問者。然其任私而行如此，九品官人之法，又何以善其後乎？

原刊一九四七年一月十三日天津《民國日報》副刊"史與地"

〔四九五〕　山　　濤

《通鑑》陳武帝永定三年：周以霖雨，詔羣臣上封事極諫，左光禄大夫猗氏樂遜上言四事，其三以爲選曹、補擬，宜與衆共之。今州郡選置，猶集鄉閭，況天下銓衡，不取物望，既非機事，何足可密？案事見《周書·遜傳》，今本有闕文。胡三省《注》曰："以此觀之，選曹、補擬，皆密奏於上，蓋自晉山濤啓事始也。"案《晉書·濤傳》言："濤再居選職，十有餘年，每一官缺，輒啓擬數人，詔旨有所向，然後顯奏，隨帝意所欲爲先，故帝之所用，或非舉首。衆情不察，以濤輕重任意，或譖之於帝，故帝手詔戒濤曰：夫用人惟才，不遺疏遠卑賤，天下便化矣。而濤行之自若。一年之後，衆情乃寢。"濤之掌選，爲世所艷稱，其實上不逆人之意，而行之既久，下之人亦知用舍之皆出於上，而己不任其恩怨，乃巧於逢迎趨避之爲耳。《外戚傳》：王蘊，"累遷尚書吏部郎，性平和，不抑寒素，每一官缺，求者十輩，蘊無所是非。時簡文帝爲會稽王，輔政，蘊輒連狀白之曰：某人有地，某人有才。務存進達，各隨其方，故不得者無怨焉。"其所爲亦濤之類也。

《陳書·徐陵傳》：天康元年，遷吏部尚書，領大著作。陵以梁末以來，選授多失其所，於是提舉綱維，綜覈名實。時有冒進求官，諠競不已者，陵乃爲書宣示曰："所見諸君，多踰本分，猶言大屈，未喻高懷。若問梁朝朱領軍異亦爲卿相，此不踰其本分邪？此是天子所拔，非關選序。梁武帝云：世間人言有目色，我特不目色范悌。宋文帝亦云：人世豈無運命，每有好官缺，輒憶羊玄保。此則清階顯職，不由選也。秦有車府令趙高直至丞相，漢有高廟令田千秋亦爲丞相，此復可爲例邪？"此猶張釋之言：方其時上使使誅之則已，已下廷尉，則天下之平，不可傾也。專制之世，人主舉措，誠有不能以法範圍者，然此等要以少爲佳。《晉書·王戎傳》："南郡太守劉肇賄戎筒中細布五十端，爲司隸所糾，以知而未納，故得不坐，然議者尤之。帝謂朝臣曰：戎之爲行，豈懷私苟得，正當不欲立異耳。帝雖以是言釋之，然爲清慎者所鄙，由是損名。"天子能顛倒賞罰，而不能移易清議；清議有力，則終足以糾正賞罰，使不至於大悖。此足見與衆共之利，而祕密之終成雍蔽矣。

　　專制之世，人主之威，似可以爲所欲爲矣；然雍蔽既深，亦有時而不得行其意。《北史·景穆十二王傳》：元脩義，"遷吏部尚書。及在銓衡，唯事貨賄，授官大小，皆有定價。時中散大夫高居者，有旨先叙，上黨郡缺，居遂求之；脩義私已許人，抑居不與。居大言不遜，脩義命左右牽曳之。居對大衆，呼天唱賊。人問居曰：白日公庭，安得有賊？居指脩義曰：此坐上者，違天子明詔，物多者得官，京師白劫，此非大賊乎？脩義失色，居行罵而出。後欲邀車駕論脩義罪狀，左僕射蕭寶夤喻之，乃止。"先叙之旨不得行，邀駕論罪不得達，雖有雷霆之威，亦何所用之乎？

原刊一九四七年《東南日報》副刊"文史"

〔四九六〕　限　年　入　仕

　　中興二年，梁武帝請立選部表云："且聞中間立格，甲族以二十登仕，後門以過立試吏。是則世禄之家，無意爲善，布衣之士，肆心爲惡。此實巨蠹，尤宜刊革。"《梁書·本紀》。其言善矣。然《梁書·文學伏挺傳》云："齊末，州舉秀才，對策爲當時第一。高祖義師至，挺迎謁於新林，高祖見之，甚悦，謂曰顔子，引爲征東行參軍，時年十八。"是高祖躬道之而躬自蹈之也。此猶可曰倥傯之際，立法未定也。天監四年正月癸卯朔詔曰："今九流常選，年未三十，不通一經，不得解褐。若有才同甘顔，勿限年次。"而《陳書·文學·岑之敬傳》："年十六，策《春秋左氏》制旨、《孝經》義，擢爲高第。御史奏曰：皇朝多士，例止明經，若顏閔之流，乃應高第。梁武帝省其策曰：何妨我復有顏閔耶？因召入面試，除童子奉車郎。"之敬豈足當甘顏之目邪？《梁書·朱異傳》："舊制，年二十五方得解褐，時異適二十一，特敕擢爲揚州議曹從事史。"則解褐之年，較天監四年之詔，又早四年矣。異雖非正人，而實有才能，特敕用之，或轉較伏挺、岑之敬等呫嗶之士爲有當也。

世冑入仕之早者。《張緬傳》：起家祕書郎，出爲淮南太守，時年十八。緬第三弟纘，年十一，尚高祖第四女富陽公主，起家祕書郎，時年十七。祕書郎有四員，宋齊以來，爲甲族起家之選，待次入補，其居職，例數十百日便遷任。纘固求不徙，欲徧觀閣內圖籍。數歲方遷太子舍人。又《南史·劉虬傳》：虬子之遴，年十五，舉茂才明經。虬亦南陽舊族，徙居江陵者也。

《魏書·高宗紀》：和平三年十月丙辰詔曰："三代之隆，莫不崇尚年齒。今選舉之官，多不以次，令斑白處後，晚進居先，豈所謂彝倫攸叙者也！諸曹選補，宜各先盡勞舊才能。"然《肅宗紀》：熙平二年八月己亥，詔庶族子弟年未十五不聽入仕。則其限年，較南朝尤早矣。《周書·裴寬傳》：年十三，以選爲魏孝明帝挽郎。《呂思禮傳》：年十九舉秀才，對策高第。又北齊楊愔，年十八，拜通直散騎侍郎，其早達亦不減南朝也。

後漢黃香，年十二，太守劉護召署門下孝子。此特用以矜式末俗，偶然之事耳。若南北朝之事，則有可異者。《陳書·虞荔傳》："年九歲，隨從伯闡候太常陸倕，倕問五經凡有十事，荔隨問輒應，無有遺失，倕甚異之。又嘗詣徵士何胤，時太守衡陽王亦造焉。胤言之於王，王欲見荔，荔辭曰：未有板刺，無容拜謁。王以荔有高尚之志，雅相欽重。還郡，即辟爲主簿，荔又辭以年小，不就。"此其見辟，固未必即在九歲之時，然北齊袁聿脩，則竟以九歲而州辟爲主簿矣。又封孝琬及弟孝琰，皆以年十六州辟主簿。崔瞻㥄子。年十五，刺史高昂召署主簿。皆見《北齊書》本傳。隋文年十四，京兆尹薛善辟爲功曹，見《隋書·本紀》。《北齊書·白建傳》："諸子幼稚，俱爲州郡主簿，新君選補，必先召辟。"則一門又不止一人矣。

喪亂之際，地方豪右，往往據地自專，朝廷不能遠馭，則即以其人治之，於是有世襲守令，此實同封建，不可以選舉常格論矣。《周書·泉企傳》："曾祖景言，魏建節將軍，假宜陽郡守，世襲本縣令，封丹水侯。父安志，復爲建節將軍，宜陽郡守，領本縣令，降爵爲伯。企九歲喪父，服闋襲爵。年十二，鄉人皇平、陳合等三百餘人詣州，請企爲縣令，州爲申上。時史部尚書郭祚，以企年少，未堪宰民，請別選遣，終此一限，令企代之。魏宣武帝詔曰：企向成立，且爲本鄉所樂,何爲舍此世襲,更求一限?遂依所請。"又企子仲遵,年十三,州辟主簿,十四爲本縣令。此等措置,蓋誠有所不得已者也。隋鄭善果,以父死尉遲迥之難,十四而授刺史。武人酬庸,亦非可以常格論也。

入官雖早,而致仕則遲。《晉書·庾峻傳》,峻以風俗趨競,禮讓陵遲,上疏言:"自非元功國老,三司上才,可聽七十致仕。其父母八十,可聽終養。"然《齊書·明帝紀》:永明中,御史中丞沈淵表百官年登七十,皆令致仕,并窮困私門。建武元年十一月庚子詔曰:"日者百司耆齒,許以自陳,東西二省,猶沾微俸,辭事私庭,榮祿兼謝,興言愛老,實有矜懷。自縉紳年及,可一遵永明七年銓叙之科。"則七十致仕之法,實有難行者矣。《魏書·肅宗紀》:正光四年七月辛亥詔曰:"今庶僚之中,或年迫懸車,循禮宜退;但少收其力,老棄其身,言念勤舊,眷然未忍。或戴白在朝,未當外任;或停私歷紀,甫受考級;如此之徒,雖滿七十,聽其蒞民,以終常限。或新辟郡縣,或外佐始停,已滿七十,方求更叙者,吏部可依令不奏。其有高名俊德,老成耄士,灼然顯達,爲時所知者,不拘斯例。若才非秀異,見在朝官,依令合辟者,可給本官半祿,以終其身。"《辛雄傳》:雄"爲《祿養論》,稱仲尼陳五孝,自天子至庶人無致仕之文。《禮記》:八十,一子不從政;九十,家不從政。鄭玄《注》云:復除之。然則止復庶民,非公卿士大夫之謂。以爲宜聽祿養,不約其年。書奏,肅宗納之"。士大夫以官爲家,不易脫屣,固南北皆然也。

《南史·顧協傳》:"張率嘗薦之於梁武帝,問協年,率言三十有五。帝曰:北方高涼,四十強仕,南方卑濕,三十便衰,如協便爲已老。但其事親孝,與友信,亦不可遺於草澤,卿便稱敕喚出。於是以協爲兼太學博士。"三十爲老,前世罕聞,豈其時入仕皆習於早,故有斯語邪?

原刊一九四七年二月二十六日《東南日報》副刊"文史"

〔四九七〕　寒　　素①

自魏晉行九品中正之制,而"上品無寒門,下品無世族",晉劉毅語。直至唐代科舉之制興,而寒素之士始有進身之階,然此固非一蹴而幾,其間演變之跡,有可得言者。《晉書·庾峻傳》云:是時風俗趨競,禮讓陵遲,峻上疏曰:"聖王之御世也,因人之性,或出或處,故有朝廷之士,又有山林之士。朝廷之

---

① 曾改題爲《選舉寒素之士》。

士，佐主成化，猶人之有股肱心膂，共爲一體也。山林之士，被褐懷玉，太上棲於丘園，高節出於衆庶；其次輕爵服，遠恥辱以全志；最下就列位，唯無功而能知止；彼其清劭足以抑貪污，退讓足以息鄙事，故在朝之士，聞其風而悅之；將受爵者，皆恥躬之不逮，斯山林之士，避寵之臣，所以爲美也。先王嘉之，大者有玉帛之命，其次有几杖之禮，此先王之弘也。秦塞斯路，利出一官，雖有處士之名，而無爵列於朝者，時不知德，惟爵是聞，故閭閻以公乘侮其鄉人，郎中以上爵傲其父兄。夫不革百王之弊，徒務救世之政，文士競智而務入，武夫恃力而爭先；官高矣而意未滿，功報矣其求不已；又國無隨才任官之制，俗無難進易退之恥；位一高，雖無功而不見下，已負敗而復見用，故因前而升，則處士之路塞矣。又仕者黜陟無章，是以普天之下，先競而後讓，舉世之士，有進而無退，大人溺於動俗，執政撓於羣言，衡石爲之失平，清濁安可復分。”處士固不免虛聲，然如干寶所云：“悠悠風塵，皆奔競之士，列官千百，無讓賢之舉”者，所乏者非濟世之才，所闕者實廉隅之士，峻之言，乃誠晨鐘暮鼓也。峻又曰：“夫人之性陵上，猶水之趣下也，益而不已必決，升而不已必困，始於匹夫行義不敦，終於皇興爲之敗績。”烏乎，何其言之痛，而於後來懷、愍之禍，若燭照而數計也。

　　雖然，欲進處士，則亦有難焉者矣。欲以矜式一世，挽回末俗，其人必無欲而不爭；聲華馳騖之徒，顯以爲名而陰以爲利，未有足稱爲處士者也。《李重傳》：“遷尚書吏部郎，務抑華競，不通私謁，特留以隱逸，由是羣才畢舉，拔用北海西郭湯、琅邪劉珩、燕國霍原、馮翊吉謀等爲祕書郎及諸王文學，故海內莫不歸心。時燕國中正劉沈舉霍原爲寒素，司徒府不從，沈又抗詣中書奏原，而中書復下司徒參論。司徒左長史荀組，以爲寒素者，當謂門寒身素，無世祚之資。原爲列侯，顯佩金紫，先爲人間流通之事，晚乃務學，少長異業，年逾始立，草野之譽未洽，德禮無聞，不應寒素之目。”此則其言實是，而重之右沈者實非也。以留心隱逸之人，而其所拔用者如是。搜求寒素，夫豈易言哉？

　　雖然，捨寒素而用貴富之禍則有恫焉者矣。《閻纘傳》：“愍懷太子之廢也，纘輿棺詣闕，上書理太子之冤，曰：每見選師傅，下至羣吏，率取膏粱擊鐘鼎食之家，希有寒門儒素。”又曰：“非但東宮，歷觀諸王師友文學，皆豪族力能得者，友無亮直三益之節。官以文學爲名，實不讀書，但共鮮衣好馬，縱酒高會，嬉游博弈。請置游談文學，皆選寒門孤宦，以學行自立者，使嚴御史監護其家，絕貴戚子弟，輕薄賓客。”皇太孫立，纘復上書，言“旦夕訓誨，輔導出入，動靜劬勞，宜選寒苦之士。其侍臣以下，文武將吏，且勿復取盛戚豪門子弟。

若吳太妃家室及賈、郭之黨，如此之輩，生而富溢，無念脩己，率多輕薄浮華，相驅放縱，皆非所補益於吾少主者也。”觀纘之言，得知晉之骨肉相殘，終至青衣行酒，見辱他族，非天之降才爾殊，而其父兄自僇辱之也。烏呼，豈非百世之殷鑒哉！

原刊一九四七年五月十四日《東南日報》副刊“文史”

〔四九八〕　九品官人之始

《三國‧魏志‧陳羣傳》：“文帝在東宮，深敬器焉，待以交友之禮，常歎曰：自吾有回，門人日以親。及即王位，封羣昌武亭侯，徙爲尚書。制九品官人之法，羣所建也。”似其法始於文帝爲王時者。然《宋書‧恩倖傳》言：“漢末喪亂，魏武始基，軍中倉卒，權立九品。”則其法實不始於魏文，亦不必爲陳羣所建。羣之所建者，特以權立之事，制爲定法，此則其事在文帝即王位後，羣徙爲尚書之時耳。《晉書‧衛瓘傳》：瓘與太尉亮等上疏言：“魏氏承顛覆之運，起喪亂之後，人士流移，考詳無地，故立九品之制，麤具一時選用之本耳。其始造也，鄉邑清議，不拘爵位，褒貶所加，足爲勸勵，猶有鄉論餘風。中間漸染，遂計資定品，使天下觀望，惟以居位爲貴，人棄德而忽道業，爭多少於錐刀之末，傷損風俗，其弊不細。”則其法初立時，未嘗無益，後乃敗壞，特其敗壞甚速耳。

〔四九九〕　九　品　中　正

馬貴與論九品中正，謂其法太拘，引陳壽遭父喪，有疾，使婢丸藥，客見之，鄉里以爲貶，坐是沈滯累年；謝惠連愛幸會稽郡吏杜德靈，及居父憂，贈以五言詩十餘首，坐廢，不豫榮伍；閭纘父卒，繼母不慈，纘恭事彌謹，而母疾之愈甚，乃誣纘盜父時金寶，訟於有司，遂被清議十餘年：三事爲證。案當時中正之拘，其事尚不僅此。《晉書‧張輔傳》：梁州刺史楊欣有姊喪，未經旬，車騎長史韓預强聘其女爲妻，輔爲中正，貶預以清風俗，論者稱之。《卞壼傳》：父粹，以清辯鑒察稱；兄弟六人，并登宰府，世稱卞氏六龍，玄仁無雙。玄仁，粹字。弟裒，嘗忤其郡將，郡將怒，訐其門內之私，粹遂以不訓見譏議，陵遲積年。《南史‧齊本紀》：高祖建元三年九月，烏程令吳郡顧昌玄，坐父法秀宋泰始中北征死亡，尸骸不反，而昌玄燕樂嬉游，與常人無異，有司請加以清議。又明帝建武元年十二月,宣德右僕射劉朗之,坐不贍給兄子,致使隨母他嫁,免官禁錮終身,付之鄉論。皆其時清議特重禮教之證。《卞壺傳》又云:壺轉御史中丞。時淮南小中正王式繼母,前夫終,更適式父,式父終,喪服訖,議還前夫家,前夫家亦有繼子,奉養至終,遂合葬於前夫。式自云父臨終,母求去,父許諾,於是制出母齊衰朞。壺奏其虧損世教,不可居人倫詮正之任。案侍中、司徒、臨潁公組,敷宣五教,實在任人,而含容違禮,曾不貶黜;揚州大中正、侍中、平望亭侯曄,淮南大中正、散騎侍郎弘,顯執邦論,朝野取信,曾不能率禮正違,崇孝敬之教,并爲不勝其任;請以見事免組、曄、弘官,大鴻臚削爵士,廷尉結罪。疏奏,詔特原組等,式付鄉邑清議,廢棄終身。

《北齊書・羊烈傳》:"烈家傳素業,閨門脩飾,爲世所稱,一門女不再醮。魏太和中,於兗州造一尼寺,女寡居無子者,并出家爲尼,咸存戒行。烈天統中與尚書畢義雲爭兗州大中正。義雲盛稱門閥,云我累世本州刺史,卿世爲我家故吏。烈答云:卿自畢軌被誅已還,寂無人物,近日刺史,皆是疆場之上彼此而得,何足爲言? 豈若我漢之河南尹,晉之太傅,名德學行,百代傳美;且男清女貞,足以相冠,自外多可稱也。蓋譏義雲之帷薄焉。"是身居中正之職者,其受責備當尤重也。劉毅論九品之弊曰:"孝弟之行,不施朝廷,門外之事,以義斷恩。"於此拘泥之失,可謂一語破的;然論事當原其朔,不應概以末流之弊。九品立法之初,原不過藉考所用之人無大僨規越矩之行,本不謂足盡人倫;其後行之誠失初意,然即如立法之意行之,亦不過能維持風紀,立當時所謂名教之防,本不能期其有他效也。東漢之季,俗重清議,尤貴鄉平,然所襃美,率多虛名無實,甚者德行亦出矯僞,是以魏武下令,欲求盜嫂受金之士;然此乃一時憤激之爲,抑亦亂世權宜之法,豈可概諸平世? 平世用人,必本行實;欲考行實,必不能捨棄鄉平;是以何夔建議,謂:"自軍興以來,制度草創,用人未詳其本,是以各引其類,時忘道德。夔聞以賢制爵,則民慎德;以庸制祿,則民興功。以爲自今所用,必先核之鄉閭,使長幼順叙,無相踰越。顯忠直之賞,明公實之報;則賢不肖之分,居然別矣。"毛玠與崔琰并典選舉,史稱"其所舉用,皆清正之士,雖於時有盛名而行不由本者,終莫得進",蓋即斯意。陳羣之制,不過更立爲定法而已。夏侯玄議九品,謂當銓衡專於臺閣,優劣任之鄉人,明其分叙,不使相涉;中正但當考行倫輩,考功校否,仍當據官長之第;皆與何夔之論相合,可見立法初意。劉毅言:"前九品詔書,善惡必書,以爲褒貶,當時天下,少有所忌。今之九品,所下不彰其罪,所上不列其善;任愛憎之斷,清濁同流,以植其私;故反違前品,大其形勢,以驅動衆人,使必歸己,天下焉得不解德行而銳人事?"衛瓘亦云:"其始造也,鄉邑清議,不拘爵位,褒貶所加,足爲勸勵,猶有鄉論餘風,中間漸染,遂計資定品,使天下觀望,惟以居位爲貴人。"然則法行之初,亦有微效,後乃陵夷,終至大敗耳。《晉書·孔愉傳》:"初,愉爲司徒長史,以平南將軍溫嶠母亡遭亂不葬,乃不過其品。至是蘇峻平,而嶠有重功。愉往石頭詣嶠,嶠執愉手而流涕曰:天下喪亂,忠孝道廢,能持古人之節,歲寒不凋者,惟君一人耳。時人咸稱嶠居公,而重愉之守正。"愉之執持,曷嘗有妨嶠之宣力?以是立名教之坊,使知名勇功之士,不敢蕩檢踰閑,固亦未爲無用。若云其所謂坊者,本不足立,此則別是一義,不能以是爲中正之咎也。

　　《後漢書·酷吏傳》謂,王吉爲沛相,"課使郡內各舉姦吏豪人諸常有微過、酒肉爲臧者,雖數十年猶加貶棄,注其名籍。"是則善惡所爲,皆有記注,本前世之成法,特其掌之者乃郡縣而非中正耳。《許劭傳》言:劭與從兄靖俱有高名,"好共覈論鄉黨人物,每月輒更其品題,故汝南俗有月旦評。"此雖非官法,而以中正操覈論之權,實自此始。然無論官司記注,私家覈論,必皆本諸行實,則理之無可疑者也。所下不彰其罪,所上不列其善,果何自來哉?劉毅又云:"人心多故,清平者寡,故怨訟者衆。聽之則告訐無已,禁絕則侵枉無極。"可見當時覈論之不平。此訟也,不徒不可勝聽,亦且是非終不可明,乃不得不一切禁之,而有如毅所謂"杜一國之口,培一人之勢,使得縱橫,無所顧憚"者矣。然公家不爲申理,不能禁民之不私相讎,毅又言其弊曰:"恨結於親親,猜生於骨肉,當身困於敵讎,子孫罹其殃咎。"其爲禍不亦博乎?

　　所下不彰其罪,所上不列其善,不過欲驅動衆人,使必歸己而已。惟如是,故所臧否,必也時變。《晉書·祖逖傳》載王隱與梅陶論月旦評曰:"《尚書》稱三載考績,三考黜陟幽明,何得一月便行褒貶?陶曰:此官法也;月旦,私法也。隱曰:《易》稱積善之家,必有餘慶,積不善之家,必有餘殃。稱家者豈不是官?必須積久,善惡乃著,公私何異?若必月旦,則顏回食埃,不免貪污;盜跖引少,則爲清廉。朝種暮穫,善惡未定矣。"《傅咸傳》:"遷司徒左長史,在位多所執正。豫州大中正夏侯駿上言:魯國小中正、司空司馬孔毓,四移病所,不能接賓,求以尚書曹馥代毓,旬日復上毓爲中正。司徒三卻,駿故據正。咸以駿與奪惟意,乃奏免駿大中正。司徒魏舒,駿之姻屬,屢卻不署,咸據正甚苦。舒終不從,咸遂獨上。舒奏咸激訕不直,詔轉咸爲車騎司馬。"每月輒更,亦何以異於旬日即變!是故知驅動之爲,公私無異也。

原刊一九四七年一月十三日天津《民國日報》副刊"史與地"

〔五〇〇〕　中　正　非　官

《十七史商榷》云：“魏陳羣始立九品官人之法。《三國志》、《晉書》及《南史》諸列傳中，多有爲州郡大中正者，蓋以他官或老於鄉里者充之。掌鄉黨平論，人才臧否，清議係焉。乃《晉·職官志》中絶不一見，何也？”案《魏書·刑罰志》云：“舊制：直閣、直後、直齋，武官隊主、隊副等，以比視官，至於犯譴，不得除罪。尚書令任城王澄奏：案諸州中正，亦非品令所載，又無禄恤，先朝已來，皆得當刑。直閣等禁直上下，有宿衛之勤，理不應異。靈太后令準中正。”品令不載，又無禄恤，則中正非官也。劉毅云：“置州都者，取州里清議，咸所歸服，將以鎮異同，一言議。”《晉書·劉毅傳》。蓋於清議之中，擇一人爲之平隲，乃士大夫之魁首，而非設官分職之一也。

〔五〇一〕　屯　田　之　弊

屯田之效，莫著於後漢之末。以是時海內凋敝已甚，野無可掠，即擁兵者亦多“無敵自破”，《魏書》語。見《三國·魏志·武帝紀》建安元年《注》引。故羣思致力於此；而又有嚴明之上以督之，故其效易也。然《三國·魏志·袁涣傳》言：“拜爲沛南部都尉。是時新募民開屯田，民不樂，多逃亡。涣白太祖曰：夫民安土重遷，不可卒變，易以順行，難以逆動，宜順其意，樂之者乃取，不欲者勿强。太祖從之，百姓大説。”然則是時之屯田，有强民移徙者矣。安知其非故有業之民哉？蓋欲見屯田之功，即不恤廢其舊有之業也。蘇軾曰：“今有人爲其主牧牛羊者，不告其主而以一牛易五羊。一牛之失，則隱而不言，五羊之獲，則指爲勞績。”蓋官之所謂功，如是者多矣。此政事之所以難言，亦考績之所以不易也。

天下之弊，莫大於名實之不副。《吳志·孫權傳》黃武五年：“陸遜以所在少穀，表令諸將增廣農畝。權報曰：甚善。今孤父子親自受田，車中八牛以爲四耦，雖未及古人，亦欲與衆均等其勞也。”其重視屯墾，亦可謂至矣。而孫休永安二年詔言：“自頃年已來，州郡吏民及諸營兵，多違此業，皆浮船長江，賈作上下，良田漸廢，見穀日少。”然則上有務農之詔，下惟商販之務也。然此猶可言也。乃若魏者，特開屯田之官，專以農桑爲業，而諸典農亦各部吏民，末作治生，以要利入，見《魏志·司馬芝傳》。又何以自解與？然而末作之利，優於本業舊矣。

〔五〇二〕 晉度田收租之制

《晉書·食貨志》：咸和五年，成帝始度百姓田，取十分之一，率畝稅米三升。哀帝即位，乃減田租，畝收二升。孝武大元二年，除度田收租之制，王公以下，口稅三斛，惟蠲在役之身。八年，又增稅米口五石。《文獻通考》云：晉制：男子一人授田七十畝。以畝收三升計之，當口稅二斛一斗。以畝收二升計之，當口稅一斛四斗。今除度田收租之制，而口稅二斛增至五石，則賦頗重矣。豈所謂王公以下云者，又非泛泛授田之百姓歟？當考。

案馬氏所疑是也。《隋書·食貨志》：北齊河清三年定令：京城四面，諸坊之外，三十里內爲公田。受公田者，三縣代遷內，《通典》作户。執事官一品以下逮於羽林、武賁各有差。其外畿郡，華人官第一品以下羽林、武賁已上各有差。職事及百姓請墾田者，名爲受田。《通典》作永業田。奴婢受田者：親王止三百人，嗣王止二百人，第二品嗣王已下及庶姓王止一百五十人，正三品以上及王宗止一百人，七品已上限止八十人，八品以下至庶人限止六十人。其方百里外及州人：一夫受露田八十畝，婦人四十畝。奴婢依良人，限數與在京百官同。丁牛一頭受田六十畝，限止四牛。又每丁給永業二十畝爲桑田，其中種桑五十根、榆三根、棗五根，不在還受之限。非此田者，悉入還受之分。土不宜桑者，給麻田如桑田法。然則王畿百里以內，任土之法，與其外不同。其外有桑田，有露田；其內則皆爲永業也。此制蓋沿自後魏。《魏書·食貨志》：肅宗孝昌二年稅京師田畝五升，借賃公田者畝一斗。即指此項田畝言之。稅五升者，蓋其所謂代來之户；稅一斗者，則華人之借賃者也。北朝立法，多規放南朝。晉世之度田爲稅，自亦指王公之田言之：云蠲在役之身，明其人本來無役；又云度百姓田者，則其田不能盡爲王公所有，平民亦有借賃者耳。

原刊《中華文史論叢》第一輯，一九八三年二月出版

〔五〇三〕 户 調 之 始

户調之式，定自晉武帝。然其事非始於武帝也。《三國·魏志·武帝紀》：建安九年注引《魏書》載公定河北後令曰：其收田租畝四升，户出絹二匹，綿二斤而已，他不得擅興發。《趙儼傳》：儼爲朗陵長。時袁紹舉兵南侵，遣使招誘豫州

諸郡，諸郡多受其命，惟陽安郡不動，而都尉李通急錄戶調。儼見通曰：方今天下未集，諸郡并叛，懷附者復收其綿絹，小人樂亂，能無遺恨。則戶調綿絹之制，魏武帝時久行之矣。

案《續漢書・百官志》云：鄉置有秩，郡所署。小者，縣置嗇夫，皆主知民善惡，爲役先後；知民貧富，爲賦多少；平其差品。《後漢書・明帝紀》：中元二年詔曰：郡縣每因徵發，輕爲姦利，詭責羸弱，先急下貧，其務在均平，無令枉刻。《魏志・曹洪傳》注引《魏略》曰：太祖爲司空時，以己率下。每歲發調，使本縣平資。則民之以訾產定賦久矣。

《後漢書・順帝紀》：永和六年七月，詔假民有資者，戶錢一千。《漢書・景帝紀》：後二年，以訾算十以上乃得官，詔減爲四。則漢時人民訾產之有無多少，在官皆有記注。《王莽傳》：馮茂擊句町，賦斂民財，什取五，更遣廉丹等復訾民，取其十四。又天鳳六年，一切税天下吏民，訾三十取一。亦見《食貨志》。其取之之率，蓋即以其記注爲據。伍被言秦收大半之賦，《漢書・食貨志》亦云，亦謂其取之過於什五耳。漢田租僅三十取一；人民所見爲重者，實在口錢及賦役。故貢禹以口錢之重爲言；而史稱桑弘羊之功，乃在於民不加賦。《漢書・蕭望之傳》：西羌反，漢遣後將軍征之。張敞上書請令諸有罪、非盜受財、殺人及犯法不得赦者入穀八郡贖罪。望之及少府李强難之。敞曰：少府、左馮翊所言，常人之所守耳。昔先帝征四夷，兵行三十餘年，百姓猶不加賦，而軍用足。今羌虜一隅小夷，跳梁於山谷間，漢但令罪人出財減罪以誅之，其名賢於煩擾良民，橫興賦斂也。足見加賦爲害之烈。武帝以民不益賦而天下用饒，賜弘羊爵左庶長，黃金再百斤，其賞誠不虛也。世徒訾弘羊之聚斂；不知若無弘羊，則明季加派之禍，早見於天漢之年，非復綉衣杖斧之所得而平矣。賦之惡在於其取之無藝、無定物、無定數、無定時。明季加派之禍，即如此。“戶調綿絹，他不得擅興發”，則此弊免矣。然則以戶調拯橫斂之弊，猶以一條鞭濟加派之窮也。此亦魏武帝之所以克戡大難矣。

《後漢書・劉平傳》云：拜全椒長，政有恩惠，百姓懷感。人或增資就賦，或減年從役。增資就賦説與《續書》“知民貧富，爲賦多少”合。云減年從役，則役亦以年爲準，與《續書》“知民善惡，爲役先後”之説不符。豈漢世於論年以外，又有以善惡定役之法歟？然此法大易上下其手，非良法也。

原刊《中華文史論叢》第一輯，一九八三年二月出版

〔五〇四〕　滂

《南齊書・周顒傳》云：建元初，爲山陰令。縣舊訂滂民，以供雜使。顒言

於太守聞喜公子良曰：竊見滂民之困，困實極矣。役命有常，只應轉竭。蹙迫驅催，莫安其所。險者或竄避山湖，困者自經溝瀆，亦有摧臂斫手，苟自殘落，販備貼子，權赴急難。每至滂使發動，遵赴常促，輒有羸杖被錄，稽顙階垂，泣涕告哀，不知所振。下官未嘗不臨食罷箸，當書僵筆，爲之久之，愴不能已。交事不濟，不得不就加捶罰。見此辛酸，時不可過。山陰邦治，事倍餘城。然略聞諸縣，亦處處皆躓。惟上虞以百戶一滂，大爲優足。過此列城，不無彫罄。宜應有以普救倒懸，設流開便，則轉患爲功，得之何遠。此滂字似即今之幫字，蓋民自合若干人爲一幫以應役也。

原刊《中華文史論叢》第一輯，一九八三年二月出版

〔五〇五〕 募兵之利弊

前漢時國威極盛，東京以後，稍以衰替，實由於民兵之廢。規復民兵，固爲久長之計，然設行之不善，則又有轉致騷擾者。杜畿諭衛固曰："今大發兵，衆必擾，不如徐以貲募兵。"是也。《三國·魏志》本傳。太祖建安十五年十二月己亥令曰："遭值董卓之難，興舉義兵。是時合兵能多得耳。"《吳志·孫策傳》："策說（袁）術乞助（吳）景等平定江東。術表策爲折衝校尉，行殄寇將軍，兵財千餘，騎數十匹，賓客願從者數百人。比至歷陽，衆五六千。"此募兵易得之效。《袁紹傳注》引《九州春秋》言：袁譚在青州，"別使兩將募兵下縣，有賂者見免，無者見取，貧弱者多，乃至竄伏丘野之中，放兵捕索，如獵鳥獸。邑有萬戶者，著籍不盈數百。"此名爲召募，實同徵發，非召募之罪也。《吳志·陸遜傳》：嘉禾六年，"中郎將周祗乞於鄱陽召募。事下問遜。遜以爲此郡民易動難安，不可與召，恐致賊寇。而祗固陳取之，郡民吳遽等果作賊殺祗，攻沒諸縣。豫章、廬陵宿惡民，并應遽爲寇。"喪亂之世，只慮民之易動耳，不虞其不可得也。募民固非經久之計，然獷悍之民，亦宜有以教之。而其性既習於獷悍，欲化之以善甚難，不得不束之以嚴。欲束之以嚴，則莫若束之行伍之中矣。計民之爲兵，必二三十年而休之，則年稍長而氣稍衰；使在行伍之中，果能束之以紀律，則其性已稍習於良善，固不慮其遣散之後，復爲恣睢也。此則行教化於行伍之中，亦非不知禮義之將所能爲矣。

招兵固易得矣，然撫之不善，則逃亡亦多。《魏志·盧毓傳》言："時天下草創，多逋逃，故重士亡法，罪及妻子。亡士妻白等，始適夫家數日，未與夫相見，大理奏棄市。"《高柔傳》云："鼓吹宋金等在合肥亡逃。舊法，軍征士亡，考

竟其妻子。太祖患猶不息，更重其刑。金有母妻及二弟皆給官，主者奏盡殺之。"其酷如此。柔言："宜貸其妻子，一可使賊中不信，二可使誘其還心。"此理易明，人所共曉，然以魏武帝之明，猶爲此法。盧毓諍大理之失，亦不過曰"刑之爲可，殺之爲重"而已。又柔言："正如前科，固已絕其意望，而猥復重之，柔恐自今在軍之士，見一人亡逃，誅將及己，亦且相隨而走，不可復得殺也。"然則不徒亡士誅及妻子，亦且軍中又有什伍之誅也；然卒不能止士之逃亡，嚴刑峻法何益哉？

《高柔傳》又云："護軍營士竇禮近出不還。營以爲亡，表言逐捕，没其妻盈及男女爲官奴婢。盈連至州府，稱冤自訟，莫有省者。乃辭詣廷尉。柔問曰：汝何以知夫不亡？盈垂泣對曰：夫少單特，養一老嫗爲母，事甚恭謹，又哀兒女，撫視不離，非是輕狡不顧室家者也。柔重問曰：汝夫不與人有怨讎乎？對曰：夫良善，與人無讎。又曰：汝夫不與人交錢財乎？對曰：嘗出錢與同營士焦子文，求不得。時子文適坐小事繫獄，柔乃見子文，問所坐。言次，曰：汝頗曾舉人錢不？子文曰：自以單貧，初不敢舉人錢物也。柔察子文色動，遂曰：汝昔舉竇禮錢，何言不邪？子文怪知事露，應對不次。柔曰：汝已殺禮，便宜早服。子文於是叩頭，具首殺禮本末，埋藏處所。柔便遣吏卒，承子文辭往掘禮，即得其尸。"夫恭謹養母，哀撫兒女，良善與人無讎，而斤斤於所出之錢，至於見殺，是則田舍翁耳，此豈爲士伍者？而亦隸名護軍，則以迫於單特故也。田舍郎猶以迫於處境而爲兵，此募兵之所以易；抑兵中亦多此等人，此干戈之所以卒戢歟？

〔五〇六〕　魏時將帥之驕

《三國·魏志·董昭傳》：文帝三年，"征東大將軍曹休臨江在洞浦口，自表：願將銳卒虎步江南，因敵取資，事必克捷；若其無臣，不須爲念。帝恐休便渡江，驛馬詔止。時昭侍側，因曰：今者渡江，人情所難，就休有此志，勢不獨行，當須諸將。臧霸等既富且貴，無復他望，但欲終其天年，保守禄祚而已，何肯乘危自投死地，以求徼幸？苟霸等不進，休意自沮。臣恐陛下雖有敕渡之詔，猶必沉吟，未便從命也。是後無幾，暴風吹賊船，悉詣休等營下，斬首獲生，賊遂迸散。詔敕諸軍促渡。軍未時進，賊救船遂至。"案《賈逵傳注》引《魏略》言太祖之崩，"太子在鄴，鄢陵侯未到，士民頗苦勞役，又有疾癘，於是軍中騷動。羣寮恐天下有變，欲不發喪。逵建議以爲不可祕，乃發哀，令內外皆入臨，臨訖，各安叙不得動。而青州軍擅擊鼓相引去。眾人以爲宜禁止之，不從者討之。逡以爲方大喪在殯，嗣王未立，宜因而撫之。乃爲作長檄，告所在給其飲食。"《臧霸傳》："（孫）權乞降，太祖還，留霸與夏侯惇等屯居巢。文帝即王位，遷鎮東將軍，進爵武安鄉侯，都督青州諸軍事。及踐阼，進封開陽侯，徙封良成侯。與曹休討吳賊，徵爲執金吾，位特進。"《注》引《魏略》曰："建安二十四年，霸遣別軍在洛。會太祖崩，霸所部及青州兵，以爲天下將亂，皆鳴鼓擅去。文帝即位，以曹休都督青、徐，霸謂休曰：國家未肯聽霸耳！若假霸步騎萬人，必能橫行江表。休言之於帝，帝疑霸軍前擅去，今意壯乃爾，遂東巡，因霸來朝而奪其兵。"然則當時所慮者，曹休之不能制霸，非休之欲渡江也。《魏略》謂休表言霸意，而董昭謂休自欲渡江，失其實矣。《王基傳》：明帝時，基上疏曰："昔漢有天下，至孝文時，惟有同姓諸侯，而賈誼憂之曰：置火積薪之下而寢其上，因謂之安也。今寇賊未殄，猛將擁兵，檢之則無以應敵，久之則難以遺後，當盛明之世，不務以除患，若子孫不競，社稷之憂也。使賈誼復起，必深切於曩時矣。"讀此知魏時將帥之驕，統一之業之不克早成，良有以也。

　　將帥之驕也，由於法之不行。諸葛亮所謂"寵之以位，位極則賤，順之以恩，恩竭則慢"也。《三國志》本傳《注》引《蜀記》。《武帝紀》建安八年五月己酉令曰："《司馬法》：將軍死綏。故趙括之母，乞不坐括。是古之將者，軍破於外，而家受罪於內也。自命將征行，但賞功而不罰罪，非國典也。其令諸將出征，敗軍者抵罪，失利者免官爵。"案《史記·項羽本紀》言：章邯降，"項羽乃立章邯爲雍王，置楚軍中；使長史欣爲上將軍，將秦軍爲前行。秦吏卒多竊言曰：章將軍等詐吾屬降諸侯，今能入關破秦，大善；即不能，諸侯虜吾屬而東，秦必盡誅吾父母妻子。"然則戰敗受誅者，不獨將軍也。而將軍戰敗受罪，直至建安八年始行，何其慢哉？豈以所將者多羣盜若臧霸之流，不容操之過急歟？

　　又《武帝紀》："建安七年正月，公軍譙，令曰：吾起義兵，爲天下除暴亂。舊土人民，死喪略盡，國中終日行，不見所識，使吾悽愴傷懷。其舉義兵已來，將士絕無後者，求其親戚以後之，授土田，官給耕牛，置學師以教之。爲存者立廟，使祀其先人，魂而有靈，吾百年之後何恨哉！"十二年二月，"丁酉，令曰：吾起義兵誅暴亂，於今十九年，所征必克，豈吾功哉？乃賢士大夫之力也。天下雖未悉定，吾當要與賢士大夫共定之；而專饗其勞，吾何以安焉！其促定功行封。於是大封功臣二十餘人，皆爲列侯，其餘各以次受封，及復死事之孤，輕重各有差。"《注》引《魏書》載公令曰："昔趙奢、竇嬰之爲將也，受賜千金，一朝散之，故能濟成大功，永世流聲。吾讀其文，未嘗不慕其爲人也。與諸將士大夫共從戎事，幸賴賢人不愛其謀，羣士不遺其力，是以夷險平亂，而吾得竊大賞，戶邑三萬。追思竇嬰散金之義，今分所受租與諸將掾屬及故戍於陳、蔡者，庶以疇答衆勞，不擅大惠也。宜差死事之孤，以租穀及之。若年殷用足，租奉畢入，將大與衆人悉共饗之。”十四年七月，“辛未，令曰：自頃已來，軍數征行，或遇疫氣，吏士死亡不歸，家室怨曠，百姓流離，而仁者豈樂之哉？不得已也。其令死者家無基業不能自存者，縣官勿絶廩，長吏存恤撫循，以稱吾意。”夫此三令，可謂至誠惻怛，其於將士之恩，亦不爲不厚矣。文帝即王位後，延康元年十月癸卯，下令曰：“諸將征伐，士卒死亡者或未收斂，吾甚哀之；其告郡國給槥櫝殯斂，送致其家，官爲設祭。”《文帝紀》。亦可謂能肯堂肯構者。《漢書·高帝紀》：四年八月，“漢王下令：軍士不幸死者，吏爲衣衾棺斂，轉送其家，四方歸心焉。”則知魏氏之於將士，不爲不厚；而將帥之驕如此，治軍者貴威克厥愛，信哉！

〔五〇七〕　魏太祖征烏丸

魏武帝之征烏丸也，塹山堙谷五百餘里。《本紀》《注》引《曹瞞傳》曰：“時寒且旱，二百里無復水，軍又乏食，殺馬數千匹以爲糧，鑿地入三十餘丈乃得水。”亦可謂危矣。“既還，科問前諫者，皆厚賞之，曰：孤前行，乘危以徼幸，雖得之，天所佐也，故不可以爲常。諸君之諫，萬安之計，是以相賞，後勿難言之。”是公亦自知其危也。然而必征之者，《夏侯惇傳》《注》引《魏書》言：“韓浩遷護軍。太祖欲討柳城，領軍史渙以爲道遠深入，非完計也，欲與浩共諫。浩曰：今兵勢強盛，威加四海，戰勝攻取，無不如志，不以此時遂除天下之患，將爲後憂。”善夫，夷狄最慮令其養成氣，毫毛勿拔，將尋斧柯□□□□①之死。清太祖曾何能爲，明不以此特除惡務盡，至其戡尼堪外蘭、滅哈達、犯葉赫，而勢不易除矣。□□□□□②而乘兵威以“除天下之患”，此太祖君臣之志夫，亦可謂神武矣！

〔五〇八〕　文臣輕視軍人

《三國·蜀志·劉巴傳注》引《零陵先賢傳》曰：“張飛嘗就巴宿，巴

---

①　原稿缺字。
②　原稿缺字。

不與語，飛遂忿恚。諸葛亮謂巴曰：張飛雖實武人，敬慕足下。主公今方收合文武，以定大事；足下雖天素高亮，宜少降意也。巴曰：大丈夫處世，當交四海英雄，如何與兵子共語乎？備聞之，怒曰：孤欲定天下，而子初專亂之。其欲還北，假道於此，豈欲成孤事邪？”案《彭羕傳》言：羕左遷爲江陽太守。“聞當遠出，私情不悅，往詣馬超。超問羕曰：卿才具秀拔，主公相待至重，謂卿當與孔明、孝直諸人齊足并驅，寧當外授小郡，失人本望乎？羕曰：老革荒悖，何復道邪！”《注》曰：“古者以革爲兵，故語稱兵革，革猶兵也。羕罵備爲老革，猶言老兵也。”然則當時士夫視備，亦不足齒數，無怪備謂劉巴特欲假道還北矣。《費詩傳》：“先主爲漢中王，遣詩拜關羽爲前將軍。羽聞黃忠爲後將軍，怒曰：大丈夫終不與老兵同列！”是不惟士夫輕軍人，即軍人亦自相輕也。《吳志·孫堅傳注》引《吳錄》言：王叡“與堅共擊零、桂賊，以堅武官，言頗輕之”。知文臣之輕視武人，由來已久。

〔五〇九〕　追貴人家屬脅之出戰

《通鑒》：陳宣帝大建八年，周武帝破晉陽，齊主還鄴，引諸貴臣，問以禦周之策，人人異議，齊主不知所從。是時人情洶懼，莫有鬥心，朝士出降，晝夜相屬。高勱曰：“今之叛者，多是貴人，至於卒伍，猶未離心，請追五品已上家屬，置之三臺，因脅之以戰，若不捷，則焚臺，此曹顧惜妻子，必當力戰，且王師頻北，賊徒輕我，今背城一決，理必破之。”齊主不能用。案周、齊兵力本相若，齊之所以亡，特因人心崩潰，不能自固耳。以此脅之，理可一戰，惜乎齊主之不能用也。凡兵力本可用，而人心不固者，皆可用此策。

〔五一〇〕　兵　無　鎧　甲

《三國·吳志·孫和傳注》引《吳歷》言：吳興施但聚衆萬餘人，劫和子謙，將至秣陵，欲立之。至九里，爲丁固、諸葛靚所破。但兵裸身無鎧甲，臨陳皆披散。似民間倉卒起兵者，不能備鎧甲也。然《諸葛恪傳》言東興之役，留贊等亦解置鎧甲，不持矛戟，但兜鍪刀楯，保身緣遏。時天寒雪，尚且如此。則吳人固有保身而鬥之習。蓋吳、越古本保，漢世雖襲衣冠，戰時猶沿舊習也。

〔五一一〕　魏晉法術之學上

漢治自永初而後,縱弛極矣。外戚專權,宦豎竊柄,官方不肅,處士橫議,蓋自朝寧宮禁學校之中,無一以國事爲念者。漢之亡,非降羌黃巾之亡之,實其綱紀不肅,有以自召之也。一時通達治體之士,若王符、仲長統、崔寔等,咸欲以綜覈名實之治救之,當時莫能行,然三國開創之君臣,實皆用此以致治。

《魏志》載建安八年五月己酉太祖令曰:"《司馬法》:將軍死綏。故趙括之母,乞不坐括。是古之將者,軍破於外,而家受罪於内也。自命將征行,但賞功而不罰罪,非國典也。其令諸將出征,敗軍者抵罪,失利者免官爵。"《注》引《魏書》載庚申令曰:"議者或以軍吏雖有功能,德行不足堪任郡國之選,所謂可與適道,未可與權。管仲曰:使賢者食於能則上尊,鬬士食於功則卒輕於死,二者設於國則天下治。未聞無能之人,不鬬之士,并受禄賞,而可以立功興國者也。故明君不官無功之臣,不賞不戰之士;治平尚德行,有事賞功能。論者之言,一似管窺虎歟!"皆法家之精義也。《荀彧傳》載彧論袁、曹成敗,及《郭嘉傳注》引《傅子》述嘉"紹有十敗,公有十勝"之論,大同小異,疑即一説之誤傳。二者皆謂紹御軍寬緩,法令不立,操法令明而賞罰必行。紹任親戚子弟而好名譽,故多得好言飾外之人;操用人不問遠近,賞功無所恡惜,故能得忠正效實之士。紹大臣爭權,讒言惑亂;操御下以道,浸潤不行。比而觀之,亦可見曹公之能任法術矣。

建安十五年令曰:"若必廉士而後可用,則齊桓其何以霸世? 今天下得無有被褐懷玉而釣于渭濱者乎? 又得無盜嫂受金而未遇無知者乎?"十九年令曰:"夫有行之士未必能進取,進取之士未必能有行也。陳平豈篤行,蘇秦豈守信邪?"二十二年令曰:"韓信、陳平負汙辱之名,有見笑之恥,卒能成就王業,聲著千載。吳起貪將,殺妻自信,散金求官,母死不歸,然在魏,秦人不敢東向,在楚則三晉不敢南謀。今天下得無有至德之人放在民間,及果勇不顧,臨敵力戰;若文俗之吏,高才異質,或堪爲將守;負汙辱之名,見笑之行,或不仁不孝而有治國用兵之術:其各舉所知,勿有所遺。"《三國志注》引《魏書》。顧亭林深加貶斥,謂"經術之治,節義之防,光武、明、章數世爲之而未足;毁方敗常之俗,孟德一人變之而有餘"。實則後漢之世,士好立名,凡争名者必假飾於外,其才固未可用,其德亦不足稱。董昭太和之疏,乃東京末世之俗,不徒非魏武所造,并非文帝所爲也。《荀彧傳注》引《彧别傳》,謂其"取士不以一揆,戲志才、郭嘉有負俗之譏，杜畿簡傲少文，皆以智策舉之"。有負俗之譏無論矣，即簡傲少文，亦不利於合徒黨，要鄉曲之譽。可見魏武君臣，取才皆不尚虛聲也。

　　陳壽評魏祖，謂其"攬申、商之法術，該韓、白之奇策，官方授材，各因其器，矯情任算，不念舊惡"。《注》引《魏書》，亦稱其"知人善察，難眩以僞"。可見其誅賞皆守法而不任情。乃又引《曹瞞傳》：謂其"持法峻刻，諸將有計畫勝出己者，隨以法誅之，及故人舊怨，亦皆無餘"。此可謂能守法歟？《曹瞞傳》又謂"其所刑殺，輒對之垂涕嗟痛之，終無所活"。可見其持法之嚴。此豈任情誅殺者哉？又曰："嘗出軍，行經麥中，令士卒無敗麥，犯者死。而太祖馬騰入麥中，勅主簿議罪；主簿對以《春秋》之義，罰不加於尊，太祖曰：制法而自犯之，何以帥下？然孤爲軍帥，不可自殺，請自刑。因援劍割髮以置地。又有幸姬，嘗從晝寢，枕之臥，告之曰：須臾覺我。姬見太祖臥安，未即寤。及自覺，棒殺之。嘗討賊，廩穀不足，私謂主者曰：如何？主者曰：可行小斛以足之。太祖曰：善。後軍中言太祖欺衆，太祖謂主者曰：特當借君死以厭衆，不然，事不解。乃斬之，取首題徇曰：行小斛，盜官穀，斬之軍門。其酷虐變詐，皆此類也。"夫罰不加於尊，《春秋》之義，非主簿所能僞造也；軍帥不可自殺，亦理勢之宜，此而可謂之變詐歟？幸姬不受令，或當誅責，何至棒殺？酷虐如此，豈似持法之人？法貴平，不貴酷也。主廩穀者豈一人，而可先許之而後殺之歟？故知野史之言，失實者多矣。

　　《馬謖傳》謂謖下獄物故，諸葛亮爲之流涕。《注》引《襄陽記》曰："于時十萬之衆爲之垂涕。亮自臨祭，待其遺孤若平生。蔣琬後詣漢中，謂亮曰：昔楚殺得臣，然後文公喜可知也。天下未定，而戮智計之士，豈不惜乎？亮流涕曰：孫武所以能制勝於天下者，用法明也。四海分裂，兵交方始，若復廢法，何以討賊？"此與魏武之垂涕嗟痛，終無所活，可以參觀。《亮傳》謂亮"庶事精練，物理其本"，《上諸葛氏集表》曰："工械技巧，物究其極。"而《魏志注》引《魏書》，亦謂太祖"造作宮室，繕治器械，無不爲之法則，皆盡其意"，又可見其殊方而一揆。《諸葛氏集》，有《計算》、《綜覈》兩篇，《表》曰："其聲教遺言，皆經事綜物，公誠之心，形於文墨，足以知其人之意理，而有補於當世。"《注》引《袁子》，謂"亮之治蜀，田疇闢，倉廩實，器械利，蓄積饒"。凡能成大業者，未有不勤於細物者也。豈有從容暇豫，而自以爲知體者哉？

　　《季漢輔臣贊注》引《襄陽記》曰："亮嘗自校簿書。楊顒諫曰：爲治有體，上下不可相侵。今明公躬校簿書，流汗竟日，不亦勞乎？亮謝之。"夫此位分之體，豈亮之所不知？而如是者，危邦之政，固不可以平世之事爲例也。

《費詩傳》：降人李鴻詣亮曰：“間過孟達許，適見王沖從南來，言往者達之去就，明公切齒，欲誅達妻子，賴先主不聽耳。達曰：諸葛亮見顧有本末，終不爾也。盡不信沖言。”故知持法平者，雖背遁之人猶信之，豈有釋法而任情者乎？《魏志》曰：太祖討袁譚時，“民亡椎冰，令不得降。頃之，亡民有詣門首者，公謂曰：聽汝則違令，殺汝則誅首，歸深自藏，毋爲吏所獲。”則執法自有其人，非廢法也。

廖立垂泣，李平致死，何施而得斯於人哉？習鑿齒曰：“夫水至平而邪者取法，鏡至明而醜者亡怒，水鏡之所以能窮物而無怨者，以其無私也。水鏡無私，猶以免謗，況大人君子懷樂生之心，流矜恕之德，法行於不可不用，刑加乎自犯之罪，爵之而非私，誅之而不怒，天下有不服者乎？諸葛亮於是可謂能用刑矣。自秦、漢以來，未之有也。”《李嚴傳注》引。今案陳壽《上諸葛氏集表》，言“至今梁、益之民，咨述亮者，言猶在耳，雖《甘棠》之詠召公，鄭人之歌子產，無以遠譬也”。《注》引《袁子》亦曰：“行法嚴而國人悅服，用民盡其力而下不怨。亮死至今數十年，國人歌思，如周人之思召公也。”異口同辭，必非虛語矣。陳壽又曰：“刑政雖峻而無怨者，以其用心平而勸戒明也。”夫勸戒在先，而後以刑誅其不順者於後，則非不教而誅者矣。此習鑿齒所謂“懷樂生之心，流矜恕之德”者歟？故知義以斷事者，未有不以仁心爲其質者也。

張裔之稱諸葛曰：“賞不遺遠，罰不阿近，爵不可以無功取，刑不可以貴勢免，此賢愚之所以僉忘其身者也。”《張裔傳》。法不以遠近貴賤而異，所謂平也。陳壽之稱諸葛氏曰：“吏不容姦，人懷自厲，道不拾遺，強不陵弱。”此又其不遺乎遠之效也。袁子言亮軍之能鬪也，曰：“蜀人輕脱，亮故堅用之。”兩漢之世，民風以蜀爲最弱，讀司馬相如《諭巴蜀檄》可知。而亮能以之爲強，其道何由？則“法令明，賞罰信，士卒用命，赴險不顧”而已。誰謂治戎與理民，有二道哉？

《吳志‧陸遜傳》：上疏陳時事曰：“科法嚴峻，下犯者多。頃年以來，將吏罹罪，雖不慎可責，然天下未一，當圖進取，小宜恩貸，以安下情。且世務日興，良能爲先，自非姦穢入身，難忍之過，乞復顯用，展其力效。峻法嚴刑，非帝王之隆業；有罰無恕，非懷遠之宏規也。”是吳大帝之用法，頗失之嚴，不如諸葛之平恕矣。《魏志》：建安九年九月令曰：“河北罹袁氏之難，其令毋出今年租賦。”重豪强兼并之法，百姓喜悅。《注》引《魏書》載曹公令曰：“有國有家者，不患寡而患不均，不患貧而患不安。袁氏之治也，使豪强擅恣，親戚兼并；下民貧弱，代出租賦，衒鬻家財，不足應命；審配宗族，至乃藏匿罪人，爲逋逃主；欲望百姓親附，甲兵强盛，豈可得邪？其收田租畝四升，户出絹二匹、縣二斤而已,他不得擅興發。郡國守相明檢察之。無令强民有所隱藏,而弱民兼賦也。"是魏武用法,頗能下逮於民,非徒督責官吏而已。其能國富兵强,豈不以此歟?

《蜀志・呂乂傳》:"累遷廣漢、蜀郡太守。蜀郡一都之會,户口衆多,又亮卒之後,士伍亡命,更相重冒,姦巧非一。乂到官,爲之防禁,開喻勸導,數年之中,漏脱自出者萬餘口。"以諸葛亮立法之備,用法之嚴,而身没之後,姦巧遂作。人存政舉,人亡政息,豈不然哉?

原刊《光華大學半月刊》第四卷第一期,一九三五年十月十日出版

〔五一二〕 魏晉法術之學中

三國承季漢縱恣之後,督責之術,乃時勢所需,非魏武、孔明等一二人故爲嚴峻也。故其時薄有才略之君,皆能留意於此。《魏志・明帝紀注》引《魏書》,稱其"料簡功能,真僞不得相貿,務絶浮華譖毀之端","性特强識,雖左右小臣官簿性行,名跡所履,及其父兄子弟,一經耳目,終不遺忘。案此由其留意於督察,非必天性强識也。含垢藏疾,容受直言。聽受吏民士庶上書,一月之中至數十百封,雖文辭鄙陋,猶覽省究竟,意無厭倦"。孫盛亦稱其"政自己出,而優禮大臣,開容善直,雖犯顔極諫,無所摧戮"。此蓋兼聽并觀之術。《魏書》又稱其"特留意於法理",其操術蓋有由來矣。

然明帝非真能用法之人也。法家之術,如鑑空衡平,首貴絶去私意。所惡於私意者,非徒不可以治人,亦且不足以脩己。抑脩己治人,理無二致;不能脩己,而欲襲取於涖朝行法之時,吾知其不可得矣。明帝雖隆法術,而多秕政;臨終顧託,又不得其人,卒使"當塗"之運,移於"典午",有以也哉!觀其侈於宫室弋獵,而拒辛毗、楊阜、高堂隆之諫,則知其不能自克矣。《世語》曰:"帝與朝士素不接,即位之後,羣下想聞風采。居數日,獨見侍中劉曄,語盡日。衆人側聽。曄既出,問何如?曄曰:秦始皇、漢孝武之儔,才具微不及耳。"《三國・魏志・明帝紀注》引。夫秦皇、漢武固亦好任法術,而不能抑其侈欲者也。曄之言,何其婉而彰歟?

不能絶去私意,則易致昵近小人。《魏略》秦朗、孔桂,俱列佞幸。魚豢怪武皇之慎賞,明皇之持法,而猶有此等人,《三國・魏志・明帝紀注》。抑知其不足怪也。《楊阜傳》:"阜又上疏欲省宫人諸不見幸者,乃召御府吏問後宫人數。吏守舊令,對曰:禁密,不得宣露。阜怒,杖吏一百,數之曰:國家不與九卿爲

密,反與小吏爲密乎?"令真不得宣露,阜豈得任怒杖吏? 則知吏云不得宣露,非令意也。明帝使吏不得宣露,非能密,實壞法矣。夫其任秦朗,則亦猶是耳。《魏略》曰:明帝授朗内官,爲驍騎將軍、給事中,每車駕出入,朗常隨從。時明帝喜發舉,數有以輕微而致大辟者,朗終不能有所諫止,又未嘗進一善人,帝亦以是親愛,每顧問之。《三國·魏志·明帝紀注》引。夫安知明帝之所發舉,非陰得之若朗輩者乎? 與内官事發舉,而加輕罪以重辟,豈法也哉? 即謂不然,而惟順適意旨者是愛,其可謂善治心乎? 以是臨下,欲其如鑑空衡平,其可得乎? 不能治心,安能持法? 故曰明帝非真能用法者也。

《蜀志·先主紀注》引《諸葛亮集》載先主遺詔敕後主曰:"可讀《漢書》、《禮記》,閒暇歷觀諸子及《六韜》、《商君書》,益人意智。聞丞相爲寫《申》、《韓》、《管子》、《六韜》一通已畢,未送,道亡,可自更求聞達。"則先主亦尚法術矣。蓋時勢使然,久歷艱難者,皆知之也。又可見孔明、魏武之用法,皆時勢所需,非徒好尚所在矣。

《諸葛亮傳注》引《蜀記》,載郭沖條亮五事。其一曰:亮刑法峻急。法正諫曰:"昔高祖入關,約法三章,秦民知德,今君假借威力,跨據一州,初有其國,未垂惠撫;且客主之義,宜相降下,願緩刑弛禁,以慰其望。"亮答曰:"君知其一,未知其二。秦以無道,政苛民怨,匹夫大呼,天下土崩,高祖因之,可以弘濟。劉璋暗弱,自焉以來有累世之恩,文法羈縻,互相承奉,德政不舉,威刑不肅。蜀土人士,專權自恣,君臣之道,漸以陵替;寵之以位,位極則賤;順之以恩,恩竭則慢;所以致弊,實由於此。吾今威之以法,法行則知恩;限之以爵,爵加則知榮;榮恩并濟,上下有節。爲治之要,於斯而著。"諸葛之所以任法,此其自道也。先主之專任之,殆亦以君臣同好,而又同鑑於時勢,知非是不足以致治歟? 裴松之難沖曰:"法正在劉主前死,今稱法正諫,則劉主在也。諸葛職爲股肱,事歸元首;劉主之世,亮又未領益州,慶賞刑政,不出於己。尋沖所述亮答,專自有其能,有違人臣自處之宜。以亮謙順之體,殆必不然。"夫安知先主之慶賞刑政,不皆咨於亮而後行乎? 且善則歸君,過則歸己,人方怨咨,安得委其事於君上也?《法正傳》謂成都既服,以正爲蜀郡太守、揚武將軍,外統都畿,内爲謀主。一飧之德,睚眦之怨,無不報復。擅殺毀傷已者數人。或謂諸葛亮曰:"法正於蜀郡太縱橫,將軍宜啓主公,抑其威福。"此治民雖由法正,而督察羣僚,諸葛實參禁密之證。安得謂慶賞刑政,不由於亮乎? 然亮以先主雅愛信正,卒未能啓而裁之。則知先主雖好《六韜》、《商君書》,而持法有不能盡平者矣。此諸葛之所以不可及歟?

　　《魏志・袁涣傳注》引《魏書》曰：“穀熟長吕岐善朱淵、袁津，遣使行學還，召用之，與相見，出，署淵師友祭酒，津決疑祭酒。淵等因各歸家，不受署。岐大怒，將吏民收淵等，皆杖殺之，議者多非焉。涣教勿劾，主簿孫徽等以爲淵等罪不足死；長吏無專殺之義；孔子稱唯器與名，不可以假人，謂之師友而加大戮，刑名相伐，不可以訓。涣教曰：主簿以不請爲罪，此則然矣。謂淵等罪不足死，則非也。夫師友之名，古今有之。然有君之師友，有士大夫之師友。夫君置師友之官者，所以敬其臣也；有罪加於刑焉，國之法也。今不論其罪，而謂之戮師友，斯失之矣。主簿取弟子戮師之名，而加君誅臣之實，非其類也。夫聖哲之治，觀時而動，故不必循常，將有權也。閒者世亂，民陵其上，雖務尊君卑臣，猶或未也，而反長世之過，不亦謬乎？遂不劾。”此事與諸葛亮答法正之語，可以參觀。

　　《吳志・張紘傳》：臨困，授子靖留箋曰：“自古有國有家者，咸欲脩德政以比隆盛世，至於其治，多不馨香。非無忠臣賢佐，闇於治體也，由主不勝其情，弗能用耳。夫人情憚難而趨易，好同而惡異，與治道相反。《傳》曰：從善如登，從惡如崩。言善之難也。人君承奕世之基，據自然之勢，操八柄之威，甘易同之歡，無假取於人；而忠臣挾難進之術，吐逆耳之言，其不合也，不亦宜乎？雖則有釁，巧辯緣間。眩於小忠，戀於恩愛，賢愚雜錯，長幼失叙，其所由來，情亂之也。故明君悟之，求賢如饑渴，受諫而不厭，抑情損欲，以義割恩，上無偏謬之授，下無希冀之望。宜加三思，含垢藏疾，以成仁覆之大。”其言皆法家精義。又南陽謝景，善劉廙先刑後禮之論，見《陸遜傳》。則江東亦不乏法術之士矣。

原刊《光華大學半月刊》第四卷第一期，一九三五年十月十日出版

〔五一三〕　魏晉法術之學下

　　正始以後魏政之不綱，則督責之術之不行也。蓋有遠大之志者，必濟之以綜覈之才；不則舉措陵亂，務名而不務實，鮮不未獲其利，反受其害者。《魏志・曹爽傳》謂何晏、鄧颺、李勝、丁謐、畢軌，咸有聲名，進趣於時，明帝以其浮華，皆黜之；及爽秉政，乃復進叙，任爲腹心。此爽之所以敗也。所謂浮華者，《劉廙傳》《注》引《廙別傳》載廙戒弟偉之辭曰：“世之交者，不審擇人，務合黨衆，違先聖人交友之義，非厚己輔仁之謂也。吾觀魏諷，不脩德行，而專以鳩合爲務，華而不實，此直攪世沽名者也。卿其慎之，勿復與通。”華而不實，

即浮華之謂，仍是漢末奔競之習耳。此等專務鳩合之徒，亦非絶無有志之士；然志大而才疏，既不能勝其沽名徼利之私，又不能革其酖毒晏安之習，以是而當大任，其不折足覆餗者，蓋亦鮮矣。《劉劭傳》：景初中，受詔作《都官考課》，成七十二條，又作《説略》一篇。劭所爲《人物志》，尚存於今，論官人之法極精，明帝令作《都官考課》，可謂得人。而以帝崩，遂不施行，則景初之遺規，爽等有不克負荷者矣。嗟乎！當明帝顧命之年，司馬氏權雖已起，謂其有取魏氏而代之之心，未必然也。其所以深謀祕策，必覆爽等而後快者，非徒徼利，蓋亦以避禍。而其愓於及禍，則爽等之務立朋黨，攬威權，有以激之使然也。鄉使明帝之終，得一綜覈名實之相，以受顧命，崇悃愊，黜浮華，賞罰以功罪，而不以好惡，庶政既肅，人心大和，司馬氏雖懷不軌之心，寧敢稱兵以逞？抑亦誰與爲徒哉？然則浮華之召禍誠烈矣。

司馬氏雖覆曹爽而代之，然於浮華之風，則初未能革易。晉代清談之習，實沿正始之流而揚其波者也。而正始之浮華，則又沿於東漢之奔競。魏武、明帝，雖欲以綜覈之治救之，卒不能勝，是知變俗之難也。清季，曾國藩嘗作《原才》之篇，慨然於風俗之厚薄，始於一二人心之所鄉。其出而任事也，凜堅貞之操，任誠樸之人，亦可謂不爲風氣所移，而能以轉移風氣自任者矣。然一傳而爲李鴻章，已尚權數而疏綜覈；鴻章所激賞者，袁世凱，岑春煊，則彌任權譎，好大言，不徒不能任用敦樸之人，且頗獎進浮華之士矣。此與魏武、明帝，僅收綜覈之效於一時，而卒不能絶漢末傾危之俗，事頗相類，君子是以知變俗之難也。

然自泰始以降，知綜覈名實，爲當世之急務者，亦未嘗無其人，特莫之能行耳。何曾嘗質阮籍曰："今忠賢執政，綜覈名實，若卿之曹，不可長也。"《晉書·何曾傳》。曾爲人不足取，然當泰始宴遊之時，即能預燭永嘉喪亂之禍，其深識不可及也。"不聞經國遠圖，惟説平生常事"，亦何大過，而知難詒厥孫謀？正以惰氣乘之，則不復能留心軍國。精神之運，既有所不加；名實之間，將有所不察耳。熊遠之疏曰："選官用人，不料實德，惟在白望，不求才幹，鄉舉道廢，請託交行。有德而無力者退，脩望而有助者進；稱職以違俗見譏，虚資以從容見貴。是故公正道虧，私塗日開；强弱相陵，冤枉不理。遂使世人削方爲圓，撓直爲曲。不明其黜陟，以審能否，俗未可得而變也。"《晉書·熊遠傳》。陳頵與王導書曰："中華所以傾弊，四海所以土崩者，正以取才失所，先白望而後實事，浮競驅馳，互相貢薦，言重者先顯，言輕者後叙，遂相波蕩，乃至陵遲。"《晉書·陳頵傳》。然則東晉之不綱，仍由督責之術不行，浮華之風未息耳。王衍詣羊祜陳事,辭甚俊辯,而祜謂敗俗傷化必此人。陶侃諸參佐,或以談戲廢事,侃命取其酒器蒱博之具,悉投之江,吏將則加鞭扑。曰:"樗蒱者,牧豬奴戲耳。老莊浮華,非先王之法言,不可行也。君子當正其衣冠,攝其威儀,何有亂頭養望,自謂宏達邪?"卞壺幹實當官,以褒貶爲己任。阮孚每謂之曰:"卿恒無閑泰,常如含瓦石,不亦勞乎?"壺曰:"諸君以道德恢弘,風流相尚,執鄙吝者,非壺而誰?"時貴游子弟,多慕王澄、謝鯤爲達。壺厲色於朝曰:"悖禮傷教,罪莫斯甚。中朝傾覆,實由於此。"欲奏推之,王導、庾亮不從,乃止。《晉書·卞壺傳》。此任職之吏,不以浮華放達爲然者也。王坦之頗尚刑名學,而著《廢莊論》;李充幼好刑名之學,而作《學箴》;此學問之士,不以浮華放達爲然者也。夫揮麈談玄,亦何傷於家國。所惡於清談之士者,正以其外清高而内貪鄙,既不事事,而又戀權勢不肯去,求富貴若不及耳。王徽之爲桓溫參軍,蓬首散帶,不綜府事。又爲桓沖騎兵參軍,沖問:"卿署何曹?"對曰:"似是馬曹。"又問:"管幾馬?"曰:"不知馬,何由知數?"又問:"馬比死多少?"曰:"未知生,焉知死?"《晉書·王徽之傳》。此等人能見用於魏武,見容於諸葛乎?而以桓溫之梟雄猶容;王導、庾亮皆良相,而猶尼卞壺之奏推貴游;則知俗之既成,雖賢者不易自拔矣。山濤嘗薦阮咸典選,武帝以其耽酒浮虛,遂不用;卞壺爲諸名士所少,而明帝深契之;又《阮孚傳》,謂元帝用申韓以救世;則兩晉之君,亦未嘗不知法術之可任。然元帝終不能如孚之徒;阮放侍明帝東宮,常説老莊,不及軍國,明帝又雅友愛之;則所謂善善而不能用,惡惡而不能去者矣,此中原所由不復歟!

原刊《光華大學半月刊》第四卷第一期,一九三五年十月十日出版

〔五一四〕　江左陰陽術數之學式微

《南史·宋本紀》:明帝泰始六年,立總明觀,徵學士以充之,置東觀祭酒訪舉各一人,舉士二十人,分爲儒、道、文、史、陰陽五部學,言陰陽者遂無其人。《劉瓛傳》瓛講月令畢,謂學生嚴植之曰:"江左以來,陰陽律數之學廢矣,吾今講此,曾不得其仿佛。"蓋自正始以後,俗尚玄談,皆重理而輕數也。《吳明徹傳》云:"明徹亦微涉書史經傳,就汝南周弘正學天文、孤虛、遁甲,略通其術,頗以英雄自許,武帝亦深奇之。"此則術數之家,欲藉其術以應用者,非儒者明理之學也。

〔五一五〕　賊殺郡將、郡不得舉孝廉

《晉書·孔愉傳》：愉從兄子坦遷尚書郎。"時臺郎初到，普加策試，（元）帝手策問曰：吳興徐馥爲賊，殺郡將，郡今應舉孝廉否？坦對曰：四罪不相及，殛鯀而興禹。徐馥爲逆，何妨一郡之賢？又問：姦臣賊子弒君，汙宮瀦宅，莫大之惡也。鄉舊廢四科之選，今何所依？坦曰：季平子逐魯昭公，豈可廢仲尼也？竟不能屈。"此言"鄉舊廢四科之選"，則其所由來者舊矣。此自今日觀之爲不可解。古者一統未及，則叛者非以其身而以其羣，民情如是，故國法亦隨之而不同也。《魏書·張白澤傳》：太和初，懷州民伊祁苟初三十餘人謀反，將殺刺史，文明太后欲盡誅一城之民。亦是此等見解。

章太炎《五朝法律索隱》曰："《通典·刑制》中，劉秀之爲尚書右僕射，請改定制令，疑部人殺長吏科，議者謂直赦宜加徙送。秀之以爲：律文雖不明部人殺長官之旨，若直赦但止徙送，便與悠悠殺人曾無一異。人敬官長，比之父母，行害之身，雖遇赦，宜付尚方，窮其天命，家口令補兵。從之。據此，是魏、晉相承之律，部民殺長吏者，亦同凡論。蓋法律者，左以庇民，右以持國。國之所以立者，在其秩分；秩分在其官府，不在其任持官府者。故謀反與攻盜庫兵，自昔皆深其罪。及夫私人相殺，雖部民長吏何擇焉？秀之以官長比父母，薦紳自衛者爲此言，無所依據。漢世孝廉曹吏，爲其州郡將持服，率比父母三年，是由近承封建，民心隆於感恩，顧法律未嘗制是。其部民殺長吏者，漢律亦不見有殊科也。"然則賊殺郡將而廢四科之選，當亦謂叛亂，非止賊其身也。

原刊一九四七年天津《民國日報》副刊"史與地"

〔五一六〕　古今所無何八議之有①

刑貴乎平。有八議，已非蕩蕩平平之道矣。乃有明知其爲八議所不如而猶曲法宥之者。《晉書·羊曼傳》：弟聃，遷廬陵太守，剛克龘暴，恃國戚，縱恣尤甚，睚眦之嫌，輒加刑殺。疑郡人簡良等爲賊，殺二百餘人，誅及嬰孩，所毙鎖復百餘。庾亮執之，歸於京都。有司奏聃罪當死，以景獻皇后是其祖姑，應八議。成帝詔曰："此事古今所無，何八議之有？"然琅邪太妃，聃之甥，入殿叩

---

① 曾改題爲《曲法失刑》。

頭請命；王導又以爲言，卒僅除名而已。可謂曲法失刑矣。

隋秦王俊鎮并州，以奢縱免。楊素進諫，文帝曰："我是五兒之父，若如公意，何不別制天子兒律？"後蜀王秀鎮蜀，有罪徵還，帝曰："頃者秦王糜費財物，我以父道訓之；今秀蠹害生民，當以君道繩之。"於是付執法者。何其言之廓然大公也！人之度量相越，豈不遠哉！

原刊一九四七年上海《益世報》副刊"史苑"第三十四期

〔五一七〕　父母殺子同凡論

章太炎作《五朝法律索隱》，深美魏、晉、宋、齊、梁之法恢卓樂易，其所舉者有四端：一曰重生命，二曰恤無告，三曰平吏民，四曰抑富人。重生命之法有二，其一曰父母殺子同凡論。說曰："《南史·徐羨之傳》：義熙十四年，軍人朱興妻周生子道扶，年三歲，先得癇病。周因其病發，掘地生埋之，爲道扶姑雙女所告，周棄市。羨之議曰：自然之愛，豺狼猶仁，周之凶忍，宜加顯戮。臣以爲法律之外，尚弘通理。母之即刑，由子明法，爲子之道，焉有自容之地？愚謂可特申之遐裔。從之。據此，是晉律父母殺子，并附死刑。上觀漢法，《白虎通德論》亦同斯說。羨之不學，特議宥恕。夫子既生埋，長冥不視，而云焉有自容之地，寧當與朽骨論孝慈邪？藉如其議，翁姦子婦者，律亦殊死，復甚爲其子求自容之地乎？然羨之議雖暫行一時，不著爲令。近世父母殺子者，皆從輕比，南朝固無此律。後魏法：諸祖父父母忿怒以兵刃殺子孫者五歲刑，毆殺及愛憎而故殺者減一等。是知鮮卑亂制，至今爲梗，甚乎始造桐人以葬者！"

案《宋書·宗室傳》：臨川王義慶爲丹陽尹。民黃初妻趙殺子婦遇赦，應徙送避孫讎，義慶議以爲"親戚爲戮，骨肉相殘，故道乖常，憲紀無定。當求之法外，裁以人情，且禮有過失之宥，律無讎祖之文。況趙之縱暴，本由於酒，論心即實，事盡荒耄。豈得以荒耄之王母，等行路之深讎？臣謂此孫，忍愧銜悲，不違子義，共天同域，無虧孝道"。兼采《南史》之文。如所言，是母爲王母所殺者，當時律家，固謂孫得剚刃於王母也。王母者一家之私尊，禁殺者闔羣之公義；闔羣之公義，固不以一家之私尊廢矣。既曰憲紀無定，當求之法外，而又曰律無讎祖之文，然則律有許殺子之文乎？

又案《宋書·孔季恭傳》：季恭弟子淵之，"大明中爲尚書比部郎。時安陸應城縣民張江陵，與妻吳共罵母黃令死，黃忿恨自經死，值赦。律文：子賊殺傷毆父母，梟首；罵詈，棄市；謀殺夫之父母，亦棄市。值赦，免刑補冶。江陵罵母，母以之自裁，重於傷毆。若同殺科，則疑重，用毆傷及罵科，則疑輕。制惟有打母遇赦猶梟首，無罵母致死值赦之科。淵之議曰：夫題里逆心，而仁者不入，名且惡之，況於人事？故毆傷呪詛，法所不原，詈之致盡，則理無可宥。江陵雖值赦恩，故合梟首。婦本以義，愛非天屬，黃之所恨，情不在吳，原死補冶，有允正法。詔如淵之議，吳免棄市。"是則婦之於姑，其恩本殺於子之於母，即謂父母殺子可從輕者，殺子婦亦不得援以爲例也。斯義明，惡姑之殺婦者，庶可知所戒矣。

又案《宋書·何承天傳》："有尹嘉者，家貧，母熊，自以身貼錢，爲嘉償責。坐不孝當死。承天議曰：被府宣令，普議尹嘉大辟事，稱法吏葛滕籤：母告子不孝，欲殺者許之；法云謂違犯教令，敬恭有虧，父母欲殺，皆許之。嘉雖虧犯教義，而熊無請殺之辭。熊求所以生之而今殺之，非隨所求之謂。滕籤法文，爲非其條。"案父母欲殺則許，非謂順其愛憎，必其本有可殺之罪者。然此究非重人命之道。《漢書·田儋傳》："儋陽爲縛其奴，從少年之廷，欲謁殺奴。"《注》引服虔曰："古殺奴婢皆當告官。"蓋始也專殺自由，後則當告之官而得其許可耳。古者臣子一例，是以父母亦得告之官而殺其子也。既告之官，必不致不論有罪無罪而皆許之矣。然此究非重人命之道也。

弑父弑君，固爲大惡，然誅亦當止其身。《魏書·邢巒傳》："雁門人有害母者，八坐奏輾之而瀦其室，宥其二子。巒<small>巒叔祖祐之從子。</small>駮奏云：君親無將，將而必誅。今謀逆者戮及期親，害親者今不及子。既逆甚梟鏡，禽獸之不若，而使禋祀不絕，遺育永傳，非所以勸忠孝之道，存三綱之義。若聖教含容，不加孥戮，使父子罪不相及，惡止於其身，不則宜投之四裔，敕所在不聽妃匹。《盤庚》言無令易種於新邑，漢法五月食梟羹，皆欲絕其類也。奏入，世宗從之。"此則淫刑也已矣。

原刊一九四七年天津《民國日報》副刊"史與地"第二十一期

〔五一八〕　諸署共咒詛

少時聞父老言，清高宗問其相曰："卿早朝何食而來？"對曰："臣食少，食雞卵兩枚耳。"高宗怫然曰："雞卵一枚，直銀二兩。卿自言清貧，何乃日朝食能費銀四兩也？"對曰："人間物價，不如天上之貴；雞卵一枚，乃錢二文耳。"高宗太息曰："然則朕之一食，乃平民千人之食矣。"此自齊東野人之言，然清世內務府之臧穢，則亦人之所知也。《南史·王悦之傳》：悦之以宋明帝泰始中，掌檢校御府太官太醫諸署。"時承奢怢之後，姦竊者衆，悦之按覆無所避，得姦巧甚多。於是衆署共咒詛。悦之病甚，恒見兩烏衣人捶之。及卒，上乃收典掌者十許人，桎梏之，送淮陰，密令渡瓜步江，投之中流。"此説不知信否。如其信，宋明爲淫刑矣。然咒詛雖不足以殺人，因姦巧見發而咒詛人，則亦有取死之道也。

〔五一九〕　吉翰殺典籤①

《宋書·吉翰傳》：爲徐州刺史，"時有死罪囚，典籤意欲活之，因翰八關齋呈其事。翰省訖，語令且去，明可便呈。明旦，典籤不敢復入，呼之乃來。取昨所呈事視訖，謂之曰：卿意當欲宥此囚死命，昨於齋坐見其事，亦有心活之，但此囚罪重，不可全貸，既欲加恩，卿便當代任其罪。因命左右收典籤，付獄殺之，原此囚生命。"此囚蓋本有可原，典籤蓋本有當殺之罪，翰特借此收之耳。曰"不可全貸"，則業已貸其死。是當翰收典籤時，尚未云欲殺之，既付獄之後，乃發其他罪，附之死比耳。當時典籤，原多非佳士也。史家辭不明白，一若意存乞請，便可致之死地者，則爲淫刑以逞矣，曾是循吏而如是乎？《南史》翰入《循吏傳》。

〔五二〇〕　爲法急於黎庶緩於權貴②

吾嘗言專制之世，政治之術，兩言而已：曰嚴以察吏，寬以馭民。以梁武帝之學問，超越古今，又能勤於治理，而卒之身死賊手，爲天下笑，豈有他哉？違此兩言而已。《隋書·刑法志》云："（梁）武帝敦睦九族，優借朝士，有犯罪者，皆諷羣下屈法申之。百姓有罪，皆案之以法，其緣坐則老幼不免，一人亡逃，則舉家質作。人既窮急，姦宄益深。後帝親謁南郊，秣陵老人遮帝曰：陛下爲法，急於黎庶，緩於權貴，非長久之術；誠能反是，天下幸甚。帝於是思有以寬之。舊獄法：夫有罪，逮妻子，子有罪，逮父母。十一年天監。正月壬辰，

---

① 原題《吉翰》。
② 曾改題爲《梁武帝寬刑法》。

乃下詔曰：自今捕讁之家，及罪應質作，若年有老小者，可停將送。十四年，又除黥面之刑。”此其所更者法而已，徒法不能以自行。《志》又云：“帝銳意儒雅，疎簡刑法，自公卿大臣，咸不以鞫獄留意。姦吏招權，巧文弄法，貨賄成市，多致枉濫，大率二歲刑已上，歲至五千人。”又云：“是時王侯子弟皆長，而驕蹇不法。武帝年老，厭於萬機，又專精佛戒，每斷重罪，則終日弗懌。嘗遊南苑，臨川王宏伏人於橋下，將欲爲逆。事覺，有司請誅之。帝但泣而讓曰：我人才十倍於爾，處此恒懷戰懼，爾何爲者？我豈不能行周公之事，念汝愚故也。免所居官，頃之，還復本職。由是王侯驕橫轉甚，或白日殺人於都街。劫賊亡命，咸於王家自匿，薄暮塵起，則剥掠行路，謂之打稽。武帝深知其弊，而難於誅討。”然則帝之所謂寬之者，竟何益也？與其思寬於黎庶，不如加嚴於權貴矣。

原刊一九四七年上海《益世報》副刊“史苑”第三十三期

〔五二一〕　流罪敕賜外國①

《禮記》説流放之刑曰：“屏諸四夷，不與同中國。”此古國小故然。若後世則方制萬里，雖在國内亦且必有道里矣。《南史·周弘正傳》：“爲平西邵陵王府諮議參軍，有罪應流徙，勅以賜干陁利國。未去，寄繫尚方。於獄上武帝《講武詩》，降勅原罪，仍復本位。”一怒而棄諸絶域，又以一言而原之，可見梁武政刑之繆。

〔五二二〕　梁元帝殺劉之遴

《南史·梁元帝紀》云：“性好矯飾，多猜忌，於名無所假人，微有勝己者，必加毁害。帝姑義興昭長公主子王銓，兄弟八、九人，有盛名，帝妒害其美，遂改寵姬王氏兄珩名琳，以同其父名。忌劉之遴學，使人鴆之，如此者甚衆，雖骨肉亦徧被其禍。”《之遴傳》言：“之遴避難還鄉，湘東王繹嘗疾其才學，聞其西上至夏口，乃密送藥殺之，不欲使人知之，乃自製志銘，厚其賵贈。”元帝之猜忌固矣，然謂之遴爲其所殺，恐或所謂語增，何者？之遴乃一學人，頗好佛法，與世無爭，不容爲元帝所忌，若謂忌其才名學問，則世之有才名學問者多

---

① 曾改題爲《梁武帝政刑之繆》。

矣,可得而盡殺乎？雖其猜忌,無是理也。蓋世自有一種議論,謂人以爭名而相殺,之遜死因曖昧,遂以是附會之,此正如謂隋煬帝殺薛道衡耳。之遜即果爲元帝所殺,其故亦不可知也。至謂忌姑子盛名,而改寵姬兄名,以同其父名,則更可笑矣,此豈足以敗其名邪？

〔五二三〕　御史不宜司審理

朝廷設糾察之官,宜也。然事權各有攸歸,既司糾察,即不宜再令其審理,此司法獨立之宗旨也。《魏書·高崇傳》:子道穆,莊帝時爲御史中尉,上疏曰:“高祖太和之初,置廷尉司直,論刑辟是非,雖事非古始,交濟時要。竊見御史出使,悉受風聞,雖時獲罪人,亦不無枉濫。何者？得堯之罰,不能不怨。守令爲政,容有愛憎,姦猾之徒,恒思報惡,多有妄造無名,共相誣謗。御史一經檢究,恥於不成,杖木之下,以虛爲實,無罪不能自雪者,豈可勝道哉！如臣鄙見,請依太和故事,還置司直十人,名隸廷尉,秩以五品;選歷官有稱、心平性正者爲之。御史若出糾劾,即移廷尉,令知人數。廷尉遣司直與御史俱發,所到州郡,分居別館。御史檢了,移付司直覆問,事訖與御史俱還。中尉彈聞,廷尉科按,一如舊式。庶使獄成罪定,無復稽寬;爲惡取敗,不得稱枉。若御史、司直糾劾失實,悉依所斷獄罪之,聽以所檢,迭相糾發。如二使阿曲,有不盡理,聽罪家詣門下通訴,別加按檢。”詔從之,復置司直。此疏所論,可謂深切著明。其所規畫,亦頗周密。而自唐以後,乃竟於臺中置獄,聽受辭訟,後遂日侵審理之權,何哉？

原刊一九四七年上海《益世報》副刊“史苑”第三十四期

〔五二四〕　治都邑之道

《南史·王儉傳》:齊太祖以都下舛雜,且多姦盜,欲立符伍,以相檢括,儉諫曰:“京師翼翼,四方是湊,必也持符,於事既煩,理成不曠,謝安所謂不爾何以爲京師。”乃止。以不檢括示廣大,實非爲治之道。儉所以不欲爲符伍者,蓋亦慮奉行之吏藉此擾民耳。

治都邑之道,能改變社會之組織,以立治化之基,上也。此義也,漢之翼奉等尚能言之。魏晉而後,無敢言之,亦無能言之者矣。任明察之吏,以誅鉏强梗而安細民,其次也;坐視强梗而莫之懲,斯爲下矣;妄縱邏輯以擾下民,則尤不足齒數矣。《魏書·刑罰志》：高宗太安四年，始設酒禁。是時年穀屢登，士民多因酒致酗訟，或議主政，帝惡其若此，故一切禁之。釀、酤、飲皆斬之，吉凶賓親則開禁，有日程，增置內外候官，伺察諸曹，外部州鎮，至有微服雜亂於府寺間，以求百官疵失，其所窮治，有司苦加訊測，而多相誣逮，輒劾以不敬，諸司官贓二丈皆斬。《官氏志》謂太祖制定官號，以伺察爲候官，謂之白鷺，取其延頸遠望，則其所由來已久，此時特加屬焉耳，百官爲所困擾，何況細民。此明代廠、衛之倫，又非孫、劉校事之比矣。高祖太和三年，下詔曰：“治因政寬，弊由網密，今候職千數，姦巧弄威，重罪受賕不列，細過吹毛而舉，其一切罷之。”於是更置謹直者數百人，以防喧鬥於街衢，吏民安其職業。此則今警察之職而已。

　　警察之職，所重者亦在摧鉏豪桀，防喧鬥於街衢，抑其小焉者也。《魏書·甄琛傳》：琛遷河南尹，表曰：“國家居代，患多盜竊，世祖太武皇帝，親自發憤，廣置主司里宰，皆以下代令長及五等散男有經略者爲之，又多置吏士，爲其羽翼，崇而重之，始得禁止。遷都已來，天下轉廣，四遠赴會，事過代都，方代雜沓，難可備簡，寇盜公行，劫害不絕，此由諸坊渾雜，釐比不精，主司暗弱，不堪檢察故也。凡使人攻堅木者，必爲之擇良器，今河南郡是陛下天山之堅木，盤根錯節，亂植其中，六部里尉，即攻堅之利器，非貞剛精銳，無以治之。今擇尹既非南金，里尉鈆刀而割，欲望清肅都邑，不可得也。里正乃流外四品，職輕任碎，多是下才，人懷苟且，不能督察，故使盜得容姦，百賦失理，邊外小縣，所領不過百户，而令長皆以將軍居之，京邑諸坊，大者或千户五百户，其中皆王公卿尹，貴勢姻戚，豪猾僕隸，蔭養姦徒，高門邃宇，不可干問。又有州郡俠客，蔭結貴游，附黨連羣，陰爲市劫，比之邊縣，難易不同。請取武官八品將軍已下幹用貞濟者，以本官俸恤領里尉之任，各食其禄，高者領六部尉，中者領經途尉，下者領里正；不爾，請少高里尉之品，選下品中應遷之者，進而爲之，則督責有所，鞏轂可清。”詔曰：“里正當進至勛品，經途從九品，六部尉正九品，諸職中簡取，何必須武人也。”琛又奏以羽林爲游軍，於諸坊巷司察盜賊，於是京邑清静，至今踵焉。《高謙之傳》：除河陰令，舊制：二縣令得面陳得失。時佞幸之輩，惡其有所發聞，遂共奏罷，謙之乃上疏曰：“豪家支屬，戚里親媾，繆緤所及，舉目多是，皆有盜憎之色，咸起怨上之心，縣令輕弱，何能克濟。先帝昔發明詔，得使面陳所懷。臣亡父先臣崇之爲洛陽令，常得入奏是非，所以朝貴斂手，無敢干政，近日以來，此制遂寢，致使神宰威輕，下情不達，乞新舊典，更明往制，庶姦豪知禁，頗自屏心。”此二疏，可見都邑爲治之概也。

原刊一九四七年二月十日天津《民國日報》副刊“史與地”

〔五二五〕　赦前侵盜仍究①

古者吏之惡不僅臧私，然虐民之事，究以由貪取而起者爲多，故絶臧私，實飭吏治之大端也。懲臧私之道甚多，嚴法初非治本之計，然急則治標，嚴法亦不容緩。《周書·明帝紀》，武成元年，五月乙卯詔曰：“比屢有糾發官司赦前事。此雖意在疾惡，但先王制肆眚之道，令天下自新；若又推問，自新何由哉！如此之徒，有司勿爲推究。惟庫厩倉廩，與海内所共，漢帝有云：朕爲天下守財耳。若有侵盜公家財畜錢粟者，魏朝之事，年月既遠，一不須問；自周有天下以來，雖經赦宥，而事跡可知者，有司宜即推窮。得實之日，但免其罪，徵備如法。”貪夫徇財，固有甘喪失官爵，而珍視其臧賄者。此令能行，貪風庶少戢乎？

原刊一九四七年上海《益世報》副刊“史苑”第三十四期

〔五二六〕　無　赦　之　論②

無赦之論，漢人常言之，後世則罕有矣，晉世猶間有之。《晉書·武帝紀》：泰始三年，立太子，詔曰：“近世每建太子，寬宥施惠之事，間不獲已，順從王公卿士之議耳。方今世運垂平，將陳之以德義，示之以好惡，使百姓蠲多幸之慮，篤終始之行；曲惠小仁，故無取焉。咸使知聞。”《王彪之傳》：“時當南郊，簡文帝爲撫軍，執政，訪彪之：應有赦否？答曰：中興以來，郊祀往往有赦，愚意嘗謂非宜。何者？黎庶不達其意，將謂郊祀必赦，至此時，凶愚之輩，復生心於僥倖矣。”此等議論，在後世愈罕聞矣。夫國不能無法；既有法，自不可以不行；赦是使法不行也。然法之用，孰能保其皆得當乎？疆理愈廣，氓庶愈繁，情僞愈滋，官吏之奉法與否，亦益不可知；固執不赦，豈不背哀矜庶戮之意？此所以愈至後世，而無赦之論愈少也。然獄不能皆得當，亦不能皆不當，舉其罪狀確實無疑者而亦釋之，又非爲治之道矣。《周書·樂運傳》，樂運告周宣帝曰：“《尚書》曰：眚災肆赦。此謂過誤爲害，罪雖大，當緩赦之。《吕刑》云：五刑之疑，有赦。此謂赦疑從罰，罰疑從免。《論語》曰：赦小過，舉賢才。

① 曾改題爲《懲臧私之道》。
② 原題《無赦》。

謹尋經典，未有罪無輕重，溥天大赦之文。"可謂知言矣。

原刊一九四七年五月九日上海《益世報》副刊"史苑"

〔五二七〕　法麤術、非妙道

古之言斷獄者必以情。事之情萬殊，而法不能與之爲萬殊。故貴求情者必賤守法，叔向諍鑄刑書，仲尼譏制刑鼎，皆是道也。然此施諸小國寡民、風氣淳樸之世則可耳。若其國大民殷，情僞滋衆，則有不得不爲一切之法者矣。凡執禁以齊衆，不赦過，則是道也。斯理也，《晉書·刑法志》載劉頌、熊遠之説，論之最精。《志》云：惠帝之世，政出羣下，每有疑獄，各立私情，刑法不定，獄訟繁滋。尚書裴頠表陳之，曲議猶不止。時劉頌爲三公尚書，又上疏曰："陛下爲政，每思盡善，故事求曲當；求曲當則例不得直，思盡善故法不得全。何則？夫法者，固以盡理爲法，而上求盡善，則諸下牽文就意，以赴主之所許，是以法不得全。刑書徵文，徵文必有乖於情聽之斷，而上安於曲當，故執平者因文可引，則生二端。是法多門，令不一，則吏不知所守，下不知所避。姦僞者因法之多門，以售其情，所欲淺深，苟斷不一，則居上者難以檢下，於是事同議異，獄犴不平，有傷於法。"《志》又云："及於江左，元帝爲丞相，時朝廷草創，議斷不循法律，人立異議，高下無狀。主簿熊遠奏曰：自軍興以來，法度陵替，至於處事不用律令，競作屬命，人立異議，曲適物情，虧傷大例。府立節度，復不奉用，臨事改制，朝作夕改，至於主者不敢任法，每輒關諮，委之大官，非爲政之體。按法蓋麤術，非妙道也。矯割物情，以成法耳。若每隨物情，輒改法制，此爲以情壞法。法之不一，是謂多門，開人事之路，廣私請之端，非先王立法之本意也。"二奏所論甚精，而法麤術非妙道之語，尤爲洞見本原，非謂道不足尚，符乎道，則無所用法矣。

原刊一九四七年五月九日上海《益世報》副刊"史苑"

〔五二八〕　同伍犯法士庶殊科

古法不可行於後世，而爲後世所誤沿者，莫如比伍相坐。《宋書·王弘傳》載弘與八坐丞郎共疏曰："同伍犯法，無士人不罪之科，然每至詰謫，輒有請訴，若垂恩宥，則法廢不可行。依事糾責，則物以爲苦怨，宜更爲其制，使得憂苦之衷也。"當時議者，江奥謂："符伍雖比屋鄰居，至於士庶之際，實自天隔,舍藏之罪,無以相關。奴客與符伍交接,有所藏蔽,可以得知。是以罪及奴客,自是客身犯愆,非代郎主受罪也。如其無奴,則不應坐。"王淮之謂:"昔爲山陰令,士人在伍,謂之押符,同伍有愆,得不及坐。士人有罪,符伍糾之,此非士庶殊科,實使即刑當罪。"蓋緣"束脩之胄,與小人隔絶,防檢無方","不逞之士,事接羣細","故使糾之"耳。何尚之謂既許士庶緬隔,則聞察自難,不宜以難知之事,定以必知之法。此皆情實如此。弘議謂:"士人坐同伍罹謫者,無處無之,多爲時恩所宥,故不盡親謫。"蓋亦以罰不當罪,不得不然,非盡由恩宥也。乃弘謂"庶民不許不知,何許士人不知小民,自非超然簡獨,永絶塵秕者,比門接棟,終自聞知,不必須日夕來往也。"於理似正,然與社會情形不合。

王淮之又云:"有奴客者,類多役使,東西分散,住家者少,其有停者,左右驅馳,動止所須,出門甚寡。典計者在家,十無其一,奴客生伍,濫刑必衆。"是非獨使士人親坐其罪爲不當,即罪及奴客,亦未免於枉也。然此猶以奴客不住家言之耳。其實犯法之士,亦視其所犯者如何,不必皆事接羣細,事不接而責其相檢,亦理有所不可,勢有所不能也。故古今情勢懸殊,法必不可不變。什伍相司,商君行之,已爲暴政,而後世無論矣。

《宋書·謝方明傳》:水初三年,出爲丹陽尹,有能名。轉會稽太守。江東民户殷盛,風俗峻刻,强弱相陵,姦吏蜂起,符書一下,文攝相續。又罪及比伍,動相連坐,一人犯吏,則一村廢業,邑里驚擾,狗吠達旦。方明深達治體,不拘文法,闊略苛細,務存綱領。州臺符攝,即時宣下,緩民期會,展其辦舉;郡縣監司,不得妄出,貴族豪士,莫敢犯禁,除比伍之坐,判久系之獄。[1]

〔五二九〕　後有犯罪宥而勿坐

盟免三死,始於衛之渾良夫;然三而已,三以後則殺之矣。《魏書·宿石傳》:"嘗從獵,高宗親欲射虎,石叩馬而諫,引高宗至高原上。後虎騰躍殺人。詔曰:石爲忠臣,鞚馬切諫,免虎之害,後有犯罪,宥而勿坐。"凡犯罪皆免之,妄矣。《于烈傳》:"高祖幼沖,文明太后稱制,烈與元丕、陸叡、李沖等各賜金策,許以有罪不死。"亦不過免死而已,無凡犯勿坐之文也。

---

[1]　此爲札記撰寫之後,先生於文末抄的一則史料。

〔五三○〕　著魏律者

《晉書·刑法志》曰："（魏明帝）命司空陳羣、散騎常侍劉劭、給事黃門侍郎韓遜、議郎庾嶷、中郎黃休、荀詵等刪約舊科，旁采漢律，定爲魏法，制《新律》十八篇，《州郡令》四十五篇，《尚書官令》、《軍中令》合百八十餘篇，其《序略》曰"云云。《三國志·魏志·盧毓傳》云："青龍二年，入爲侍中。先是，散騎常侍劉劭受詔定律，未就。毓上論古今科律之意，以爲法宜一正，不宜有兩端，使姦吏得容情。"而《魏志·劉劭傳》言："明帝即位，出爲陳留太守。徵拜騎都尉，與議郎庾嶷、荀詵等定科令，作《新律》十八篇，著《律略論》。遷散騎常侍。"則劭當定律之初，尚未爲散騎常侍。《毓傳》及《晉志》皆從其後來所遷之官言之。荀詵爲中郎，則《國志》又未分別。《晉志》所謂《序略》，當即《劭傳》所謂《略論》也。

〔五三一〕　追戮已出之女

《晉書·刑法志》曰："景帝（司馬師）輔政，是時魏法，犯大逆者誅及已出之女。毌丘儉之誅，其子甸妻荀氏應坐死，其族兄顗與景帝姻通，表魏帝以匄其命。詔聽離婚。荀氏所生女芝，爲潁川太守劉子元妻，亦坐死，以懷姙繫獄。荀氏辭詣司隸校尉何曾乞恩，求没爲官婢，以贖芝命。案此事亦見《三國志·何夔傳注》。《注》引干寶《晉紀》云："辭詣廷尉，乞爲官婢，以贖女命。"曾哀之，使主簿程咸上議曰：夫司寇作典，建三等之制；甫侯脩刑，通輕重之法。叔世多變，秦立重辟，漢又脩之。大魏承秦漢之弊，未及革制，所以追戮已出之女，誠欲珍醜類之族也。"據議，其法沿自秦漢，而《志》又言魏法者，蓋秦漢有此法而未必行，及是時乃行之耳。魏文帝誅丁儀、丁廙并其男口，《三國志·陳思王傳》。則雖非已出之女，亦有不并戮者。

《三國志·郭淮傳注》引《世語》曰："淮妻，王凌之妹。凌誅，妹當從坐，御史往收。督將及羌、胡渠帥數千人叩頭請淮表留妻，淮不從。妻上道，莫不流涕，人人扼腕，欲劫留之。淮五子叩頭流血請淮，淮不忍視，乃命左右追妻。於是追者數千騎，數日而還。淮以書白司馬宣王曰：五子哀母，不惜其身；若無其母，是無五子；無五子，亦無淮也。今輒追還，若於法未通，當受罪於主者，觀展在近。書至，宣王亦宥之。"案此書乃迫脅之辭。上文叙事之語，亦淮之託辭，非必其實也。此事之去激變亦僅矣。夫族誅之酷，不過慮報復耳；安知不有因此而引起自危之念,益堅其報復之心,而終不得戡者邪?

〔五三二〕　秦　韓

　　《三國·魏志·辰韓傳》云:"其耆老傳世,自言古之亡人避秦役來適韓國,馬韓割其東界地與之。其言語不與馬韓同。名國爲邦,弓爲弧,賊爲寇,行酒爲行觴。相呼皆爲徒,有似秦人,非但燕、齊之名物也。"又云:"今有名之爲秦韓者。"《後漢書》云:"有似秦語,故或名之爲秦韓。"無"非但燕、齊之名物"句,遠不如《三國志》之精。蓋自燕至朝鮮,言語本大同,辰韓距朝鮮近,非明著其似秦而非但燕、齊,無以見耆老傳言之可信也。

　　《宋書·百濟傳》云:"百濟國本與高驪俱在遼東之東千餘里。其後高驪略有遼東,百濟略有遼西。百濟所治,謂之晉平郡晉平縣。"晉平郡晉平縣疑慕容氏或北燕馮氏所置。知非百濟自置者。《梁書》云:"百濟亦據有遼西、晉平二郡地,自置百濟郡。"明晉平、遼西,同爲舊郡也。晉平所在無考,疑在今遼寧沿海。當時高句驪之西侵自陸,百濟之西侵蓋自海。《梁書》云:天監時,百濟"爲高句驪所破,衰弱者累年,遷居南韓地"。百濟之失遼西專據半島,蓋在此時。其民猶有秦韓之遺焉。《梁書》謂其"呼帽曰冠,襦曰複衫,袴曰褌,其言參諸夏,亦秦韓之遺俗"是也。又曰:"今言語服章,略與高驪同。"此由百濟之王,本與高句驪同種,非其民皆如是。又曰"行不張拱,拜不申足則異",則亦未盡變三韓之俗矣。拜申足者,《梁書·高句驪傳》云"跪拜申一腳";《魏書》云"曳一腳",蓋兩足一信一屈,頗類武坐之致右憲左。《隋書》言其"以兩手據地爲敬",亦與中國之拜,大同小異也。秦取遼東,在始皇二十五年,下距梁之天監,七百二十三年矣,而避役之亡人,舊俗猶未盡變,亦可謂之貞固矣哉!

　　秦韓、辰韓,二者似不可溷。辰韓者,三韓之一,秦韓則避役之亡人也。當時所謂秦韓者,疑專指此亡人言之,而與馬韓、弁韓同稱三韓之辰韓初不在內。《三國志》、《後漢書》皆云辰韓爲古之亡人,或名之爲秦韓,疑實誤也。《梁書》云辰韓始有六國,後稍分爲十二,新羅其一,而其稱冠曰遺子禮,襦曰尉解,袴曰柯半,反與中國大相逕庭;其拜及行,與高驪相類。語言待百濟而後通;皆新羅與中國遠,百濟與中國近之證。蓋亡人與辰韓雜居,乃秦漢時事,梁時轉屬百濟,與出自辰韓之新羅,顧無涉矣。自來論者,皆謂新羅出自華夏,實未深考之過也。

《周書》云百濟昏取之禮，略同華俗；父母及夫死，三年治服，餘親則葬訖除之；其王以四仲之月，祭天及五帝之神；亦殊與中國類。

〔五三三〕　晉初東夷種落之多

《晉書・武帝紀》：咸寧二年二月，東夷八國歸化。七月，東夷十七國內附。三年，東夷三國內附。四年三月，東夷六國來獻。是歲，東夷九國內附。太康元年六月甲申，東夷十國歸化。七月，東夷二十國朝獻。二年三月，東夷五國朝獻。六月，東夷五國內附。三年九月，東夷二十九國歸化，獻其方物。七年八月，東夷十一國內附。八年八月，東夷二國內附。九年九月，東夷七國詣校尉內附。十年五月，東夷十一國內附。是歲，東夷絕遠三十餘國來獻。太熙元年二月辛丑，東夷七國朝貢。《惠帝紀》：永平元年，東夷十七國詣校尉內附。蓋十六年之間，東夷之來者十有七，國數逾二百。其中固多前後屢至之國，然東夷國數之多，可想見矣。自是之後，惟孝武帝太元七年九月，東夷五國遣使來貢方物。此外不復見於史。蓋鮮卑漸強，艮維失馭；繼以中原喪亂，東渡以後，聲威益不逮遠使然。然竊疑亦有史失其事者。肅慎之在東北，距校尉頗遠，然成帝時曾遣使來貢，又入貢於石虎、苻堅時，皆曾貢其楛矢，則當時東北與中原形勢，實不甚隔絕；以晉初東夷來者之盛，而謂至惠帝以後，便爾闃然，似於事情不近。若謂諸國皆小弱，遠隔則不能自通，則《苻堅載記》載：太元六年，康居、于闐及海東諸國凡六十有二王，皆遣使獻其方物。此六十二王，不知但指海東諸國言，抑并計康居、于闐，或西域尚有他國，然其中必以海東諸國爲多，則無疑義。七年，海東諸國又遣使獻其方物。然則當東晉中葉，東夷國數，仍不減於西晉之初。國數如是之多，而謂自惠帝初元以降，僅太元初年五國一至，似終難於相信。即謂如是，亦其至者之少，其國數之未曾大減，似猶可推想而得也。然則東夷當慕容氏初亡時，仍是部落分立。句驪、百濟之強大，蓋尚積漸而致也。中國之於四夷，利其分不利其合，句麗、百濟兼并之難如此，而竟予以坐大之機，致隋煬帝、唐太宗再興大役而不能克，內亂詒禍之烈，亦可見矣。

《晉書・張華傳》："乃出華爲持節、都督幽州諸軍事，領護烏桓校尉，安北將軍。撫納新舊，戎夏懷之。東夷馬韓新彌諸國，依山帶海，去州四千餘里，歷世未附者二十餘國，并遣使朝獻。"華之出，據《本紀》，事在太康三年，則《傳》所謂二十餘國者，必即《紀》所謂二十九國者也。《東夷傳》云：裨離國在蕭慎西北,馬行可二百日。養雲國去裨離馬行又五十日。寇莫汗國去養雲國又百日行。一羣國去莫汗又百五十日,計去蕭慎五萬餘里,其風俗土壤并未詳。泰始三年,各遣小部獻其方物。此諸國當在今黑龍江省北垂至西伯利亞,蓋絕遠之國,偶爾一至。又云:"至太熙初,復有牟奴國帥逸芝、惟離模盧國帥沙支臣芝、于離末利國帥加牟臣芝、蒲都國帥因末、繩余國帥馬路、沙樓國帥釤加,各遣正副使詣東夷校尉何龕歸化。"諸國之名,頗與《三國志》所記三韓諸國之名相似,當去校尉治所較近;魏置東夷校尉,居襄平,而分遼東、昌黎、玄菟、帶方、樂浪五郡爲平州。後還合爲幽州,及文懿滅後,有護東夷校尉居襄平。見《晉書·地理志》。《紀》所記東夷諸國,大約皆此等部落也。此十國之至,《紀》皆不載,可見當時四夷朝貢者,《本紀》不能盡記其事。余謂惠帝而後,東夷未必遂絕,似可信矣。

《地理志》云:"後漢末,公孫度自號平州牧,及其子康,康子文懿,并擅據遼東;東夷九種,皆服事焉。"此所謂九種者,似襲古九夷之文,非真當時種落有九。魏晉時之東夷校尉,其威稜之遠,實不逮公孫氏,而諸國來者猶盛。謂公孫氏時服事者,乃止九種,其非事實可知。南北朝、隋、唐間脩史者,好飾文辭,致失史實,往往如此。《三國·魏志·齊王芳紀》:正始七年春二月,幽州刺史毌丘儉討高句驪,夏五月,討濊貊,皆破之。韓那奚等數十國各率種落降。又《晉書·文帝紀》:景元四年,天子申晉公九錫之命,司空鄭沖率羣官勸進,有云"時俗畏懷,東夷獻舞"。《樂志》:食舉樂東西廂歌"亶亶文皇"、"韓濊進樂",所述即一事。此皆魏時事也,可見東夷當魏時來者亦盛。

〔五三四〕　四裔酋長雖降爲編户其種人仍君事之

《三國·魏志·四裔傳》注引《魏略·西戎傳》曰:氐"雖都統於郡國,然故自有王侯,在其虛落間。"案《晉書·石勒載記》曰:"其先匈奴別部羌渠之胄。祖耶奕于,父周曷朱,一名乞翼加,并爲部落小率……曷朱性凶麤,不爲羣胡所附,每使勒代已督攝,部胡愛信之。"然又云:"勒年十四,隨邑人行販洛陽……所居武鄉北原山下,草木皆有鐵騎之象,家園中生人參,花葉甚茂,悉成人狀。父老及相者皆曰:'此胡狀貌奇異,志度非常,其終不可量也。'勸邑人厚遇之,時多嗤笑。唯鄔人郭敬,陽曲甯驅,以爲信然,并加資贍。勒亦感其恩,爲之力耕。每聞鞞鐸之音,以歸告母,母曰:'作勞耳鳴,非不祥也。'"則勒當爲司馬騰所執賣之先,久淪爲傭耕負販之儔矣。蓋古之亡國敗家者皆如此,此諸侯不臣寓公,所以稱爲盛德歟? 然於其種人,有督攝之權如故。此則敗亡之族,所以時足爲患也。

《載記》又云:"太安中,并州飢亂,勒與諸小胡亡散,乃自雁門還依甯驅。北澤都尉劉監欲縛賣之,驅匿之獲免。勒於是諧詣納降都尉李川,路逢郭敬,泣拜言飢寒。敬對之流涕,以帶貨鬻食之,并給以衣服。勒謂敬曰:'今者大餓,不可守窮。諸胡飢甚,宜誘將冀州就穀,因執賣之,可以兩濟。'敬深然之。會建威將軍閻粹説并州刺史、東嬴公騰,執諸胡,於山東賣充軍實。騰使將軍郭陽、張隆虜羣胡,將詣冀州,兩胡一枷。勒時年二十餘,亦在其中,數爲隆所歐辱。敬先以勒屬郭陽及兄子時,陽,敬族兄也,是以陽、時每爲解請,道路飢病,賴陽、時而濟。既而賣與茌平人師懽爲奴。"案騰之所爲酷矣。然使敬與勒之謀而克遂,其所爲豈必有愈於騰。勒雖降爲編氓,然羣胡猶服其督攝,是猶以君事之也。乃窮餓之時,遽賣其種人以自利,并狡虐矣哉!

〔五三五〕　滑　國　考

考證之學,自古有之,特前人不如後人之密耳。然後人議前人之疏,亦時或出於誤會,非盡前人之咎也。《梁書・西北諸戎傳》云:"滑國者,車師之別種也。漢永建元年,八滑從班勇擊北虜有功,勇上八滑爲後部親漢侯。自魏、晉以來,不通中國。至天監十五年,其王厭帶夷栗陁始遣使獻方物。"又云:"元魏之居桑乾也,滑猶爲小國,屬芮芮,後稍强大,征其旁國波斯、盤盤、罽賓、焉耆、龜兹、疏勒、姑墨、于闐、句盤等國,開地千餘里。"元魏之居桑乾,事在晉初,下距天監,載祀不過二百,其時塞北、西域,使譯皆有往來,既非隔絕無聞,亦非年遠而事跡湮滅,儻使芮芮之一屬部,驟致强大,拓地萬里,安得其戰勝攻取之跡,闕焉不傳?且其於芮芮,何以絕不反噬,如後來突厥之所爲乎?此皆衡以事理而絕不可通者也。《梁書》又有白題國云:"其先蓋匈奴之別種胡也。漢灌嬰與匈奴戰,斬白題騎一人。今在滑國東,去滑六日行。"其説之不可信,亦與其説滑國同。《裴子野傳》云:"西北徼外,有白題及滑國,遣使由岷山道入貢。此二國歷代弗賓,莫知所出。子野曰:漢潁陰侯斬胡白題將一人。服虔《注》云:白題,胡名也。又漢定遠侯擊虜,八滑從之,此其後乎?時人服其博識。"然則以滑國爲八滑之後,乃子野推測之辭,作《梁書》者乃以爲事實,誤矣。滑國即《北史》之嚈噠,明白無疑。《北史・西域傳》云:"嚈噠國,大月氏之種類也,亦曰高車之別種。其原出於塞北,自金山而南。"其不可信，亦與《梁書》同。《通典·邊防典》云："案劉璠《梁典》：滑國姓嚈噠，後裔以姓爲國號，轉譌又謂之挹怛焉。"《注》云："其本原，或云車師之種，或云高車之種，或云大月氏之種。又韋節《西蕃記》云：親問其國人，并自稱挹闐。又按《漢書》：陳湯征郅支、康居副王挹闐鈔其後重，此或康居之種類。然傳自遠國，夷語譌舛，年代緜邈，莫知根實，不可得而辨也。"以挹闐爲康居副王之後，正與裴子野之智同。然韋節親聞，説自不誤。因此，可知噠、怛二字，音并同闐，於、邑雙聲，于、於同字，挹噠、挹怛，實于闐之異譯。而通梁之厭帶夷栗陁，殆亦夷栗陁其名，厭帶其姓也。云後裔以姓爲國號，則其初不以姓爲國號可知。《唐書·地理志》："大汗都督府，以嚈噠部落活路城置。"此即《西域記》之活國，蓋嚈噠嘗居於是，而以其名自通，故《梁書》謂之滑國也。《梁書·西北諸戎滑國傳》云："少女子，兄弟共妻。"又云："女人被裘，頭上刻木爲角，長六尺，以金銀飾之。"《北史·西域嚈噠傳》云："其俗，兄弟共一妻，夫無兄弟者，妻戴一角帽，若有兄弟者，依其多少之數，更加角焉。"多夫之俗，較多妻爲少，俗同而地又相鄰者，當可信爲同族。《北史·吐谷渾傳》云："白蘭西南二千五百里，隔大嶺，又度四十里海，有女王國。以女爲王，故因號焉。"《西域傳》云：于闐"南去女國三千里"，又云："女國，在蔥嶺南，其國以女爲王。"而唐世西山八國中，亦有一女國，見《舊唐書·德宗紀》貞元九年、《新唐書·韋皋傳》。可見自西康至後藏，戴女王之部族頗多。以女爲主，必也其行女系，女系固非即女權，然女權究易張大也。《北史》之女王國，"土著，宜桑麻，熟五穀"，女國則"氣候多寒，以射獵爲業"，"丈夫惟以征伐爲務"，蓋亦隨其所處而法俗不同。射獵好征戰之族，自後藏北出，于闐正當其衝。《梁書》滑國與于闐，王與妻皆并坐接客；滑"女人被裘"，于闐"婦人皆辮髮，《北史》：女國人皆被髮。衣裘袴"；其俗既極相類。又《梁書·滑傳》云"其跪一拜而止"，此語疑有譌誤。《于闐傳》云："其人恭，相見則跪，其跪則一膝至地。"此古武坐致右憲左之類，滑俗疑亦同之，此皆滑人曾據于闐之跡。又有周古柯、呵跋檀、胡蜜丹，皆滑旁小國。又云："凡滑旁之國，衣服容貌，皆與滑同。"蓋其相將俱出者也。《滑傳》云"其言語待河南人譯，然後通"，此其入貢所以必由岷山道。又云"著小袖長身袍"，《渴盤陁傳》云："風俗與于闐相類。著長身小袖袍，小口袴。"渴盤陁，蓋即《滑傳》之盤盤也。《高昌傳》云："著長身小袖袍，縵襠袴。"《武興傳》云："著長身小袖袍，小口袴。"然則自岷山循南山而西，歷天山而北，法俗多同，越北塞而化及金山，自無足異。《北史》所由指嚈噠爲高車、月氏之種與？藏族緣起，史最茫昧，而一經考索，其事跡之有可見者亦如此。而前史但據譯名，妄相附會，不其愼與？民族異同，大端莫如言語。《北史》明言嚈噠之語，與蠕蠕、高車及諸胡不同，而猶目爲高車之種，不尤繆與？然前史所云種者，多指種姓，非謂種族，故所云"車師別種"、"高車別種"、"大月氏種類"者，皆指其君，非指其民。且如拓跋氏，孰不知爲鮮卑種？然《魏書‧官氏志》中有須卜氏，有丘林氏，則固匈奴種姓也。契丹爲宇文氏遺落，其誰不知？而《五代史》本傳謂爲匈奴種，以宇文氏之先，爲南單于遠屬也。夫其徒以其君之種姓，而忽其民之族類，則誠疏矣。然舉彼考其君之種姓之辭，而謂其談説其民之種族，則前史不任咎也。抑《通典》以嚈噠之君爲康居副王之種，豈不大謬？然彼固云"夷語謁舛，年代縣邈，莫知根實"。推裴子野之意，亦當如是耳。作《梁書》者逕以其推測之辭爲事實則繆矣，然因此而并斥子野爲武斷則誣。故曰：前人之考據，不如後人之密，而後人所議前人之疏，亦或出於誤會也。

沙琬《西突厥史料》，馮承鈞譯，商務印書館本。引《梁書‧滑國傳》之文而加按云："盤盤，南海國，不應列入西域諸國間。"案《宋書‧索虜傳》後附《芮芮傳》云："其東有槃槃國"，即此盤盤，非南海之盤盤也。《梁書》又有末國云："漢世且末國也。北與丁零，東與白題，西與波斯接。"此國亦在西方，與且末相去甚遠。丁氏謙《梁書‧夷貉傳考》，謂爲米國之異譯，蓋是。以爲漢世之且末，與以滑爲八滑，致誤之因同也。

原刊一九四六年九月二十日上海《益世報》

〔五三六〕　柔　　然

柔然，《南史》云"蓋匈奴之別種"，殊誤。《魏書‧蠕蠕傳》云："始神元之末，掠騎有得一奴，髪始齊眉。忘本姓名，其主字之曰木骨閭。木骨閭者，首禿也。木骨閭與郁久閭聲相近，故後子孫因以爲氏。木骨閭既壯，免奴爲騎卒。穆帝時，坐後期當斬，亡匿廣漠谿谷間，收合逋逃，得百餘人。依純突鄰部。疑當作紇突隣。木骨閭死，子車鹿會雄健，始有部落，自號柔然。後世祖以其無知，狀類於蟲，故改其號曰蠕蠕。"阿那瓌之降魏也，啓魏主："臣先世源由，出於大魏。"觀此，則柔然之先，必爲鮮卑。惟純突隣部，似系高車部落。

〔五三七〕　北　族　辮　髪

北族除匈奴外，殆皆辮髪，而其辮髪之制，又小有不同。《後漢書‧烏桓傳》，謂其"父子男女相對踞蹲，以髡頭爲輕便。婦人至嫁時乃養髮，分爲髻"。而鮮卑則"唯婚姻先髡頭"。《魏書·宇文莫槐傳》："人皆剪髮，而留其頂上，以爲首飾。長過數寸，則截短之。"是其所留之髮頗短。然木骨閭髮齊眉，而拓跋氏謚之曰禿，則拓跋氏之辮髮，又頗長矣。此南朝所以呼爲"索虜"歟？《晉書·載記》述慕容氏得氏之由曰："時燕、代多冠步搖冠，莫護跋見而好之，乃斂髮襲冠。諸部因呼之爲步搖，其後音訛，遂爲慕容焉。"竊疑莫護亦慕容音轉，此人實名跋也。此當爲北族慕化解辮之最早者。而後來之滿洲人，乃以强迫漢人薙髮，大肆殺戮，人之度量相越，豈不遠哉？然漢族至今，猶有辮髮而效忠於胡者，則亦可謂不念始矣。

其服飾：男子辮髮，女子則否。《北史·高車傳》："婦人以皮裹羊骸，戴之首上，縈屈髮鬢而綴之，有似軒冕。"《南史·蠕蠕傳》："辮髮，衣錦小袖袍、小口袴、深雍韡。"利御寒而便騎射，亦各適於其地也。《北史·突厥傳》稱其"被髮左袵"；《隋書·突厥傳》載沙鉢略表，謂"削袵解辮，革音從律，習俗已久，未能改變"，可見其由來之舊矣。

〔五三八〕　北俗不解用彈

北夷雖善射而不解彈。《魏書·序紀》云：神元帝四十二年"遣子文帝如魏，以國太子留洛陽。魏晉禪代，和好仍密。始祖春秋已邁，帝以父老求歸，晉武帝具禮護送。四十八年，帝至自晉。五十六年，復如晉；其年冬，返國，行達并州；晉征北將軍衛瓘以帝爲人雄異，恐爲後患，乃密啓晉帝，請留不遣。晉帝難於失信，不許。瓘復請以金錦賂國之大人，令致閒隙，使相危害。晉帝從之，遂留帝。五十八年，方遣帝。始祖聞帝歸，大悦，使諸部大人詣陰館迎之。酒酣，帝仰視飛鳥，謂諸大人曰：我爲汝曹取之。援彈飛丸，應弦而落。時國俗無彈，衆咸大驚，乃相謂曰：太子風采被服，同於南夏，兼奇術絶世，若繼國統，變易舊俗，吾等必不得志，不若在國諸子，習本淳樸。咸以爲然。且離閒素行，乃謀危害，并先馳還。始祖問曰：我子既歷他國，進德何如？皆對曰：太子才藝非常，引空弓而落飛鳥，是似得晉人異法怪術，亂國害民之兆，惟願察。自帝在晉之後，諸子愛寵日進。始祖年踰期頤，頗有所惑，聞諸大人之語，意乃有疑，因曰：不可容者，便當除之。於是諸大人乃馳詣塞南，矯害帝。"此説雖出附會，然北俗之不知彈，而視爲神奇，則可見矣。《隋書·長孫晟傳》：晟副宇文神慶送千金公主，攝圖愛焉。"每共遊獵，留之竟歲。嘗有二雕,飛而爭肉,因以兩箭與晟曰：請射取之。晟乃彎弓馳往,遇雕相攫,遂一發而雙貫焉。攝圖喜,命諸子弟貴人皆相親友,冀昵近之,以學彈射。"晟之一發雙貫,蓋亦用彈,非用箭也。其後啓民入朝,賜射於武安殿,時有鳶羣飛,上曰：公善彈,爲我取之。十發俱中,并應丸而落,猶欲以彈誇示外夷也。

〔五三九〕 烏丸俗從婦人計

《三國‧魏志‧烏丸傳注》引《魏書》曰："其嫁娶皆先私通,略將女去,或半歲百日,然後遣媒人送馬牛羊以爲聘娶之禮。《後漢書》作"以爲聘幣"。壻隨妻歸,見妻家無尊卑,旦起皆拜,而不自拜其父母。爲妻家僕役二年,《後漢書》作"一二年間"。妻家乃厚遣送女,居處財物,一出妻家,故其俗從婦人計。至戰鬥時,乃自決之。"案此自服務婚稍入買賣婚之世,財產猶屬女子,故除戰鬥外,一切皆女子主之也。《史記‧大宛列傳》言："自大宛以西至安息國,俗貴女子,女子所言而丈夫乃決正。"蓋部族政治,初亦不離米鹽靡密,故亦多由女子主之也。

《三國志‧高句麗傳》曰："其俗作婚姻,言語已定,女家作小屋於大屋後,名壻屋,壻暮至女家戶外,自名跪拜,乞得就女宿,如是者再三,女父母乃聽使就小屋中宿,旁頓錢帛,至生子已長大,乃將婦歸家。"此亦從從婦居稍變爲從夫居者。舜尚見帝,帝館甥於貳室,與壻屋頗相類。

〔五四〇〕 東沃沮之葬

《三國‧魏志‧東沃沮傳》云："其葬作大木椁,長十餘丈,開一頭作户。新死者皆假埋之,才使覆形,皮肉盡,乃取骨置椁中。舉家皆共一椁。"案此象生時之居室也,野蠻人之居,固多爲大室也。韓居處作草屋土室,形如冢,其户在上,舉家共在中,無長幼男女之别,同書《韓傳》。即其一證。

〔五四一〕 曆　　日

古以干支紀日,後世則易之以數。以用干支爲紀,不能與月相合,又不能與年相合,故曆術漸普徧於民間,而其法遂廢矣。《宋書‧禮志》二："案《周禮》女巫掌歲時祓除釁浴,如今三月上巳如水上之類也。《月令》,暮春,天子始乘舟。禊於名川也。《論語》，暮春浴乎沂。自上及下，古有此禮。今三月上巳祓於水濱，蓋出此也。自魏以後，但用三日，不以巳也。"蓋至魏世，用干支紀日者已希矣。

曆術何以普徧於民間，則必恃曆本之普徧。《梁書·傅昭傳》：昭隨外祖於朱雀航賣曆日。所謂曆日，即今曆本也。昔人詩："偶來松樹下，高枕石頭眠，山中無曆日，寒盡不知年。"謂山中無曆本可得也。

原刊一九四七年四月二十五日上海《益世報》副刊"史苑"

〔五四二〕　減 食 致 壽

梁武帝在歷代帝王中，可謂最能勤勞且寡嗜欲者。以從來學人，居於帝王之位者極少，而帝則確爲學人也。《梁書·賀琛傳》：琛啓陳事條，言甚切直。武帝怒，召主書於前，口授敕責琛，有曰："朕三更出理事，隨事多少，事少或中前得竟，或事多，至日昃方得就食。日常一食，若晝若夜，無有定時。疾苦之日，或亦再食。昔要腹過於十圍，今之瘦削，裁二尺餘，舊帶猶存，非爲妄説。"帝之責琛，誠爲拒諫，然其能勤勞寡嗜欲，則史家亦盛稱之，非妄説也。顧乃康强致高壽。然則生於憂患，死於安樂，亦非徒以其處境而實由其自律矣。節食尤爲致壽之大端。吾頗留心人之壽夭，自弱冠來，所知識者死，恒訪求其病狀，而推測其致死之由。蓋未見癡肥之人，克至耄耋之歲者；若其有之，則少壯雖癡肥，入老必瘦削。然則飲食若流者，以自促其年耳，亦可悲矣！

原刊一九四七年《東南日報》副刊"文史"

〔五四三〕　罷　　社

《三國志·王脩傳》："年七歲喪母，母以社日亡，來歲鄰里社，脩感念母，哀甚。鄰里聞之，爲之罷社。"案古人甚重社，安得罷之。所謂罷社者，蓋古人恒因社以作樂，哀其念母而罷之也。此猶得"鄰有喪，舂不相，里有殯，不巷歌"《禮記·曲禮上》。之義。

〔五四四〕　吞　　泥

近世飢荒時，民或吞土以求免死，俗稱之曰觀音土。《三國·吳志·孫權傳注》引《江表傳》，言權攻李術於皖城，術閉門自守，糧食之盡，婦女或丸泥而吞之。建安六年。則漢世已有其事。

〔五四五〕　因　　俗

《通鑑》陳長城公至德元年，隋柳彧以近世風俗，每正月十五夜，燃燈遊戲，奏請禁之。曰：“竊見京邑，爰及外州，每以正月望夜，充街塞陌，聚戲朋遊，鳴鼓聒天，燎炬照地，竭資破産，競此一時，盡室并孥，無問貴賤，男女混雜，緇素不分。穢行因此而成，盜賊由斯而起。因循弊風，曾無先覺，無益於化，實損於民，請頒天下，并即禁斷。”詔從之。胡三省注曰：觀此，則上元游戲之弊，其來久矣。後之當路者，能不惑於世俗，奮然革之，亦所謂豪杰之士也。一國之人皆若狂，昔人痛之深矣。然百日之蜡，一日之澤。民固不可無會聚歡樂之時，要在節之以禮耳。且如賜酺，豈不足以致酒禍。然孔子不曰：“吾觀於鄉而知王道之易易乎？”俗之興替，必有其由。將頹者不可以人力支，眾之所樂者，亦不能以人力強革也；要在因人情而爲之節文耳，所謂善者因之也。且如百戲，無益有損，然其原出於角觝。秦漢之世，民至空邑以觀，不猶可以獎技勇乎？技勇之在今日，相需尤切，有心世道之人，能於時節，加以提唱，亦牖民之一道也。且男女之交，其不自由久矣，可無以宣泄之乎，此固自由之世之遺俗也。子貢欲去告朔之餼羊，子曰：賜也，爾愛其羊，我愛其禮。

〔五四六〕　父 子 相 似

人之相似，惟醫學家所謂真雙生子爲然，不徒其貌也，即其心亦相似。然雙生之子，處境亦多相同，幼時尤甚；若處之不同之境，則其貌雖相似，其心即不能盡同。此可見清虛者易遷，重濁者難變，張横渠《正蒙》之説，有不盡誣者也。父子之相似，本不能如雙生之子。且人貌隨年而異，雙生子貌之相似，亦以年之相同也。若父子則有老少之殊，縱使人追憶疇昔而驚其相肖，必不能混淆於一見之下矣。乃《南史·陸倕傳》，謂倕次子綰，有似於倕，一看殆不能別，此誠罕有之事。意者倕生子甚早，子已壯而父猶未老歟？然終爲罕見之事矣。

原刊一九四八年二月二十五日《東南日報》

〔五四七〕　絶菜患腫

圍城之中，人乏蔬菜以爲食，每致患腫，昔人誤以爲由於乏鹽。如《北史·王思政傳》，謂思政初入潁川，士卒八千人，被圍既久，城中無鹽，腫死者十六七，及城陷之日，存者纔三千人是也。《魏書·房法壽傳》：法壽族子景伯，母亡居喪，不食鹽菜，遂爲水病，積年不愈，孝昌三年卒於家。似足證無鹽致腫之説矣。然《北史·趙琰傳》言：時禁制甚嚴，不聽越關葬於舊兆，琰四十餘年不得葬二親，年逾耳順，孝思彌篤，慨歲月遷移，遷窆無冀，乃絶鹽粟，斷諸飴味，食麥而已。而年至八十，則又何也？《隋書·劉方傳》：方征林邑還，士卒腳腫，死者十四五。此由南方卑溼，易患腳氣病，亦與缺鹽無涉也。

〔五四八〕　脈　　法

中醫多以善診脈自詡，甚者謂能診脈，則不待問而可知所患，此乃欺人之談，少明事理者不之信，即醫家之少明事理者，亦不以此欺人也。然此等附會之説，古即有之。《魏書·術藝傳》，謂顯祖欲驗徐謇所能，乃置諸病人於幕中，使謇隔而脈之，深得病形，兼知色候是矣。此事即有之，亦爲幸中，況傳者過而非其實，《術藝傳》中事跡，率多如是也。脈學之興，蓋本診察之一術，所以補但憑證狀者之不足，以求詳慎，非謂恃此遂可忽視證狀。倉公之學，出於陽慶，《史記》本傳記慶語，謂有黃帝扁鵲之脈書，五色診病，知人生死，決嫌疑，定可治；原不專治脈書。倉公對詔問，謂病名多相類，不可知，故古聖人之脈法，以起度量，立規矩，縣權衡；此即所謂決嫌疑，乃所以補望聞之不足者也。其自述治驗，無一不切其脈者，然亦無一不詳其證狀，即知切脈非可專恃。後世醫家，遇有證脈不合者，多舍脈而從證；以證固明白有據，脈究徒憑探索也。間有舍證從脈者，乃經驗多，知目前之證將有變化，不宜徒據之以爲治，乃逆測未來以立法，實無所謂從脈也。故脈法實不可深恃。然脈法以不如證狀之易見，而有待於探索，故其通知實較難；醫工之較下者，或不知之。《宋書·范曄傳》，謂孔熙先善於治病，兼能診脈，可見是時能治病者，不皆能診脈也。

原刊一九四七年十月十五日《東南日報》副刊"文史"

〔五四九〕　手　　術

　　近世之論西醫者，多豔稱其手術。其實病之可用手術者，皆有形質可見，而可以逕拔除之，實不可謂之難治。近世手術，所以勝於古人者，乃在人體生理之益明，所用械器之益精，及麻醉消毒等法，爲效益大，而流弊益微耳。此皆他種科學有以輔助醫學，若就醫家療治之術言之，則使用手術，爲法最爲簡逕，固非古人所不能知，其興起度必甚早也。

　　華佗之技，爲今古所豔稱，以其於鍼藥不及之病，能以刳割治之也。然其時關羽中流矢，嘗破臂作創，刮骨去毒。又《三國·魏志·賈逵傳注》引《魏略》，謂逵生瘻稍大，自啓欲令醫割之，太祖惜逵忠，恐其不活，教謝主簿：吾聞"十人割瘻九人死"。逵猶行其意，而瘻愈大。逵之不愈，或不能歸咎於醫，然諺語亦必有由，則因割瘻而死者不少矣。可見醫於刳割之術多拙。然工拙別是一事，觀於割瘻者之多，而知是時之醫，能施刳割之術者實不少。若爲關羽破臂刮骨者，則其術并不可謂之拙矣。《魏書·長孫道生傳》，謂道生玄孫子彥，少嘗墜馬折臂，肘上骨起寸餘，乃命開肉鋸骨，流血數升，言戲自若，時以爲踰於關羽。子彥視關羽何如不可知，爲子彥施治之醫，必不減於爲羽施治之醫，則無惑也。是其術固異世而猶存也。《晉書·魏詠之傳》言：詠之生而兔缺，年十八，聞荊州刺史殷仲堪帳下有名醫能療之，貧無行裝，謂家人曰："殘醜如此，用活何爲！"遂齎數斛米西上，以投仲堪。既至，造門自通。仲堪與語，嘉其盛意，召醫視之。醫曰："可割而補之，但須百日進粥，不得語笑。"詠之曰："半生不語，而有半生，亦當療之，況百日邪！"仲堪於是處之別屋，令醫善療之。詠之遂閉口不語，惟食薄粥，其屬志如此。及差，仲堪厚資遣之。此醫之技，亦未必減於華佗也。佗之所以負盛名者，或以其能用麻沸散。近世論醫學者，謂麻醉藥之發明，爲醫家一大事。以病有非刳割不能治者，無此，人或憚痛苦而不敢治；即或不憚，而痛苦非人所能堪，於法亦遂不可治也。爲關羽、長孫子彥作創之醫，未嘗用麻醉藥，顯而易見。《三國·吳志·呂蒙傳》言，蒙疾病，孫權迎置內殿，每有一鍼加，爲之慘戚。蓋亦不能用麻醉藥，故其痛苦實甚。然則是時之醫，能用麻醉藥者似少，此佗之所以獨擅盛名歟？然麻沸散之方，近世鈴醫猶有之，則亦非佗之所獨也。故世容有絶精之技，而必無獨擅之學。

　　白喉之初起也，醫家多不能治。民間嫗婦，乃有以刀鍼破其白腐處而强抉去之者，往往致死，亦或獲愈。此足證吾手術治病最爲簡直、興起當早之說。蓋病之有形質可見者，就所在而逕抉去之，原爲人所易見；初用之或致死加劇，久之則其術漸精矣。然亦有古人技精，而後世反不逮之者。新醫有閲《銀海精微》者，謂其手術或爲近世眼醫師所不知。此由醫學傳習不盛，醫家又或自祕，前人之所知所能，不能盡傳於後也。然世之偏重儒醫，亦當分尸其咎。凡儒醫多好空談，而手術則非所習；使此輩享盛名，食厚稽，而襲古代醫家真傳之鈴醫，日益衰落，而古醫家專門之技，不傳於後者，亦益多矣。

《晉書・温嶠傳》：嶠平蘇峻後，固求還鎮，先有齒疾，至是拔之，因中風，至鎮未旬而卒。其死，不知果由拔齒致之不，然時醫工能拔去病齒，則因此可知。

古語云："毒蛇螫手，壯士斷腕。"則去病毒之所在，以免延及全身，其由來亦極早。《晉書・盧欽傳》：欽子浮，以病疽截手，遂廢。則去肢體以全生命，古代之醫亦能爲之矣。

邂逅受傷，殘折肢體，甚至傷及藏府而卒不死，亦可使人悟及手術之可用。《北史・彭樂傳》：天平四年，從神武西討，與周文相拒。神武欲緩持之，樂氣奮請決戰，神武從之。樂因醉入深，被刺腸出，内之不盡，截去復戰，身被數創，軍勢遂挫，然樂卒不死。有此等經驗，則使人知腸之可去矣。不然，孰敢臆測腸之可截邪？

醫有借助於巫者，或藉此以振精神，便於施治耳。有形質之疾，謂可但以符呪等治之，恐無是理也。《齊書・陳顯達傳》言：顯達討桂陽賊，矢中左眼，拔箭而鏃不出。地黄村潘嫗善禁，先以釘釘柱，嫗禹步作氣，釘即時出，乃禁顯達目中鏃出之。似謂但禹步作氣而鏃自出者，恐傳者過也。《南史・張融傳》云：有薛伯宗者，善徙癰疽，公孫泰患背，伯宗爲氣封之，徙置齋前柳樹上，明旦癰消，樹邊便起一瘤如拳大，稍稍長，二十餘日，瘤大膿爛，出黄赤汁斗餘，樹爲之痿損。其説尤爲離奇。然自稱能徙癰者，吾小時尚見之，其事似在光緒辛卯歲，吾父腦後忽腫起如瘤，醫家不敢以刀割，亦不能以藥消，乃曰，有某者，自稱能徙癰，不妨姑試之。如其言。其人用何術，予已不省記，但記其云已徙之庭前桂樹上。其後樹無他異，而吾父腫亦旋消。更詢諸醫家，則云此蓋無名腫毒，本非瘤也。故知以神奇自炫者，今古多有，而侈陳奇跡，則無一不出語增耳。

《隋書・隱逸傳》：張文詡嘗有腰疾，會醫者自言善禁，文詡令禁之，遂爲刃所傷，至於頓伏牀枕。醫者叩頭請罪，文詡遽遣之，因爲其隱，謂妻子曰：

“吾昨風眩落阬所致。”其掩人之短，皆此類也。此可見善禁者亦不能不用刀鍼，或且藉此以施刀鍼也。

原刊一九四七年《東南日報》副刊“文史”

〔五五〇〕　國 子 太 學

國子學與太學，初本是二，後乃合而爲一。

古代平民，學於其所居之里之校，秀者升入其鄉之庠序，自庠序升於司徒，入於大學。貴族則學於其家門側之塾。師氏、保氏門闈之學，公宮南之左之小學，與家塾皆一物也，貴族出於此，亦入於大學。故平民登進，較之貴族，多一節級。然既入大學，即與王太子、王子、羣后之太子、卿大夫、元士之適子等夷矣。詳見《古學制》條。漢世博士弟子，太常擇民年十八以上儀狀端正者補；在郡、國、縣、道、邑者，令、相、長、丞上二千石，二千石察可者，得與計偕；尤絕無限制。後漢雖有大將軍至六百石遣子入學之令，亦未聞其較平民多占便宜，可謂蕩蕩平平矣。自國子學立，而此局乃一變。

《宋書・禮志》云：“魏文帝黃初五年，立太學於洛陽。齊王正始中，劉馥上書曰：黃初以來，崇立太學，二十餘年，而成者蓋寡。由博士選輕，諸生避役，高門子弟，恥非其倫，故無學者。雖有其名而無其實，雖設其教而無其功。宜高選博士，取行爲人表，經任人師者，掌教國子。依遵古法，使二千石以上子孫，年從十五，皆入太學。明制黜陟，陳榮辱之路。不從。晉武帝泰始八年，有司奏：太學生七千餘人，才任四品，聽留。詔：已試經者留之，其餘遣還郡國。大臣子弟堪受教者，令入學。案此可見學生雖多，大臣子弟實少。咸寧二年，起國子學。蓋《周禮》國之貴遊子弟所謂國子，受教於師氏者也。”此爲國子學設立始末。蓋欲迫令貴遊子弟入學而不能，乃爲之別立一學耳。觀其擬諸師氏，則固以小學視之。《宋書・百官志》言晉初置國子學，隸屬太學，其等級固分明也。至南朝而其制一變。南朝皆無太學。陳宣帝太建三年、後主至德三年，皇太子皆釋奠太學。然此等皆徒有其名而已。《齊書・禮志》載曹思文之表曰：“今之國學，即古之太學。晉初太學生三千人，案較之上引《宋書・禮志》所述泰始八年之數，已裁減過半矣。既多猥雜，惠帝時欲辨其涇渭，故元康三年，始立國子學。官品第五以上，得入國學。案“立國子學”，《晉書・本紀》在咸寧二年。《宋書・禮志》作“起國子學”。《晉書・職官志》云：“咸寧四年，武帝初立國子學，定置國子祭酒、博士各一人，助教十五人，以教生徒。”蓋屋宇起於二年，官制定於四年，生徒選補之法，實至元康三年而後定，故思文又云立於是年也。天子去太學入國學，以行禮也。太子去太學入國學，以齒讓也。太學之與國學，斯是晉世殊其士庶，異其貴賤耳。"然則國學存而太學廢矣。太學凡民可入，而國學限於貴遊，是則去蕩平之途而求私龍斷也。

原晉所以設國子學者，實緣欲求高門子弟之入學。其求高門子弟入學，則以此輩專務交遊也。《三國·魏志·董昭傳》：昭上疏陳末流之弊曰："當今年少，不復以學問爲本，專更以交遊爲業；國士不以孝弟清脩爲首，乃以趨勢遊利爲先。合黨連羣，互相褒歎，以毀訾爲罰戮，用黨譽爲爵賞。附己者則歎之盈言，不附者則爲作瑕釁。"此本漢末太學中之弊風，特以遭逢喪亂，學校丘墟，而此風未改，故初在學校中者，後又出於學校外耳。《晉書·傅玄傳》：玄於武帝初上疏，言"漢、魏百官子弟，不脩經藝而務交遊，徒繫名於太學，不聞先王之風"；又言"今聖明之政資始，而漢、魏之失未改，散官衆而學校未設"，蓋以此也。此事關鍵，首在其用人之能覈實，次亦視其果能驅人入學與否。用人果能覈實，遊談將不禁自止。不能驅人入學，則國子學亦與太學等耳。所謂高門子弟，豈誠以羞與避役者伍而不入學哉？抑因避役而入學，固情有可矜，然爲政之道，當清簡賦役，不能摻避役者於學中，則當時猥雜之徒，雖一舉而盡汰之可也。而又不能，而乃爲之別立一學，不誠無具矣哉？

然晉世所行之政，亦迄未收效也。以國學代太學，蓋始於宋，晉世尚未有此意，故東渡後，建武元年，即立太學。《晉書·本紀》。此事由王導、戴邈。導之言曰："人知士之所貴，由乎道存，則退而脩其身。脩其身以及其家，正其家以及於鄉，學於鄉以登於朝。反本復始，各求諸己，則敦樸之業著，浮僞之道息。"欲"使朝之子弟，并入於學"。《宋書·禮志》。邈亦言："貴遊之子，未必有斬將搴旗之才，亦未有從軍征戍之役。"宜"及盛年，講求道藝"。《宋書·禮志》。咸康三年，既立太學，復議國學。設立未幾，又復遣散。《晉書·成帝紀》：咸康三年，正月，立太學。《袁瓌傳》：除國子祭酒，上疏曰："若得給其宅地備其學徒，贏有其官，則臣之願也。"疏奏，成帝從之。國學之興，自瓌始也。《宋書·禮志》，以疏爲瓌與太常馮懷同上，事在咸康三年，云："疏奏，帝有感焉。由是議立國學，徵集生徒。而世尚莊、老，莫肯用心儒訓。穆帝永和八年，殷浩西征，以軍興罷遣。由此遂廢。"自咸康三年至永和八年，凡十六年。至孝武帝時，乃二學并立。《晉書·孝武帝紀》：太元九年，四月，增置太學生百人。十年，二月，立國學。事由謝石之奏，見《晉書》本傳及《宋書·禮志》。《宋書》載其疏辭，謂上於太元元年，蓋當作九年，因字形近而誤。疏有"皇威遐震，戎車方靜"之語，蓋指淝水之捷言之，事在太元八年也。其事由於謝石。史稱"烈宗納其言，選公卿二千石子弟爲生，增造廟屋一百五十五間，而品課無章，士君子恥與其列"。國子祭酒殷茂言之曰："自學建彌年，而功無可名。憚業避役，就存者無幾。或假託親疾，真僞難知。聲實渾亂，莫此之甚。臣聞舊制，國子生皆冠族華胄,比列皇儲,而中者混雜蘭艾,遂令人情恥之。竊謂羣臣内外,清官子姪,普應入學,制以程課。今者見生,或年在扞格,方圓殊趣,宜聽其去就,各從所安。"又庾亮在武昌,開置學官,其教亦言:"人情重交而輕財,好逸而惡勞。學業致苦,而禄答未厚,由捷遷者多,故莫肯用心。"又言:"若非束脩之流,禮教所不及,而欲階緣免役者,不得爲生。"然則貴遊不入,而避役者羣集,在太學未聞有改,而國學又復如此;即地方設學,亦不能免也。此積習不易變,南朝蓋患其猥雜,故逕獨立國學,然非政體也。

强高門子弟入學,太元十年,蓋頗收效。然《宋書·五行志》云:"太元十年,正月,立國子學。學生多頑囂,因風放火,焚房百餘間。"《晉書·五行志》略同。蓋即高門子弟之所爲也。歷代學校,亦多有所謂風潮,然未有如此次之無意識者,別見《學校風潮》條。當時所謂高門子弟者,其品質可知矣。設學不以教孤寒之士,而斤斤欲教此等人,不亦雕朽木而圬糞土之牆乎?

《北齊書·儒林傳》曰:"齊制,諸郡并立學,置博士、助教授經。學生俱差逼充員。士流及豪富之家,皆不從調。備員既非所好,墳籍固不關懷,又多被州郡官人驅使,縱有遊惰,亦不檢治。"此則入學而不能避役,因之非差逼莫肯充員。又魏、晉以降之一變局矣。

〔五五一〕　爲　私　家　立　學

予嘗撰《私家教授之盛不始東漢》一條,讀之,可知學術之興盛,皆人民所自爲,而政府所能爲力者實淺矣;然猶不止此。夫東京十四博士,皆今學也。當時太學著籍之盛,曠古未聞,乃一朝灰炭,而今學之傳授,即隨之而絶,然則當時其學之傳於後生者幾何? 無怪范蔚宗譏其"章句漸疏,多以浮華相尚"矣。《後漢書·儒林傳序》。東京私學,亦多有名無實。鄭玄在當時,最稱大師,而其所傳,陵亂無條理,且多矛盾,即可見之。然其傳授,猶歷久不絶。然則當時今學講師,其學尚不逮鄭玄、王肅也,況敢望韓嬰、董仲舒、劉向、揚雄乎?晉立國子學而太學廢。國學皆貴遊子弟,自更不足語於學問,説見《國子太學》條。劉宋以後,國學又替,而就講學之私家,加以扶助者轉盛。則是學術之命脈,仍繫於私家也。

《宋書·禮志》云:高祖受命,詔有司立學,事在永初三年正月,見《紀》。未就而崩。太祖元嘉二十年,復立國學。《本紀》:太祖詔建國學,在元嘉十九年正月。是年十二月,詔言胄子始集,學業方興。《何承天傳》亦云:是年立國子學,以本官領國子博士。而《志》云二十年者,蓋師生集於十九年末,始業實在二十年也。二十七年廢。《紀》在三月,蓋以軍興廢。《孝武帝紀》:大明五年,八月,詔來歲可脩葺庠序,旌延冑子。《禮志》不言其事,疑其實未曾行。宋世國學之立,蓋不及十年也。然其時周續之遁跡廬山,高祖踐阼即召之,爲開館東郭外,招集生徒。元嘉十五年,文帝又徵雷次宗至京師,爲開館於雞籠山。時又使何尚之立玄學,何承天立史學,謝元立文學。凡四學并建。見《隱逸·雷次宗傳》。案此事《南史》入《本紀》,繫元嘉十六年。《宋書·何尚之傳》云:元嘉十三年,彭城王義康欲以司徒左長史劉斌爲丹陽尹,上不許。乃以尚之爲尹。立宅南郭外,置玄學,聚生徒,謂之南學。《南史》同。其立學不知究在何年也。《明帝紀》:泰始六年,九月,立總明觀。《南史》云:分爲儒、道、文、史、陰陽五部學。言陰陽者遂無其人。此猶是率元嘉之舊。國學雖衰,其扶助私家之學,則可謂至矣。齊建元四年,正月,詔立國學。見《禮志》及《本紀》。九月,以國哀罷。《武帝紀》。《百官志》云:其夏國諱廢學。永明三年,正月,詔立學。《本紀》。旋復省廢。未知何時,東昏侯時,曹思文爭廢國學,見下。表言永明以無太子故廢,非古典。案建武四年詔言:"往因時康,崇建庠序,屯虞薦有,權從省廢,"則似非以無太子故。建武四年,正月,又詔立學。永泰元年,東昏侯即位,尚書符依永明舊事廢學。國子助教曹思文表言不可廢。有司奏從之。《禮志》。然其立學之久,尚不逮劉宋也。總明觀以永明三年省,蓋以國學已立故。然是歲,又於王儉宅置學士館,悉以四部充儉家。則學術之重心,仍在私家,又竟陵王子良,嘗表世祖,爲劉瓛立館,亦宋世待周續之、雷次宗之意也。梁武踐阼,徵何胤不至,遣何朗、孔壽等六人於東山受學。天監四年,置五經博士各一人。《本紀》。《儒林傳》云:以平原明山賓、吳興沈峻、建平嚴植之、會稽賀瑒、吳郡陸璉補博士,各主一館,則所重者仍在其人。七年,正月,詔大啓庠序,博延冑子,國學蓋自此建立。然恐亦徒有其名。故其後大同七年,又於宮城西立士林館,延集學者也。《陳書·儒林傳》言:高祖"承前代離亂,日不暇給,弗遑勸課。世祖以降,稍置學官。雖博延生徒,成學蓋寡"。陳世,資助私家之事,闃焉無聞,然官立之國學,亦益黯然無色矣。

郡縣亦有爲私家立學者。《宋書·隱逸傳》沈道虔:鄉里年少,相率受學。道虔常無食,無以立學徒。武康令孔欣之厚相資給,受業者咸得有成。《梁書·處士傳》諸葛璩:性勤於誨誘,後生就學者日至,居宅狹陋,無以容之,太守張友爲起講舍。《魏書·崔休傳》:爲渤海,大儒張吾貴有盛名於山東。西方學士咸相宗慕。弟子自遠而至者恒千餘人。生徒既衆,所在多不見容。休乃爲設俎豆,招延禮接,使肄業而還,儒者稱爲口實。皆是。

南北朝實爲資助私家立學最盛之世。固以其時王業偏安,敬教勸學,力有弗逮，乃僅就私家，加以資助。亦以私家立學，爲衆所歸仰者，其人必較有學問，而歸仰之者，亦必較有鄉學之誠，就加資助，轉較官自立學者爲有實際也。學術之興盛，皆社會自然之機運，而非政治所能爲，益可見矣。

〔五五二〕　盲人識字

盲人亦能識字，爲近世言歐美教育者所豔稱。然其事古亦有之。《隋書·藝術傳》：盧大翼目盲，以手摸書而知其字是也。其所摸書，蓋爲簡牘。自簡牘盡廢，而此事遂不可見矣。

〔五五三〕　范甯崇學

《晉書·范汪傳》：爲東陽太守，“在郡大興學校。”子甯，爲餘杭令，“在縣興學校，養生徒，絜己脩禮，志行之士，莫不宗之。朞年之後，風化大行。自中興以來，崇學敦教，未有如甯者也。”補豫章太守，“在郡又大設庠序。遣人往交州采磬石，以供學用。改革舊制，不拘常憲。遠近至者千餘人，資給衆費，一出私祿。并取郡四姓子弟，皆充學生，課讀五經。又起學臺，功用彌廣。江州刺史王凝之上言曰：豫章郡居此州之半。太守臣甯，入參機省，出宰名郡，而肆其奢濁，所爲狼籍。郡城先有六門，甯悉改作重樓，復更開二門，合前爲八。私立下舍七所。臣伏尋宗廟之設，各有品秩，而甯自置家廟。又下十五縣，皆使左宗廟，右社稷，準之太廟，皆資人力，又奪人居宅，工夫萬計。甯若以古制宜崇，自當列上，而敢專輒，惟在任心。州既聞知，即符從事，制不復聽。而甯嚴威屬縣，惟令速立。願出臣表下太常，議之禮典。甯以此抵罪。子泰，棄官稱訴。帝以甯所務惟學，事久不判。會赦，免。”案甯之所爲，誠若奢濁，然遠近至者千餘人，資給衆費，一出私祿，則其無所利焉可知。孝武遲迴不判，以待赦令，良有由也。或疑甯私祿何以能如是之多，則此非指朝所頒祿；各地方相沿，本有行政經費，并有供守令之費，如後世之陋規者。此不能不取，亦不必不取，惟在用之何如耳。豫章居江州之半，此款必不菲也。人有所長，必有所短。用人之道，貴在舍短取長。甯之失，在於迂闊奢泰，以崇學敦教論，則可謂世濟其美矣。若能任以學事，而抑其迂闊奢泰之爲，則用人之道也。

事之當辦與否，與其辦理之善否，係屬兩事。當辦之事，雖辦理不善，祇應改其辦法，不應遽廢其事也。且如青苗，抑配固爲不可，然任兼并之家要倍稱之息，可乎？然則散放之法可變，散放之事，不可已也。宋世之新舊黨，若知此義，事之敗於狐埋狐搰者，必可大減矣。《宋史・胡宿傳》："知湖州，前守滕宗諒大興學校，費錢數十萬。宗諒去，通判、僚吏皆疑以爲欺，不肯書曆。宿誚之曰：君輩佐滕侯久矣，苟有過，盍不早正？乃陰拱以觀，俟其去而非之，豈昔人分謗之意乎？坐者皆大慙。其後湖學爲東南最，宿之力爲多。"滕侯賢者，自無欺罔之事，然其下之人，得毋有欺滕侯者乎？然其事已在前矣。懲此而不承權輿，是重費也。然則胡宿保全湖學之功，不減於滕宗諒之創始也。

宋世張昇鎮許，欲興鄉學，而馬宏沮之，誣縣令因以取民，引見《郡縣鄉里之學下》條。宏之言固誣，然因興作以取民之事，必多有之，宏乃得以肆其誣，則亦不可不儆也。國民政府之都南京也，學校、官司，屋宇皆不周於用，於是競事營建。百務廢弛，惟茲則汲汲恐後。論者皆譏其別有用心焉。此則范甯之罪人也。

《晉書・虞溥傳》："除鄱陽內史。大脩庠序，廣招學徒，至者七百餘人。祭酒求更起屋行禮。溥曰：君子行禮，無常處也。故孔子射於矍相之圃，而行禮於大樹之下。況今學庭庠序，高堂顯敞乎！"斯則范甯之諍友也。子曰："以約失之者鮮矣。"《論語・里仁》。

〔五五四〕 周　　朗

一時之人，有一時之人之思想。《宋書・周朗傳》：世祖即位，普責百官讜言。朗上書，謂"宜二十五家選一長，百家置一師。男子十三至十七，皆令學經；十八至二十，盡使脩武。官長皆月至學所，以課其能。習經者五年有立，則言之司徒；用武者三年善藝，亦升之司馬。若七年而經不明，五年而勇不達，則更求其言政置謀，跡其心術行履，復不足取，雖公卿子孫，長歸農畝，終身不得爲吏。"此可謂昔人教育普及之論，其思想似頗特異。然《晉書・慕容皝載記》，載其記室參軍封裕諫辭曰："四業者國之所資，教學者有國盛事。習戰務農，尤其本也，百工商賈，猶其末耳。宜量軍國所須，置其員數，已外歸之於農，教之戰法。學者三年無成，亦宜還之於農，不可徒充大員，以塞聰雋之路。"皝因此令學生不任教者，除其員錄。其思想與朗頗相類。《魏書・景穆十二王傳》：南安王楨之子英，奏言"謹案學令：諸州郡學生，三年一校所通經數，因正使列之。然後遣使就郡練考。僞造之流，應問於魏闕；不革之輩，宜反於齊民。頃以皇都遷構，江、揚未一，故鄉校之訓，弗遑正試。致使薰蕕之質,均誨學廷;蘭蕭之體,等教文肆。今外宰京官,銓考向訖,求遣四門博士明通五經者,道別校練,依令黜陟。"其所行,亦即慕容皝之令。蓋時宇内分裂,競爭烈而責望於民者深,故不期而同有此思想也。更上溯之,晉初傅玄上疏,言分民之理,欲采皇甫陶之説,課散官以親耕,亦以直喪亂之後,不容浮食者之衆耳。

〔五五五〕　汲　冢　書

古書湮没復見,最早者無過於晉世之汲冢書。其事見於《晉書》之《武帝紀》、《律曆志》,及衛瓘、荀勖、束皙、王接、司馬彪、續咸諸傳。《紀》云:咸甯五年十月,"汲郡人不準掘魏襄王冢,得竹簡小篆古書十餘萬言,藏於祕府。"《志》云:"武帝太康元年,汲郡盜發六國時魏襄王冢,亦得玉律。"《衛瓘傳》載瓘子恒所作《四體書勢》云:"太康元年,汲縣人盜發魏襄王冢,得策書十餘萬言。"《束皙傳》云:"太康二年,汲郡人不準盜發魏襄王墓,或言安釐王冢,得竹書數十車。"諸説年代雖不相符,《二十二史考異》云:"《束皙傳》作太康二年,《衛恒傳》作太康元年,與《紀》互異。趙明誠《金石録》,據《太公廟碑》及荀勖序《穆天子傳》,俱云太康二年,以正《晉》《紀》年月之誤。"然亦未檢束、衛兩説也。注云:"杜預《春秋後序》亦作太康元年。案杜預《春秋後序》、荀勖《穆天子傳序》,并是偽物。然古事傳者多不審諦,不能以此遂疑其事之真。《律曆志》言:"荀勖校太樂,八音不和,始知後漢至魏,尺長於古四分有餘。勖乃部著作郎劉恭依《周禮》制尺,所謂古尺也。依古尺更鑄銅律呂,以調聲韻。其尺量古器,與本銘尺寸無差。又,汲郡盜發六國時魏襄王冢,得古周時玉律及鐘磬,與新律聲韻闇同。"則當時所得,書籍外尚有他物。書籍縱有偽作,他物不必皆有人作偽。以此互證,亦足見汲冢得書,事非烏有。所得之數,《本紀》與《衛瓘傳》,二説符同。簡策重滯,而每策所容,不過數十字;十萬餘言,自可盈數十車。《束皙傳》説,亦非歧異。十餘萬言之書,即在楮墨盛行之時,得諸地表,亦云匪易,況在楮墨未行之世,而又得諸地下之藏乎? 誠足令人神往矣。

然則世之所傳,所謂出自汲冢之書,其物果可信乎? 曰:否。汲冢得書,實有其事,係一事;世之所傳,所謂出自汲冢之書,其可信與否,又是一事。汲冢得書,固實有其事,然世之所傳,謂其出於汲冢者,則不徒明以來之偽《竹書紀年》不可信,即其早於此者,如世所謂古本《竹書紀年》等,其不可信,亦未嘗不相等也。此其爲説,觀於《晉書》之《束皙傳》,即可知之。《荀勖傳》言竹書之得,"詔勖撰次之,以爲《中經》,列在祕書。"《束晳傳》言:"初發冢者燒策照取寶物,及官收之,多燼簡斷札,文既殘缺,不復銓次。武帝以其書付祕書校綴次第,尋考指歸,而以今文寫之。晳在著作,得觀竹書,隨疑分釋,皆有義證。"《王接傳》云:"時祕書丞衛恒考正汲冢書,未訖而遭難。佐著作郎束晳述而成之,事多證異義。時東萊太守陳留王庭堅難之,亦有證據。晳又釋難,而庭堅已亡。散騎侍郎潘滔謂接曰:卿才學理議,足解二子之紛,可試論之。接遂詳其得失。摯虞、謝衡皆博物多聞,咸以爲允當。"是觀其大略,加以次第者苟勖;就其所載,加以研求者,則衛瓘、束晳、王庭堅、王接也。《四體書勢》云:"魏初傳古文者,出於邯鄲淳。恒祖敬侯寫淳《尚書》,後以示淳,而淳不別。至正始中,立三字石經,轉失淳法,因科斗之名,遂效其形。太康元年,汲縣人盜發魏襄王冢,得策書十餘萬言。案敬侯所書,猶有髣髴。古書亦有數種,其一卷論楚事者最爲工妙,恒竊悦之。"玩其言,似能次第成書,藉以考見古事者,不過數種,餘則僅堪藉證書法。簡斷編殘,銓次已覺不易,況於考索?此實錄也。人之度量相越,不能甚遠,束晳繼業,所就豈能遠過?乃《晳傳》述諸書之目,大凡七十五篇,不識名題者七篇而已,餘則皆能舉其崖略,果可信乎?《司馬彪傳》云:"初譙周以司馬遷《史記》書周秦以上,或采俗語百家之言,不專據正經,周於是作《古史考》二十五篇,皆憑舊典,以糾遷之謬誤。彪復以周爲未盡善也,條《古史考》中凡百二十二事爲不當,多據《汲冢紀年》之義,亦行於世。"夫曰多據,則非盡據,且所據者《紀年》一書耳。《續咸傳》言咸"著《遠遊志》、《異物志》、《汲冢古文釋》,皆十卷,行於世"。六七十篇之書,豈十卷之書所能釋?是彪與咸即誠見汲冢書,所見者亦不多也。

更就《束晳傳》論諸書之語觀之。諸説皆云所發爲魏襄王冢,《晳傳》獨多"或言安釐王冢"六字,説果何所據乎?《傳》又云:"其《紀年》十三篇,紀夏以來至周幽王爲犬戎所滅,以事接之。三家分,仍述魏事,至安釐王之二十年。蓋魏國之史書。"此六字之所由來也。據《史記》,安釐王爲襄王曾孫。襄王子哀王,在位二十三年;哀王子昭王,在位十九年;昭王子則安釐王,在位三十四年,其卒在秦始皇之四年,距襄王之卒,七十有六年矣。此時魏已去亡不遠,能否厚葬,如史所云,實有可疑。古人作僞,多不甚工,往往少加校勘,説即不讎。竊疑《紀年》書本無傳,造作者初不詳覈,乃誤下三世七十六年,而後人反據之以爲説也。

《束晳傳》又云《紀年》,"大略與《春秋》皆多相應。其中經傳大異,則云夏年多殷;益干啓位,啓殺之;太甲殺伊尹;文丁殺季歷;自周受命,至穆王百年,

非穆王壽百歲也；幽王既亡，_{幽王當作厲王，此蓋傳寫之誤。}有共伯和者攝行天子事，
非二相共和也。"案《史記集解》引《紀年》，謂夏有王與無王，用歲四百七十一
年；湯滅夏以至於受，用歲四百九十六年；而《路史》引《易緯稽覽圖》，謂夏年
四百三十一，殷年四百九十六。造竹書者，蓋謂自相之亡，至於少康復禹之
績，歷年四十，故竊緯候之説，而易其四百三十一爲四百七十一，此其作僞之
顯證。啓、益、太甲、伊尹、文丁、季歷之相賊，則其時之人"舜禹之事，我知之
矣"之見解耳。古人紀年，初不審諦，而好舉成數，故於人君享國長久者，率以
百年言之。如《詩生民疏》引《中候握河紀》云："堯即政七十年，受河圖。《注》
云：或云七十二年。"案堯立七十年得舜，辟位凡二十八年崩，則堯年九十八，
若云七十實七十二，則適得百歲矣。《史記・五帝本紀》云："舜年二十以孝
聞，年三十堯舉之，年五十攝行天子事，年五十八堯崩，年六十一代堯踐帝位。
踐帝位三十九年，南巡狩，崩於蒼梧之野。"即位踰年改元，時舜年六十二，在
帝位三十九年，舜年亦百歲也。此古傳説本以堯舜爲百歲，而説書者從而爲
之舜也。《大戴記・五帝德》："宰我問於孔子曰：昔者予聞諸榮伊曰黄帝三百
年，請問黄帝者，人邪？抑非人邪？何以至於三百年乎？孔子曰：生而民得其
利百年，死而民畏其神百年，亡而民用其教百年。"《小戴記・文王世子》："文
王謂武王曰：女何夢矣？武王對曰：夢帝與我九齡。文王曰：女以爲何也？
武王曰：西方有九國焉，君王其終撫諸？文王曰：非也。古者謂年齡，齒亦齡
也。我百，爾九十，吾與爾三焉。文王九十七乃終，武王九十三而終。"《書・
無逸》曰："文王受命惟中身，厥享國五十年。"言其爲君時年五十有一也。又
云："殷高宗之享國，五十有九年。"《石經》殘碑作百年。然則《吕刑》謂穆王享
國百年，正合古人語例。造《紀年》者疑其誤而改之，正見其不知古義耳。厲
王見流，周召二相共和行政，猶之魯昭公時之三家，衛獻公時之孫林父、甯
殖。古者世族權大，此等事蓋甚多，特不能盡見於書傳。謂他國之君釋位而未攝
政，卻史無前例。有之，則有夏之衰，后羿自鉏遷於窮石，因夏民以代夏政耳，
曾聞其反政於夏乎？此説也，《史記正義》引《魯連子》同之，不知造《魯連子》
者襲僞《紀年》乎？造僞《紀年》者襲《魯連子》乎？其爲造作則無疑也。

　　《束晳傳》又云："《名》三篇，似《禮記》，又似《爾雅》、《論語》。"此合僞《孔
子家語》與《孔叢子》爲一書也。又云："《師春》一篇，書《左傳》諸卜筮，師春似
是造書者姓名也。"玩其言，似所記與《左氏》全同，古書有如是略無出入者乎？
又云："《瑣語》十一篇，諸國卜、夢、妖怪、相書也。"下文云："七篇簡書折壞，不
識名題。"則名題皆係固有，卜、夢、妖怪、相書，古人是否視爲瑣語，殊難質言。

《史通·疑古》引《汲冢瑣語》,有舜放堯於平陽之事,又非卜、夢、妖怪、相書之倫也。又云:"《穆天子傳》五篇,言周穆王遊行四海,見帝臺、西王母。"又有《周穆王美人盛姬死事》。合此二者,正今所謂《穆天子傳》。世多以其言域外地理有合而信之,而不知此正其書出於西域既通後之鐵證也。凡此皆今《晉書》《束晳傳》不足信之徵也。杜預《後序疏》引王隱《晉書·束晳傳》云:汲冢竹書,"大凡七十五卷,其六十八卷皆有名題,其七卷折簡碎雜,不可名題。有《周易》上下經二卷,《紀年》十二卷,《瑣語》十一卷,《周王遊行》五卷,説周穆王遊行天下之事,今謂之《穆天子傳》。此四部差爲整頓。汲郡初得此書,表藏祕府,詔荀勗、和嶠以隸字寫之,勗等於時即已不能盡識。其書今復闕落,又轉寫益誤。《穆天子傳》,世間偏多。"述竹書篇卷凡數,名題可考與否之數,與今《晉書·束晳傳》同,而能言其指歸者,多少迴異。官家校理,往往徒有其名,六十八卷曾否悉行隸寫,殊爲可惑。觀王隱《晉書》與今《晉書》之説之不同,而可見造作者之各自爲説也。衞恒言古書數種,論楚事者最爲工妙,應在整頓之列,而隱《晉書》不及。

漢魏之世,習稱異於大小篆之字爲古文,《説文解字》之例可證也。《晉書·武帝紀》言竹書,并稱小篆、古書,可見二者俱有。其時既在戰國,小篆之數,度必遠多於古文,而今《晉書·束晳傳》乃謂其皆科斗字,亦憑億爲説之一端也。

原刊一九四六年七月二十五日《東南日報》

〔五五六〕　再 論 汲 冢 書

近代治古本《竹書紀年》者,以錢君賓四、楊君寬正用力爲最深。二君於戰國史事,推校皆極密。皆謂《紀年》所記年代,較《史記》爲可信。余於戰國史事,未嘗致力,於二君所言,無以平其是非,以其用力之勤,深信所言必非無見。然竊謂考證之學,今古皆有之,而著述體例,則今古不同。古人於其考證所得者,往往不明言爲己見,而或託之他人;又或將推論之辭,與紀載相混。故竊疑竹書所言,雖或可信,亦係後人考證所得,而未必真爲汲冢原文也。嘗以此意語二君,二君未能信其然,而亦無以難之。近予將舊作《汲冢書》筆記一則,刊諸報端,旋得楊君來書,疑出土《紀年》,本僅記戰國事,自魏文侯至襄王之二十年,其餘則出後人增竄;且其增入并非一次。此言殊有意理。天下無赤手僞造之事,晉人既稱其書爲《紀年》,其中自必有若干按年記事者也。然必不能超出共和以上。《晉書·束晳傳》説《紀年》云:"紀夏以來至周幽王爲犬戎所滅,以事接之。三家分,仍述魏事,至安釐王之二十年。"此中惟安釐王三字，誠如楊君所疑，原文或爲襄王，而爲後人所億改，餘則似皆出舊文。觀其所言，絕無謂自夏以來皆有年紀之意。然則真竹書即記夏以來事，亦不過存其梗概而已。《史記·晉世家》謂自靖侯以來，年紀可推；《漢書·律曆志》言"《春秋》、《殷曆》，皆以殷，魯自周昭王以下無年數，故據周公伯禽以下爲紀"，知列國年代，有可推尋，皆不能早於周世，且已爲歷人之言，而非史家之籍矣。魯爲周禮所在，猶且如此，晉居深山之中，王靈不及，拜戎不暇，安得所記乃遠至夏殷？故知楊君所言，深有意理，足證所謂古本《紀年》者所紀甚遠之不足信，而又足正予疑其專出後人推校所得之僞也，故樂得而再著之。

楊君書又云，"《紀年》與《趙世家》最爲相合，以此見其可信"，然又以其"與《史記》嬴秦世系，亦有出入，史公記六國時事，多本《秦記》，秦之世系，不應有誤"而疑之。予謂小小奪誤，古書皆所不免。如《史記·秦始皇本紀》後所記秦之先君，不盡與《秦本紀》相合，即其切近之一證。古人著書，有一最要之例，曰："信以傳信，疑以傳疑。"惟如是，故所據雖有異同，皆各如其原文録之，而初不加以刊改。此在後人，或以此議古人之疏，甚且加以痛詆，然正因此，而古籍之有異同者，乃得悉葆其真，以傳於後。較之以意刊改者，爲益弘多矣。古本《紀年》，在戰國之世者，似當兼采酈説及楊君之説，謂其中有《竹書》原文，兼有後人推校所得。二者分別誠爲不易，然即能分別之，盡得魏氏史官之舊，亦不過古代各種史文之一耳，未必其纖毫不誤也。此意亦不可不知。

原刊一九四六年八月八日《東南日報》

〔五五七〕　四　　部

《通鑑》齊武帝永明三年："初，宋太宗置總明觀以集學士，亦謂之東觀。上以國學既立，五月乙未，省總明觀。時王儉領國子祭酒，詔於儉宅開學士館，以總明四部書充之。"胡三省《注》云："分經、史、子、集爲甲、乙、丙、丁四部。又據《宋紀》：明帝泰始六年立總明觀，徵學士以充之；舉士二十人，分爲儒、道、文、史、陰陽五部學，言陰陽者遂無其人。然則四部書者，其儒、道、文、史之書歟！"案總明舉士，雖分五部，觀中之書，不必隨之而分部。四部之分，始於晉之荀勖，自爾以來，相承不改。《通鑑》此文，本於《南史》，《齊書·王儉傳》亦同。四部二字，未必更有異義。胡氏二説，自以前説爲得也。

《隋書·經籍志》言：荀勖四部，"合二萬九千九百四十五卷。惠懷之亂，京華蕩覆，渠閣文籍，靡有孑遺。東晉之初，漸更鳩聚。著作郎李充，以勖舊簿校之，其見存者，但有三千一十四卷，充遂總没衆篇之名，但以甲乙爲次，自爾因循，無所變革。其後中朝遺書，稍流江左。宋元嘉八年，祕書監謝靈運造《四部目録》，大凡六萬四千五百八十二卷。元徽元年，祕書丞王儉又造《目録》，大凡一萬五千七百四卷。齊永明中，祕書丞王亮、監謝朏，又造《四部書目》，大凡一萬八千一十卷。齊末兵火，延燒祕閣，經籍遺散。梁初，祕書監任昉，躬加部集，又於文德殿内，列藏衆書，華林園中，總集釋典，大凡二萬三千一百六卷，而釋氏不豫焉。梁有祕書監任昉、殷鈞《四部目録》，又《文德殿目録》。其術數之書，更爲一部，使奉朝請祖暅撰其名。故梁有《五部目録》。隋煬帝即位，祕閣之書，限寫五十副本，分爲三品，於東都觀文殿東西廂構屋以貯之，東屋藏甲乙，西屋藏丙丁；又聚魏已來古跡名畫，於殿後起二臺，東曰妙楷臺，藏古跡；西曰寶臺，藏古畫；又於内道場集道、佛經，別撰目録。"此自晉至隋書籍分部之大略也。除書畫及釋道氏書外，惟梁世術數之書別爲一部，餘皆以四部括之，此予所謂自荀勖以來相承不改者也。《晉書·李充傳》："爲大著作郎，於時典籍混亂，充删除煩重，以類相從，分作四部，甚有條貫，祕閣以爲永制。"《齊書·王儉傳》："超遷祕書丞，上表求校墳籍，依《七略》撰《七志》四十卷，又撰定《元徽四部書目》。"《梁書·沈約傳》："齊初爲征虜記室，帶襄陽令，所奉之王，齊文惠太子也。太子入居東宮，爲步兵校尉，管書記，直永壽省，校四部圖書。"《任昉傳》："轉御史中丞，祕書監。自齊永元以來，祕閣四部，篇卷紛雜，昉手自讎校，由是篇目定焉。"《殷鈞傳》：天監初，起家祕書郎，歷祕書丞，"在職啓校定祕閣四部書，更爲目録。"《張纘傳》："起家祕書郎，時年十七。祕書郎有四員，宋、齊以來，爲甲族起家之選，待次入補，其居職，例數十百日便遷任。纘固求不徙，欲徧觀閣内圖籍。嘗執四部書目曰：若讀此畢，乃可言優仕矣。"《文學傳》：劉杳撰《古今四部書目》五卷。皆足與《隋志》相證明也。

四部之分，不足以見學術流別，故言校讎之學者多病之。實齋《通義》反復闡述，實惟此一義而已。然四部之分，本其大較，其中更有子目，則學術流別存焉。循其名不能知其實者，惟集部之書爲甚，此實由後世專門之學日亡，立言者無不駁雜之故，與作目録者無涉也。荀勖四部：一曰甲部，紀六藝及小學等書，此劉歆之《六藝略》也；二曰乙部，有古諸子家、近世子家、兵書、兵家、術數，此歆之《諸子》、《兵書》、《術數略》也；三曰丙部，有史記、舊事、皇覽簿、雜事，此爲勖所新增，蓋以記事之作不可與言道之作相混而然；四曰丁部，有詩賦、圖讚、汲冢書。詩賦者歆之《詩賦略》，圖讚蓋王儉《圖譜志》所本，亦爲《七略》所無，汲冢書別爲一門，最爲論者所惑。然勖即昧於學術流別，亦無以汲冢書爲一類之理，蓋緣其書初出，未能盡通，無從分類，而其物爲古簡策，所實者不徒所言，故別立爲一類，正如後世目錄家之別立金石一門耳。《七略》中之《方技》，爲勖四部所無，以《隋志》列於子部推之，度其當入乙部。《晉書・勖傳》云：“領祕書監，與中書令張華，依劉向《別錄》，整理記籍。”可見其所爲一秉前規。四部之分，蓋特以計庋藏之便，而非以言學術流別。厥後王儉有作，《四部目錄》與《七志》亦自殊科，猶此志也。儉之《七志》：一曰《經典志》，紀六藝、小學、史記、雜傳，當勖之甲丙兩部；二曰《諸子志》，紀今古諸子，四曰《軍書志》，紀兵書，五曰《陰陽志》，紀陰陽圖緯，六曰《術藝志》，紀方技，與勖之乙部相當；三曰《文翰志》，紀詩賦，七曰《圖譜志》，紀地域及圖書，與勖之丁部相當，而無汲冢書，蓋其物已不存。《隋志》有《紀年》、《周書》、《古文瑣語》，注皆云汲冢書，隸史部。諸書未必皆出齊後，蓋以其非故簡而爲寫本，故按書之門類隸之，此亦可見荀勖之以汲冢書爲一類，乃以古物視之也。其道、佛附見，不與舊書爲類，蓋亦以其性質不同。梁興，阮孝緒作《七錄》：一曰《經典錄》，紀六藝，二曰《記傳錄》，紀史傳，當王儉之《經典志》；三曰《子兵錄》，紀子書、兵書，五曰《技術錄》，紀數術，苞儉之《諸子》、《軍書》、《陰陽》、《術藝》四志；四曰《文集錄》，紀詩賦，即儉之《文翰志》，圖譜無錄，蓋如《隋志》入諸《記傳》；六曰《佛錄》，七曰《道錄》，亦如儉《志》之殊科。梁世祕書監、文德殿之藏，釋氏不豫，隋世亦於内道場集道、佛經，別撰目錄，其意皆與王、阮同。而梁又將術數之書，別爲一部，則其析之更細。然則劉《略》荀《簿》而降，經籍之分類，實相承而漸變，屢變而益詳。四部之分，特庋藏之部居，非分類之準則，顯然可見。李充總没衆篇之名，但分四部，實一時苟簡之爲耳，《晉書》稱其甚有條貫者，蓋前此混亂，并四部之分而無之。而不意後遂以爲永制也。然自隋以來，雖以四部爲宏綱，其中亦未嘗不分子目；就子目而觀之，學術流別，夫固昭然可見。集部之不能循名責實，正猶刻書者所苞較廣，而編目之家，不得不隨之而立叢部，固未可責其魯莽也。

　　經籍分類，隨乎學術，宜詳而不宜混。近世東西之籍，所言者與中國舊籍，固不盡同，强欲齊其門類，勢必治絲益棼，實不如分而著之爲得。昔人道、釋不雜四部，固足以爲法也。

　　《漢書・藝文志》言，劉向校讎，每一書已，輒條其篇目，最其指要，録而奏之。此誠不朽之盛業，然其事殊不易爲，故自荀勖以降，遂莫之能爲也。然《隋志》言，王儉《七志》，不述作者之意，而於書名之下，每立一傳，并及傳授源流、後人評論，此則於讀者甚有裨益矣。後世校勘之家，於此等處亦皆極留意，觀《隋志》之言，而知其由來已久也。

原刊一九四八年三月二十四日《東南日報》

〔五五八〕　梁末被焚書籍

梁世藏書有二處，一祕書監，一文德殿也，故有祕書監任昉、殷鈞《四部目録》，又有《文德殿目録》。牛弘云："侯景渡江，祕省經籍，雖從兵火，其文德殿内書史，宛然猶存。蕭繹據有江陵，遣將破平侯景，收文德之書及公私典籍重本七萬餘卷，悉送荆州。"與《隋志》云"元帝克平侯景，收文德之書及公私經籍歸於江陵，大凡七萬餘卷"者相合。《南史·侯景傳》，謂王僧辯收圖書八萬卷歸江陵；顔之推《觀我生賦注》，亦謂王司徒表送祕閣舊書八萬卷，蓋舉成數言之。顔《賦注》又云，孝元鳩合，通重十餘萬，則并江陵所故有者言之也。牛弘謂周師入郢，繹悉焚之於外城，所收十纔一二，則其書亦未全焚，但所收甚僅耳。

《隋志》言梁書大凡二萬三千一百六卷，而僧辯所收，已逾七萬，蓋亦通重言之也。牛弘云"總其書數三萬餘卷"，則亦以成數言之耳。《梁書·昭明太子傳》云於時東宫有書三萬卷，不知通重言之，抑其所有侔於祕省文德之藏？然即通重言之，其數亦已不少矣。乃《南史·侯景傳》云：賊"登東宫牆射城内。至夜，簡文募人出燒東宫，臺殿遂盡，所聚圖籍數百廚，一皆灰燼。先是簡文夢有人畫作秦始皇，云此人復焚書，至是而驗"。然則梁末所失者，尚不止建業祕省之藏，江陵外城之燼也，亦可云浩劫矣。

《南史·張纘傳》：纘兄緬，有書萬餘卷；纘晚頗好積聚，多寫圖書數萬卷；及死，湘東王皆使收之，書二萬卷。此等皆元帝所藏，出於王僧辯所致之外者也。

兵燹之際，圖籍最宜加意保全，然能保全者實鮮。牛弘言書有五厄，其四固皆兵燹爲之也。《梁書·柳惲傳》：高祖至京邑，惲候謁石頭。時東昏未平，惲上牋陳便宜，請城平之日，先收圖籍。高祖從之。然《隋志》言齊末兵火，延燒祕閣，經籍遺散，則仍未能收取矣。周武平齊，先封書府。亦見《隋志》。楊廣伐陳，既破丹陽，亦使裴矩、高熲收其圖籍。見《隋書·矩傳》。蓋視劉石等之全不措意者爲愈矣。《北齊書·辛術傳》言，術"少愛文史，晚更脩學，雖在戎旅，手不釋卷。及定淮南，凡諸資物，一毫無犯，惟大收典籍，多是宋、齊、梁時佳本，鳩集萬餘卷，并顧陸之徒名畫，二王以下法書，數亦不少，俱不上王府，惟入私門。及還朝，頗以餽遺權要，物議以此少之"。此雖違奉公之義，究勝於拉雜摧燒之者。《魏書·李順傳》：世祖之克統萬，"賜諸將珍寶雜物，順固辭，惟取書數千卷。"則按舊例，入國之日，圖籍原不盡歸公家也。公家苟欲收藏，自可使人轉寫。且據《北齊書·文苑傳》，天保七年，詔令校定羣書，供皇太子，樊遜以祕府書籍，紕繆者多，議向多書之家，牒借參校，而術爲所舉六家之一，則其書，亦未嘗不有裨中藏矣。書籍藏庋，端資愛護，同好借閱，尤貴流通，此二者，公家固未必勝於私家也。學術者天下之公，雖喪敗之余，圖籍亦似宜爲天下共惜。然如於謹者，犬羊何知焉，豈知爲箕疇之訪歟？悉數焚之，亦焦土抗戰之一道也。《南史·梁本紀》。元帝見執，如蕭詧營，甚見詰辱。他日，乃見魏僕射長孫儉，譎儉云，埋金千斤於城內，欲以相贈，儉乃將帝入城。帝因述詧相辱狀，謂儉曰，向聊相譎欲言耳，豈有天子自埋金乎？此事真可發一噱。虜將之所知者，則埋金而已矣。

原刊一九四八年一月七日《東南日報》

〔五五九〕　論　晉　書　一

　　《晉書·王隱傳》云："隱世寒素。父銓，少好學，有著述之志。每私録晉事及功臣行狀，未就而卒。隱以儒素自守，不交勢援，博學多聞。受父遺業，西都舊事，多所諳究。建興中過江，丞相軍諮祭酒涿郡祖納，雅相知重。納好博弈，每諫止之，納曰：聊用忘憂耳。隱曰：古人遭時則以功達其道，不遇則以言達其才，故否泰不窮也。當今晉未有書，天下大亂，舊事蕩滅，非凡才所能立。君少長王都，游宦四方，華夷成敗，皆在耳目，何不述而裁之？納喟然嘆曰：非不悦子之道，力不足也。乃上疏薦隱。元帝以草創務殷，未遑史官，遂寝不報。太興初，典章稍備，乃召隱及郭璞，俱爲著作郎，令撰晉史。時著作郎虞預私撰《晉書》，而生長東南，不知中朝事，數訪於隱，并借隱所著書竊寫之，所聞漸廣。是後更疾隱，形於言色。預既豪族，交結權貴，共爲朋黨以斥隱。竟以謗免，黜歸於家。貧無資用，書遂不就，乃依征西將軍庾亮於武昌，亮供其紙筆，書乃得成，詣闕上之。隱雖好著述，而文辭鄙拙，蕪舛不倫。其書次第可觀者，皆其父所撰；文體混漫，義不可解者，隱之作也。"《祖納傳》載隱諫納之辭略同。又載納薦隱疏，稱其"清純亮直，學思沈敏，五經羣史，多所綜悉，且好學不倦，從善如流。若使脩著一代之典，褒貶與奪，誠一時之儁也"。又云："帝以問記室參軍鍾雅，雅曰：納所舉雖有史才，而今未能立也。事遂停。然史官之立，自納始也。"東晉之置史官，事在建武元年十一月，見《元帝紀》。《王導傳》云："時中興草創，未置史官，導始啓立，於是典籍頗具。"蓋其事成於導，而議實發於納。納之所以爲是議，則又隱實啓之也。隱之有功於晉史亦大矣。《魏書·李彪傳》載彪表求脩史之辭曰："近僭晉之世有佐郎王隱，爲著作虞預所毀，亡官在家，晝則樵薪供爨，夜則觀文屬綴，集成《晉書》，存一代之事，司馬紹勅尚書惟給筆札而已。"官給筆札，蓋即庾亮供隱紙筆之譌。抑彪求白衣脩史，乃爲是語。躬自采樵，不忘屬綴，則雖微庾亮之助，隱亦未嘗不自刻厲，其繼志述事，亦可謂勤矣。《祖納傳》又曰："納嘗問梅陶曰：君鄉里立月旦評，何如？陶曰：善褒惡貶，則佳法也。時王隱在坐，因曰：《尚書》稱三載考績，三考黜陟幽明。何得一月便行褒貶？陶曰：此官法也；月旦，私法也。隱曰：《易》稱積善之家，必有餘慶；積不善之家，必有餘殃。稱家者豈不是官？必須積久，善惡乃著，公私何異？古人有言：貞良而亡，先人之殃；酷烈而存，先人之勳。累世乃著，豈但一月。若必月旦，則顏回食埃，不免貪汙。盜跖引少，則爲清廉。朝種暮穫，善惡未定矣。"其評隲之矜慎，可以想見。此納所以稱其使脩一代之典，褒貶與奪，足爲之儁歟？豈有蕪舛不倫，文體混漫，而能如是者歟？當時史記，成於父子繼業者甚多。多不別其孰爲父作，孰爲子述。蓋補缺正譌，必有不容別白者在也。梁世許亨撰《梁書》，梁亂亡散。入陳更加脩撰，仍未成而卒。善心隨見補葺，成七十卷。其《序傳》云："凡稱史臣者，皆先君所言。下稱名案者，并善心補闕。"此亦指論贊言之，姚思廉《梁》、《陳》二書之例耳。其叙事處必無從別白也。隱既不自別白，觀者何以知其孰出於父，孰出於子？毋亦猶沿權貴朋黨訾毀之辭，乃爲是億度專固之論歟？亦足忿嫉矣。

原刊一九四七年三月七日上海《益世報》副刊"史苑"

〔五六〇〕　論晉書二

晉史撰述，始自陸機。《史通·古今正史》篇曰："機爲著作郎，撰《三祖紀》。束晳爲佐郎，撰《十志》。會中朝喪亂，其書不存。"然《隋書·經籍志·古史類》有機《晉紀》四卷。《晉書·干寶傳》云："寶以才器，召爲著作郎。中興草創，未置史官。中書監王導上疏曰：夫帝王之跡，莫不必書，著爲令典，垂之無窮。宣皇帝廓定四海，武皇帝受禪於魏，至德大勳，等蹤上聖。而紀傳不存於王府，德音未被乎管弦。宜備史官，勅佐著作郎干寶等漸就撰集。元帝納焉。寶於是始領國史。”然則機所撰者，故府無存，而民間則猶有其書也。《寶傳》又云：寶“著《晉紀》，自宣帝迄於愍帝，五十三年，凡二十卷，奏之。其書簡略，直而能婉，咸稱良史”。其所以簡略者，豈亦以取材無多，而非盡由於體例歟？

　　干寶之書，《隋志》亦在《古史類》，云二十三卷，與《晉書》本傳卷數不合。未知何故。豈古人好舉成數，作傳者於其卷數不審，乃以大較言之歟？《正史類》有虞預《晉書》二十六卷，《注》云：“本四十四卷，訖明帝，今殘缺。”而《晉書·預傳》云“著《晉書》四十餘卷”，亦不能言其確數，則作傳者於所傳之人著述卷數，不能盡審之證。

　　王隱之書，《隋志》在《正史類》，八十六卷。《注》云：“本九十三卷。”《史通》云八十九卷，未知孰是。要其卷數，必遠多於干寶、虞預，則無疑也。然則預雖善攘竊，究不能掩隱之長矣。隱之作蓋以多爲貴，所謂與其過而廢之，毋寧過而存之者。洛都行事，當以是爲得失之林。豈造謗者正嫉其詳備，乃又訾爲蕪穢歟？

原刊一九四七年三月七日上海《益世報》副刊“史苑”

〔五六一〕　論 晉 書 三

　　江左之史，《史通》云：“自鄧粲、孫盛、檀道鸞、王韶之已下，相次繼作。遠則偏記兩帝，近則惟叙八朝。至宋湘東太守何法盛，始撰《晉中興書》，勒成一家，首尾該備。齊隱士東莞臧榮緒，又集東西二史，合成一書。皇家貞觀中，有詔以前後晉史十有八家，制作雖多，未能盡善。乃勅史官更加纂録，采正典與雜説數十餘部，兼引僞史十六國書，爲紀十、志二十、列傳七十、載記三十，并叙例、目録，合爲百三十二卷。自是言晉史者，皆棄其舊本，競從新撰者焉。”十八家，浦二田《通釋》云：“《隋》《唐》二《志·正史部》凡八家，其撰人則王隱、虞預、朱鳳、何法盛、謝靈運、臧榮緒、蕭子雲、蕭子顯也。《編年部》凡十一家，其撰人則陸機、干寶、曹嘉之、習鑿齒、鄧粲、孫盛、劉謙之、王韶之、徐廣、檀道鸞、郭季産也。據《志》蓋十有九家，豈緣習氏獨主漢斥魏，以爲異議，遂廢不用歟？”説近臆測。貞觀《脩晉書詔》曰：“十有八家，雖存記注，而才非良史，事虧實録，緒煩而寡要，思勞而少功。叔寧課虛，滋味同於畫餅；子雲學海，涓滴澠於涸流；處叔不預於中興，法盛莫通於創業；洎乎干、陸、曹、鄧，略記帝王；鸞、盛、廣、訟，纔編載記。其文既野，其事罕傳，遂使典午清高，韜遺芳於簡册；金行曩志，闕繼美於驪駟。遐想寂寥，深爲嘆息。"所列舉者，凡十二家，自此而外，闕疑可也。

原刊一九四七年三月七日上海《益世報》副刊"史苑"

〔五六二〕 論 晉 書 四

《晉書·孫盛傳》云："盛篤學不倦，自少至老，手不釋卷。著《魏氏春秋》、《晉陽秋》，并造詩賦論難復數十篇。《晉陽秋》詞直而理正，咸稱良史焉。既而桓溫見之，怒，謂盛子曰：枋頭誠爲失利，何至乃如尊君所説？若此史遂行，自是關君門户事。其子遽拜謝，謂請删改之。時盛年老還家，性方嚴，有軌憲，雖子孫斑白，而庭訓愈峻。至此，諸子乃共號泣稽顙，請爲百口切計。盛大怒，諸子遂竊改之。盛寫兩定本，寄於慕容儁。太元中，孝武帝博求異聞，始於遼東得之，以相考校，多有不同，書遂兩存。"《晉陽秋》，《隋志注》云"訖哀帝"，而枋頭之敗，事在海西公太和四年，則其事實爲非定本之所無。豈盛諸子竟删之歟？然慕容氏在當時，實爲晉敵國。寄定本於敵國，實事理之所無。且即如所云，慕容氏亦早入燕、趙矣，又何待得之遼東？故知所謂定本者，必不出於盛，殆知枋頭之事或有憾於溫者之所爲，以盛名高而託之也。寄定本於敵國，雖造作此説者，亦寧不知其辭之謬悠。推其意，亦本不欲此説之見信於人，特欲附名高之人以行其書。其或轉利於其説之謬悠，使聞者驚奇之而讀其書耳。其心亦良苦矣。

《盛傳》又云：盛善言名理，于時殷浩擅名一時，與抗論者，惟盛而已。盛嘗詣浩談論，對食，奮擲麈尾，毛悉落飯中，食冷而復暖者數四。盛本爲庾翼安西諮議參軍，遷廷尉正。會桓溫代翼，留爲參軍，與俱伐蜀。蜀平，賜爵安懷縣侯。累遷溫從事中郎。從入關平洛，以功進封吳昌縣侯，出補長沙太守。以家貧，頗營資貨，部從事至郡，察知之，服其高明而不劾。盛與溫牋，辭旨放蕩。稱州遣從事觀采風聲，進無威鳳來儀之美，退無鷹鸇搏擊之用。徘徊湘川，將爲怪鳥。溫得牋，復遣從事重案之，臧私狼籍，檻車收盛。到州，捨而不罪。其人蓋非端士，而又矜慎尚氣。溫之於盛，實不可謂不厚。盛或以嘗見收而有憾焉，著書以詆之，亦理所可有。然寄定本於敵國，究爲理所必無。抑且盛果如此，則於其書之將遭改削，早已知之，又何必大怒以卻諸子之請？故知所謂定本者，必不出於盛。《隋志》所著錄之本，實爲盛之原書也。昔人云定，義謂改易。若盛豫知其書將遭改削，而自寫兩本，寄於他國，則其書當云真本。而顧稱之爲定本，則造作此説者，已於無意之間，流露其改易之消息矣。《晉書・盛傳》之文，自《晉陽秋》“詞直而理正”以下，蓋别采自一書，以廣異聞，與上文不相連屬也。

原刊一九四七年三月七日上海《益世報》副刊“史苑”

〔五六三〕　論 晉 書 五

語云，非公正不發憤。著述之家，雖造詣或有淺深，其意則恒在於守先而待後，此不可誣也。《北齊書・宋顯傳》：“顯從祖弟繪，少勤學，多所博覽，好撰述。魏時，張緬《晉書》未入國，繪依准裴松之注《三國志》體，注王隱及《中興書》。又撰《中朝多士傳》十卷，《姓系譜録》五十篇。以諸家年歷不同，多有紕繆，乃刊正異同，撰《年譜録》，未成。河清五年，并遭水漂失。繪雖博聞强記，而天性恍惚。晚又得風疾，言論遲緩。及失所撰之書，乃撫膺慟哭曰：可謂天喪予也！天統中卒。”其志亦可哀矣。觀此，彌可想見王隱之苦心也。豈有從事述作，而專爲名利之計者歟！乃《南史・徐廣傳》云：“時有高平郗紹亦作《晉中興書》，數以示何法盛。法盛有意圖之，謂紹曰：卿名位貴達，不復俟此延譽。我寒士，無聞於時，如袁宏、干寶之徒，賴有著述流聲於後，宜以爲惠。紹不與。書成，在齋内廚中。法盛詣紹，紹不在，直入竊書。紹還失之，無復兼本，於是遂行何書。”豈有但計流聲，遂可向人乞所述作者！果如所言，則寒賤時所述作，逮於貴達，皆可摧燒之矣。抑且《中興書》卷帙繁重，《隋志》七十八卷。入齋竊取，豈無聞見之人？造此説者，不徒不知述作爲何事，亦且不計事理之可通與否矣。此説與謂虞預攘王隱之書者絶相似，而其信否不同如此。故知相似之言，不可不察也。

原刊一九四七年三月七日上海《益世報》副刊“史苑”

〔五六四〕　論 晉 書 六

《齊書・高逸傳》：臧榮緒括東西晉爲一書，紀、録、志、傳百一十卷。《南史・隱逸傳》同。《十七史商榷》謂王隱等以晉人記晉事，載録未全。沈約在榮緒之後，卷數又同，諒不過潤色榮緒之書。若榮緒則各體具備，卷帙繁富，實可即以之垂世，而惜其爲唐世官脩之書所掩。案王隱之書，卷帙幾與榮緒書埒，可見榮緒之書，未爲賅備。沈約《宋書自序》謂：“常以晉氏一代，竟無全書,年二十許,便有撰述之意。泰始初,蔡興宗爲啓明帝,有勅賜許,自此迄今,年逾二十,所撰之書,凡一百二十卷。條流雖舉,而采綴未周。永明初,遇盜,失第五帙。建元四年未終,被勅撰國史。永明二年,又叨兼著作郎,撰次起居注。自兹王役,無暇搜撰。"《梁書·約傳》,謂約所著《晉書》百一十卷。則遇盜所失者凡十卷。《自序》云"采綴未周",則其書實未大成。而其卷帙已多於榮緒,則謂憾晉無全書而有撰述之意者,必非虛辭。其初撰時必未嘗見榮緒書,後來即或見之,亦必不容舍己作而更就加潤飾也。《北史·序傳》論晉史,謂"太宗深嗟蕪穢,大存刊勒",則今《晉書》於諸舊作,芟薙必多。不特繁富如王隱書者非所能容,即臧榮緒、沈約之書,亦必不能盡取矣。何以知其然也?案劉知幾論新《晉書》,謂其采正典與雜説,兼引僞史十六國書。則僞史十六國書,實前此正典所未采,新《晉書》載記三十,蓋以此爲本。載記而外,合紀、志、列傳僅七十卷,反少於榮緒之書矣。故新《晉書》必非以榮緒書爲藍本者也。秦、漢而降,一統之局久定。故漢、晉之間,雖三方鼎立,而承祚作《志》,仍合爲一書,以中國實未嘗分也。況如十六國之草草攘竊者歟! 新《晉書》列爲載記,視如新末之羣雄,於義當矣。或曰: 既如是,魏、齊、周之史,何以與宋、齊、梁、陳并刊? 此則唐承隋而隋承周,勢有所不得已也。李唐之出於華夏,豈能較高齊之自云出於渤海者爲可信? 舉高齊而"夷"之,事已有所難行矣,況於攘斥宇文、拓跋歟!

原刊一九四七年三月七日上海《益世報》副刊"史苑"

〔五六五〕　論晉書七

　　兼采僞史十六國書,蓋唐脩《晉書》所以捨舊謀新之一端;而兼采雜説,或亦爲其一端也。後之論者,多以是爲《晉書》病。其實此乃當時史家風氣如此,初非脩《晉書》者之所獨。抑當時史家所以如此,固亦有其不得已者在也。何則? 史料流傳,不越官家記注、私家撰述二者。官家記注,僅具事之外表,而不足以知其情。臧往者何能以是爲已足,則不得不有取於私家雜説矣。《史通·古今正史》篇,謂三國之世,異聞錯出,其流最多,宋文帝以《三國志》載事,傷於簡略,乃命裴松之兼采衆書,補注其闕,由是世言《三國志》者,以裴書爲本。則時人之於裴《注》,實已視同述作,而不以之爲陳書之羽翼矣。陳書之所以簡略,蓋即緣其專取官家記注。干寶《晉紀》所以有"略記帝王"之誚,蓋亦由是也。南北朝時,注史用松之之體者,實非一家,宋繪以是注王隱及何法盛書,已見前。《齊書·文學傳》:崔慰祖臨卒,與從弟緯書云:欲更注遷、固二史,采《史漢》所漏二百餘事,在廚籬,可檢寫之,以存大意。

《梁書·王規傳》:"規集《後漢》衆家同異,注《續漢書》二百卷。"又《文學傳》:劉昭伯父肜,"集衆家《晉書》注干寶《晉紀》,爲四十卷。至昭,又集《後漢》同異,以注范曄書,世稱博悉。"昭《注》百八十卷,與肜及王規之注,卷帙皆遠過於所注之書,可以想見其體例。李延壽預脩《五代史》,然必别作《南》、《北史》者,其《序傳》云:"正史外,更勘雜史。於正史所無者一千餘卷,皆以編入。其煩冗者,即削去之。"又表言"小說短書,易爲湮落,脱或殘滅,求勘無所。用是鳩集遺逸,以廣異聞"。其志猶裴松之、李繪、王規、劉肜、劉昭之志也。特一補直於成書之後,一采擷於纂茸之時耳。脩新《晉書》者之志,則亦猶是也。

采擷既多,説遂或流於荒怪,後之論者,尤以是爲病。如《廿二史劄記·晉書所記怪異》一條是也。此亦當時風氣使然,《晉書·干寶傳》云:"性好陰陽術數,留思京房、夏侯勝等傳。寶父先有所寵侍婢,母甚妬忌,及父亡,母乃生推婢於墓中。寶兄弟年小,不之審也。後十餘年,母喪,開墓,而婢伏棺如生,載還,經日乃蘇。言其父常取飲食與之,恩情如生。在家中吉凶輒語之,考校悉驗。地中亦不覺爲惡。既而嫁之,生子。又寶兄嘗病氣絶,積日不冷,後遂寤,云見天地間鬼神事。如夢覺,不自知死。寶以此遂撰集古今神祇靈異、人物變化,名爲《搜神記》,凡二十卷。因作序以陳其志曰:雖考先志於載籍,收遺逸於當時,蓋非一耳一目之所親聞覩也,亦安敢謂無失實者哉!衛朔失國,二傳互其所聞;吕望事周,子長存其兩説。若此比類,往往有焉。從此觀之,聞見之難一,由來尚矣。夫書赴告之定辭,據國史之方策,猶尚若兹。況仰述千載之前,記殊俗之表,綴片言於殘闕,訪行事於故老,將使事不二跡,言無異塗,然後爲信者,固亦前史之所病。然而國家不廢注記之官,學士不絶誦覽之業,豈不以其所失者小,所存者大乎?今之所集,設有承於前載者,則非予之罪也。若使采訪近世之事,苟有虚錯,願與先賢前儒,分其譏謗。"假死更生,事所可有。在今日理亦共明,然當時之人,不之知也。而陰陽術數之説方盛,哲士魁儒,皆欲藉是以窮宇宙之祕。躬逢怪異者,安得不廣事搜羅,以資研討。然猶極言所記者之不必皆信。此與世俗之未嘗親見,而顧深信不疑者,固大異矣。當時信神怪之説者,不止一家,脩《晉書》者遇而存之,亦何足怪。治古史與治近史不同,治近史者或患材多,治古史則惟苦材少。怪異之説之不足信,固也;然因述之信者之多,正可以見當時風氣。即持無鬼之論,亦豈可以盡删。脩《晉書》者,豈無通知釋典之人,然一讀鳩摩羅什之傳,則知當時之信釋教者,實全與其教義無涉矣。此豈可以改作,亦豈可以删除歟?

原刊一九四七年三月七日上海《益世報》副刊"史苑"

〔五六六〕 論魏史之誣

以私意淆亂史實者,莫如清代,夫人而知之矣。其實清代亦不過其變本加厲者,相類之事,前此久有之矣。清人疑前代以醜惡字樣譯外國人名,乃舉前史譯名妄加改易。夫一時代有一時代之語言,斯一時代有一時代之譯例。清人縱能知滿語,或且能知與滿語相類之蒙古語,安能盡知其餘諸民族之語?況能知數百年前諸民族之語,及其時之譯例乎?然此事亦不始於清。《北史·蠕蠕傳》,謂其人自號柔然,太武以其無知,狀類於蟲,改其號爲蠕蠕。蠕蠕與柔然,芮芮,《宋書》。茹茹,《周書》。均係同音異譯。太武此舉,非更其名,乃易其字。則以醜惡字樣爲外國譯名,實出於褊衷。不特此也,魏人自稱爲黄帝之後,謂北俗謂土爲托,謂后爲跋,故以托跋爲氏。《魏書·帝紀·序紀》。案《齊書·魏虜傳》云:"魏虜,匈奴種也,姓托跋氏。初,匈奴女名托跋,妻李陵,胡俗以母名爲姓,故虜爲李陵之後。"此説之不可信,別見下。是魏人曾以人名釋托跋二字也。其實二者皆非其真。《晉書·禿髮氏載記》謂其先與後魏同出。烏孤七世祖壽闐在孕,其母因寢産於被中,鮮卑謂被爲禿髮,因而氏焉。禿髮氏之亡,其主傉檀之子破羌奔魏,魏賜之氏曰源,名曰賀。《魏書·賀傳》載世祖謂賀曰:"卿與朕源同,因事分姓,今可爲源氏。"足見《晉書》"與後魏同出"之説之確。"禿髮"、"托跋",同音異譯,顯而易見。《載記》所述之説,雖不敢謂其必真,要較后土及母名之説爲可信。是魏人兩釋"托跋"之義,均屬僞造也。僞造訓詁,亦猶之妄改譯名也。更考《魏書·序紀》之説,尤可見魏人自道其歷史之誣。《序紀》云:"昌意少子,受封北土,積六十七世至成帝毛,統國三十六,大姓九十九。"又十四世而至神元。自受封至神元,凡八十一世,八十一者,九九之積也。自成帝至神元十五世,十五者,三與五之積也。九者數之九,三與五,蓋取三才五行之義。統國三十六,四面各九國也。大姓九十九,與己爲百姓也。數之巧合,有如是者乎?《序紀》又言:"不爲文字,刻木紀契而已,世事遠近,人相傳授,如史官之紀録焉。"世豈有無文字而能詳記六十七世之世數者?果能詳記世數,何以於名號、事跡,一不省記?其爲誣罔,不言自明。爲此矯誣者誰歟？《衛操傳》言桓帝崩後，操爲立碑以頌功德，云魏爲軒轅苗裔，一似其事爲魏初漢人附虜者所爲。其實一覽《衛操傳》，即知其爲乃心華夏之人，其於托跋氏，特思借其力以犄匈奴耳，豈肯爲之造作誣辭，以欺後世？況統觀前後史實，魏人是時，尚未必有帝制自爲之思。既無帝制自爲之思，必不敢自附於帝王之後。故《衛操傳》之説，必不足信。魏之帝制自爲，實在道武帝天興元年，史稱其追尊成帝已下及后號諡，詔百司議定行次，尚書崔玄伯等奏從土德，其造作必在此時也。

　　道武之稱帝，在天興元年十二月。先十二歲爲登國元年，《紀》書正月戊申，帝即代王位，四月，改稱魏王。及天興元年六月丙子，詔有司議定國號。羣臣曰：“昔周、秦已前，世居所生之土，有國有家，及王天下，即承爲號。自漢已來，罷侯置守，時無世繼，其應運而起者，皆不由尺土之資。今國家萬世相承，啓基雲、代。臣等以爲若取長遠，應以代爲號。”詔曰：“昔朕遠祖，總御幽都，控制遐國，雖踐王位，未定九州。逮於朕躬，處百代之季，天下分裂，諸華乏主。民俗雖殊，撫之在德，故躬率六軍，掃平中土。凶逆蕩除，遐邇率服。宜仍先號，以爲魏焉。布告天下，咸知朕意。”所謂總御幽都，控制遐國者，即《序紀》所謂“昌意少子受封北土，其後世爲君長，統幽都之北，廣漠之野，至成帝統國三十六，大姓九十九”者也。魏人造作史實，在於此時，斷然可識。然魏之稱號，何自來乎？案《崔玄伯傳》云：司馬德宗遣使來朝，太祖將報之，詔有司博議國號。玄伯議曰：“國家雖統北方廣漠之土，逮於陛下，應運龍飛，雖曰舊邦，受命維新，是以登極之初，改代曰魏。又慕容永亦奉進魏土。夫魏者大名，神州之上國。斯乃革命之徵驗，利見之玄符也。臣愚以爲宜號爲魏。”太祖從之。玄伯之説，實駁《紀》所載有司之議者。云“慕容永奉進魏土”，則魏王之封，實受之於永者耳。然其事恐不在登國元年四月也。

　　據《魏書》，道武爲昭成帝什翼犍之孫。其父名寔，昭成太子也，後追諡爲獻明帝。昭成時，長孫斤謀逆，寔格之，傷脅而死。秦（苻堅）兵來伐，昭成爲庶長子寔君所弑。堅分其地，自河以西屬劉衛辰，以東屬劉庫仁。庫仁母，平文帝鬱律之女也，昭成復以宗女妻之。於是南部大人長孫嵩及元他等，盡將故民南依庫仁。道武方幼，其母獻明皇后賀氏，亦以之居獨孤部。《晉書·苻堅載記》則云：涉翼犍“子翼圭縛父請降。堅以翼犍荒俗，未參仁義，令入太學習禮。堅嘗之太學，召涉翼犍問曰：中國以學養性而人壽考，漠北噉牛羊而人不壽，何也？翼犍不能答。又問：卿種人有堪將者，可召爲國家用。對曰：漠北人能捕六畜，善馳走，逐水草而已，何堪爲將？又問：好學不？對曰：若不好學，陛下用教臣何爲？堅善其答。"《宋書・索虜傳》云：犍"爲苻堅所破，執還長安，後聽北歸。犍死，子開字涉珪代立"。《齊書・魏虜傳》曰：堅"擒犍還長安，爲立宅，教犍書學。堅敗，子珪，字涉圭，隨舅慕容垂據中山，還領其部"。案《晉書》明載堅與犍問答之語，必不能指爲虛誣，則《魏書》所云犍爲寇君所弒者，實屬妄語。一語虛則他語不得不隨之而虛，謂道武爲昭成之孫者，自不如謂爲其子之可信。蓋《魏書》之云，一以諱昭成見執降伏之辱，一亦欲洗道武翦滅舅氏之惡，乃改昭成之見執於其子爲見弒，而又造作一救父見殺之太子，以與之對消，其心計可謂工矣。然豈能盡箝中國人之口哉？觀此，然後知清代欲焚禁中國書籍爲有由也。《宋書》謂苻堅後聽昭成北歸，《齊書》謂堅敗，道武尚隨慕容垂，二説又當以《齊書》爲確。何者？昭成苟北歸，不應略無事跡可見也。據《魏書・劉庫仁傳》，慕容垂之起，庫仁實右苻丕，因此爲慕容文所殺。庫仁弟眷攝國事。庫仁子顯，殺眷而代之，遂謀殺道武。道武乃走賀蘭部，依其舅賀訥，遂於牛川即代王位。昭成之子窟咄，爲苻堅徙於長安，因隨慕容永，永以爲新興太守。劉顯使弟亢泥迎納之。道武求援於慕容垂。垂使子賀驎往援，破之。又破劉顯。顯奔慕容永。賀蘭部叛道武，賀驎又與道武破之。是後燕之有造於道武者實大。其後賀蘭部爲劉衛辰所攻，請降告困。道武援之，卻衛辰，而遷賀蘭部於東界。賀蘭蓋自此夷爲托跋氏之臣僕。不知如何，忽與後燕啓釁，賀驎伐之，道武救之，而托跋氏與後燕之釁端，亦因之而啓。後燕止托跋氏之使秦王觚，而道武亦轉而納交於慕容永矣。竊疑道武之北歸，慕容垂實使之，其事當在劉庫仁助苻丕之時，時庫仁所統多托跋氏之舊部，使之北歸扇動，以相牽掣也。慕容永封道武爲魏王，則其事當在登國六年七月《紀》書"永使其大鴻臚慕容鈞奉表勸進尊號"之日。天興元年六月之議，乃決臣晉與否，臣晉則仍稱代王，不臣則不矣。道武從崔玄伯之議而不臣，乃去代號而專稱魏。是年十二月，遂有帝制自爲之舉焉。是時慕容永已亡；且拓跋氏尚不甘臣晉，豈肯受封於永？乃以稱魏爲自行改號，而又移其事於登國元年四月，以泯其改易之跡。其心計彌可謂工矣，然終不能盡掩天下人之目也，心勞日拙，詎不信哉？

　　天興元年之議行次，其事亦見《禮志》。逮太和十四年，復以是爲議，高閭等主以據中原之地者爲正統。趙承晉爲水德，燕承趙爲木德，秦承燕爲火德，魏承秦爲土德。李彪、崔光援漢繼周之例，以魏承晉爲水德。詔羣官議之。卒從彪等之議。案高閭等之議，蓋不敢替諸胡而承中華，以觸忌諱。然孝文實不復以虜自居，故卒棄其説，而從李彪等之議也。然閭等之議，亦非天興時原意。天興時之意，蓋欲祧魏、晉而承漢，故其所臆造之神元元年，與曹魏之并國同歲也。是時晉尚未亡，承晉既不可，又不能與晉爭承魏；北方僭僞諸國，又皆無可承，其勢固不得不如此耳。

　　魏在天興以前，既無帝制自爲之意，自不敢妄託於古之帝王，故《宋》、《齊書》謂其自託於李陵，説必不妄。托跋氏當時，得此已爲褒矣。《齊書》云：虜甚諱之，有言其是陵後者輒見殺，蓋先嘗以是自誇，傳播頗廣，既以黃帝之後自居，則又欲諱其説；然傳播既廣，其勢不可卒止，乃又一怒而濫殺以立威也；可惡亦可笑矣。

　　後魏與禿髮氏同祖，而烏孤五世祖樹機能，實爲晉人所誅。抑不僅此，神元者，《晉書》之力微，《晉書·衛瓘傳》云：瓘督幽州，於時幽、并東有務桓，西有力微，并爲邊害。瓘離間二虜，遂至間隙，於是務桓降而力微以憂死。據《魏書·序紀》：神元子文帝沙漠汗，實爲諸部大人所殺。神元是否終於牖下，亦難質言。然則托跋氏仍世遭誅，正猶清之有叫場、他失也，固無怪其讎中原之深耳。

　　自來脩史者，於魏事多取《魏書》，於南朝之紀載，所取甚罕，意謂敵國傳聞之辭，必不如其人自述者之可信也，而孰知適得其反。且如道武，《魏書》本紀謂其“服寒食散，動發，謂百寮左右，人不可信，慮如天文之占，或有肘腋之虞，朝臣至前，追其舊惡，皆見殺害。其餘或以顏色變動，或以喘息不調，或以行步乖節，或以言辭失措，帝皆以爲懷惡在心，變見於外，乃手自毆擊，死者皆陳天安殿前。於是朝野人情，各懷危懼。有司懈怠，莫相督攝。百工偷劫，盜賊公行。巷里之間，人爲希少。帝亦聞之，曰：朕縱之使然，待過災年，當更清治之爾。”夫所殺果止朝臣，何至巷里之間，人爲希少？今觀《宋書·索虜傳》，則云：“開暴虐好殺，民不堪命。先是，有神巫誡開：當有暴禍，惟誅清河，殺萬民，乃可以免。開乃滅清河一郡、常手自殺人，欲令其數滿萬。”然則開之濫殺，及於平民者多矣。此與什翼犍之見俘，皆魏人之記載不可信，而南朝之記載轉可信者也。然此特其偏端耳。其宮闈之慘禍，宗戚之分爭，諱言中原人之叛之，與他外族兵爭，亦多諱敗爲勝，實屬不勝枚舉，別於他條發之。

　　不特《魏書》，《周》、《齊書》之誣妄，亦有出人慮外者。西魏之寇江陵也，梁元帝請援於齊，齊使其清河王岳救之。至義陽，荊州已陷，因略地，南至郢州。齊知江陵陷，詔岳旋師。岳留慕容儼據郢。梁使侯瑱攻之。《陳書·瑱傳》云："儼食盡請和，瑱乃還鎮豫章。"此實錄也。《北齊書・儼傳》，謂儼鎮郢城，"始入，便爲梁大都督侯瑱、任約率水陸軍奄至城下。儼隨方備禦，瑱等不能克。又於上流鸚鵡洲上造荻洪，竟數里，以塞船路。人信阻絶，城守孤懸，衆情危懼。儼導以忠義，又悦而安之。城中先有神祠一所，俗號城隍神，公私每有祈禱。於是順士卒之心，乃相率祈請，冀獲冥佑。須臾，衝風欻起，驚濤涌激，漂斷荻洪，約復以鐵鎖連緝，防禦彌切。儼還共祈請，風浪夜驚，復以斷絶。如此者再三，城人大喜，以爲神助。瑱移軍於城北，造栅置營，焚燒坊郭，産業皆盡。約將戰士萬餘人，各持攻具，於城南置營壘，南北合勢。儼乃率步騎出城奮擊，大破之，擒五百餘人。先是郢城卑下，兼土疏頽壞，儼更脩繕城雉，多作大樓。又造船艦，水陸備具，工無暫闕。蕭循又率衆五萬，與瑱、約合軍，夜來攻擊。儼與將士力戰終夕。至明，約等乃退。追斬瑱驍將張白石首。瑱以千金贖之，不與。夏五月，瑱、約等又相與并力，悉衆攻圍。城中食少，糧運阻絶，無以爲計，惟煮槐楮、桑葉并紵根、水萍、葛、艾等草，及鞾、皮帶、觔角等物而食之。人有死者，即取其肉，火別分噉，惟留骸骨。儼猶申令將士，信賞必罰，分甘同苦，死生以之。自正月至於六月，人無異志。後蕭方智立，遣使請和，顯祖以城在江表，據守非便，有詔還之。儼望帝，悲不自勝。帝呼令至前，執其手，持儼鬚鬢，脫帽看髮，歎息久之。謂儼曰：觀卿容貌，朕不復相識，自古忠烈，豈能過此！"凡所云云，有一語在情理之中者乎？江陵之陷也，巴、湘之地，并屬於周。周遣梁人守之。後陳人加以圍逼。周使賀若敦率步騎六千赴救。又使獨孤盛將水軍與俱。侯瑱自尋陽往禦。又遣徐度會瑱於巴丘。天嘉元年十月，瑱破盛於楊葉洲，盛登岸築城自保。十二月，周巴陵城主尉遲憲降。盛收餘衆遁。明年，正月，周湘州城主殷亮降。二月，以瑱爲湘州刺史。三月，瑱卒，以徐度代之。七月，賀若敦自拔遁歸，人畜死者十七八。見《陳書・世祖紀》。《陳書》所紀者如此，此實錄也。《周書・敦傳》，侈陳敦之戰績，與《北齊書・慕容儼傳》，可稱異曲同工。尤可笑者，云："相持歲餘，瑱等不能制，求借船送敦渡江。敦慮其或詐，拒而弗許。瑱復遣使謂敦曰：驃騎在此既久，今欲給船相送，何爲不去？敦報云：湘州是我國家之地，爲爾侵逼，敦來之日，欲相平殄，既未得一決，所以不去。瑱後日復遣使來。敦謂使者云：必須我還，可舍我百里，當爲汝去。瑱等留船於江，將兵去津路百里。敦覘知非詐，徐理舟楫，勒衆而還。"姑無論所言之信否，而瑱死在三月，敦之遁在七月，乃《傳》中記其絮絮往復如此，敦豈共鬼語邪？

原刊《兩年：文藝春秋叢刊之一》，一九四四年十月十日出版

〔五六七〕　讀抱朴子上

世無可欺之人，固之亦無能欺人之事。明明誕妄之事而人信之者，以其中雜有真事也；始而真偽參半，繼而偽稍勝真，又繼而偽爲人所共信矣。《抱朴子・內篇・論仙》謂：“魏文帝窮覽洽聞，自謂於物無所不經，謂天下無切玉之刀，火浣之布，及著《典論》，嘗據言此事；未期，二物畢至，乃歎息，遽毀斯論。”又云：“陳思王著《釋疑論》云：初謂道術，直呼愚民詐偽；……及見武皇帝試左慈等，令斷穀近一月，而顏色不減，氣力自若，常云可五十年不食；正爾，復何疑哉？又令甘始以藥含生魚，而煮之於沸脂中，其無藥者，熟而可食，其銜藥者，遊戲終日，如在水中也；又以藥粉桑以飼蠶，蠶乃到十月不老；又以住年藥食雞雛及新生犬子，皆止不復長；《金丹》篇云：“王君丹法，巴沙及汞內雞子中，漆合之，令雞伏之，三枚，以王相日服之，住年不老。小兒不可服，不復長矣。與新生雞犬服之，皆不復大，鳥獸亦皆如此驗。”蓋神仙家以不長與不老同理。又以還白藥食白犬，百日，毛盡黑。乃知天下之事，不可盡知，而以臆斷之，不可任也。”切玉之刀，火浣之布，在今日已無足異；斷穀數十日，理自可能；蠶不老，雞不長，白犬毛黑，亦非必不可致；惟銜藥之魚，煮之沸脂中，遊戲終日，則於理必不可解耳。案《三國志・華佗傳注》引東阿王《辨道論》云：“世有方士，吾王悉所招致，甘陵有甘始，廬江有左慈，陽城有郤儉。始能行氣導引，慈曉房中之術，儉善辟穀，悉號三百歲。卒所以集之於魏國者，誠恐斯人之徒，接姦宄以欺衆，行妖慝以惑民，豈復欲觀神仙於瀛洲，求安期於海島，釋金輅而履雲輿，棄六驥而美飛龍哉？自家王與太子及余兄弟咸以爲調笑，不信之矣。然始等知上遇之有恒，奉不過於員吏，賞不加於無功，海島難得而遊，六紱難得而佩，終不敢進虛誕之言，出非常之語。……甘始者，老而有少容，自諸術士咸共歸之。然始辭繁寡實，頗有怪言。余常辟左右，獨與之談，問其所行，溫顏以誘之，美辭以導之，始語余：吾本師姓韓字世雄，嘗與師於南海作金，前後數四，投數萬斤金於海。又言：諸梁時，西域胡來獻香罽、腰帶、割玉刀，時悔不取也。又言：車師之西國，兒生，擘背出脾，欲其食少而弩行也。又言：取鯉魚五寸一雙，合其一煮藥，俱投沸膏中，有藥者奮尾鼓鰓，遊行沉浮，有若處淵，其一者已熟而可噉。余時問：言率可試不？言：是藥去此逾萬里，當出塞；始不自行不能得也。言不盡於此，頗難悉載，故麤舉其巨怪者。始若遭秦始皇、漢武帝，則復爲徐市、欒大之徒也。”然則始乃方士中之誕謾者，銜藥煮魚，陳思王安得謂武皇帝曾爲試之乎？

則此篇殆爲妄人所造矣。然其餘語，固非盡僞，此所謂真僞夾雜者也。

斷穀，聞今印度人猶有能之。西人某嘗嚴密試之，閉之密室中，封禁甚嚴，度無能私遞飲食者，月餘啓視，其人康健如恒也。《雜應篇》云吳景帝嘗鑠閉道士石春，令人備守之年餘，與此事頗相類。此理今日尚不能盡明；然觀病者能經久不食，則知人之生理，苟異恒時，自無所謂一日不再食則飢，更無所謂七日不食則死也。《道意》篇言李寬吞氣斷穀，可得百日以還，亦不堪久，最爲近情，度左慈亦不過如此耳。《雜應》篇云："問諸曾斷穀積久者云：差少病痛，勝於食穀時；其服术及餌黃精及禹餘糧，久令人多氣力，堪負擔遠行，身輕不困；其服諸石藥，一服守之十年五年者，及吞氣服符飲神水輩，但爲不飢耳，體力不任勞也。"此說亦非虛誣。聞日本人嘗制藥，合諸養料，皆無所厥。試使兵士服之，肥澤如平時，而無氣力，不能行動，以胃無所事之也。亡友長沙丁冕英嘗日食九橘，但飲水，不復食，如是者七日，精神作事皆如恒，惟行動無力，偶與物相撞則仆，乃復食。此皆服石藥吞氣服符飲神水之類也。國民軍之攻武昌也，有藥肆學徒爲肆中取何首烏，中途流彈大至，不能返肆，乃負之抵家。家僅有老父，病癱瘓，不能起坐者久矣；父子相守歷月餘，糧絕，乃蒸何首烏而食之，四旬餘，其父竟起。此豈所謂斷穀而少病痛、服术餌黃精等令人多氣力身輕者邪？因悟古書所謂久服輕身延年者，必須當作飯吃，若如今人以爲藥餌而服之，他食什佰于此，無效也。多肉食必生癰疽，然不使勝食饐則否，正同此理。

承君仰賢，嘗戒人少食，曰人有吃死者，無餓死者。《抱朴子》云："余數見斷穀人三年二年者，多皆身輕色好，堪風寒暑溼，大都無肥者耳。"不肥正更爲美，未見其弊也。又云："問諸爲之者，絕穀。無不初時少氣力，後復稍健，月勝一月，歲勝一歲。但用符水及單服氣者，皆四十日中疲瘦，過此乃健耳。鄭君云：本性飲酒不多，昔在銅山中，絕穀二年許，飲酒數斗不醉。以此推之，是爲不食更令人耐毒，耐毒則是難病之候也。"皆見《雜應》篇。皆可爲世之迷信多食者作棒喝。

魏文帝《典論》，信有其書矣。而《論仙》篇又曰："董仲舒所撰《李少君家録》云：少君有不死之方，而家貧無以市藥物，故出於漢，以假途求其財，道成而去。"又引劉向《列仙傳》，爲有仙人之證。夫仲舒及向，豈作此等書者邪？道家好附會道術之士，蓋其言陰陽五行等，有相類者也。然道術之士之言陰陽五行，豈方士之謂哉？然其相依附則已久矣。《史記·封禪書》云：騶衍以陰陽主運，顯於諸侯，而燕、齊海上之方士，傳其術不能通。蓋二者之相淆久矣。

《仙藥》篇云："漢成帝時，獵者於終南山中見一人，無衣服，身生黑毛；獵人見之，欲逐取之，而其人踰坑越谷，有如飛騰，不可逮及，乃密伺候其所在，合圍得之，乃是婦人；問之，言我本是秦之宮人也，聞關東賊至，秦王出降，宮室燒燔，驚走入山，飢無所食，垂餓死，有一老翁教我食松葉松實，當時苦澀，後稍便之，遂使不飢不渴，冬不寒，夏不熱。……乃將歸，以穀食之，初聞穀臭嘔吐，累日乃安，如是二年許，身毛乃脱落，轉老而死。”“南陽文氏説其先祖，漢末大亂，逃出山中，飢困欲死，有一人教之食術，遂不能飢；數十年乃來還鄉里，顏色更少，氣力勝故；自説在山中時，身輕欲跳，登高履險，歷日不極，行冰雪中，了不知寒。”此兩事自有傅會，非盡實，然不熟食，身輕而體生毛，確非虚語。向見野史中載如此事，猶未之信；丁未春夏間，見上海《時報》譯某西報云，瑞典有人流落入山亦如此，當非虚誣也。當時曾將報留存，惜一九三七年故鄉淪陷，屋廬毀壞，書物都盡，今已不可復得矣。

〔五六八〕　讀抱朴子中

《道意》篇言信巫之弊，至於幸而誤活，財産窮罄，遂復飢寒而死，或乃起爲穿窬剽劫，喪身鋒鏑，陷刑醜惡，其没者無復凶器，尸朽蟲流，其禍至於如此，宜其欲重淫祀之刑，致之大辟也。又謂張角、柳根、王歆、李甲之徒，錢帛山積，富踰王公，縱肆奢淫，侈服玉食，妓妾盈室，管絃成列，刺客死士，爲其致用，威傾邦君，勢陵有司，亡命逋逃，因爲窟藪，此其所以能稱兵以叛與？然張角奉黃老道，而黃老道禁諸房祀，見《黃老君》條。豈亦知霸有天下者陳兵以守，而顧禁人之執兵與？

少時讀此篇之李寬及《袪惑》篇古强、蔡誕、項曼都、白和之事而大笑之。稚川云“寬弟子轉相授受，布滿江表”，即强及誕之言，亦有信之者，予頗疑其爲誕而不信也。及今思之，則尋常人之所信者，原不過如此。李少君言漢武帝銅器，齊桓公十年陳於柏寢，非古强云親見堯、舜、禹、湯且識孔子、秦始皇、項羽、漢高祖與？稚川言强“敢爲虚言，言之不怍”，非即欒大之敢爲大言，處之不疑與？少君言“臣常遊海上，見安期生”，欒大亦曰“臣常往來海中，見安期、羡門之屬”，非誕所謂身事老君，曼都所謂曾遊天上者與？公孫卿言“黃帝郊雍上帝，鬼臾區死葬雍；其後黃帝接萬靈明廷，明廷者，甘泉也。所謂寒門者，谷口也”，明明無稽之談，而言之鑿鑿可指，與蔡誕之言崑崙五城十二樓、五河出其四隅、弱水繞之何異？而其言鼎湖之事，與項曼都謂仙人來迎、共乘龍而昇天，又何似也！然漢武則固信之矣。不特此也，崑崙五城十二樓諸説，不又明著之道家之書與？則知道士之明知能著書者，舉不過文成、五利、公孫卿、李寬、古强、蔡誕、項曼都之倫也。白和，道士有博涉衆事、洽練術數者，以諸疑難諮問，皆爲尋聲論釋，無滯礙，蓋在此曹中已罕覯矣。前數年有作平話描寫劍仙者，童子聞之，或背家而入山，世人羣笑其愚；然觀古者帝王士大夫皆輕信如此，且尋聲附和者甚衆，又曷怪此十餘齡之童子也。然所惡於利口之士者則有之矣。公孫卿曰：“黃帝且戰且學仙，患百姓非其道，乃斷斬非鬼神者。”是知武帝之好戰樂刑殺而逢之也；非鬼神者皆斷斬，則無慮人之非己矣。封而旱，則曰“黃帝時封則天旱，乾封三年”；柏梁臺災，則曰“黃帝就青靈臺，十二日燒，黃帝乃治明庭”。烏乎，何其善於文君之過、逢君之惡如此也！故小人非徒求己身富貴苟容也，毒必被於天下。

方士雖善誕，亦必略有言之成理之説，蓋所以應付明理之人也。如曰世間何以不見仙人，則云仙人殊趣異路，行尸之人安得見之？假令遊戲或經人間，匿真隱異，外同凡庸，比肩接武，孰有能覺乎？英儒偉器，猶不樂見淺薄之人，況彼神仙，何爲汲汲使人知之？《論仙》篇。又曰：或問老氏、彭祖，悉仕於世，中世以來，爲道之士，莫不飄然絶跡幽隱，何也？則曰：曩古純樸，巧僞未萌，信道者勤而學之，不信者默然而已；末俗偷薄，好爲訕毁，謂真正爲妖譌，以神仙爲誕妄，或曰惑衆，或曰亂羣。《明本》篇。然則神仙之不在人間，乃有所不得已也。此皆所謂彌近理而大亂真者也，然非此固無釋明理者之難也。

〔五六九〕　讀抱朴子下

《金丹》篇曰：“余考覽養性之書，鳩集久視之方，篇卷以千計矣，莫不以還丹金液爲大要。”然則愛尚金丹，非稚川一人之私言，而古來方士之公言也。所以然者，金石質堅，信人服之，則質可堅如金石，蓋其最初之思想如此。《對俗》篇曰：“金玉在於九竅，則死人爲之不朽；鹽鹵沾於肌髓，則脯臘爲之不爛；況以宜身益命之物納之於己乎？”《至理》篇曰：“泥壤易消者也，而陶之爲瓦，則與二儀齊其久；柞柳速朽者也，而燔之爲炭，則可億載而不敗。”皆可見其思想之跡。《對俗》篇又曰：神仙方書，試其小者，莫不效焉，舉方諸求水、陽燧引火爲證。此其所以取信於人者，然彼亦未嘗不因此而堅其自信也。漢武之信樂大也，使驗小方鬥棊，棊自相觸擊，《索隱》引顧氏案《萬畢術》云：“取雞血雜磨鍼鐵，擣和磁石棊頭置局上，自相抵擊也。”知方士於物理頗有所知也。而其誅也，亦以方盡多不讎。文成之誅，亦以方益衰，神不至。烏呼惜乎！今世深明物理之士，不獲生於秦皇漢武之士而益讎，其欺也。

石不如金之堅，故方士之所信者，珠玉次于金銀，至於草木，則謂僅可延年而已。不免於死。信金石草木之初説蓋如此。至并謂金丹可以起死人，隱形，先知，通宿命，厭百鬼，疾病不侵，所求皆至，則增益之辭也。且如房中，其初當亦謂能生，然流俗之言，亦謂能盡其道者，可以移災解罪，轉禍爲福，居官高遷，商賈倍利《微旨》篇。猶此。

方士蓋亦有真信金丹可致不死，草木可以延年者。蓋服金石之劑，不必無强壯之效，而草木可以延年，亦實事也。大抵方士惟誑惑人主鼓動百姓者爲可誅，其餘則其愚可哀，然不能謂其以欺誑爲志也。彼亦有其論理，如《塞難》篇言人非天地所造，天地亦爲一物，而當俯從物理，見解頗高；神仙由於稟賦，即其信不信亦由此，見《塞難》篇，亦見《辨問》。亦頗能自圓其説，然以人之生爲各有所直之星宿則繆矣。此由方士之説，多與古迷信之談夾雜，故其自行推理處雖高，卒不能脱迷信之跡也。

以人之生爲各有所直之星宿者，蓋自古相傳之説，故《洪範》謂王省惟歲，卿士惟月，師尹惟日，庶民惟星也。道家之説，存古宗教之説頗多，如《對俗》篇言司命，《微旨》篇言司過及三尸，皆古迷信時之遺跡。言三尸欲人早死，此尸乃得作鬼，放縱遊行，尤野蠻時代魂魄爲二之普通思想。《地真》篇云："守玄一，并思其身分爲三人，三人已見，又轉益之可至數十人，皆如己身。"此所謂分形之道。一人可分爲三，與三尸之思想同，蓋古以三爲多數也。守一之道，亦見其以魂魄分爲二，此固最素樸之思想也。又述師言，謂金水分形，則自見其三魂七魄，三魂蓋即三尸。

《金丹》篇云："九丹誠爲仙藥之上法，然合作之所用雜藥甚多，若四方清通，市之可具，若九域分隔，則物不可得也。"此與甘始妄言仙藥，及請之，則云藥去此踰萬里，當出塞，始不自行難得同。然始爲自解免之言，而道士之信遠方有藥者，則不必盡虚也，故稚川亦思爲句漏令求丹砂也。

秦、漢方士，世皆目爲神仙家，其實非也。方士之道，雜而多端，而神仙僅其一術耳。

神仙家之術，蓋原起于燕、齊之間，其地時有海市，古人視其象而不知其理，則以爲人可遥興退舉，載雲氣而上浮矣。匡衡等之廢淫祀也，成帝以問劉向，向言："甘泉、汾陰及雍五時始立，皆有神祇感應，然後營之，非苟而已也。武、宣之世，奉此三神，禮敬敕備，神光尤著。祖宗所立神祇舊位，誠未易動。及陳寶祠，自秦文公至今，七百餘歲矣，漢興，世世常來，光色赤黃，長四五丈，直祠而息，音聲砰隱，野雞皆雊。每見雍太祝祠以太牢，遣候者乘一乘傳馳詣行在所，以爲福祥。高祖時五來，文帝二十六來，武帝七十五來，宣帝二十五來,初元元年以來,亦二十來。"《漢書·郊祀志》。此皆衆目昭見之事,非可虛詆。野蠻之迷信,所言之理雖誤,所見之象則真,是以衆心皈仰,不可移易。

因目覩海市蜃樓,而謂人可遥興遐舉也,則以爲人可不死。求不死之方,最初似偏于服食。服食有使人老壽者。《三國志·華佗傳》:樊阿從佗求可服食益於人者,佗授以漆葉青黏散,言久服去三蟲,利五臟,輕體,使人頭不白。阿從其言,壽百餘歲。《注》引《佗别傳》曰:"本出于迷入山者,見仙人服之,以告佗。佗以爲佳,輒語阿,阿又祕之。近者人見阿之壽而氣力强盛,怪之,遂責阿所服,因醉亂誤道之。法一施,人多服者,皆有大驗。"此理所可有。魏武啖野葛,《紀注》引《博物志》。郤儉餌茯苓,《華佗傳注》引《典論》。皆其類也。

古人又以導引求老壽。《史記·留侯世家》言良"性多病,即道引不食穀";又言其"學辟穀,道引輕身"。《後漢書·方術傳注》引《漢武内傳》,謂王真"習閉氣而吞之,名曰胎息;習嗽舌下泉而咽之,名曰胎食。真行之,斷穀二百餘日,肉色光美,力并數人"。未言其穀食外不食他物。《三國志·華佗傳注》引東阿王《辯道論》,謂:"余嘗試郤儉絶穀百日,躬與之寢處,行步起居自若也。夫人不食七日則死,而儉乃如是。"則似全然不食者。其説殊誕謾不可信。陳思王豈能躬與郤儉寢處至百餘日邪?隆古之世,人本不專食穀,及後農業既興,乃專以穀爲食。然穀食之興,亦因栽培之便,謂其最足養人,其實并無此理。世儻有食物,其養生轉逾於穀者。《後漢書·西南夷傳》謂"莋都夷土出長年神藥,仙人山圖所居焉",蓋亦以食他物養生而附會之也。然此止足養身,至多益壽,必不可以不死。《三國·魏志·王粲傳注》引嵇康兄喜所爲《康傳》言:嵇康"性好服食,嘗採御上藥。以爲神仙者,禀之自然,非積學所致。至於道養得理,以盡性命,若安期、彭祖之倫,可以善求而得",其證也。方士之倫,乃别求所謂金石之劑。

金石質堅,古人誤謂餌金石,則其體亦能如金石,于是可以不死,《抱朴子》中,全是此論。金石相較,金爲愈堅,故方士尤貴焉。玉亦石類,珠又玉類,故古人又欲餐珠玉者。漢武聽李少君説,化丹沙諸藥劑爲黃金;《史記·封禪書》。桓譚言光武窮折方士黃白之術;《後漢書》本傳。漢武欲得雲表之露以餐玉屑,故立仙掌以承高露;《三國·魏志·衛覬傳》。《鹽鐵論·散不足》篇謂方士言"仙人食金飲珠,然後壽與天地相保"是也。求之不得,則疑其在於海外。《史記·封禪書》曰:"三神山嘗有至者,諸仙人及不死之藥皆在焉。"又曰:"始皇南至湘山,遂登會稽,并海上,冀遇海中三神山之奇藥。"又《淮南王傳》載伍被言:秦"使徐福入海求神異物,還爲僞辭曰:臣見海中大神言曰:女西王之使邪?臣答曰:然。汝何求?曰:願請延年益壽藥。神曰:汝秦王之禮薄,得觀而不得取”。《封禪書》欒大言：“臣常往來海中，見安期、羡門之屬，顧以臣爲賤，不信臣。又以爲康王諸侯耳，不足與方。”然則初欲求仙人，亦特欲求其藥耳，如後世所謂遇仙人即能接引飛昇，古無是説也。神仙家之死，黄誠謂肉體可以上升，公孫卿謂黄帝采首山銅，鑄鼎於荆山下，鼎既成，有龍垂胡髯下迎黄帝，黄帝上騎，羣臣後宫從上者七十餘人是也。其時又有尸解之説，《三國志・華佗傳注》引《典論》：“王和平死，弟子夏榮言其尸解。”《封禪書》：“李少君病死，天子以爲化去不死。”即尸解之説。

　　人鍛鍊則體强，不鍛鍊則體弱，此乃習見之理。故其後亦有欲以是求長年者。《莊子》已有熊經鳥伸之言。《漢書・王吉傳》，吉諫昌邑王好獵曰：“休則俯仰屈申以利形，進退步趨以實下，吸新吐故以練臧，專意積精以通神。”王褒《聖主得賢臣頌》曰：“何必偃仰屈伸若彭祖，呴嘘呼吸如喬、松。”崔寔《政論》曰：“夫熊經鳥伸雖延厤之術，非傷寒之理；呼吸吐納雖度紀之道，非續骨之膏。”仲長統《卜居論》曰：“安神閨房、思老氏之玄虚；呼吸精和，求至人之彷彿。”是也。《三國志・華佗傳》，佗語（吴）普曰：“古之仙者，爲道引之事，熊頸《後漢書》作經。鴟顧，引輓腰體，動諸關節，以求難老。吾有一術，名五禽之戲，一曰虎，二曰鹿，三曰熊，四曰猨，五曰鳥，亦以除疾，并利蹄足，以當道引。”《志》稱佗“曉養性之術，時人以爲年且百歲而貌有壯容”。殿本《考證》云：《册府》“以爲”下有“仙”字，蓋是。《佗傳注》引《典論》謂“甘始善行氣，老有少容”。《後漢書・方術傳》言：“王真年且百歲，視之面有光澤似未五十者，自云周流登五岳名山，悉能行胎息胎食之方。”至此神仙家與養身家之術混而不分矣。《後漢書・佗傳注》云：“熊經，若熊之攀枝自縣也，鴟顧，身不動而回顧也。”又引《佗別傳》曰：“吴普從佗學，微得其方。魏明帝呼之使爲禽戲，普以年老，手足不能相及，虆以其法語諸醫。”《典論》曰：“後（甘）始來，衆人無不鴟視狼顧，呼吸吐納。軍謀祭酒弘農董芬爲之過差，氣閉不通，良久乃蘇。”習養生術者多貴乎清静，故王吉言專意積精，仲長統言安神閨房，《後漢書・文苑傳》言蘇順好養生術，隱處求道，晚乃仕。所行者蓋即其術。

　　房中之術，《漢志》與神仙本各爲一家，然其後遂合爲一。《史記・張丞相列傳》言“妻妾以百數，嘗孕者不復幸”，此似猶能貴養生。《漢書・王莽傳》言“郎陽成脩獻符命言，繼立民母”；又曰“黄帝以百二十女致神仙”；又言“莽日與方士涿郡昭君于後宫考驗方術，縱淫樂焉”；則房中、神仙并爲一術矣。其後則左慈，《三國志注》引《典論》。冷壽光、甘始、東郭延年、封君達等行其術，并見《後漢書・方術傳注》引《列仙傳》曰：“御婦人之術，謂握固不瀉，還精補腦也。”

　　以上所言，皆可云是神仙家之事，其人有形狀可見，其藥有形質可求，導引鍛鍊,深爲切實,其術原非迷信也。盧生辟惡鬼之説,《秦始皇本紀》。李少君祠竈之方,《封禪書》。祇可謂之巫術耳。

〔五七〇〕　水經葉榆水注節録

"《交州外域記》曰:交趾昔未有郡縣之時,土地有雒田,其田從潮水上下,民墾食其田,因名爲雒民。設雒王雒侯,主諸郡縣,縣多爲雒將,雒將銅印青綬,後蜀王子將兵三萬,來討雒王雒侯,服諸雒將,蜀王子因稱爲安陽王。後南越王尉佗舉衆攻安陽王。安陽王有神人名皋通,下輔佐,爲安陽王治神弩一張,一發殺三百人。南越王知不可戰,卻軍住武寧縣。按《晉太康地記》縣屬交距。越遣太子名始,降伏安陽王,稱臣事之。安陽王不知通神人,遇之無道,通便去,語王曰:'能持此弩王天下,不能持此弩者亡天下。'通去,安陽王有女名曰媚珠,見始端正,珠與始交通。始問珠,令取父弩視之。始見弩,便盜以鋸截弩。訖,便逃歸報南越王。南越進兵攻之,安陽王發弩,弩折,遂敗。安陽王下船逕出於海。今平道縣後王宮城見有故處。《晉太康地記》縣屬交趾。越遂服諸雒將。"

中國疆域廣大,民族衆多,各地方之歷史傳説,亦應極多,惜存者殊少。所以然者,各地方文明程度不同,其程度較低者,不能著之竹帛,日久遂至湮没也。然其僅存者,則讀之殊有趣味;藉以考各地方開化情形,亦殊有裨益;如《吳越春秋》、《越絶書》、《華陽國志》等是也。此等各地方之傳説,乃其確實可信之歷史,存於圖經中者必多,惜圖經亦多湮滅。近世之方志,即古之圖經,然多出後人纂輯,古代材料,留存者不多矣。然苟能精心採擷,其中可寶之材料,當仍不乏也。引用古代圖經最多者,在古書中當推《水經注》。今故録此一節,以見其概,此一節乃南越征服南方民族之事,爲史所不載者也。雒,即自晉至唐所謂獠,亦即後漢時所謂哀牢,亦即近世所謂犵狫,亦作�框狫者也。或曰:《明史》所謂暹羅本分暹與羅斛二國,後暹爲羅斛所并,乃稱暹羅。羅斛與哀牢、犵狫,亦屬同音異譯。暹則與古之蜀,漢世之叟及賨,同音異譯也。

文明程度較低之民族,對於興亡大事,往往以傳奇之形式出之,如此篇亦是也。其説似荒唐,然中實含史實。如此篇謂平道縣後有王宮城,則決不能以安陽王爲子虛,亡是之流。然則蜀人之服雒而王之,而南越又隨其後,亦必非虛語矣。特此等史料,皆當打一甚大之折扣,而後可用已。

〔五七一〕　干寶搜神記

《晉書·干寶傳》云：“寶父先有所寵侍婢，母甚妒忌。及父亡，母乃生推婢於墓中。寶兄弟年小，不之審也。後十餘年，母喪，開墓，而婢伏棺如生，載還，經日乃蘇。言其父常取飲食與之，恩情如生。在家中吉凶輒語之，考校悉驗，地中亦不覺爲惡。既而嫁之，生子。又寶兄嘗病氣絕，積日不冷，后遂寤。云見天地間鬼神事，不自知死。寶以此遂撰集古今神祇靈異人物變化，名爲《搜神記》，凡二十卷。”

案寶父侍婢及寶兄之言，未必可信，或亦傳者之過。至假死復生，鑿然有之。寶序極言記載傳述之不足信，而曰：“今之所集，設有承於前載者，則非予之罪也。若使採訪近世之事，苟有虛錯，願與先賢前儒，分其譏謗。”則寶初不以其所記爲必可信也。又曰：“羣言百家，不可勝覽，耳目所受，不可勝載，今麤取足以演八略之旨，成其微說而已。”則寶所聞見尚多，其著之書者，已加簡擇矣。史稱寶性好陰陽術數，留思京房、夏侯勝等傳，又嘗著《晉紀》，蓋兼好史學與哲學者，其好撰集異聞，亦固其所，固非矯誣造作者流，亦非有聞必録，不求其審者比也。

〔五七二〕　北史蠕蠕傳叙次不清

《北史·蠕蠕傳》：“社崙……奔匹候跋，匹候跋處之南鄙，……令其子四人監之，既而社崙率其私屬，執匹候跋四子而叛，襲匹候跋，諸子案諸子上當脱匹候跋三字。收餘衆，亡依高車斛律部。社崙凶狡，有權變，月餘乃釋匹候跋，歸其諸子，欲聚而殲之。密舉兵襲匹候跋，殺匹候跋。……社崙既殺匹候跋，懼王師討之，乃掠五原以西諸部，北度大漠。……社崙與姚興和親。道武遣材官將軍和突襲黜弗素古延諸部，社崙遣騎救素古延，突逆擊破之。社崙遠遁漠北，侵高車，深入其地，遂并諸部，凶勢益振。”一似社崙之侵高車，在爲和突所敗後者。然《高車傳》云：“蠕蠕社崙破敗之後，收拾部落，轉徙廣漠之北，侵入高車之地，斛律部帥倍侯利患之，曰：社崙新集，兵貧馬少，易與耳。乃舉衆掩擊之，入其國落。高車昧利，不顧後患，分其廬室，妻其婦女，安息寢卧不起。社崙登高望見，乃召集亡散，得千人，晨掩殺之，走而脱者十二三。倍侯利遂奔魏。”所謂侵入高車之地，蓋即其襲殺匹候跋之時，其後嘗爲倍侯利所破，卒又襲破倍侯利,終乃并諸部而勢益振耳。兵貧馬少之日,姚興何所慕而與之和親? 亦安有力以救素古延? 此自當在破倍侯利并諸部之後,和突所破,特其偏師,安足使社崘遠遁乎?《北史》社崘遠遁之文,原亦不承其爲和突所破,而係遥接上文。然序次不清,遂使讀者易於誤會矣。前史此等處,因無可校讎,而其誤不易見者,恐不少也。

〔五七三〕 金　人

言佛教入中國者,多據《魏書·釋老志》。《志》云:"漢武元狩中,遣霍去病討匈奴。昆邪王殺休屠王,將其衆五萬來降,獲其金人,帝以爲大神,列於甘泉宫。金人率長丈餘,不祭祀,但燒香禮拜而已。此則佛道流通之漸也。"案《漢書·霍去病傳》,武帝稱其功曰:"收休屠祭天金人。"如淳注曰:"祭天以金人爲主也。"蓋本《金日磾傳贊》"本以休屠作金人爲祭天主,故因賜姓金氏"之文。皆曰祭天,不云禮佛。《梁書·扶南傳》云:"俗事天神。天神以銅爲像,二面者四手,四面者八手,手各有所持,或小兒,或鳥獸,或日月。"此文或本舊聞,不出梁世。然脩《梁書》時,佛教盛行久矣,天神果即佛像,姚思廉不容不知。且《漢書·地理志》,左馮翊雲陽,有休屠金人及涇路神祠三所,《郊祀志》:雲陽有涇路神祠,祭休屠王也。則休屠金人,實自有祠,未嘗列於甘泉也。顔師古以金人爲佛像,誤矣。

《釋老志》又云:"哀帝元壽元年,博士弟子秦景憲受大月氏王使伊存口授浮屠經,中土聞之,未之信也。後孝明帝夜夢金人,頂有白光,飛行殿庭,乃訪羣臣,傅毅始以佛對。帝遣郎中蔡愔、博士弟子秦景等使於天竺,寫浮屠遺範。愔仍與沙門攝摩騰、竺法蘭東還洛陽。中國有沙門及跪拜之法,自此始也。愔又得佛經四十二章,乃釋迦立像。明帝令畫工圖佛像,置清涼臺及顯節陵上,經緘於蘭臺石室。愔之還也,以白馬負經而至,漢因立白馬寺於洛城雍關西。摩騰、法蘭咸卒於此寺。"此説似因後來之佛像而附會。《後漢書·楚王英傳注》引袁宏《漢紀》云:"佛長丈六尺,黄金色,頂中佩日月光,變化無方,無所不入,而大濟羣生。初,明帝夢見金人,身大,頂有日月光,以問羣臣。或曰:西方有神,其名曰佛,陛下所夢,得毋是乎? 於是遣使天竺,問其道術,而圖其形像焉。"《晉書·恭帝紀》言,帝"深信浮屠道,造丈六金像,親於瓦官寺迎之,步從十許里"。《魏書·胡叟傳》言:"蜀沙門法成,鳩率僧旅,幾於千人,《北史》作數千人。鑄丈六金像。"然則當時鑄像,殆有定制,皆長丈六。《崔挺傳》言：“光州故吏聞凶問，莫不悲感，共鑄八尺銅像，於城東廣因寺起八關齋，追奉冥福。”蓋減其長之半。《釋老志》言，魏先於恒農荊山造珉玉丈六像一，永平三年冬，迎置於洛濱之報德寺，世宗躬親致敬。雖易金以玉，而其長無改。《靈徵志》：“太和十九年六月，徐州表言，丈八銅像，汗流於地。”丈八疑丈六之譌也。然則袁宏云佛長丈六尺，明因佛像而爲之辭矣。對明帝之問者，宏不言其姓名，而《魏志》言爲傅毅；宏但云遣使圖佛形像，明時未有鑄像。《魏志》云“帝令畫工圖像”，説亦相同，而又云蔡愔曾得立像，明其雜采衆説，愈後起者，附會愈多。楚王英，明帝之兄，《傳》已言其爲浮屠齋戒祭祀，則佛教之行於中國舊矣，何待明帝遣使求之？金人入夢之説，殊不足信也。

　　佛像可考最早者，爲漢末笮融所造，見《三國·吳志·劉繇傳》，云融“大起浮圖祠，以銅爲人，黃金塗身，衣以錦采，垂銅槃九重，下爲重樓閣道，可容三千餘人”。其制之崇宏如此，其像亦必不減丈六矣。民間所造則較小。《魏書·靈徵志》云：“永安三年二月，京師民家有二銅像，各長尺餘，一頤下生白豪四，一頰旁生黑毛一。”是也。《北齊書·循吏·蘇瓊傳》言：“徐州城中五級寺，被盜銅像一百軀。”像數既多，其制亦當較小也。

　　當時造像，所費殊巨。魏高宗爲太祖以下五帝鑄釋迦立像五，各長一丈六尺，都用赤金二萬五千斤，顯祖於天宮寺造釋迦立像，高四十三尺，用赤金十萬斤，黃金六百斤，皆見《魏書·釋老志》。此固虜朝所爲，然時郡縣及民間，造金像者亦不少。《宋書·文九王傳》言拓跋燾圍縣瓠，毀佛浮圖，取金像以爲大鉤，施之衝車端；《北齊書·王則傳》言其性貪婪，除洛州刺史，舊京諸像，毀以鑄錢，於時世號河陽錢，皆出其家，其用銅之多可知。《宋書·夷蠻傳》，元嘉十二年，丹陽尹蕭摩之，奏請欲鑄銅像者，皆詣臺自聞，須准報然後就功。《魏書·釋老志》載太武廢佛之詔曰：“敢有事胡神及造形像泥人、銅人者，門誅！”足見民間造像，用銅亦不少也。士蔿對築蒲屈之讓也，曰：“三年將尋師焉，焉用慎！”齊明帝以故宅起湘宮寺，窮極奢侈，巢尚之罷郡還見，帝曰：“卿至湘宮寺未？我起此寺，是大功德。”虞愿在側曰：“陛下起此寺，皆是百姓賣兒貼婦錢，佛若有知，當悲哭哀愍。罪高佛圖，有何功德？”《齊書·良政傳》。斂百姓賣兒貼婦之錢，窮極奢侈，以爲有裨教化，其愚已不可及，況藉敵以爲衝車乎？隋文帝禁毀壞偷盜佛及天尊像者，以惡逆不道論。事在開皇二十年。《隋書·高祖紀》載詔曰：“敢有毀壞偷盜佛及天尊像、嶽鎮海瀆神形者，以不道論。沙門壞佛像，道士壞天尊者，以惡逆論。”又《刑法志》云：“詔沙門、道士壞佛像天尊，百姓壞嶽瀆神像，皆以惡逆論。”張釋之霸陵之對曰：“使其中有可欲，雖錮南山猶有隙；使其中無可欲，雖無石椁，又何戚焉？”然則佛像而不以金爲之，又誰則毀壞偷盜之也？而周世宗可謂偶乎遠矣。彼王則之所爲，亦惡其自圖財利耳。若徒鑄之爲錢，則猶有利於化居，固愈於錮金於寺也。

《南史·林邑傳》云，宋文帝使檀和之克其國，銷其金人，得黄金數十萬斤。此語《宋書》無之，而見於《梁書》，明傳之者語增，非實録。魏造佛像，用赤金十萬斤，黄金六百斤；塗金之法，南北不能大殊，然則宋所得黄金若爲三十萬斤，其所銷金人之銅，當得五千萬斤矣，有是理乎？然林邑金人必較中國爲多，則可信矣。中國佛寺之盛，固不如緬甸，亦不如日本也，謂中國治化，不逮緬甸日本可乎？

造像亦有用銀者。《南史·梁本紀》，武帝大同元年四月壬戌，“幸同泰寺，鑄十方銀像”，是也。三年五月癸未，“幸同泰寺，鑄十方金銅像”，則又以金銅爲之。此所鑄者必多，其像當亦不大。

玉像南朝亦有之。《齊書·武帝紀》，大漸詔曰：“顯陽殿玉像諸佛及供養，具如别牒。”又《魏書·釋老志》，高宗踐極之年，詔有司爲石像，令如帝身，則反不逮其所爲珉玉像之大，其實珉玉亦石也。

金人入夢之説，既不足信，則漢立白馬寺之説，亦屬子虚矣。《北齊書·韓賢傳》云：“昔漢明帝時，西域以白馬負佛經送洛，因立白馬寺，其經函傳在此寺，形制淳樸，世以爲古物，歷代藏寶。賢無故斫破之，未幾而死，論者或謂賢因此致禍。”又不云經緘於蘭臺石室，足見其皆屬附會之辭也。

原刊一九四八年七月二十八日《東南日報》

〔五七四〕　輪　　迴

《晉書·摯虞傳》：“虞嘗以死生有命，富貴在天，天之所祐者義也，人之所助者信也，履信思順，所以延福，違此而行，所以速禍；然道長世短，禍福舛錯，忄迫之徒，不知所守，蕩而積憤，或迷或放。故作《思遊賦》。”“道長世短”四字最精，此佛家之所以説輪迴，而亦其所以能行於中國也。《羊祜傳》云：“祜年五歲時，令乳母取所弄金環。乳母曰：汝先無此物。祜即詣鄰人李氏東垣桑樹中探得之。主人驚曰：此吾亡兒所失物也，云何持去？乳母具言之，李氏悲惋。時人異之，謂李氏子則祜之前身也。”祜之時，佛教之行未久耳，然輪迴之説，已深入人心如此矣。晉南北朝之世，史言輪迴之事尚不乏：如《晉書·藝術傳》言鮑靚爲曲陽李家兒託生，《南史·梁元帝紀》言帝乃眇目僧託生，《北史·李崇傳》言李庶託生爲劉氏女是也。慧琳《均善論》，設爲黑學道士之説，病周孔爲教，正及一世，積善不過子孫之慶，累惡不過餘殃之罰，報効止於榮禄，誅責極於窮賤。《宋書·夷蠻傳》。亦摯虞之意也。

　　違禍求福，古今所同，古無輪迴之説，亦足使人遷善而遠惡者何也？曰：人之性，固有不以禍福而爲善惡者，然此亦古今之所同也。然古無輪迴之説，亦足使人遷善遠惡者，則其時之所謂報者，皆以其群而非以其身，且如《易》言以積善之家，必有余慶，積不善之家，必有余殃，其所謂家，非五口八口之家也，五口八口之家易絕耳，報未至而受報之體先亡，則覺道長世短矣。合數十百人而爲一家，則不如是，合數百千人而爲一家，則尤不如是矣。且也國小民寡，則事簡逡而是非易辨，毀譽可憑，則報効誅責，亦與善惡相符矣，此其所以不待輪迴之説，亦能使人遷善遠惡歟！然觀孔孟莊周之徒，日咨嗟太息而言命，曰：人能弘道，無如命何，特勸人安之順之而已。則知禍福不與善惡相符，而將使人或迷或放矣、此佛説之所以入而濟其窮歟。

　　欲説輪迴，則必有輪迴之體；無我輪迴，雖言者諄諄，終不使人共信也。然則必主神不滅矣。范縝《神滅論》曰：“問曰：知此神滅，有何利用邪？答曰：浮屠害政，桑門蠹俗，風驚霧起，馳蕩不休，吾哀其弊，思拯其溺。夫竭財以赴僧，破產以趨佛，而不卹親戚，不憐窮匱者何？良由厚我之情深，濟物之意淺。是以圭撮涉於貧友，吝情動於顏色，千鍾委於富僧，歡意暢於容髮，豈不以僧有多稌之期，友無遺秉之報，務施闕於周急，歸德必於在己。又惑以茫昧之言，懼以阿鼻之苦，誘以虛誕之辭，欣以兜率之樂，故捨逢掖，襲橫衣，廢俎豆，列缾鉢，家家棄其親愛，人人絕其嗣續。致使兵挫於行間，吏空於官府，粟罄於惰遊，貨殫於泥木。所以姦宄弗勝，頌聲尚擁，惟此之故，其流莫已，其病無限。若陶甄稟於自然，森羅均於獨化，忽焉自有，怳爾而無，來也不禦，去也不追，乘夫天理，各安其性。小人甘其壟畝，君子保其恬素，耕而食，食不可窮也，蠶而衣，衣不可盡也，下有餘以奉其上，上無爲以待其下，可以全生，可以匡國，可以霸君，用此道也。”其辭辯矣。然濟物情深，厚我意淺，恐非夫人之所能。彼無爲之世，所以上下安和者，非其時之人情，異於有爲之世，其物我之利害固同也。老子曰：“民之饑，以其上食稅之多。民之輕死，以其奉生之厚。”有多食稅者以歆之，而奉生咸欲其厚，而民不得不輕死矣。而欲使小人甘其壟畝，君子保其恬素，得乎？此弊也，豈輪迴之説致之哉？抑俗之既敝，而輪迴之説，乃乘之而起也！

　　《縝傳》云：“縝在齊世，嘗侍竟陵王子良。子良精信釋教，而縝盛稱無佛。

子良問曰：君不信因果，世間何得有富貴，何得有賤貧？縝答曰：人之生，譬如一樹花，同發一枝，俱開一蔕，隨風而墮，自有拂簾幌、墜於茵席之上，自有關籬牆、落於糞溷之側。墜茵席者，殿下是也；落糞溷者，下官是也。貴賤雖復殊途，因果竟在何處？子良不能屈，深怪之。”夫墜茵席，落糞溷，得不有其所由然歟？其所由然，非即因果歟？此理非縝所不達，而其言云爾，則子良所謂因果，實乃流俗果報之説，非真因果之理也。《宋書·文五王傳》：“太宗常指左右人謂王景文曰：休範人才不及此，以我弟故，生便富貴。釋氏願生王家，良有以也。”願生王家，此子良等之志也。隋越王侗之將死也，焚香禮佛，呪曰：“從今以去，願不生帝王尊貴之家。”《隋書·煬三子傳》。哀哉！如宋太宗、齊竟陵王之類，不知臨命之時亦自悔其所願不乎？楚靈王曰：“予殺人子多矣，能無及此乎？”《左氏》昭公十三年。不生帝王尊貴之家，或早爲帝王尊貴者所戕賊矣。貴者果不賊人也，人惡得而賊之？孟子曰：“殺人之父者，人亦殺其父；殺人之兄者，人亦殺其兄。然則非自殺之也一間耳。”《盡心》下。哀哉！然得謂無因果之理乎？

《梁書·劉歊傳》：歊著《革終論》曰：“季札云：骨肉歸於土，魂氣無不之。莊周云：生爲徭役，死爲休息。尋此二説，如或相反。何者？氣無不之，神有也；死爲休息，神無也。原憲云：夏后氏用明器，示民無知也；殷人用祭器，示民有知也；周人兼用之，示民疑也。若稽諸内教，判乎釋部，則諸子之言可尋，三代之禮無越。何者？神爲生本，形爲生具，死者神離此具，而即非彼具也。即非，疑當作非即。雖死者不可復反，而精靈遞變，未嘗滅絶。”此主神不滅之説者也。然又曰“神已去此，館何用存？神已適彼，祭何所祭？”因“欲翦截煩厚，務存儉易”。則主神不滅之説者，亦不必遂爲貪求之行矣。

《晉書·王湛傳》：湛曾孫坦之，“初與沙門竺法師甚厚，每共論幽明報應，便要先死者當報其事。後經年，師忽來，云貧道已死，罪福皆不虛，惟當勤脩道德，以昇濟神明耳。言訖不見。坦之尋亦卒。”此事之爲虛構，自不待言。然就造作此説者之心而觀之，卻可見人無不斤斤於死後之苦樂，此輪迴之説所以乘其機而中之也。然死後報應，究爲將信將疑之事，故人又無不戀戀於生。《隋書·儒林傳》言辛彦之崇信佛道，遷潞州刺史，於城内立浮圖二所，并十五層。開皇十一年，州人張元暴死，數日乃蘇，云遊天上，見新構一堂，制極崇麗。元問其故，人云，潞州刺史辛彦之有功德，造此堂以待之，彦之聞而不悦，其年卒官。聞生天上而猶不悦，可見百虛不敵一實，此迷信之力所以終有所窮也。

《晉書・劉聰載記》："聰子約死，一指猶暖，遂不殯殮。及蘇，言見（劉）元海於不周山，經五日，遂復從至崑崙山，三日而復返於不周，見諸王公卿將相死者悉在，宮室甚壯麗，號曰蒙珠離國。元海謂約曰：東北有遮須夷國，無主久，待汝父爲之。汝父後三年當來，來後國中大亂，相殺害，吾家死亡略盡，但可永明輩十數人在耳。汝且還，後年當來，見汝不久。約拜辭而歸，道過一國，曰猗尼渠餘國，引約入宮，與約皮囊一枚，曰：爲吾遺漢皇帝。約辭而歸，謂約曰：劉郎後年來，必見過，當以小女相妻。約歸，置皮囊於機上。俄而蘇，使左右機上取皮囊，開之，有一方白玉，題文曰：猗尼渠餘國天王敬信遮須夷國天王，歲在攝提，當相見也。馳使呈聰，聰曰：若審如此，吾不懼死也。"又云：聰將死，時約已死，至是晝見，聰甚惡之，謂粲曰："吾寢疾惙頓，怪異特甚，往以約之言爲妖，比累日見之，此兒必來迎吾也。何圖人死定有神靈！如是，吾不悲死也。"約之誑聰，與是豆渾地萬之誑醜奴頗相似，事見《魏書・蠕蠕傳》。野蠻之人，率多欲而輕信，其受欺固無足怪。曰審如是，吾不懼死，然見約而又惡之，亦辛彥之之心也。此説主升天而不主輪迴，不周、崑崙等，亦全係中國舊名，可見其與佛教無涉。而其睠睠於死後之苦樂如此，可見人之所欲，古今中外皆同，佛教特乘其機而誘之耳。

　　成佛、生天，皆不易冀，求免墮落，暫時自以能得人身爲佳，故信佛者於是尤惓惓焉。晉恭帝之將死也，兵人進藥，帝不肯飲，曰："佛教自殺者不得復人身。"乃以被掩殺之。《宋書・褚叔度傳》。宋彭城王義康之死亦然。盧潛爲北齊揚州道行臺尚書，壽陽陷，及左丞李騊駼等皆没。騊駼將逃歸，并要潛，潛曰："我此頭面，何可誑人？吾少時相者云没在吳越地，死生已定，弟其行也。"既而歎曰："壽陽陷，吾以頸血濺城而死，佛教不聽自殺，故荏苒偷生，今可死矣！"於是閉氣而絶。《北史・盧潛傳》。觀此，知佛教戒自殺之説，徧行于當時也。

　　奉佛以蘄再得人身，若能無死，豈不更善？俗有誦《高王經》則兵火不能侵之説，其所由來者舊矣。《晉書・苻丕載記》云："徐義爲慕容永所獲，械埋其足，將殺之。義誦《觀世音經》，至夜中，土開械脱，於重禁之中若有人導之者，遂奔楊佺期。"《宋書・王玄謨傳》言，玄謨圍滑臺，拓跋燾軍至，奔退。蕭斌將斬之，沈慶之固諫乃止。玄謨始將見殺，夢人告曰："誦《觀音經》千徧則免。"既覺，誦之將千徧，明日將刑，誦之不輟，忽傳呼停刑。《魏書・盧景裕傳》："河間邢摩納與景裕從兄仲禮據鄉作逆，逼其同反，以應元寶炬。齊獻武王命都督賀拔仁討平之。景裕之敗也，繫晉陽獄，至心誦經，枷鎖自脱。是時又有人負罪當死，夢沙門教誦經，覺時，如所夢默誦千徧，臨刑刀折，主者以聞,赦之。此經遂行於世,號曰《高王觀世音》。"《南史·劉霽傳》:"母明氏寢疾,霽年已五十,衣不解帶者七旬,誦《觀世音經》數萬徧;夜中感夢,見一僧謂曰:夫人算盡,君精誠篤志,當相爲申延。後六十餘日乃亡。"皆今俗説所本也。《晉書·周浚傳》言子嵩爲王敦所害,臨刑猶於市誦經;《王恭傳》亦云臨刑猶誦佛經。《齊書·王奐傳》:"奐司馬黄瑤起、寧蠻長史裴叔業於城内起兵攻奐,奐聞兵入,還内禮佛,未及起,軍人遂斬之。"造次必於是,顛沛必於是,豈其臨命猶冀以是獲免邪?《梁書·儒林傳》:皇侃"性至孝,常日限誦《孝經》二十徧,以擬《觀世音經》"。貪欲之深,真可發一噱。《周書·蕭詧傳》:"甄玄成以江陵甲兵殷盛,遂懷貳心,密書與梁元帝,申其誠款。有得其書者,進之於詧。詧深信佛法,常願不殺誦《法華經》人。玄成素誦《法華經》,遂以此獲免。"以人之貪,我得所欲,其事可謂甚奇。然蕭詧梟獍也,徼福緣於梟獍,庸可必乎?

原刊一九四八年九月一日《東南日報》

〔五七五〕　沙門致敬人主

《宋書·孝武帝紀》:大明六年,"九月戊寅,制沙門致敬人主。"《夷蠻傳》云:"先是晉世庾冰始創議,欲使沙門敬王者,後桓玄復述其義,并不果行。大明六年,世祖使有司奏:臣等參議,以爲沙門接見,比當盡虔,禮敬之容,依其本俗。詔可。前廢帝初,復舊。"則佛教入中國後,其徒直至宋世,乃致敬於人主,而其行之亦無幾時也。庾冰、桓玄之議,何充、桓謙、王謐、慧達等抗之,見《弘明集》。佛教不信之則已,既信之,則不强其致敬,亦頗得大學之禮。雖詔於天子無北面之義,强其致敬,實無當也。《魏書·釋老志》:"法果每言,太祖明叡好道,即是當今如來,沙門宜應盡禮,遂常致拜。謂人曰:能弘道人主也,我非拜天子,乃是禮佛耳。"然則南朝屢議而不果行者,在北朝則不待言而其人自行之矣。《晉書·赫連勃勃載記》云:"勃勃歸於長安,徵隱士京兆韋祖思。既至,恭懼過禮,勃勃怒曰:吾以國士徵汝,奈何以非類處吾?汝昔不拜姚興,何獨拜我?我今未死,汝猶不以我爲帝王,吾死之後,汝輩弄筆,當置吾何地!遂殺之。"貌爲恭敬者,乃以非類視之,此豈拓跋珪所知?觀此,知其智又出鐵弗下,蓋由其附塞尚不如鐵弗之久也。歐人之東來也,未嘗不依其體僞,以敬東方之主,而建夷必欲强之以行跪拜之禮,足見犬羊無知,千古一轍也。

原刊一九四八年十月十三日《東南日報》

〔五七六〕　沙門與政上

後世之爲僧者,類多遺落世事,有託而逃,佛法初入中國時則不然。《宋書·武三王傳》言廬陵王義真,與謝靈運、顔延之、慧琳道人周旋異常,云得志之日,以靈運、延之爲宰相,慧琳爲西豫州都督。慧琳事見《夷蠻傳》,云其兼外内之學,元嘉中,遂參權要,朝廷大事,皆與議焉。而其時彭城王義康謀叛,參與其事者,亦有法略道人及法静尼。始安王休仁之死也,明帝與諸大臣及方鎮詔,謂“前者積日失適,休仁使曇度道人及勞彦遠屢求啓,闚覘吾起居”。《宋書·文九王傳》。休仁之死,固不以罪,此語則未必盡誣。《齊書·倖臣傳》云:“宋世道人楊法持,與太祖有舊,元徽末,宣傳密謀,昇明中,以爲僧正。建元初,罷道,爲甯朔將軍,封州陵縣男,三百戶。”則革易之際,道人亦有參與其事者矣。

僧人多與政事,故其罷道極易,法略即罷道爲臧質甯遠參軍者也。本姓孫,及是改名景玄。陳遂興侯詳,少出家爲沙門,武帝討侯景,召令還俗,配以兵馬。《陳書·陳詳傳》。是能戎事者亦或出家也。《南史·陸厥傳》云:“時有王斌者,不知何許人,著《四聲論》,行於時。斌初爲道人,博涉經籍,雅有才辯,善屬文。後還俗,以詩樂自樂,人莫能名之。”此文學之士之出家者也。《北齊書·神武帝紀》:神武疾病,謂世子曰:“潘相樂本作道人,心和厚,汝兄弟當得其力。”《魏書·酷吏傳》:“李洪之少爲沙門,晚乃還俗。”此等人,皆非遺世者也。

慧琳,《宋書》謂其賓客輻湊,門車常有數十兩,四方贈賂相繫,勢傾一時,亦未嘗不可如楊法持入諸佞倖傳也。晉世君相并信佛法者,莫如孝武帝及會稽王道子,而許榮上書,病其僧尼乳母,競進親黨;聞人奭亦云尼姏屬類,傾動亂時,是其亂政殊甚。時范甯請黜王國寶,國寶使陳郡袁悦之因尼妙音,致書太子母陳淑媛,説國寶忠謹,宜見親信,以上均見《晉書·簡文三子傳》。則非徒干亂朝權,并有交通宮禁者矣。《魏書·釋老志》:道登之死,孝文以師喪之,似其人必有清操;然《酷吏傳》言登嘗過高遵,遵以登荷寵於高祖,多奉以貨,深託仗之;及遵見訴,詔廷尉少卿窮鞫,登屢因言次申啓救遵,則亦非謝絶賕謁者。《酷吏傳》又言:張赦提克己屬約,本有清稱,後乃縱妻段氏,多有受納,令僧尼因事通請,遂至貪虐流聞,卒以此敗。則郡縣之朝,亦有爲所干亂者。《齊書·江謐傳》言謐出爲長沙内史,行湘州事,政治苛刻;僧遵道人與謐情款,隨謐蒞郡,犯小事,餓繫郡獄,裂三衣食之,既盡而死。謐固酷,僧遵或亦有以取之也。

《北齊書‧神武帝紀》言神武自發晉陽,至克潼關,凡四十啓,魏帝皆不答。還洛陽,遣僧道榮奉表關中,又不答。乃集百僚四門耆老議所推立。四門,《北史》作沙門,立君而謀及沙門,似乎不近情理。然《梁書‧王僧孺傳》言:僧孺出爲南海太守,“視事期月,有詔徵還,郡民道俗六百人詣闕請留,不許。”郡守之去留,道人既可參與,又何不可與於立君之議邪?《北齊書‧文宣帝紀》:天保元年八月庚寅詔曰:“朕以虛寡,嗣弘王業,思所以贊揚盛績,播之萬古,雖史官執筆,有聞無墜,猶恐緒言遺美,時或未書;在位王公文武大小,降及民庶,爰至僧徒,或親奉音旨,或承傳旁説,凡可載之文籍,悉宜條録封上。”可見神武謀及沙門時甚多。本紀之文,自當以《北史》爲是也。

使沙門參與機要者,非獨高歡也,五胡之主時有之。《晉書‧石季龍載記》:“沙門吳進,言於季龍曰:胡運將衰,晉當復興,宜苦役晉人,以厭其氣。季龍於是使尚書張羣發近郡男女十六萬,車十萬乘,運土築華林苑及長牆於鄴北,廣長數十里。”《姚襄載記》言襄率衆西行,苻生遣苻堅、鄧羌等要之。襄將戰,沙門智通固諫,襄曰:吾計決矣。戰於三原,爲堅所殺。《慕容垂載記》:參合之役,“有大風黑氣,狀若隄防,或高或下,臨覆軍上。沙門支曇猛言於慕容寶曰:風氣暴迅,魏軍將至之候,宜遣兵禦之。寶笑而不納。曇猛固以爲言,乃遣慕容麟率騎三萬爲後殿,以禦非常。麟以曇猛言爲虛,縱騎遊獵,俄而黄霧四塞,日月晦冥,是夜魏師大至,三軍奔潰。”《慕容德載記》言潘聰勸德據廣固,“德猶豫未決。沙門朗公素知占候,德因訪其所適。朗曰:敬覽三策,_{時張華勸德據彭城,慕容鍾等勸攻滑臺。}潘尚書之議,可謂興邦之術矣。今歲初,長星起於奎、婁,遂掃虛、危,而虛、危,齊之分野,除舊布新之象。宜先定舊魯,巡撫琅邪,待秋風戒節,然後北轉臨齊,天之道也。德大悦。”《魏書‧沮渠蒙遜傳》:“罽賓沙門曰曇無讖,東入鄯善,自云能使鬼治病,令婦人多子。與鄯善王妹曼頭陁林私通,發覺,亡奔涼州。蒙遜寵之,號曰聖人。曇無讖以男女交接之術教授婦人,蒙遜諸女、子婦,皆往受法。世祖聞諸行人言曇無讖之術,乃召曇無讖。蒙遜不遣,遂發露其事,拷訊殺之。”其説殊不足信。《釋老志》云曇摩讖“曉術數禁呪,歷言他國安危,多所中驗,蒙遜每以國事諮之;神䴥中,帝命蒙遜送讖詣京師,惜而不遣,既而懼魏威責,遂使人殺讖”,當是實情。蓋讖既與聞國事,遣之則慮其漏洩,不遣又慮魏求之無已,故遽殺之,以免交涉之棘手也。此皆五胡之主,多使沙門參與機要之徵也。

元魏諸主,自孝文而後,多好與沙門講論。神武之使道榮奉表,蓋亦以其素蒙接待也。李暠遣舍人黃始、梁興間行歸表於晉，未報，復遣沙門法泉，間行通表。《北史·序傳》。蓋以其易避譏察。梁豫章王綜謀叛，亦求得北來道人釋法鸞，使通問於蕭寶寅。

罷道者不必皆參與機要之徒也，尋常人出入於道俗之間者亦多。高允少孤，年十餘，奉祖父喪還本郡，推財與二弟而爲沙門，未久而罷。其爲沙門，蓋亦如劉孝標居貧不自立，母子并爲尼僧，事見《南史》本傳，亦見《魏書·劉休賓傳》。乃一時之計，非其素志也。魏河南王曜之曾孫和爲沙門，捨其子顯，以爵讓其次弟鑒，鑒固辭。詔許鑾身終之後，令顯襲爵，鑒乃受之。鑒出爲齊州刺史。高祖崩後，和罷沙門還俗，棄其妻子，納一寡婦曹氏爲妻。曹氏年齒已長，攜男女五人，隨鑒至歷城，干亂政事。和與曹及五子，七處受納，鑒皆順其意，言無不從，於是獄以賄成，取受狼籍，齊人苦之，鑒治名大損。鑒薨之後，和復與鑒子伯宗競求承襲，時和子早終。事見《魏書·道武七王列傳》。前後判若兩人，皆由其出家之時，本未斷名利之念也。此等可見當時之人，出家還俗，皆極輕易。

有所規避而出家者，自亦有之。《齊書·倖臣傳》言宋孝武末年，鞭罰過度，校獵江右，選白衣左右百八十人，皆面首富室，從至南州，得鞭者過半，茹法亮憂懼，因緣啓出家，得爲道人。《梁書·文學傳》：伏挺除南臺治書，因事納賄，當被推劾，挺懼罪，變服爲道人，久之藏匿，後遇赦，乃出大心寺。會邵陵王綸爲江州，攜挺之鎮，王好文義，深被恩禮，挺自此還俗。《南史》云：挺不堪蔬素，自此還俗。《張纘傳》：纘爲杜岸所執，送諸岳陽王詧，始被囚繫，尋又逼纘剃髮爲道人。《南史》云：纘懼不免，請爲沙門。《南史·劉虬傳》：子之遴，"侯景初以蕭正德爲帝，之遴時落景所，將使授璽紱，之遴豫知，仍剃髮披法服，乃免。"此等出家，皆非素志，故其還俗更易，其徒屏居佛寺而不出家者，更無論矣。如《北齊書·魏蘭根傳》言高乾死，蘭根懼，去宅，居於寺。《高德政傳》言文宣時，德政甚懼，稱疾屏居佛寺，兼學坐禪是也。要之當時僧俗甚近，故僧人之與俗事者亦多也。

原刊一九四八年十月十三日《東南日報》

〔五七七〕　沙門與政下

沙門之多與政事也，以其時之王公大人，迷信甚深故也。沙門事跡，見於《晉書·藝術傳》者，有佛圖澄、鳩摩羅什、僧涉、曇霍，所傳皆怪異之談。《北史·藝術傳》之靈遠、惠豐，《魏書·釋老志》之惠始，亦其類也。南朝所盛稱者，莫如釋寶志。《梁書·何敬容傳》載其先知敬容敗於河東王；《南史·梁武帝紀》載其先知國泰寺之災；《賊臣傳》載其先知侯景起自汝陰，敗於三湘；甚至《隋書·律曆志》云開皇官尺，或傳梁時有志公道人作此尺，寄入周朝，云與多鬚老翁，周太祖及隋高祖各自以爲謂己，實當時流俗傳最廣者也。志之事跡，見於《南史·隱逸傳》，云有人於宋泰始中見之，出入鍾山，往來都邑，年已五六十矣。此乃無徵不信之談。其可徵信者，齊武帝忿其惑衆，收付建康獄，而其死在梁武帝之天監十三年。自齊武帝元年至天監十三年，凡三十二年；自其末年起計，則二十二年耳。志之入獄，即在齊武帝元年，其時年已六十，至其死時，亦不過九十有二，此固人壽所可有，無足異也。然則其爲流俗所盛傳，特以其敢於惑衆耳，乃梁武帝亦敬事之，可見時人之易惑矣。

　　流俗所重，莫如先知，故沙門之見附會，多在於此。《晉書·五行志》云："石季龍在鄴，有一馬，尾有燒狀，入其中陽門，出顯陽門，東宮皆不得入，走向東北，俄爾不見，佛圖澄歎曰：災其及矣！逾年而季龍死，其國遂滅。"亦見《澄傳》。《姚興載記》云：興死之歲，"正旦朝羣臣於太極前殿，沙門賀僧，慟泣不能自勝，衆咸怪焉。賀僧者，莫知其所從來，言事皆有效驗，興甚神禮之，常與隱士數人，預於燕會。"《南史·賊臣傳》云："有僧通道人者，意性若狂，飲酒噉肉，不異凡等，世間遊行，已數十載，姓名鄉里，人莫能知，初言隱伏，久乃方驗，人并呼爲闍黎，侯景甚信敬之。景嘗於後堂與其徒共射，時僧通在坐，奪景弓射景陽山，大呼云，得奴已。景後又燕集其黨，又召僧通，僧通取肉搵鹽以進景，問曰：好不？景答所恨太鹹。僧通曰：不鹹則爛。及景死，王僧辯截其二手送齊文宣，傳首江陵，果以鹽五斗置腹中，送於建康，暴之於市，百姓爭取屠膾，羹食皆盡。"此等皆以能先知而見稱爲神聖者也。職是故，遂有託於是以惑世者，周太祖、隋高祖各自謂志公所稱多鬚老翁，即是也。《宋書·符瑞志》云："武帝嘗行至下邳，遇一沙門，沙門曰：江表尋當喪亂，拯之必君也。"又云："冀州有沙門法稱，將死，語其弟子普嚴曰：嵩皇神告我云：江東有劉將軍，是漢家苗裔，當受天命，吾以三十二璧、鎮金一餅與將軍爲信。三十二璧者，劉氏卜世之數也。普嚴以告同學法義，法義以（義熙）十三年七月，於嵩高廟石壇下得玉璧三十二枚，黃金一餅，後二年而受晉禪。史臣謹按：法稱所云玉璧三十二枚，宋氏卜世之數者，蓋卜年之數也。三十二者，二三十，則六十矣。宋氏受命，至於禪齊，凡六十年云。"《齊書·祥瑞志》云：永明二年十一月，"虜國民齊祥歸，入靈丘關，聞殷然有聲，仰視之，見山側有紫氣如雲，衆鳥回翔其間。祥往氣所，獲璽，方寸四分，獸紐，文曰坤維聖帝永昌，送與虜太后師道人惠度,欲獻虜主。惠度覘其文,竊謂當今衣冠正朔,在於齊國,遂附道人惠藏送京師,因羽林監崔士亮獻之。三年七月,始興郡民龔玄宣云:去年二月,忽有一道人乞食,因探懷中出篆書真經一卷,六紙,又表北極一紙,又移付羅漢居士一紙,云從兜率天宮下,使送上天子。因失道人所在。”《南史·宋武帝紀》云:“嘗遊京口竹林寺,獨臥講堂前,上有五色龍章,衆僧見之,驚以白帝,帝獨喜,曰:上人無妄言。”《梁武帝紀》云:“有沙門自稱僧惲,謂帝曰:君項有伏龍,非人臣也。復求,莫知所之。”《宋書·顏竣傳》云:“沙門釋僧含,麤有學義,謂竣曰:貧道麤見讖記,當有真人應符,名稱次第,屬在殿下。”案竣仕世祖。《南史·王僧辯傳》云:“天監中沙門釋寶志為讖云:太歲龍,將無理,蕭經霜,草應死,餘人散,十八子。時言蕭氏當滅,李氏代興。及湘州賊陸納等攻破衡州刺史丁道貴,而李洪雅又自零陵稱助討納,尋而洪雅降納,納以為應符,於是共議尊事為主。”《北史·藝術傳》云:“有沙門靈遠者,不知何許人,有道術。嘗言尒朱榮成敗,豫知其時。又言代魏者齊,葛榮聞之,故自號齊。及齊神武至信都,靈遠與渤海李嵩來謁。神武待靈遠以殊禮,問其天文人事,對曰:齊當興,東海出天子,今王據渤海,是齊地,又太白與月并,宜速用兵,遲則不吉。靈遠後罷道,姓荊,字次德。求之,不知所在。”此等事之為矯誣,至易見也,而沈約猶據其辭而曲為之說,時人之迷罔,亦可見矣。

　　讖之最早見者,如《史記·趙世家》所謂秦讖,似係記事之作,而非歌謠之類,故《扁鵲列傳》亦載其事,而作秦策。後漢君臣競事造作,乃皆成韻語,如歌謠然,蓋取其易於流播也。謠辭至後來,亦可偽造,史家明言之者,如《宋書·王景文傳》謂明帝忌景文及張永,乃自為謠言曰“一士不可親,弓長射殺人”,是也。當時沙門,亦有為是者。《宋書·五行志》云:“司馬元顯時,民謠詩云:當有十一口,當為兵所傷,木亘當北度,走入浩浩鄉。又云:金刀既以刻,娓娓金城中。此詩云襄陽道人竺曇林所作。”《志》又云:“孟顗釋之曰:十一口者,玄字象也,木亘,桓也,桓氏當悉走入關、洛,故云浩浩鄉也。金刀,劉也,倡義諸公,皆多姓劉,娓娓,美盛貌也。”《北齊書·竇泰傳》云:“泰將發鄴,鄴有惠化尼,謠云:竇行臺,去不回。”此等亦因流俗之好求先知,而為是妄誕也。

　　然溺於迷信,特其時沙門見信敬之一端;其又一端,則亦以是時沙門多有學藝也。周朗痛陳佛教之弊,謂其假醫術,託卜數,《宋書·周朗傳》。足見其流衍民間,實以二者為憑藉。而其在廟堂亦然。《魏書·術藝傳》:李修“父亮,少學醫術。又就沙門僧坦研習衆方,略盡其術”;“崔彧少嘗詣青州,逢隱逸沙門，教以《素問》九卷及《甲乙》，遂善醫術。"足徵沙門醫學，確有淵源。賀琛爲宣城王長史，侯景陷城，被創未死，賊輿送莊嚴寺療之，《梁書·賀琛傳》。寺中諸僧，必有嫺於醫術者矣。《魏書·孝文五王傳》："有沙門惠憐者，自云呪水飲人，能差諸病，病人就之者，日有千數，靈太后詔給衣食，事力優重，使於城西之南，治療百姓病，清河王懌表諫。"《北史·李先傳》：曾孫義徽，"太和中補清河王懌府記室，性好《老莊》，甚嗤釋教。靈太后臨朝，屬有沙門惠憐，以呪水飲人，云能愈疾，百姓奔湊，日以千數。義徽白懌，稱其妖妄，因令義徽草奏以諫，太后納其言。"呪水治病，固屬誣罔，然安知其不有醫術佐之；議之者出於好《老莊》而嗤釋教之人，其言亦未必可信也。《魏書·景穆十二王傳》：有沙門爲小新成孫誕采藥。《孝文五王傳》：汝南王悦，好讀佛經，而"有崔延夏者，以左道與悦遊，合服仙藥松术之屬，時輕與出采芝"。似神仙家服食之術，亦爲沙門所知，蓋以其與醫術相出入也。《宋書·沈攸之傳》："攸之將發江陵，使沙門釋僧桀筮之。"《魏書·山偉傳》："偉與儀曹郎袁昇、屯田郎李延孝、外兵郎李奐、三公郎王延業方駕而行，偉少居後。路逢一尼，望之歎曰：此輩緣業，同日而死。謂偉曰：君方近天子，當作好官。而昇等四人，皆於河陰遇害，果如其言。"《術藝·王顯傳》云："世宗夜崩。顯既蒙任遇，兼爲法官，恃勢使威，爲時所疾。朝宰託以侍療無效，執之禁中，詔削爵位。臨執呼冤，直閤以刀鐶撞其腋下，傷中吐血，至右衛府，一宿死。始顯布衣爲諸生，有沙門相顯後當富貴，戒其勿爲吏官，吏官必敗。由是世宗時或欲令其遂攝吏部，每殷勤避之。及世宗崩，肅宗夜即位，受璽册，於儀須兼太尉及吏部，倉卒百官不具，以顯兼吏部行事矣。"《北史·藝術傳》云："魏正始前，有沙門學相，遊懷朔，舉目見人，皆有富貴之表，以爲必無此理，燔其書，而後皆如言，乃知相法不虛也。"此皆沙門嫺於醫卜，兼及相術之徵也。然其學初不止此。《南史·隱逸傳》言關康之嘗就沙門支僧納學算，《宋書》無"算"字，蓋奪。妙盡其能。魏《正光曆》，總合九家，雍州沙門統道融居其一。見《魏書·律曆志》。《術藝傳》："殷紹上《四序堪輿》，表曰：臣以姚氏之世，行學伊川，時遇遊遁大儒成公興，從求九章要術。興時將臣南到陽翟九崖巖沙門釋曇影間，興即北還，臣獨留住，依止影所，求請九章。影復將臣向長廣東山，見道人法穆，法穆時共影爲臣開述九章數家雜要，披釋章次意況大旨。又演隱審五藏六府心髓血脈，商功大算，端部變化，玄象，土圭，《周髀》，練精銳思，蘊習四年，從穆所聞，飝皆髣髴，穆等仁矜，特垂憂閔，復以先師和公所注黄帝《四序經》文三十六卷，合有三百二十四章，專説天地陰陽之本。以此等文，傳授於臣。"此等皆絶業，而當時之沙門能傳之,可謂難矣。《辛紹先傳》:子穆,"初隨父在下邳,與彭城陳敬文友善。敬文弟敬武,少爲沙門,從師遠學,經久不返。敬文病,臨卒,以雜綾二十匹託穆與敬武,久訪不得,經二十餘年,始於洛陽見敬武,以物還之,封題如故,世稱其廉信。"敬武之久學不返,或非徒習經論、參禪定也。

《宋書·文九王傳》言拓拔燾圍縣瓠,毀佛浮圖,取金像以爲大鉤,施之衝車端,以牽樓堞,城内有一沙門,頗有機思,輒設奇以應之。此沙門或曾習兵家言。支曇猛説慕容寶備魏師,亦似知望氣之術。

晉南北朝,沙門多能通知玄學無論矣,此外所該涉者尚廣。今據《隋書·經籍志》觀之,則有《古今樂録》十二卷,陳沙門智匠撰;經部樂。此樂學也。《韻英》三卷,釋静洪撰;《雜體書》九卷,釋正度撰;經部小學。此小學及書法之學也。《四海百川水源記》一卷,釋道安撰;史部地。此地理之學也。《婆羅門天文經》二十一卷,《婆羅門竭伽仙人天文説》三十卷,《婆羅門天文》一卷,《摩登伽經説星圖》一卷,子部天文。《婆羅門算法》三卷,《婆羅門陰陽算曆》一卷,《婆羅門算經》三卷,子部曆數。此天文曆數之學也。《陽遁甲》九卷,釋智海撰,子部五行。此數術之學也。《寒食散對療》一卷,釋道洪撰;《解寒食散方》二卷,釋智斌撰;《釋慧義寒食解雜論》七卷,《解散方》一卷,《釋僧深藥方》三十卷,以上三書皆亡。《摩訶出胡國方》十卷,摩訶胡沙門撰;《諸藥異名》八卷,沙門行矩撰;原注:本十卷,今闕。《單複要驗方》二卷,釋莫滿撰;《釋道洪方》一卷,《釋僧匡鍼灸經》一卷,《龍樹菩薩藥方》四卷,《西域諸仙所説藥方》二十三卷,原注:目一卷,本二十五卷。《香山仙人藥方》十卷,《西録波羅仙人方》三卷,《西域名醫所集要方》四卷,原注:本十二卷。《婆羅門諸仙藥方》二十卷,《婆羅門藥方》五卷,《耆婆所述仙人命論方》二卷,原注:目一卷,本三卷。《乾陀利治鬼方》十卷,《新録乾陀利治鬼方》四卷,原注:本五卷,闕。《龍樹菩薩和香法》二卷,子部藥方。此醫學也。《楚辭音》一卷,釋道騫撰,集部《楚辭》。序云:隋時有釋道騫,善讀之,能爲楚聲,音韻清切,至今傳《楚辭》者皆祖騫公之音,此文學亦聲韻之學也。或中國有而沙門通之,或印土之學由沙門傳入;其盛,蓋不減近世基督教士之傳播西學矣,曷怪好用其人者之多也。

原刊一九四八年十月二十日《東南日報》

〔五七八〕 梁武帝廢郊廟牲牷

梁武信佛,卒召臺城之禍,讀史者皆深譏之,其實不然。梁武受禍,自由刑政之不脩,於信佛乎何與? 其以麪代郊廟牲牷,議者以爲宗廟遂不血食,《南史·梁本紀》天監十六年及《隋書·禮儀志》。又《梁書·文學傳》言:"時七廟饗薦,已用蔬果,而二郊農社,猶有犧牲。(劉)勰表言二郊宜與七廟同改,詔付尚書議,依勰所陳。"則尤拘墟之見矣。

　　南北朝時,帝王之主張去殺者,實非梁武一人。《齊書·王奐傳》云:永明六年,奐欲請車駕幸府。上晚信佛法,御膳不宰牲,使王晏謂奐曰:"吾前去年爲斷殺事,不復幸詣大臣已判,無容欻爾也。"又《武帝本紀》載帝大漸之詔曰:"東隣殺牛,不如西家禴祭。我靈上愼勿以牲爲祭,惟設餅、茶飲、干飯、酒脯而已。"是武帝雖未絶肉,已不殺牲。又《豫章王嶷傳》:嶷臨終召子子廉、子恪命之曰:"三日施靈,惟香火、槃水、干飯、酒脯、檳榔而已。朔望菜食一盤,加以甘果,此外悉省。葬後除靈,可施吾常所乘轝扇繖。朔望時節,席地香火、槃水、酒脯、干飯、檳榔便足。"此亦與齊武同,猶曰施之於己也。乃《魏書·禮志》曰:"顯祖深愍生命,乃詔曰:其命有司,非郊天地、宗廟、社稷之祀,皆無用牲。於是羣祀悉用酒脯。"《北齊書·文宣帝紀》:"天保八年八月庚辰,詔丘、郊、禘、祫、時祀,皆仰市取少牢,不得剖割。農社先蠶,酒肉而已;雩、禖、風、雨、司民、司禄、靈星、雜祀,果餅酒脯。"此其去梁武彌近矣。《齊書·張沖傳》:沖父柬卒,遺命曰:"祭我必以鄉土所產,無用牲物。"《魏書·崔挺傳》:"挺子孝直顧命諸子,祭勿殺生,其子皆遵行之。"《顏氏家訓·終制篇》云:"靈筵勿設枕几,朔望祥禫,惟下白粥清水乾棗,不得有酒肉餅果之祭。親友來餒酹者,一皆拒之。"又云:"四時祭祀,周孔所教,欲人勿死其親,不忘孝道也。求諸內典,則無益焉。殺生爲之,翻增罪累。"

　　欲薄祭祀,自必先絶口腹之欲。梁武帝無論矣,《梁書·賀琛傳》言琛啓陳事條,高祖大怒,召主書於前,口授敕責琛。有云:"昔之牲牢,久不宰殺。朝中會同,菜蔬而已。"雖北主亦有能行之者。《北齊書·文宣紀》:天保七年五月,"帝以肉爲斷慈,遂不復食",是也。士夫有以信佛而疏食者,如《齊書·高逸傳》言:劉虬精信釋氏,禮佛長齋。《梁書·裴子野傳》言其末年深信釋氏,持其教戒,終身飯麥食蔬。《梁書·到溉傳》言其初與弟洽常共居一齋,洽卒後,便捨爲寺,因斷腥羶,終身蔬食。《文學傳》言:劉杳覩釋氏經教,常行慈忍。自居母憂,便長斷腥羶,持齋蔬食。任孝恭少從蕭寺雲法師讀經論,明佛理,後乃蔬食持戒,信受甚篤。《陳書·徐陵傳》言其第三弟孝克蔬食長齋,持菩薩戒。《北齊書·盧潛傳》言其自揚州刺史徵爲五兵尚書,揚州吏民以潛戒斷酒肉,篤行釋氏,大設僧會,以香華緣道送之。《齊書·張融傳》言:融兼掌正廚,見宰殺,回車遽去,自表解職。知時奉佛者,於殺戒甚虔。間有不堪蔬素而還俗者:如《南史·儒林傳》之伏挺,則其出家亦本以避罪,非以信佛也。又袁粲孝建元年文帝諱日,羣臣并於中興寺八關齋中,食竟,粲別與黃門郎張淹更進魚肉,爲尚書令何尚之所白免官。則其人本不信佛。亦有不盡由於信佛者,信佛者持戒自尤嚴。《陳書·王固傳》云:固"崇信佛法,及丁所生母憂,遂終身蔬食。嘗聘於西魏，因宴饗之際，請停殺一羊，羊於固前跪拜。又宴於昆明池，魏人以爲南人嗜魚，大設罟網，固以佛法呪之，遂一鱗不獲"。似乎周旋壇坫之間，仍守疏食之舊不變。《齊書·周顒傳》："何胤言斷食生，猶欲食白魚、䱉脯、糖蟹，以爲非見生物。疑食蚶蠣，使學生議之。學生鍾岏曰：䱉之就脯，驟於屈伸，蟹之將糖，躁擾彌甚。仁人用意，深懷如怛。至於車螯蚶蠣，眉目內闕，慭渾沌之奇；礦殼外緘，非金人之慎。不悴不榮，曾草木之不若；無聲無臭，與瓦礫其何算。故宜長充庖廚，永爲口實。竟陵王子良見岏議大怒。"其持戒可謂嚴矣。然沙門反有不能守戒者。《宋書·謝弘微傳》云：兄曜卒，"弘微蔬食積時，服雖除，猶不噉魚肉。釋慧琳詣弘微，弘微與之共食，猶獨蔬素。慧琳曰：檀越素既多疾，頃者肌色微損。若以無益傷生，豈所望於得理。"是沙門反勸人肉食也。猶曰勸人，抑慧琳本佞幸之流也。梁武帝大弘釋典，將以易俗，乃郭祖深上封事極言其事之弊，有云"僧尼皆令蔬食"。《南史·循吏列傳》。則尋常僧尼亦有肉食者矣，豈不異哉？

梁武帝敕太醫不得以生類爲藥；公家織官紋錦飾，并斷仙人鳥獸之形，以爲褻衣裁翦，有乖仁恕。《南史本紀》天監十六年三月。然北主亦有能行之者。

《魏書·釋老志》載高祖延興二年詔曰："內外之人，興建福業，造立圖寺，務存高廣，傷殺昆蟲含生之類。欲建爲福之因，未知傷生之業。自今一切斷之。"此詔雖在高祖之時，實出顯祖之意。《志》又言：三年十二月，顯祖因田鷹獲鴛鴦一，其偶悲鳴，上下不去。帝乃惕然。於是下詔禁斷鷙鳥，不得育焉。《本紀》世宗永平二年五月辛丑，以旱故禁斷屠殺；十一月詔禁屠殺含孕，以爲永制。《北齊書·文宣帝紀》：天保八年四月庚午詔諸取蝦蟹蜆蛤之類，悉令停斷，唯聽捕魚。乙酉詔公私鷹鷂，俱亦禁絕。九年二月己丑，詔限以仲冬一月燎野，不得他時行火，損昆蟲草木。《武成帝紀》：元年正月，詔斷屠殺，以順春令。《後主紀》：天統五年二月乙丑，詔禁網捕鷹鷂及畜養籠放之物。《上洛王思宗傳》云：子元海，好亂樂禍，然詐仁慈，不飲酒噉肉。文宣天保末年，敬信內法，乃至宗廟不血食，皆元海所謀。及爲右僕射，又説後主禁屠宰，斷酤酒，然本心非清，故終至覆敗。案元海嘗勸武成奉濟南，此未爲非義。其後與祖珽共執朝政，依違陸太姬間，蓋亦事不得已耳，然謂其好亂樂禍則過矣。《周書·武帝紀》：保定二年四月，亦以旱故禁屠宰。《隋書·禮儀志》：祈雨初請後二旬不雨者，即徙市禁屠。州郡尉祈雨，亦徙市斷屠如京師。蓋自此遂爲故事矣。

《宋書·謝靈運傳》言："（會稽）太守孟顗事佛精懇，而爲靈運所輕。會稽東郭有回踵湖，靈運求決以爲田，太祖令州郡履行。此湖去郭近，水物所出，百姓惜之。顗堅執不與。靈運既不得回踵，又求始寧岯嵉湖爲田，顗又固執。靈運謂顗非存利民，正慮決湖多害生命，言論毀傷之，與顗遂搆釁隙。"靈運固狂悖，然其度顗意或未必盡誣。齊武帝將射雉，竟陵王子良上書諫。見《齊書》本傳。王續亦稱疾不從。見《齊書·王奐傳》。《魏書·陸俟傳》："俟玄孫子彰崇好道術，曾嬰重疾，藥中須桑螵蛸，子彰不忍害物，遂不服焉。"此與梁武帝禁以生類爲藥用意符同矣。《齊書·高逸傳》："始興人盧度亦有道術，少隨張永北征，永敗，虜追急，阻淮水不得過。度心誓曰：若得免死，從今不復殺生。須臾見兩楯流來，接之得過。"此等戒殺之念，原不過徼利之心，然有以薪報而然者，亦有不出於此者。聞以仁爲治，不聞以殺爲治，梁武帝齊文宣可議之處則甚多矣，於其戒殺竟何與哉？

〔五七九〕　僧　徒　爲　亂

宗教爲治世之資乎？抑爲作亂者之所藉乎？曰無定也。無論何教，皆可用以治民，亦可藉以犯上。道教自寇謙之而後，廟堂之上亦尊禮之，與儒、釋并列矣。謂其非原出於張角、張魯、孫恩之儔，不可得也。基督教在歐洲，幾欲藉以駕馭帝王成統一之業；其在中國，雖見誣以烹食小兒，誘奸婦女，特其見禁斷時流俗揣測之辭，今日則人知其誣，政府中人且有崇奉之者矣。然在清代太平天國起事之時，謂其非張角、張魯、孫恩之流，不可得也。佛教最稱柔和矣，然自傳入中國以來，假以謀亂者，亦迄不絶；以其所成就，不如張角、張魯、孫恩、太平天國等之大，讀史者遂多忽略焉；然其性質實無以異，不可不一指出之也。

佛教流通，世皆信《魏書·釋老志》之説，謂其以漢明帝之世來自西域，首至洛陽，非也。楚王英者，明帝之兄，而據《後漢書》本傳，永平八年詔令天下死罪皆入縑贖，英遣郎中令奉黃縑白紈三十匹詣國相，國相以聞，詔報之，已有"楚王誦黃、老之微言，尚浮屠之仁慈"之語矣。然則佛教流通，南方殆先于北。大作佛事最早可考者，爲漢末之笮融，事見《三國志·劉繇傳》，亦見《後漢書·陶謙傳》。《傳》言融丹陽人，初聚衆數百，往依徐州牧陶謙。謙使督廣陵、彭城運漕，遂放縱擅殺，坐斷三郡委輸以自入。乃大起浮圖祠，以銅爲人，黃金塗身，衣以錦采，垂銅槃九重，下爲重樓閣道，可容三千餘人，悉課讀佛經，令界內及旁郡人有好佛者聽受道，復其他役以招致之，由此遠近前後至者五千餘人户。每浴佛，多設酒飯，布席於路，經數十里，民人來觀及就食且萬人，費以巨億計。曹公攻陶謙，徐土騷動，融將男女萬口，馬三千匹，走廣陵，廣陵太守趙昱待以賓禮。先是，彭城相薛禮爲陶謙所逼，屯秣陵。融利廣陵之衆，因酒酺殺昱，放兵大略，因載而去，過殺禮。劉繇爲孫策所破，奔丹徒，泝江南保豫章，駐彭澤。笮融先至，殺太守朱晧，入居郡中。繇進討融，爲融所破，更復招合屬縣，攻破融。融敗走入山，爲民所殺。其人實亂徒也。《隋書·經籍志》論《佛經》云："漢末太守竺融亦崇佛法。"竺笮同音，佛徒以釋爲姓，始於道安，先此皆從所受學。《困學紀聞》二十引石林葉氏《避暑録話》。而僧人來自異域者，率以其國名爲姓，如月支人姓支，安息人姓安是也。天竺人則姓竺，竺融疑從天竺人受學，因從其姓者；此説若然，則融，中國人出家之甚早者矣。《三國·吳志·孫綝傳》言其"壞浮屠祠，斬道人"。其詳不可得聞。今案《梁書·海南諸國傳》述高祖改造阿育王寺塔，出舊塔下舍利及佛爪髮事云："阿育王即鐵輪王，王閻浮提，一天下，佛滅度後，一日一夜役鬼神造八萬四千塔，此即其一也。吳時有尼居其地，爲小精舍，孫綝尋毀除之，塔亦同泯。吳平後，諸道人復於舊處建立焉。晉中宗初渡江，更脩飾之。至簡文咸安中，使沙門安法師程造小塔，未及成而亡。弟子僧顯繼而脩立。至孝武太元九年，上金相輪及承露。其後西河離石縣有胡人劉薩何遇疾暴亡，而心下猶暖，其家未敢便殯，經十日更蘇，説云：有兩吏見録，向西北行，不測遠近，至十八地獄，隨報重輕，受諸楚毒；見觀世音語云：汝緣未盡，若得活，可作沙門，洛下、齊城、丹陽、會稽并有阿育王塔，可往禮拜；若壽終，則不墮地獄。語竟，如墮高巖，忽然醒寤。因此出家，名慧達，遊行禮塔，次至丹陽，未知塔處。乃登越城四望，見長干里有異氣色，因就禮拜，果是育王塔所。屢放光明，由是定知必有舍利，乃集衆就掘之，入一丈，得三石碑，并長六尺，中一碑有鐵函，函中有銀函，函中又有金函，盛三舍利及爪髮各一枚，髮長數尺。即遷舍利近北，對簡文所造塔西，造一層塔。十六年，又使沙門僧尚伽爲三層，即高祖所開者也。初穿土四尺，得龍窟及昔人所捨金銀鐶釧釵鑷等諸雜寶物。可深九尺許，方至石磉，磉下有石函，函内有鐵壺，以盛銀坩，坩内有金鏤罌，盛三舍利，如粟粒大，圓正光潔。函内又有琉璃椀，内得四舍利及髮爪，爪有四枚，并沈香色。"説雖怪迂，然穿土所得諸物，不容妄言；則其追溯前代寺塔，亦必非虛語。然江東之有佛教舊矣，孫綝何故毀滅之？觀於笮融之事，而知當時僧衆，未必皆和柔自守之徒，綝或亦有所不得已也。然則佛教初入中國時，已有藉以謀亂者矣。

　　魏、晉以後，佛教之流通愈盛，其徒之反側亦滋多。宋文帝元嘉九年，益州刺史劉道濟綏撫失和，有司馬飛龍者，自稱晉之宗室，晉末走仇池，遂入緜竹，攻陰平，道濟遣軍擊斬之。而五城人帛氏奴等復爲亂，以道人程道養詐稱飛龍。史雖云出於劫持，然其後道養亦迄未自拔，亂事緜延至十四年乃定焉。見《宋書・劉粹傳》。二十八年又有亡命司馬順則，詐稱晉室近屬，自號齊王，聚衆據梁鄒城；又有沙門自稱司馬百年，號安定王，以應順則。見《宋書・蕭思話傳》。孝武帝大明二年，先是，南彭城蕃縣人高闍、沙門釋曇標、道方等共相誑惑，與秣陵民藍宏期《南史》作宖期。等謀爲亂。又要結殿中將軍苗允、員外散騎侍郎嚴欣之、司空參軍闞千纂、太宰府將程農、王恬等謀，剋八月一日夜起兵，攻宮門，晨掩太宰江夏王義恭，分兵襲殺諸大臣，以闍爲天子。事發覺，凡黨與死者數十人。見《宋書・王僧達傳》。亦見《夷蠻傳》，云高闍爲羌人。觀文武官員與謀者之多，而知其誑惑，史之所傳，庸或得實。然孝武因此以陷王僧達，則其事必與士夫多所牽連可知矣。齊武帝永明十一年，有建康蓮華寺道人釋法智與徐州民周盤龍等作亂，《齊書・王玄載傳》。梁武帝時有沙門僧强自稱爲帝，攻陷北徐州。《梁書・陳慶之傳》。此皆南朝之反側者也。北方則尤甚。《晉書・石季龍載記》云：有安定人侯子光，弱冠美姿儀，自稱佛太子，從大秦國來，當王小秦國，易姓名爲李子楊。遊於鄠縣爰赤眉家，赤眉信敬之，妻以二女，轉相扇惑。京兆樊經、竺龍、此人或亦佛徒，故姓竺。嚴諶、謝樂子等聚衆數千人於杜南山，子楊稱大黃帝，建元曰龍興。其見於《魏書》者：太祖天興五年，有沙門張翹，自號無上王，與丁零鮮于次保聚黨常山之行唐。高祖延興三年十二月，有沙門慧隱謀反。太和五年二月，又有沙門法秀謀反，以上皆見《本紀》。法秀事亦見《天象志》、《靈徵志》。此役與大乘之亂，皆震動一時，與其謀者，有崔道固兄子僧佑及州秀才平雅。僧佑見《魏書・崔玄伯傳》。雅，季之父，見《閹官傳》。《苟頹傳》云："大駕行幸三川，頹留守京師，沙門法秀謀反，頹率禁衛收掩，畢獲，內外晏然。駕還飲至，文明太后曰：當爾之日，卿若持疑不即收捕，處分失所，則事成不測矣。"《恩倖・王叡傳》云："法秀謀逆事發，多所牽引。叡曰：與其殺不辜，寧赦有罪，宜梟斬首惡，餘從疑赦。高祖從之，得免者千餘人。"叡弟亮以告法秀反，賜爵永寧侯。此役似中國之士大夫謀欲覆魏，事未及發，而魏主歸後，又株連頗廣也。十四年有沙門司馬惠御，自言聖王，謀破平原郡。世宗永平二年，有涇州沙門劉惠汪聚衆反。三年二月，有秦州沙門劉光秀謀反。延昌三年十一月，有幽州沙門劉僧紹聚衆反，自號淨居國明法王。皆見《本紀》。光秀事亦見《靈徵志》。僧紹事亦見《天象志》。至四年六月而大乘之禍作。《肅宗本紀》云：沙門法慶聚衆反於冀州，自稱大乘。九月甲寅，元遙破斬之，及渠帥百餘人，傳首京師。熙平二年正月，餘賊復相聚結，攻瀛州，刺史宇文福討平之。《本紀》。此事散見元遙及崔玄伯、宇文福、高允、蕭寶夤、張彝、裴叔業、李叔虎，《酷吏》谷楷、《閹官》封津及《北齊書》封隆之等傳。《元遙傳》云："冀州沙門法慶既爲妖幻，遂說渤海人李歸伯。歸伯合家從之，招率鄉人，推法慶爲主。法慶以歸伯爲十住菩薩、平魔軍司、定漢王，自號大乘。殺一人者爲一住菩薩，殺十人者爲十住菩薩。又合狂藥，令人服之，父子兄弟不相知識，惟以殺害爲事，於是聚衆殺阜城令，破渤海郡，殺害吏人。刺史蕭寶夤遣兼長史崔伯驎討之，敗於煮棗城，伯驎戰歿。凶衆遂盛，所在屠滅寺舍，斬戮僧尼，焚燒經像，云新佛出世，除去舊魔。詔以遙爲使持節、都督北征諸軍事，帥步騎十萬以討之。法慶相率攻遙，遙并擊破之。遙遣輔國將軍張蚪等率騎追掩，討破，擒法慶并其妻尼惠暉等斬之，《北史》作斬法慶。傳首京師。後擒歸伯，戮於都市。"《北齊書·封隆之傳》言法慶之衆，爲五萬餘。《魏書·谷楷傳》曰："沙門法慶反於冀州，雖大軍討破，而妖帥尚未梟除，詔楷詣冀州追捕，皆擒獲之。"此蓋法慶以外之小帥。《封津傳》云："大乘賊起，詔津慰勞，津世不居桑梓，故不爲州里所歸。"《高允傳》：允孫綽，"大乘賊起於冀州，元遙討之，詔綽兼散騎常侍，持節，以白虎幡軍前招慰。綽著信州里，降者相尋。"此則攻剿之外，別事招撫者也。《張彝傳》言："大乘賊起於冀、瀛之間，遣都督元遙討平之，多所殺戮，積尸數萬。（彝子）始均以郎中爲行臺，忿軍士重以首級爲功，乃令檢集人首數千，一時焚蓺，至於灰燼，用息僥倖。"可見魏帥軍紀之壞。法慶何故專以殺戮爲務，甚至殘及僧尼，殊不可解。歸伯者，叔虎之從兄弟，叔虎弟臺户亦同法慶反，叔寶則以連坐死於洛陽獄。見《魏書·李叔虎傳》。士大夫之與其事者亦不少也。《源賀傳》：賀出爲冀州刺史，"武邑郡姦人石華告沙門道可與賀謀反，高宗謂羣臣曰：朕爲卿等保之。乃精加訊檢，華果引誣。"《逸士傳》：馮亮爲中山王英所獲，至洛，隱居嵩高，與僧徒禮誦爲業。會逆人王敞事發，連山中沙門，亮被執赴尚書省十餘日，詔特免雪，亮不敢還山，遂寓居景明寺。後乃復還山室。此二事雖不知僧人之果與謀與否，然其易於牽連，則亦甚矣。《北齊書·皮景和傳》："陳將吳明徹寇淮南，令景和率衆拒之；有陽平人鄭子饒詐依佛道，設齋會，用米麪不多，供贍甚廣。密從地藏漸出餅飯，愚人以爲神力，見信於魏、衛之間。將爲逆亂，謀洩，掩討，漏逸，乃潛渡河，聚衆數千，自號長樂王。已破乘氏縣，又欲襲西兗州城。景和自南兗州遣騎數百擊破之，斬首二千餘級，生擒子饒，送京師烹之。"此則利用佛教齋會供贍窮民，以聚衆者。《魏書·盧玄傳》：子淵，"高祖議伐蕭賾。淵表曰：臣聞流言：關右之民，自比年以來，競設齋會，假稱豪貴，以相扇惑，顯然於衆坐之中以謗朝廷，無上之心，莫此爲甚。愚謂宜速懲絶，戮其魁帥。不爾，懼成黄巾、赤眉之禍。"淵雖云爾，實則豪貴參與其事者正多，不必出於假託，觀法秀、法慶之事可知。鄭子饒能爲地道，多出餅飯以贍人，亦必豪桀之流也。顯然騰謗於衆坐之間，至引爲南伐之後患，其中或有華夏有心之士志存覆魏者矣。

《宋書・文五王傳》：竟陵王誕遷鎮廣陵，"大明二年，發民築治廣陵城。誕循行，有人干輿揚聲大罵曰：大兵尋至，何以辛苦百姓！誕執之，問其本末，答曰：姓夷名孫，家在海陵，天公去年與道佛共議，欲除此間民人；道佛苦諫得止。大禍將至，何不立六愼門？誕問六愼門云何？答曰：古時有言，禍不入六愼門。誕以其言狂悖，殺之。"此人非有心恙，則亦必能假道佛以惑衆者也。

《魏書・釋老志》：高宗復佛法時下詔曰："欲爲沙門，不問長幼，出於良家，性行素篤，無諸嫌穢，鄉里所明者，聽其出家。"有是限制，足見是時入道，豪猾者多也。《宋書・垣護之傳》：其伯父之子閬，元嘉中爲員外散騎侍郎。母墓爲東阿寺道人曇洛等所發，閬與弟殿中將軍閎共殺曇洛等五人，詣官歸罪，見原。《北齊書・陽州公永樂傳》：弟長弼，小名阿伽，性麤武，出入城市，好毆擊行路，時人皆呼爲阿伽郎君。時有天恩道人，至凶暴，橫行閭肆，後入長弼黨，專以鬭爲事。文宣并收掩付獄，天恩黨十餘人皆棄市，長弼鞭一百。此兩事，并足見僧衆中凶人之多。《周書・齊煬王憲傳》：齊任城王湝、廣寧王孝珩等據守信都，高祖復詔憲討之。大開賞募，多出金帛，沙門求爲戰士者亦數千人。其人可應募爲兵，無怪其易於爲亂矣。

《魏書・釋老志》：高祖延興二年四月詔曰：比丘不在寺舍，遊涉村落，交通姦猾，經歷年歲，令民間五五相保，不得容止。無籍之僧，精加隱括，有者送付州鎮，其在畿郡，送付本曹。若爲三寶巡民教化者，在外齎州鎮維那文移，在臺者齋都維那等印牒，然後聽行，違者加罪。《本紀》云："詔沙門不得去寺浮遊民間，行者仰以公文。"觀此知當時僧衆亦有如基督教士巡遊勸化者，而姦猾乃因之以行矣。世宗永平二年冬，沙門統惠深上言："與經律法師，羣議立制：或有不安寺舍，遊止民間，亂道生過，皆由此等，若有犯者，脱服還民。"仍與延興之詔同意。

僧衆遊涉，究較平民爲自由，觀當時遭難者，或變形爲沙門，或由沙門加以隱匿可知。《晉書・祖約傳》：祖逖有胡奴曰王安，待之甚厚，及在雍丘，告之曰：石勒是爾種類，吾亦不在爾一人，乃厚資遣之，遂爲勒將。祖氏之誅也，安多將從人於市觀省，潛取逊庶子道重藏之爲沙門，時年十歲，石氏滅後，來歸。《宋書‧鄧琬傳》：子勛之敗，郢州行事張沈、僞竟陵太守丘景先聞敗，變形爲沙門逃走，追禽伏誅。《梁書‧陳慶之傳》：洛陽陷，慶之馬步數千，結陣東返，尒朱榮親自來追，直嵩高山水洪溢，軍人死散，慶之乃落髮爲沙門，間行至豫州。《陳書‧王質傳》：侯景軍至京師，質不戰而潰，乃翦髮爲桑門，潛匿人間。《南史‧宋宗室諸王傳》言長沙王道憐之孫彦節謀攻齊高帝被殺，子俣與弟陔剃髮被法服向京口，於客舍爲人識，執於建康獄，盡殺之。又《齊武帝諸子傳》言竟陵王子良子昭胄，王敬則事起，明帝召諸王侯入宮；及陳顯達起事，王侯復入宮，昭胄懲往時之懼，與弟永新侯昭穎逃奔江西，變形爲道人。《魏書‧房法壽傳》言法壽從弟崇吉南奔，夫婦異路，剃髮爲沙門，改名僧達，投其族叔法延，住歲餘，清河張略之，亦豪俠士也，崇吉遺其金帛，得以自遣；妻從幽州南出，亦得相會。《蕭寶夤傳》言兄寶卷子贊，本名綜，爲齊州刺史，尒朱兆入洛，爲城民趙洛周所逐，爲沙門，潛詣長白山，未幾，趣白鹿山，至陽平遇病而卒。《裴叔業傳》言長兄子彦先，正始中轉渤海相；屬元愉作逆，徵兵郡縣，彦先不從，爲愉拘執，踰獄得免，仍爲沙門，潛行至洛。此皆身爲沙門以求免者也。《宋書‧王華傳》：父廞，舉兵以討王恭爲名，恭遣劉牢之擊廞，廞敗走，不知所在。長子泰爲恭所殺，華時年十二，《南史》作十三。在軍中與廞相失，隨沙門釋曇永《南史》作曇冰。逃竄。《南史‧袁昂傳》：雍州刺史顗之子也。顗敗，藏於沙門。沙門將以出關，關吏疑非常人，沙門杖而語之，遂免。又《梁宗室傳》：臨川王宏，宣武之難，兄弟皆被收。道人釋惠思藏宏。及武帝師下，宏至新林奉迎。又邵陵王綸，元帝聞其盛，乃遣王僧辯帥舟師一萬以逼綸。綸將劉龍武等降僧辯，綸遂與子躓等十餘人輕舟走武昌。沙門法磬與綸有舊，藏之巖石之下。又《王僧辯傳》言甥徐嗣先，荊州滅亡，爲比丘慧暹藏得脫。《魏書‧司馬楚之傳》：劉裕誅夷司馬戚屬，叔父宣期、兄貞之并爲所殺，楚之乃亡，匿諸沙門中，濟江自歷陽西入義陽竟陵蠻中。又《王慧龍傳》：自云司馬德宗尚書僕射愉之孫。劉裕微時，愉不爲禮，及得志，愉合家見誅。慧龍年十四，爲沙門僧彬所匿，百餘日，將慧龍過江。此皆藉沙門之隱藏以獲免者也。沙門中雖多豪猾，究爲方外之人，故其或行或居，譏察者究較寬弛矣。

〔五八〇〕　畜　　蠱

畜蠱之俗，近世謂西南有之。《隋書‧地理志》曰："新安、永嘉、建安、遂安、鄱陽、九江、臨川、廬陵、南康、宜春，此數郡往往畜蠱，而宜春偏甚。其法：以五月五日，聚百種蟲，大者至蛇，小者至蝨，合置器中，令自相啖，餘一種存者留之，蛇則曰蛇蠱，蝨則曰蝨蠱，行以殺人。因食入人腹内，食人五藏，死則其産移入蠱主之家，三年不殺他人，則畜者自鍾其弊。累世子孫，相傳不絶，亦有隨女子嫁焉。干寶謂之爲鬼，其實非也。自侯景亂後，蠱家多絶，既無主人，故飛遊道路之中則殞焉。”余少時聞人之言蠱者，大同小異，可見近世西南諸族，在六代時，尚盛於東南也。

〔五八一〕　淫　祀　之　盛

《宋書·禮志》四：“劉禪景耀六年，詔爲丞相諸葛亮立廟於沔陽。先是所居各請立廟，不許，百姓遂私祭之，而言事者或以爲可立於京師，乃從人意，皆不納。步兵校尉習隆、中書侍郎向允等言於禪曰：昔周人懷邵伯之美，甘棠爲之不伐；越王思范蠡之功，鑄金以存其象。自漢興以來，小善小德，而圖形立廟者多矣；況亮德範遐邇，勳蓋季世，王室之不壞，實斯人是賴。而烝嘗止於私門，廟象闕而莫立，百姓巷祭，戎夷野祀，非所以存德念功，述追在昔也。今若盡從人心，則瀆而無典，建之京師，又逼宗廟，此聖懷所以惟疑也。愚以爲宜因近其墓，立之於沔陽，使屬所以時賜祭。凡其故臣欲奉祠者，皆限至廟。斷其私祀，以崇正禮。於是從之。”諸葛亮誠賢相，民乃競私祭之，且及戎夷，亦爲野祀乎？《志》又曰：“漢時城陽國人以劉章有功於漢，爲之立祠，青州諸郡，轉相放效，濟南尤盛。至魏武帝爲濟南相，皆毀絶之。及秉大政，普加除翦，世之淫祀遂絶。”劉章有功於漢，青州何與焉？而城陽祠之，諸郡且放效之乎？若曰棟折榱崩，僑將厭焉，忠孝之節，天下之所同美也，以是報德，且以厲後之人，魏武又何得目爲淫祀乎？不特此也。《孔季恭傳》云：“出爲吴興太守，加冠軍。先是吴興頻喪太守，云項羽神爲卞山王，居郡聽事，二千石至，常避之，季恭居聽事，竟無害也。”《齊書·李安民傳》云：爲吴興太守，卒官。“吴興有項羽神，護郡聽事，太守不得上。太守到郡，必祀以軛下牛。安民奉佛法，不與神牛，著屐上聽事，又於聽上八關齋。《太平御覽》六五四、八八二引此文，“八關齋”上并有“設”字。俄而牛死，葬廟側，今呼爲李公牛冢。及安民卒，世以神爲祟。”《蕭惠基傳》云：“弟惠休，徙吴興太守，徵爲右僕射。吴興郡項羽神舊酷烈，世人云：惠休事神謹，故得美遷。”《梁書·蕭琛傳》云：“遷吴興太守。郡有項羽廟，土民名爲憤王，甚有靈驗，遂於郡聽事安施牀幕爲神座，公私請禱，前後二千石皆於聽拜祀，而避居他室。琛至，徙神還廟，處之不疑。又禁殺牛解祀，以脯代肉。”合此數事觀之，吳興之奉項羽，可謂至虔，羽何功德於吳興乎？猶得曰羽初避地江東，江東故楚地，民以其有功於楚而懷之也。乃如董卓，逆亂之賊也，庱無懷思之崇敬之者；而《北史·魏蘭根傳》：謂其母憂，將葬常山。“郡境先有董卓祠，祠有柏樹，蘭根以卓兇逆，不應遺祠至今，乃啓刺史，請伐爲椁。左右人言有靈，蘭根了無疑懼。”是董卓亦受人崇祀數百年也。石虎尤異族淫暴之主也，而《北史·景穆十二王傳》云：南安王楨爲相州刺史，“以旱祈雨於羣神。鄴城有石季龍廟，人奉祀之。楨告神像云：三日不雨，當以鞭罰。請雨不驗，遂鞭像一百。是月疽發背薨。”爲此言者，蓋亦信季龍之能爲厲也。何民之不論善惡，不別內外，不計其有功德及己與否，而好淫祀至於如此也？善乎周朗之言之也。宋世祖之即位也，普責百官讜言，朗上書曰：“凡鬼道惑衆，妖巫破俗，觸木而言怪者不可數，寓采而稱神者非可算，其原本是亂男女，合飲食，因之而以祈祝，從之而以報請，是亂不除，爲害未息。凡一苑始立，一神初興，淫風輒以之而甚。今脩隄以北，置園百里，峻山以右，居靈十房，縻財敗俗，其可稱限？”可謂言之深切著明矣。飲食男女，人之大欲存焉。凡民之所費誠多，而爲之唱率者，則其飲食男女之欲遂矣。蒙藏之民奉喇嘛之教至虔也，而達賴、班禪乃深相德基督教，有新舊之爭也。天方教異黑白之宗也。五斗米道實出張修，張魯殺修而竊其教，烏呼，世豈有創教傳教之人而真信教者邪？

　　《齊書·周山圖傳》云：義鄉縣長風廟神姓鄧，先經爲縣令，死遂發靈。山圖啓乞加神位輔國將軍，上世祖。答曰：“足狗肉便了事，何用階級爲？”縣令死而發靈，亦習隆等所云小善小德圖形立廟之類也。加之階級，則又將屠牛刲羊，煩費不貲矣。是以世祖不之許也。《武十七王傳》：“竟陵王子良爲會稽太守。夏禹廟盛有禱祀，子良曰：禹泣辜表仁，菲食旌約，服玩果粽，足以致誠。使歲獻扇簟而已。”《隋書·高勱傳》：“拜楚州刺史。先是城北有伍子胥廟，其俗敬鬼，祈禱者必以牛酒，至破產業。勱歎曰：子胥賢者，豈宜損百姓乎？乃告諭所部，自此遂止，百姓賴之。”誠無所費於民，以虛文崇祀之亦何害？然無所費，則其祠亦將不禁而自絕矣。何也？無所利焉，則莫爲之倡率，而欲禱祝報請者，亦將無所景從也。

　　自宋、齊之世，孔季恭、李安民即不信項羽神，然至梁世而其妖妄仍不息，則以季恭、安民僅逐出之於聽事，而未能逕廢其廟也。然即廢之，亦未必能遂絕之。《梁書·王神念傳》云：“出爲青、冀二州刺史。神念性剛正，所更州郡，

必禁止淫祠。青、冀州東北有石鹿山臨海，先有神廟，妖巫欺惑百姓，遠近祈
禱，糜費極多。及神念至，便令毀撤，風俗遂改。”而《南史·陰子春傳》云：“子
春仕歷位朐山戍主、東莞太守。時青州石鹿山臨海，先有神廟，刺史王神念以
百姓祈禱糜費，毀神影，壞屋舍。當坐棟上有一大蛇長丈餘，役夫打撲，不禽，
得入海水。爾夜，子春夢見人通名詣子春云：有人見苦，破壞宅舍，既無所託，
欽君厚德，欲憩此境。子春心密記之。經二日而知之，甚驚，以爲前所夢神，
因辦牲醑請召，安置一處。數日，復夢一朱衣相聞，辭謝云：得君厚惠，當以一
州相報。子春心喜，供事彌勤。經月餘，魏欲襲朐山，間諜前知，子春設伏摧
破之，詔授南青州刺史，鎮朐山。”此事不知子春故信此神，聞神念之廢之而己
立之；抑有信此神者，聞神念之廢之，而説子春立之也？然此神也，則廢於此
而立於彼矣。又不僅此也，《周書·于翼傳》云：“出爲安州總管。時屬大旱，
溳水絶流。舊俗，每逢亢陽，禱白兆山祈雨。高祖先禁淫祀，山廟已除，翼遣
主簿祭之，即日澍雨霑洽，歲遂有年。民庶感之，聚會歌舞，頌翼之德。”其時
則有廢之，又有舉之者矣。然所云聚會歌舞者，又安知不爲亂男女、合飲食
來邪？

　　陰子春、于翼之事，其小焉者也。魏武帝之廢淫祀也，文帝、明帝皆能繼
其志。文帝黄初五年詔曰：“自今，其敢設非祀之祭，巫祝之言，皆以執左道
論，著于令典。”明帝青龍元年，又詔：“郡國山川不在祀典者勿祠。”晉武帝泰
始元年詔：“末代信道不篤，僭禮瀆神，縱欲祈請，曾不敬而遠之。徒偷以求
幸，妖妄相扇，捨正爲邪，故魏朝疾之。其按舊禮，具爲之制，使功著於人者，
必有其報，而妖淫之鬼，不亂其間。”猶此志也。然穆帝升平中，何琦論脩五嶽
祠謂：“今非典之祠，可謂非一。考其正名，則淫昏之鬼；推其糜費，則四人之
蠹。可俱依法令，先去其甚，俾邪正不瀆。不見省。”而武帝之志荒矣。以上亦皆
據《宋書·禮志》。《宋書·武帝紀》：永初二年四月詔曰：“淫祠惑民廢財，前典所
絶，可并下在所，除諸房廟，其先賢及以勳德立祠者，不在此例。”此《禮志》所
謂“普禁淫祀”者，蓋至此而又一整頓也。《志》云：“由是蔣子文祠以下，普皆
毀絶。”然又云：“孝武孝建初，更脩起蔣山祠，所在山川，漸皆脩復。明帝立九
州廟於雞籠山，大聚羣神。”則其廢之也，亦不旋踵而即復，且加屬焉。所謂蔣
子文者，其行事無可考。《齊書·崔祖思傳》云：“州辟主簿，與刺史劉懷珍於
堯廟祀神，廟有蘇侯像。懷珍曰：堯聖人，而與雜神爲列，欲去之，何如？祖思
曰：蘇峻今日可謂四凶之五也。懷珍遂令除諸雜神。”祖思，清河東武城人，清
河齊世屬冀州。《南史·祖思傳》則云：“年十八，爲都昌令，隨青州刺史垣護

之入堯廟，廟有蘇侯神偶坐。護之曰：唐堯聖人，而與蘇侯神共坐，今欲正之，何如？祖思曰：使君若清蕩此坐，則是唐堯重去四凶。由是諸雜神并除。”不云蘇侯爲蘇峻。論者或以蘇峻凶逆，不當見祀，謂《南史》爲可信，然則董卓、石虎又何以見祀邪？若謂蘇侯當在建康，不當在青、冀，則《南史·張沖傳》言：“東昏遣薛元嗣、暨榮伯領兵及糧運送沖，使拒西師。沖病卒，元嗣、榮伯與沖子孜及長史江夏程茂固守，處圍城之中，無他經略，惟迎蔣子文及蘇侯神，日禺中於州聽上祀以求福，鈴鐸聲晝夜不止。又使子文導從登陴巡行，旦日輒復如之，識者知其將亡。”蘇侯可迎入郢城，獨不可至青、冀邪？以此推之，蔣侯亦必非正神。不然，宋武詔明言先賢及以勳德立祠者不在除例，何以其祠在當時亦見毀絶耶？

　　凡人當禍福無定之際，則皇惑無主。《宋書·禮志》四云：“蔣侯，宋代稍加爵位，至相國、大都督、中外諸軍事，加殊禮，鍾山王。蘇侯，驃騎大將軍。”今案宋世信此二神者，莫如元凶及太宗。《文九王傳》云：“勑迎蔣侯神於宮内，疏世祖年諱，厭祝祈請。”又云：“始安王休仁都督征討諸軍事。初行，與蘇侯神結爲兄弟，以求神助。及事平，太宗與休仁書曰：此段殊得蘇侯兄弟力。”《南史》云：“明帝初與蘇侯神結爲兄弟。”書辭則曰：“此段殊得蘇兄神力。”皆在軍旅成敗之際也。自此而上溯之，《晉書·簡文三子傳》云：“孫恩至京口，道子無他謀略，惟日禱蔣侯廟，爲厭勝之術。”又《苻堅載記》云：“堅與苻融登城而望王師，見部陳齊整，將士精銳，又北望八公山上，草木皆類人形，顧謂融曰：此亦勍敵也，何謂少乎？憮然有懼色。初，朝廷聞堅入寇，會稽王道子以威儀鼓吹，求助於鍾山之神，奉以相國之號。及堅之見草木狀人，若有力焉。”由此而下，暨之《齊書·東昏侯紀》云：“崔慧景事時，拜蔣子文神爲假黄鉞、使持節、相國、太宰、大將軍、録尚書、揚州牧、鍾山王，至是（義師至近郊）又尊爲皇帝，迎神像及諸廟雜神，皆入後堂，使所親巫朱光尚禱祀祈福。《南史·齊東昏侯紀》云：“又偏信蔣侯神，迎來入宮，晝夜祈禱。左右朱光尚詐云見神，動輒諮啓，并云降福。始安之平，遂加位相國，末又號爲靈帝，車服羽儀，一依王者。”又虛設鎧馬齎仗千人，皆張弓拔白，出東掖門，稱蔣王出盪。”亦皆在軍事急迫之際也。《南史·曹景宗傳》云：天監六年，“先是旱甚，詔祈蔣帝神求雨，十旬不降。帝怒，命載荻，欲焚蔣廟并神影。爾日開朗，欲起火，當神上忽有雲如繖，倏忽驟雨如瀉。臺中宮殿，皆自振動。帝懼，馳詔追停，少時還静。自此帝畏信遂深。自踐阼以來，未嘗躬自到廟，於是備法駕將朝臣脩謁。是時，魏軍攻圍鍾離，蔣帝神報敕必許扶助，既而無雨水長，遂挫敵人，亦神之力焉。凱旋之後，廟中人馬脚盡有泥濕，當時并目覩焉。”此蓋大敵當前，借此以激士氣，其靈異之跡，則傳者之所增飾也。《陳書·高祖紀》，帝以十月乙亥，即皇帝位於南郊，丙子即幸鍾山，祀蔣帝廟；三年閏四月，久不雨，又幸鍾山，祭蔣帝廟。亦梁武之志矣。《南史·陳高祖紀》：永定二年正月，又嘗遣中書舍人韋鼎策吳興楚王神爲帝。《南史·毛脩之傳》云：“脩之不信鬼神，所至必焚房廟。時蔣山廟中有好牛馬，并奪取之。”當清平無事之時，雖凡人亦不易惑以淫昏之鬼矣。固知巫覡之流，莫非有所利而爲之者也。

然凡民亦非可以徒誑也，周朗論淫祀又曰：“針藥之術，世寡復脩；診脈之技，人鮮能達；民因是益徵於鬼，遂棄於醫。”凡民當疾病生死不決之時，亦猶之王公貴人當軍事成敗未決之日耳，固易乘危而脅取其財帛矣。然即巫覡亦有徒爲救死計而非以牟利者。《南史·李義傳》云：“諸暨東洿里屠氏女，父失明，母痼疾，親戚相棄，鄉里不容。女移父母遠住紵舍，晝採樵，夜紡績，以供養。父母俱卒，親營殯葬，負土成墳。忽空中有聲云：汝至性可重，山神欲相驅使，汝可爲人療病，必得大富貴。女謂是妖魅，弗敢從。遂得病積時。隣舍人有溪蜮毒者，女試療之，自覺病便差，遂以巫道爲人療疾，無不愈。家産日益，鄉里多欲娶之。女以無兄弟，誓守墳墓不嫁，爲山劫所殺。”豈非惑人之術，然忍責之乎？闢二氏者，恒訾其徒不耕而食，不織而衣。是以古之爲民者四，今之爲民者六。然古者濟急救窮之政，睦婣任卹之道，後世有之乎？亦豈盡不耕而食不織而衣者之罪也。

〔五八二〕　巫　能　視　鬼

巫能視鬼，由來舊矣。夏父弗忌謂“吾見新鬼大，故鬼小”是也。《左氏》文公二年。《史記·魏其武安侯列傳》：“武安侯病，專呼服謝罪。使巫視鬼者視之，見魏其、灌夫共守欲殺之。”《後漢書·孝明八王傳》：梁節王暢乳母王禮等自言能見鬼神事。《三國·吳志·孫休朱夫人傳注》引《搜神記》曰：“孫峻殺朱主，埋於石子岡。歸命即位，將欲改葬之。冢墓相亞，不可識別，而宮人頗識主亡時所著衣服，乃使兩巫各住一處，以伺其靈，使察鑒之，不得相近。久時，二人俱白：見一女人，年可三十餘，上著青錦束頭，紫白袷裳，丹絓絲履，從石子岡上。半岡，而以手抑膝長太息，小住須臾。進一冢上，便住，徘徊良久，奄然不見。二人之言，不謀而同。於是開冢，衣服如之。”《孫和傳》：孫晧遣守丞相孟仁等以靈輿法駕，東迎神於明陵。《注》引《吳書》曰：“比仁還，中使手詔，日夜相繼，奉問神靈起居動止。巫覡言見和被服顏色如平生日。”吳範等傳

《注》引《抱朴子》曰:"吳景帝有疾,求覡視者,得一人。景帝欲試之,乃殺鵝而埋於苑中,築一屋,施牀几,以婦人屐履服物著其上,乃使覡視之。告曰:若能說此冢中鬼婦人形狀者,當加賞,而即信矣。竟日盡夕無言,帝推問之急,乃曰:實不見有鬼,但見一頭白鵝立墓上,所以不即白之,疑是鬼神變化作此相,當候其真形而定。無復移易,不知何故,不敢不以實上聞。景帝乃厚賜之。"據此三事,知漢世巫鬼之習猶盛也。

　　《論衡·論死》篇曰:"夫爲鬼者,人謂死者之精神。如審鬼者死人之精神,則人見之宜徒見裸袒之形,無爲見衣帶被服也。"其辯駁可謂雋快,然此非流俗所知。流俗云見鬼,恒云見其衣帶被服,故有葬之俗焉。王充謂被服無精神,然人以焚燒之,則其物化而爲氣,亦鬼神之倫矣。《三國·魏志·烏丸傳注》引《魏書》,言烏丸之葬,"取亡者所乘馬、衣物、生時服飾,皆燒以送之",由此也。中國古無燒送之俗,豈明器初起時,謂死者誠能用之邪?則其知識反出烏丸下矣。後世衣物等亦率皆燒送,可見人心之漸變也。《魏志·文德郭皇后傳注》引《魏略》曰:"甄后臨没,以(明)帝屬李夫人。及太后崩,夫人乃說甄后見譖之禍,不獲大斂,被髮覆面,帝哀恨流涕,令殯葬太后,皆如甄后故事。"又引《漢晉春秋》曰:"初,甄后之誅,由郭后之寵,及殯,令被髮覆面,以糠塞口,遂立郭后,使養明帝。帝知之,心常懷忿。遂逼殺之。勅殯者使如甄后故事。"《袁紹傳注》引《典論》曰:"(紹妻)劉氏性酷妒,紹死,僵尸未殯,寵妾五人,劉盡殺之。以爲死者有知,當復見紹於地下,乃髡頭墨面以毀其形。"案子西以袂掩面而死。《左氏》哀公十六年。《吳越春秋·夫差內傳》曰:"吳王臨欲伏劍,顧謂左右曰:使死者有知,吾羞前君地下,不忍覿忠臣伍子胥及公孫聖。使其無知,吾負於生。死必連纍組以罩吾目。恐其不蔽,願復重羅繡三幅,以爲掩明。"亦此意也。《漢書·景十三王傳》:廣川王去愛姬陽成昭信殺幸姬王昭平、王地餘。後昭信病,夢見昭平等,以狀告去。去曰:虜乃復見畏我,獨可燔燒耳。掘出尸,皆燒爲灰。後昭信立爲后,復譖幸姬陶望卿,望卿投井死;昭信出之,桙杙其陰中,割其鼻脣,斷其舌。謂去曰:前殺昭平,反來畏我,今欲靡爛望卿,使不能神。與去共支解,置大鑊中,取桃灰毒藥并煮之,連日夜靡盡。亦皆謂毀其形則不能神也。

丁帙 隋唐以下

〔五八三〕 知 命[①]

《通鑑》長城公至德四年三月己未，洛陽男子高德上書，請隋主爲太上皇，傳位皇太子。帝曰："朕承天命，撫育蒼生，日旰孜孜，猶恐不逮，豈效近代帝王，傳位於子，自求逸樂哉。"十月，隋主每旦臨朝，日昃不倦。禮部尚書楊尚希諫曰："周文王以憂勤損壽，武王以安樂延年。願陛下舉大綱，責成宰輔，繁碎之務，非人主所宜親也。"帝善之而不能從。案至德元年，柳彧上疏勸不勤細務，已有聖躬有無疆之壽之語矣。帝亦覽而善之，而終不能改者，則其勤勞出於天性故也。逸豫者未必延年。然世俗之見，固以爲如是。隋文不肯自逸。以求民瘼，擬之邾文公之知命，又何愧哉。

〔五八四〕 煬帝雁門之圍

始畢可汗圍煬帝於雁門，《舊唐書·太宗紀》云：時太宗年十八，"應募救援，隸屯衛將軍雲定興營，將行，謂定興曰：始畢敢圍天子，必以國家倉卒無援。我張軍容，令數十里旗幡相續，夜則鉦鼓相應，虜必謂救兵雲集，望塵而遁矣。不然，彼衆我寡，悉軍來戰，必不能支矣。定興從焉。師次崞縣，突厥候騎馳告始畢曰：王師大至。由是解圍而遁。"此唐人之飾説也。始畢敢圍天子，豈其懾於虛聲？據《隋書·煬帝紀》，帝之見圍，齊王暕以後軍保於崞縣。雲定興軍蓋亦隸焉，其軍實僅能自保，未能赴援也。

又《蕭瑀傳》言，瑀於是時進謀曰："漢高祖解平城之圍，乃閼氏之力。若發一單使以告義成，假使無益，事亦無損。於後獲其諜人，云義成公主遣使告

---

① 曾改題爲《隋文不肯自逸》。

838

急於始畢，稱北方有警，由是突厥解圍，蓋公主之助也。"此亦妄言。當時告變即由義成，其乃心宗國可知，然竟不能尼始畢之兵。且時留守之事，不聞由義成主之。即北方有警，告急之使，亦豈得出自義成哉？

〔五八五〕　唐高祖稱臣於突厥

　　唐高祖稱臣於突厥，新舊《唐書》皆不載其事。然《舊唐書・李靖傳》謂：太宗初聞靖破頡利，大悅，謂侍臣曰："朕聞主憂臣辱，主辱臣死。往者國家草創，太上皇以百姓之故，稱臣於突厥，朕未嘗不痛心疾首，志滅匈奴。今者暫動偏師，無往不捷，單于款塞，恥其雪乎？"《新唐書・突厥傳》云：李靖等出討，捷書日夜至，帝謂羣臣曰："往國家初定，太上皇以百姓故，奉突厥，詭而臣之，朕嘗痛心病首，思一刷恥於天下，今天誘諸將，所鄉輒克，朕其遂有成功乎？"《通鑑》貞觀三年："十二月，突利可汗入朝，上謂侍臣曰：往者太上皇以百姓之故，稱臣於突厥，朕常痛心。今單于稽顙，庶幾可雪前恥。"三文所本者同，單于稽顙，自指突利入朝之事。《通鑑》敘述，最爲明析。《舊唐書》雖不逮，猶留單于款塞之文，使人可以推較。《新唐書》删去此語，顧移"無往不捷"之語於前，改爲"捷書日夜至"，謂太宗此語，乃爲聞捷而發，可謂疏矣。觀此，知高祖嘗稱臣於突厥不疑。《舊唐書・張儉傳》："貞觀初，以軍功，累遷朔州刺史，時頡利可汗自恃強盛，每有所求，輒遣書稱勅，緣邊諸州，遞相承稟。及儉至，遂拒不受，太宗聞而嘉之。"《新唐書》略同。彼之稱勅於諸州，蓋正由高祖之稱臣於彼。《新唐書・突厥傳》言：高祖初待突厥用敵國禮，武德八年，乃"命有司，更所與書爲詔若勅"。疑稱臣之禮，實至是而始罷，然亦不過用敵國禮。云用詔若勅者，史家諱前此之稱臣爲用敵國禮，則不得不改是時之用敵國禮者爲用詔勅也。《通鑑》：高祖之起，命劉文靜使於突厥以請兵，私謂曰：胡騎入中國，生民之大蠹也，吾所以欲得之者，恐劉武周引之，共爲邊患。數百人之外，無所用之。及文靜以突厥兵五百人、馬二千匹來至，高祖喜其緩，謂曰：吾西行及河，突厥始至，兵少馬多，皆君將命之功也。恭帝義寧元年。此或史家文飾之辭，高祖未必及此。然唐初確未藉突厥兵以爲用，則高祖之智，雖不及此，羣臣之中，必有能爲是謀者矣。夷狄利厚實，非愛虛名，既非急於求人，何乃無端屈己。蓋唐室先世，出自武川，其自視原與鮮卑無異，以中國而稱臣於突厥，則可恥矣，鮮卑則何有焉！此正猶石敬瑭稱臣於耶律德光，沙陀之種，原未必貴於契丹也。

〔五八六〕　唐太宗除弊政

《舊唐書·太宗紀》：貞觀元年三月，詔曰：崔季舒子剛、郭遵子雲、韋孝琰子君遵，并以門遭時遣，淫刑濫及，宜從褒獎，特異常倫，可免内侍，量才别叙。《新書》同。此自齊歷周、隋至唐，市朝已三易矣。

又二年九月丁未，詔侍臣曰：“婦人幽閉深宮，情實可憫，隋氏末年，求采無已，至於離宮别館，非幸御之所，多聚宮人，皆竭人財力，朕所不取；且灑掃之餘，更何所用？今將出之，任求伉儷，非獨以惜費，亦人得各遂其性。”於是遣尚書左丞戴胄、給事中杜正倫等，於掖庭宮西門簡出之。此亦隋代弊政，至太宗而後除者，可見武德時之政事，殊不足觀也。

〔五八七〕　太宗停薛延陀婚

《舊唐書·薛延陀傳》：延陀請婚，“太宗謂侍臣曰：北狄世爲寇亂，今延陀崛强，須早爲之所。朕熟思之，惟有二策：選徒十萬，擊而虜之，滅除凶醜，百年無事，此一策也；若遂其來請，結以婚姻，緩轡羈縻，亦足三十年安静，此亦一策也；未知何者爲先？司空房玄齡對曰：今大亂之後，創夷未復，且兵凶戰危，聖人所慎。和親之策，實天下幸甚。太宗曰：朕爲蒼生父母，苟可以利之，豈惜一女？遂許以新興公主妻之。因徵夷男備親迎之禮，仍發詔將幸靈州與之會。夷男大悦，謂其國中曰：我本鐵勒之小帥也，天子立我爲可汗，今復嫁我公主，車駕親至靈州，斯亦足矣。於是税諸部羊馬以爲聘財。或説夷男曰：我薛延陀可汗與大唐天子俱一國主，何有自往朝謁？如或拘留，悔之無及。夷男曰：吾聞大唐天子聖德遠被，日月所照，皆來賓服。我歸心委質，冀得覲天顔，死無所恨。然磧北之地，必當有主，舍我别求，固非大國之計。我志決矣，勿復多言。於是言者遂止。太宗乃發使受其羊馬。然夷男先無府藏，調斂其國，往返且萬里，既涉沙磧，無水草，羊馬多死，遂後期；太宗於是停幸靈州。既而其聘羊馬來至，所耗將半，議者以爲夷狄不可禮義畜，若聘財未備而與之婚，或輕中國；當須要其備禮。於是下詔絶其婚。”《新唐書》略同，曰：“或曰：既許之，信不可失。帝曰：公等計非也。昔漢匈奴强，中國不抗，故飾子女嫁單于。今北狄弱，我能制之；而延陀方謹事我者，顧新立，倚我以服衆；彼同羅、僕骨力足制延陀而不發，懼我也；我又妻之，固中國壻，名重而援堅，諸部將歸之。戎狄野心，能自立，則叛矣。今絕婚，使諸姓聞之，將爭擊延陀，亡可待也。"《舊唐書·契苾何力傳》云："何力母姑臧夫人、母弟賀蘭州都督沙門，并在涼府。詔許何力覲省其母，兼撫巡部落。何力父入龜茲，居熱海上，死。何力隨母詣沙州內附，太宗置其部落於甘、涼二州。時薛延陀強盛，契苾部落皆願從之。何力至，聞而大驚曰：主上於汝有厚恩，任我又重，何忍而圖叛逆！諸首領皆曰：可敦及都督已去，何故不行？何力曰：我弟沙門孝而能養，我以身許國，終不能去也。於是衆共執何力至延陀所，置於可汗牙前。何力箕踞而坐，拔佩刀東向大呼曰：豈有大唐烈士受辱蕃庭，天地日月，願知我心！又割左耳以明志不奪也。可汗怒，欲殺之，爲其妻所抑而止。初，太宗聞何力之延陀，明非其本意。或曰：人心各樂其土，何力今入延陀，猶魚之得水也。太宗曰：不然。此人心如鐵石，必不背我。會有使自延陀至，具言其狀。太宗泣謂羣臣曰：契苾何力竟如何？遽遣兵部侍郎崔敦禮持節入延陀，許降公主，求何力。由是還，拜右驍衛大將軍。太宗既許公主於延陀，行有日矣。何力抗表，固言不可。太宗曰：吾聞天子無戲言，既已許之，安可廢？何力曰：然。臣本請延緩其事，不謂總停。臣聞六禮之內，壻合親迎，宜告延陀親來迎婦；縱不敢至京邑，即當使詣靈州。畏漢必不敢來，論親未可有成，日既憂悶，臣又攜離，不盈一年，自相猜忌。延陀志性很戾，若死，必兩子相爭，坐而制之，必然之理。太宗從之，延陀恐有詐，竟不至靈州，自後常悒悒不得志，一年而死。兩子果爭權，各立爲主。"《新唐書》亦同。案太宗初以親女許延陀，其欲撫之之意，可謂甚厚；而後忽決然絕婚，其間必有爲之謀者。同羅、僕骨力足以制延陀，許之，則名重而援堅；絕，則諸姓將爭擊之，此惟固其族類，且新自其中來者，爲能知其情，謂其謀出自何力，似也。然六禮壻當親迎，恐非契苾所知；藉此召至京邑，不則使詣靈州，此等深計遠圖，亦非武夫所及；恐何力徒請絕婚，而措置之方，則別有爲之謀者。《何力傳》既爲何力攘功，《突厥傳》又爲太宗掠美耳。何力之不順延陀，蓋其早入中國，久習華風，非必盡忠唐室。部落既已從順，延陀亦何愛於一夫，而欲固留之。且拔刀割耳，誰則見之。則其本傳所云，殆皆諛墓之詞類耳。夷男淺慮，蓋當如其本傳所言；謂其疑忌不來，恐亦故神其說；且志性很戾者，豈爲失一公主悒悒而死哉？亦明爲附會之辭也。是時言婚不宜絕者爲褚遂良，其意亦重用兵，與房玄齡同。太宗之事四夷，文臣多尼之，武夫則多贊之。征遼之役，諫者孔多，而順之者，獨一李勣，亦是物也。

〔五八八〕　唐初封建之敝

唐初如李靖、李勣、尉遲敬德、秦叔寶等戰功,皆祇封公,其膺王爵,唯外番君長內附,如突利封北平郡王,思摩封懷化郡王。以及羣雄中有來降者如高開道封北平郡王,羅藝封燕郡王。而已。自武后欲大其族,武氏封王者二十餘人,於是王爵始賤。中宗復位,遂亦封敬暉、張柬之等五王幷李多祚亦王,韋后外戚追王者亦五人。《新唐書·韋嗣立傳》:中宗時恩倖食邑者衆,封户凡五十四州縣,皆據天下上腴,隨土所宜,牟取利入,爲封户者,急於軍興。嗣立極言其弊,請以丁課,盡送大府,封家詣左藏支給,禁止自徵,以息重困。宋務光亦言滑州七縣而分封者五,國賦少於侯租,入家倍於輸國,乞以封户均餘州,幷附租庸使歲送停封使,息驛使。是徵租者,幷乘驛矣。《宋璟傳》:武三思封户在河東,遭大水,璟奏災地皆蠲租。有詔三思者,謂穀雖壞而蠶桑故在,請以代租,爲璟所折。《張廷珪傳》:宗楚客、紀處訥、武延秀、韋温等封户在河南北,諷朝廷詔兩道蠶產所宜,雖水旱得以蠶折,廷珪固爭得免。可見唐時封户之受困,雖國賦不至此也。

〔五八九〕　唐宮人至朝廷

《文昌雜錄》云:唐制,天子坐朝,宮人引至殿上。故杜甫詩有户外昭容紫袖垂,雙瞻御坐引朝儀之句。蓋自武后臨朝,女官隨侍,後遂相沿爲定制耳。《宋史》呂大防疏,稱"唐入閤圖有昭容位",可見當日著爲朝儀,至形之圖畫也。按《唐書》天祐二年十二月詔曰:宮妃女職,本備內任,今後每遇延英坐日,祇令小黃門祇候引從,宮人不得出內,由此遂罷。則唐末始革除。

〔五九〇〕　唐將帥之貪

趙甌北《陔餘叢考》有論宋南渡後將帥之富一條,往者讀之,未嘗不歎息於國家之敗,由官邪;官之失德,寵賂彰;寵賂之彰,武人尤甚;恢復之無成,未始不由於武夫之貪黷也。然何必宋,唐中葉後將帥之貪侈,恐有甚於宋之南渡者矣。如郭子儀非其首邪?論者乃稱其侈窮人欲,而君子不之罪,何阿私所好之甚也！

安、史之敗亡，乃安、史之自敗，非唐人之能亡之也。當禄山、思明未死時，唐兵實未能進取，觀滻水之敗可知。然則朔方之兵力，實非范陽之敵，所以然者，侈爲之也。蕭宗之幸靈武，杜鴻漸等奉迎，而留魏少游繕治宮室。少游時爲朔方水陸轉運副使。少游大爲殿宇幄帘皆象宮闕，諸王公主，悉有次舍，供擬窮水陸；又有千餘騎，鎧幟光鮮，振旅以入。帝見宮殿，不悦曰：我至此，欲就大事，安用是爲？稍命去之。蕭宗非恭儉之君，而猶以爲過，朔方軍之侈可知矣。杜陵之詩曰："朔方健兒好身手，昔何勇鋭今何愚？"豈無故哉？或曰："雲帆轉遼海，秔稻來東吳，越羅與楚練，照耀輿臺軀。"范陽之軍則不侈乎？不知禄山之能用其衆者，啗之以虜掠也。何千年嘗勸賊令高秀巖以兵三萬出振武，下朔方，誘諸蕃取鹽、夏、鄜、坊。果如是，朔方軍之根本且覆。唐是時方鎮兵力，可用者惟朔方；朔方覆，抗敵且益難，禄山豈不之知？而卒不用其説者，毋亦其衆歆於中國之富，驅之南向易，驅之西向難邪？其衆之所以順之者，以中國是時不習兵革，肆行虜掠，莫之尤也。逮其既入兩京，所哀斂者當不少，然可掠取乎？黄巢之入長安也，其衆見窮民，或抵金帛與之，其所哀斂，亦云多矣。唐之士有歆之而思起而掠取之者乎？則執山寨之民，粥諸賊人，獲數十萬錢而已。朔方軍之所能，則隨迴紇剽河南，使其民以紙爲裳而已矣。茹柔吐剛，是則武夫之德也！

不必安、史亂後也，即唐初亦已如此。唐初名將，莫如李靖。靖之平頡利也，《新唐書》云蕭瑀劾靖持軍無律，縱士大掠，散失奇寶。《舊唐書》云温彦博害其功，譖靖軍無綱紀，致令虜中奇寶，散於亂兵之手。太宗大加責讓，久之乃解。奇寶果散入亂兵之手乎？侯君集之入高昌也，史言其"私取寶物，將士知之，亦競來盜竊，君集恐發其事，不敢制"。突厥奇寶之散失，得毋亦如是乎？《岑文本傳》言孝恭之定荆州，軍中將士，咸欲大掠，文本進説，孝恭乃止之。《靖傳》云：是行也，"高祖以孝恭未更戎旅，三軍之任，一以委靖。"則諸將之請孝恭，實請靖也。《靖傳》云：諸將請孝恭而靖止之。足見孝恭能左右之也。靖陳圖蕭銑十策，高祖乃有攻銑之舉，始謀實出於靖，得毋亦有所歆？特性較謹愿，不如君集之鹵莽。又内地肆掠，事易彰露，有所顧慮而中止歟？君集之還也，有司請推其罪，詔下之獄。岑文本上疏訟之，引李廣利、陳湯事，言古者萬里征伐，不録其過。又曰："將帥之臣，廉慎者寡，貪求者衆。"可謂切中事情矣。萬里征伐，不録其過，豈太宗所不知？而大責讓靖者，文本《疏》言：高昌之役，"議者以其地在遐荒，咸欲置之度外，惟陛下運獨斷之明，授決勝之略。"則是役主之者帝也,怒君集而下之獄,得毋所歆亦有在正辭伐罪之外者乎? 觀其因失奇寶,而大責讓靖,則其伐突厥,亦豈徒以其父嘗詭而臣之,而思雪其恥哉? 此無足詭。太宗亦武人也。建成之圖太宗也,謂元吉曰:"秦王且徧見諸妃,彼金寶多有以賂遺之也,吾安得箕踞受禍?"彼秦王之金寶,果何自來哉?

文本《疏》引黃石公《軍勢》曰:"使智,使勇,使貪,使愚。故智者樂立其功,勇者好行其志,貪者邀趨其利,愚者不計其死。"黃石公《軍勢》,自爲依託之書,然此數語,亦頗有理。夫戰非惡事也,除舊布新實以之,以之伐罪則仁,以之禦暴則義,戰所以行仁義也,然以之行仁義者寡矣。

《新唐書·阿史那社尒傳》曰:龜兹之役,郭孝恪之在軍,"牀帷器用,多飾金玉,以遺社尒。社尒不受。"此金玉豈出軍時所齎邪? 以遺社尒,得毋使俱有所取,則不能發其事邪? 此又一侯君集也。

魏元忠論武后時之將帥也,曰:"薛仁貴、郭待封受閫外之寄,奉命專征,不能激厲熊羆,乘機掃撲;敗軍之後,又不能轉禍爲福,因事立功;遂乃棄甲喪師,脫身而走。幸逢寬政,罪止削除,國家網漏吞舟,何以過此?"可謂痛切矣。又曰:"仁貴自宣力海東,功無尺寸,坐玩金帛,黷貨無厭。"《舊唐書·魏元忠傳》。則知將帥之不職,無不以好賄者。仁貴始從征遼,以白衣陷陳自旌顯,似亦勇者欲行其志。然觀魏元忠之言,則貪者之邀趨耳,非有志而欲行之者也。其白衣陷陳也,所謂患不得之;及既得之,自無所不至矣。故曰"鄙夫可與事君也與哉"!

《舊唐書·裴行儉傳》曰:"初,平都支、遮匐,大獲瑰寶,蕃酋將士願觀之,行儉因宴設,徧出歷示。有馬腦盤,廣二尺餘,文采殊絕。軍吏王休烈奉盤,歷階趨進,誤躡衣,足跌便倒,盤亦隨碎,休烈驚皇,叩頭流血。行儉笑而謂曰:爾非故也,何至於是? 更不形顏色。"似乎大度矣,然其始之藏之何爲哉? 何不以所獲分賜將士乎? "詔賜都支等資產金器皿三千餘事,馳馬稱是,并分給親故并副使已下,數日便盡。"豈不以瑰寶多,金與馳馬不足貴邪? 馬燧之救邢州、臨洺也,將戰,約衆,勝則以家貲賞;及圍解,殫私財賜麾下。德宗嘉之,詔出度支錢五千萬償其財。《舊唐書·馬燧傳》。此固可逆知,然則其賞士也,猶儲之外府也。不然,燧没後,何由以貲甲天下哉? 饑歲之春,幼弟不饟;穰歲之秋,過客必食。人之情,固因其所處而異。行儉之碎馬腦盤,而不形於色,果大度也哉? 且果形顏色,亦豈當在宴設之際乎? 《孟子》曰:"好名之人,能讓千乘之國;苟非其人,簞食豆羹見於色。"

《盡心》下。

〔五九一〕　北狄嗜利①

　　事有不謀而合者,遼興宗求關南地於宋,宋使富弼報之。《宋史》記其事,謂弼説契丹主曰:"北朝與中國通好,則人主專其利,而臣下無獲,若用兵,則利歸臣下,而人主任其禍,故勸用兵者,皆爲身謀耳。"契丹主驚曰:"何謂也?"弼曰:"晉高祖欺天叛君,末帝昏亂,土宇狹小,上下離叛,故契丹全師獨克;然壯士健馬,物故大半。今中國提封萬里,精兵百萬,法令脩明,上下一心,北朝欲用兵,能保其必勝乎? 就使其勝,所亡士馬,羣臣當之歟? 抑人主當之歟? 若通好不絶,歲幣盡歸人主,羣臣何利焉?"契丹主大悟,首肯者久之。明日,劉六符謂弼今惟有結婚可議耳。弼曰:"婚姻易生嫌隙。本朝長公主出降,賚送不過十萬緡,豈若歲幣無窮之利哉?"其後弼再往契丹,遂不復求婚,專欲增幣。夫就宋遼二史觀之,興宗皆似有大志,非可以區區歲幣餌者。讀史者或疑《宋史·弼傳》之辭爲不實。然《遼史·興宗紀》亦云弼爲興宗言,大意謂遼與宋和,坐獲歲幣,則利在國家,臣下無與;與宋交兵,則利在臣下,害在國家。興宗感其言,和好始定。《遼史》未必取材於宋,則《宋史·弼傳》之言初非不實矣。《舊唐書·鄭善果傳》:從兄元璹,突厥寇并州,高祖令墨璹充使招慰。元璹謂頡利曰:"漢與突厥,風俗各異。漢得突厥,既不能臣;突厥得漢,復何所用? 且抄掠資財,皆入將士,在於可汗,一無所得;不如早收兵馬,遣使和好,國家必有重賚,幣帛皆入可汗,免爲劬勞,坐受利益。大唐初有天下,即與可汗結爲兄弟,行人往來,音問不絶。今乃捨善取怨,違多就少,何也?"頡利納其言,即引還。與富弼之折遼興宗,如出一轍。然則興宗亦頡利之倫,宋遼兩史所載,一似志在拓地之雄主,蓋未得其實也。果其志在拓地,富弼安得以財利爲言,取笑異國? 而興宗亦安能遽聽之乎? 然則史事之增飾不實者多矣。興宗之求地,未必不出於臣下之慫恿;而其臣下之慫恿,未必不以虜掠之利動之。富弼固窺見其微,乃以是折之也。夫弼豈知鄭元璹之所爲而師之哉? 其所遇者同,其所以應之之術自不得不同也。然則北虜之嗜利深矣。

原刊《光華大學半月刊》,一九三六年出版

----

① 曾改題爲《富弼勸遼興宗不用兵》。

〔五九二〕　金初官制

《金史·百官志》:"金自景祖,始建官屬,統諸部,以專征伐,嶷然自爲一國。其官長皆稱曰勃極烈。故太祖以都勃極烈嗣位,太宗以諳班勃極烈居守。諳班,尊大之稱也。其次曰國論忽魯勃極烈。國論,言貴,忽魯,猶總帥也。又有國論勃極烈,或左右置,所謂國相也。其次諸勃極烈之上,則有國論,乙室,忽魯,移賚,阿買,阿舍,昊,迭之號,以爲升拜宗室功臣之序焉。其部長曰孛堇,統數部者曰忽魯。凡此,至熙宗定官制皆廢,其後惟鎮撫邊民之官曰禿里。烏魯圖之下,有掃穩,脱朵。詳穩之下,有麼忽,習尼昆。此則具於官制而不廢。皆踵遼官名也。"此段文字,殊欠清晰。其《國語解》云:"都勃極烈,總治官名,猶漢云冢宰。諳版勃極烈,官之尊且貴者。國論勃極烈,尊禮優崇,得自由者。胡魯勃極烈,統領官之稱。移賚勃極烈,位第三曰移賚。阿買勃極烈,治城邑者。乙室勃極烈,迎迓之官。札失哈勃極烈,守官署之稱。昊勃極烈,陰陽之官。迭勃極烈,倅貳之官,諸糺詳穩,邊戍之官。諸移里堇,部落墟寨之首領。禿里,掌部落詞訟,察非違者。烏魯古,牧圉之官。"胡魯,即忽魯。國論勃極烈,忽魯勃極烈,據解乃兩官,而《志》誤合爲一。下又重出國論勃極烈之名。"則有國論,乙室,忽魯,移賚,阿買,阿舍,昊,迭之號"句,國論,忽魯又重出。阿舍,即《解》之札失哈。昊爲昃字之誤。蓋此諸號,至熙宗皆廢,故作史者亦不可能了然也。《桓赧散達傳》:"國相雅達之子也。雅達之稱國相,不知其所從來。景祖嘗以幣與馬求國相於雅達。雅達許之。景祖得之,以命肅宗。其後撒改亦居是官焉。"案《遼志》:屬國職名,有左相、右相。又載景宗保寧九年,女直國來請宰相,夷離厪之職,以次授者二十一人。則雅達之國相,心受諸遼,故須以幣與馬求之。然則金初國論勃極烈爲最尊之官,都勃極烈,諳版勃極烈,皆後來所設,故移賚勃極烈位居第三也。

《志》又云:"諸糺詳穩一員,掌戍守邊堡。麼忽一員,掌貳詳穩。習尼昆,掌本糺差役等事。""諸移里堇司。移里堇一員,分掌部族村寨之事。""諸禿里。禿里一員,掌部落詞訟,訪察違背等事。""諸羣牧所,國言謂烏魯古。提控諸烏魯古一員。又設掃穩,脱朵,分掌諸畜,所謂牛馬羣子也。"此等序謂踵遼官名,其下皆無勃極烈字。然則凡有勃極烈字者,皆女真之舊也。金初官制大略可見矣。

〔五九三〕　明末貪風之害

《明史·梁廷棟傳》：崇禎三年秋，"廷棟以兵食不足，將加賦。因言今日閭左雖窮，然不窮於遼餉也。一歲中陰爲加派者，不知其數。如朝覲、考滿、行取、推升，少者費五六千金，合海内計之，國家選一番守令，天下加派數百萬。巡撫查盤、訪緝，饋遺謝薦，多者至二三萬金。合天下計之，國家遣一番巡方，天下加派百餘萬。而曰民窮於遼餉，何也？臣考九邊額設兵餉，兵不過五十萬，餉不過千五百三十餘萬，何憂不足？故今日民窮之故，惟在官貪，使貪風不除，即不加派，民愁苦自若。使貪風一息，即再加派，民歡忻亦自若。"此説最爲痛快，歷代民之所病，未有在於法令之所明取者。使以私租爲官賦，此外遂絶無所取，民未必其疾首蹙額也。但必不能所取耳。

〔五九四〕　清建儲之法

清聖祖時，諸子爭立，允礽再廢，其後遂未立儲。雍正元年，世宗親書所欲立者之名，藏諸正大光明扁額之後，後遂沿爲成法。此雖不必遂善，然亦家天下之世防弊之一法也。然此法實因内寵而後立。《清史稿·諸王傳》："端慧太子永璉，高宗第二子，乾隆三年十月殤，年九歲，十一月，諭曰："永璉乃皇后所生，朕之嫡子。聰明貴重，氣宇不凡，皇考命名，隱示承宗器之意。朕御極後，恪守成式，親書密旨，召諸大臣藏於乾清宮正大光明榜後。是雖未册立，已命爲皇太子矣。今既薨逝，一切典禮，用皇太子儀注行。旋册贈皇太子，謚端慧。"又："哲親王永琮，高宗第七子，與端慧太子同爲嫡子，端慧太子薨，高宗屬意焉。乾隆十二年十二月，以痘殤，方二歲。上諭謂先朝未有以元后正嫡紹承大統者，朕乃欲行先人所未行之事，邀先人不能獲之福，此乃朕過耶？命喪儀視皇子從優，謚曰悼敏。"觀此，知二子不死，世宗所立之法，未必不又廢於高宗時也。

〔五九五〕　唐代市舶一

市舶之職，盛於宋實始於唐。然唐代之市舶使，似非如宋代爲征榷之要司也。《舊唐書·玄宗紀》：開元二年十二月，"右威衛中郎將周慶立爲安南使舶使,與波期僧廣造奇巧,將以進内。監選使、殿中侍御史柳澤上書諫,上嘉納之。"又《代宗紀》:廣德元年十二月甲辰,"宦官市舶使吕太一逐廣南節度使張體,縱下大掠廣州。"終唐之世,因市舶而遣使,姓名可考者,惟此二人而已。《通考》即僅舉此二人。慶立之事,亦見《新唐書·柳澤傳》,使名作市舶,不作使舶。然竊疑使舶并非誤字,後來市舶之名通行,傳澤事者乃從而改之耳。至"波期"爲"波斯"之誤,則無足疑也。太一之事,亦見兩《唐書·韋倫傳》。《舊唐書》云:代宗以中官吕太一於嶺南矯詔募兵爲亂,乃以倫爲韶州刺史、兼御史中丞、詔連柳三州都團練使,竟遭太一用賂反間,貶信州司馬。《新唐書》略同,惟柳州作郴州。郴於韶、連爲近,似當從之。《通鑑》則繫其事於十一月,云:"宦官廣州市舶使吕太一發兵作亂,節度使張休棄城,奔端州。太一縱兵掠焚,官軍討平之。"節度使之名,似當以《鑑》爲是;俗書"體"字從人從本,因此乃誤爲"體"。云發兵,蓋即發其矯詔新募之兵;舊兵則當隷節度,太一恐不易擅發也。云官軍討平之,一似其亂不旋踵而定者,蓋終言之;其事實不在即時,不然,則唐朝不必更遣韋倫矣。至其記事早於《唐紀》一月,則《唐紀》蓋據奏報到日書之,《通鑑》必有所據也。

《通鑑注》云:"唐置市舶使於廣州,以收商舶之利,時以宦者爲之。"明其并非經制。兩《唐書·盧奐傳》,皆附其父懷慎傳後。皆謂其官南海有清節,中使之市舶者,亦不敢干其法。又《舊唐書·盧鈞傳》言:鈞爲廣州刺史、嶺南節度使。南海有蠻舶之利,珍貨畢凑。舊帥作法興利以致富,凡爲南海者,靡不捆載而還;鈞遣監軍領市舶使,而己一不干與。則立法皆由節度,使名亦所兼領,別遣乃出偶然,故姓名可考者甚希也。大權既在節鎮,中使蓋無能爲,太一乃激而生變耳。

原刊一九四九年三月二十日《東南日報》

〔五九六〕 唐代市舶二

唐代管理市舶之權,實在交、廣節鎮,故居是職而以清廉或貪墨聞者特多。《舊唐書·盧奐傳》:"天寶初,爲晉陵太守,時南海郡利兼水陸,瓌寶山積,劉巨鱗、彭果《新唐書》作杲。相替爲太守、五府節度,皆坐臧巨萬而死。乃特授奐爲南海太守,遐方之地,貪吏斂跡,人用安之。以爲自開元以來四十年,廣府節度清白者有四,謂宋璟、裴仙先、李朝隱及奐。"又《李勉傳》:大曆四年,"除廣州刺史,兼嶺南節度觀察使。前後西域舶泛海至者歲纔四五,勉性廉潔,舶來都不檢閱,故末年至者四十餘。在官累年,器用車服無增飾。及代歸，至石門，停舟，悉搜家人所貯南貨犀象諸物，投之江中，耆老以爲可繼前朝宋璟、盧奐、李朝隱之徒。”此數君蓋當時最以清節著聞，藉藉人口者也。《新唐書》皆略同。惟《奐傳》無裴伷先之名，而曰：“時謂自開元後四十年，治廣有清節者，宋璟、李朝隱、奐三人而已。”案伷先，兩《唐書》皆附其從父炎傳。《舊唐書》無事跡，《新唐書》謂其流北廷時，“無復名檢，專居賄，五年至數千萬。娶降胡女爲妻，妻有黃金駿馬牛羊，以財自雄。養客數百人。自北廷屬京師，多其客，伺候朝廷事，聞知十常七八。”蓋以爲跅弛非廉隅之士，故於《奐傳》芟其名。然伷先是時之志，蓋欲以有所爲，不得繩以小節。且人固有瑕瑜不相掩，亦有後先易轍者。伷先縱早歲跅弛，亦不害其晚節之能飭廉隅，更謂其不廉；而時人以與璟、朝隱、奐并稱，自係當時輿論。著其事而斥其論之不允可也，改易其事，而謂輿論所稱，祇有三人，則繆矣。若謂其無實跡可指，則兩《唐書·李朝隱傳》，亦皆不列其在廣政跡；《宋璟傳》雖舉其政績，亦不及其清。須知史事遺落者極多，正籍此等單辭片語以補足之也。又《李勉傳》謂其在廣末年蕃舶至者四十餘，勉既在官累年，則自非其至廣明年之事，《新唐書》乃謂勉既廉絜，又不暴征，明年至者四千餘柁。沈德潛曰：“夷舶至者四十餘，未見不暴征之效也，《新唐書》爲允。”殿本《考證》。何以十倍之數，不足見寬政之效，而必有待於千倍？且夷舶至者，豈易增至千倍乎？此“千”字恐正是“十”字之誤，不足爲子京咎。然以勉居官之末年爲明年，則必子京之疏矣，信乎文士之不可以脩史也。

　　盧奐等外，《唐書》稱其清廉者，又有王方慶、名綝，以字行，《新唐書》作倣。孔戣、《新舊唐書》皆附其從父巢父傳。馬總、鄭絪、蕭俛、《舊唐書》附其從兄俛傳《新唐書》自有傳。李尚隱、馮立、劉崇龜、《新唐書·劉政會傳》。韋正貫等。《新唐書》附其從兄泉傳。又盧鈞，已見上條。著其貪墨者，則有遂安公壽、見《舊唐書·盧祖尚傳》。路元睿、見兩《唐書·王方慶傳》。路嗣恭、王鍔、王茂元、鄭權、胡証、李象古、嗣曹王皋之子。徐浩、韓約、見《新唐書·李鄭二王賈舒傳》。郎餘慶、見《新唐書·儒學傳》，附其弟餘令後。而李琢爲安南都護，侵刻獠民，致府爲蠻人所陷，徵兵赴援，騷動累年，詒禍尤巨。見《舊唐書·懿宗紀》。路嗣恭起郡縣吏至大官，皆以恭恪爲理，而平哥舒晃之亂，多誅商舶之徒，四字見《舊唐書》本傳，謂與商舶有關涉者也，《新唐書》改作舶商，殊欠審諦。前後没其家財寶數百萬貫。徐浩以文雅稱，及授廣州，多積貨財，爲時論所貶。信乎不見可欲，使心不亂乎？柳澤諫玄宗語。然劉崇龜爲廣州，姻舊或干以財，但寫《荔支圖》與之，可謂廉矣，而不能防檢其家，既殁，有鬻珠翠羽者，由是名損。孔戣清節尤著，而長慶中亦有告其在南海時家人受賂者。即李勉，雖能搜家人所貯而投之江，亦不能禁家人之不貯之也。則信乎權利之地之不易居也。蕭俶之爲嶺南也，南海多穀紙，俶勑子弟繕寫缺落文史。子廙曰：此去京師，水陸萬里，書成不可露齎，當須篋笥，人觀兼乘，謂是貨財，薏苡之嫌，得爲深戒。俶曰：吾不之思也。乃止。此事與吳祐諫其父恢大相類，恐出附會。然好名者以此自飾，則此嫌之仍不易泯可知矣。

　　徐浩之罷嶺南，以瓌貨數十萬餉元載。見《新唐書·李栖筠傳》。載故貪墨，不足道也。楊炎救時相，鄭注尤奇材，非没溺於利者，而《路嗣恭傳》言：嗣恭没商舶之徒家財，盡入私室，不以貢獻，代宗心甚銜之，故賞不酬勞。及德宗即位，楊炎受其貨，始叙前功。《薛存誠傳》云：“鄭權因鄭注得廣州節度。權至鎮，盡以公家珍寶赴京師，以酬恩地。”則雖賢者亦不免隨波矣。《鄭權傳》云：“權出鎮，有中人之助，南海多珍貨，權頗積聚以遺之，大爲朝士所嗤。”此據《舊唐書》。《新唐書》云：“多裒貲珍，使吏輸送，凡帝左右助力者皆有納焉。”觀此，知權所賄者，實不僅鄭注一人。《舊唐書·薛存誠傳》“以酬恩地”之言，亦非指注言之也。《新唐書》改云悉盗公庫珍貨輸注家，亦欠審諦。則中人之利此者甚多，此吕太一所由能敗韋倫乎？毋亦市舶多以中人爲使，爲以教猱升木邪？鄭權雖爲朝士所嗤，然路嗣恭之子恕，私第有佳林園，自貞元初迄元和末，朝之名卿，咸從之遊，則士夫雖口詆中人，又未嘗不沾其潤澤矣。王茂元爲嶺南，蠻落安之，然積聚家財巨萬計。李訓之敗，中官利其財，掎摭其事，言茂元因王涯、鄭注見用，茂元懼，罄家財以賂兩軍，僅免。胡証以寶曆二年節度嶺南，大和二年卒，爲時不及三年，卒時年七十一矣，而史言其善蓄積，務華侈，厚自奉養，童奴數百，於京城修行里起第，連亘閭巷；嶺表奇貨，道途不絶，京邑推爲富家。當時官嶺南者致富之易，與士大夫之没溺而不知止，可以概見。証素與賈餗善，及李訓敗，禁軍利其財，稱其子溲匿餗，乃破其家，一日之内，家財并盡。軍人執溲入左軍，仇士良命斬之以徇。則尚不如茂元之克全其生命矣。象有齒以焚其身，豈不哀哉！

　　《舊唐書·酷吏·敬羽傳》：“胡人康謙善賈，資産億萬計。楊國忠爲相，授安南都護。至德中，爲試鴻臚卿，專知山南東路驛。人嫉之，告其陰通史朝義。《新唐書》略同。又《安禄山傳》云謙“上元中，出家貲佐山南驛稟，肅宗喜其濟，許之，累試鴻臚卿。坐在賊中，有告其叛，坐誅”。“喜其濟”三字不辭，疑有奪誤。謙髭鬚長三尺，過帶；按之兩宿，鬢髮皆禿，膝踝亦栲碎，視之者以爲鬼物，非人類也。乞捨其生，以後送狀奏殺之，没其資産。”以好賄而任胡人爲都護，而胡人亦卒以冒進殺其軀，具見是時寵賂之彰，紀綱之大壞也。

　　交、廣之闇無天日如此，故冒利者多甘心焉，如鄭權以家人數多，俸入不足，而乞助於中人以求之，是也。然士大夫之視爲畏途者究多。盧祖尚許太宗至交州，已而悔之，太宗怒，斬之朝堂。雖失刑，然交、廣擇人之難，亦可想見。李綱在隋世，爲楊素所排，乃因劉方之討林邑，言於文帝曰：“林邑多珍寶，自非正人不可委。”因言綱可任，文帝遂以綱爲行軍司馬。《舊唐書·李綱傳》。玄宗嘗大陳樂於勤政樓，既罷，兵部侍郎盧絢按轡絶道去，帝愛其醖藉，稱美之。明日，李林甫召絢子曰：“尊府素望，上欲任以交、廣，若憚行，且當請老。”絢懼，從之。《新唐書·李林甫傳》。皆可見時人心目中，視交、廣爲何如地也，此開拓新地之所以不易歟！

原刊一九四九年三月二十日《東南日報》

〔五九七〕　唐　代　市　舶　三

《新唐書·韋皋傳》：皋弟子正貫，“擢嶺南節度使。南海舶賈始至，大帥必取象犀明珠，上珍而讎以下直。正貫既至，無所取，吏咨其清。”又《盧鈞傳》：“擢嶺南節度使。海道商舶始至，異時帥府爭先往，賤讎其珍，鈞一不取，時稱絜廉。”先官買而後聽其與民交易，官買與私買異直，此蓋相沿榷法，而官吏因之自潤，雖傷廉，究猶有所藉口也。《孔戣傳》：“舊制：海商死者，官籍其貲，滿三月無妻子詣府，則没入。戣以海道歲一往復，苟有驗者，不爲限，悉推與。”戶絶者貲産入官，中國法亦如是，初非歧視蕃商；然海道歲一往復，則不應三月即没入，蓋故立苛例以規利也。《傳》又云：“蕃舶泊步有下碇税，始至有閱貨宴，所餉犀琲，下及僕隸，戣禁絶，無所求索。”此等則如後世之規費，以餽遺之名取之，於法無所影附矣，雖禁豈能真絶？所餉下及僕隸，此李勉北歸時，家人所由有南貨之藏歟？抑此等雖云非法，亦當皆有舊規，然貪取者之情，又不能以是爲足，此則崑崙之所以一怒而戕路元叡歟。《舊唐書·波斯傳》：乾元元年，波斯與大食同寇廣州，《新唐書》作襲廣州。劫倉庫，焚廬舍，《新唐書》作焚倉庫廬舍。浮海而去。彼爲通商來，交易足以求利，何事稱戈以叛？疑亦必有激之使然者也。

當時貪墨之吏，非僅取之商舶也，并有誅求於土酋者。《隋書·食貨志》言：晉自寓居江左，“嶺外酋帥，因生口翡翠明珠犀象之饒，雄於鄉曲者，朝廷多因而署之，以收其利。歷宋、齊、梁、陳，皆因而不改。”可見土酋因蕃舶致富者之多。《權武傳》：武檢校潭州總管，“多造金帶，遺嶺南酋領，其人答以寶物，武皆納之，由是致富。”此尚爲取不傷廉。若貪暴之徒，則其所爲，蓋有不可忍者，此李琢之所以招蠻寇也。馮盎族人子猷，貞觀中入朝，載金一舸自隨。《新唐書·馮盎傳》。楊思勖破陳行範,獲口馬金玉巨萬計,《舊唐書·楊思勖傳》。王方慶之督廣州,管內諸州首領,舊多貪縱,百姓有詣府稱寃者,府官以先受首領參餉,未嘗鞫問,方慶乃集止府寮,絶其交往,首領縱暴者悉繩之,由是境內清肅。《舊唐書·王方慶傳》。此等,皆可見南方土酋之富,及官吏與之交關者之多也。

原刊一九四九年三月二十日《東南日報》

〔五九八〕　唐代市舶四

蕃舶之利,雖多入貪官囊橐,亦未嘗於國用無裨,江左署嶺外酋帥以收其利,其最顯然者矣。韋堅之開廣運潭也,別各郡之船,各於栿背上積其郡之所產,南海郡船積瑇瑁、真珠、象牙、沈香,《舊唐書·韋堅傳》。可見其爲常貢之物。《新唐書·徐申傳》:申進嶺南節度使,外蕃歲以珠、瑇瑁、香、文犀浮海至,申於常貢外,未嘗膌索,商賈饒盈。可見其貢有常額。《薛存誠傳》謂鄭權所以酬恩者,悉係盜諸公庫,又可見其有關地方經費矣。五代時閩、廣進奉中原者,猶以南貨多。《舊五代史》梁太祖開平元年,廣州進奇寶名藥,品類甚多,又進龍腦、腰帶、珍珠枕、瑇瑁、香藥等。二年,福州貢瑇瑁琉璃犀象器,并珍玩、香藥、奇品、海味,色類良多,價累千萬。四年,廣州貢犀玉,獻舶上薔薇水。乾化元年,廣州貢犀象奇珍及金銀等,其估數千萬。安南兩使留後曲美進筒中蕉五百匹,龍腦、鬱金各五瓶,他南貨等有差。又進南蠻通好金器六物,銀器十二,并乾陁綾花縵越毯等雜織奇巧者各三十件。皆見《本紀》。《歐史·南漢世家》,載宋之興,劉鋹將邵廷琄勸鋹脩兵爲備,不然,則悉珍寶奉中國,遣使以通好。逮潘美師至,龔澄樞、李托等謀曰:“北師之來,利吾國寶貨耳,焚爲空城,師不能駐,當自還也。”乃盡焚其府庫宮殿,而鋹以海舶十餘悉載其珍寶嬪御,欲以入海。其視寶貨之重如此。黃巢之攻廣州也,丐爲安南都護、廣州節度使。鄭畋欲因以縻之,于琮言南海市舶利不貲,賊得之益富而國用屈,乃止。見《新唐書·巢傳》及兩《唐書·畋傳》。可見其有裨度支,由來已久也。《舊唐書·王鍔傳》:“遷廣州刺史、嶺南節度使。廣人與夷人雜處,地征薄而叢求於川市。鍔能計居人之業而榷其利,所得與兩稅相埒。以兩稅錢上供,時進及供奉外,餘皆自入。西南大海中諸國舶至,則盡没其利,由是鍔家財富於公藏。”此可見平時上供,亦不能無藉於舶利也。周慶立作淫巧以蕩上心,敬宗侈宮室而舶賈獻沈香材,見《新唐書·宗室傳》。固非所語於經制也。

《隋書·南蠻傳》言,文帝之征林邑,乃由天下無事,而羣臣言其多奇寶。

此似非文帝之所爲，觀其用一行軍司馬，尚因楊素之言而屬意於李綱可知也。然《舊唐書・丘和傳》言，和爲交趾太守，林邑之西諸國，并遣遺和明珠、文犀、金寶，蕭銑聞而利之，乃命甯長真渡海侵和。則事殊不敢保其必無。銑在羣雄中，亦尚爲知治體者也。其甚者，乃至如劉晟遣暨彥贇以兵入海，略商人金帛矣。亦見《歐史・世家》。

原刊一九四九年三月二十日《東南日報》

〔五九九〕　唐代市舶五

　　蕃舶載來嶺表之物，何由流行全國乎？《舊唐書・王鍔傳》謂鍔"日發十餘艇，重以犀象珠貝，稱商貨而出諸境。《新唐書》曰：與商賈雜出於境。周以歲時，循環不絕，凡八年。京師權門，多富鍔之財"。則其轉輸，殆與凡商貨無異，亦可謂盛矣。又《懿宗紀》：咸通四年七月朔，制曰："安南溪峒首領，素推誠節，雖蠻寇竊據城壁，而酋豪各守土疆。如聞溪峒之間，悉藉嶺北茶藥，宜令諸道，一任商人興販，不得禁止往來。"溪峒之於茶藥，亦必有以南貨相易者。要之商旅既通，即無慮其物之不得流衍也。

　　抑當時賈胡蹤跡，亦不限於交、廣。《舊唐書・鄧景山傳》，言其引田神功以討劉展，神功至揚州，大掠居人資產，鞭笞發掘略盡，商胡大食、波斯等商旅，死者數千人。《神功傳》曰"商胡波斯被殺者數千人"。《新唐書》皆略同。可見商胡居揚州者之衆。猶曰揚一益二，其富庶固冠海內也。《新唐書・趙弘智傳》：兄弘安，曾孫矜，客死柳州，官爲斂葬。後十七年，子來章始壯，自襄陽往求其喪，不得，野哭。再閱旬，卜人秦詡爲筮曰："宜遇西人，深目而髯，乃得其實。"明日，有老人過其所，問之，得矜墓，遂歸葬弘安墓次。此所謂西人，必賈胡也，其蹤跡深入今之粵西，且居之頗久矣。

　　《舊五代史》：唐莊宗平蜀，得金銀共二十二萬兩，珠玉犀象二萬。此亦南珍。《舊唐書・張柬之傳》：柬之諫戍姚州，謂珍奇之貢不入。則自今緬甸經滇西入蜀之路未必通，蓋亦自交、廣來者。又《新五代史・吳越世家》，謂錢氏多掠得嶺海商賈寶貨，亦可見其物之北上者不少也。又《閩世家》言：王審知招來海中蠻夷商賈；海上黃崎，波濤爲阻，一夕風雨，雷電震擊，開以爲港，閩人以爲審知德政所致，號爲甘棠港。此蒙蕃舶之利者歸美之辭也。可見五代時閩中蕃舶亦盛，其物或有踰杉嶺而入吳越者，錢氏所掠，不必皆來自嶺南也。

原刊一九四九年三月二十日《東南日報》

〔六〇〇〕　賜　　田

《舊唐書·于志寧傳》：志寧與張行成、高季輔俱蒙賜地。奏曰："臣居關右，代襲箕裘，周、魏以來，基址不墜。行成等新營莊宅，尚少田園。於臣有餘，乞申私讓。"高宗嘉其意，乃分賜行成及季輔。《新書·李襲志傳》：弟襲譽，嘗謂子孫曰："吾性不喜財，遂至寠乏。然負京有賜田十頃，能耕之足以食；河內千樹桑，事之可以衣。"《牛僧孺傳》："隋僕射奇章公弘之裔。幼孤，下杜樊鄉，有賜田數頃，依以爲生。"皆見士大夫之於賜田，守之頗久。王者之於土地，貴能予亦能奪，乃足以明賞罰而行懲勸；若貴人守之太久，則平民得之愈難，王公何以戒慎？民萌何以勸勉？隋文帝時，蘇威立議，以爲户口滋多，民田不贍，欲減功臣地以給民。而王誼曰："百官者，歷世勳賢，方蒙爵土，一旦削之，未見其可。如臣所慮，正恐朝臣功德不建，何患人田有不足？"上然之，竟寢威議。隋文蓋不欲失功臣之歡心也，誼之言則可謂悖矣。

元世賜田最多，別見《遼金元時賜田占田之多》條。然拘還者亦多。如《元史·武宗紀》：至大二年，九月，御史臺臣言："比者近幸爲人奏請，賜江南田千二百三十頃，爲租五十萬石，乞拘還官。"從之。《順帝紀》：至正二年，六月，命江浙撥賜僧道田還官徵糧，以備軍儲。皆其大焉者也。此蓋賜田太多，不得不然。亦有既拘還復賜之者，如《成宗紀》：大德九年，十月，賜安南王陳益稷湖廣地五百頃。《仁宗紀》：至大四年，九月，益稷入見，言"有司拘臣所授田，就食無所"。帝謂省臣："授田如故。"《武宗紀》：大德十一年，時賜田悉奪還官，以月赤察兒自世祖時積有勳勞，以前後所賜合百頃與之。詳見《遼金元時賜田占田之多》條。至大元年，六月，以没入朱清、張瑄田產隸中宫，立江浙財賦總管府、提舉司。三年，十一月，以清子虎，瑄子文龍往治海漕，以所籍宅一區、田百頃給之。《順帝紀》：至元二年，二月，詔以世祖所賜王積翁田八十頃還其子都中，亦見傳。皆是也。

〔六〇一〕　唐武宗時僧尼所有田畝平均數

《新唐書·食貨志》：武宗廢浮屠，天下毁寺四千六百，招提蘭若四萬。籍僧尼爲民二十六萬五千人，奴婢十五萬人，田數千萬頃。以人數除田，近於人得一頃，似亦與民間小康之家無異。然俗人須贍八口，僧尼徒奉一身；又俗人弔死問疾等耗費多，僧尼不徒無之，尚可受布施也，此度牒之所以貴歟？

〔六〇二〕　質　田　以　耕

《新唐書‧盧羣傳》：鄭滑節度行軍司馬姚南仲入朝，以羣代節度。“羣嘗客於鄭，質良田以耕。至是則出券貸直，以田歸其人。”一似羣質田時嘗躬耕，或備力而督之耕者。然《舊唐書‧傳》云：“先寓居鄭州，典質良田數頃。及爲節度使，至鎮，各與本地契書。分付所管令長，令召還本主。”則其田實散在諸縣，不徒躬耕，即備人而督之耕，亦力所不及也。《新唐書》之辭，殊爲失實。

〔六〇三〕　田業賣質無禁

《金史‧食貨志‧田制》曰：“民田業各從其便，賣、質於人無禁，但令隨地輸租而已。”此爲道地之私有制，即所謂無制度也。《新唐書‧食貨志》述開元時事云：“初，永徽中禁買賣世業、口分田。其後豪强并兼，貧者失業。於是詔買者還地而罰之。”案《新唐書‧長孫無忌傳》：長孫順德，太宗時刺澤州，前刺史張長貴、趙士達占部中腴田數十頃，奪之以給貧單。《舊唐書‧良吏傳》：賈敦頤，永徽五年遷洛州刺史，時豪富之室，皆籍外占田；敦頤都括獲三千餘頃，以給貧乏。《新唐書》云：舉没三千餘頃。此亦令買者還地之類。租庸調法存時，自不得不然。其後租庸調法雖廢，蓋亦未頌言可以賣、質，北宋之世猶然，至金世，乃有賣、質無禁之説。《金史》此言，自有所本也。

〔六〇四〕　農民所需田畝之數

一農民究須得田若干，乃可自活，此隨時隨地而不同者也。蓋土愈沃，則所需之數愈少；時愈晚，則耕作之法愈精，所需之數亦愈少也。李悝盡地力之教，言一夫挾五口，治田百畝，歲收百五十石，則畝得一石半。此説當較近情實。鼂錯言農夫五口之家，其服役者不下二人，其能耕者不過百畝，百畝之收，不過百石，則約略言之耳。古百畝僅當今三十餘畝，一石亦僅得今二斗。則今三十畝之地，在當時歲收今三十石也。《宋史‧食貨志》曰：“天下墾田，景德中，丁謂著《會計錄》云，總得一百八十六萬餘頃。以是歲七百二十二萬餘户計之，是四户耕田一頃。繇是而知天下隱田多矣。”意以四户耕一頃爲少。而林勳《本政書》，欲使民一夫占田五十畝。亦見《志》，又見本傳。《金史·食貨志》：大定二十七年，“隨處官豪之家，多請占官地，轉與他人種佃，規取課利。命有司拘刷見數，以與貧難無地者，每丁授五十畝，庶不致失所。餘佃不盡者，方許豪家驗丁租佃。”則五十畝者，宋時人所能耕，而亦其自養之所需也。五十畝足以自養，故百畝爲多。《明史·錢士升傳》：附《錢龍錫傳》。崇禎七年，“武生李璡，請括江南富戶，報名輸官，行首實、籍没之法。”士升疏駁之，曰：“其曰搢紳豪右之家，大者千百萬，中者百十萬，以萬計者不能枚舉，此説當係以銀兩或緡錢計，頗失之夸。顧亭林《菰中隨筆》引《龔子矤言》曰：“今江南雖極大之縣，數萬金之富，不過二十家；萬金者倍之；數千金者又倍之；數百金以下稍殷實者，不下數百家。”估計較近情實。據《經世文編》卷八引。臣不知其所指何地。就江南論之，富家數畝以對，百計者什六七，千計者什三四，萬計者千百中一二耳！江南如此，何況他省？”固亦列百畝於富家矣。《徐問傳》言其“田不滿百畝”，《吳嶽傳》亦曰“田不及百畝”，二人固皆清廉，又未必能躬耕，然亦勉可自活，可見百畝在其時爲已多也。斯時制民之産者：紹興六年，張浚奏改江淮屯田爲營田。“以五頃爲一莊，募民承佃。其法：五家爲保，共佃一莊，別給十畝爲蔬圃。”《宋史·食貨志》。元世祖至元二十八年，七月，“募民耕江南曠土，户不過五頃。官授之券，俾爲永業。三年後徵租。”成宗元貞元年，十二月，“也速帶而之軍，因李璮亂去山東，其元駐之地，爲人所墾，歲久成業，爭訟不已。命別以境内荒田給之，正軍五頃，餘丁二頃，已滿數者不給。”大德元年，十二月，“徙襄陽屯田合刺魯軍於南陽，户受田百五十畝。”泰定帝泰定三年，正月，“以山東、湖廣官田，賜民耕墾，人三頃。”皆見《本紀》。此等皆係荒地，故所授較多，非尋常情形也。《元史·良吏·觀音奴傳》：“寧陵豪民楊甲，夙嗜王乙田三頃，不能得。直王以饑，攜其妻就食淮南，而王得疾死，其妻還，則田爲楊據矣。”又《孝友·魏敬益傳》：“雄州容城人。有田僅十六頃。此僅字爲幾及之義，意以爲多，非以爲少。唐、宋時人用僅字多如此。如《舊唐書·張延賞傳》，言其爲劍南節度，“蜀土殘弊，蕩然無制度，延賞薄賦約事，動遵法度，僅至庶富”是也。一日，語其子曰：自吾買四莊村之田十頃，環其村之民皆不能自給，吾深憫焉。今將以田歸其人。汝謹守餘田，可無餒也。乃呼四莊村民，强與之。”有田三頃，而一遇饑荒，即須攜妻就食於外；十六頃去十頃，尚得六頃，乃守之僅足無餒；皆不可解，蓋記者不詳也。

〔六〇五〕 田畝隱匿

《明史·食貨志》：洪武二十六年，覈天下土田，總八百五十萬七千六百二十三頃，蓋騾騾無棄土矣。弘治十五年，天下土田，止四百二十二萬八千五十八頃，不及洪武之半，殊不合情理。猶可諉曰政事廢弛也。張居正之丈量，可云嚴切矣，且史言其"尚綜核，頗以溢額爲功，有司多改小弓，以求田多，或揞克見田，以充虛額"。而其田數總計，爲"七百一萬三千九百七十六頃"，亦尚不逮洪武。此可見一經隱匿，覈實之難，亦可見歷代戶口、田畝之數，無一非兒戲之流，去實際甚遠矣。

〔六〇六〕　流　民　田　産

　　流民田産，當如何措置，此一頗難處之事也。《宋史·食貨志》：至道二年，太常博士、直史館陳靖上言："今京畿周環二十三州，幅員數千里，地之墾者，十纔二三；稅之入者，又十無五六。復有匿里舍而稱逃亡，棄耕農而事遊惰。賦額歲減，國用不充。詔書累下，許民復業，蠲其租調，寬以歲時。然鄉縣擾之，每一戶歸業，則刺報所由。朝耕尺寸之田，暮入差徭之籍，追胥責問，繼踵而來，雖蒙蠲其常租，實無補於捐瘠。況民之流徙，始由貧困，或避私債，或逃公稅。亦既亡遁，則鄉里檢其資財，至於室廬什器，桑棗材木，咸計其直，或鄉官用以輸稅，或債主取以償通；生計蕩然，還無所詣，以茲浮蕩，絕意歸耕。"欲"授以閒曠之田"，"許令別置版圖"，"候至三五年間，生計成立"，乃"計戶定征，量田授稅"。此固一策。然墾荒與復故業孰易？且此二十三州中，適多曠土，故此策可行也，不則何以授之？況民逃不能撫，而公私共分其所有，豈理也哉？《志》又云：紹興三年，九月，"戶部言百姓棄産，已詔二年外許人請射，十年内雖已請射及充職田者，并聽歸業。孤幼及親屬應得財産者，守令驗實給還。冒占者論如律。州縣奉行不虔，監司按劾。從之。先是臣僚言：近詔州縣拘籍被虜百姓稅賦，而苛酷之吏，不考其實，其間有父母被虜兒女存者，有中道脫者，有全家被虜而親屬偶歸者，一槩籍没，人情皇皇，故有是命。"又《洪皓傳》：子适，提舉江東路常平茶鹽。"會完顏亮來侵，上親征，适覲金陵，言本路旱，百姓逐食於淮，復遭金兵，今各懷歸，而田産爲官鬻，請聽其估贖之。"乘兵荒攘民業，而責其價贖，更不成語矣。紹興三年戶部所定條例，似較近理，然十年、二年之限，亦未盡善。民固有流亡三四十年而猶懷故土者也。《明史·王來傳》：來爲山西左參政，請"荒田令附近之家，通力合作，供租之外，聽其均分。原主復業則還之"。田不荒，而復業者亦無虞失職，似爲最善。

《元史・良吏段直傳》："爲澤州長官。澤民多避兵未還者，直命籍其田廬於親戚、鄰人之户。且約曰：俟業主至，當析而歸之。逃民聞之，多來還者，命歸其田廬如約，民得安業。"此其措置，亦與王來同，特多一籍諸親鄰之户之舉耳。所以如此，蓋所以避歸官。歸官而更以還民，則事難而易滋弊矣。逃户設終不歸，田廬將遂爲其親鄰所有，故其親鄰亦樂從之也。

〔六〇七〕　宋　末　公　田

　　宋末之買公田，固爲秕政，然未至如論者所言之甚也。公田之起，據史所載，實由陳堯道等言廩兵、和糴、造楮之弊，乞依祖宗限田，於兩浙、江東西官民户踰限田，抽三分之一，買充公田。則其議實自託於抑兼并。今姑忽論其然否，然是時之財政，舍此固別無救急之策也。買公田事在景定四年，然淳祐六年，謝方叔即言："豪强兼并之患，至今日而極，非限民名田有所不可，是亦救世道之微權也。國朝駐蹕錢塘，百有二十餘年矣。外之境土日荒，内之生齒日繁，權勢之家日盛，兼并之習日滋，百姓日貧，經制日壞，上下煎迫，若有不可爲之勢。所謂富貴操柄者，若非人主之所得專，識者懼焉。夫百萬生靈資生養之具，皆本於穀粟，而穀粟之産，皆出於田。今百姓膏腴皆歸貴勢之家，租米有及百萬石者。小民百畝之田，頻年差充保役，官吏誅求百端，不得已，則獻其産於巨室，以規免役。小民田日減而保役不休，大官田日增而保役不及。以此弱之肉，强之食，兼并浸盛，民無以遂其生。於斯時也，可不嚴立經制，以爲之防乎？去年諫官嘗以限田爲説，朝廷付之悠悠。不知今日國用、邊餉，皆仰和糴。然權勢多田之家，和糴不容以加之，保役不容以及之。敵人睥睨於外，盜賊窺伺於内。居此之時，與其多田厚貲，不可長保，曷若捐金助國，共紓目前？在轉移而開導之耳。乞諭二三大臣，摭臣僚論奏而行之。使經制以定，兼并以塞。於以尊朝廷，於以裕國計。陛下勿牽貴近之言以搖初意，大臣勿避仇怨之多而廢良策，則天下幸甚。"此時距景定四年尚十七年，然其言，無一不若爲後來之買田發者。且曰"乞諭二三大臣，摭臣僚論奏而行之"，則言此者初非方叔一人矣。然則買公田實當時之輿論也。此何哉？會子則已濫矣，金銀數亦無多，且究不能遽作錢幣，故上下所貴，惟在穀粟，而國用遂專資和糴。和糴取穀粟於小民，買限外之田而收其租，則取穀粟於豪强，其是非固無待再計者也。然則買公田非徒救急，以義理論，亦無可訾議矣。所爭者，行之之善否耳。《賈似道傳》云："浙西田，畝有值千緡者，似道均以四十緡買之。數稍多，予銀絹；又多，與度牒、告身。吏又恣爲操切，浙中大擾。"
此固擾亂太甚。然禍止中於田主，而未及佃户。陳堯道等之議曰："得一千萬
畝之田，則歲有六七百萬斛之入。"其所冀者，爲一石弱之租。《食貨志》："六
郡回買公田，畝起租滿石者償二百貫，九斗者償一百八十貫，八斗者償一百六
十貫，七斗者償一百四十貫，六斗者償一百二十貫。"然則當時租額，蓋自六斗
至一石。《志》又言紹興時，兩浙轉運司官莊田四萬二千餘畝，歲收稻麥等四
萬八千餘斛，其租額亦略相等。則陳堯道等所欲收之租，其額固未嘗加重也。
或曰：《食貨志》言："南渡後水田之利，富於中原，故水利大興。而諸籍没田募
民耕者，皆仍私租舊額，每失之重。輸納之際，公私事例迥殊。私租額重而納
輕，承佃猶可；公租額重而納重，則佃不堪命。州縣胥吏，與倉庾百執事，皆得
侵漁耕者。"此時之公田，又安知其不如是歟？此固然。然以定額論，則私租
之納，亦未必能甚輕。以別有事例論，則此時之公田，方倚以給軍國一切費
用，虐取之或未敢過甚。亦且事例必逐漸而興，積久乃成爲牢不可破。自景
定四年十月命浙西六郡置公田莊，至咸淳四年六月而罷。官募民自耕輸租，
租減什三。德祐元年三月，以公田還田主，令率租户爲兵。前後不及一紀，新
例亦未必能繁興也。然則宋末之買公田，虐實未及於佃户，觀史所載，皆徒爲
田主鳴不平，而未能切實舉出佃户受害之據，可證也。即於田主，亦未曾徧加
毒害。《食貨志》又載咸淳十年陳堅等奏曰："今東南之民力竭矣，西北之邊患
棘矣，諸葛亮所謂危急存亡之時也。而邸第戚畹，御前寺觀，田連阡陌，亡慮
數千萬計，皆巧立名色，盡蠲二税。州縣乏興，鞭撻黎庶，鬻妻賣子，而鐘鳴鼎
食之家，蒼頭廬兒，漿酒藿肉；琳宫梵宇之流，安居暇食，優遊死生。"其淫荒縱
恣如故。蓋買田本限六郡，即六郡之中，亦未必能徧及也。然則買公田之爲
害，固不如衆所云云者之烈矣。

　　《明史·食貨志》言："太祖怒蘇、松、嘉、湖爲張士誠守，乃籍諸豪族及富
民田，以爲官田，按私租簿爲税額。而司農卿楊憲，又以浙西地膏腴，增其賦，
畝加二倍。故浙西官民田，視他方倍蓰，畝税有二三石者。"加二倍爲二三石，
則未加時乃六七斗至一石也。又《公主傳》：太祖女壽春公主，"爲太祖所愛，
賜吴江縣田一百二十餘頃，皆上腴。歲入八千石，踰他主數倍。"此畝得六斗
餘，亦宋末舊額也。《宋史·食貨志》：建炎三年，"凡天下官田，令民依鄉例自
陳輸租。"又《職官志》：職田，"佃户以浮客充，所得課租，均分如鄉原例。"此爲
宋時成法，末年之公田租額，亦如是也。

　　《宋史·食貨志》又述買公田時定例云："五千畝以上，以銀半分，官告五

分,度牒二分,會子二分半。五千畝以下,以銀半分,官告三分,度牒三分,會子三分半。千畝以下,度牒、會子各半。五百畝至三百畝,全以會子。"其後每石止給四十貫,而半是告、牒。則當時所謂多田之家,自三百畝至五千畝也。

《宋史・瀛國公紀》:德祐元年,八月,"拘閻貴妃集慶寺、賈貴妃演福寺田還安邊所。"夫安邊所之設,其可哀痛,亦與後來之買公田無異矣,而貴妃乃取以施寺,亦可謂無心肝、無綱紀者矣。

《元史・世祖紀》:至元二十一年,十二月,"中書省臣言:江南官田,爲權豪、寺觀欺隱者多,宜免其積年收入,限以日期,聽人首實。踰限爲人所告者徵,以其半給告者。從之。"二十三年,七月,"用中書省臣言,以江南隸官之田,多爲強豪所據,立營田總管府。其所據田,仍履畝計之。"《成宗紀》:元貞二年,七月,"括伯顏、阿术、阿里海牙等所據江南田及權豪匿隱者令輸租。"是易姓而後,地之爲豪強所據如故也。《盧世榮傳》:"以九事說世祖詔天下","其七曰:江南田主收佃客租課,減免一分。"《成宗紀》:至元三十一年,十月,"江浙行省言:陛下即位之初,詔蠲今歲田租十分之三。然江南與江北異。貧者佃富人之田,歲輸其租。今所蠲特及田主,其佃民輸租如故。宜令佃民當輸田主者,亦如所蠲之數。從之。"大德八年,正月,"以災異故,詔江南佃户私租太重,以十分爲率減二分,永爲定例。"《武宗紀》:至大元年,十一月,"詔紹興被災尤甚,今歲又旱,凡佃户止輸田主十分之四。"公家飭減私租,事甚罕見,有之,惟元世之於江南耳。《順帝紀》:至正十四年,"詔諭民間私租太重,以十分爲率普減二分,永爲定例",疑亦因江南而推暨也。《清史稿・聖祖紀》:康熙四十九年,十一月,"詔凡遇蠲賦之年,免業主七分,佃户三分,著爲令。"又《杭奕禄傳》:雍正三年,遷光禄寺卿。"上蠲蘇州、松江田賦四十五萬。杭奕禄疏言:有田納賦,既邀蠲免,無田而佃種人田者,納租業主,亦宜酌減,俾貧富均霑實惠。上謂此奏甚公,下廷臣議,定業户免額一錢,佃户免租穀三升。上命如議速行。"蠲租兼及佃户,蓋自此始有定令。然此等法令,多成具文也。

自漢世減輕田租後,國家之所以虐民者,在賦而不在稅。賦有取其物者,有用其力者,明世所謂銀差、力差也,二者皆可加至無藝,稅所增固恒不甚多。至南宋,專恃和糴以濟國用,則不翅并重其稅矣。此民之所以不堪也。稅所增既不甚多,則公家之增取於田者,在舍官稅而以田主自居,如私家之收其租。然既取其租,則亦不能更取其稅矣。若如明以來之江南,官稅既同私租,而其田仍入私家之手,則爲再取其私租矣。此又民之所以不堪也。歷來割據者取民恒重，一統之朝，則恒輕減之。如《清史稿·石琳傳》：琳以康熙二十五年調雲南巡撫。疏言："雲南自明初置鎮設衛，以田養軍，曰屯田。又有給指揮等官爲俸，聽其招佃者，曰官田。其租入，較民賦十數倍，猶佃民之納租於田主。國初吳三桂留鎮，以租額爲賦額，相沿至今。積遝愈多，官民交困。宜改依民賦上則起科。"其一例也。而如明祖之所爲，是自同於草寇也。其惡，實遠較買公田、廣和糴爲甚。

李全降蒙古，楊氏及福據楚州，"支邑民田，皆以少價抑買之，自收賦以贍軍。"《宋史·全傳》。此亦猶南宋之買公田也。足見此爲當時理財之策，故人能見及之也。

〔六〇八〕　遼金元時賜田占田之多

遼、金、元三朝，以地賜其臣下，及其臣自占者頗多。《金史·李石傳》："先世仕遼爲宰相。高祖仙壽，嘗脱遼主之舅於難，遼帝賜仙壽遼陽及湯池地千頃，他物稱是。"《遼史》闕佚最甚，此類事傳者不多，然必不止此一事，據此，亦可推想其餘矣。《金史》亦闕佚，然較《遼》已稍詳。《按苔海傳》：宗雄次子。世宗時"徙平州。詔給平州官田三百頃，屋三百間；宗州官田一百頃"。《納合椿年傳》："冒占西南路官田八百餘頃。大定中，括檢田土，百姓陳言官豪占據官地，貧民不得耕種。溫都思忠子長壽、椿年子猛安參謀合等三十餘家，凡冒占三千餘頃。詔諸家除牛頭稅地各再給十頃，其餘盡付貧民種佃。"此事亦見《食貨志》，與此大致相同。《志》又載世宗之言，謂："又聞山西田亦多爲權要所占。有一家一口至三百頃者，以致小民無田可耕，徙居陰山之惡地，何以自存？其令占官地十頃以上者，皆括籍入官，將均賜貧民。"《完顏匡傳》："承安中，撥賜家口地土。匡乃自占濟南、真定、代州上腴田。百姓舊業輒奪之，及限外自取。上聞其事，不以爲罪，惟用安州邊吳泊舊放圍場地、奉聖州在官閑田易之，以向自占者悉還百姓。"皆其事之可考見者。元代則尤多。《元史·世祖紀》：中統四年，八月，敕京兆路給賜劉整第一區、田二十頃。至元三年，六月，賜整畿内地五十頃。八年，九月，又賜整鈔五百錠，鄧州田五百頃。宋之降臣如此，本國之勳舊可知。《武宗紀》：大德十一年，十一月，"賜太師月赤察兒江南田四十頃。時賜田悉奪還官，中書省爲言。有旨：月赤察兒自世祖時積有勳勞，非餘人比，宜以前後所賜，合百頃與之。仍敕行省平章別不花領其歲入。"至大二年，九月，"御史臺臣言：比者近幸爲人奏請賜江南田千二百三十頃，爲租五十萬石,乞拘還官。從之。"《文宗紀》:至順三年,三月,"燕帖木兒言:平江、松江澱山湖圩田,方五百頃有奇,當入官糧七千七百石。其總佃者死,頗爲人占耕。今臣願增糧爲萬石入官,令人佃種,以所得餘米,贍臣弟撒敦。從之。"本傳云:"賜平江官地五百頃。"據《傳》,在此以前,尚有龍慶州、平江、松江、江陰等賜地。《順帝紀》:至正四年,六月,"賜脫脫松江田,爲立松江等處稻田提領所"。《特薛禪傳》:其玄孫琱阿不剌,至大二年,"賜平江稻田一千五百頃"。《伯顏傳》:泰定三年,"遷河南行省平章政事。舊所賜河南田五千頃,以二千頃奉帝師祝釐,八百頃助宿衞,自取不及其半"。此等皆土田。《札八兒傳》:"太祖覽中都山川形勢,顧謂左右近臣曰:朕之所以至此者,札八兒之功爲多。又謂札八兒曰:汝引弓射之,隨箭所落,悉畀汝爲己地。"《鎮海傳》:"既破燕,太祖命於城中環射四箭,凡箭所至,園池邸舍之處,悉以賜之。"則并及於都會矣。史事傳者固有多少,然以遼、金比諸元,恐終如小巫之見大巫也。

　　此等田地,自多令漢人佃蒔取租,然亦有用供田獵、畜牧者。《元史‧帖木兒不花傳》:鎮南王脫歡第四子。移鎮廬州。順帝至元元年,"撥廬州饒州牧地一百頃賜之"。《肖乃台傳》:"金亡,賜東平户三百,俾食其賦。命嚴實爲治第宅。分撥牧馬草地。日膳供二羊。"《撒吉思傳》:"李璮平後,授山東行省都督,遷經略、統軍二使,兼益都路達魯花赤。""統軍抄不花,田遊無度,害稼病民。元帥野速答爾,據民田爲牧地。撒吉思隨事表聞。有旨:杖抄不花一百,令野速答爾還其田。"《和尚傳》:子千奴,"東平、大名諸路有諸王牧馬草地,與民田相間,互相侵冒,有司視强弱爲予奪,連歲爭訟不能定。命千奴治之。其訟遂息"。《程思康傳》:成宗即位,除河東、山西廉訪使。"太原歲飼諸王駝馬一萬四千餘匹,思廉爲請,止飼千匹。"此等皆使中原之地,鞠爲茂草者也。《金史‧哀宗紀》:正大六年,十二月,"罷附京獵地百里,聽民耕稼"。此時之金,猶占民田以爲獵地,豈不哀哉?然《田琢傳》載琢以貞祐末上書,請盡力耕墾,謂"官司圍牧,勢家兼并,宜籍其數而授之農民",則民田之費於官司圍牧者且多矣,奚止虜主?元世山澤之禁最嚴,一固貪其利入,一亦欲恣遊獵、事放牧。《元史‧仁宗紀》:皇慶二年,七月,"保定、真定、河間民流不止。命所在有司給糧兩月,仍悉免今年差税。諸被災地并弛山澤之禁。獵者毋入其境"。足見平時之有禁,多爲遊獵計也。《世祖紀》:至元二十六年,閏月,"澶州饑,民劉德成犯弛獵禁,詔釋之"。澶州即饑而未曾弛獵者也。《武宗紀》:至大二年,九月,"以薪價貴,禁權豪畜鷹犬之家,不得占據山場,聽民樵採",足見權豪并有禁民樵採者矣。《刑法志》禁令門:縱頭匹食踐田禾,强取草料,暨放鷹、圍獵等禁,皆爲當時之權貴設也。《元史‧耶律楚材傳》:"太祖之世,歲有事西域,未暇經理中原。官吏多聚斂自私,資至巨萬,而官無儲待。案謂是時官無儲待是矣,謂官吏多資至巨萬,亦未必然,參看《羊羔利》條。近臣別迭等言漢人無補於國,可悉空其人,以爲牧地。楚材曰:陛下將南伐,軍需宜有所資。誠均定中原地稅、商稅、鹽酒、鐵冶、山澤之利,歲可得銀五十萬兩,帛八萬匹,粟四十餘萬石,足以供給,何謂無補哉? 帝曰:卿試爲朕行之。乃奏立燕京等十路徵收課稅使。"然則漢人藉出稅以免死耳。不能執干戈以自衛者,亦可鑒矣。

　　當兹喪亂之世,寺觀之乘機攘奪者亦多。《金史・世宗紀》:大定二十六年,三月,"香山寺成。幸其寺。賜名大永安。給田二千畝,粟七千株,錢二萬貫。"此已不爲少矣,而比諸元世,則亦如小巫之見大巫。元世賞賜僧寺,動至百頃,見於史者,不可枚舉。其尤多者,如《世祖紀》:中統二年,八月,"賜慶壽寺、海雲寺陸地五百頃。"《文宗紀》:天曆二年,九月,"市故宋太后全氏田,爲大承天護聖寺永業。"至順元年,二月,"命市故瀛國公田,爲大龍翔集慶寺永業。"四月,"括益都、般陽、寧海間田十六萬二千九十頃,賜大承天護聖寺爲永業。"《順帝紀》:至正七年,十一月,"撥山東地土十六萬二千餘頃屬大承天護聖寺。"皆是也。而如《仁宗紀》:延祐六年,十月,"中書省臣言白雲宗總攝沈明仁强奪民田二萬頃"者,尚在其外。倚外族以魚肉人民,教云乎哉?

〔六〇九〕　金屯田户租佃

　　金世宗欲以女真制漢人,遷之中原,奪民地以養之,其用意可謂深遠矣。獨不思待之之優如此,彼尚何爲而力耕?《金史・食貨志》:大定二十一年,"上謂宰臣曰:山東、大名等路,猛安謀克户之民,往往驕縱,不親稼穡。不令家人農作,盡令漢人佃蒔,取租而已。"時距授田未幾,情形即已如此。《張九思傳》:"九思言屯田猛安人爲盜徵償,家貧輒賣所種屯地。凡家貧不能徵償者,止令事主以其地招佃,收其租入。估價與徵償相當,即以其地還之。臨洮尹完顏讓亦論屯田貧人徵償賣田,乞用九思議。從之。"則浸浸乎不能自保其地矣。《章宗紀》:泰和四年,九月,"定屯田户自種及租佃法。"蓋已公然許其租佃。

〔六一〇〕　元 時 獻 田

　　明世莊田,由政府賜與勳戚者,固爲惡政,然究猶略有制限,至請乞及投獻興，而其禍益瀰漫不可收拾矣。而二者皆起自元世。此可見異族於吾民無所愛惜，亦可見其不知政理也。請乞之著者，如燕帖木兒乞賜平江、松江圩田五百頃，已見《遼金元時賜田占田之多》條。而投獻之事尤衆。《元史・成宗紀》：大德元年，十二月，“禁諸王、駙馬并權豪毋奪民田，其獻田者有刑。”二年，正月，“禁諸王、公主、駙馬受諸人呈獻公私田地及擅招户者。”《武宗紀》：至大元年，七月，“皇子和世㻋請立總管府，領提舉司四，括河南歸德、汝寧境內瀕河荒地，約六萬餘頃，歲收其租。令河南省臣高興總其事。中書省臣言：先是有亦馬罕者，妄稱省委括地，蠶食其民，以有主之田俱爲荒地，所至騷動。民高榮等六百人訴於都省，追其驛券，方議其罪，遇赦獲免，今乃獻其地於皇子。”《英宗紀》：延祐七年，二月，“括勘崇祥院地，其冒以官地獻者追其直，以民地獻者歸其主。”至治二年，十二月，“鐵木迭兒子宣政院使八思吉思，坐受劉夔冒獻田地伏誅，仍籍其家。”《張孔孫傳》：除大名路總管，兼府尹。“有獻故河隄三百餘里於太后者。即上章，謂宜悉還細民。從之。”事在成宗初。《王約傳》：仁宗即位，特拜河南行省右丞。“先是至大間，尚書省用建言者冒獻河、汴官民地爲無主，奏立田糧府，歲輸數萬石，是歲，詔罷之，竄建言人於海外，命河南行省復其舊業。行省方并緣爲姦，田猶未給。約至，立期檄郡縣，釐正如詔。”皆可見投獻之猖獗。此與苦賦役之重，獻地大户者不同。一獻己之所有，一則妄指他人之所有；一猶包庇之以避賦役，一則純爲剥取耳。《明史・忠義・馬如蛟傳》：“出按四川。蜀中姦民，悉以他人田産投勢家。如蛟列上十事，永革其弊。”此亦元世之遺風，前世不聞有此也。

〔六一一〕　莊　　田

莊本民居之稱，猶村落之類，故俗語猶曰村莊。其後富貴之家，多買田畝，派人管理，謂之莊田，而莊字乃稍有指田之意。然亦後起之義，原其朔，實指管理此田者所居之宅舍言之。于志寧謂張行成等“新成莊宅，尚少田園”是也。見《賜田》條。陸務觀詩曰：“斜陽疏柳趙家莊，負鼓盲翁正作場。身後是非誰管得？滿村聽説蔡中郎。”此爲莊字初義。《宋史・食貨志》：“紹興六年，張浚奏改江淮屯田爲營田。以五頃爲一莊，募民承佃。其法五家爲保，共佃一莊。”則後起之義矣。《志》又載方田之法，有方帳，有莊帳，有甲帖，有户帖。是莊大於甲而小於方。《金史・高汝礪傳》：軍户既遷，將括地分授。汝礪諍之曰：“河南民地官田，計數相半。又多全佃官田之家，墳塋、莊井，俱在其中。

率皆貧民，一旦奪之，何以自活？”此所謂莊，皆平民之居，多田者管理其田之
莊，亦沿襲其名耳。

莊田之名，似始唐世。《宋書·孔靖傳》：靖子靈符，“於永興立墅，周回三
十三里，水陸地二百六十五頃，含帶二山。”《梁書·后妃傳》：高祖於鍾山建大
愛敬寺。太宗簡皇后王氏父騫“舊墅在寺側，有良田八十餘頃，即晉丞相王導
賜田也。高祖遣主書宣旨，就騫求市，欲以施寺。騫答旨云：此田不賣；若是
敕取，所不敢言。酬對又脫略，高祖怒，遂付市評田價，以直逼還之。”則南北
朝時，管理田産者稱墅也。《通鑑》：唐宣宗大中十年，“上以京兆久不理，以韋
澳爲京兆尹。鄭光莊吏恣橫，積年租稅不入，澳執而械之。”胡三省《注》曰：
“莊吏，掌主家田租者也。”則始易而稱莊矣。唐是時公田亦漸多，取之皆同於
私租，故有莊宅使之設。《薛史·宋彥筠傳》：彥筠將終，以伊、洛間田莊十數
區上進，足見官私管理之法相同也。

官家之設莊田，蓋求變稅爲租，然於“勸耕”之義大悖矣。《薛史·周太祖
紀》：廣順三年，正月乙丑，“詔諸道州府繫屬户部營田及租稅、課利等，除京兆
府莊宅務、贍國軍榷鹽務、兩京行從莊外，其餘并割屬州縣。所徵租稅、課利，
官中祇管舊額，其職員節級，一切停廢。應有客户元佃繫省莊田、桑土、舍宇，
便賜逐户，充爲永業，仍仰縣司給與憑由。應諸處元屬營田户部院及繫縣人
户所納租中課利，起今年後并與除放。所有見牛犢，并賜本户，官中永不收繫
云。帝在民間，素知營田之弊，至是，以天下繫官莊田僅萬計，悉以分賜見佃
户充永業。是歲，出户三萬餘。百姓既得爲己業，比户欣然，於是葺屋植樹，
敢致功力。又東南郡邑，各有租牛課户。往因梁太祖渡淮，軍士掠民牛以千
萬計，梁太祖盡給與諸州民，輸租課。自是六十餘載。時移代改，牛租猶在，
百姓苦之，至是特與除放。未幾，京兆府莊宅務及榷鹽務，亦歸州縣依例處
分。”《通鑑》曰：“前世屯田，皆在邊地，使戍兵佃之。唐末，中原宿兵，所在皆
置營田以耕曠土；其後又募高貲户，使輸課佃之，户部別置官司總領，不隸州
縣。或丁多無役，或容庇姦盜，州縣不能詰。”然則租之所入無幾，而他所損
者，則不知凡幾矣。《薛史·世宗紀》：顯德二年，正月乙未，“詔應逃户莊田，
并許人請射承佃，供納稅租：如三周年内本户來歸者，其莊田不計荒熟，并交
還一半；五周年内歸業者，三分交還一分；如五周年外歸業者，其莊田除本户
墳塋外，不在交付之限。”不以爲官田招人承種，而必爲是措置者，亦以非如是
則不能勸耕也。

莊田之制，大略如此。近人或以擬諸歐洲之封建諸侯，則大誤矣。彼皆

兼有治理之權,抑且諸邦,閉關絶市,亦各足自活;中國之有莊田者,豈能如此哉?佃户之於地主,自不能不從服,然其從服,又與能幾何?《通鑑》:後周太祖廣順元年,衡山指揮使廖偃,與其季父節度巡官匡凝,謀率莊户及鄉人悉爲兵,與彭師暠共立希萼爲衡山王。胡《注》曰:"佃豪家之田而納其租,謂之莊户。"田主之能用之者,如此而已。

宋世海宇承平,教化興起,有財者較之前世,少知理義,多田者亦然。范仲淹之義莊,最爲人所稱道,猶限於一家也。《宋史·宗室傳》:善譽,"移潼川路提刑、轉運判官。以羨貲給諸郡置莊,民生子及娠者俱給米。"然則其早年爲昌國簿攝邑事時,"勸編户裒金買田,以助嫁娶喪葬",亦置莊以供費也。彦倓,"知紹興府。復鹿鳴禮,置興賢莊以資其費。築捍海石塘,亦置莊以備增築。"《劉黻傳》:"知慶元府事。建濟民莊,以濟士民之急,資貢士春官之費,備郡庠耆老緩急之需。"皆以莊田行善政,利徧及於閭閻,較范氏之專計一家者爲優矣。然意在剥削者究多。《黃疇若傳》:安邊所之置,疇若"乞以官司、房廊及激賞庫四季所獻,并侜冒萬畝莊等,一并拘椿"。則侜冒有萬畝之莊矣。《理宗紀》:景定元年,十二月,"詔華亭奉宸莊,其隸外廷助軍餉。"奉宸殆宋世之皇莊歟?

〔六一二〕　職田收租之重

《元史·齊履謙傳》:泰定二年,宣撫江西、福建。"福建憲司職田,每畝歲輸米三石,民不勝苦。履謙命准令輸之。由是召怨。"畝輸三石,浙西之田不至此,肆意剥削,真堪駭歎!

〔六一三〕　豪强占田之害

豪强之占田,所病者實不盡在其租額之重,而在其收租之酷;又不盡在其收租之酷,而在其規避諸賦役,而盡并諸平民也。明之莊田,人知其爲虐政矣,然其租額,不過銀三分、米五升,多者乃銀五分、米廿升耳。《明史·李敏傳》:敏以成化二十一年,召拜户部尚書。"當憲宗末,中官、佞幸,多賜莊田。既得罪,率辭而歸之官。罪重者奪之。然不以賦民。敏請召佃,畝科銀三分,帝從之,然他莊田如故。會京師大水,敏乃極陳其害。請盡革莊户,賦民耕,畝概徵銀三分,充各宫用度。無皇莊之名,而有足用之效。至權要莊田,亦請擇佃户領之,有司收其課,聽諸家領取。時不能用。"《周經傳》:孝宗"以肅寧諸縣地四百餘頃賜壽寧侯張鶴齡。其家人因侵民地三倍。且毆民至死。時王府、勳戚莊田，例畝徵銀三分，獨鶴齡奏加徵二分，且概加之沙鹻地"。《諸王傳》：英宗第二子德莊王見潾。"正德初，詔王府莊田畝徵銀三分，歲爲常。見潾奏：初年兗州莊田歲畝二十升。獨清河一縣，成化中用少師宋旻議，歲畝五升。若如新詔，臣將無以自給。"《韓文傳》："保定巡撫王璟請革皇莊。廷議從之。帝命再議。文請命巡撫官召民佃，畝徵銀三分輸内庫，而盡撤中官管莊者。大學士劉健等亦力言内臣管莊擾民，乃命留中官各一人，校尉十人，餘如文議。"此新詔所由來也，觀此，知莊田租額，雖略有高下，然定法銀不過三分，米至二十升，亦爲最多矣。而其收租，則弘治時李敏極言其害，曰："管莊官校，招集羣小，稱莊頭、伴當。占地土，斂財物，污婦女。稍與分辨，輒被誣奏，官校執縛，舉家驚惶。民心傷痛入骨。"見《明史・食貨志》。亦見本傳。甚至如神宗時，福王莊地，散在諸省，"王府官及諸閹，丈地徵税，旁午於道，扈養厮役，廩食以萬計，漁斂慘毒不忍聞。駕帖捕民，格殺莊佃，所在騷然。"《食貨志》。此乃盜賊也，其可忍乎？然猶可諉曰：此固法所不許，在政治清明時，即不能有此等事也。若其規避賦役，則并自託於法令，以爲蔭蔽矣。宋政和時，品官限田，一品百頃，降殺以十，至九品而爲十頃。南渡後則一品爲五十頃，降殺以五，至九品而爲五頃。身死減半，蔭盡，役同編户。見《宋史・食貨志》。此已不爲不厚矣，然其所依託，則遠不止此。《宋史・本紀》：高宗紹興元年，十二月，"詔官户名田過制者，與民均科。"二十九年，三月，"限命官子孫制田減父祖之半。并其詭名寄産者，格外田畝，同編户科役。"孝宗乾道四年，九月，"限品官子孫名田。"皆爲此輩發者也。《食貨志》：紹興六年，知平江府章誼言："民所甚苦者，催科無法，税役不均。强宗巨室，阡陌相望，而多無税之田，使下户爲之破産。"謝方叔所以太息於"小民田日減而保役不休，大官田日增而保役不及"也。引見《宋末公田》條。

《元史・食貨志》：至元二十八年，"命江淮寺觀田，宋舊有者免租，續置者輸税。"《仁宗紀》：延祐五年，十月，"敕僧人除宋舊有及朝廷撥賜土田免租税，餘田與民一體科徵。"《文宗紀》：天曆二年，十二月，"詔諸僧寺田，自金、宋所有及累朝賜予者，悉除其租，其有當輸租者，仍免其役。"此等亦皆沿自宋世，陳堅等所以痛心疾首於"琳宮梵宇"也。亦見《宋末公田》條。

《宋史・孝義・侯可傳》："調華原主簿。富人有不占田籍而質人田券至萬畝，歲責其租。可晨馳至富家，發櫃，出券歸其主。"多質田而不占籍，蓋亦利免賦役也。

〔六一四〕　異族間兼并

財利無國界也，故雖異國異族之間，亦有互相兼并之事。《宋史・蔡挺傳》：知渭州。"蕃部歲饑，以田質於弓箭手，過期輒没。挺爲資官錢，歲息什一。後遂推爲蕃、漢青苗助役法。"又《賈昌朝傳》：判大名府。"邊人以地外質，契丹故稍侵邊界。昌朝爲立法：質地而主不時贖，人得贖而有之。歲餘，地悉復。"又《西南溪峒諸蠻傳》：乾道十一年，"禁民毋質瑶人田，以奪其業。俾能自養，以息邊釁。從知沅州王鎮之請也。"足見南北皆有其事矣。蔡挺能體恤質舉者，甚善。然官吏能如是者絕鮮，且身亦圖利，遂至積涓涓之流，成滔天之禍焉。《聖武記·乾隆湖貴征苗記》云："苗之未變也，畏隸如官，官如神。兵民利焉，百户、外委利焉，司土者利焉。""初，永綏廳懸苗巢中，環城外寸地皆苗。不數十年，盡占爲民地。獸窮則齧，於是姦苗倡言逐客民，復故地，而羣寨争殺，百户響應矣。"指欲復故土者爲姦，可乎？清世内亂之熾，實始於其所謂川楚教匪者，而川楚教匪之熾，實以湖貴苗亂掣其兵力之故。所謂積涓涓之流，而成滔天之禍者也。雖然，兼并之召禍，初不自乾隆中始。雍正之西南土司改流，蓋亦以是爲先驅焉。《清史稿·楊名時傳》：名時於乾隆元年疏言："御夷之道，貴在羈縻，未有怨毒猜嫌而能長久寧帖者。貴州境内，多與苗疆相接。生苗在南，漢人在北，而熟苗居中，受雇直爲漢人傭，相安已久。生苗所居，深山密箐，有熟苗爲之限，常聲内地兵威以慴之，故亦罔敢窺伺。自議開拓苗疆，生苗界上，常屯官兵，干戈相尋，而生苗始不安其所。至熟苗，無事則供力役，用兵則爲鄉導。軍民待之若奴隸，生苗疾之若寇讎。官兵勝，則生苗乘間抄殺以洩忿；官兵敗，又或屠戮以冒功。由是熟苗怨恨，反結生苗爲亂。如台拱本在化外，有司迎合要功，輒謂苗民獻地，上官不察，竟議駐師，遂使生苗煽亂，屢陷官兵，蹂躪内地。間有就撫熟苗，又爲武臣殘殺，賣其妻女。是以賊志益堅，人懷必死。爲今日計，惟有棄苗疆而不取。撤重兵還駐内地，要害築城，俾民有可依，兵有可守。來則御之，去則舍之。明懸賞格，有能擒首惡及率衆歸順者，給與土官世襲，分管其地。更加意撫綏熟苗，使勿爲生苗所劫掠，官兵所侵陵，庶有俛首向化之日。不然，臣恐兵端不能遽息也。"熟苗所耕，當亦苗地，顧爲漢人之傭，其地蓋爲漢人所巧取豪奪。既已奴役熟苗矣，乃又以之爲介，而進侵生苗之地，苗人安得不反抗？名時云："爲今日計，惟有棄苗疆而不取。"明苗地當還諸苗矣。又《孫嘉淦傳》：嘉淦於乾隆七年疏言："内地武弁，不得干與民事，苗疆獨不然。文員不敢輕入峒寨，但令差役催科，持票滋擾而已。争訟、劫殺之案，皆委之於武弁。威權所及，攤派隨之。於是因公科斂，文武各行其令；因事需索，兵役競逞其能；甚至没其家貲，辱及婦女。苗民不勝其忿，與之并命，而嫌釁遂成。爲大吏者，或剿或撫，意見各殊，行文查勘，動經數月。苗得聞風豫備，四處句連，飲血酒，傳木刻，亂起甚易，戡定實難。幸就削平，而後之人仍蹈前轍，搜捕株連，滋擾益甚。苗、瑤無所告訴，乘隙復動，惟力是視。歷來治苗之官，既無愛養之道，又乏約束之方。無事恣其侵漁，有事止於剿殺。剿殺之後，仍事侵漁，侵漁既久，勢必又至剿殺。長此循環，伊於胡底？語曰：善為政者，因其勢而利導之。苗人散居，各有頭人。凡作姦、窩匪之處，兵役偵之而不得者，頭人能知之；鬥爭、劫殺之事，官法繩之而不解者，頭人能調之。故治苗在治頭人。令各寨用頭人為寨長。一峒之中，取頭人所信服者為峒長，使各約束寨長而聽於縣令。眾苗有事，寨長處之不能，以告峒長；又不能，以告縣令。如是，則於苗疆有提綱挈領之方，於有司自收令行禁止之效。且峒長數見牧令，有爭訟可告官區處，而無仇殺之舉。牧令數見峒長，有條教可面飭遵行，而無吏役熒蔽之患。擾累既杜，則心志易孚。所謂立法簡易，因其俗而利導者也。"其謂苗地當還諸苗，實與名時如出一轍。孟子曰：善戰者服上刑。鄂爾泰、張廣泗等其人也。

《清史稿・循吏傳》：李大本，附《謝仲玩傳》。乾隆時為寶慶府理瑤同知。"橫嶺峒苗乏食，籲官求粟。大本多方振之。復為苗民籌生計。請於上官曰：橫嶺峒自逆渠授首，安插餘苗，因惡其人，故薄其產，每口授田，才三十畝至四十畝。每畝上田獲米六升，中田五升，下田四升，得米無多；又峒田稍腴者，盡與堡卒，極惡者方畀苗民；歲入不足，男則斫柴易米，女則刨蕨為粉，給口實。年來生齒日繁，材木竭，米價益昂，饑餓愁歎，深可憐閔。恐不可坐視而不為之所。見有入官苗田一千三百四十八畝。舊募漢民佃種，出租供饟。姦良不一，屢經洮汰。請視苗民家貧丁眾者書諸簿。有漢佃應除者，即書簿之苗丁，次第受種，出租如故，則苗民得食，而饟亦無虧。乃補救之一端。議上，不許。後巡撫陳宏謀見之，曰：此識時務之言也。將陳其事。會他遷，未果。"此漢人戰勝苗、瑤後攘奪其土地之一事也。

又《徐本傳》：雍正十年，擢安慶巡撫。十一年，疏言："雲、貴、廣西改流土司，安置內地，例十人給官房五楹，地五十畝，安慶置二十一人，地遠在來安。請變價別購，俾耕以食。"改流後之土司，殆古所謂寓公也。諸侯不臣寓公，而清人遇之之薄如此。

不徒內地也，即新闢之臺灣亦有兼并之患。《清史稿・陳大受傳》：乾隆十一年，調福建巡撫。十二年，疏言："臺灣番民生業艱難，向漢民重息稱貸。子女、田產，每被盤折。請撥臺穀二萬石，分貯諸羅、彰化、淡水諸縣，視鳳山例接濟。其不願借者聽。報可。"重利盤剥之無孔不入如此。

漢人每能盤剥番人者,以其生利之力較強也。《清史稿·常明傳》:嘉慶十五年,爲四川總督。"寧遠府屬夷地,多募漢人充佃,自教匪之亂,川民避入者增至數十萬人,争端漸起。十七年,常明疏請漢民移居夷地及佃種者,編查入册,不追既往。此後嚴禁夷人招佃與漢民轉佃。報可。"此數十萬人之入夷地,必多由夷人招募者矣。又《吴傑傳》:道光十三年,川南叛夷犯邊,師久無功。疏言:夷族"愚惰不諳農事,漢民租地,耕作有年,既漸闢磽鹵爲膏腴,羣夷涎其收穫,復思奪歸。搆釁之原,不外於此。今當勘丈清釐。凡漢民屯種夷地,强占者勒令退還,佃種者悉令贖歸;無主之田,墾荒已久,聚成村落,未便遷移,畫爲漢界,禁其再行侵占,庶争端永息"。觀此,知漢人侵占,事實有之,然夷族召募,亦不可云無。既化磽鹵爲膏腴,復豔收穫而思攘奪,自非事理之平。然則漢、夷齟齬,咎固多在漢人,而亦不可云盡在漢人也。

《宋史·西南溪峒諸蠻傳》:嘉定七年,臣僚言:"辰、沅、靖三州之地,多接溪峒。其居内地者謂之省民,熟户、山瑶、峒丁,乃居外爲捍蔽。其初區處詳密,立法行事,悉有定制。峒丁等皆計口給田,多寡闊狹,疆畔井井。擅鬻者有禁,私易者有罰。一夫歲輸租三斗,無他繇役,故皆樂爲之用。邊陲有警,衆庶雲集,争負弩矢前驅,出萬死不顧。比年防禁日弛。山瑶、峒丁,得私售田。田之歸於民者,常賦外復輸税,公家因資之以爲利,故讓不加省。而山瑶、峒丁之常租仍虚挂版籍,責其償益急,往往不能聊生,反寄命瑶人,或導其入寇,爲害滋甚。宜勑湖廣監司檄諸郡,俾循舊制毋廢,庶邊境綏靖,而遠人獲安也。"此熟户、山瑶、峒丁,正與清時貴州之熟苗同。

《清史稿·馮光熊傳》:爲貴州巡撫。嘉慶三年,春,疏請"申禁漢民典買苗田,及重債盤剥,驅役苗佃"。光熊與於平苗之役,足見苗叛實由漢人侵奪其土地也。又《謝啓昆傳》:嘉慶四年,擢廣西巡撫。"廣西土司四十有六,生計日絀,貸於客民,輒以田産準折。啓昆請禁重利盤剥,違者治罪,田産給還土司。其無力回贖者,俟收田租滿一本一利,田歸原主,五年爲斷;其不禁客民入苗地者,廉土民馴愚,物産稀少,藉販運以通有無也。"此可見所盤剥者不僅苗民,并及其酋長,而從事盤剥者,又非僅農民而兼有商人矣。又《甘肅土司傳》,言其"輸糧供役,與民無異。惟是生息蕃庶,所分田土多鬻民間,與民錯雜而居,聯姻而社,并有不習土語者。故土官易制"云。此乃逐漸受漢人之剥削,不待干戈而滅亡者。知土地可以買賣爲封建之大敵也。

《清史稿·鄂爾達傳》:乾隆四年,調川陝總督。"疏言榆林邊民,歲往鄂爾多斯種地，牛具、籽種、日用，皆貸於鄂爾多斯。秋收餘糧易牛羊皮，入内地變價，重息還債。請於出口時，視種地多寡，借以官銀，秋收以糧抵，俾免借貸折耗之苦，倉儲亦可漸充。上從之。"此又塞外部落酋豪，招致漢民，加以剥削者也。然中原之主，亦有剥削外夷者。《金史·世宗紀》：大定十七年，十月，"詔以羊十萬付烏古里、右礱部畜，收其滋息，以予貧民。"此則漢武帝之出牝馬亭矣。

〔六一五〕　富人之不法

《宋史·吳延祚傳》：子元載。雍熙三年，徙知秦州。州民李益者，爲長道縣酒務官。家饒於財，僮奴數千指，恣横持郡吏短長，長吏而下皆畏之。民負息錢者數百家，郡爲督理如公家租調。獨推官馮伉不從。益遣奴數輩，伺伉按行市中，拽之下馬，因毁辱之。先是，益厚賂朝中權貴爲庇護，故累年不敗。及伉屢表其事，又爲邸吏所匿，不得達。後因市馬譯者附表以聞。譯因入見，上其表。帝大怒，詔元載逮捕之。詔書未至，京師權貴已報益。益懼，亡命。元載以聞，帝愈怒，詔州郡物色急捕之。獲於河中府民郝氏家。鞫於御史府，具得其狀，斬之，盡没其家。益子仕衡，先舉進士，任光禄寺丞，詔除籍，終身不齒。益之伏法，民皆飯僧相慶。淳化二年，徙知成都府。及王小波亂，不能捕滅，受代歸闕，而成都不守。時李仕衡通判華州，常銜元載因事殺其父，伺元載至闕，遣人閲行裝，收其闕市之税。元載拒之，仕衡抗章疏其罪，坐責郢州團練副使。又《高斯得傳》：移湖南提點刑獄。攸縣富民陳衡老，以家丁、糧食資强賊，劫殺平民。斯得至，有愬其事者。首吏受賕而左右之。衡老造庭，首吏拱立。斯得發其姦，械首吏下獄，羣胥失色股栗。於是研鞫，具得其狀。乃黥配首吏，具白朝省，追毁衡老官資，簿録其家。會諸邑水災，衡老願出米五萬石振濟以贖罪。衡老壻吳自性，與衡老館客太學生馮煒等謀中傷斯得盜拆官檔。斯得白於朝，復正其罪。出一篋書，具得自性等交通省部吏胥情狀。斯得并言於朝。下其事天府，索出賕銀六萬餘兩，黥配自性及省、寺高鑄等二十餘人。初，自性厚賂宦者言於理宗曰："斯得以緡錢百萬進，願易近地一節。"理宗曰："高某硬漢，安得有是？"此兩事可謂不法已極。然李仕衡既遭禁錮，又判華州；理宗雖不聽宦者，亦不聞加以究治；何也？可謂物必自腐而後蟲生之矣。

陳衡老求免罪，一出米即至五萬石，或疑其數太多，史辭不實。然《食貨志》載賈黯請立民社義倉，駁諸路難者之説曰："若謂恐招盜賊，盜賊利在輕貨，不在粟麥。今鄉村富室，有貯粟數萬石者，不聞有劫掠之虞。"則貯粟數萬石，在宋時實非希有之事。鄉村人家多有，而況衡老之以富名者也？《元史·王磐傳》：世業農，歲得麥萬石。鄉人號萬石王家。又《王克敬傳》：元統初，起爲江浙行省參知政事。松江大姓，有歲漕米萬石獻京師者，其人既死，子孫貧且行乞，有司仍歲徵，弗足，則雜置松江田賦中，令民包納。克敬具論免之。則歲入萬石，歲出萬石，皆視爲恒事矣，足見富人積粟之多。又《元史·史天倪傳》：曾祖倫少好俠，因築室發土得金，始饒於財。甲子歲大祲，發粟八萬石振餓者。祖成珪，倜儻有父風，遭亂盜賊四起，乃悉散其家財，惟存廩粟而已。振餓發粟八萬石，求免罪一出五萬石，又豈足異也。悉散家財，惟存廩粟，蓋亦知盜賊所利在於輕齎，足證賈黯之説。秦之敗也，豪傑爭取金玉，而任民獨窖倉粟，《史記·貨殖列傳》。亦以此也。

《清史稿·范毓馪傳》："山西介休人。范氏故巨富。康熙中，師征準噶爾，輸米餽軍，率以百二十金致一石。六十年，再出師，毓馪兄毓馪請以家財轉餽，受運值視官運三之一。雍正間，師出西北二路。怡親王允祥薦毓馪主餽，計穀多寡，程道路遠近，以次受值，凡石米自十一兩五錢至二十五兩有差，累年運米百餘萬石。寇犯北路，失米十三萬餘石，毓馪斥私財補運，凡白金百四十四萬兩。師既罷，米轉運近地，户部按近值核銷，故所受遠值，責毓馪追繳，凡白金二百六十二萬，復出私財採薆，市銅供鑄錢以償。"此其資財，以歲漕萬石者擬之，又如小巫之見大巫矣。《論》謂其兄弟"出私財助軍興，幾傾其家而不悔，求諸往史，所未有也。"信哉！以助虜之開邊，則何也？

〔六一六〕　青　苗　法

青苗法之利弊，果何如乎？曰：其事在當時，相需孔殷，然行之決不能無弊。何也？曰：宋承五代之後，民困似抒而實未抒。故其時言及民生者，無不以爲困苦不堪，而重利盤剥，病民尤甚。得公家之貸款以濟之，民始獲少蘇喘息矣。故曰相需甚殷也。然官吏則安能任此？王安石以法示蘇轍。轍曰："以錢貸民，使出息二分，本非爲利。然出納之際，吏緣爲姦，雖有法不能禁。"《宋史·食貨志》。自是平情之論。抑非獨吏緣爲姦也，官即不邀功賞，亦必自顧考成。既有令，安得不散？既散之，安得不籌及收回？於是抑配及令民相保、分配轉擇有力之户諸弊，相隨而至，而追呼亦不得不用矣。理有固然，勢有必至,斯事有召禍,而法有起姦矣。此法李參行諸陝西,民獲其利。安石知鄞縣,貸穀與民,立息以償,俾新陳相易,邑人便之,亦與青苗無異。所以能如此者,以行之者異其人;抑爲一方一邑之政,非勒以法令、行諸全國者也。

官吏不免以取息爲意;抑出入之際,能否無少與多取之弊,事極難言。然謂其取之轉浮於私家倍稱之邀,則亦未爲平允。《宋史・陳舜俞傳》:知山陰縣。青苗法行,不奉令,上疏自劾曰:"民間出舉財物,取息重止一倍,約償緡錢,而穀粟、布縷、魚鹽、薪蒸、檿銏、斧錡之屬,得雜取之。朝廷募民貸取,有司約中熟爲價,而必償緡錢,欲如私家雜償他物不可得。祖宗著令,以財物相出舉,任從書契,官不爲理。其保全元元之意,深遠如此。今誘之以便利,督之以威刑,方之舊法異矣。"然則民所最苦,惟在必償緡錢。至於利率,則韓琦言"借之一千,令納一千三百",見《食貨志》。《志》又載范鎮之言,亦曰:"陛下初詔云:公家無所利其入,今提舉司以戶等給錢,皆令出三分之息。"祇今所謂三分。又云:"凡春貸十千,半年之內,便令納利二千;秋再放十千,至歲終,又令納利二千;則是貸萬錢者,歲令出息四千。"亦不過四分。王廣淵爲此法所由行,然其傳云:"廣淵以方春農事興,兼并之家,得以乘急要利,乞留本道錢帛五十萬,貸之貧民,歲可獲息二十五萬。"亦不過五分耳,未及倍也。《李常傳》:常言:"州縣散常平錢,實不出本,勒民出息。"此等弊政,必積久而後致,初行時必不敢如此。故王安石請令常具官吏主名,而常不能對也。

元祐元年,廢青苗法,四月,復之。史云出范純仁意。紹聖二年,淮南轉運副使莊公岳請勿立定額。奉議郎鄭僅等願戒抑配,止收一分之息。皆見《食貨志》。此可見青苗之弊,抑配及取息重,爲其兩大端也。

蘇頌言:"提舉青苗官,不能體朝廷之意,邀功爭利,務爲煩擾。且與諸司不相臨統,文移同異,州縣莫知適從。乞與常平衆役,一切付之監司,改提舉爲之屬。則事有統一,而於更張之政,無所損也。"不從。此自是立法之弊。蓋但求其事之行,因重其提舉之權,而不計其統屬之不明也。

《神宗紀》:熙寧三年,正月乙卯,"詔諸路散青苗錢禁抑配。"五月癸巳,"詔并邊州郡毋給青苗錢。"蓋抑配等弊,朝廷未嘗不豫燭之,故禁戒之詔與行法之詔并下,且於緣邊逆絶之也。然《蔡挺傳》言:挺知慶州,蕃部歲饑,以田質於弓箭手,過期輒沒。挺爲貸官錢,歲息什一。後遂推爲蕃漢青苗、助役法。則蕃部亦有資於此矣。

《食貨志》述和糴,言"陝西糴穀,歲豫給青苗錢。天聖已來,罷不復給"。《仁宗紀》:天聖四年,十月辛未,"罷陝西青苗錢。"李參之青苗錢,當源於此。《參傳》言熙寧青苗法萌於參，實數典而忘祖也。《志》又述俵糴云："熙寧八年，令中書計運米百萬石費約三十七萬緡，帝怪其多。王安石因言：俵糴非特省六七十萬緡歲漕之費，且河北入中之價，權之在我。遇斗斛貴住糴，即百姓米無所糴，自然價損。非惟實邊，亦免傷農。乃詔歲以末鹽錢鈔、在京粳米六十萬貫石，付都提舉市易司貿易。度民田入多寡，豫給錢物。秋成於澶州、北京及緣邊入米麥粟封樁。即物價踴，權止入中，聽糴便司兌用，須歲豐補償。紹聖三年，用呂大忠言，召農民相保，豫貸官錢之半，循稅限催科，餘錢至夏秋用時價隨所輸貼納。崇寧中，蔡京令坊郭、鄉村，以等第給錢，俟收，以時價入粟。邊郡弓箭手、青唐蕃部皆然。"此既類豫買，亦得青苗錢之意也。

　　《遼史・食貨志》言其"東京沿邊諸州，各有和糴倉。依祖宗法，出陳易新，許民自願假貸，收息二分。所在無慮二三十萬石。雖累兵興，未嘗用乏。逮天慶間，金兵大入，盡為所有"。案《遼史》雖云闕佚，然苟和糴假貸，出入之間，大有弊竇，不能絕無事跡散見。而今竟無有，疑其循舊斂散，頗可相安；而取息二分，滋長不已，故雖累兵興，未嘗用乏也。然則倉儲出貸，實有弘益，亦不必滋弊。宋青苗法之滋弊，實以其推行太急，未能順其自然之勢，又無祛弊之法；而攻新法者，又欲一舉而盡去之，而不肯平心商榷，以祛其弊而收其利耳。

　　義倉之法始於隋。朱子所創之社倉，實大與之類。所異者，一借貸取息，一但事振濟耳。足見借貸取息，未足為病也。清雍正二年，議定社倉收息之法："凡借本穀一石，冬間收息二斗。小歉減半。大歉全免，祇收本穀。至十年後，息倍於本，祇以加一行息。"《清史稿・食貨志・倉庫》。亦不諱取息也。

〔六一七〕　羊　羔　利

　　放債者子本相侔，即禁再取利，為中國相沿之法，已見《借貸利率》條。至元時，乃有所謂羊羔利者，至期不償，則以利為本而復生利。人皆以是為回鶻咎，其實不然也。《元史・太宗紀》：十二年，"是歲，以官民貸回鶻金償官者，歲加倍，名羊羔息，其害為甚，詔以官物代還，凡七萬六千錠。仍命凡假貸歲久，惟子本相侔而止，著為令。"《耶律楚材傳》："州郡長吏，多借賈人銀以償官，息累數倍，曰羊羔兒利，至奴其妻子，猶不足償。楚材奏令本利相侔而止，永為定制。民間所負者，官為代償之。"《良吏・譚澄傳》：澄為交城令。"歲乙未，籍民戶，有司多以浮客占籍，及征賦，逃竄殆盡，官為稱貸，積息數倍，民無以償。澄入覲，因中書耶律楚材，面陳其害。太宗惻然，爲免其逋，其私負者，年雖多，息取倍而止。"此三者即一事。《王珍傳》："歲庚子，入見，言於帝太宗。曰：大名困於賦調，貸借西域賈人銀八十錠，及逋糧五萬斛。若復徵之，民無生者矣。詔官償所借銀，復盡蠲其逋糧。"《史天澤傳》：蔡州破後，"天澤還真定。時政煩賦重，貸錢於西北賈人以代輸，累倍其息，謂之羊羔利，民不能給。天澤奏請官爲償，一本息而止。繼以歲饑，假貸充貢賦，積銀至一萬三千錠，天澤傾家貲，率族屬、官吏代償之。"所謂西域賈人，西北賈人，亦即《太宗紀》所謂回鶻。《嚴實傳》：第二子忠濟，襲實爲東平路行軍萬戶管民長官。中統二年，召還京師。"忠濟治東平日，借貸於人，代部民納逋賦，歲久愈多。及謝事，債家執文券來徵。帝聞之，悉命發内藏代償。"《耶律阿海傳》：孫買哥，襲父中都路也可達魯花赤。"時供億浩繁，屢貸於民，買哥悉以私帑償之。事聞，賜銀萬兩。"《董文炳傳》：歲乙未，以父任爲槀城令。"前令因軍興乏用，稱貸於人，而貸家取息歲倍，縣以民蠶麥償之。文炳曰：民困矣，吾爲令，義不忍視也，吾當爲代償。乃以田廬若干畝計直與貸家。"所從貸之人與民，亦必是物也。此等借貸，皆由官尸其事。亦有由民尸之者。如《王玉傳》：言玉權真定五路萬户。"有民負西域賈人銀，倍其母不能償，玉出銀五千兩代償之。"此亦必貸以充貢賦，故能由官代償。蓋官吏時有更調，其可信或尚不如當地之豪民，故以民爲借主也。官吏借貸，以充貢賦，前此未聞。《閻復傳》：復於元貞三年上疏，言"古者刑不上大夫，今郡守以徵租受杖，非所以厲廉隅"。元貞如此，而況中統以前？蓋迫於淫威，不得不爾。此自元朝之酷，於回鶻乎何與？回鶻之可誅者，或爲乘危以邀重利耳。然《劉秉忠傳》：秉忠嘗上書世祖言："今宜打算官民所欠債負，若實爲應當差發所借，宜依合罕皇帝聖旨，一本一利，官司歸還。凡陪償無名虛契所負，及還過元本者，并行赦免。"時世祖尚未立，其後於此説蓋嘗認真行之。故《姚樞傳》：樞被召至，爲書數千言，其及救時之弊者，有曰"倚債負，則賈胡不得以子爲母，破稱貸之家"也。遠年債負，限於一本一利，其法蓋出鄉村。農民收入少，春耕時借，至秋穫而不能償者，待至明秋，所入亦不過如此；因其借在去年而增息，必至永不能償，故不得不限以元額。若商人之資本，則本爲流通蓄息之財，周轉之次數愈多，則其所生之利愈巨，不論歷時之久暫，概限以子本相侔，實未爲得其平，更有何人肯事出舉？故此法在中國，本未必行於城市，而回鶻竟受此限制，其所損爲已多矣，尚得爲之咎乎？或曰：劉秉忠言有無名虛契，此已爲非法。又《廉希憲傳》："嗣國王頭輦哥行省鎮遼陽，有言其擾民不便者，詔起希憲爲北京行省平章政事。有西域人，自稱駙馬，營於城外，繫富民，誣其祖父嘗貸息錢，索償甚急。民訴之行省。希憲命收捕之。其人怒，乘馬入省堂，坐榻上。希憲命捽下跪，而問之曰：法無私獄，汝何人，敢擅繫民？令械繫之。其人皇懼求哀，國王亦爲之請，乃稍寬，令待對，舉營夜遁。"又《王磐傳》：出爲真定、順德等路宣慰使。"有西域大賈，稱貸取息。有不時償者，輒置獄於家，拘繫榜掠其人。且恃勢干官府，直來坐廳事，指揮自若。磐大怒。叱左右捽下，箠之數十。時府治寓城上，即擠諸城下，幾死。郡人稱快。"此兩事則更堪髮指矣。殊不知此乃元代親貴所爲，與西域賈人無涉也。《新元史·食貨志》云："斡脱官錢者，諸王、妃、主以錢借人，如期并其子母徵之，元初謂之羊羔兒息。時官吏多借西域賈人銀，以償所負，息累數倍，至没其妻子，猶不足償。耶律楚材奏令本利相侔，永爲定例。中統三年，定諸王投下取索債負人員，須至宣撫司彼此對證；委無異詞，依一本一利還之。毋得將欠債官民人等強行拖拽，人口頭匹准折財産，攪擾不安，違者罪之。至元八年，立斡脱所，以掌其追徵之事。二十年，蠲昔剌斡脱所負官錢。是年，詔未收之斡脱錢悉免之。二十九年，復詔窮民無力者，本利免其追徵，中户則徵其本而免其利。元貞元年，詔貸斡脱錢而逃匿者罪之，仍以其錢賞首告者。《舊史·本紀》逃匿作逃隱。又：大德四年，正月，"命和林戍軍借斡脱錢者，止償其本。"大德元年，禁權豪斡脱。二年，諸王阿只吉索斡脱錢，命江西行省籍負債者之子婦。省臣以江南平定之後，以人爲貨，久行禁止，移中書省罷其事。五年，禁斡脱錢夾帶他人營運，違者罪之。六年，札忽真妃子、念木烈大王位下遣使人燕只哥歹等追徵斡脱錢物。不由中書，亦無元借斡脱錢數目，止云借斡脱錢人不魯罕丁等三人。展轉相攀，牽累一百四十餘户。中書省議準：凡徵斡脱官錢者，開坐債負户計、人名、數目呈中書省，轉咨行省官，同爲徵理。照驗元坐取斡脱錢人姓名，依理追徵。毋致句擾違錯。著爲令。"觀此，知回鶻之借貸，入元初不久，即爲親貴所攘奪矣，回鶻在中國放債，由來已久。《舊唐書·李晟傳》：子愻，累官至右龍武大將軍，沈湎酒色，恣爲豪侈，積債至數千萬。其子貸迴鶻錢一萬餘貫不償，爲迴鶻所訴。文宗怒，貶愻爲定州司法參軍。即其一事。《通鑑》：德宗貞元三年，河隴既没於吐蕃，自天寶已來，安西、北廷奏事及西域使人在長安者，歸路既絶，人馬皆仰給於鴻臚。禮賓委府縣供之，於度支受直。度支不時付直，長安市肆不勝其弊。李泌知胡客留長安久者，或四十餘年，皆有妻子，買田宅，舉質取利，安居不欲歸，命檢括胡客有田宅者停其給，凡得四千人。胡三省《注》："舉者，舉貸以取倍稱之利也。質者，以物質錢，計月而取其利也。"案此所謂倍稱者，猶言其爲重利耳，非謂其利與本相倖也。此等胡客，隨迴鶻而來者甚多，故亦冒迴鶻之名。讀《新唐書·回鶻傳》可見。元世西域來者，不皆回鶻。回鶻，元時稱畏吾兒，亦不稱回鶻。放債者稱回鶻，蓋猶是唐世胡客之後，元初來自西域之賈胡，與之合流也。然則西域商人在中國放債，不但爲時甚早，亦且歷時甚久矣。迄不聞其以重利盤剥，爲民所恨，爲法所誅，何哉？無如西域之親貴以資依倚，勢固不容爾也。《元史·張珪傳》：珪於泰定初論當世得失，有曰："中賣寶物，世祖時不聞其事。自成宗以來，始有此弊。分珠寸石，讎直數萬。大抵皆時貴與斡脱中寶之人，妄稱呈獻，冒給回賜，高其直且十倍。蠹蠹國財，暗行分用。"斡脱之罔利，在此不在彼，亦時貴所爲也。

〔六一八〕 印 子 錢

　　予十餘齡時，即聞上海有所謂印子錢者，專由印度人放諸華人。其後旅滬，聞人言亦如是。然其實非也。《清史稿·成性傳》：附《朱克簡傳》。康熙十一年，授工科給事中。疏陳民生十害，其九爲放債，云："百姓十室九空，無藉乘急取利，逐月合券，俗謂印子錢，利至十之七八，折没妻孥。"則清初已有之矣。其時爲此者，似以旗人爲多。蓋法之所禁，非恃勢不能爲也。《清史稿·趙士麟傳》：康熙二十三年，授浙江巡撫。"杭州民貸於駐防旗兵，名爲印子錢。取息重，至鬻妻孥、賣田舍；不償，則閧於官。營兵馬化龍毆官，成大獄。士麟移會將軍，掣繳券約，捐資代償。將軍令減子歸母，母復減十之六。事遂解，民大稱頌。"此事可謂不法已極。然士麟徒能代償，不能懲也。又《馬如龍傳》：康熙二十四年，遷杭州知府。"杭州民貸於旗營，息重不能償，質及子女。如龍請於將軍，覈子母，以公使錢代償。杭州民咸頌如龍。"則士麟之所爲，并不過救一時之急，尚未能庇及來年也。《劉蔭樞傳》：康熙時，除刑科給事中。疏言："京師放債，六七當十；半年不償，即行轉票，以子爲母。數年之間，累萬盈千。乞敕嚴立科條，照實貸銀數三分起息。"《衛既齊傳》：康熙時，授直隸霸州州判。"民貸於旗丁，子錢過倍，橫索無已。既齊力禁戢之，無敢逞。"則又南北皆然。《成性傳》云逐月合券，此云半年不償乃轉票，似其盤剥較輕，然借時先有折扣，則亦未可謂輕也。此與趙甌北所云放京債者無異，見《京債》條。足見其由來已久。《張照傳》：乾隆七年，擢刑部尚書。"民間貸錢徵息，子母互相權，謂之印子錢。雍正間，八旗佐領等有以印子錢胺所部旗丁者，世宗諭禁革，都統李禧因請貸錢者得自陳，免其償，并治貸者罪。至是，照言印子錢宜禁,如止重利放債,依違禁取利本律治罪,禧所議宜罷不用。從之。”蓋重利放債,究以印子錢爲最甚也。參看《羊羔利》條。

上海晚近之重利放債,民國二十一年十二月八日之《時事新報》曾載之。其説分洋債與印子錢爲二。名印度人所放者曰洋債。云:其利爲十分。如借百元者,月付息十元,一年則百二十元矣。借者不書借據,但於空白紙上印一指模與之。若不能償,則彼於此紙上填寫本利而興訟。所寫利率,不過二分,以避盤剥之咎,然本錢則任其填寫矣。印子錢,該報云最爲普徧。大抵借五十元者,先扣去鞋襪費五元,實止借得四十五元,而每日須還一元,二月爲清,則共得六十元矣。所借少則爲期短。如借十元先扣一元,日還四角,一月爲清,則共得十二元也。又有曰禮拜錢者,每星期付息一次。如借銀十元,扣去鞋襪費一元,每星期付息一元。又有曰加二錢者,借百元,月付息二十元。又有曰皮球錢者,還不逾日,晨借十元,晚還十元二角。以上皆《時事新報》所載也。別有一報,予所作筆記及剪存報紙,因舊居爲倭寇炸毁,悉亡佚破損。此紙即破損者之一。所記報名及年月日,均不可考。則以印子錢專爲印度人所放。蓋印子錢本中國重利盤剥之舊名,在晚近之上海,則以印度人所放爲多也。《時事新報》此則,乃上海商業儲蓄銀行所登,爲該行静安寺路分行創辦信用小借款而設,實廣告也。信用小借款,利率自云爲七釐半。局外人論者云:以其先扣利息及本金分期拔還,實合一分五釐以上。

〔六一九〕　掌　　固

《通鑑》隋高祖開皇十七年:“大理掌固來曠上言大理官司太寬,帝以曠爲忠直,遣每旦於五品行中參見。曠又告少卿趙綽濫免徒囚,帝使信臣推驗,初無阿曲。帝怒,命斬之。綽固争,以爲曠不合死”云云。胡《注》云:掌固,蓋即漢之掌故。唐省、臺、寺、監,皆有掌固,固隋制也。案《舊唐書·職官志》尚書省云亭長、掌固,檢校省門户倉庫廳事陳設之事。見《尚書都省注》。此非漢掌故職,其人亦未必能上書言事;然則隋制似類漢,唐制未必襲隋。

〔六二〇〕　縱　　火

《隋書·高熲傳》:文帝問熲以取陳之策。熲曰:“江南土薄,舍多竹茅,所有儲積,皆非地窖。若密遣行人,因風縱火,待彼脩立,復更燒之。不出數年,自可財力俱盡。"今按以此策施之營造多用木材之國,實良圖也。或謂安得如許人入彼境? 不如彼據我境,我民之習其情,通其語者多矣。此輩固非盡忠,純然歆以厚利,質其家屬而驅使之,安見不可得數千人之用邪? 彼入我境之浪人,皆是物也,今之藏穀,誠不於茅竹之舍,然今之制敵者,又豈專恃縱火邪?

〔六二一〕 競　渡

競渡之戲見於正史者,《隋書·地理志》始載之云:"屈原以五月望日赴汨羅,土人追至洞庭不見,湖大船小,莫得濟者,乃歌曰:'何由得渡湖。'因爾鼓櫂爭歸,競會亭上,習以相傳,爲競渡之戲。其迅楫齊馳,櫂歌亂響,喧振水陸,觀者如雲,諸郡率然,而南郡、襄陽尤甚。二郡又有牽鈎之戲,云從講武所出,楚將伐吳,以爲教戰,流遷不改,習以相傳。鈎初發動,皆有鼓節,羣譟歌謡,振驚遠近,俗云以此厭勝,用致豐穰。其事亦傳於他郡。"案觀南郡、襄陽之舉,則祈穀與習武之意爲多,屈原之説特其附會耳。京口之俗,亦以五月五日爲鬥力之戲,各料强弱相敵,事類講武,"梁簡文之臨雍部,發教禁之,由是頗息。"則其明證。而祈年、講武又非二事,《禮記》曰:季春出火可焚也。然後簡其精銳,歷其卒伍,而君親誓命,以習軍旅,左之右之,坐之起之,以觀其習變也。而流示諸會,而鹽諸利,以觀其不犯命也。求服其志,不貪其得,故以戰則克,以祭則受福。凡公共集會,無不作有益之事,寓教誡之意如此。然久之迷信漸淡,爭戰漸希,則徒變而爲遊戲矣。角觝之變是也,此亦可云社會進化。

〔六二二〕 怪　異

歷代《五行志》所載諸怪異事,有可以理解者,亦有不可解者。其不可解者或出虛誣,然亦有不解盡指爲虛誣者,要之,理無窮而人之所解知者尚少耳。《宋史·五行志》:太平興國九年,揚子縣民妻生男,毛被體半寸餘,面長,頂高,烏眉,眉毛麤密,近髮際有毛兩道,軟長眉,紫唇,紅耳,厚鼻,大類西域僧。至三歲,畫圖以獻。當時揚州未必無胡人雜居,此婦或與胡通而生此子。此理之可解者也。其不可解者,元豐末,嘗有物大如席,夜見寢殿上,而神宗崩。元符末,又數見,哲宗崩。至大觀間,漸晝見。政和元年以後,大作,每得人語聲則出。

先若列屋摧倒之聲,其形塵丈餘,髯鬣如龜,金眼,行動硜硜有聲。黑氣蒙之,下人了了,氣之所及,腥血四灑,兵刃皆不能施。又或變人形,亦或爲驢,自春歷夏,晝夜出無時,遇冬則罕見。多在掖庭宮人所居之地,亦嘗及内殿,後習以爲常,人亦不大怖。宣和末,浸少,而亂遂作。此事記載,庸不盡實,然歷時甚久,見者甚多,亦不能盡指爲虛誣,何邪?

〔六二三〕　傳　衣　鉢

《新五代史・和凝傳》云:"唐故事,知貢舉者所放進士,以己及第時名次爲重。凝舉進士及第時第五,後知貢舉,選范質爲第五。後質位至宰相,封魯國公,官至太子太傅,皆與凝同,當時以爲榮焉。"《文獻通考・選舉考》引葉石林曰:"唐末,禮部知貢舉,有得程文優者,即以己登第時名次處之,不以甲乙爲高下也,謂之傳衣鉢。和凝登第,名在十三,後得范魯公質,遂處以十三。其後范登相位,官至太子太傅,封國於魯,與凝皆同,世以爲異也。"

〔六二四〕　生　　日

生日稱慶,古無有也。《隋書・高祖紀》,仁壽三年四月癸卯詔曰:"哀哀父母,生我劬勞。欲報之德,昊天罔極。但風樹不静,嚴敬莫追,霜露既降,感思空切。六月十三日是朕生日,宜令海内爲武元皇帝、元明皇后斷屠。"是爲帝王詔旨自言生日之始,然尚出於追念劬勞之意,未曾令人稱慶也。《舊唐書・玄宗紀》,開元十七年:"八月癸亥,上以降誕日,燕百寮於花萼樓下。百寮表請以每年八月五日爲千秋節,王公已下獻鏡及承露囊,天下諸州咸令燕樂,休暇三日,仍編爲令。從之。"則羣以宴樂爲務,絕無感愴之意矣。《新唐書・禮樂志》述其事,謂其"君臣共爲荒樂,當時流俗多傳其事以爲盛。其後巨盜起,陷兩京,自此天下用兵不息,而離宮苑囿,遂以荒堙。獨其餘聲遺曲傳人間,聞者爲之悲涼感動",豈不哀哉!然自肅宗已後,皆以生日爲節,惟德宗不立節,然王虔休猶作《繼天誕聖樂》以進,固知其端一開,其流不易塞也。《舊唐書・職官志》禮部:"凡千秋節御樓設九部之樂,百官袴褶陪位。"《禮樂志》又曰:"帝幸驪山,楊貴妃生日,命小部張樂長生殿,因奏新曲,未有名,會南方進荔枝,因名曰《荔枝香》。"《舊唐書・睿宗諸子傳》:"(玄宗)每年至憲生日,必幸其宅,移時宴樂。"則相與爲荒嬉者,又不獨一千秋節矣。

《舊唐書·韋綬傳》:"穆宗即位,以師友之恩,召爲尚書右丞兼集賢院學士。綬以七月六日是穆宗載誕節,請以是日百官詣光順門賀太后,然後上皇帝壽。時政道頗僻,勅出,人不敢議。久之,宰相奏古無生日稱賀之儀,其事終寢。"《新唐書·唐臨傳》:孫紹,中宗時爲太常博士。"四時及列帝誕日,遣使者詣陵如事生,紹以爲非禮,引正誼固争。"是生日唐時人固皆知其非禮也,特莫能諍耳。夫古無是禮者,何也?古無曆日,安知生日。臧榮緒以宣尼庚子生,是日陳五經而拜之,失尊聖之道矣。然宣尼庚子生,猶有書傳可據也。武宗初即位,即以二月十五日爲玄元皇帝降生日,立爲降聖節,則矯誣甚矣。

所惡於生日稱慶者,何也?曰:爲其多費也。《舊唐書·文宗紀》:"開成二年九月史無九月字,然八月壬辰朔,其月不得有甲申。甲申詔曰:慶成節朕之生辰,天下錫宴,庶同歡泰。不欲屠宰,用表好生,非是信尚空門,將希無妄之福。恐中外臣庶,不諭朕懷,廣置齋筵,大集僧衆,非獨凋耗物力,兼恐致惑生靈。自今宴會蔬食,任陳脯醢,永爲常例。"觀此,知廣置齋筵,費轉大於陳脯醢者也。"又勅:慶成節,宜令京兆尹準上巳、重陽例,於曲江會文武百寮,延英奉觴宜權停。"蓋自甘露變後,帝居常忽忽不懌,見《新唐書·李訓傳》。故有此勅。然曲江之會,自此又成故事矣。《紀》於是年及三年四年皆書之。《新唐書·趙隱傳》:隱以咸通末輔政,"懿宗誕日宴慈恩寺,隱侍母以安輿臨觀。"可見燕集之盛。《舊唐書·哀帝紀》:帝以八月丙午即位,"甲寅,中書奏:皇帝九月三日降誕,請以其日爲乾和節。從之。丁巳,勅:乾和節方在哀疚,其内道場宜停。庚申,勅:乾和節文武百寮諸軍諸使諸道進奏官准故事於寺觀設齋,不得宰殺,祗許酒果脯醢。辛酉,勅:三月二十三日嘉會節。伏以大行皇帝仙駕上昇,靈山將卜,神既遊於天際,節宜輟於人間。准故事,嘉會節宜停。"是時唐已朝不保夕,而旬日之間,因此降勅者四焉,豈不哀哉!梁太祖生日曰大明節,開平二年,百官設齋於相國寺。三年,帝御文明殿,設齋僧道,召宰臣、翰林學士預之。後唐明宗生日曰應聖節,百寮於敬愛寺設齋。晉高祖生日曰天和節,宴近臣於廣政殿。周太祖生日曰永壽節,廣順二年七月丙辰,詔内外臣寮,每遇永壽節舊設齋供,今後中書門下與文武百官共設一齋,侍衛親軍都指揮使已下共設一齋,樞密使内諸司使已下共設一齋,其餘前任職員及諸司職掌更不得開設道場及設齋。皆見《舊五代史·本紀》,飲食若流,萬舞翼翼,謂之何哉?

休假例爲三日,自唐至五代無變。《舊五代史·梁太祖紀》:開平元年五月"辛巳,有司奏以降誕之日爲大明節,休假前後各一日"。《末帝紀》:乾化三年三月,"文武百官上言,請以九月十二日帝降誕日爲明聖節,休假三日,從之。"《唐明宗紀》:天成元年六月,"中書奏請以九月九日皇帝降誕日爲應聖節,休假三日,從之。"降聖節本休假一日,《舊唐書·武宗紀》。《薛史·後唐·明宗紀》:天成三年正月,中書上言:"舊制遇二月十五日爲聖祖降聖節,應休假三日,準會昌元年二月勅休假一日,請準近勅。從之。"則未嘗有三日之制也。《末帝紀》:清泰二年正月乙巳,"中書門下奏:遇千春節,凡刑獄公事奏覆,候次月施行。今後請重繫者即候次月,輕繫者即節前奏覆決遣。從之。"《晉高祖紀》:天福六年"二月辛卯詔天下郡縣,不得以天和節禁屠宰,輒滯刑獄"。則其廢事,又有出於休假之外者矣。

　　《舊唐書·崔日用傳》:玄宗拜日用吏部尚書,"日用嘗採《毛詩·大雅、小雅》二十篇及司馬相如《封禪書》,因上生日表上之,以申規諷,并述告成之事。"《韋執誼傳》:"德宗載誕日,皇太子獻佛像。"生日進獻,其初蓋不過如此而已。乃後遂有大相逕庭者。《新唐書·常袞傳》言:代宗時,"天子誕日,諸道爭以侈麗奉獻,不則爲老子、浮屠解禱事。袞以爲:漢文帝還千里馬不用,晉武帝焚雉頭裘,宋高祖碎琥珀枕,是三主者,非有聰明大聖以致治安,謹身率下而已。今諸道餽獻,皆淫侈不急,而節度使、刺史非能男耕而女織者,類出於民,是歛怨以媚上也,請皆還之。"然《食貨志》言:帝生日、端午,於四方貢獻至數千萬者,加以恩澤。則豈徒不能還之而已!《舊唐書·齊映傳》:映以貞元二年拜平章事,三年正月貶夔州,又轉衡州,七年授桂管觀察使,又改洪州刺史、江西觀察使。"映常以頃爲相輔,無大過而罷,冀其復入用,乃掊斂貢奉,及大爲金銀器以希旨。先是,銀鉼高者五尺餘,李兼爲江西觀察使,乃進六尺者,至是,因帝誕日、端午,映爲鉼高八尺者以獻。"《盧徵傳》:"貞元八年春同州刺史闕,特詔用徵,數歲轉華州刺史。徵冀復入用,深結託中貴,厚遺之。故事:同、華以近地人貧,每正、至、端午、降誕,所獻甚薄;徵遂竭其財賦,每有所進獻,輒加常數,人不堪命。"蓋踵事增華,遂成風氣矣。《新唐書·鄭珣瑜傳》:"爲河南尹,未入境,會德宗生日,尹當獻馬,吏欲前取印白珣瑜視事,且納贊;珣瑜徐曰:未到官而遽事獻禮歟?不聽。"蓋吏之務求自媚如此。《舊五代史·梁太祖紀》:開平元年大明節,内外臣寮各以奇貨良馬上壽;二年,諸道節度、刺史各進獻鞍馬、銀器、綾帛以祝壽;三年,諸道節度、刺史及内外諸司使咸有進獻。此豈能男耕女織歟?又《袁象先傳》云:"梁祖領四鎮,統兵十萬,威震天下。關東藩守,皆其將吏,方面補授,由其保薦,四方輿金輦璧,駿奔結轍,納賂於其庭,如是者十餘年,寖成風俗。藩侯牧守,下逮羣吏,罕有廉白者,率皆掊歛剥下,以事權門。"觀此而梁祖之生辰所取於其下者可知矣。又《唐明宗紀》:即位後,詔"天下節度、防禦使,除正、至、端午、降誕四節量事進奉，達情而已，自於州府圓融，不得科斂百姓。其刺史雖遇四節，不在貢奉。」又《晉高祖紀》：天福六年正月戊辰詔：「應諸州無屬州錢處，今後冬至、寒食、端午、天和節及諸色謝賀，不得進貢。」觀此，知當時諸州之於各節進奉，實有力不能勝之苦也。然又《漢隱帝紀》：乾祐三年三月，「鄴都留守高行周、兗州符彥卿、鄆州慕容彥超、西京留守白文珂、鎮州武行德、安州楊信、潞州常思、府州折從阮皆自鎮來朝，嘉慶節故也。」則諸州鎮於貢奉之外，又有身自來朝者矣。僕僕道途，又增館驛之費，在朝廷亦更增宴犒之費而已。又《唐明宗紀》：天成二年九月「僞吳楊溥遣使以應聖節貢獻」，則鄰國亦有來者，可見其時之人視生日之重矣。

《舊唐書‧李德裕傳》云：「元和已來，累勅天下州府，不得私度僧尼。徐州節度使王智興聚貨無厭，以敬宗誕月，請於泗州置僧壇，度人資福，以邀厚利。江、淮之民，皆羣黨渡淮。德裕奏論曰：王智興於所屬泗州置僧尼戒壇，自去冬於江淮已南，所在懸牓招置。江淮自元和二年後，不敢私度；自聞泗州有壇，戶有三丁，必令一丁落髮，意在規避王徭，影庇資產。自正月已來，落髮者無算。臣今於蒜山渡點其過者，一日一百餘人。勘問惟十四人是舊日沙彌，餘是蘇、常百姓，亦無本州文憑，尋已勒還本貫。訪聞泗州置壇次第，凡僧徒到者，人納二緡，給牒即迴，別無法事。若不特行禁止，比到誕節，計江、淮已南，失卻六十萬丁壯。」此藩鎮借進奉之名，以圖自利之實最顯者也。失卻丁壯，爲官家所深懼。然《薛史‧梁末帝紀》：龍德元年，「三月丁亥朔，禮部員外郎李樞上言：請禁天下私度僧尼及不許妄求師號紫衣。如願出家受戒者，皆須赴闕比試藝業施行。願歸俗者，一聽自便。詔曰：兩都左右街賜紫衣及師號僧，委功德使具名聞奏。今後有闕，方得奏薦；仍須道行精至，夏臘高深，方得補填。每遇明聖節，兩街各許官壇度七人，諸道如要度僧，亦仰就京官壇，仍令禮部給牒。今後祇兩街置僧録，道録、僧正并廢。」此詔限制頗嚴，然明聖節仍許度七人者，蓋終牽於福報之說也。又《唐莊宗紀》：同光二年十月甲戌，「河南尹張全義上言：萬壽節日，請於嵩山開瑠璃戒壇度僧百人。從之。」莊宗亂政不足論。又《唐末帝紀》：清泰二年三月辛亥，「功德使奏：每年誕節，諸州府奏薦僧道，其僧尼欲立講論科、講經科、表白科、文章應制科、持念科、禪科、聲讚科，道士欲立經法科、講論科、文章應制科、表白科、聲讚科、焚脩科，以試其能否。從之。」唐世每逢誕節，恒有會三教講論之舉，見《舊唐書‧李泌、韋渠牟、白居易》、《新唐書‧徐岱傳》。《梁太祖紀》：開平元年宣旨罷之。然《明宗紀》：天成元年召緇黃之衆於中興殿講論，從近例也。則其後又復矣。州府蓋因之，而有奏薦之舉邪？

《薛史·晉高祖紀》：天福四年二月庚子，"以天和節宴羣官於廣政殿，賜物有差。"是逢誕節，上於其下，亦有所賜也。《通鑑》後漢隱帝乾祐三年："隱帝遣供奉官押班陽曲張永德賜昭義節度使常思生辰物。"胡三省《注》曰："生辰物，謂聖節回賜。"《舊唐書·太宗紀》：貞觀二年"六月庚寅皇子治生，宴五品已上，賜帛有差，仍賜天下是日生者粟"，更爲無名之濫賜矣。《高宗紀》：龍朔二年"六月己未朔，皇子旭輪生"，"七月丁亥朔，以東宮誕育滿月，大赦天下，賜酺三日"。案此時旭輪非東宮，《新唐書·紀》書以"子旭輪生滿月，大赦，賜酺三日"是也。又永淳元年"二月癸未，以太子誕皇孫滿月，大赦，改開耀二年爲永淳元年，大酺三日"。則生子滿月相慶，唐時亦已有之，賜酺亦爲濫恩，大赦更成亂政矣。

《薛史·晉少帝紀》：天福七年七月，"遣中使就中書賜宰臣馮道生辰器幣，道以幼屬亂離，早喪父母，不記生日，堅讓不受。"豈真不記生日哉？無亦不欲受無名之賜，而爲此遜辭以謝邪？馮道猶如此，而世之遇生辰儼然受餽者可恥矣。

《通鑑》後漢隱帝乾祐三年二月："朝廷欲移易藩鎮，因其請赴嘉慶節上壽，許之。"《注》："《五代會要》：帝以三月九日爲嘉慶節。"洪邁《隨筆》曰："唐穆宗即位之初年，詔曰：七月六日是朕載誕之辰，其日，百寮、命婦宜於光順門進名參賀，朕於門內與百寮相見。明日，又勒受賀儀宜停。先是，左丞韋綬奏行之，宰臣以爲古無降誕受賀之禮，奏罷之。然次年復行賀禮。誕節之制，始於明皇，今天下宴集，休假三日。受賀之事，蓋自長慶至今用之也。"

〔六二五〕　瞽者審於音聲

或曰：無目則聽益聰，昔太平天國與清軍相持，兩軍皆慮敵人之掘地道而攻城也，則於城內豫掘地道，使瞽者坐其中而聽之，知外有掘地者，則豫爲之備。案《詩·有瞽箋》云："瞽，矇也。以爲樂官者，目無所見，於音聲審也。"則古有是説矣。

〔六二六〕　猴育於人

《輟耕録》有猴盜一條，云："夏雪簑云：嘗見優人杜生彥明説：向自江西回至韶州，寓宿旅邸，邸先有客曰相公者居焉。刺綉衣服，琢玉帽頂，而僅皮履。生惑，具酒肴延款，問以姓名、履歷，客具答甚悉，初不知其爲盜也。次日,客酬燕,邀至其室,見柱上鎖一小猴,形神精狡,既而縱使周旋席間,忽番語遣之,俄捧一碟至,復番語詈之,即易一椀至。生驚異,詢其故。客曰:某有婢,得子,彌月而亡,此時猴生旬有五日,其母斃於獵犬,終日叫號可憐,因令此婢就乳之。及長成,遂能隨人指使,兼解番語耳。生別後,至清州,留吳同知處,忽報客有携一猴入城者,吳語生云:此人乃江湖巨盜,凡至人家,窺見房室路逕,并藏蓄所在,至夜,使猴入內偷竊,彼則在外應接,吾必奪此猴,爲人除害也。明日,客謁吳,吳款以飯,需其猴,初甚拒,吳曰:否則,就此斷其首,客不得已,允許,吳酬白金十兩,臨去,番語屬猴。適譯史聞得來告吳曰:客教猴云,汝若不飲不食,彼必解爾縛,可亟逃來,我祇在十里外小寺中伺也。吳未之信,至晚,試與之果核水食之類,皆不食,急使人覘之,此客果未行,歸報,引猴撾殺之。"此條所記,必多誇侈失實之辭,然必非子虛,猴固有言語,特遠較人爲簡耳。心理學有所謂隔離兒童者,謂人失撫育,而育於物,過六歲後,雖與人接,終不能言語矣。反其道而觀之,猴育於人,能解數十句人語,固無足怪,謂教以不飲不食,以冀解縛而逃,又與相期十里外,必附會造作之辭。然可使遞器物,或指使取某物,則必不誣矣。人使之竊,猴何罪焉,且亦未經鞫訊,焉知所言必實,而遽撾殺猴,而終不問其人,失刑甚矣,豈第違愛物之道哉!

〔六二七〕　隋唐胡化之殘跡

自金行失馭,五胡擾亂中原者垂三百年,至隋興而後結其局。然謂隋唐之世,腥羶之跡,業已蕩滌無餘,則又不可。試觀《唐書·宰相世系表》,其族類之出於胡者幾何? 河南劉氏出於匈奴,獨孤氏亦自托於匈奴,然不必可信。蓋當時不獨華夏,即匈奴亦以爲較勝於北方諸族,而攀附之矣。唐世渾氏明爲鐵勒,而亦自托於渾邪王,其明證也。元氏、長孫氏皆出拓跋,源氏出於禿髮,明白無疑。宇文氏爲南單于之裔,似非虛構,別見《宇文氏先世》條。然臣屬俟豆歸之費野頭氏,亦從其主稱宇文氏,令狐氏又嘗賜姓爲宇文氏,則亦非盡南單于胄胤矣。竇氏自托於竇氏,其實即沒鹿回嘗賜姓曰紇豆陵。河南房氏自謂系出清河,使北虜留而不遣,虜族謂房爲屋引,因改爲屋引氏,後世隨魏南遷,乃復爲房氏,其實房之改爲屋引不可知,屋引之改爲房,則真耳。而侯氏之實爲侯伏氏,河間張氏之實爲比羅氏,于氏之實萬紐于氏,閻氏之實爲大野氏。視此矣,京兆高氏自謂與北齊同祖,北齊之出渤海不可信,則京兆高氏之出渤海,亦不可信也。丙氏自托與李陵,兼援胡漢族於假託中,又別創一格。而有唐一代用藩將尤盛。夫輔弼必資客族,則是異族之政權,未嘗見削也。戰鬥多恃藩將,則是異族之武力未嘗遂衰也。然則隋唐兩代不過躡九五而制幽夏者,不出異族而已。謂漢族之文治武功已盡復兩漢以前之舊，固不可也。抑隋唐先世皆出武川，其自托於漢族信否不可知，而其與異族關係之密，則不誣矣。謂其有以大異於北齊，吾不信也。

〔六二八〕　契　丹　先　世

鮮卑部落興起最後者，時曰契丹。契丹者，宇文氏別種，爲慕容氏所破，竄於松、漠之間。又爲元魏道武帝所破，乃分爲二：西曰奚，本稱庫莫奚，隋以後去庫莫，但稱奚。東曰契丹。奚衆依土護真水，今老哈河。盛夏徙保冷陘山。在媯州西北。契丹在潢水之西、土河之北，潢水，今西拉木倫河，土河，即老哈河。奚衆分爲五部，契丹分爲八部焉。魏孝文時，有部族曰地豆干者，在室韋西千餘里。欲與高句麗、柔然分其地。契丹懼，內附，止白狼水東。亦曰老哈河，《遼史·營衞志》云：是時始去奇首可汗故壤。北齊文宣帝之世，擊破之，虜其男女十餘萬口。又爲突厥所逼，僅以萬家寄於高句麗。隋時，乃復來歸，依託紇臣水吐護真之異譯。以居。分爲十部。唐初，其酋長窟哥內屬，以其地置松漠都督府。又有辱紇主曲據者，亦來歸，以其地爲玄州。奚酋可度者內附，以其地爲饒樂都督府。又以八部、五部皆爲州，而以營州治柳城。統饒樂、松漠二府焉。唐時，君臨契丹者爲大賀氏，繼爲遥輦氏，最後爲世里氏。《遼史·地理志》謂唐以大賀氏窟哥爲使持節都督十州軍事，窟哥殆大賀氏之始主邪？窟哥死，契丹連奚叛。行軍總管阿史德樞賓執松漠都督阿卜固，獻於京師。阿卜固蓋亦大賀氏，窟哥後也。窟哥孫曰盡忠，爲松漠都督。先是高祖時，契丹別部酋帥孫敖曹內附。詔於營州城旁安置。即以其地爲歸誠州。盡忠，敖曹孫，萬榮之妹壻也。武后時，盡忠、萬榮反，陷營州，進攻幽、冀。武后發大兵討之，不能克。會盡忠死，其衆爲突厥默啜所襲破，萬榮亦敗於奚，爲其家奴所殺，其餘衆不能立，遂附於突厥。契丹是時，雖見破壞，然其兵力，則已嶄然見頭角矣。玄宗開元二年，盡忠從父弟失活，以默啜政衰，來歸。奚酋李大酺亦降。時奚亦服默啜。仍置松漠、饒樂二府，復營州都督。失活卒，開元六年。從父弟婆固襲。有可突干者，勇悍。婆固欲除之，不克，奔營州。都督許欽澹發兵及李大酺攻之，敗績。婆固、大酺皆死，欽澹懼，徙軍入榆關。是爲奚人見弱於契丹之始。可突干立婆固從父弟郁干，卒，開元十年。弟吐干襲。復與可突干猜阻，來奔。國人立吐干弟邵固。《遼史》。《唐書》云李盡忠弟，必誤。爲可突干所弒，脅奚衆共附突厥。奚酋魯蘇大酺弟。不能拒，亦來奔。幽州擊可突干，破之。可突干走。奚衆降。可突干復盜邊，朝廷擢張守珪爲幽州長史，經略之。守珪善將，可突干懼，陽請臣，而稍趨西北倚突厥。有過折者，亦契丹部長，與可突干俱掌兵，不相能。守珪使客陰邀之，即斬可汗屈列及可突干來降，時開元二十二年也。以過折爲松漠都督。未幾，爲可突干餘黨泥禮所弒，屠其家。泥里，即雅里，亦作涅里，遼太祖七世祖也。《遼史·百官志》載遥輦氏可汗九世：曰窪，曰阻午，曰胡剌，曰蘇，曰鮮質，曰昭古，曰耶瀾，曰巴剌，曰痕德堇。《營衛志》以屈列當窪可汗，則自邵固以上，皆大賀氏矣。《遼史·耶律曷魯傳》：說奚曰：“契丹與奚，言語相通，實一國也。我夷離堇於奚，豈有陵轢之心哉？漢人殺我祖奚首，奚離堇怨次骨，日夜思報漢人，顧力微弱，使我求援於奚耳。”此奚離堇指太祖，則奚首者，太祖先世，爲漢人所殺者也，疑即可突干。遼人立迪輦阻里，唐賜姓名曰李懷秀，妻以宗室之女，時天寶四年也。是歲，殺公主，叛去。迪輦阻里，《遼史》以當阻午可汗。安禄山討破之。更封其酋李楷落。禄山又出兵討契丹，大敗。《遼史·營衛志》：“太祖四世祖耨里思，時爲迭剌部夷離堇，遣只里姑逆戰潢水南，禄山大敗。”《蕭塔葛傳》：“八世祖只魯，遥輦氏時，嘗爲虞人，當安禄山來攻，只魯戰於魯山之陽，敗之。以功爲北府宰相。”即其事也，可見契丹是時兵力之强。自是契丹中衰，附奚以通於唐。其酋長曰屈戍。武宗會昌二年，回紇破，來降。《遼史》以當耶瀾。習爾，咸通中再貢獻。《遼史》以當巴剌，曰欽德，即痕德堇也。嬗於遼太祖。

太祖七世祖曰雅禮，即弒過折之泥禮，已見前。據《太祖本紀》，雅禮之子曰昆牒，昆牒之子曰頦領，頦領之子曰肅祖耨里思，肅祖之子曰懿祖薩剌德，懿祖之子曰玄祖匀德，玄祖之子曰德祖撒剌的，德祖之子，即太祖也。當大賀氏之亡，推戴雅里者頗衆。雅里讓不有國，而立遥輦氏。見《耶律曷魯傳》。時則契丹八部，僅存其五，雅里仍更析爲八。又析三耶律爲七，二審密爲五。三耶律者，曰大賀，曰遥輦，曰世里，即相次居汗位者。二審密者，曰拔里，曰乙室已，即後來之國舅也。三耶律之析爲七也，大賀、遥輦二氏分爲六，而世里氏仍合爲一。是爲迭剌部。故終遥輦氏之世，强不可制云。契丹之初，草居野次，靡有定所。雅里始制部族各有分地。又立制度，置官屬，刻木爲契，畫地爲牢，政令大行。《地理志》：慶州，“遼國五代祖勃突，貌異常。有武略，力敵百人。衆推爲主，生勃突山，因以爲名。没葬山下。”以世數核之，當爲頦領。以音譯求之，則於昆牒爲近。案雅里爲太祖七世祖，并太祖數之，實當云八世。明白無疑。而《兵衛志》誤作六世，豈《地理志》亦誤差一世，因以昆牒爲五世歟？肅祖大度寡欲，令不嚴而人化。懿祖嘗與黃室韋挑戰，矢貫數扎。玄祖教民稼穡，又善畜牧，國以殷富。德祖仁民愛物，始置鐵冶。其弟述瀾，亦稱釋魯，《皇子表》：述瀾爲玄祖三子，德祖第四。爲于越。遥輦氏歲貢於突厥，至是始免。疑當作回紇，屈戍時事。述瀾北征干厥、室韋，南略易、定、奚、霫。始興版築，置城邑。教民種桑麻,習織組。已有廣土衆民之志。至太祖,乘遙輦氏之衰,又值晚唐之亂,遂崛起而成大業焉。以上遼先世事跡,大抵見《營衛志》。兼據《兵衛志》《食貨志》及《皇子表》。太祖東北滅渤海,服室韋、女直;西北服黠戛斯;西南服党項、沙陀、韃靼、吐谷渾、回鶻;遠至吐蕃、于闐、波斯、大食,亦通朝貢,其聲威可謂極廣。《遼史·地理志》稱其地"東至海,西至金山,暨於流沙,北至臚朐河,南至白溝",猶僅以疆理所及言之也。

〔六二九〕　契　丹　部　族

契丹部族,見於史者,在元魏及唐五代時,其數皆八,惟隋時分爲十部,而逸其名。元魏八部:曰悉萬丹,亦作欣服萬丹。曰何大何,曰伏弗郁,曰羽陵,曰日連,曰匹絜,曰黎,曰吐六于。唐時八部:曰達稽,曰紇便,曰獨活,曰芬問,曰突便,曰芮奚,曰墜斤,曰伏。《五代史》八部:曰旦利皆,曰乙室活,曰實活,曰納尾,曰頻没,曰納會雞,曰集解,曰奚嗢。其名前後皆不同。《遼史·營衛志》云:"奇首八部,爲高麗、蠕蠕所侵,僅以萬口附於元魏。生聚未幾,北齊見侵,掠男女十餘萬口,繼爲突厥所逼,寄處高麗,不過萬家。部落離散,非復古八部矣。"又謂大賀氏之亡,八部僅存其五。太祖七世祖雅里,更析爲八,似乎契丹部族,時有變更,然唐之置羈縻州也,達稽部爲峭落州,紇便部爲彈汗州,獨活部爲無逢州,芬問部爲羽陵州,突便部爲日連州,芮奚部爲徒河州,墜斤部爲萬丹州,伏部爲匹黎、赤山二州,則芬問部即羽陵,突便部即日連,芮奚部即何大何,墜斤部即悉萬丹,伏部即匹絜,惟達稽、紇便、獨活三部,不能知其與元魏時何部相當耳。然則部衆雖更,部名雖改,而其分部之法,則後實承前。《五代史》部名之異於唐,此八部蓋即雅里就五部所析。當亦如是矣。《遼史·地理志》:永州,"有木葉山,上建契丹始祖廟。奇首可汗在南廟,可敦在北廟。繪塑二聖并八子神像。相傳有神人,乘白馬,自馬盂山浮土河而東。有天女,駕青牛,由平地松林泛潢河而下,至木葉山,二水合流,相遇,爲配偶,生八子。其後族屬漸盛,分爲八部。"蓋八部之分,由來甚舊,所托甚尊,故累遭喪敗,其制不改耶?《太祖本紀》:"遼之先世,出自炎帝,世爲審吉國。其可知者,蓋自奇首云。奇首生都庵山,徙潢河之濱。太祖七年,登都庵山,撫奇首可汗遺跡,徘徊顧瞻而興歎焉。"《地理志》:上京道、龍化州,"奇首可汗居此,稱龍庭。"《營衛志》:"潢河之西,土河之北,奇首可汗故壤也。"又云:"奇首可汗、胡刺可汗、蘇可汗、昭古可汗,皆遼之先,世次不可考。"白馬青牛,説雖荒誕,然奇首則似非子虚烏有之流。然隋時何以獨分爲十部? 又唐置羈縻州之先,契丹酋長窟哥及辱紇主曲據皆來歸,唐以窟哥之地置松漠都督府,以辱紇主曲據所部爲玄州,合八部亦十部也。《遼史·營衛志》說如此。此又何說耶？曰：八部者,所以象奇首八子；八部外之二部,則所以象奇首可汗及其可敦,即《遼史》所謂三耶律、二審密者也。并三耶律二審密言之,則曰十部；去此二部言之,則曰八部。漢人言之有異,契丹之分部,則未嘗變也。何以知之？曰：以太祖創業之事知之。

《五代史》述太祖之創業也,曰："契丹部族之大者曰大賀氏。後分爲八部。部之長號大人。而常推一大人,建旗鼓,以統八部。至其歲久,或其國有疾疫而畜牧衰,則八部共議,以旗鼓立其次而代之。被代者亦以爲約本如此,不敢爭。某部大人遙輦次立,時劉仁恭據有幽州,數出兵摘星嶺攻之。秋霜落,則燒其野草。契丹馬多饑死,即以良馬賂仁恭,求市牧地,請聽盟約,甚謹。八部之人,以爲遙輦不任事,選於其衆,以阿保機代之。阿保機,不知其何部人也。是時劉守光暴虐,幽、涿之人,多亡入契丹。阿保機又間入塞,攻陷城邑,俘其人民,依唐州縣置城以居之。漢人教阿保機曰：中國之王,無代立者。由是阿保機益以威制諸部而不肯代。其立九年,諸部以其久不代,共責誚之。阿保機不得已,傳其旗鼓,而謂諸部曰：吾立九年,所得漢人多矣,吾欲自爲一部,以治漢城,可乎？諸部許之。漢城在炭山東南灤河上,有鹽鐵之利,乃後魏滑鹽縣也。其地可植五穀。阿保機率漢人耕種,爲治城郭、邑屋、廛市,如幽州制度。漢人安之,不復思歸。阿保機知衆可用。用其妻述律策,使人告諸部大人曰：我有鹽池,諸部所食。然諸部知食鹽之利,而不知鹽有主人,可乎？當來犒我。諸部以爲然。共以牛酒會鹽池。阿保機伏兵其旁。酒酣,伏發,盡殺諸部大人。遂立不復代。"似契丹共主,本由選立,至遼太祖乃變爲世襲者。然據《唐書》及《遼史》,則遙輦諸汗,世次相承,初無大賀氏亡,分爲八部之說。《遼史·太祖紀》：唐天復元年,痕德堇可汗立,爲本部夷離堇,專征討。十月,授大迭烈府夷離堇。三年十月,拜于越,總知軍國事。天祐三年十二月,痕德堇可汗殂。明年正月,即皇帝位。其汗位受諸遙輦,又彰彰也。此又何說邪？曰：太祖之所爭,乃夷離堇之職,而非汗位也。夷離堇者,後來之北南二大王,《遼史》謂其統部族軍民之政。《五代史》所謂建旗鼓以統八部者,蓋即指此？世宗之立,即由北南二大王。李胡爭之,卒不勝,可見北南二王權力之大。契丹雖有共主,然征伐決之會議,田獵部得自行,其權力實不甚完,況於遙輦氏之僅亦守府？《五代史》之所紀,蓋得之漢人傳述。斯時述契丹事者,知有夷離堇而不知有可汗,正猶秦人之知有穰侯而不知有王,其無足怪。然太祖之汗位,則固受之痕德堇,非由八部所推之大人而變,謂太祖變公推之夷離堇爲專任則可，謂其變嬗代之共主爲世襲，則不可也。《遼史‧營衛志》謂雅里析八部爲王，立二府以總之。又析三耶律爲七，二審密爲五。三耶律者，曰大賀，曰遙輦，曰世里，即相次居汗位者。二審密者，曰乙室己，曰拔里，即耶律氏所世與爲婚姻者也。二府，蓋即後來之北南二宰相府：北宰相府，皇族四帳，世預其選。南宰相府，國舅五帳，世預其選。然則是時之總八部者，蓋即三耶律，二審密；以其象奇首，故世汗位；以其象奇首可敦，故世婚皇族也。隋時，十部。唐時八部之外，別有松漠，玄州，其故蓋亦如此？《五代史》謂八部之長，皆號大人，又謂推一大人，建旗鼓以統八部；似建旗鼓之大人，即在八部大人之中者。然又謂阿保機不知何部人，又謂太祖請自爲一部，則太祖實非八部大人；其部族且在八部之外，亦隱隱可見也。

〔六三〇〕　契 丹 農 業

奚與契丹本皆以遊牧爲生。《北史》稱其“隨逐水草，頗同突厥”者也。至太祖之考勻德，仲父述瀾，始教民以樹藝、組織。太祖益招致漢人，令其耕種。及平諸弟之亂，弭兵輕賦，專意于農。至太宗時，則獵及出兵，皆戒傷禾稼。蓋駸駸進于耕稼矣。《遼史‧食貨志》。道宗時，西蕃多叛。命耶律唐古督耕稼以給西軍。唐古率衆田臚朐河側，歲登上熟。《遼史》本傳。是其耕稼，不徒近中國之地，并以施之諸部族也。然史稱“契丹舊俗，其富以馬，其強以兵”，又稱“太祖時，畜牧之盛，括富人馬不加多，賜大小鶻軍萬餘匹不加少。自太宗至興宗，垂二百年，羣牧之盛如一日。天祚初年，馬猶有數萬羣，每羣不下千匹”。《遼史‧食貨志》。則其生業，究以畜牧爲重云。

〔六三一〕　契 丹 文 字

契丹先世，本無文字。《遼史》本紀：太祖神册五年，始製契丹大字。九月壬寅，大字成，詔頒行之。《五代史》謂漢人教契丹以隸書之半增損之，作文字數千，以代刻木之約。則契丹大字，實出中國。又《皇子表》：迭剌，性敏給。回鶻使至，無能通其語者。太祖使迭剌逆之，相從二旬，盡習其言與書，因製契丹小字，數少而該貫。則契丹小字，出于回鶻。今世所傳契丹書，係增損漢文爲之，則其小字，蓋未嘗通行也。《突呂不傳》：製契丹大字，贊成爲多。《耶律魯不古傳》：太祖製契丹國字，以贊成功，授林牙、監脩國史。

〔六三二〕　契丹文學

契丹文化之進步，觀其種人通文學者之多，可以知之。其首出者當推人皇王倍。嘗市書萬卷，藏之醫巫閭絕頂之望海堂。通陰陽，知音律，精醫藥、砭焫之術。工遼、漢文章。嘗譯《陰符經》。善畫本國人物，如《射騎》、《獵雪騎》、《千鹿圖》等，皆入宋祕府云。《遼史·宗室·義宗傳》。此外通文學者，宗室中若世宗第五子和魯重，若人皇王第四子平王隆先，若耶律學古，耶律資忠，耶律庶成、庶箴兄弟，庶箴子蒲魯，耶律韓留，耶律昭，耶律陳家奴，耶律良。外戚中若蕭勞古及其子朴，蕭陽阿，蕭柳，蕭韓家奴。究心史學者，則庶成，韓家奴，及耶律孟簡，耶律谷欲，耶律儼。善畫者，則耶律顯學，耶律裏里。善醫者，則庶成及蕭胡篤之祖敵魯，耶律敵魯，迭里特等。其事備見於《遼史》，迥非草昧榛狉之舊矣。《興宗紀》：重熙十三年，六月，丙申，"詔前南院大王耶律谷欲，翰林都林牙耶律庶成等編集國朝上世以來事蹟"。《耶律谷欲傳》："奉詔與耶律庶箴、蕭韓家奴編遼國上世事蹟，未成而卒。"《耶律孟簡傳》："大康中，詣闕上表，言遼興幾二百年，宜有國史。上命置局編脩。"實重熙十三年之詔所由來也。天祚帝乾統三年，又詔耶律儼纂太祖以下《實錄》，共成七十卷。又案《遼史》謂耶律富魯舉進士第，帝怒其父庶箴擅令子就科目，有違國制，鞭之二百。則遼人并不欲其本族人從事文學。然《天祚紀》又謂耶律大石舉天慶五年進士。蓋一時風氣所趨，雖國法亦不能禁也。

〔六三三〕　契丹慕漢

《遼史·儀衛志》云："遼國自太宗入晉之後，皇帝與南班漢官用漢服，太后與北班契丹臣僚用國服。"《太宗本紀》：會同三年，十二月，"丙辰，詔契丹人授漢官者從漢儀，聽與漢人婚姻。"《外戚表序》："契丹外戚，其先曰二審密氏，曰拔里，曰乙室已。至遼太祖，娶述律氏。大同元年，太宗自汴將還，留外戚小漢爲汴州節度使。賜姓名蕭翰，以從中國之俗。由是拔里，乙室已，述律三族，皆爲蕭姓。"《后妃傳》曰："太祖慕漢高皇帝，故耶律兼稱劉氏，以乙室、拔里比蕭相國，遂爲蕭氏。"其慕效漢人之心，可謂切矣。

〔六三四〕　突厥、契丹宗教類烏桓

烏桓之俗，"敬鬼神，祠天地、日月、星辰、山川及先大人之有健名者，祠用牛羊，畢，皆燒之。"《後漢書·烏桓傳》。"有病，知以艾灸，或燒石自熨，燒地臥其上,或隨痛病處,以刀決脈出血,及祝天地山川之神,無鍼藥。"《三國·魏志·烏丸傳注》引《魏書》。蓋重巫,而醫術則方在萌芽也。"俗貴兵死,斂尸以棺,有哭泣之哀。至葬,則歌舞相送。肥養一犬,以彩繩纓牽;并取死者所乘馬衣物,皆燒而送之,言以屬累犬,使護死者神靈歸赤山。赤山,在遼東西北數千里,如中國人死者魂神歸岱山也。"《後漢書·烏桓傳》。《三國·魏志·注》引《魏書》:"至葬日,夜聚親舊員坐,牽犬馬歷位,或歌哭者,擲肉與之,使二人口誦呪文,使死者魂神逕至,歷險阻,勿令橫鬼遮護,達其赤山,然後殺犬馬衣物燒之。"

契丹舊俗,亦敬天而尊祖。《遼史·地理志》:"永州,有木葉山,上建契丹始祖廟,奇首可汗在南廟,可敦在北廟,繪塑二聖并八子神像。相傳有神人,乘白馬,自馬盂山浮土河而東;有天女,駕青牛車由平地松林泛潢河而下;至木葉山,二水合流,相遇爲配偶,生八子。其後族屬漸盛,分爲八部。"《述律后傳》:"嘗至遼、土二河之會,有女子乘青牛車,倉猝避路,忽不見。未幾,童謠曰:青牛嫗,曾避路。蓋諺謂地祇爲青牛嫗云。"青牛嫗爲地祇,則白馬神人必天神矣。凡舉兵,必率文武臣僚,以青牛白馬祭告天、地、日神,惟不拜月。分命近臣告太祖以下陵及木葉山神,乃詔諸道徵兵焉。《遼史·兵衛志》。《遼史》謂"終遼之世,郊丘不建",《儀衛志》二。乃不用漢禮祭天,非其俗本不祭天也。

《禮志》:"冬至日,國俗,屠白羊、白馬、白雁,各取血和酒,天子望拜黑山。黑山在境北,俗謂國人魂魄,其神司之,猶中國之岱宗云。每歲是日,五京進紙造人馬萬餘事,祭山而焚之。俗甚嚴畏,非祭不敢近山。"黑山,似即烏桓之赤山。契丹舊地,在潢、土二水合流處;其北,正在遼東西北數千里也。又云:"歲十月,五京進紙造小衣甲、槍刀、器械萬副。十五日,天子與羣臣望祭木葉山。用國字書狀,并焚之。國語謂之戴辢。戴,燒也;辢,甲也。"似亦烏桓送死燒乘馬衣物之俗。《北史·契丹傳》云:"父母死而悲哭者,以爲不壯,但以其屍置于山樹之上,經三年後,乃收其骨而焚之。因酌酒而祝曰:冬月時,向陽食。若我射獵時,使我多得猪鹿。"與《後漢書》所述烏桓之俗不合。《後漢書》云鮮卑"其言語習俗,與烏桓同"。契丹、鮮卑部落,不應殊異至此。或魏時契丹嘗與他族雜處,《北史》誤以他族之俗,爲契丹之俗也。遼俗東向而尚左,東西爲經,南北爲緯,故御帳東向而橫帳,此亦烏桓穹廬東開向日之習。

其喪葬之禮,有足見其俗之右武者。《北史·高車傳》,"其死亡葬送,掘地作坎,坐尸於中,張臂引弓,佩刀挾稍,無異於生,而露坎不掩",是也。《突厥傳》:"死者,停尸於帳,子孫及親屬男女各殺羊馬,陳於帳前祭之。遶帳走馬七匝,詣帳門,以刀剺面,且哭,血淚俱流。如此者七度,乃止。擇日,取亡者所乘馬及經服用之物,并屍俱焚之,收其餘灰,待時而葬。春夏死者,候草木黃落；秋冬死者，候華茂，然後坎而瘞之。案古之爲喪服者，至親以期斷，取天地已易，四時已變，凡在天地之中者，莫不更始之義也。士庶人三月而葬，亦取天道一時而小變之義也。突厥之所謂時者，雖與中國異，然其候時之變而葬，則與中國同。可以見禮之緣起，大略相類也。葬日，親屬設祭及走馬、剺面，如初死之儀。表木爲塋，立屋其中。圖畫死者形儀及其生時所戰陳狀。此可知壁畫之緣起。嘗殺一人，則立一石，有至千百者。又以祭之羊馬頭，盡懸於標上。"案突厥喪儀，頗類烏桓，惟焚尸爲異。豈以近接西胡，故染其俗邪？抑古氐、羌之俗也？羌族本有火葬之俗。

〔六三五〕　蒙 古 之 由 來

蒙古，《遼史》作盟古，亦作萌古；《金史》作盟骨；《契丹事跡》作朦古；《松漠紀聞》作盲骨子；《西遊記》始作蒙古，明時脩元史沿用之，遂爲定稱焉。此種人即唐時室韋之蒙兀部。《元史譯文證補》卷二十七下。然宋時已稱此種人爲韃靼，明時蒙人亦自去蒙古之號，稱爲韃靼，則蒙古之與韃靼，亦必有關係矣。今試一考韃靼之起源如下：

《五代史》：靺鞨之遺種，本在奚、契丹之東北，後爲契丹所攻，而部族分散，或屬契丹，或屬渤海，別部散居陰山者，自號韃靼，後從克用入關，破黃巢，由是居雲、代之間。

據《唐書》、《五代史》及《遼史》，渤海盛强時，靺鞨悉役屬之。契丹當太祖以前，初無攻破靺鞨之事。惟據《册府元龜》黑水帥突地稽隨末率部落千餘家內屬，處之營州，唐武德初以其部落置燕州，此爲黑水靺鞨之分處營州者，爲契丹所攻，分居陰山，必即此一支也。

《黑韃事略》："黑韃之國，號大蒙古，沙漠之地有蒙古山，韃語謂銀曰蒙古，女真名其國曰大金，故韃名其國曰大銀。"

《古今紀要逸編》：韃靼與女真同種，皆靺鞨之後，其居混同江者曰女真，居陰山北者曰韃靼。韃靼之近漢者曰熟韃靼，遠漢者曰生韃靼。韃靼有二，曰黑，曰白，皆事女真。黑韃靼至弒没真叛之，自稱成吉思皇帝。又有蒙古國，在女真東北，我嘉定四年，韃靼始并其名號，稱大蒙古國。

《蒙韃備錄》：韃靼始起，地處契丹之西北，族出於沙陀別種，故歷代無聞。其種有三：曰黑，曰白，曰生。案生熟自以其距漢遠近言之，不得與黑白并列爲種別，此説蓋誤。所謂白韃靼者，顏貌稍細；所謂生韃靼者，甚貧且拙且無能爲，但知乘馬隨衆而已。今成吉思皇帝及將相大臣皆黑韃靼也。

黄震謂韃靼與女真同種，孟珙謂其地處契丹西北，均與《五代史》相合，至謂其族出於沙陀別種，則因二族居地相近，血統混淆而然。韃靼所以有黑白之別，或即由此。惟蒙兀室韋，《唐書》謂在室建河南，成吉思之興，亦在斡難河畔，今鄂諾河。與陰山相距甚遠，而彭大雅謂黑韃國號大蒙古。黄震又謂韃靼之外，別有蒙古，韃靼并其名以自號，爲可疑耳。案《蒙韃備録》又云：韃人在本國时，金虜大定間，燕京及契丹地有謡言云：韃靼去，趕得官家没處去。虜酋雍宛轉聞之，驚曰：必是韃人爲我國患，乃下令，極於窮荒，出兵剿之，每三歲遣兵向北剿殺，謂之滅丁。迄今中原盡能記之。韃人逃遁沙漠，怨入骨髓，至僞章宗明昌年間，不令殺戮，以是韃人稍稍還本國，添丁兵育。

因童謡而出兵剿殺，語涉不經，然世宗初年，北邊曾有移刺窩斡之亂，牽動甚衆，仍歲興師，説非無據。韃靼之北走而與蒙古合，蓋盛於此時，此漠北部族之所以驟强也。而其前此之非絶無交往，抑可推已。抑蒙古種族之與韃靼相混合，尚有一證。據拉施特《蒙古全史》云：《元史譯文證補》卷一。相傳古時蒙兀與他族戰，全軍覆没，僅遺男女各二人，遁入一小山，斗絶險巇，惟一逕通出入，而此中壤地寬平，水草茂美，乃攜牲畜輜重往居，名其山曰阿兒格乃袞。二男一名腦古，一名乞顔。乞顔義爲奔瀑急流，以其膂力邁衆，一往無前，故以稱名。乞顔後裔繁盛，稱之曰乞要特。乞顔變音爲乞要，曰特者，統類之詞也。後世地狹人稠，乃謀出山，而舊逕蕪塞，且苦艱險，繼得鐵礦，洞穴深邃。爰伐木熾炭，簨火穴中，宰七十牛，剖革爲筒，鼓風助火，鐵石盡鎔，衝路遂辟，後裔於元旦鍛鐵於爐，君與宗親次第捶之，著爲典禮。此段事實之怪誕，無待於言，然拉施特身仕宗藩之朝，親見捶鐵典禮，斷不能指爲虛誣。且乞要特即《元史》之奇渥温，有元帝室得氏之由，實由於此，尤不能目爲無據。惟其説與《北史》所述突厥起源極爲相類，洪侍郎因疑蒙人拾突厥唾餘，以自叙先德。然拉施特脩史時，盡出先時卷牘，此資考覈，後命蒙古大臣諳掌故者襄事，何等鄭重，焉得作此謂他人父之語？且突厥之在當日，亦敗亡奔北之餘耳，引爲同族，豈足爲榮。反復思之，然後知蒙古部落，實爲韃靼與室韋之混種，而韃靼則爲鞨鞼與沙陀、突厥之混種。拉施特《蒙古全史》所載，蓋沙陀、突厥相傳之神話也。

〔六三六〕　元室之先世

元室先世，或疑出自吐蕃。《蒙古源流考》云土伯特智固木贊博汗爲姦臣隆納木所弒,其三子皆出亡。第三子布爾特齋諾渡騰吉思海東行,至拜噶所屬之布爾幹哈勒圖納山下必塔地方,人衆尊爲君長,是也。《源流考》之作意在闡揚喇嘛教,援蒙古以入吐蕃,殊不足信。《祕史》但云自天而生之孛兒貼赤那,與其妻豁阿馬蘭勒同渡騰吉思水,東至斡難沐漣之源不兒罕合勒敦山而已。孛兒貼赤那即布爾納齋諾,譯言蒼狼。阿馬蘭勒譯言慘白牝鹿也。騰吉思水不可考。不兒罕哈勒敦山,即今車臣土謝圖兩部之布爾罕哈勒那都嶺也。

　　孛兒貼赤那之子曰巴塔赤罕,巴塔赤罕生塔馬察,塔馬察生豁生豁里察兒篾兒干,豁里察兒篾兒干生阿兀站孛羅溫,阿兀站孛羅溫生撒里合察兀,撒里合察兀生也客你敦,也客你敦生撏鎖赤,撏鎖赤生合兒出,合兒出生孛而只吉歹篾兒干,孛而只吉歹篾兒干妻曰忙豁勒真豁阿。忙豁勒真猶言蒙古部人,豁阿,女子美稱。蓋孛兒帖赤那之後,至是娶蒙古部女,遂以蒙古爲部名。猶金始祖函普娶完顏部女而以完顏爲部名也。孛兒只吉歹篾兒干之子曰脫羅豁勒真伯顏,生二子,長曰都蛙鎖豁兒,次曰朵奔篾兒干,朵奔篾兒干娶豁里禿馬敦部人豁里剌兒台篾兒干之女,拉施特云禿馬敦爲巴兒忽真之一種,居巴兒忽真脫古木之地,在拜喀勒湖東。《祕史》云:豁里剌兒台篾兒干居阿里黑兀孫,即今伊爾庫斯克省之伊爾庫河,地在拜喀勒湖西,此族後以豁里剌兒爲氏,即《元史》之火魯剌思也。曰阿蘭豁阿。《元史·本紀》、《世系表》作阿蘭果火,《蒙古源流考》作阿掄郭斡。生二子,曰別勒古訥台,曰不古訥台。既寡又生三子,曰不忽合塔吉,曰不合禿撒勒只,曰孛端察兒蒙合黑。初朵奔篾兒干獵於脫豁察黑溫都兒,溫都兒譯言高山。遇兀良哈人,即鹿林中乞其餘,已而遇馬阿里黑伯牙兀歹,馬阿里黑其名,伯牙兀歹其氏,即《元史》之伯岳吾,《輟耕錄》作伯要歹。《源流》:瑪哈賚攜子而行,飢困請以子易肉,與一股肉,而攜其子歸以爲奴。別勒古訥台、不古訥台疑其母私於奴,母知之,春日烹伏臘之羊,召五子賜食曰:夜見白黃色人穿穹廬頂孔入,摩挲我腹,光明透腹中,其去也以昧爽,我竊窺之如黃犬然,遂生此三子,後日必有貴者。不忽合塔吉之後爲合答斤氏;不合禿撒勒只之後爲撒勒只兀惕氏;孛端察兒蒙合黑之後爲孛兒只斤氏。孛兒只斤譯言灰色目睛,以與神人同也。此三族蒙兀人稱之曰尼倫,義謂絜清;別派爲多兒勒斤,猶言常人也。孛端察兒子曰合必赤把阿禿兒,合必赤把阿禿兒子曰篾年土敦,篾年土敦七子,而長子合赤曲魯克爲成吉思汗七世祖,幼子納臣把阿禿兒生兀魯兀歹及忙忽台,兀魯兀歹之後爲兀魯兀惕氏,忙忽台之後爲忙乎惕氏,成吉思汗戡定漠北,得此二族之力爲多。合赤曲魯克子曰海都,則成吉思汗六世祖也。以上皆據《祕史》。孛端察兒《元史·本紀》作孛端又完，字兒只斤《源流考》作博爾濟錦，蔑年土敦《元史》本紀作咩撚篤敦云。妻莫拿倫生七子，爲押剌伊而人所敗，滅其家，惟長孫海都及幼子納真得免。《宗室世系表》蔑年土敦作咩麻篤敦，七子長曰旣挐篤兒罕，七曰納真，二至六皆失名。旣挐篤兒罕子曰海都。拉施特《史》押剌伊兒作札剌亦兒，載其被難之事跡略同，惟謂字端察兒二子，長曰布格，次曰布克台，布格子曰土敦邁甯，布克台子曰納臣，土敦邁甯生九子，其妻莫奴倫，居諸賽兒吉及黑山之地，而遭扎拉亦兒之難。莫拿倫及其八子皆被害，惟幼子海都被匿得免。《源流考》合必赤把阿禿兒作哈必齋已圖爾，其子曰伯特爾巴圖爾。案土敦邁甯似即蔑年土敦之倒誤，伯格爾似即布格，下三字，乃其稱號也。

海都三子，長曰伯升忽兒多黑申，《元史》本紀拜姓忽兒，《世系表》、《輟耕録》同，而姓偏爲住，拉施特《史》拜桑古兒，《源流考》作拜星呼爾多克斯，以爲哈齋庫魯克子。次曰察剌合領忽，《輟耕録》及《宗室世系表》均作察剌罕甯兒，案兒字當是昆字形近之誤，拉施特《史》作扯勒黑領昆。次曰抄真斡兒帖該。《宗室世系表》作獠忽真兀禿迭葛。伯升忽兒多黑申爲成吉思汗五世祖，察剌合爲遼令穩，故稱領忽，領忽者，令穩音轉也。其子曰想昆必勒格，想昆亦詳穩對音。《宗室世系表》察剌罕甯兒之子爲直挐斯，拉施特《史》作莎兒郭圖赤那。按赤那即直挐斯。李文田云必勒格即貝勒對音。蓋莎兒郭圖魯赤那其名，想昆必勒格，皆其稱號也。想昆必勒格子曰俺巴孩，其後以泰亦赤兀爲氏。《元史》作咸補海罕，拉施特書作俺巴該。伯申豁兒多黑申之子曰屯必乃薛禪，薛禪，蒙古語聰明之稱也。《元史·本紀》、《世系表》均作敦必乃，拉施特《史》作托邁乃。是爲成吉思汗四世祖，屯必乃子曰合不勒可汗。《元史》、《輟耕録》均作葛不寒。合不勒可汗子曰把兒壇把阿禿兒《元史》、《輟耕録》作八里丹，《源流考》作巴爾達木巴圖爾。把兒壇把阿禿兒子曰也速該把阿禿兒，《源流考》作伊蘇凱巴圖爾。是生成吉思汗。

〔六三七〕 元興以前北方諸部族

自回紇之亡，北方無大部族，今略叙成吉思汗興起以前形勢如下。

一、翁吉剌部，亦作弘吉剌，《元史》及《親征録》。又作鴻吉剌。《源流考》。蒙古甥舅之國也。據《祕史》，此族與主因塔塔兒戰，地在捕魚兒、闊漣兩海子間，則其居地當在今呼倫貝爾附近。《元史·特薛禪傳》謂弘吉剌氏居於苦烈，兒溫都兒斤、迭烈捕兒、也里古納河之地。案今根河出伊勒呼里山，西流百餘里，逕苦烈業爾山之南，其北有特勒布爾河，略與平行。苦烈業爾即苦烈兒之異譯。溫都兒，蒙古語爲高山也。特勒布爾即迭烈不二兒，也里古納乃額爾古訥河之音差也。

二、塔塔兒部，即韃靼之異譯，此族與蒙古世爲仇讎，其分部頗多。據《祕史》所載有主因塔塔兒，阿亦里兀惕塔塔兒，備魯兀惕塔塔兒等。主因即朱邪之異譯，可證其爲沙陀、突厥與靺鞨之混種，其居地當在捕魚兒海附近。

三、蔑兒乞部，此種人居斡兒垣、薛涼格二水流域。斡兒垣，今鄂爾坤河。薛涼格，今色楞格河也。其分部之名，見於《祕史》者，有兀都亦惕、兀洼思、合阿惕等。

四、兀良孩部，《明史》作兀良哈，即今烏梁海。西人謂其容貌近土耳其人，當系突厥種。據《祕史》當時遊牧之地，亦在不兒罕山。

五、客列部，亦作克烈，《元史·本紀》及《親征録》。怯烈，《元史》列傳。又作克里葉特，《源流考》。始居欠欠州，亦曰謙河，在唐弩烏梁海境内，詳見《元史譯文證補》卷二十六下。其部長曰默兒忽斯，生二子，長曰忽而察忽思，是爲不亦魯黑汗。《親征録》作忽兒札胡思盃禄可汗。次古兒罕。《親征録》作菊兒可汗。不亦魯黑卒，子脱鄰斡勒，此从《祕史》，拉施特作脱忽魯兒。性猜忌，殺其諸弟台帖木兒、太石不花帖木兒等，又欲殺母弟額兒客哈喇，《親征録》作也力可哈刺。額兒客哈喇奔乃蠻，古兒罕攻之，脱鄰斡勒奔也速該，也速該速爲起兵，逐古兒罕，始建牙於土兀喇沐漣上，土兀喇沐漣，今土拉河也。客列或云即康里轉音，則亦屬突厥族。

六、汪古部，即《遼史》之烏古也。其部名見於《遼史·百官志》者，有烏古涅刺、斡特盌烏古、隈烏古、三河烏古等，又有烏隈烏骨、里烏濊等部，疑亦烏古之轉音，此亦白韃靼，爲金守長城。《元史譯文證補》卷一。地在今歸綏縣北，《馬祖常月乃合神道碑》云：雍古部族居淨州之天山，淨州故城在今歸綏縣北四子部落内，祁連山即天山也。

七、乃蠻部，亦作乃滿，又作乃馬，據《元史·地理志》，本居吉利吉思，唐黠嘎斯之地。其部長曰亦難察可汗，《親征録》作亦難赤。生二子，長曰太赤不合，拉施特作太亦布哈。是爲塔陽可汗。《元史》、《親征録》作太陽汗。次曰古出古敦，是爲不亦魯黑汗。《元史》作不魯欲罕，《親征録》作盃禄可汗。兄弟交惡，分國而治，塔陽居金山之陽，忽里牙速兀，今烏里雅蘇台河。札八兒今匝盆河。二水間，南近沙漠，不亦魯黑居兀魯黑塔黑之地，北近金山。

八、斡亦刺部，此種人均居今西伯利亞南境，其種名見於《祕史》者，有不里牙惕、巴兒渾、兀兒速惕、合卜合納思、康合思、禿巴昔等，不里牙惕在薩拜喀勒省之巴爾古精河上，阿穆爾省之牛滿河上亦有之，牛滿河一名布里雅特河，即不里牙惕之異譯也。兀兒速惕在謙河之北，《西北地附録》稱爲烏斯，謂以水爲名，蓋即烏蘇里之異譯。合卜合納思《西北地附録》作撼合納云，在烏斯東，謙河所從出，則在今多特淖爾附近。康合思地在今杭愛山之北，禿巴思在今俄領托波兒斯克省境。此種人種類蓋甚多，故《祕史》統稱之曰禿綿斡亦剌,禿綿亦作土綿,譯言萬也。

九、乞兒吉速部,亦作吉利吉思,即唐時之黠戛斯也。當時居地在也兒的石河流域,即今額爾齊斯河。

十、失必兒部,鮮卑之異譯,蓋西伯利本鮮卑之故土也。據多桑地圖在乞兒吉思正北,則在今鄂畢河流域。

以上乃當時漠南北諸部分布之大略情形也,自此以西南,即皆回紇種人之地矣。

〔六三八〕　蒙古之漸强

蒙古之初,蓋服屬於遼,故察剌合必勒格再世受遼令穩、詳穩之職,及哈不勒始有汗號,統轄蒙兀全部,威望甚盛。金主聞其名,召至禮遇甚優,一日酒醉,鼓掌歡躍,持金主鬚,金主釋不問,厚贈遣歸。大臣謂縱此人,將爲邊患,遣使邀以返,哈不勒不從,詞意强横。金主再使往,哈不勒謀於婦及部衆殺之。萬户胡沙虎來討,糧盡而還,追敗之海嶺,時宋高宗紹興七年,金天會十五年也。見《續綱目》。哈不勒可汗疾,亟念諸子無足付大事者,令部衆議立俺巴孩,時翁吉剌氏與主因塔塔兒搆衅,哈不勒七子助母族與戰,殺其酋木禿兒把阿禿兒,已而俺巴孩嫁女于阿亦里納惕、備魯兀惕兩種,塔塔兒身送之,主因塔塔兒乘機抱怨,執送金,金以木驢殺之。命從者巴剌合赤拉施特作布勒格赤。歸告忽圖剌及合答安太石。俺巴孩子,《親征録》作阿丹汗,拉施特《蒙古全史》作哈丹大石。於是諸部族會議,共立忽都剌爲汗。哈不勒可汗第四子。入金界,敗其兵,大掠而歸。都元帥兀朮來討,連歲不能克,乃議和,割西平河今臚朐河。以北二十七團寨與之,歲遺牛羊米豆,時宋紹興十七年,金熙宗皇統七年也。《續綱目》據《大金國志》又云:册其長熬羅字極烈爲蒙輔國王,不受,自號大蒙古國。熬羅字極烈自稱太祖元明皇帝,改元天興。孟琪《蒙韃備録》引李大諒《征蒙記》亦云:蒙人嘗改元天興,自稱太祖元明皇帝,孟氏疑之,謂蒙古先時不識漢字,無符璽文書,改元建號將安用。然《蒙韃備録》亦云:韃國所鄰前有糺族,左右乃沙陀等部,舊有蒙古斯國,在金人僞天會間,亦嘗擾金,虜爲患,金人嘗與之戰,後乃多與金幣和之。據此則當時北方,確有所謂蒙古國者,雖其先無文書建號,改元似無所用,然亦即抗衡上國,崛沙寒之北,則安知不有降人教以妄竊帝號,以自尊大,且太祖七廟號,生時豈可自稱? 則亦適成其爲蒙人之稱帝而已。至熬羅字極烈自稱,自與忽都剌音異,然蒙人稱名多系官號。今按《金史·百官志》官兵皆稱勃極烈。又云忽魯猶總帥也。又云部長曰字堇,統數部者曰忽魯,則熬羅字極烈當即忽魯勃極烈之異譯,義謂數部之總貝勒耳。忽都剌可汗與合答安太石謀復主因塔塔兒之仇,與其部長闊端巴剌合及札里不花前後十三戰,竟不能克,惟乙亥歲一役,也速該戰敗之,獲其酋帖木真兀格《親征録》作帖木真幹怯。豁里不花。《親征錄》作忽魯不花,拉施特《蒙古全史》作庫里不花。而成吉思汗適生,因名之曰帖木真,志武功也。據《年壽考》成吉思汗生於宋高宗紹興二十五年,《源流考》謂生於壬申即紹興三十三年,與《元史·本紀》合。

忽都剌可汗卒後,蒙兀無共主,復衰。案忽都剌長子拙赤,《親征錄》作尤赤可汗,拉施特《蒙古全史》亦作拙赤罕,似亦曾蒙汗號者。然觀忽都剌卒後,全族離逖情形,則縱襲汗位,亦必并無威力。而也速該又適於是時卒,於是成吉思少年困阨之運至矣。

〔六三九〕 成吉思平定漢南北

成吉思十三歲時,父挈之省舅家爲乞昏,途遇翁吉剌惕德薛禪,奇其狀貌,要與俱歸,字以女字兒帖。《元史·后妃表》作字兒台,《源流考》作布爾德。也速該獨返,爲主因塔塔兒人所毒,馳歸遂卒。時宋乾道三年也。也速該生時,嘗統轄尼倫全部,同族隱忌之,故其卒後,事變即生。而泰亦赤烏氏與成吉思齮齕尤甚,也速該部族亦多叛去,成吉思嘗爲泰亦赤兀所執,命荷校徇軍中。成吉思伺其會飲,以校擊守者而遁,泰亦赤兀來追,沉身水道中,又匿毳車中,乃得免,初克烈部長脫鄰幹勒常蒙也速該救援,故相結爲安答。蒙古語交物之友。成吉思既娶字兒帖,乃以其黑貂之裘獻之,脫鄰幹勒喜,許緩急相助,自是始有外援矣。初忽圖剌可汗末年,也速該飛獵幹難沐漣上,遇兀都亦惕蔑兒乞也客赤列都,《源流考》作伊克齊坍圖,云是塔塔兒人,誤。娶婦歸簒之,即成吉思母訶額侖也。《元史》、《親征錄》作身倫,《源流考》作烏格楞哈屯,拉施特《蒙古全史》作謞倫云,義爲雲幹脫鄰忽訥惕翁吉剌氏。及是也客赤列都兄脫黑脫阿《親征錄》作脫脫。爲弟復仇,與兀佳思蔑兒乞答亦兒兀孫及合阿惕蔑兒乞合阿台答兒馬剌來襲,得字兒帖去,成吉思乞師於脫鄰幹勒及札答剌部長札木哈,字端察兒嘗虜一孕婦,所生前夫之子,曰札只剌歹,其後爲札答剌氏。襲其庭,復得字兒帖,始與札木哈同牧年餘,窺札木哈有厭薄意,棄之他徙,諸部族棄札木哈,從之者頗多,共推爲汗。是年稱汗,見《源流考》。駐牧合剌只魯格小山名,今車臣汗右翼前旗哈剌莽蕭山支阜。之闊闊納沼兒,譯言青海子。時宋淳熙十六年也。札木合約泰亦赤兀等十三部來襲,汗亦分軍爲十三翼,迎之戰於答蘭巴泐渚納,史稱答蘭版朱思之野,今黑龍江呼倫淖爾西南巴泐渚納烏蘇鄂模,東北出爲班朱尼水注呼倫淖爾。敗績退至幹難河北哲烈捏之隘。今呼倫貝爾西北界上第五十三鄂博則林圖。札木合乃還,行經赤那思牧地,獲諸部長之附帖木真者,爲七十鑊烹之,衆益惡其殘暴,歸心於汗者愈多,時主因塔塔兒蔑古真薛兀勒圖《元史》、《親征記》作蔑里真笑里徒,拉施特《蒙古全史》作摩勒蘇里徒。叛金,金丞相完顏襄出討,汗與脫鄰幹勒助金攻殺之,襄喜援

汗札兀忽里，封脫鄰幹勒爲王，札兀惕蒙語謂百，忽里者忽魯轉音，猶云百夫
長者。《金史·百官志》部長曰字堇，統數部者曰忽魯。《親征記》原注若金招討使，據《祕史》王京又
對太祖説，我回去金國皇帝行奏知，再大的名分招討使，教你做者，則札兀忽里非即招討使。脫鄰幹
勒自此亦稱王罕。

　　王罕之攻塔塔兒也，乃蠻亦難察汗乘之，納其弟額兒客合剌，王罕還戰不
勝，奔西遼。其弟札哈敢不及，其餘衆多來歸，久之王罕東歸，至古泄兀兒納
兀兒，今庫蘇古爾。饑困，使人與汗相聞，汗使勇士速克該往援，躬迓之於客魯
漣，命其衆還事之，已而伐兀都亦惕蔑兒乞大獲，以饋王罕，王罕由是復振，襲
蔑兒乞破之，脫黑脫阿奔巴兒忽真，今地屬俄，仍名巴兒忽真。汗遂與王罕伐乃蠻，
襲不亦魯黑罕，不亦魯黑罕奔欠欠州，翁吉剌諸部會於刊沐漣州，今根河。立札
木合爲古兒罕，潛師來襲，汗逆擊破之，札木合遁，翁吉剌惕來降，已而不亦魯
黑汗及脫黑脫阿之子忽禿，拉施特《蒙古全史》作忽圖。泰亦赤兀阿兀出把阿禿兒，
《親征録》作阿忽出拔都。幹亦剌惕、即衛拉特，見後。朵兒別、都蛙鎖豁兒四子之後，《元史》及
《親征録》作朵魯班。塔塔兒合答斤，朵奔蔑兒幹子不忽合塔吉之後，《元史》、《親征録》、拉施特
《蒙古全史》皆作哈塔斤，《源流考》作哈塔錦。諸部連師來伐，汗與王罕連兵逆之，會大雨
雪，敵軍引退，至闊亦田之野，今呼倫貝爾南奎騰河。士馬僵凍，紛墜山澗，不復成
列，札木哈率衆來應，見事敗即退，諸部皆奔潰，汗自追阿兀出把阿秃兒殺之，
泰亦赤烏亡，已而王罕子你勒合桑昆，《録》亦剌合鮮昆，《紀》亦獵喝翔昆。與汗有隙來
襲，時汗軍士馬不足三千，王罕衆數倍，兀魯兀忙忽二族力戰，矢中鮮昆面，王罕
乃斂兵罷，然王罕軍勢益盛，乃連夜退軍，於是徙牧巴泐渚納，俄界内幹難河北巴兒瀦
納泊。出不意襲王罕，盡俘其民，王罕父子以數騎走，至乃蠻界上，王罕爲其戍將
豁里速别赤所殺，函首塔陽罕；鮮昆輾轉至曲先，《源流考》作龜兹。爲喀剌赤焉耆番名
哈剌沙爾。部主黑鄰赤哈剌所殺，見《親征録》。客列部亡，地西接乃蠻矣。

　　乃蠻塔陽罕使告汪古部長阿剌忽失的吉惕忽里《親征録》王孤部長阿剌兀思的乞火
力，《元史·本紀》白達達部主阿剌忽里，《本傳》作阿剌兀思剔吉忽里。共伐蒙古，汪古部長以告，
歲甲子，宋寧宗嘉泰四年。汗自將伐之，太陽罕迎敵，置營康孩山合池兒水上，杭愛山
中哈隨河。脫黑脫阿札合敢不王罕弟。及泰亦赤兀酋阿鄰大石幹亦剌惕酋忽都合
别乞劄木合等咸從，塔陽以蒙兀馬瘦，議退軍，誘蒙兀深入，然後還擊，其子古出
魯克及其將豁里速别诮其怯，塔陽怒，疾驅渡幹兒洹水，戰於納忽山東麓，乃蠻
敗績，豁里速别赤死之，俘塔陽罕。古出魯克脫黑脫阿、札木合先後奔不亦魯
黑，追之，駐軍金山，明年襲不亦魯黑，擒殺之，乃蠻亡。古出魯克脫黑脫阿西走，
追及之額兒的失，即也兒的石。脫黑脫阿中流矢死，古出魯克奔西遼，札不哈轉徙

入傴魯山，_{唐努山。}左右執以獻殺之，漠南北盡平，歲丙寅，_{宋甯宗開禧二年。}諸部大會於斡難沐漣之源，上尊號曰成吉思汗。

〔六四〇〕　蒙古傳説本於回紇

唐人取福山石壞回紇風水，因之災異迭起，遷於西州，説出虞集《高昌王碑》，而《元史・亦都護傳》因之。於國家興替之故，一無所記，而造爲此怪迂之説，亦可笑矣。然蒙古人之傳説，有與之相類者。《輟耕録》萬歲山條云："浙省參政赤德爾嘗云：向任留守司都事時，聞故老言：國家起朔漠日，塞上有一山，形勢雄偉，金人望氣者謂此山有王氣，非我之利，金人謀欲厭勝之，計無所出。時國已多事，乃求通好入貢，既而曰：他無所冀，願得某山以鎮壓我土耳。衆皆鄙笑而許之。金人乃大發卒鑿掘，輦運至幽州城北，積累成山，因開挑海子，栽植花木，營構宮殿，以爲游幸之所。未幾，金亡，世皇徙都之。至元四年，興築宮城，山適在禁中，遂賜今名云。"此説與《畏吾傳》説極相類，非畏吾人造作以媚元人，則元人習於畏吾者造作之以自張，更無足疑也。又《受佛戒》條云："累朝皇帝先受佛戒九次，方正大寶，而近侍陪位者必九人或七人，譯語謂之暖答世，此國俗然也。今上之初入戒壇時，見馬哈剌佛前有物爲供，因問學士沙剌班，曰：此何物？曰：羊心。上曰：曾聞用人心肝者，有諸。曰：嘗聞之而未嘗目睹，請問剌馬。剌馬者，帝師也。上遂命沙剌班傳旨問之，答曰：有之，凡人萌歹心害人者，事覺，則以其心肝作供耳。上再命問曰：此羊曾害人乎？帝師無答。"

〔六四一〕　元人初興時程度

《輟耕録》皇族列拜條曰："己丑秋八月，太宗即皇帝位，耶律文正王時爲中書令，定册立儀禮，皇族尊長，皆令就班列拜，尊長之有拜禮，蓋自此始。"記曰：族人不敢以其戚戚君，尊君也。蓋亦非一日之致矣。又朝儀條曰："至元初，尚未遑興建宮闕，凡遇稱賀，臣庶皆集帳前，無尊卑貴賤之辨。執法官厭其喧雜，揮杖出逐之，去而復來者數次。翰林承旨王文忠公磐，時兼太常卿，慮將詒笑外國，奏請立朝儀，遂如其言。"元代制作皆起世祖，終不免沐猴而冠，此時則并未知冠，直是沐猴而已矣。又貞烈條言："宋之亡，安定夫人陳氏、安康夫人朱氏，與二小姬沐浴整衣，焚香自縊死。"明日奉聞，世祖命斷其首,懸全后寓所,在己欲其詈人,則在人不能禁其詈己,此理之甚易明者也,而猶不能知,亦沐猴而冠之一端也。

〔六四二〕 度斤、鬱督軍、都尉犍、烏德犍

突利南徙度斤舊鎮。胡三省云:"即都斤山,舊沙鉢略所居。"案《新唐書·突厥傳》曰:"可汗建廷都斤山。"薛延陀傳曰:"樹牙鬱督軍山,直京師西北六千里。頡利滅,率其部稍東,保都尉犍山獨邏水之陰,遠京師纔三千里而贏。"回紇傳曰:"南居突厥故地,徙牙烏德犍山、昆河之間。"獨邏水,今土拉河。昆河,今鄂爾坤河。都尉犍山與烏德犍山,地當相近。烏德犍爲突厥故地,疑與都斤是一。惟鬱督軍山頗遠。然《延陀傳》又謂"西突厥處羅可汗之殺鐵勒諸酋也,推契苾哥楞爲易勿真莫賀可汗,據貪汗山,奉薛延陀乙室鉢爲野咥可汗。保燕末山。而突厥射匱可汗復強,二部黜可汗號,往臣之。回紇、拔野古、阿跌、同羅、僕骨、白霫在鬱督軍山者,東附始畢可汗。乙室鉢在金山者,西役葉護可汗。"以鬱督軍山與金山對舉,則距土拉、鄂爾坤二河,亦不能甚遠。竊疑都斤、都尉犍、烏德犍、鬱督軍均系一音異譯,皆卽今之杭愛山;而《新唐書》"直京師西北六千里"之語有譌也。

〔六四三〕 九　姓

突厥、回紇皆有所謂九姓者,然名同而實不同。《舊唐書·李勣傳》:白道之戰,突厥敗,屯營於磧口,遣使請和。詔鴻臚卿唐儉往赦之。勣與李靖軍會,相與議曰:"頡利雖敗,人衆尚多,若走渡磧,保於九姓,道遥阻深,追則難及;今詔使唐儉至彼,其必弛備;我等隨後襲之,此不戰而平賊矣。"《狄仁傑傳》:仁傑於神功元年入相,上疏論西戍四鎮東戍安東之弊云:"近貞觀年中,克平九姓,册李思摩爲可汗,使統諸部者,蓋以夷狄叛則伐之,降則撫之,得推亡固存之義,無遠戍勞人之役。"《鐵勒傳》言:延陀之敗,"西遁之衆,共推夷男兄子咄摩支爲可汗,西歸故地,乃去可汗之號,遣使奉表,請居鬱督軍山北。詔兵部尚書崔敦禮就加綏撫。而諸部鐵勒素服薛延陀之衆,及咄摩支至,九姓渠帥莫不危懼;朝議恐爲磧北之患,復令李勣進加討擊。勣率九姓鐵勒二萬騎至於天山。咄摩支見官軍奄至,惶駭不知所爲。且聞詔使蕭嗣業在迴紇中,因而請降。"《突厥傳》:"伏念既破,骨咄禄鳩集亡散,入總材山聚爲羣盜,有衆五千餘人。又抄掠九姓,得羊馬

甚多,漸至強盛。"此北突厥之九姓也。其名無可考。《傳》又言:開元三年:"默啜與九姓首領阿布思等戰於磧北,九姓大潰,人畜多死,阿布思率衆來降。四年,默啜又北討九姓拔曳固,戰於獨樂河,拔曳固大敗。默啜負勝輕歸而不設備,遇拔曳固迸卒頡質略於柳林中,突出擊默啜,斬之。"《新唐書》略同,惟無阿布思之名,而云思結等部來降,則阿布思似係思結酋長。《舊唐書·張説傳》:開元八年,"朔方大使王晙誅河曲降虜阿布思等千餘人。時并州大同、橫野等軍有九姓同羅、拔曳固等部落,皆懷震懼。説率輕騎二十人,持旌節直詣其部落,宿於帳下,召酋帥慰撫之。九姓感義,其心乃安。"似思結、拔曳固、同羅,皆九姓之一。白眉可汗之死,《新唐書·突厥傳》云:"始突厥國於後魏大統時,至是滅。後或朝貢,皆舊部九姓云。"是阿史那氏雖亡,九姓猶在。突厥緣起,《周書》云:"突厥者,蓋匈奴之別種,姓阿史那氏。別爲部落,後爲鄰國所破,盡滅其族。有一兒,年且十歲;兵人見其小,不忍殺之,乃刖其足,棄草澤中。有牝狼以肉飼之,及長,與狼合,遂有孕焉。彼王聞此兒尚在,重遣殺之。使者見狼在側,并欲殺狼。狼遂逃於高昌國之北山。山有洞穴,穴內有平壤茂草,周回數百里,四面俱山,狼匿其中,遂生十男。十男長大,外託妻孕,其後各有一姓,阿史那卽一也。或云突厥之先出於索國,在匈奴之北。其部落大人曰阿謗步,兄弟十七人。其一曰伊質泥師都,狼所生也。謗步等性并愚癡,國遂被滅。泥師都旣別感異氣,能徵召風雨,娶二妻,云是夏神、冬神之女也。一孕而生四男,其一變爲白鴻;其一國於阿輔水、劍水之間,號爲契骨;其一國於處折水;其一居踐斯處折施山,卽其大兒也。山上仍有阿謗步種類,并多寒露,大兒爲出火溫養之,咸得全濟,遂共奉大兒爲主,號爲突厥,卽訥都六設也。訥都六有十妻,所生子皆以母族爲姓。阿史那是其小妻之子也。訥都六死,十母子內欲擇立一人,乃相率於大樹下,共爲約曰:向樹跳躍,能最高者,卽推立之。阿史那子年幼而跳最高者,諸子遂奉以爲主,號阿賢設。"《突厥傳》。二説不同,而同以阿史那爲十姓之一,竊疑所謂九姓者,乃彼所以爲阿史那九昆之後者也。西突厥,《舊唐書》本傳云:"其人雜有都陸及弩失畢、歌邏祿、處月、處密、伊吾等諸種,風俗大抵與突厥同,惟言語微差。"都陸亦作咄陸,又作咄六。咥利失之立也,"其國分爲十部,每部令一人統之,號爲十設;每設賜以一箭,故稱十箭焉。又分十箭爲左右廂,一廂各置五箭。其左廂號五咄六部落,置五大啜,一啜管一箭;其右廂號五弩失畢,置五大俟斤,一俟斤管一箭,都號爲十箭。"蓋此十部,直隸可汗,餘皆西遷。後雜處者雖同,曰相雜,仍有親疏之差。《傳》又云:"室點密統領十大首領,有兵十萬衆,往平西域諸胡國,自爲可汗,號十姓部落。"此所率之俱往者。咄六、弩失畢，殆卽其所率之俱往者歟？沙鉢羅可汗時，"統攝咄陸、弩失畢十姓。其咄陸有五啜：一曰處木昆律啜，二曰胡禄居闕啜，三曰攝舍提暾啜，四曰突騎施賀羅施啜，五曰鼠尼施處半啜。弩失畢有五俟斤：一曰阿悉結闕俟斤，二曰哥舒闕俟斤，三曰拔塞幹暾沙鉢俟斤，四曰阿悉結泥孰俟斤，五曰哥舒處半俟斤。"同上。蓋卽此十部落之姓也。此十部雖較歌邏禄、處月、處密、伊吾等爲親，而其非突厥種姓則一。故武后時陳子昂上疏言："國家能制十姓者，由九姓强大臣服中國也。"《新唐書》本傳。其後西突厥終於不振者，乃由突騎施葛邏禄之强，實卽本與雜居諸族代之而興耳。然則西突厥之九姓，殆與東突厥無異也。此突厥之九姓也。若夫回紇，則《舊唐書》本傳云："有十一都督，本九姓部落，一曰藥羅葛，卽可汗之姓，二曰胡咄葛，三曰咄羅勿，四曰貊歌息訖，五曰阿勿嘀，此字疑有誤。六曰葛薩，七曰斛嗢素，八曰藥勿葛，九曰奚耶勿。每一部落一都督。破拔悉密，收一部落；破葛邏禄，收一部落；各置都督一人，統號十一部落。每行止鬬戰，常以二客部落爲軍鋒。"《新唐書》九姓之名同，又云："藥羅葛，回紇姓也，與僕骨、渾、拔野古、同羅、思結、契苾六種相等夷，不列於數。"拔野古、同羅、思結，既皆可擬爲突厥九姓之一，而僕骨、渾、契苾，回紇與之相等夷，則九姓已得其七。薛與延陀本異部，更以益之，豈卽突厥之始所謂九姓者歟？書闕有間，難以質言矣。藥羅葛雖於九姓獨尊，然亦不相殊絶。太和公主之下降也，《舊唐書》謂"九姓相分負其輿，隨日右轉於庭者九"。九姓相，蓋卽九姓都督。又云："上元元年九月己丑，回紇九姓可汗使大臣俱陸莫達干等入朝奉表起居。"九姓可汗之名，蓋據其所自稱也。《新唐書·回紇傳》言："德宗立，使中人告喪，且脩好。時九姓胡勸可汗入寇，可汗欲悉師向塞，見使者不爲禮。宰相頓莫賀達干諫，不聽。頓莫賀怒，因擊殺之，并屠其支黨及九姓胡幾二千人，卽自立爲合骨咄禄毗伽可汗，使長建達干從使者入朝。建中元年，詔京兆少尹源休持節册頓莫賀爲武義成功可汗。始回紇至中國，常參以九姓胡，往往留京師，至千人，居貲殖産甚厚。會酋長突董、翳蜜施、大小梅録等還國，裝橐係道，留振武三月，供擬珍豐，費不貲。軍使張光晟陰伺之，皆盛女子以橐。光晟使驛吏刺以長錐，然後知之。已而聞頓莫賀新立，多殺九姓胡人，懼不敢歸，往往亡去，突董察視嚴亟。羣胡獻計於光晟，請悉斬回紇，光晟許之，卽上言回紇非素强，助之者九胡爾，今其國亂，兵方相加，而虜利則往，財則合，無財與利，一亂不振。不以此時乘之，復歸人與幣，是所謂借賊兵，資盜糧也。乃使裨校陽不禮，突董果怒，鞭之。光晟因勒兵盡殺回紇羣胡，收橐它、馬數千，繒錦十萬。"此文以回紇與九姓對舉,似九姓純爲西胡者然。二書列舉九姓,藥羅葛皆與焉,豈不自相矛盾? 蓋自默啜之盛,回紇稍引而西,久與羣胡相雜,故其九姓中皆雜有胡人,馴致喧賓奪主,而史家遂逕稱九姓爲九姓胡耳,固非謂其本無區別也。然而回紇西遷之後,雜居之羣胡盛,而本種轉微,則於此可以微窺矣。突厥、回紇皆以得西胡之教道興,亦以染其嗜利之習,寖陵夷衰微,以至於亡,亦北族之龜鑑也。

〔六四四〕　回　文

《元史譯文證補》曰:"回紇稱謂,多本突厥。可汗、可敦、特勒之名無論矣。突厥別部將兵者,皆謂之設。默啜可汗立其子弟爲左廂察、右廂察。毗伽可汗本蕃號爲小殺。而回紇亦有左殺、右殺,分管諸部。曰設,曰察,曰殺,皆譯音之異。骨咄禄可汗及葉護之稱,達干之名,回紇并同突厥。度其言語,或亦多同。突厥文字,不復可考。回紇文字,至今猶存,所謂托忒字體是也。與西里亞文字相仿。泰西人謂唐時,天主教人自西里亞東來傳教,唐人稱爲景教。陝西之《景教碑》,碑旁字兩行,卽西里亞字,此其確證。回紇之有文字,實由天主教人授以西里亞文字之故。此一説也。回紇人自元以後,大率入天方教。而天方文字,本於西里亞。故信教之回人謂蒙古文出於回紇,回紇文出於天方,以歸功於謨罕默德。此又一説也。各私其教,傅會所由,皆屬妄説。竊疑回紇文字,亦本突厥。特無左證,以折異議。"案《北史》謂突厥文字旁行,有類於胡。所謂胡者,西胡,指西域諸國也。丁令族人居西域者甚多,蓋遂受其文字,突厥、回紇皆沿而用之耳。《周書·突厥傳》云:"其徵發兵馬,科稅雜畜,輒刻木爲數,并一金鏃箭蠟印封之,以爲信契。"蓋有文字而不甚用也。觀其能於塋屋中圖畫死者形儀及其生時戰陳之狀,則其圖畫已有可觀,必不至不知文字。又《北史·蠕蠕傳》:"無文記。將帥以羊屎齱記兵數。後頗知刻木爲記。"似其文字又受之丁令者。

〔六四五〕　畜牧宜在長城外

《隋書·賀婁子幹傳》:高祖以隴西頻被寇掠,甚患之。彼俗不設村塢,命子幹勒民爲堡,營田積穀,以備不虞。子幹上書曰:隴西河右,土曠民希,邊境未寧,不可廣爲田種,比見屯田之所,獲少費多,虛役人功,卒逢踐暴,屯田疏遠者,請皆廢省。但隴右之民,以畜牧爲事,若更屯聚,彌不獲安,祇可嚴謹斥候,豈容集人聚畜,請要路之所,加以防守,但使鎮戍連接,烽堠相望,民雖散居,必謂無慮。高祖從之。案邊緣之地,每苦游牧部族之侵略,屯兵守圉,費大勞多,發兵攻之,則彼遠走高飛,不可得而跡,此歷代之所大患也。今若於緣邊之地,皆興畜牧之利,而於其內爲之堅城深池,則我之長技與彼同,不徒不患其侵略,且可乘間出擊,懲創之矣。彼若大舉,我可於堅城之內,更設牧場,驅民入保,是畜牧於長城之外,所以爲長城衛,而長城又所以爲畜牧之衛也。兼華夷之長技而用之,既不如歷代緣邊,慘遭殺略,亦不致如匈奴遇漢兵深入,奔走,有孕重墮之苦矣,此安邊之至計也。屠敬山先生屢遊蒙古,常云:制北之策,無逾於秋高時焚其牧草,我無折傷,使彼自斃,劉仁恭所以能制契丹也。我以是施於彼,彼亦可以是施於我,則制敵又當在牧地之外,先發以創之,如彼此相安,則又宜各守疆界,通工易事,漸以化之也。

〔六四六〕　吐 蕃 緣 起

吐蕃緣起,《新舊唐書》之說不同,《舊唐書》云:“其種落莫知所出也,或云南涼禿髮利鹿孤之後也。利鹿孤有子曰樊尼,及利鹿孤卒,樊尼尚幼,弟傉檀嗣位,以樊尼爲安西將軍。後魏神瑞元年,傉檀爲西秦乞佛熾盤所滅,樊尼招集餘衆,以投沮渠蒙遜,蒙遜以爲臨松太守。及蒙遜滅,樊尼乃率衆西奔,濟黃河,逾積石,於羌中建國,開地千里。樊尼威惠夙著,爲羣羌所懷,皆撫以恩信,歸之如市。遂改姓爲窣勃野,以禿髮爲國號,語訛謂之吐蕃。其後子孫繁昌,又侵伐不息,土宇漸廣。歷周及隋,猶隔諸羌,未通於中國。”《新唐書》云:“吐蕃本西羌屬,蓋百有五十種,散處河湟、江岷間;有發羌、唐旄等,然未始與中國通。居析支水西。祖曰鶻提勃悉野,健武多智,稍并諸羌,據其地。蕃、發聲近,故其子孫曰吐蕃,而姓勃窣野。或曰南涼禿髮利鹿孤之後,二子,曰樊尼,曰傉檀。傉檀嗣,爲乞佛熾盤所滅。樊尼挈殘部臣沮渠蒙遜,以爲臨松太守。蒙遜滅,樊尼率兵西濟河,逾積石,遂撫有羣羌云。”《舊唐書》之窣勃野,窣勃二字,當係誤倒。二書所說實同,惟《新唐書》析出於西羌與出於南涼之說爲二,謂其姓及部族之名,皆爲羌所固有;《舊唐書》則合二說爲一,謂姓爲樊尼所改,部族之名,爲禿髮音轉耳。衡量二說,自以《新唐書》爲是。何者?羌人本以父名母姓爲種號,德宗時,吐蕃贊普乞立贊,《新唐書》云“姓户盧提氏”,或亦如研種之後更號燒當,非必易姓。若禿髮氏則久漸漢化,未必更沿此習,且遭播之餘應有也。淪亡之痛,正當睠念宗邦,何故忽焉改姓,一也。五胡之漸染漢化者,雖或失其所據,亦未必遂卽於夷,觀沮渠、無諱等輾轉西域時可知。禿髮氏卽或不逮,亦何至遂亡其祖,而後奔亡之跡,開拓之功,一無省記,徒令後人爲傳疑不審之辭乎?二也。河湟小族,通於中國者多矣,開地千里,在彼中已爲泱泱大風,何乃不思款塞?況其侵伐不息,則異族之受其侵擾者必多,縱令幣贄不通,亦豈傳聞無自?三也。然則樊尼建國羌中,其事庸或可有,而其後必已浸微,絕與吐蕃無涉也。《新唐書》下文云:"其後有君長曰瘕悉董摩,董摩生佗土度,佗土生揭利失若,揭利生勃弄若,勃弄生詎素若,詎素生論贊索,論贊生棄宗弄贊。"其後之"其"字,當指鶻提勃悉野而言。此說與前第一說,當卽採自一書,文本相承,子京次序不審,中間以述吐蕃法俗之語,遂使後人不知董摩究爲誰後耳。此則文士之不可以脩史也。

　　《舊唐書》云:"其國都城號爲邏些城。"《新唐書》云:"其贊普居跋布川,或邏娑川。"邏娑卽邏些,其城蓋在川側。《新唐書·地理志》:"邏些在東南,距農歌二百里。又經鹽池、暖泉、江布靈河,百一十里渡姜濟河,經吐蕃墾田,二百六十里至卒歌驛。乃渡臧河,經佛堂,百八十里至勃令驛鴻臚館,至贊普牙帳,其西南跋布海。"見鄯州下。跋布海蓋跋布川之所入也。邏些蓋卽今之拉薩。長慶初,劉元鼎使吐蕃,《舊唐書》云:"初見贊普於悶懼盧川,蓋贊普夏衙之所。其川在邏娑川南百里,臧河之所流也。"《新唐書》作悶怛盧川,又曰:"河之西南,地如砥,原野秀沃,夾河多檉柳,山多柏。度悉結羅嶺,鑿石通車,逆金城公主道也。至麆谷,就館臧河之北川,贊普之夏牙也。"此更在邏些之表,逆金城公主經此,則棄宗弄讚已居之矣。然其初疆則不在此,卽後來亦恒居此。《舊唐書》云:"吐蕃在長安之西八千里。"《新唐書》同。似可指拉薩。然《新唐書》又云:"距鄯善五百里。"此豈拉薩地邪?惟析支、積石,乃與相當耳。沙州之爲唐守也。贊普徙帳南山,使尚綺心兒攻之。南山者,祁連山也。苟贊普恒居拉薩,豈有因攻一殘破之州,遠跡至此者乎?達摩之亂,史言其國中地震裂,水泉湧,岷山崩,洮水逆流,鼠食稼,人饑疫,死者相枕藉,鄯、廓間夜聞鼙鼓聲,人相驚。然則岷山之於吐蕃,猶沙麓之在晉,洮水猶伊洛之在周,鄯、廓乃正其東鄙耳。《新唐書》又云:"渾末,亦曰嗢末,吐蕃奴部也。虜法,出師必發豪室,皆以奴從,平居散處耕牧。及恐熱亂,無所歸,共相嘯合數千人,以嗢末自號,居甘、肅、瓜、沙、河、渭、岷、廓、疊、宕間,其近蕃牙者最勇,而馬尤良云。"奴之耕牧,必遍其主。然則吐蕃豪,正在此諸州之間,蕃牙亦當在是也。恐熱自稱舉義兵,其攻思羅乃在渭州,又力攻鄯州之尚婢婢,蓋正以其地近蕃牙。若乞離胡亦居邏娑,則思羅、婢婢皆疆場之臣,不必以爲先務矣。

《舊唐書》云邏些城"屋皆平頭,高者至數十尺。貴人處於大氈帳,名爲拂廬。"《新唐書》云:"有城郭廬舍不肯處,聯氈帳以居,號大拂廬,容數百人,其衛候嚴,而牙甚隘。部人處小拂廬。"貴人、部人,皆外來游牧之族;居平頭屋者,則其地之土著。有城郭廬舍而不居,其遷徙往來自易。然則吐蕃者,析支水西之羌,南牧至今雅魯藏布江者耳。正猶起丹淅之會,蓽路藍縷,以啓山林,終至江陵、秭歸也。

《新唐書·吐蕃傳》云:"婦人辮髮而縈之。"此固羌俗。又云:"婦人無及政。"亦與東女之以女爲君者不同,足證其起青海,非起西藏。其信佛教,亦後起之事。《新唐書》又云:"其俗重鬼右巫,事羱羝爲大神。喜浮屠法,習呪詛,國之政事,必以桑門參決。"乃綜其前後言之,非其初卽如是也。張鎰之盟尚結贊也,盟畢,結贊請鎰就壇之西南隅佛幄中焚香爲誓,《舊唐書·吐蕃傳》。此在德宗貞元四年。其遣使求五台山圖,《舊唐書·本紀》及《吐蕃傳》。則在穆宗長慶四年。《新唐書·吐蕃傳》:憲宗元和五年,"以祠部郎中徐復往使,并賜鉢闡布書。鉢闡布者,虜浮圖與國事者也,亦曰鉢掣逋。"劉元鼎之見贊普,鉢掣逋立於右。亦皆中晚唐時事,開元、天寶中,猶不聞有是也。

吐蕃兵力,在河湟、青海間者,實遠較其在西域爲強。王孝傑能取四鎮,而素羅汗山之戰,不免敗績,其明證也。欽陵之擾亂中原,何所不至,然素羅汗山戰後,復遣使來請和,不過爲好語,求罷四鎮戍兵,索分十姓之地而已。武后使郭元振往察之,元振請要其歸青海及吐渾舊封以相易,可謂深協機宜。蓋度欽陵之必不能許,而欽陵亦竟不能以兵力取之,則由其距西域遠,鞭長莫及也。若其腹心之地在今拉薩,則其距河湟、青海亦遠,其爲患,必不能如是之深矣。

原刊一九四八年七月二十二日《東南日報》

〔六四七〕 唐代吐蕃兵力

《舊唐書·陸贄傳》:贄於德宗時,上疏論兵事曰:"今四裔之最強盛爲中國甚患者,莫大於吐蕃。舉國勝兵之徒,纔當中國十數大郡而已,其於內虞外備,亦與中國不殊,所能寇邊,數則蓋寡。"此非虛言也。《郭子儀傳》:子儀於大曆九年入朝,召對延英,言"今吐蕃充斥,勢強十倍。兼河隴之地,雜羌渾之衆。"然語其兵數,則亦不過曰"近入內地,稱四節度,每將盈萬,每賊兼乘數匹"而已。《韓滉傳》:貞元二年,"滉上言吐蕃盜有河湟,爲日已久,大曆已前,中國多難，所以肆其侵軼。臣聞其近歲已來，兵衆寖弱，西迫大食之强，北病回紇之衆，東有南詔之防，計其分鎮之外，戰兵在河隴者，五六萬而已。”而其明年，入蕃使崔翰奏：於蕃中誘問給役者，求蕃國人馬真數，云凡五萬九千餘人，馬八萬六千匹，可戰者僅三萬人，餘悉老幼。《德宗紀》。案此文亦見《吐蕃傳》，崔翰作崔瀚。馬八萬六千匹，作八萬六千餘匹。餘悉老幼，作餘悉童幼，備數而已。徒循其名，未覈其實也。此固其在河隴兵數，非其舉國兵數，然亦雜羌、渾等衆，非盡其本族人也。

吐蕃之寡如此，而能爲中國甚患者，以其所裹脅之雜種多也。《舊唐書・吐蕃傳》云，大曆十一年，劍南節度使崔甯破吐蕃四節度兼突厥、吐渾、氐、蠻、羌、党項等二十餘萬衆。《新唐書・南詔傳》云，貞元十七年，韋皋將杜毗羅破吐蕃，康、黑衣大食等皆降。搜突厥以寇西川，率康、大食而犯南詔，其用之可謂竭其力矣。神川之敗，乃由其與回鶻争北庭，死傷衆，而欲徵萬人於異牟尋，亦猶是矣。

惟患寡也，故其用兵專以俘掠爲務。貞元三年五月平涼劫盟之後，率羌、渾之衆犯塞，遣羌、渾之衆衣漢戎服，僞稱邢君牙之衆，代李晟節。奄至吳山及寶雞北界，焚燒廬舍，驅掠人畜，百姓丁壯者驅之以歸，羸老者咸殺之，或斷手鑿目，棄之而去。九月，吐蕃大掠汧陽、吳山、華亭等界人庶男女萬餘口，悉送至安化峽西，將分隸羌、渾等。乃曰：“從爾輩東鄉哭辭鄉國。”衆遂大哭，一慟而絕者數百人，投崖谷死傷者千餘人。攻陷華亭，虜士衆十三四，收丁壯，棄老而去。北攻連雲堡，又陷之，驅掠其衆及邠、涇編户逃竄山谷者，并牛畜萬計，悉其衆送至彈箏峽。四年五月，三萬餘騎犯塞，分入涇、邠、甯、慶、麟等州，焚彭原縣廨舍，所至燒廬舍，人畜没者約二三萬計。先是，吐蕃入寇，恒以秋冬，及春則多遇疾疫而退。是來也，方盛暑，而無患，蓋華人陷者，厚其資産，質其妻子，爲戎虜所將而侵軼焉。《舊唐書・吐蕃傳》。《本紀》云：“吐蕃入寇以秋冬，今盛暑而來，華人陷蕃者道之也。”措辭不如《吐蕃傳》之審。徒道之，不能免其疾疫也。此可見其兵之不出本族者多也。以華人而轉爲所劫質，來爲寇賊，率其子弟，攻其父母，豈不哀哉！然爲所劫質者，固未嘗自忘其國也。《新唐書・吐蕃傳》言：沙州之陷也，“州人皆胡服臣虜，每歲時祀父祖，衣中國之服，號慟而藏之。”此即香山《新樂府》所云“惟許正朝服漢儀，斂衣整巾潛淚垂”者。又云：“誓心密定歸鄉計，不使蕃中妻子知。暗思幸有殘筋力，更恐年衰歸不得。蕃候嚴兵鳥不飛，脱身冒死奔逃歸。晝伏宵行經大漠，雲陰月黑風沙惡。驚藏青冢寒草疏，偷渡黄河夜冰薄。忽聞漢軍鼙鼓聲，路旁走出再拜迎。遊騎不聽能漢語，將軍遂縛作蕃生。配向江南卑溼地，料無存恤空防備。念此吞聲仰訴天，若爲辛苦度殘年。涼原鄉井不得見，胡地妻兒虛棄捐。"宣宗大中四年，沙州首領張義潮以瓜、沙、伊、肅、鄯、甘、河、西、蘭、岷、廓十一州歸，《新唐書·吐蕃傳》記其事曰："始義潮陰結豪英歸唐，一日，衆擐甲譟州門，漢人皆助之，虜守者驚走，遂攝州事，繕甲兵，耕且戰，悉復餘州。"相與戮力者，猶漢人也。《新唐書》又述長慶中劉元鼎爲盟會使入蕃事云："踰成紀、武川，抵河廣武梁，故時城郭未隳，蘭州地皆秔稻，桃李榆柳岑蔚，戶皆唐人，見使者麾蓋，夾道觀。至龍支城，耋老千人拜且泣，問天子安否，言頃從軍沒於此，今子孫示忍忘唐服，朝廷尚念之乎？兵何日來？言已皆嗚咽。密問之，豐州人也。"香山《新樂府》又詠《西涼伎》曰："貞元邊將愛此曲，醉坐笑看看不足，娛賓犒士宴監軍，師子胡兒長在目。有一征夫年七十，見弄《涼州》低面泣。泣罷斂手白將軍，主憂臣辱昔所聞。自從天寶兵戈起，犬戎日夜吞西鄙，涼州陷來四十年，河隴侵將七千里。平時安西萬里疆，今日邊防在鳳翔；緣邊空屯十萬卒，飽食溫衣閒過日。遺民腸斷在涼州，將卒相看無意收，天子每思常痛惜，將軍欲說合慚羞。奈何仍看西涼伎，取笑資歡無所媿，縱無智力未能收，忍取《西涼》弄爲戲。"遺民腸斷，其如將帥之不知媿恥何？工部詩："安得廉恥將，三軍同晏眠。"恥一作顏。顧亭林謂以作恥爲長。雖武夫，則以知恥爲本，豈不重可念哉？貞元十七年七月，吐蕃寇鹽州，又陷麟州，殺刺史郭鋒，毀城隍，大掠居人，驅党項部落而去。次鹽州西九十里橫槽烽頓軍，呼延州僧延素輩七人，稱徐舍人召。其火隊吐蕃沒勒，遽引延素等疾趨至帳前，皆馬革梏手，毛繩縲頸，見一吐蕃年少，身長六尺餘，赤髭大目，乃徐舍人也。命解縛，坐帳中，曰："師勿懼，余本漢人，司空英國公五代孫也。屬武后斳喪王室，高祖建義中泯，子孫流播絕域，今三代矣。雖代居職位，世掌兵要，思本之心無涯，顧血族無由自拔耳。此蕃、漢交境也，復九十里至安樂州，師無由歸東矣。又曰：余奉命率師備邊，因求資食，遂涉漢疆，展轉東進，至麟州，城既無備，援兵又絕，是以拔之，知郭使君是勳臣子孫，必將活之，不幸爲亂兵所害。適有飛鳥使至，飛鳥，猶中國驛騎也，云術者上變，召軍亟還，遂歸之。《舊唐舊·吐蕃傳》。斯人可謂有丘首之思矣。然君子之澤，五世而斬，終不見拔，亦安能不化爲異類哉？"

或曰：吐蕃之所以雄張者，以其人雖少而皆強悍善戰也。《舊唐書》述其俗云：其人"弓劍不離身。重壯賤老，母拜於子，子倨於父，出入皆少者在前，老者居其後。軍令嚴肅，每戰，前隊皆死，後隊方進。重兵死，惡病終。累代戰沒，以爲甲門。臨陣敗北者，懸狐尾於其首，表其似狐之怯，稠人廣衆，必以徇焉,其俗恥之,以爲次死"。夫其激厲其民如此,其民安得不死不旋踵? 一夫善射,百夫決拾,一人致死,萬夫莫當。況於舉國如此乎? 是則魏元忠言之矣。元忠之言曰:"凡人識不經遠,皆言吐蕃戰,前隊盡,後隊方進,甲堅騎多,而山有氛瘴,官軍遠入,前無所獲,不積穀數百萬,無大舉之資。臣以爲吐蕃之望中國,猶孤星之對太陽,有自然之大小、不疑之明暗,夷狄雖禽獸,亦知愛其性命,豈肯前盡死而後進哉? 由殘迫其人,非下所願也。必其戰不顧死,則兵法許敵能鬬,當以智算取之。何憂不克哉! 向使將能殺敵,橫尸蔽野,斂其頭顱以爲京觀,則此虜聞官軍鐘鼓,望塵卻走,何暇前隊皆死哉! 自仁貴等覆師喪氣,故虜得跳梁山谷。又師行必藉馬力,不數十萬,不足與虜爭。臣請天下自王公及齊人挂籍之口,人稅百錢;又弛天下馬禁,使民得乘大馬,不爲數限,官籍其凡,勿使得隱,不三年,人間畜馬可五十萬,卽詔州縣以所稅口錢市之,若王師大舉,一朝可用。且虜以騎爲彊,若一切使人乘之,則市取其良,以益中國,使得漸耗虜兵之盛,國家之利也。"《新唐書》本傳。然則虜使其民,豈遂足以爲彊乎? 況其所劫而用之者,又不皆本族人哉? 棄宗弄讚之寇松州也,衆號二十萬。此固爲虛辭,然在破吐渾、党項及白蘭諸羌之後,又本摟羊同以來,其數亦必不寡,然牛進達之師,纔以前鋒撓之,卽懼而卻走矣。亦由其所裹脅者,多異族人,不爲之用故也。不特此也,彊徵異國之兵,又足以激其怨叛,其於南詔卽是也。《舊唐書·郭元振傳》:元振於神龍中疏論阿史那忠節欲引吐蕃以擊娑葛事,曰:"往者吐蕃所爭,惟論十姓、四鎮,國家不能捨與,所以不得通和。今吐蕃不相侵擾者,不是顧國家和信不來,直是其國中諸豪及泥婆羅門等屬國自有攜貳。故贊普躬往南征,身殞寇庭,國中大亂,嫡庶競立,將相爭權,自相屠滅。兼以人畜疲癘,財力困窮,人事天時,俱未稱愜。所以屈志,且共漢和。"國中大亂,未必非贊普南征不反召之。贊普之南征不反,則國中諸豪及屬國之攜貳致之;國中諸豪及屬國之攜貳,恐亦用其力太過,有以召之也。然則虐用其民者,又足以爲彊乎! 以欲從人則可,以人從欲鮮濟,其分崩離析,可立而待也。此以其人論也。以其械器論,則《新唐書·吐蕃傳》云:"其鎧冑精良,衣之周身,竅兩目,勁弓利刃,不能甚傷。"此卽魏元忠所云之凡人所以稱其甲堅。然陸贄則謂其器非犀利,甲不堅完,蓋凡人徒見其制之新異而稱之,實亦未足深恃也。此制,宋時之西夏尚如此,固不聞宋人以爲足畏。惟其馬多,則係事實。郭子儀誇稱開元、天寶中朔方戎備之盛,曰:"戰士十萬,戰馬三萬。"馬數才當人數什三,而吐蕃入寇,則人兼乘數四矣。子儀自云:"所統將士,不當賊四分之一,所有征馬,不當賊百分之二。"是則十

餘人纔得一馬耳。走不逐飛,其爲不敵,無待言矣。何以致之,曰:不脩馬復
之令,且禁民乘大馬。然則士之不足,人爲之乎?自爲之乎?故曰:國必自
伐,而后人伐之。雖然,好侵伐人者,果其民皆願欲之乎?抑亦黷武者殘迫其
人,非下所願也。吐蕃之大爲中國患,一在高宗、武后之世,一在德宗之時;若
玄宗時之兵釁,則可謂啓自吐蕃,亦可謂啓自中國。肅、代時河隴之陷,則承
玄宗時兵事而然,抑爲僕固懷恩所誘,不能專責吐蕃也。高宗、武后時之邊
禍,祿東贊父子爲之;德宗時之兵禍,則尚結贊實爲之。尚結贊專權禍國,見貞元九年
南詔遺韋皋書,載《新唐書·南詔傳》。韋皋臺登之捷,殺其青海大酋乞臧遮遮,實爲尚結贊之子,見
《新唐書·韋皋傳》。足見南北兵釁,皆其一家所爲,正猶祿東贊之有欽陵贊婆也。苟非此等權臣
擅國之時,脩好尋盟之使,固亦相繼於道。然則孰爲好戰者可見矣。一二人
豈能驅迫千萬人,雖有貴爵以激厲之,亦豈能以杞柳爲桮棬乎?

原刊一九四八年十二月六日《東南日報》

〔六四八〕　四　　鎮

　　《舊唐書·龜兹傳》云:"太宗既破龜兹,移置安西都護府於其國城,以郭
孝恪爲都護,兼統于闐、疏勒、碎葉,謂之四鎮。高宗嗣位,不欲廣地勞人,復
命有司棄龜兹等四鎮,移安西依舊於西州。其後吐蕃大入,焉耆已西四鎮城
堡,并爲賊所陷。則天臨朝,長壽元年,武威軍總管王孝傑、阿史那忠節大破
吐蕃,克復龜兹、于闐等四鎮。自此復於龜兹置安西都護府,用漢兵三萬人以
鎮之。"《新唐書·龜兹傳》辭雖異而事則同,惟於焉耆已西四鎮之没,明著其
在儀鳳時;又孝傑之復四鎮,不舉龜兹、于闐之名,但云復四鎮地而已。《本
紀》亦但渾言之曰"克四鎮"。然《舊唐書·本紀》則詳言之曰"復龜兹、于闐、
疏勒、碎葉鎮"。似四鎮之爲龜兹、于闐、疏勒、碎葉,未嘗變也。然兩書《龜兹
傳》皆言焉耆已西四鎮,又似焉耆實爲四鎮之一者。今案四鎮之廢,實在咸亨
元年,《舊紀》云:"吐蕃寇陷白州等一十八州,又與于闐合衆襲龜兹撥換城,陷
之。罷安西四鎮。"《新唐書》云:"吐蕃陷龜兹撥換城。廢安西四鎮。"《通鑑》
則云:吐蕃陷西域十八州,又與于闐襲龜兹撥換城,陷之。罷龜兹、于闐、焉
耆、疏勒四鎮。則是時四鎮之一,確爲焉耆而非碎葉矣。果何時改置邪?長
壽元年之役,《通鑑》云:"西州都督唐休璟請復取龜兹、于闐、疏勒、碎葉四鎮,
敕以孝傑爲武威軍總管,與武備大將軍阿史那忠節將兵擊吐蕃。"則其時之四
鎮,又爲碎葉而非焉耆者,又何時改置乎?是時四鎮皆屬吐蕃,中國又安得以空

文改置，此彌可惑也。今案兩書《地理志》，列舉四鎮都督府之名，皆曰龜茲、毗沙、即于闐。疏勒、焉耆；而《新唐書》於焉耆都督府注云："有碎葉城。"則四鎮各有所屬城堡，在其屬境之內，治所或有變置，仍據其原來治所言之，故焉耆一鎮，或曰焉耆，或曰碎葉也。其國城或理於碎葉，從其所理而言之也。

《新唐書・焉耆傳》："開元七年，龍嬾突死，焉吐拂延立。於是十姓可汗請居碎葉，安西節度使湯嘉惠表以焉耆備四鎮。詔焉耆、龜茲、疏勒、于闐征西域賈，各食其征；由北道者輪臺征之。"此時鎮城，蓋復自碎葉移於焉耆也。

〔六四九〕　康　　里

康里，《元祕史》作康鄰。西史謂亦突厥族。其地在鹹海之北，西抵黑海。大食哈里發愛其勇悍，多募爲兵。數傳而後，遂跋扈，哈里發之廢立，亦操其手。花刺子模王阿刺哀丁謨罕默德有兵四十萬，皆康里人。王母亦康里部酋女。王母以康里人爲將，權與王埒。諸將亦倚王母，不聽令。成吉思西征時，花刺子模所以一敗塗地者，由其威權素奪，不可以御大敵也。蒙古西征，由訛打刺城主殺蒙古西行之人。城主，王母之弟也。《元史》之克列部，或曰即康里轉音。其族本居欠欠州。即謙河流域。在今唐弩烏梁海境。詳見《元史譯文證補・西北地附錄釋地下》、《吉利吉思撼合納謙州益蘭州等處》條。至王罕，乃徙土兀拉沐漣。今土拉河。王罕爲成吉思父執。成吉思初起時，東征西討，嘗與合兵。後以王罕子你勒合與成吉思有隙，乃至構兵，爲成吉思所滅。

〔六五〇〕　西　山　八　國

唐中葉後，西南內附諸戎落，有所謂西山八國者。其事始於貞元九年韋皋之出師西山，皋因此加統押西山八國使名。其後爲劍南西川節度使，若以副大使兼節度事者，率兼此名不替。如元和元年之高崇文，大中十一年之白敏中，光化三年之王建皆是，皆見《舊唐書》本紀。使名之仍舊，固不足證藩屬之長存，然《新唐書・路巖傳》，述巖爲劍南西川節度時，仍有西山八國來朝之事，其時已在咸通中，則八國之服屬確頗久。吐蕃之猾夏，初非由其種姓之强，實由西北夷落爲所脅服者衆。貞元以後，吐蕃固已就衰，不能大爲邊患，然其所以就衰，亦以爲所脅制者稍卽攜離之故，若是乎韋皋招撫之功，亦不可没也。然此八國究爲何國,至今仍有疑義,此則不能不歎史文之闕佚矣。今試衷録諸史之文,略志所疑如下。

《舊唐書·東女傳》:"貞元九年七月,其王湯立悉與哥鄰國王董卧庭、白狗國王羅陁忽、逋租國王弟鄧吉知、南水國王姪薛尚悉曩、弱水國王董辟和、悉董國王湯息贊、清遠國王蘇唐磨、咄霸國王董藐蓬,各率其種落詣劍南西川內附。其哥隣國等皆散居山川。弱水王卽國初女國之弱水部落。其悉董國在弱水西,故亦謂之弱水西悉董王。舊皆分隷邊郡,祖、父例授將軍、中郎、果毅等官;自中原多故,皆爲吐蕃所役屬。其部落,大者不過三二千户,各置縣令十數人理之。土有絲絮,歲輸於吐蕃。至是悉與之同盟,相率獻款,兼齎天寶中國家所賜官誥共三十九通以進。西川節度使韋皋處其衆於維、霸、保等州,給以種糧耕牛,咸樂業生。立悉等數國王自來朝,召見於麟德殿。授立悉銀青光禄大夫、歸化州刺史;鄧吉知試太府少卿兼丹州長史;薛尚悉曩試少府少監兼霸州長史;董卧庭行至緜州卒,贈武德州刺史,命其子利囉爲保寧都督府長史,襲哥隣王。立悉妹乞悉漫頗有才智,從其兄來朝,封和義郡夫人。其大首領董卧卿等,皆授以官。俄又授女國王兄湯厥銀青光禄大夫、試太府卿;清遠王弟蘇歷顛銀青光禄大夫、試衛尉卿;南國王_{疑當作南水國王,奪"水"字。}薛莫庭及湯息贊、董藐蓬,女國唱後湯拂庭、美玉鉢、南郎唐,_{此十一字或有譌誤。}并授銀青光禄大夫、試太僕卿。其年,西山松州生羌等二萬餘户,相繼內附。其黏信部落主董夢葱,龍諾部落主董辟忽,皆授試衛尉卿。立悉等并赴明年元會訖,錫以金帛,各遣還。尋詔加韋皋統押近界羌、蠻及西山八國使。其部落代襲刺史等官,然亦潛通吐蕃,故謂之兩面羌。"案乞悉漫云從兄來朝,則其國雖以女爲稱,而湯立悉實係男子,必與女弟偕來者;豈其國法實當以女爲王,湯立悉實係攝位,若魯之隱、桓歟?史文闕略,難以質言矣。女與哥隣等國凡九,云悉與之同盟,似乎女國實爲盟主,而其地位特尊。《德宗本紀》:貞元十二年十二月癸未,回紇、南詔、劍南、西山國、女國王并來朝賀。"西山"之下,儻奪"八"字,則女國亦叙於八國之外,此説可無疑矣。然或"西山國"之"國"爲衍字,而"西山女國"四字連文,則此説又難遽定也。_{《新唐書·南詔傳》,異牟尋詔書韋皋,述吐蕃之暴有云:"西山女王,見奪其位。"西山女王可連稱,則女國亦得冠以西山兩字也。}

《新唐書·東女傳》:"貞元九年,其王湯立悉與白狗君及哥隣君董卧庭、逋租君鄧吉知、南水君薛尚悉曩、弱水君董避和、悉董君湯息贊、清遠君蘇唐磨、咄霸君董藐蓬,皆詣劍南韋皋求內附。其種散居西山、弱水,雖自謂王,蓋小小部落耳。自失河隴，悉爲吐蕃羈屬，部數千户，輒置令，歲督絲絮。至是猶上天寶所賜詔書。皋處其衆於維、霸等州，賜牛、糧，治生業。立悉等入朝，差賜官禄。於是松州羌二萬口相踵入附。立悉等官刺史，皆得世襲，然陰附吐蕃，故謂兩面羌。”案此文無白狗君之名，維、霸、保三州缺保州，其爲傳寫奪落，抑子京疏漏，無從知之。其甚謬者，鄧吉知、薛尚吉曩，不著其爲王之弟姪，而逕稱爲君，與餘六國同，恐不容諉於鈔胥矣。董卧庭，唐命其子襲王，明當時有王之稱，無君之號，而子京於八國皆稱爲君，豈以其爲小小部落，名實不副而黜之歟？歷來稱帝稱王，名實不副者多矣，可盡黜歟？女國較之八國，未必特大，獨仍王稱，抑又何歟？

《舊唐書·德宗本紀》，貞元九年七月，“劍南西川羌女國王楊立志、哥隣王董卧庭、白狗王羅陀忿、弱水王董避和、逋租王弟鄧告知、南水王姪尚悉曩等六國君王，自來朝貢。六國初附吐蕃，韋皋出西山討吐蕃，故六蠻内附，各授官敕遣之。”案此文楊立志、羅陀忿、鄧告知之名，皆與《東女傳》異，證以武德初東女之王爲湯滂氏，垂拱時所遣之使爲湯劍左，似乎楊當作湯。《通鑑》羅陀忿作羅陀忽，亦似忽爲譌文，忿爲正字。若悉與志，吉與告，則未能知其孰是也。薛尚悉曩但云尚悉曩者，吐蕃國法，不呼本姓，但王族則曰論，官族則曰尚，疑尚悉曩爲其役屬吐蕃時之稱，薛則其本姓也。四國之王親行，二國但遣弟姪，概云自來，似欠分別。豈君、王二字，王指其國主，而君指其弟姪歟？

又十一年九月丁巳，加韋皋統押近界諸蠻及山西八國、雲南安撫等使。案《本紀》，皋加統押八國使名，始見於此，觀下引《通鑑》，乃知其非始於此也。山西，疑當作西山。

又《韋皋傳》：“九年，朝廷築鹽州城，慮爲吐蕃掩襲，詔皋出兵牽維之。乃命大將董勔、張芬出西山及南道，破峨和城、通鶴軍。吐蕃南道元帥論莽熱率衆來援，又破之，殺傷數千人，焚定廉城。凡平堡栅五十餘所，以功進位檢校右僕射。皋又招撫西山羌女、訶陵、白狗、逋租、弱水、南王等八國酋長，入貢闕廷。十一年九月，加統押近界諸蠻、西山八國兼雲南安撫等使。”案此文哥隣作訶陵，夷語無正字也。南王疑當作南水。雖云八國，實止有六，其名皆與《本紀》同，蓋此六國之王，或身入朝，或遣弟姪，餘國當時實未來也。

《新唐書·韋皋傳》：“九年，天子城鹽州，策虜且來橈襲，詔皋出師牽維之。乃命大將董勔、張芬出西山、靈關，破峨和、通鶴、定廉城，踰的博嶺，遂圍維州，搏棲雞，攻下羊溪等三城，取劍山屯焚之。南道元帥論莽熱來援，與戰，破其軍，進收白岸，乃城鹽州。詔皋休士，以功爲檢校尚書右僕射、扶風縣伯。於是西山羌女、訶陵、南水、白狗、逋租、弱水、清遠、咄霸八國酋長，皆因皋請入朝。乃遣幕府崔佐時由石門趣雲南，而南詔復通。石門者，隋史萬歲南征道也。天寶中，鮮于仲通下兵南溪，道遂閉。至是，蠻逕北谷，近吐蕃，故皋治復之。繇黎州出邛部，直雲南，置清溪關，號曰南道。乃詔皋統押近界諸蠻、西山八國、雲南安撫使。"案此文述皋招撫諸國，略因舊傳之文。觀哥鄰亦作訶陵可知。益清遠、咄霸而無悉董。云因皋請入朝，而不曰來朝，則似當時請朝者八國，即來者六國，而悉董獨後者。西山八國中，其無悉董歟？然觀《舊唐書·東女傳》，則當時授官，所闕者乃弱水而非悉董，則又未可遽定也。

《通鑑》貞元九年七月，"劍南西山諸羌女王湯立志、哥隣王董臥庭、白狗王羅陀忽、弱水王董辟和、南水王薛莫庭、悉董王湯悉贊、清遠王蘇唐磨、咄霸王董邈蓬及逋租王，先皆役屬吐蕃，至是各率衆內附。韋皋處之於維、保、霸州，給以耕牛種糧。立志、陀忽、辟和入朝，皆拜官，厚賜而遣之。"案此文與《舊唐書·本紀》，或當同本實錄；彼作劍南西川羌，此作西山，恐當以此爲是。諸國王之名，無可考者，獨一逋租耳。

又十年，"春，正月，劍南西山羌、蠻二萬餘戶來降。詔加韋皋押近界羌、蠻及西山八國使。"十一年，"九月丁巳，加韋皋雲南安撫使。"案《舊唐書·本紀》，韋皋統押近界諸蠻及西山八國、雲南安撫使名，首見於貞元十一年九月，新舊《唐書·韋皋傳》，皆與之同。觀《通鑑》此條及《舊唐書·東女傳》，乃知使名之加，非一時事。所謂近界羌、蠻者，指黏 信、龍諾言之，西山八國，自指女、哥隣、白狗、逋租、南水、弱水、悉董、清遠、咄霸九國中之八。至雲南安撫，則因南詔之來服而加。新舊《唐書·皋傳》，皆并叙其招撫西山諸國及南詔之功，故不加分別而總書之。《舊唐書·本紀》不書十年正月加皋使名之事，則自係漏略也。八國，《通鑑》十年胡《注》云："即前女王、哥隣等。弱水最弱小，不得豫八國數。"未知何據。《舊唐書·東女傳》云："弱水王，即國初女國之弱水部落。"案《隋書·附國傳》云："有嘉良夷，即其東部，所居種姓自相率領，土俗與附國同。附國有二萬餘家，政令自王出。嘉良夷政令繫之酋帥。"似嘉良夷雖不純臣於附，仍有等級之分。弱水之於女國亦然，故九國同來，授官獨不之及，而統押之使，亦不之齒，若古附庸之不達於天子歟？胡氏讀書極博，其語必有所據，惜乎其言之不詳也。

原刊一九四九年三月六日《東南日報》

〔六五一〕　女　國

　　唐時女國，人皆知其有二，而不知其實有三焉。蓋今後藏地方有一女國，四川西境，又有一女王，新舊《唐書》之《東女傳》，皆誤合爲一也。

　　《女國列傳》，始於《隋書》，云在葱嶺之南。又其《于闐傳》云“南去女國三千里”。《北史》皆同。《大唐西域記》：東女，在婆羅吸摩補羅北大雪山中，東接土蕃，北接于闐，西接三波訶多。其地明在今後藏。《舊唐書・東女傳》云：“東與茂州、党項接，東南與雅州接，界隔羅女蠻及白狼夷。”則在今四川西境矣。《魏書・吐谷渾傳》云：“北有乙弗勿敵國，北又有阿蘭國，北又有女王國，以女爲主，疑當作王。人所不至，其傳云然。”謂吐谷渾北有女王，説殊可惑。今觀《北史》，乃云：“吐谷渾北有乙弗勿敵國。白蘭山西北有可蘭國。白蘭西南二千五百里，隔大嶺，又度四十里海，有女王國，人庶萬餘落，風俗土著，宜桑麻，熟五穀，以女爲王，故因號焉。譯使不至，其傳云然。”則《魏書》文爲奪誤，女王實在白蘭之西南，不在吐谷渾之北也。去白蘭二千五百里，道里雖若甚遥，然傳聞之辭，不必審諦，亦且山行里數，當較平地爲長，則此女王亦即《舊唐書》所云鄰於茂、雅之女國也。此國土著宜桑麻，熟五穀。而《隋書・女國傳》云：“氣候多寒，以射獵爲業。”亦顯見其非一國。《新唐書・東女傳》云：“東與吐蕃、党項、茂州接，西屬三波訶，北距于闐，東南屬雅州羅女蠻、白狼夷。”揉兩説而爲一，而不悟其地之相去數千里也，亦可笑矣。

　　然誤合二説爲一者，不自《新唐書》始也。《舊唐書・東女傳》云：“其王所居，名康延川，中有弱水南流，用牛皮爲船以渡。”《新唐書》略同，而於居康延川下，增入“岩險四繚”四字。康延川當係川名。女國區内既有康延川，又有弱水，尚安得岩險四繚？貞元中内附之西山諸國，在今四川西境無疑，而《舊唐書》述其地云：“弱水王即國初女國之弱水部落，其悉董國在弱水西，故亦謂之弱水西悉董王。”可知弱水在四川西境。《隋書・西域傳》云“附國者，蜀郡西北二千餘里。有嘉良夷，即其東部。嘉良有水，闊六七十丈，附國有水，闊百餘丈，并南流，用皮爲舟而濟。附國南有薄緣夷。西有女國。”《新唐書・南蠻傳》略同。《隋書》下文又云：“其東北，連山綿亘數千里，接於党項，往往有羌。”此即《舊唐書》所云女國東與党項接者，此女國實與附國、嘉良夷同在四川西境，其所濱之水，蓋即大渡河之上游及其支流。康延川則疑在後藏，乃葱嶺南之女國所濱。《舊唐書》誤合爲一，而《新唐書》又誤承之也。《西域記》謂

“東女之地，東西長，南北狹”，而《舊唐書》謂“其境東西九日行，南北二十日行”。《新唐書》同。此亦明非一說，以其顯然違異，故兩書皆未兼採耳。

《隋書·女國傳》云：“出鍮石、朱砂、麝香、犛牛、駿馬、蜀馬，尤多鹽，恒將鹽向天竺興販，其利數倍。亦數與天竺及党項戰爭。”此數語亦誤合兩女國之事爲一。葱嶺南所出之馬，必不得謂之蜀馬，將鹽向天竺興販，與天竺戰爭，必葱嶺南之國而後能之；與党項戰爭，則又非葱嶺南之國所能爲也。

《隋書·女國傳》不言其種族，《舊唐書·東女傳》云“西羌之別種”，《西域記》則稱爲蘇伐剌拏瞿呾邏，云“唐言金氏，出上黃金，故以名焉”。此亦二說。《新唐書》云：“東女，亦曰蘇伐剌拏瞿呾羅，羌別種也。”又强合爲一矣。《隋書·女國傳》，謂其“俗事阿脩羅神”，《舊唐書》云“文字同於天竺”，《新唐書》云“風俗大抵與天竺同”，皆可見其爲天竺族類。《隋書》云：“男女皆以彩色塗面，一日之中，或數度變改之，人皆被髮。”《新唐書》云：“被髮，以青塗面。”被髮固羌俗，然非羌所獨有，塗面則惟吐蕃爲然，川康間不聞有是，亦可見其國在吐蕃之表。《隋書》云：“其俗貴婦人，輕丈夫，而性不妬忌。”《舊唐書》云：“俗重婦人而輕丈夫。”《新唐書》云：“俗輕男子，女貴者咸有侍男。”可見其爲藏地一妻多夫之族。此俗印度亦有之。若羌人，則父没妻後母，兄亡納釐嫂，《後漢書·西羌傳》。正與之相反矣。

諸史所記女國與中國交涉，亦多可疑者，今更一檢覈之。《隋書·女國傳》云：“開皇六年，遣使朝貢，其後遂絶。”此傳所述法俗，雖或出於西山女國，究以葱嶺南女國之事爲多，此年之使誠難謂非來自葱嶺。然《舊唐書·東女傳》云：“隋大業中，蜀王秀遣使招之，拒而不受。”秀在仁壽二年，即見幽繋，煬帝即位，禁錮如初，大業中安得通使域外？然此語亦不得全虛，蓋當其在蜀之時，曾有遣使之事也。秀雖侈，所遣之使，未必能至葱嶺之南，則所招者必西山之女國矣。《舊唐書》又云：“武德中，女王湯滂氏始遣使貢方物，高祖厚資而遣之。還至隴右，會突厥入寇，被掠於虜廷。及頡利平，其使復來入朝，太宗送令反國，并降璽書慰撫之。”《新唐書》云：“武德時，王湯滂氏始遣使入貢，高祖厚報，爲突厥所掠，不得通。貞觀中，使復至，太宗璽制慰撫。”據《舊唐書》之文，似其使爲突厥所羈，頡利平乃脱身復來者；如《新唐書》之文，則似貞觀中來者，別爲一使矣，未知其究如何也。《新唐書》又云：“顯慶初，遣使高霸黎文與王子三盧來朝，授右監門中郎將。”此事《舊唐書》不載。而云：“垂拱二年，其王斂臂遣大臣湯劍左來朝，仍請官號。則天册拜斂臂爲左玉鈐衛員外將軍，仍以瑞錦製蕃服以賜之。”《新唐書》亦載此事，而略其年。但云：“其王斂臂，使大臣來請官號，武后册拜斂臂左玉鈐衛員外將軍，賜瑞錦服。"不知傳寫奪落邪？抑子京疏之也？《舊唐書》又云："天授三年，其王俄琰兒來朝。萬歲通天元年，遣使來朝。開元二十九年十二月，其王趙曳夫遣子獻方物。天寶元年，命有司宴於曲江，令宰臣已下同宴，又封曳夫爲歸昌王，授左金吾衛大將軍，賜其子帛八十匹，放還。"《新唐書》無萬歲通天時遣使之事，於天授、開元間事亦簡略言之，云："天授、開元間，王及子再來朝，詔與宰相宴曲江，封曳夫爲歸昌王、左金吾衛大將軍。"既失俄琰兒之名，又略趙曳夫之姓。西南夷落大長，頗多漢人，就唐時言之，如東謝、西趙、東西爨等皆是。趙亦未必非漢姓，不能如尋常行文，於夷狄之名，但截取其末兩字。且尋常截取末兩字者，初亦必見其全名也。且此兩役，皆王與子偕來乎？抑各一來乎？亦覺游移不定。如此而自詡其"文省事增"，誠不如毋省之爲愈矣。尤可疑者，《舊唐書》下文云"後復以男子爲王"，《新唐書》則云"後乃以男子爲王"。先未云以男子爲王，亦得言復？《舊唐書》用字，似不如《新唐書》之審。然此文果出自爲，似不應誤繆至此。竊疑實因沿襲舊文而誤，或此國曾以男子爲王，而史佚其事，或舊史實未佚奪，而撰《舊唐書》者採摭未周，致其事不可見，而於此"復"字又未及改，遂令讀者滋疑也。此國在武德、顯慶、垂拱、通天、開元中，皆僅遣使朝貢，獨天授則其王自來。女王固未必皆不出門，然其於跋涉，究較男子爲遜，則或武德、顯慶、垂拱、通天、開元時皆女王在位，獨俄琰兒則爲男王邪？此說誠近鑿空，然《舊唐書》之"復"字，非出自爲，則理有可信，仍之雖傷麤率，猶使人有隙可尋；《新唐書》奮筆改之，則無復形跡可見矣。此等處理宜矜愼，而其輕易如是，誠使人不能無惑於文士之不可以脩史也。綜觀開元以前此國與中國之交涉，惟隋開皇之使，不敢斷其來自何國，其在唐世，則龍朔而後，蕃氛業已甚惡，葱嶺以南之國，焉得數來？垂拱後來者，必爲西山之國可知矣。貞元中來附者，其在西山，更無疑義，而垂拱所遣大臣名湯劍左，貞元時之王名湯立悉，亦作立志，參看西山八國條。則湯似其國中大族，湯滂氏或亦西山女王。若湯滂氏果爲西山女王，則貞觀、顯慶中來者，亦必非葱嶺南國矣。河源以西諸國，與中國本少往來。吐蕃初境，實在青海西南，而自隋以前，尚且絕無聞知，《新唐書·高祖本紀》，武德六年四月己酉，吐蕃寇芳州，爲吐蕃見於史籍之始。況其爲天竺北境大雪山中之國？諸史取材，皆欠精審，難保其知有葱嶺南之女國，不加考覈，而遽以西山女國之事附之。然則開皇六年之使，是否出於葱嶺南之女國；葱嶺南之女國，究曾通於中國與否，均可疑也。惟是時葱嶺之南，確有一女國，而中國亦知有是國，則無可疑耳。吐蕃强盛之後，能出兵以陷四鎮，殘勃律，貞元中又大出兵以御大食，則今後藏之地，必悉爲所控製，此女國之存亡，又不可知矣。

《新唐書·南詔傳》，異牟尋遺皋書述吐蕃之暴，有云："西山女王，見奪其位。"此女王卽貞元九年與哥隣諸國俱內附，稱爲西山八國者也。《通鑑》是年胡《注》云："西山卽雪山，今威州保寧縣有雪山，連乳川白狗嶺，有九峯，積雪春夏不消。白狗嶺與雪山相連。威州，唐之維州也。"此說甚審，但祇以之注哥隣等國，而其注女王，則仍沿《新唐書》之誤。蓋昔人於域外地理，多不詳知，故以身之之精博，而不能無此失也。參看西山八國條。

《舊唐書·東女傳》云："以西海中復有女國，故稱東女焉。"其說是也。《新唐書》云："西海亦有女自王，故稱東別之。"則似是而非矣。西女，見《新唐書·西域傳》。《傳》述波剌斯事竟，乃云："西北距拂菻，西南際海島，有西女種，皆女子，多珍貨，附拂菻，拂菻君長歲遣男子配焉。俗產男不舉。"此文亦本《西域記》，《記》云："拂懍西南海島有西女國。"則此文"拂菻"二字當重，今不重，則西女在波剌斯西南，不在拂菻西南矣。不知傳寫奪落邪？抑又子京之疏也？今卽不論此，而波剌斯卽波斯。《新唐書》既有《波斯傳》，波剌斯事，卽不應錯出於此。卽謂無傷，亦應說明其爲一國，而又不然，此則子京之疏，無可解免者矣。今更勿論此。而西女之稱女國，實非由其有女自王。《三國志·沃沮傳》云：王頎別遣追討句驪王宮，窮其東界，問其耆老：海東復有人不？耆老言：有一國亦在海中，純女無男。《後漢書·沃沮傳》亦載此事。又云："或傳其國有神井，闚之輒生子云。"此說自不足信，而其俗與唐時之西女，則可云無獨有偶。國不論文野，以女子爲王者皆不乏，以國家原於氏族，女子本可爲氏族之長也。若產男不舉，致國中純女無男，有待它國之君，歲遣男子配合，則實爲異俗。唐時之西女，以此而得女國之名，其事固不容抹殺。今云以有女自王，而稱女國，則杜撰史實矣。特製新文，以易舊語，而徒使史事失真，不亦心勞日絀乎？此又見文士之不可以脩史也。

原刊一九四九年二月二十七日《東南日報》

〔六五二〕　高麗無私田

《宋史·高麗傳》曰："百官以米爲奉，皆給田，納禄半給，死乃拘之。國無私田，民計口授業。十六以上則充軍，六軍三衛常留官府，三歲以選戍西北，半歲而更。有警則執兵，任事則服勞，事已，復歸農畝。王亦有分地，以供私用。王母、妃主、世子，皆受湯沐田。"此制殊近於古，然未聞高麗之民，視中國爲康樂者？其取之，未必輕於中國之私租也。封建之世，民所苦者在官稅；郡縣之世，民所苦者爲私租。中國人習於統一之旣久，以爲無私租而僅有官稅者，其官稅亦如漢以後私租之輕；卽少重，亦不過變三十稅一爲什一而已，而惡知其大不然也。以私租爲官稅者，爲宋末之公田，明初江、浙之重賦。其虐取，尚未如封建之世暴君之烈也，而民已不堪矣。

〔六五三〕　新羅擊走鞨鞨海寇

《舊唐書・渤海傳》：開元二十年，其王大武藝“遣其將張文休率海賊攻登州，當奪殺字。刺史韋俊。詔遣門藝往幽州徵兵以討之。仍令太僕員外卿金思蘭往新羅發兵以攻其南境。屬山阻寒凍，雪深丈餘，兵士死者過半，竟無功而還”。《新唐書》略同。《舊唐書・新羅傳》云：開元二十一年，“渤海鞨鞨越海入寇登州，渤海之寇登州，新舊《唐書・本紀》在開元二十年九月，而《舊唐書》傳在二十一年者，蓋遣門藝、金思蘭在是年，故傳追書之。時興光族人金思蘭先因入朝留京師，拜爲太僕員外卿，至是遣歸國，發兵以討鞨鞨；仍加授興光爲開府儀同三司、寧海軍使。”徒使興光出兵以攻渤海南境，不必有寧海軍使之授。《新唐書・新羅傳》云：“渤海鞨鞨掠登州，興光擊走之。帝進興光寧海軍大使，使攻鞨鞨。”則興光當受命攻渤海南境之前，實已在海道擊走渤海矣。《新唐書》言新羅有張保皐、鄭年者，“自其國皆來爲武寧軍小將。後保皐歸新羅，謁其王曰：徧中國以新羅人爲奴婢，願得鎮清海，使賊不得掠人西去。清海，海路之要也。王與保皐萬人守之。自大和後，海上無鬻新羅人者。”可見是時中國與新羅間海路往來之亟，張文休所率海賊，未必非此等販賣人口之徒也。

〔六五四〕　禁僧道買田以其田贍學

僧道世皆訾其不耕而食，不織而衣，然士非不耕而食，不織而衣者乎？若曰僧道無益於世，而士爲世所不可少，則亦士之言而已矣。惡能使僧道共信乎？以吾觀之，士之毒天下，且有甚於僧道者矣。然此別是一說。以尋常通工易事之道論，僧道固不耕而食，不織而衣，而又無以爲貿者也。免死猶可而自豐殖乎？禁其買田也固宜。

宋初嘗禁僧道買田。真宗崩，内遣中人持金賜玉泉山僧寺市田，言爲先帝植福，後毋以爲例。由是寺觀稍益市田，而其法乃壞，見《宋史・食貨志》。

《元史·泰定帝紀》：泰定四年九月，禁僧道買民田，違者坐罪，没其直。《明史·虞謙傳》：“建文中，請限僧道田，人無過十畝，餘以均給平民，從之。”永樂_{罷。}亦宋初之志也。《宋史·高宗紀》：紹興二十一年九月，“藉寺觀絶産以贍學。”《食貨志》云：“以大理寺主簿丁仲京言，凡學田爲勢家侵佃者，命提學官覺察。又命撥僧寺常住絶産以贍學，户部議，并撥無敕額庵院田。詔可。”此以常理論，自亦是化無用爲有用也。

〔六五五〕　元仁宗重視國學

元仁宗頗重視國學。《本紀》：至大四年，四月，敕：“國子監師儒之職，有才德者不拘品級，雖布衣亦選用。”閏七月，詔諭省臣曰：“國子學，世祖皇帝深所注意。如平章不忽木等，皆蒙古人，而教以成才。朕今親定國子生額爲三百人，仍增陪堂生二十人。通一經者，以次補伴讀。著爲定式。”先是二月，命李孟領國子監學。十二月，命孟整飭國子監學。其後又命張珪、_{皇慶二年二月。}許思敬、_{六月。}趙世延_{延祐元年二月。}綱領國子學。延祐二年，八月，增國子生百員，歲貢伴讀四員。其於國學，可謂惓惓焉矣。案元自真金，即建學宫中，命王恂教近侍子弟。恂卒，劉因繼之。_{見《因傳》。}成宗大德八年，二月，增置國子生二百員，選宿衛大臣子孫充之。武宗至大二年，十一月，尚書省臣言：“比年衛士大濫，率多無賴。請充衛士者必廷見乃聽。”從之。又擇衛士子弟充國子學生。_{皆見《本紀》。}蓋元本族人多獷悍，而又倚爲心腹，不肯不用，乃思以是柔之，即仁宗之用意，亦不外此也。然其效必微矣。

〔六五六〕　明初國子生

明初待國子生之厚，可謂曠古無倫，然其督之亦極嚴。《明史·選舉志》云：“監丞置集愆簿，有不遵者書之。再三犯者決責，四犯者至發遣安置。”然《宋訥傳》云：“訥既卒，帝思之。誡諸生守訥學規。違者罪至死。”則有不止於發遣、安置者矣。《志》又云：“省親、畢姻回籍限期，以道里遠近爲差，違限者謫選遠方典史，有罰充吏者。”然《胡儼傳》云：“永樂二年，九月，拜國子祭酒。時用法嚴峻，國子生託事告歸者坐戍邊。儼至，即奏除之。”則又有不止於謫選及罰充吏者矣。不徒督學生嚴也，即於教官亦然。《選舉志》云：“太祖時，教官考滿，兼覈其歲貢生員之數。後以歲貢爲學校常例，府、州、縣學各一人。

翰林考試，不中者遣還，提調教官罰停廩禄。”“洪武二十六年，定學官考課法，專以科舉爲殿最。九年任滿，核其中式舉人，府九人，州六人，縣三人者爲最。其教官又考通經，即與升遷。舉人少者爲平等，即考通經亦不遷。舉人至少及全無者爲殿，又考不通經，則黜降。”然《姦臣傳》云：陳瑛，“成祖北巡，皇太子監國。有學官坐事謫充太學膳夫者，皇太子令法司與改役，瑛格不行。”則亦有不止於黜降者矣。法令貴乎能行，徒法不行，猶無法也。考試無至公之理；學生天資及境遇，亦萬有不齊；以其得舉之多寡，定教官之殿最，自窒礙而難行，故其後此法遂廢。至於教官之學問，亦應有進而無退，則於理極明。故至清季，學使按臨，教官仍須考試。然以吾所見，則教官倩不知誰何之人，自作自無不可，然學使按臨，教官多忙碌，故假倩者多。作文一篇投之，學使則依縣分之先後，以定其名次而已。如吾郡八縣，武進第一，陽湖第二，無錫第三，金匱第四，宜興第五，荊溪第六，江陰第七，靖江第八，教官名次之先後，亦恒如之。行法如此，真堪一嘵。

　　明於國子生，任之亦極重。洪武二十六年，盡擢監生劉政、龍鐔等六十四人爲行省布政、按察兩使，及參政、參議、副使、僉事等官。其爲四方大吏者無算。臺諫之選，亦出於太學。其常調者，乃爲府州縣六品以下官。亦見《選舉志》。其時士之能自效者亦不少。魚鱗圖册，爲明、清兩代賦役之法所依，迄民國猶沿之，即國子生武淳等所定也。事在洪武二十年，見《明史·食貨志》及《古朴》、《吕震傳》。又洪武十年，户部奏天下稅課司局征商不如額者百七八十處，遣中官、國子生及部委官各一人覈實，立爲定額。永樂七年，遣御史、監生於收課處權辦課程。亦見《食貨志》。則於庶政，委任之者多矣。監生之歷事，猶進士之觀政。陸桴亭論用人云：“舊制，舉進士，必分試九卿衙門觀政，每衙門約三十餘人。堂長、司僚，與之朝夕而試之事，會其實以上於天官。天官籍注，以定銓選。隨才授職，職必久任。故洪、永時得人爲盛。今之觀政，則不過隨班作揖而已。名存實亡，可慨也夫！”洪、永時，進士之觀政者如此，監生之歷事者可知。人材多出於其中，亦有由也。《選舉志》又言：“明初優禮師儒，教官擢給事、御史。”此亦非徒優禮，蓋其時之教官，亦多用通知政事者爲之也。

〔六五七〕　郡縣鄉里之學上

　　古時學術之興盛，教化之周浹，人民自爲之乎？抑官府爲之乎？曰：人民自爲之也。往時官府之所爲，多有名而無實。

　　凡事必本大而末小，然後能固。故郡國者，京師之本也；鄉里者，郡國之本也。此義漢人猶知之，至後世則稍湮晦矣。公孫弘之請置博士弟子也，曰"建首善自京師始"。《史記·儒林傳》。不曰建三雍、立大學而治道遂備也。其後漢人之所爲，正是如此，則論者多訾之，讀《漢書·禮樂志》可見。然非漢世法令無令地方興學之事也。《漢書·循吏文翁傳》言："武帝時令天下郡國皆立學校官。"此令爲中國一統後中央令地方立學之始，關係極巨，然他無可考，蓋雖有令而未行，故史家視爲不足重而未之記，而其事亦末由散見於他處也。王莽奏立學官：郡、國曰學，縣、道、邑、侯國曰校，校、學置五經師一人。鄉曰庠，聚曰序，序、庠置《孝經》師一人。《平帝紀》元始三年。其制尤爲美備。然其未之行，更不待言矣。自此以後，法令亦無不令地方立學者。雖喪亂之世，偏安割據之國猶然，而一統之世，清晏之時，更無論矣。《三國志·魏武帝紀》：建安八年，七月，令曰："喪亂已來，十有五年，後生者不見仁義禮讓之風，吾甚傷之。其令郡國各脩文學。縣滿五百戶置校官，選其鄉之俊造而教學之。庶幾先王之道不廢，而有以益於天下。"此喪亂之世，亟圖興學者也。《晉書·石勒載記》：令郡國立學官。每郡置博士、祭酒二人，弟子百五十人。《石季龍載記》：下書令諸郡國立五經博士。《苻堅載記》：廣脩學宮，召郡國學生通一經以上充之。《姚萇載記》：下書令留臺、諸鎮，各置學官。此皆割據之國，於戎馬倥傯之際，猶欲立學者也。《梁書·儒林傳》：天監四年，分遣博士、祭酒到州郡立學。辦理尤爲切實。然亦終於爲法令而已矣。

　　至趙宋以後，而情形乃漸變。蓋自漢武帝置博士弟子，設科射策，勸以官祿，學校久成爲選舉之一途。選舉有登用人才之意者二：一爲學校，一爲科目。以爲世信重論，學校遠非科目之比，然科目亦不能全與學校脱離，故至近世，二者遂互相依倚。其事始於宋慶曆四年，范仲淹令士必在學三百日然後得應試，而成於明世之學校儲材，以待科舉。於是有應科舉之人處，必當有學校，而學校不得不徧設矣。故宋慶曆四年，實爲學校制度變革之一界限。前乎此者，法令有設學之文，而實未嘗設。間有設者，存乎其人，人亡則政息。後乎此者，則逐漸設立，寖至各郡縣皆有學，不過實不事事而已。雖同是有名無實，而其所謂有名無實者，又各有不同也。

　　然則宋以後郡縣之學，究較唐以前爲盛也。此亦民間好學之風氣，有以陰驅而潛率之，非盡官府之力也。《宋史·祖無擇傳》，言其"出知袁州。自慶曆詔天下立學，十年間，其弊徒文具，無命教之實。無擇首建學官，置生徒，郡國絃誦之風，由此始盛"。又《宋綬傳》：子敏求。"嘗建言州郡有學舍而無學官，故士輕去鄉里以求師，請置學官，後頗施行之。"然則慶曆令天下立學，實亦徒有其名也。宋世郡縣之學最著名者，莫如湖學。此自由滕宗諒之好興學，胡瑗之善教，與政令何涉哉？書院在宋世，風起雲涌，官立者固多，私立者尤衆。即以官立者論，官何不興學校而必立書院？毋亦以學校爲官辦之事，拘於法令，難於求功，易於叢弊，書院則爲民間新興之事，辦理易於認真乎？《忠義·尹穀傳》言："潭士以居學肄業爲重，州學生月試積分高等，升湘西嶽麓書院生，又積分高等，升嶽麓精舍生，潭人號爲三學生。兵興時，三學生聚居州學，猶不廢業。穀死，諸生數百人往哭之。城破，多感激死義者。"此其向學之精勤，臨變之鎮定，民族之正氣存焉，豈徒官禄所能勸哉？《金史·胡礪傳》言：定州學校"爲河朔冠。士子聚居者，常以百數"。此等亦必有其由，特史未詳言耳。

《元史·選舉志》：至元二十八年，"令江南諸路學及各縣學内設立小學，選老成之士教之。或自願招師，或自受家學於父兄者，亦從其便。其他先儒過化之地，名賢經行之所，與好事之家出錢粟贍學者，并立爲書院。"此就當時民間之情形而整齊之者也。看似規畫精密，實則官一無所爲也。其爲官所當爲者，亦一無所就。《明史·選舉志》云："郡縣之學，與太學相維，創立自唐始。宋置諸路州學官，元頗因之，其法皆未具。迄明，天下府、州、縣、衛所，皆建儒學，教官四千二百餘員，弟子無算。教養之法備矣。洪武二年，太祖初建國學，諭中書省臣曰：學校之教，至元，其弊極矣。上下之間，波頹風靡，學校雖設，名存實亡。兵變以來，人習戰爭，惟知干戈，莫識俎豆。朕惟治國以教化爲先，教化以學校爲本。京師雖有太學，而天下學校未興。宜令郡縣皆立學校，延師儒，授生徒，講論聖道。使人日漸月化，以復先王之舊。於是大建學校，府設教授，州設學正，縣設教諭，各一。俱設訓導，府四，州三，縣二。生員之數，府學四十人，州縣以次減十。蓋無地而不設之學，無人而不納之教，庠聲序音，重規疊矩，無間於下邑荒徼，山陬海涯。此明代學校之盛，唐、宋以來所不及也。"觀"名存實亡"四字，便可知元代所謂學校者爲何如。然明代學校之盛，如《明史》所言者，恐亦未必不徒以其名也。《葉伯巨傳》：伯巨以洪武九年上書，有曰："廩膳諸生，國家資之以取人才之地也。今四方師生，缺員甚多，縱使具員，守令亦鮮有以禮讓之實，作其成器者。朝廷切切於社學，屢行取勘師生姓名，所習課業。乃今社鎮城郭，或但置立門牌；遠村僻處，則又徒存其名，守令不過具文案、備照刷而已。上官分部按臨，亦但循習故常，依紙上照刷，未嘗巡行點視也。興廢之實，上下視爲虛文。小民不知孝弟忠信爲何物，而禮義廉恥掃地矣。"觀此，知明太祖并未能變元代學校名存實亡之習。以太祖之嚴屬，當立法之初，而猶如此，後世自更不必論。《張昭傳》云：天順三年秋，建安老人賀煬上書論時事，言："今銓授縣令，多年老監生。逮滿九載，年幾七十，苟且貪污。"未幾，又言："朝廷建學立師，將以陶鎔士類。而師儒鮮積學，草野小夫貪緣津要，初解兔園之冊，已廁鶡薦之羣。及受職泮林，猥瑣貪饕，要求百故，而授業解惑，莫措一詞。生徒亦往往玩愒歲月，佻達城闕，待次循資，濫升太學。侵尋老耄，倖博一官。但廑身家之謀，無復功名之念。及今不嚴甄選，人材日陋，士習日非矣。"其言如此，則明除各府州縣皆有學官外，亦何以異於前世哉？

　　然明世學風，雖云頹靡，學中尚頗有人。《明史·魏驥傳》："永樂中，以進士副榜授松江訓導。常夜分攜茗粥勞諸生。諸生感奮，多成就者。"《彭勗傳》："除南雄府教授。學舍後有祠，數見光怪，學官弟子率禱祀，勗撤而焚之。"《陳選傳》："督學南畿。按部常止宿學官，夜巡兩廡，察諸生誦讀。"皆其證也。以吾所見清世之學校，則絕無此事矣。又《明史·列女傳》："吳氏，潞州廩生盧清妻。清授徒自給。後失廩，充掾於汴，憤恥發狂死。"蓋以學不及降等。則明世猶有甄別學生行業之事，清世亦非以他案無黜革矣。教官非無積學者，亦非無師之者，然自是師其人，非以其爲教官也。然則學校之遷流，勢自趨向於有名無實也。其故何哉？往時學術之興盛，教化之周浹，久不繫乎官立之學。官立之學，祗是以利祿誘人；以利祿誘人，其效本不過如此而已。《清史稿·選舉志·學校》云："凡新進生員，如國子監坐監例，令在學肄業，以次期新生入學爲滿。"又云："教官考校之法，有月課、季考。除丁憂、患病、遊學、有事故者，不應月課三次者戒飭，無故終年不應者黜革。試卷申送學政查覆。訖於嘉慶，月課漸不舉行。"然《職官志·國子監》云："在學肄業者爲南學，在外肄業赴學考試者爲北學。"則監生已不盡坐監。月課之舉行，徵諸聞見，亦決非至嘉慶而後廢弛也。

〔六五八〕　郡縣鄉里之學下

　　鄉里之學，又分二級。古者學於其里之校，而升入其鄉之庠序是也。見《古學制》條。後世法令設學，大抵至鄉而止。王莽奏立學官，鄉曰庠，聚曰序，序、庠置《孝經》師一人是已。見上條。《舊唐書·禮儀志》：武德七年，二月，"詔州縣及鄉，并令置學。"《玄宗紀》：開元二十六年，正月，"制天下州縣，每鄉一學。仍擇師資，令其教授。"觀此，知有學者不必皆有人教授。其措施亦與前世同。《通鑑》云："令天下州縣，里別置學。"唐制，百户爲里，五里爲鄉，《舊唐書·食貨志》。如所言，則鄉有五學，近乎何休所云八十家爲里，中里爲校室者矣，亦見《古學制》條。疑其説誤也。然此等法令，皆成具文，究鄉置一學，抑里別置學，亦不足深較也。《元史·世祖紀》：至元二十三年，大司農司上諸路學校，凡二萬一百六十所。二十五年，二萬四千四百餘。二十八年，二萬一千三百餘。其數之多如此，必兼鄉以下學言之。其名存實亡，已見上條。明世設學，最稱普徧。洪武八年，正月，"詔天下立社學。"《本紀》。史所載，盡力於此者，亦有數人。《明史·楊繼宗傳》：成化初，擢嘉興知府，大興社學。民間子弟八歲不就學者，罰其父兄。《循吏傳》：方克勤，爲濟寧知府，立社學數百區。馬紹恩，知紹興府，廣設社學。《文苑傳》：張弼，遷南安知府，毀淫祠百數十區，建爲社學。然實鳳毛麟角而已。

官府之所爲，既不足恃，則人民不得不自謀。受教最易者，自爲父兄。元至元二十八年令所謂自受家學於父兄者也。見上條。然父兄不能皆有學，則不得不別求師。於是有以此爲業者。《漢書·藝文志》所云閭里書師，《三國志·邴原傳注》引《原別傳》所云原鄰舍之師，《元史·列女傳》所述之王德政皆是也。皆見《束脩》條。《元史·忠義傳》：王佐，"從父居上都，教授里巷。"此蓋在城市。《孝友傳》：王思聰，"素力田，農隙則教授諸生，得束脩以養親。"此則在鄉村矣。《隋書·李密傳》言：楊玄感敗，密詣淮陽，舍於村中，變姓名爲劉智遠，聚徒教授。密是時必不敢居通衢大道。《宋史·馬仁瑀傳》："十餘歲時，其父令就學，輒逃歸。又遣於鄉校習《孝經》，旬餘不識一字。博士笞之。仁瑀夜中獨往焚學堂，博士僅以身免。"亦必人煙寥落，乃可爲所欲爲。《元史·崔敬傳》："出僉山北廉訪司事，按部全寧。獄有李秀，以坐造僞鈔連數十人，而皆與秀不相識，敬疑而讞之。秀曰：吾以訓童子爲業，居村落間，有司至秀舍，謂秀爲僞造鈔者，捶楚之下，不敢不誣服耳。"蓋亦以所居僻左而疑之也。然則雖甚荒僻之地，亦有童子師矣。《金史·隱逸傳》：薛繼先，"隱居洛西山中，課童子讀書。"則山陬亦有之矣。《明史·劉顯傳》："南昌人，生而膂力絕倫，稍通文義。家貧落魄，間行入蜀，爲童子師。"又可見求之者衆，故雖羈旅之士，亦可以此自業也。此等童子師，蓋與古里校之教相當。稍進則爲鄉校，與古庠序相當，其所教亦有進焉。馬仁瑀之師，能教《孝經》，已可與邴原之師伴，而非閭里書師僅教識字者比。《宋史·安燾傳》："年十一，從學里中，羞與羣兒伍，聞有老先生聚徒，往師之。先生曰：汝方爲誦數之學，未可從吾遊，當羣試省題一詩，中選乃置汝。燾無難色。詩成，出諸生上，由是知名。"《元史·儒學傳》：戴表元，"從里師習詞賦，輒棄不肯爲。"事在宋世。此所教者，皆當時應試之事。《五代史·劉岳傳》：岳以遺下《兔園册》誚馮道，道大怒。歐公云："《兔園册》者，鄉校俚儒教田夫牧子之所誦。"實亦應試者所誦習之書也。《宋史·陳襄傳》："福州侯官人。少孤，能自立。出遊鄉校，與陳烈、周希孟、鄭穆爲友。時學者沈溺於雕琢之文，所謂知天盡性之說，皆指爲迂闊而莫之講。四人者始相與唱道於海濱，聞者皆笑以驚，守之不爲變，卒從而化，謂之四先生。"則又超出於爲應試之學之上者矣。《陳書·儒林傳》：顧越，吴郡鹽官人，"所居新坡黄岡，世有鄉校。由是顧氏多儒學。"《齊書·高逸傳》：顧歡，"鄉中有學舍，歡貧，無以受業，於舍壁後倚聽，無遺忘者。"歡亦鹽官人也。《唐書·陳子昂傳》："六世祖大樂，當齊時，兄弟競豪傑，梁武帝命爲郡司馬。父元敬，世高貲，歲饑，出粟萬石振鄉里。子昂年十八，未知書，以富家子，尚氣決，弋博自如。"此蓋最難施教者。而"他日入鄉校，感悔，即痛修飭"。《舊五代史·烏震傳》，言其"少孤，自勤於鄉校"。《金史·赤盞暉傳》，亦言其"少遊鄉校"。《元史·吴澄傳》云："九歲，從羣子弟試鄉校，每中前列。"則鄉校所造就者頗多。《舊唐書·白居易傳》：居易與元稹書曰："自長安抵江西，三四千里，凡鄉校、佛寺、逆旅、行舟之中，往往有題僕詩者。"三四千里間，往往碁置，其教之被於社會者，亦可謂廣矣。《舊唐書·苗晉卿傳》，言其"歸鄉里，出俸錢二萬爲鄉學本"。《明史·楊恒傳》：言其外族方氏，建義塾，館四方遊學士。詳見《束脩》條。則惓惓於此者頗多。蓋有由也。

有力者延師於家，以教其子弟，亦歷代有之。《宋史·歐陽守道傳》："少孤貧，無師，自力於學。里人聘爲子弟師。"《楊棪傳》："少能詞賦。里陳氏館之教子。"《馬廷鸞傳》："甘貧力學。既冠，里人聘爲童子師。"《余天錫傳》："史彌遠延爲子弟師。"《元史·孔思晦傳》："遠近爭聘爲子弟師。"《儒學·宇文公諒傳》："弱冠有操行。嘉興富民延爲子弟師。"皆是。此事爲古之所無。《漢書·孫寶傳》："以明經爲郡吏。御史大夫張忠辟寶爲屬，欲令授子經，更爲除舍，設儲偫。寶自劾去，忠固還之，心内不平。後署寶主簿。寶徙入舍，祭竈，請比鄰。忠陰察，怪之，使所親問寶：前大夫爲君設除大舍，子自劾去者，欲爲高節也。今兩府高士，俗不爲主簿，子既爲之，徙舍甚説，何前後不相副也？寶曰：高士不爲主簿，而大夫君以寶爲可，一府莫言非，士安得獨自高？前日君男欲學文，而移寶自近。禮有來學，義無往教；道不可詘，身詘何妨？且不遭者可無不爲，況主簿乎？忠聞之甚慙。"蓋古所謂外傅等，實皆家臣，從師自別是一事，故其説如此也。《明史·儒林傳》：周蕙，"爲臨洮衛卒。吴瑾鎮陝西，欲聘爲子師，固辭不赴。或問之，蕙曰：吾軍士也，召役則可。若以爲師，師豈可召哉？瑾躬送二子於其家，蕙始納贄焉。"與孫寶可謂異世同揆。生今反古，固不易爲。然《宋史·危稹傳》言其"遷諸王宮教授。稹謂以教名官，而實未嘗教，請改創宗子學，立課試法如兩學。從之"。蓋共學尚有切磋之益，獨學則無之也。然則延師於家，不徒非禮，亦無益於其子弟矣。

私家設塾，亦有不徒自教其子弟者。《元史·儒學·張翌傳》：“中州士大夫，欲淑子弟以朱子《四書》者，皆遣從翌遊，或開私塾迎之。”此私塾之所教，必非一家之子弟矣。又《史天倪傳》：“曾祖倫，少好俠，因築室，發土得金，始饒於財。金末，中原塗炭，乃建家塾，招徠學者，所藏活豪士甚衆，以俠稱於河朔，士族陷爲奴虜者，輒出金贖之。”尤可見家塾聚徒之衆也。

《元史·列女傳》：“馮氏，名淑安，字靜君，大名宦家女，山陰縣尹山東李如忠繼室也。如忠初娶蒙古氏，生子任。如忠歿兩月，遺腹生一子，名伏。李氏及蒙古氏之族在北，聞如忠歿於官，家多遺財，相率來山陰。馮氏方病，乘間盡取其貲及子任以去。一室蕭然，惟餘如忠及蒙古氏之枢而已。鬻衣權厝二枢葬山下，攜其子廬墓側。時年始二十二，羸形苦節，爲女師以自給。”則前代民間，已有女師矣。

鄉學二字，尋常皆指下於縣之學而言。中國官治，至縣而止，故縣以上之學，必爲官立，鄉以下之學，則多爲民立矣。然《魏書·高祖紀》：天安元年，九月，“初立鄉學。郡置博士二人，助教二人，學生六十人。”此鄉學二字，實指郡學言之。《景穆十二王傳》：南安王楨之子英，奏言：“謹案學令，諸州郡學生，三年一校。頃以皇都遷構，江、揚未一，故鄉校之訓，弗遑正試，致使薰蕕之質，均誨學廷，蘭蕭之體，等教文肆。”其證也。《隋書·梁彦光傳》，言其爲相州刺史，招致山東大儒，每鄉立學，此鄉學疑又指縣學言之，謂相州屬縣，每縣各立一學也。《宋史·畢士安傳》：“子仲衍，以蔭爲陽翟主簿。張昇，縣人也，方鎮許，請於朝，欲興鄉校，既具材計工，又聽民自以其力輸助。邑子馬宏，以口舌橫閭里，謾謂諸豪曰：張公興學，而縣令乃因以取諸民，由十百而至千萬，未已也，君將不堪。誠捐百金與我，我能止役。豪信其能，予百金。宏即詣府，宣言縣吏盡私爲學之費，又將賦於民。昇果疑焉，敕縣且止，又揭其事於道。令欲上疏辯，仲衍曰：無益也。不如取宏治之，不辯自直矣。會攝縣事，即逮捕驗治，五日，得其姦，言於昇，流宏鄂州，一縣相賀。”此鄉校，亦必郡縣之學也。

〔六五九〕　山　　長

《事物原會》卷八，載乾隆三十年十一月初八日上諭曰：“各省書院，延師訓課，向有山長之稱，名義殊爲未協。既曰書院，則主講席者，自應稱爲院長。著於各督撫奏事之便，傳諭知之。”按書院之主講席者稱爲山長，乃因其緣起本在山中也。名之不隨實變也久矣。事物遷流，不舍晝夜，轉瞬而名實即不盡符。從而更之，可勝改乎？適見弘曆之不通文義也。

　　古人讀書，多在山中，蓋取其静也。《舊唐書·裴休傳》，言其童時與兄儔、弟俅，"同學於濟源別墅。虞人有以鹿贄儔者，儔、俅烹之，召休食。休曰：我等窮生，菜食不充；今日食肉，翼日何繼？無宜改饌。獨不食。"虞人贄鹿，其在山中可知。《新唐書·文苑·蕭穎士傳》：安禄山反，"藏家書於箕、潁間"，而"身走山南"，則藏書者亦於山也。太史公著書，曰藏之名山，則此事由來已舊。亦以山中較安静，難毁損也。聚徒教授者或於山，蓋亦因其讀書之處。讀書者或於僧寺，僧寺亦多在山中也。

〔六六〇〕　兔　園　策

　　《舊五代史·馮道傳》云："工部侍郎任贊，因班退，與同列戲道於後曰：若急行，必遺下《兔園策》。道尋知之，召贊謂曰：《兔園策》皆名儒所集，道能諷之，中朝士子，止看文場秀句，便爲舉業，皆竊取公卿，何淺狹之甚邪？贊大愧焉。"《新史·劉岳傳》云："宰相馮道，世本田家，狀貌質野，朝士多笑其陋。道旦入朝，兵部侍郎任贊與岳在其後。道行數反顧。贊問岳：道反顧何爲？岳曰：遺下《兔園册》耳。《兔園册》者，鄉校俚儒教田夫牧子之所誦也，故岳舉以誚道。道聞之，大怒，徙岳祕書監。"岳時爲吏部侍郎。《困學紀聞》云："《兔園册府》三十卷。唐蔣王惲命僚佐杜嗣先放應科目策，自設問對，引經史爲訓注。惲，太宗子，故用梁王兔園名其書。馮道《兔園策》謂此也。"《宋史·藝文志》亦云："《兔園册府》三十卷，杜嗣先撰。"而晁公武《讀書志》云："《兔園册》十卷，唐虞世南撰。"題名之異，蓋由纂集本非一人，無足爲怪。所可怪者，乃其卷數之不同耳。案晁氏又云："奉王命，纂古今事爲四十八門，皆偶儷之語。至五代時，行於民間。村塾以授學童。故有遺兔園册之誚。"孫光憲《北夢瑣言》云："《兔園策》乃徐、庾文體，非鄙樸之談。但家藏一本，人多賤之。"合觀諸文，知士大夫之取此書，初蓋以供對策之用，後則所重者惟在其儷語，而不在其訓注。蓋有録其辭而删其注者？故其卷帙止三之一。若寫作巾箱本，則并可藏之懷袖間矣。文場秀句，由此作也。村童無意科名，何必誦此等書？然其師何知？但見取科名者皆誦之，則亦以之教其弟子矣。抑爭名者於朝，爭利者於市，朝市之間，風氣之變遷恒速，而在鄉僻之地則遲。古人教學僅識字，多以須識之字，編成韵語，如《急就篇》等皆是。其後覺其所取之字，及其辭之所道者,不盡適用,則或取他書代之,如《三字經》、《千字文》、《百家姓》是也。更後,又覺其不盡適用,都邑之間,乃代以所謂方字,字字而識之,然村塾之中,教《三字經》等如故也。唐、宋取士,皆尚辭華,故其人習於聲病對偶。自元以降,科舉之法已變矣,然村塾之中,仍有以《故事瓊林》、《龍文鞭影》教學僮者,吾小時猶及見之。其書皆爲儷語,而以故實爲注,實新撰之兔園册、文場秀句也。問以誦此何爲? 則亦曰:昔人如是,吾亦如是而已,他無可説也。

原刊《華東師範大學學報》一九五八年
第一期,一九五八年一月十五日出版

〔六六一〕　學　校　經　費

孤寒向學之士,歷代皆有之。漢世事已列專條。其在後世者:如《晉書·隱逸·祈嘉傳》,言其西至敦煌,依學官誦書,嘉,酒泉人。貧無衣食,爲諸生都養以自給;《宋史·王次翁傳》,言其入太學,貧甚,夜持書就旁舍借燈讀之,皆是也。貧者士之常,固無足怪。然國家於士,無所資給可也,有養士之費,而士仍奇貧,則不可解矣。《金史·章宗紀》:泰和元年,更定贍學養士法。生員給民佃官田,人六十畝,歲支粟三十石。國子生人百八畝,歲給以所入,官爲掌其數。曰更定,則前此已有所給。其數雖不爲厚,亦應不至於甚薄。然《雷淵傳》言其庶出,年最幼,諸兄不齒,父歿,不能安於家,乃發憤入太學。衣敝履穿,坐榻無席。自以跣露,恒兀坐讀書,不迎送賓客。其貧至於如此,亦可異矣。吾猶及見清世所謂府、州、縣學者,大體皆有學田,所入亦不甚菲,然多供教官私用,亦如劉禹錫所云釋奠之費,適資三獻官飾衣裳、飴妻子者。《新唐書》本傳。廩生皆有膳費,謂之廩糧,江北猶薄有所給,江南則罔或取之,亦皆入教官之橐也。

郡縣之學,自宋以後,所設日多,其經費,大抵恃學田也。即書院亦然。《元史·世祖紀》:至元二十三年,二月,江南諸路學田昔皆隸官,詔復給本學,以便教養。二十五年,十月,尚書省臣請令集賢院諸司,分道鉤考江南郡學田所入羨餘,貯之集賢院,以給多材藝者。從之。《崔彧傳》:或奏江西詹玉。始以妖術,致位集賢。當桑哥持國,遣其揢核江西學糧,貪酷暴橫,學校大廢。二十七年,正月,復立興文署,掌經籍板及江南學田錢穀。二十九年,正月,詔:"江南州縣學田,歲入聽其自掌。春秋釋奠外,以廩師生及士之無告者。貢士莊田,則令覈數入官。"學田所入,至爲言利之臣所覬覦,其數必不菲矣。明、清二代,設學更多於元,通計天下學田，數必視元倍蓰。然以吾所見，書院經費，亦有不免侵蝕者，而學校無論也。乾隆中，都天下學田萬一千五百八十餘頃。見《清史稿·食貨志·田制》。

〔六六二〕　讀經用演習之法

《東塾讀書記》卷八，引鄉射禮"司馬出於下射之南，還其後，降自西階"云云，曰："如此類者，圍繞交錯，繪圖亦殊不易，或縣蒾習之，乃知之耳。"又曰："阮文達公爲張皋文《儀禮圖》序云：予嘗以爲讀禮者當先爲頌。昔叔孫通爲縣蒾以習儀，他日，亦欲使家塾子弟畫地以肄禮，庶於治經之道，事半而功倍也。澧案畫地之法，澧嘗試爲之，真事半而功倍，恨未得卒業耳。"《注》曰："李璧玲孝廉，名能定，在澧家教家姪等讀書，嘗邀澧及家姪宗元，畫地而習之也。"然則文達所有志者，蘭甫先生已身試之矣。愚案朱子跋《三禮家範》云："《司馬氏書》，案此指《書儀》。讀者見其節文度數之詳，往往未見習行，而已有望風退怯之意；又或見其堂室之廣，給使之多，儀物之盛，而竊自病其力之不足；未有能舉而行之者也。殊不知禮書之文雖多，而身親試之，或不過於頃刻；其物雖博，而亦有所謂不若禮不足而敬有餘者；今乃逆憚其難，以小不備之故而反就於大不備，豈不誤哉？"朱子殆亦嘗身試之乎？

〔六六三〕　爲 外 族 立 學

外族遣人來學，歷代多有之，此於文教覃敷，所關固大。然於境內之蠻夷，即今所謂少數民族者，加以教化，其關係實尤大也。《宋史·神宗紀》：熙寧八年，三月，知河州鮮于師中乞置蕃學，教蕃酋子弟。賜田十頃，歲給錢千緡，增解進士二人。從之。《孝宗紀》：淳熙八年，四月，立郴州宜章、桂陽軍臨武縣學，以教養峒民子弟。《蠻夷傳》："誠、徽州。熙寧時，其酋光僭降，與其子日儼，請建學舍，求名士教子孫。詔潭州長史朴成爲徽、誠等州教授。"此皆爲外族立學者也。《孝宗紀》：淳熙元年，四月，許桂陽軍谿洞子弟入州學聽讀，此則許其入中國之學者也。明時，雲南、四川皆有土官生。《明史·選舉志》。其後宣慰、安撫等土官，俱設儒學。《職官志》。則亦二者俱有。

爲外族立學及許其入學之事，《明史》所載頗多。《雲南土司傳》："永樂元年，楚雄府言：所屬蠻民，不知理義，惟僰種賦性溫良，有讀書識字者。府、州已嘗設學教養，其縣學未設。縣所轄六里，僰人過半。請立學置官訓誨。從之。十五年，順州知州王義言：沾被聖化，三十餘年。聲教所屆，言語漸通。子弟亦有俊秀。請建學教育。從之。十六年，麗江檢校龐文郁言：本府及寶山、巨津、通安、蘭州四州，歸化日久，請建學校。從之。"《廣西土司傳》："正統十二年，思恩府設儒學，置教授一員，訓導四員，從知府岑瑛請也。景泰五年，從瑛請，建廟、學，造祭祀樂器。"皆外族自請設學之事。《四川土司傳》："宣德九年，永寧宣撫奢蘇奏生儒皆土僚，朝廷所授官，言語不通，難以訓誨。永寧監生李源，資厚學通，乞如雲南鶴慶府例，授爲儒學訓導。詔從之。"病教官之言語不通而求易其人，似教學尚非盡虛文也。《四川土司傳》："洪武二十三年，烏撒土知府阿能，烏蒙、芒部土官各遣子弟入監讀書。建昌土官安配遣子僧保等四十二人入監讀書。天全六番招討司：永樂二年，高敬讓來朝，并賀立皇太子，且遣其子虎入國子學。賜虎衣衾等物。十年，敬讓遣子虎貢馬。初虎入國學讀書，以丁母憂去，至是服闋還監。皇太子命禮部賜予如例。播州宣慰使司：洪武二十一年，并所屬宣撫司官各遣其子來朝，請入太學。帝敕國子監官善訓導之。正德二年，使楊斌爲其子相請入學，并得賜冠帶。永寧宣撫司禄照，坐事逮至京，得直，還，卒於途。其子阿聶與弟智皆在太學。遂以庶母奢尾署司事。洪武二十六年，奢尾入朝，請以阿聶襲。從之。"此等皆遣子弟入監之事。《雲南土司傳》："車里軍民宣慰使司刀暹答，永樂四年，遣子刀典入國學，實陰自納質。帝知其隱，賜衣幣，慰諭遣還。"《廣西土司傳》：萬曆初，岑溪有潘積善者，僭號平天王，與六十三山、六山、七山諸傜僮，據山爲寇。居民請剿。會大兵征羅旁，不暇及。總制淩雲翼檄以禍福。積善願歸降輸賦。乃貸其死，且以其子入學。此亦或有羈質之意。《湯沐傳》：附《馬錄傳》。"巡撫貴州，請立土官世籍，絕其爭襲，而令其子弟入學。報可。"此令其入學，亦或爲絕其爭襲之一助。然此等必非本意也。《貴州土司傳》："萬曆二十八年，皮林逆苗吳國佐、石纂太等作亂。國佐本洪州司特洞寨苗。頗知書。嘗入永從學爲生員。"似教學初不能消反側。然《唐冑傳》言："遷廣西提學僉事，令土官及瑶、蠻悉遣子入學。屢遷廣西左布政使。官軍討古田賊，久無功，冑遣使撫之。其魁曰：是前唐使君，令吾子入學者。即解甲。"則究有所謂撫綏之效矣。

〔六六四〕　古代文書簡易

章實齋六經皆史之説，特有鑒於作史之道宜然，藉是以發之而已。且如古者文書簡易，而其時簡策繁重，文書欲不簡易，亦不可得。章氏乃謂周代掌故皆六倍其文而度之諸司,此豈近情理哉?《隋書·劉炫傳》:"弘嘗從容問炫曰:案《周禮》士多而府史少;今令史百倍於前,判官減則不濟,其故何也?炫答曰:古人委任責成,歲終考其殿最,案不重校,文不繁悉,府史之任,掌要目而已。今之文簿,恒慮覆治鍛煉,若其不密,萬里追證,百年舊案,故諺曰:老吏抱案死,古今不同,若此之相懸也。事繁政弊,職此之由。"士多而府史少一語,足破古代文書繁重之惑。

《周書·高昌傳》述其設官,頗爲委曲。而又曰:"其大事決之於王,小事則世子及二公,王子爲之。隨狀斷決,平章録記,事訖即除。籍書之外,無久掌之文案。官人雖有列位,并無曹府,惟每旦集於牙門,平論衆事。"官無曹府,此古之明堂,所以於政事無所不包也。作《周官》者所據之國,固非高昌之比,然謂其能容更繁於後世之文書,得乎?

〔六六五〕　古但以干支紀日

《春在堂隨筆》載清咸豐二年,餘姚客星山出土之三老碑云:"三老諱通,字少父,庚午忌日,祖母失諱,字宗君,癸未忌日。掾諱忽,字子儀,建武十七年,歲在辛丑四月五日辛卯忌日。母諱捐,字□此字俞氏釋文闕,碑爲周清泉世熊所藏,俞氏後得其釋文作謁。君。建武廿八年歲在壬子五月十日甲戌忌日。曲園云:三老生一子而有九孫,此碑乃其第七孫名邯者所立,以識祖父名字,且存忌日。然祖及祖母忌日,有日而無年月,亦疏略矣。"後又云:"余始譏其疏略,既而思之,其於父母,既備載年月日,何於祖父祖母遂疏略如此,此必有故也。竊疑古人以干支紀日,不以初一初二紀日。其家相傳,三老於庚午日死,祖母於癸未日死,相傳既久,忘其年月,民間不知曆術,安能推知其爲某年某月某日乎?於是子孫遇庚午癸未日,則以爲忌日。蓋古人忌日之制,本是如此。試以子卯疾日證之,子卯有二說,鄭司農以爲五行子卯相刑,此不必問其何月也。而賈逵云:桀以乙卯日死,紂以甲子日亡,則有日無月,似不可通,乃鄭康成、何劭公等翕然宗之無異辭者。蓋援忌日之例,止論干支,不問爲某月第幾日。如紂以甲子亡,以三統術推之,爲武王十一年二月五日,至次年二月五日,乃上年紂亡之日,在今人必以此爲疾日矣。古人不然,二月五日不值甲子,即非疾日,而凡遇甲子,即是疾日。一年有六甲子,是有六疾日也。疾日忌日,其例并同。今人但以父母亡日爲忌日,非古矣。"案後說是也,太陽年非古人所知,據天象以紀時,初所知者,則月之晦朔耳。月之運行二十九日餘而一周,此又非古人所知,乃以爲三十日。然其不合，不久即見，乃又捨月之晦朔，而逕以三十日爲紀時之一節，倍之而爲六十日，遂有干支紀時之法。夫以六十日爲一節，則可得六節有奇，古書記人年壽多長，豈其所謂若干歲者，或有若干甲子之傳訛歟？

〔六六六〕　事、物二字通用

事、物二字通用，古書所見甚多，不煩舉證。此語相沿甚久，《通鑑》唐肅宗至德元載，李蕚説顏真卿曰：“昔討默啜，甲兵皆貯清河庫，今有五十餘萬事。”一事即一物，不待解釋也。胡《注》曰：“一物可以給一事，因謂之事。”爲之説，反覺迂曲。

〔六六七〕　讀説文釋例

箓友先生，於説文功力之深，無俟更加稱述。其言曰：“儒者體物，率從書册中得之，不盡可信。”二十卷第二條。今讀此書，實驗之功力頗深，於動植器物等皆然。信乎其體物之功，不限於書册中矣。尤不可及也，援據俗語處亦多，其説緶字云：“吾鄉謂衣小坼對合縫之近似織補者然謂之緶。今語雖沿古義，亦未知正合古人意否。段氏謂緶其邊，則未聞其語，但以同聲之字，意揣説之也。”案緶其邊之語，今尚存於吾鄉，特北方無此語耳。遽斥懋堂先生爲意揣，誣矣。此以見格物之難也。且衣坼而對合縫之，所縫者亦正坼處之邊也。古今南北語意自同，箓友先生偶未之思耳。

〔六六八〕　述旨誤遂因之

清末之端郡王載漪，實當作瑞郡王，而作端者，以誤沿誤也。仁宗子綿忻，封瑞親王，子奕誌襲爲郡王。奕誌無子，載漪以惇親王子爲之後，光緒二十年進封端郡王。《清史稿·諸王傳》云：“循故事宜仍舊號，更爲端者，述旨誤遂因之。”此可謂以別字改正字者矣。

〔六六九〕　瀋陽大東門額應取下保存

瀋陽大東門額，旁署大金崇德某年云云。按清人自號其國曰清以前，實嘗建號曰金,後乃諱之。滿洲二字,明人譯作滿住,乃大酋之稱;非國名,并非部族名也。清人對明人,每曰我滿住云云。明人對清人,亦恒曰汝滿住云云。其後住又作洲,一似地名者,遂訛爲部族之稱。此説見日本稻葉君山《清朝全史》,及近人《心史史料》,而瀋陽大東門額,則其誠證也。予按滿洲部族,古稱肅慎,亦作息慎、稷慎。宋號女真,亦作慮真,朱里真,《大金國志》。及清代稱索倫,皆一音之轉。其部族之名,蓋數千年來,未之有改也。而漢時稱挹婁,南北朝隋唐亦曰靺鞨,或作勿吉。挹婁乃懿路之異譯,義言穴居,蓋分部穴居者之名,非其部族之本號,説見《滿洲源流考》。靺鞨二字,向不得其解,迨讀稻葉氏書及《心史史料》,乃悟此二字,亦滿住異譯。滿族向無國名,對外輒稱大酋,人因誤以其酋長之稱,爲部族之名,固後先一轍也。此段考據,殊有趣味,且此門額,實爲三百年物,允宜取下保存也。

戊帙　通　代

〔六七〇〕 西 王 母 考

西王母古有兩説：一以爲神，一以爲國。然二説仍即一説也。《山海經·西山經》曰："又西三百五十里曰玉山，是西王母所居也。西王母其狀如人，豹尾，虎齒，而善嘯，蓬髮，戴勝。是司天之厲及五殘。"《海内北經》曰："西王母，梯几而戴勝杖。"《郝疏》云："如淳注《漢書》司馬相如《大人賦》引此經無杖字。"其南有三青鳥，爲西王母取食，在昆侖虚北。《大荒西經》云："西海之南，流沙之濱，赤水之後，黑水之前，有大山，名曰昆侖之丘。有神，人面虎身，有文，有尾，皆白，處之。其下有弱水之淵環之。其外有炎火之山，投物輒然。有人戴勝，虎齒，有豹尾，穴處，名曰西王母。此山萬物盡有。"上文又云："西有王母之山。"郝《疏》云："西有當爲有西，《太平御覽》九百二十八引此經作西王母山可證。"此皆以爲神者也。《淮南·覽冥》謂羿請不死之藥於西王母，當即指此。《吴越春秋·越王陰謀外傳》云："立東郊以祭陽，名曰東皇公，立西郊以祭陰，名曰西王母。"《史記·趙世家》："繆王使造父御，西巡狩，見西王母，樂之忘歸。"《索隱》曰："譙周不信此事，而云：予嘗聞之，代俗以東西陰陽所出入，宗其神，謂之王父母，或曰地名，在西域，有何據乎？"此亦以爲神，而其説迥異。《大戴禮記·少間》、《尚書大傳》均言舜之時，西王母獻其白琯。《新唐書》言堯身涉流沙，封獨山，見西王母，《脩政語上》。《論衡》謂禹、益見西王母，《别通》。《爾雅·釋地》，以觚竹、北户、日下、西王母爲四荒。《淮南·墬形》云："西王母在流沙之瀕。"則皆以爲國名矣。古多怪異之談，後世知識稍進，則其所謂神者，怪異之性質較少，哲學之見解漸多，及儒生，乃逕説之以人事。此可見同一名也，而其實迥異，輾轉變遷，遂至判然二物。然謂其説非同原，固不可也。

古所謂西王母之神者，究在今何地與？不可知也。何也？流沙、弱水等，久成繆悠傳説之辭，不易即地理鑿求其所在也。惟以爲在西方，寖假而以爲在極西,則其見解迄未變。《爾雅》遂以爲四荒之一。《淮南王》云:"在流沙之瀕。"流沙,亦古人所以爲極西之地,而實未能確知其所在者也。因西王母之所在,實不可知,而又相沿以爲極西之地,於是凡心所以爲極西之地,即指爲西王母之所在。《史記·大宛列傳》云:"安息長老傳聞條支有弱水西王母而未嘗見。"安息人安知有弱水西王母? 其爲中國人所附會,不言可知。《後漢書·西域傳》云:"大秦,或云其國有弱水、流沙,近西王母所居處,幾於日所入也。《漢書》云從條支西行二百餘日,近日所入,則與今書異矣。"《三國志注》引《魏略·西戎傳》曰:"前世繆以爲條支在大秦西,今其實在東。前世又繆以爲弱水在條支西,今弱水在大秦西。前世又繆以爲從條支西行二百餘日,近日所入,今從大秦西近日所入。"《魏書·西域傳》曰:"大秦西海水之西有河,河西南流。河西有南、北山。山西有赤水,西有白玉山。西有白玉山上,當奪赤水或水字。玉山西有西王母山,玉爲堂云。從安息西界循海曲,亦至大秦,四萬餘里。於彼國觀日月星辰,無異中國,而前史云條支西行百里日入處,失之遠矣。"此古人於舊説所以爲極西之地者,悉推而致之身所以爲極西之地之表之證。日月星辰,天象可徵,故日入處之説易破。弱水西王母等,則身苟有所未至,即無從遽斷爲子虚,而其地遂若長存於西極之表矣。循此以往,所謂西王母者,將愈推而愈西,而因有王莽之矯誣,乃又曳之而東,而致諸今青海之境。《論衡·恢國》篇曰:"孝平元始四年,金城塞外羌獻其魚鹽之地,願内屬。漢遂得西王母石室,因爲西海郡。"此爲西王母東遷之由。《漢志》金城郡臨羌有西王母石室,蓋即孝平時所得。其後《十六國春秋》云:"前涼張駿酒泉太守馬岌上言:酒泉南山,即昆侖之丘也。周穆王見西王母,樂而忘歸,即謂此。有石室、王母堂、珠璣樓、嚴飾焕若神宫。"《史記·秦本紀正義》引。《晉書·沮渠蒙遜載記》曰:"蒙遜襲卑禾虜,卑禾虜率衆迎降。遂循海而西,至鹽池,祀西王母寺。寺中有《玄石神圖》,命其中書侍郎張穆賦焉,銘之於寺前,遂如金山而歸。"《隋書·地理志》:"西海郡,置在古伏俟城,即吐谷渾國都。有西王母石窟、青海、鹽池。"亦皆《漢志》所謂臨羌縣之地。堂與寺等,蓋皆漢立西海郡後之所爲也。閲世既久,西王母之傳説稍衰,適西域者,不復就其所知之表,而指爲西王母之所在;而孝平之世,所指爲西王母之所在者,因其指一石室以實之,且有爲之堂及寺者,其説轉久而不衰,而西王母遂若真在今青海之境矣。《水經·伊水注》:"有七谷水注之。水西出女几山之南七溪山,上有西王母祠。東南流,注於伊水。伊水又東北逕伏流嶺東,嶺上有崑崙祠,民猶祈焉。劉澄之《永初記》稱陸渾縣西有伏流坂者也。今山在縣南崖口北三十里許,西則非也。"案陸渾縣在今河南嵩縣東北。《漢書·哀帝紀》：建平"四年春，大旱，關東民傳行西王母籌，經歷郡國，西入關至京師。民又會聚祠西王母，或夜持火上屋，擊鼓號呼相驚恐"。蓋伊洛之間，漢世猶有西王母遺跡，故譌言由之而起。此雖不敢指爲古所謂西王母之神者所在，然其距古所以爲西王母所在之地，必較近也。

　　建平時之譌言，《天文》、《五行》二志，較《哀帝紀》所叙爲詳。《天文志》云："其四年正月、二月、三月，民相驚動，讙譁奔走，傳行詔籌，祠西王母。又曰：從目人當來。"《五行志》云："建平四年正月，民驚走，持稾或棷一枚，傳相付與，曰行詔籌。道中相過逢，多至千數。或被髮徒踐，或夜折關，或踰牆入，或乘車騎奔馳，以置驛傳行，經歷郡國二十六，至京師。其夏，京師郡國民聚會里巷阡陌，設祭，張博具，歌舞，祠西王母。又傳書曰：母告百姓：佩此書者不死。不信我言，視門樞下當有白髮。至秋止。"案《淮南·墜形》："八紘，西北方曰一目，曰沙所。"一目即從目，沙所即流沙之濱也。被髮者，羌人之俗。《左氏》僖公二十二年，"初，平王之東遷也，辛有適伊川，見被髮而祭於野者，曰：不及百年，此其戎乎？其禮先亡矣。秋，秦、晉遷陸渾之戎於伊川。"辛有之言，固後來所附會，然伊洛之間，有被髮之族，則不誣也。《大荒西經》言其神"人面虎身，有文，有尾，皆白"，而漢時譌言，謂視門樞下當有白髮，其說亦隱相符會。司馬相如《大人賦》曰："低佪陰山翔以紆曲兮，吾乃今日覩西王母。暠然白首戴勝而穴處兮，亦幸有三足烏爲之使。必長生若此而不死兮，雖濟萬世不足以喜。"三足烏與三青鳥，亦當有關係。暠然白首，此譌言之所以以白髮爲效。長生不死，則羿之所以請藥於是也。然則漢世伊洛間之所流傳，固猶與最古之説相近者也。

原刊《説文月刊》第一卷第九期，一九三九年十月出版

〔六七一〕　度 地 居 民

　　《孟子·滕文公》上曰："死徙無出鄉，鄉田同井，出入相友，守望相助，疾病相扶持，則百姓親睦。"大抵古時度地居民，自有定法，過少則其力不足以相澹，過多則人不相狎而其情不親，是非不足憑，人言不足恤矣。古者"鄰有喪，春不相；里有殯，不巷歌。"《禮記·曲禮》。《管子·小匡》曰："卒伍政定於里，軍旅政定於郊，内教既成，令不得遷徙；故卒伍之人，人與人相保，家與家相愛，少相居，長相遊，祭祀相福，死喪相恤，禍福相憂，居處相樂，行作相和，哭泣相

哀；是故夜戰，其聲相聞，足以無亂；晝戰，其目相見，足以相識，歡欣足以相死；是故以守則固，以戰相勝。"《郊特牲》述社祭及君親誓命以習軍旅之制，而繼之曰："以戰則克，以祭則受福"，亦是物也。

　　禮之有節文也，亦其出於自然者也。《雜記》曰："三年之喪，雖功衰不弔，自諸侯達諸士。如有服而將往哭之，則服其服而往。練則弔，既葬大功，弔哭而退，不聽事焉。期之喪未葬，弔於鄉人，哭而退，不聽事焉。功衰弔，待事不執事，小功緦，執事不與於禮。相趨也，出宫而退；相揖也，哀次而退；相問也，既封而退；相見也，反哭而退；朋友，虞祔而退。弔非從主人也，四十者執紼；鄉人，五十者從反哭，四十者待盈坎。"因其身之有故與無故也，老壯也，居之遠近也，而皆異其節；非强爲之也，皆因其情而情又出於自然者也；故曰：禮也者，因人之情而爲之節文，然過重於節文，則情有因之而漓者矣，故曰：禮，與其奢也寧儉，喪，與其易也寧戚。《論語·先進》。要之不忘其本而已矣。故曰："聖人終日行，不離輜重。"《老子》。

　　《潛夫論·浮侈篇》曰："今舉世舍農桑，趨商賈，牛馬車輿填塞道路，游手爲功，充盈都邑。"又曰："今察洛陽，浮末者什於農夫；虛僞游手者什於浮末。天下百郡千縣，市邑萬數，類皆如此。本末何足相供，則民安得不飢寒。"然則古之都邑，罪惡之藪也。符所言都邑之人，或以謀姦合任爲業，或以遊敖博弈爲事，或作泥車、瓦狗、馬騎、倡俳諸戲弄小兒之具以巧詐，婦人則學巫祝，鼓舞事神，以欺誣細民，熒惑百姓；此與後世之情形，有以異乎？無以異也。

　　符言京師貴戚葬者：必欲江南檽梓豫章之木。其致之也，伐之高山，引之窮谷，入海乘淮，逆河溯洛，工匠雕刻，連累日月，會衆而後動，多牛而後致，重且萬斤，功將萬夫，其難也如是，而邊遠下土，猶相競用，致使東至樂浪，西達敦煌，費力傷財於萬里之地。夫權臣貴戚，皆淫侈之徒也。彼千方百計，以取高位厚禄；其取之也，猶御人於國門之外也；不則猶齊人之乞食於墦間也；所甘心者，淫侈而已。而使之舍其所樂，不亦與虎謀皮哉？然以少數人拑制多數人，以非正義之事壓制正義，終非可以持久；公理有必明之日，民權有必達之時，至於爲治者果爲公意，而非復少數人，則淫侈之事，在所必禁矣，至此則都邑墟矣。

　　荀悦論井田：謂土地布列在豪强，卒而革之，并有怨心，則生紛亂，制度難行。若高祖初定天下，光武中興之後，人衆稀少，立之易矣。夫卒而革之，非義有所不可也，而勢有所難行。勢之所不能行，雖聖人無如之何也。勢可行而卒莫之行，則非無識即苟且矣。夫都邑猶井田也，卒而革之，事不可爲也。

然遭大亂之後，立制度，使不得過若干家。浮侈之事，禁不得爲；華靡之物，禁不得用；放古者度地居民之制，使地邑民居，必參相得也，不亦可乎？然豈所語於今之爲政者哉！

齊景公曰：“君不君，臣不臣，父不父，子不子，雖有粟，吾得而食諸？”《論語·顏淵》。衛嗣君曰：“治無小，亂無大，教化喻於民，三百之城，足以爲治。民無廉恥，雖有十左氏，將何以用之？”《戰國策·衛策》。故治國之道，在教化明，法令行，物不足惜也。苟可以明義也，雖完整，猶將毀之，況其已經破敗而勞復建邪？

禁侈非徒以明義也，即以淫侈者之身論，庸獨利乎？董卓之入洛也，洛中貴戚室第相望，金帛財產，家家殷積。卓放縱兵士，突其廬舍，淫略婦女，剽虜資物，謂之“搜牢”。《後漢書》本傳。此即王符之所哀嘆者也。豈徒洛陽，古今繁盛之都邑，其極安有不如此者也？水流必趨於平也，猶財富之必趨於均也。注水於丘陵之上，則必流於四方，若都邑之財，四散而歸於村野，周浹而徧於山林，則人間之海平矣。平，斯安矣。

東漢之末，生民幾於盡矣。是時之握兵者，亦知民不足，則兵不強；兵不強，則終無以自存也。故其少有遠慮者，咸致力於屯墾焉。《三國·魏志·王昶傳》言文帝踐阼，昶爲洛陽典農。時都畿樹木成林，昶斫開荒萊，勤勸百姓，墾田特多。夫自獻帝而遷至於文帝踐阼，亦既三十年矣，而洛陽之荒廢猶如此，然則是時之從事於墾闢者，儼然如臨天造草昧之世也。

度地居民，使地邑民居，必參相得，固無不可就之功矣。《三國·魏志·國淵傳》言：太祖欲廣置屯田，使淵典其事。淵屢陳損益，相土處民，計民置吏，明功課之法。《鄭渾傳》言：太祖征漢中，以渾爲京兆尹，渾以百姓新集，爲制移居之法，使兼復者與單輕者相伍，温信者與孤老爲比。後渾轉爲山陽、魏郡太守，又以郡下百姓，苦乏材木，乃課樹榆爲籬，并益樹五果；榆皆成藩，五果豐實。入魏郡界，村落齊整如一。又《注》引《魏略》言：顏斐後爲京兆太守，令屬縣整阡陌，樹桑果。皆能頗合度地居民之誼也。使執政皆知是誼，大亂之後，民居固可煥然改觀也。然知斯誼者卒寡。且如吾邑自兵亂之後，破壞累累，孰爲新建，孰爲故跡，父老固歷歷能指之也。而新建者之零亂如故，若夫人各有私，不顧大局，豈一日也哉？

〔六七二〕　開國之主必親戎

《晉書·王鑒傳》：鑒勸元帝親征杜弢，《疏》曰：“當五霸之世，將非不良，士非不勇,征伐之役,君必親之,故齊桓免胄於邵陵,晉文擐甲於城濮。昔漢高、光武二帝,征無遠近,敵無大小,必乎振金鼓,身當矢石,櫛風沐雨,壺漿不瞻,馳騖四方,匪皇寧處,然後皇基克構,元勛以融。今大弊之極,劇於曩代,崇替之命,繫我而已。欲使鑾旗無野次之役,聖躬遠風塵之勞,而大功坐就,鑒未見其易也。魏武既定中國,親征柳城,揚旗盧龍之嶺,頓轡重塞之表,非有當時烽燧之虞,蓋一日縱敵,終己之患,雖戎輅蒙嶮,不以爲勞,況急於此者乎? 劉玄德躬登漢山而夏侯之鋒摧,吳僞祖親泝長江而關羽之首懸,袁紹猶豫後機,挫衂三分之勢,劉表卧守其衆,卒亡全楚之地。歷觀古今,撥亂之主,雖聖賢,未有高拱閑居,不勞而濟者也。"其言可謂深切著明。晉元帝、宋高宗皆沈潛有謀,勤於政理,然終僅就偏安之業,且并此亦幾岌岌不可保者,不能駕御武人實爲之。王敦之患,人所共知。然宋高宗而不能替三宣撫司,江東亦未必能自立也。人皆以漢高祖能滅項羽爲有大略,其實不然。高祖之大略,不在於其能滅項羽,而在於項羽滅後,六、七年間,能盡滅同時并起之異姓諸王,何者? 項羽戰績,爲史所艷稱者,不過巨鹿、彭城、垓下三役耳。垓下之戰,乃匹夫之勇,無足稱。鉅鹿一戰,確有摧堅陷陣之能,亦藉楚衆之精銳;吳夫差、越句踐固嘗再用之以振威於北方;雖項燕亦用之大破秦軍於楚垂亡之日矣,非盡羽之能也。彭城之役,則漢自不整耳,蓋漢所用者爲思東歸之士,至此已爲散地,而五諸侯之兵,亦心力不齊,號令不一也。漢高入關,財帛無所取,婦女無所幸,而至此,乃收楚貨寶美人,日置酒高會,此猶項羽去關中時,不能禁其衆無暴掠,屠咸陽,殺子嬰,燒秦宮室,亦非羽之所欲也。漢王以四月敗彭城,五月即收兵屯滎陽,六月又還攻章邯,至八月乃復東出;於斯時也,項羽何難急攻破之,長驅西上,而羽竟不能,是其昧於乘機矣。明年漢三年五月,破滎陽,六月,下成皋,而仍未能深入,徒隔河相持,漢王遂得以其間虜魏豹,下趙、代、破燕、齊,且結彭越以擾楚後。雖黥布,亦觀望形勢而叛楚。是時所事惟漢,非如漢初出時之猶重齊也。漢堅守以老楚師,而藉信、越以攻其後,爲楚計者,宜集全力擊破漢王之軍,深入窮追,直抵二周之郊,而叩函谷之關,使其不復能立,則信、越無與圖功,必也轉而從楚,他諸侯更不必論矣。而羽竟不能然,是不徒無遠略,并野戰亦不足取也,故曰,漢之亡楚,不足爲異也。乃其既滅楚之後,則漢高與諸功臣,君臣之分未定也。秦滅六國,父兄有天下,而子弟爲匹夫,在當時之人視之,實爲變局而非常理,故秦一亡而天下復分,戲下之會,以義帝之空名奉楚懷王,其視之,猶周之天子也,項籍爲西楚霸王,猶東周之桓、文也,特王侯之名異耳,其餘大者爲王,小者爲侯若君,亦六國時之遺法也，當時之人，視此必以爲彝典，謂有一人將如秦皇，盡滅同列，獨有天下，必非意想所及。項羽使人説韓信以三分天下，而信不聽，蒯徹勸之又不聽，史言信自以功高，漢終不奪我齊，此乃附會之談，非其實。當時之人，自以兵力據地而王，豈待他人之與之，既不待人之與之，又何慮人之奪之。尸皇帝之名，遂可任意樹置翦滅侯王，亦豈當時之人意想所及？此項羽亡後，韓信等所由不惜以皇帝之名畀漢王與？幾曾見周之武、成，能任意翦滅齊、楚哉？故漢高之鏟除異姓諸王，非以君替其臣，乃敵國之相滅耳，其能奏功如是之速，則以身恒在行間，赴機疾捷也。且漢高以五年十月滅楚，正月王韓信、彭越、英布、張耳、韓王信，是年九月，即擊虜荼。明年十月，禽韓信，正月，王荆王賈、楚王交，并王喜於代，子肥於齊，而徙韓王信於太原，信請徙治馬邑，許之。七年十月，信反，高祖自將擊之，深入至平城，雖以輕敵致敗，然其果鋭亦甚矣，圍既解，仍擊信餘寇於東垣。十年九月，擊陳豨，自至邯鄲。十一年冬，破之，其年三月，復使掩捕梁王，即以其地王子恢及友，七月黥布反，又自將擊之。十二年十月，破之，王兄子濞於吳。未幾，盧綰反，使樊噲擊之，帝之不親戎者惟此役，蓋其時已疾病矣。綜觀楚滅之後，七年之中，高帝蓋未嘗一日安居也。以當時人心之習於分裂，漢初王室形勢之弱，使帝少濡滯苟安，身没之後，諸侯之合縱締交，圍視而起，豈待問哉？然則天下之克定於其一，其功信不成於滅楚之日，而成於其後之七年中也。而其所以成功，亦實由其馳騖四方，匪皇寧處，鑒之言，可不謂之知言哉？鑒所引證諸王霸之主，事皆易明，獨漢高之成功，少隱曲而難見，故具論之如上。

原刊一九四七年《東南日報》"文史"副刊

〔六七三〕　入中入邊之原

歷代官賣之法，莫善於宋之入中入邊，蓋如是則官可省漕運之煩也。抑供入中入邊之物，皆有獨佔之性質者，非如是，則不賣，則并可以獎勵某種産業矣。明代行中鹽之制，而商屯因之以興，是也。漢通西南夷道，作者數萬人，千里負儋饋糧，率十餘鍾致一石，散幣於邛、僰以集之。數歲，道不通，蠻夷因以數攻，吏發兵誅之。悉巴蜀租賦，不足以更之，乃募豪民田南夷，入粟縣官，而内受錢於都内。此已開宋代入邊之先聲，而其效亦與明代商屯等矣。嘗謂欲殖邊必需資本，國家不易有此大力，商人不肯投資於邊，此一難也。人民真願移徙者，不得官力之輔助；官招募所得，或爲浮浪之人，并不能勤事生産，或且逃歸，此二難也。此二者，若能假手於商人，俱較官辦爲佳。蓋商人重利，自能招致勤事生産之民，且有以部勒之，不至虚費本錢也。所難者，使商人肯投資從事於此耳。今以其必欲得之物交換之，則資本及人力不期而集於邊遠之處矣；國家更能設官管理，使商人不能虐其所顧用之民，則善之善者也。

原刊《中華文史論叢》第一輯，一九八三年二月出版

〔六七四〕　策試之制上

《文獻通考·選舉考》引致堂胡氏之言曰："漢策問賢良，非試之也，延於大殿，天子稱制，訪以理道，其事重矣。"馬氏曰："自孝文策鼂錯之後，賢良方正皆承親策，上親覽而第其優劣；至孝昭年幼未即政，故無親策之事，乃詔有司，問以民所疾苦；然所問者，鹽鐵、均輸、榷酤，皆當時大事。令建議之臣，與之反覆詰難，講究罷行之宜，卒從其説，爲之罷榷酤。然則雖未嘗親奉大對，而其視上下姑相應以義理之浮文者，反爲勝之。國家以科目取士，士以科目進身者，必如此，然後爲有益於人國耳。"案對策與射策不同，射策者，疑其人之不能而試之；對策則以其人爲賢知而問之。《漢書·蕭望之傳注》曰："射策者，謂爲難問疑義書之於策，量其大小，署爲甲乙之科，列而置之，不使彰顯。有欲射者，隨其所取，得而釋之，以知優劣。射之言投射也。對策者，顯問以政事經義，令各對之，而觀其文辭定高下也。"《後漢書·順帝紀》，陽嘉元年《注》引《前書音義》曰："甲科謂作簡策難問，列置案上，任試者意投射，取而答之，謂之射策；上者爲甲，次者爲乙。若録政化得失，顯而問之，謂之對策也。"馬氏又云："漢武帝之於董仲舒也，意有未盡，則再策之，三策之；晉武帝之於摯虞、阮种亦然。"由此也。然至後世，則對策其名者，亦不免射策其實矣。

《晉書·孔坦傳》云："先是，以兵亂之後，務存慰悦，遠方秀孝到，不策試，普加除署。至是，帝申明舊制，皆令試經，有不中科，刺史、太守免官。太興三年，秀孝多不敢行，其有到者，并託疾。帝欲除署孝廉，而秀才如前制。坦奏議曰：古者且耕且學，三年而通一經，以平康之世，猶假漸漬，積以日月。自喪亂以來，十有餘年，干戈載揚，俎豆禮戢，家廢講誦，國闕庠序，率爾責試，竊以爲疑。然宣下以來，涉歷三載，累遇慶會，遂未一試，揚州諸郡，接近京都，懼累及君父，多不敢行；其遠州邊郡，掩誣朝廷，冀於不試，冒昧來赴，既到審試，遂不敢會。臣愚以爲不會與不行，其爲闕也同。若當偏加除署，是爲肅法奉

憲者失分,徼倖投射者得官。王命無貳,憲制宜信。去年察舉,一皆策試。如不能試,可不拘到,遣歸不署。又秀才雖以事策,亦汎問經義,苟所未學,實難闇通,不足復曲碎乖例,違舊造異,謂宜因其不會,徐更革制。可申明前下,崇脩學校,普延五年,以展講習。帝納焉。聽孝廉申至七年,秀才如故。”《甘卓傳》:“中興初,以邊寇未靜,學校陵遲,特聽不試孝廉,而秀才猶依舊策試。卓上疏以爲答問損益,當須博古通今,明達政體,必求諸《墳》、《索》,乃堪其舉。臣所忝州,湘州。往遭寇亂,學校久替,人士流播,不得比之餘州。謂宜同孝廉例,申與期限。疏奏,朝議不許。卓於是精加隱括,備禮,舉桂陽谷儉爲秀才。儉辭不獲命,州厚禮遣之。諸州秀才聞當考試,皆憚不行,惟儉一人到臺,遂不復策試。儉恥其州少士,乃表求試,以高第除中郎。儉少有志行,寒苦自立,博涉經史。於時南土凋荒,經籍道息,儉不能遠求師友,惟在家研精,雖所得實深,未有名譽;又恥衒耀取達,遂歸,終身不仕,卒於家。”觀此二事,可知雖秀才之試,亦已漸同經生之業。《石勒載記》言其立秀孝試經之制,蓋亦有所因循。至於孝廉,則《魏舒傳》言其“年四十餘,郡上計掾察孝廉,宗黨以舒無學業,勸令不就,可以爲高耳。舒曰:若試而不中,其負在我,安可虛竊不就之高,以爲己榮乎? 於是自課,百日習一經,因而對策升第”,則幾同國子明經之舉矣。

　　秀才之試,雖究與射策有異,又變而崇尚文辭,此在北朝,其弊最顯。《北齊書·儒林傳》:劉晝,“河清初還冀州,舉秀才入京,考策不第,乃恨不學屬文,方復緝綴辭藻。”馬敬德,“河間郡王將舉爲孝廉,固辭不就,乃詣州求舉秀才。舉秀才例取文士,州將以其純儒,無意推薦。敬德請試方略,乃策問之,所答五條,皆有文理,乃欣然舉選。至京,依秀才策問,惟得中第。乃請試經業,問十條并通,擢授國子助教。”蓋儒生之於文辭,究非專長也。劉景安與崔亮書,謂:“朝廷貢才,止求其文,不取其理,察孝廉惟論章句,不及治道。”《魏書·崔亮傳》。可見二者之分野矣。《魏書·邢巒傳》:“有司奏策秀孝,高祖詔曰:秀孝殊問,經權異策,邢巒才清,可令策秀。”所謂才清,蓋亦長於文辭耳。《隋書·杜正玄傳》:“開皇末舉秀才,尚書試方略,正玄應對如響,下筆成章。僕射楊素,負才傲物,正玄抗辭酬對,無所屈撓,素甚不悅。久之,會林邑獻白鸚鵡,素促召正玄,使者相望,及至,即令作賦,正玄倉卒之際,援筆立成。素見文不加點,始異之,因令更擬諸雜文筆十餘條,又皆立成,而辭理華贍。素乃歎曰:此真秀才,吾不及也,授晉王行參軍。”《北史》正玄附《杜銓傳》後,述此事頗有附會之辭,不如此之可信。此幾純以文辭爲重,亦北朝之餘習也。南朝似略愈於此,而其實亦不然。《梁書·文學傳》,謂何遜"弱冠州舉秀才,南鄉范雲見其對策,大相稱賞"。又云:雲"謂所親曰:頃觀文人,質則過儒,麗則傷俗,其能含清濁,中今古,得之何生矣"。則所重亦在其文。《顧協傳》:"舉秀才,尚書令沈約覽其策而嘆曰:江左以來,未有斯作。"《孔休源傳》:"州舉秀才,太尉徐孝嗣省其策,深善之,謂同坐曰:董仲舒、華令思何以尚此?足稱王佐之才。"似其人深明於當世之務者,實亦未必不采庶子之春華,忘家丞之秋實也。姚察謂二漢求士,率先經術,近世取人,多由文史,《江淹任昉傳論》。可以知其變遷矣。

或曰:馬氏所舉董仲舒、摯虞、阮种之流,皆賢良也,此後世制科之先河,秀才則與孝廉同爲常舉耳。其策之之法,自不能無異。然《晉書·王接傳》云:永寧初,舉秀才,友人遺書勸無行,"接報書曰:今世道交喪,將遂剥亂,而識智之士,鉗口韜筆,禍敗日深,如火之燎原,其可救乎?非榮斯行,欲極陳所見,冀有覺悟耳。是歲,三王義舉,惠帝復阼,以國有大慶,天下秀孝,一皆不試,接以爲恨。"是則秀才對策,亦未嘗不可極其謇諤矣。《魏書·高祖紀》:延興二年,七月,"詔州郡縣各遣二人,才堪專對者,赴九月講武,當親問風俗。"三年,六月,"詔曰:往年縣召民秀二人,問以守宰治狀,善惡具聞,將加賞罰。而賞者未幾,罪者衆多,肆法傷生,情所未忍。今特垂寬恕之恩,申以解網之惠。諸爲民所列者,特原其罪,盡可貸之。"所謂民秀,蓋即去歲所召也。太和七年,正月,"詔曰:朕每思知百姓之所疾苦,以增脩寬政,而明不遠燭,實有缺焉。故具問守宰苟虐之狀於州郡使者、秀孝、計掾,而對多不實,甚乖朕虚求之意,宜案以大辟,明罔上必誅。然情猶未忍,可恕罪聽歸,申下天下,使知後犯無恕。"背公下比,不徒遠愧始元之賢良,亦且近慙延興之民秀矣。然魏孝文之問之,則固得枉於執事毋悼後害之義,此蓋由其興於代北,究較中原爲質樸故也。

《齊書·謝超宗傳》:"都令史駱宰議策秀才考格,五問并得爲上,四、三爲中,二爲下,一不合與第。超宗議:非患對不盡問,患以恒文弗奇。與其俱奇,一亦宜采。詔從宰議。"清問當求奇士,考試自貴兼通,舍奇求多,亦對策漸近射策之一證。

策試非獨秀孝。《孔坦傳》言:"坦遷尚書郎。時臺郎初到,普加策試,帝元帝。手策問曰:吳興徐馥爲賊,殺郡將,郡今應舉孝廉不?坦對曰:四罪不相及,殛鯀而興禹。徐馥爲逆,何妨一郡之賢?又問:姦臣賊子殺君,汙宮瀦宅,莫大之惡也。鄉舊廢四科之選,今何所依?坦曰:季平子逐魯昭公,豈可廢仲尼也!竟不能屈。"此不徒親策以時事,亦且如馬氏所言,意有未盡,則再策之三策之矣。《魏書·文苑·温子昇傳》："熙平初,中尉、東平王匡博召辭人,以充御史,同時射策者八百餘人,子昇與盧仲宣、孫搴等二十四人爲高第。於是預選者争相引决,匡使子昇當之,皆受屈而去。搴謂人曰:朝來靡旗亂轍者,皆子昇逐北。遂補御史。"此云射策,當係對策,蓋二者之實漸淆,其名亦隨之而淆也。所召者爲辭人,所取者爲子昇等,可見徐景安所云"朝廷貢才止求其文"者,尚不僅指秀才言之也。然則唐世進士之浮華,其所由來者漸矣。

原刊一九四六年十二月二十日《益世報》

〔六七五〕　策　試　之　制　下

策問之法,漸變而近於考試,其於政事,遂絶無所益乎?曰:否。射策者,帖經墨義之所本也。秀才策事,亦氾問經義,則大義論策之所本也。唐世秀才之科廢絶,然進士偏重詩賦,實即南北朝來秀才策試兼重文辭之習。故唐世之進士明經,實即前世之州郡秀孝;所異者,前世選舉之權,操之郡縣,至唐則可投牒自列耳。然則科目之制,其所由來者遠矣。後世科目之法可廢乎,則前世秀孝之舉,考試之法,亦可去矣。

世有説立乎千百年之前,而於千百年後之事,若燭照而數計者,葛稚川《審舉》之篇是也。其言曰:"秀、孝皆宜如舊試經答策。防其所對之姦,當令必絶,其不中者勿署吏,罰禁錮。其所舉書不中者,刺史太守免官。不中左遷,中者多,不中者少,後轉不得過故。若受賕舉所不當,發覺有驗者,除名禁錮終身,不以赦令原,所舉者與同罪。試用此法,一二歲之間,秀、孝必多不行者,亦足知天下貢舉之不精久矣。過此則必多脩德而勤學者矣。或曰:能言不必能行,今試經對策雖過,豈必有政事之才乎?抱朴子答曰:古者猶以射擇人,況經術乎?如其舍旃,則未見餘法之賢乎此也。夫豐草不秀瘠土,巨魚不生小水,格言不吐庸人之口,高文不墮頑夫之筆。今孝廉必試經無脱謬,而秀才必對策無失指,則亦不得闇蔽也。假令不能盡得賢能,要必愈於了不試也。今且令天下諸當在貢舉之流者,莫敢不勤學,但此一條,其爲長益風教,亦不細矣。自有天性好古,心悦藝文,學不爲禄,味道忘貧,若法高卿、周生烈者,萬之一耳。至於寧越、兒寬、黄霸之徒,所以强自篤勵於典籍者,非天性也,皆由患苦困瘁,欲以經術自拔耳。向使非漢武之世,則朱買臣、嚴助之屬,亦未必讀書也。今若遝遝一例,明考課試,必多負笈千里以尋師友,轉其禮賂之費以買記籍者,不俟終日矣。予意謂新年當試貢舉者,今年便可使儒官才士,豫作諸策，計可周用，集上，禁其留草，殿中封閉之，臨試之時亟賦之，人事因緣於是絕。當答策者，皆可會著一處，高選臺省之官，親監察之，又嚴禁其交關出入，畢事乃遣，違犯有罪無赦。如此，屬託之冀塞矣。夫明君恃己之不可欺，不恃人之不欺己也，亦何恥於峻爲斯制乎？若試經法立，則天下可以不立學官，而人自勤學矣。"案後世科目之利，曰官不立學，雖立亦有名無實，而人自勤學，文教於是覃敷也。其制，雖不能必得才，亦不足以得上才，而究愈於不試，實未有他法以代之。而其關防之法，則不得不嚴。唐、宋、明、清行事，皆足爲證，稚川一一言之，若燭照而數計，可謂聖矣。何以克聖？理有必至，勢有固然，辨之者精，察之者審也。君子是以貴好學深思也。

漢世丞相故事，四科取士，一曰德行高妙，志節清白；二曰學通行脩，經中博士；三曰明達法令，足以決疑，能案章覆問，文中御史；四曰剛毅多略，遭事不惑，明足以決，才任三輔。一者德，四者才，二者儒學，三者文法之學也。孝廉課試，始於左雄，諸生試家法，文吏課牋奏，即此之二、三。黃瓊以雄所上孝廉之選，專於儒學文史，於取士之義，猶有所遺，奏增孝弟及能從政者爲四科，即補以此之一、四也。以理論之，誠設四科，乃爲該備。然才德不可試諸一時，故左雄專於儒吏也。儒吏之中，則不宜有所偏重矣。稚川又曰："漢四科亦有明解法令入仕。今在職之人，官無大小，悉不知法令。或有微言難曉，小吏多頑，而使之決獄，是以死生委之，以輕百姓之命，付無知之人也。作官長不知法，爲下吏所欺而不知，又決其口筆者，憒憒，不能知食法與不食，不問不以付主者，或以意斷事，蹉跌不慎法令，亦可令廉良之吏，皆取明律令者試之如試經，高者隨才品敘用。如此，天下必少弄法之吏，失理之獄矣。"此後世明法之科所由立也。宋承唐制，科目甚多，熙寧變法盡廢之，獨立新科明法，以待士之不能改業者。有用無用，夫固較然不可誣。而後世弄法之吏、失理之獄之多，亦由明法之科之廢，科目偏重儒學也。稚川言之於千載之前，亦若燭照而數計矣。

稚川又曰："今普天一統，九垓同風，王制政令，誠宜齊一。夫衡量小器，猶不可使往往而有異，況人士之格，而可參差而無檢乎？江表雖遠，密邇海隅，然染道化，率禮教，亦既千餘載矣，往雖暫隔，不盈百年，而儒學之事，亦不偏廢也。惟其土宇褊於中州，故人士之數，不得鈞其多少耳，及其德行才學之高者，子游、仲任之徒，亦未謝上國也。昔吳土初附，其貢士見偃以不試，今太平已近四十年矣，猶復不試，所以使東南儒業，衰於在昔也。"案自吳之亡，至大興三年，凡四十年。據《孔坦傳》：秀孝策試之令，當在建武、大興之間，稚川之作，疑在是時。據其言，則北方秀孝之試，因亂曠絕，南方實迄未舉行，非關喪亂也。又案《晉書·五行志》："成帝咸和六年正月丁巳,會州郡秀孝於樂賢堂,有麕見於前,獲之。自喪亂以後,風教陵夷,秀孝策試,乏四科之實。麕興於前,或斯故乎?"則其後雖復策試之制,依然有名無實矣。又《宋書·武帝紀》:義熙七年,"先是諸州郡所遣秀才、孝廉,多非其人,公表天子,申明舊制,依舊策試。"則晉末又嘗不試。

《晉書·摯虞傳》云："舉賢良,與夏侯湛等十七人策爲下第,拜中郎。武帝詔曰:省諸賢良答策,雖所言殊塗,皆明於王義,有益政道,欲詳覽其對,究觀賢士大夫用心。因詔諸賢良方正直言,會東堂策問。"《阮种傳》:"詔三公、卿尹、常伯、牧守各舉賢良方正直言之士,於是太保何曾舉种。時种與郤詵及東平王康,俱居上第,即除尚書郎。然毀譽之徒,或言對者因緣假託,帝乃更延羣士,庭以問之。"此二者即一事。《虞傳》載策問曰:"若有文武器能,有益於時務,而未見申叙者,各舉其人,及有負俗謗議,宜先洗濯者,亦各言之。"《种傳》載詔辭曰:"若有文武隱逸之士,各舉所知,雖幽賤負俗,勿有所限。"實一詔而史氏辭有異同,可以爲證也。《郤詵傳》載詔辭云:"朕獲承祖宗之休烈,於茲七載。"則此事當在泰始七八年間,《本紀》不載其事。再策由於毀譽之辭,實不如馬氏所云"意有未盡"。然此等事當不多,其大體固當如馬氏所云耳。然疑有弊而親策,則實不自宋祖始矣。親策也而騰謗者謂其因緣假託,則當時關防,殊不嚴密,稚川所以欲立法以防所對之姦與? 策問令再舉人,亦明阻被薦者至再令薦舉之意。而惜乎二人之皆無所舉也。虞對曰:"臣生長蓽門,不逮異物,雖有賢才,所未接識,不敢瞀言妄舉,無以疇答聖問。"种對曰:"文武隱逸之士,幽賤負俗之才,故非愚臣之所能識。"

原刊一九四六年十二月《益世報》

〔六七六〕　郡縣送故迎新之費

郡縣送故迎新之費,自昔有之。《漢書·循吏傳》:黃霸爲潁川守。許丞老,病聾,督郵白欲逐之,霸不聽。或問其故,霸曰:"數易長吏,送故迎新之費,及姦吏緣絕簿書,盜財物,公私費耗甚多,皆當出於民。"是其事也。《游俠傳》言:哀帝時,"天下殷富,郡二千石死官,賦斂葬送,皆千萬以上。"《後漢書·張禹傳》:禹父歆,終於汲令。"汲吏人賻送,前後數百萬。"則當漢世,數已甚侈,魏、晉已後,斯風彌扇。晉初,傅咸即以長吏到官未幾便遷,吏卒疲於送迎爲病。《晉書·虞預傳》:"太守庾琛命爲主簿,預上記陳時政所失,曰:自頃長吏輕多去來,送故迎新,交錯道路。受迎者惟恐船馬之不多,見送者惟恨吏卒之常少。窮奢竭費謂之忠義,省煩從簡呼爲薄俗,轉相仿效,流而不反,雖有常防,莫肯遵脩。加以王途未夷,所在停滯,送者經年,永失播植。一夫不耕,十夫無食,況轉百數,所妨不貲。愚謂宜勒屬縣,若令尉先去官者,人船吏侍皆具條列,到當依法減省,使公私允當。"言其弊尤爲痛切。《南史·恩倖·吕文顯傳》云:"晉、宋舊制,宰人之官,以六年爲限。近世以六年過久,又以三周爲期,謂之小滿。而遷換去來,又不依三周之制,送故迎新,吏人疲於道路。"則其弊降而益甚矣。

《漢書·高惠高後文功臣表》:清安侯奐,"元鼎元年,坐爲九江太守受故官送免。"似受送本爲非法,然虞預病送迎者雖有常防,莫肯遵脩,又欲使去官者具自條列,依法減省,則其習爲故常久矣。《隋書·百官志》:梁世,郡縣吏有迎新送故之員,各因其大小而置;陳世,郡縣官之任代下,有迎新送故之法,餉饋皆百姓出,并以定令。蓋守令多異地人,國家既不給以道途之費,原不能責以自具也。此以理論,實不爲過;既有定法,遵守不渝,亦不能謂取非其義,然能合於常防者則寡矣。

送迎之費,廉吏亦間有不受者,則史家以爲美談。如《梁書·良吏傳》:范述曾,以齊明帝時出爲永嘉太守,郡送故舊錢二十餘萬,一無所受。始之郡,不將家屬,及還,吏無荷儋者。《南史·范岫傳》:爲安成内史,見徵,吏將送一無所納,是也。此雖高節,亦未可責諸人人。若王衍父卒於北平,送故甚厚,爲親識之所借貸,因以捨之,數年之間,家資罄盡。《晉書》本傳。沈懷文,父宣爲新安太守,丁父憂,郡送故豐厚,奉終禮畢,餘悉班之親戚,一無所留。《南史》本傳。雖合不易於喪之義,已非大法小廉之旨。若齊豫章王嶷爲荆州刺史,史稱其務在省約,停府州儀迎物,東歸部曲亦不齎府州物;而其後齋庫失火,燒荆州還貨,評直三千餘萬,《齊書》本傳。則不取也,而取過畢矣。劉悛,史稱其強濟有世調,善於流俗。爲武陵内史。齊明帝崩,表奔赴,敕帶郡還都,吏民送者數千人。悛人人執手,係以涕泣,百姓感之,贈送甚厚。《齊書》本傳。脅肩諂笑,病於夏畦,以是求貸,不其惡與!

《南史·王僧達傳》:"與兄錫不協,錫罷臨海郡還,送故及俸禄百萬以上,僧達一夕令奴輩取無餘。"有以分施鳴高者,又有任情攘奪者,士大夫之所爲,真可發一噱。

虞預言當時之送迎者,"窮奢竭費謂之忠義,省煩從簡呼爲薄俗。"此雖自託於忠厚,實則豪富之民,每欲獻媚於官吏,以爲寵榮;又齎費之來必由科率,或由經手侵漁者,乃鄙俗勢利之見耳。然風氣誠樸之區,亦或有能得民心,餽遺出於真誠者；必峻卻之，又非人情也。謝朏子譓爲東陽内史，及還，五官送錢一萬，止留一百，答曰：數多劉寵，更以爲媿。《南史·謝弘微傳》。頗堪媲美古人。

後世官員所用器物，有由地方或屬員供給者，瀕行每攜之而去。需用時由當地供給，猶不失隨身衣食悉仰於官之義；攜之而去，則成臧物矣。然古亦有如是者。《南史·宋宗室及諸王傳》：衡陽王義季爲荆州，“發州之日，帷帳器服諸應隨刺史者，悉留之，荆楚以爲美談。”曰“應隨”，則其取之亦成成例矣。《梁書·江革傳》：除武陵王長史、會稽郡丞、行府州事。“將還，民皆戀惜之，贈遺無所受。送故依舊訂舫，革并不納，惟乘臺所給一舸。”曰“依舊”，則舟車亦有成例也。

《梁書·劉季連傳》：季連之受命高祖，“飭還裝。高祖以西臺將鄧元起爲益州刺史。元起，南郡人，季連爲南郡之時，素薄元起。典籤朱道琛者，嘗爲季連府都録，無賴小人，有罪，季連欲殺之，逃叛以免。至是，説元起曰：益州亂離已久，公私府庫必多耗失，劉益州臨歸空竭，豈能遠遣候遞。道琛請先使檢校，緣路奉迎；不然，萬里資糧，未易可得。元起許之。道琛既至，言語不恭，又歷造府州人士，見器物輒奪之。有不獲者，語曰：會當屬人，何須苦惜。於是軍府大懼，謂元起至必誅季連，禍及黨與，競言之於季連。季連亦以爲然，又惡昔之不禮元起也，遂召佐史，矯稱齊宣德皇后令，聚兵復反。收朱道琛殺之。”《元起傳》：季連既平，“元起以鄉人庾黔婁爲録事參軍，又得荆州刺史蕭遥欣故客蔣光濟，并厚待之，任以州事。黔婁甚清潔，光濟多計謀，并勸爲善政。元起之克季連也，城内財寶無所私，勤恤民事，口不論財色。性本能飲酒，至一斛不亂，及是絶之。蜀土翕然稱之。元起舅子梁矜孫，性輕脱，與黔婁志行不同，乃言於元起曰：城中稱有三刺史，節下何以堪之。元起由此疏黔婁、光濟，而治跡稍損。在州二年，以母老乞歸供養，詔許焉，徵爲右衛將軍，以西昌侯蕭淵藻代之。是時，梁州長史夏侯道遷以南鄭叛，引魏人，白馬戍主尹天寶馳使報蜀，魏將王景胤、孔陵寇東西晉壽，并遣告急。此處史文有誤。《南史·鄧元起傳》云：“時梁州長史夏侯道遷以南鄭叛，引魏將王景胤、孔陵攻東西晉壽，并遣告急。”據《魏書·邢巒傳》，則王景胤爲梁晉壽太守，孔陵亦梁將，爲王足所破者。疑梁書元文，當作魏將某寇東西晉壽，太守王景胤、某官孔陵并遣告急。文有奪佚，傳寫者以意連屬之，以致誤謬；《南史》誤據之，而又有删節也。衆勸元起急救之。元起曰：朝廷萬里，軍不卒至，若寇賊侵淫，方須撲討，董督之任，非我而誰？何事恩恩便救？黔婁等苦諫之，皆不從。高祖亦假元起都督征討諸軍，將救漢中。比至，魏已攻陷兩晉壽。淵藻將至。元起頗營還裝，糧儲器械，略無遺者。淵藻入城，甚怨望，因表其逗留不憂軍事，收付州獄，於獄自縊。"是元起先以慮闢迎資激季連之叛，繼又以厚營還裝自喪其生也。案元起佳士，其入蜀也，在道久，軍糧乏絕，或説以檢巴西籍注，因而罰之，所獲必厚，元起然之，以李膺諫而止。史又言其"少時又嘗至西沮田舍，有沙門造之乞，元起問田人曰：有稻幾何？對曰：二十斛。元起悉以施之。時人稱其大度。"此其所以能克城之日，財寶無所私，在州二年，口不論財色。豈有不攘竊於兵亂之日，聚斂於在州之時，顧侵漁於臨去之際者乎！季連之敗也，史稱蜀中喪亂已二年矣，城中食盡，升米三千，亦無所糴，餓死者相枕，無親黨者，又殺而食之。季連食粥累月，飢窘無計，因此乃降。夏侯道遷之叛，魏以邢巒爲梁、秦二州刺史，巒力求取蜀，其表云："益州頃經劉季連反叛，鄧元起攻圍，資儲散盡，倉庫空竭，今猶未復。"《南史·元起傳》，略同《梁書》，惟不云淵藻誣其不憂軍事而下諸獄，而云："蕭藻入城，求其良馬。元起曰：年少郎子，何用馬爲。藻恚，醉而殺之。元起麾下圍城哭，且問其故。藻懼曰：天子有詔。衆乃散。遂誣以反，帝疑焉。有司追劾削爵土，詔減邑之半，封松滋縣侯。故吏廣漢羅研詣闕訟之，帝曰，果如我所量也。使讓藻曰：元起爲汝報讎，汝爲讎報讎，忠孝之道如何？乃貶藻號爲冠軍將軍，贈元起征西將軍，給鼓吹，謚忠侯。"元起功臣宿將，即不憂軍事，豈藻所可擅因？藻亦豈能憂國持正如是？蓋實因求貨不得，妄加殺害。逮其麾下圍城，則厚誣君父以自解，又因是舉，遂以反誣元起。詐雖不讎，梁武亦不能明正其罪，乃轉以不憂軍事莫須有之辭罪元起，而爲之掩飾耳，其失刑甚矣。藻既臨州，民齊苟兒叛，以十萬衆攻城，既解，藻弟淵猷嘲羅研曰："卿蜀人樂禍貪亂，一至於此。"民窮如是，其兄之負罪如是，而爲是嘲謔之辭，可見是時貴族之無人心。研對曰"蜀中積弊，實非一朝。百家爲村，不過數家有食。窮迫之人，什有八九；束縛之使，旬有二三。貪亂樂禍，無足多怪。若令家畜五母之雞，一母之豕，牀上有百錢布被，甑中有數升麥飯，雖蘇、張巧説於前，韓、白按劍於後，將不能使一夫爲盜，況貪亂乎？見《南史·羅研傳》。然則蜀中困敝，由來已久。《梁書·劉季連傳》曰："初元起在道，懼事不集，無以爲賞。士之至者，皆許以辟命，於是受別駕治中檄者將二千人。"蓋實由財帛不給，以至於此。檢罰巴西籍注，或亦勢不得已，然元起卒以李膺之言而止，可見其深惡誅求，寧肯作繭絲於爲州之日。休養生息，原非旦夕可期。其去州之時，糧儲器械，一無所有，蓋實以創夷未復；不能應機出兵，實亦由是。夏侯道遷之叛也，巴西人嚴玄思附魏，魏將王足，又所鄉輒克，蜀中勢實岌岌。以宣武固不聽邢巒之謀，又以羊祉爲益州，王足聞而引退，後反降梁。《魏書》王足事附見《崔延伯傳》。而邢巒遣守巴西之李仲遷，亦以荒於酒色，爲城人所殺反正，乃獲幸免。當時情勢，所急在外，寧以代者不卒至而自安哉！然則元起遣朱道琛先使檢校，或誠爲激變之由，然事或迫於不得已；其見戕於淵藻，則必以求貨不得，致遭枉害也。然皆因送故迎新之侈有以啓之，陋規之貽禍，不亦溥乎！

梁武帝大同九年張纘刺湘州，中大同元年岳陽王詧刺雍州，太清元年湘東王繹刺荆州。太清二年，帝改以纘刺雍州，而以河東王譽爲湘州刺史。纘素輕少王，州府候迎及資待甚薄，譽深銜之。及至州，遂託疾不見纘，及檢括州府庶事，留纘不遣。時湘東王與譽各率所領入援臺，纘乃詒湘東書曰：“河東戴楫上水，欲襲江陵，岳陽在雍，共謀不逞。”湘東信之，三藩之釁始搆。河東與纘，不旋踵而喪其身，湘東、岳陽，輾轉相鬭，卒致江陵之奇變。此真所謂以眦睚之釁而致滔天之禍者。然溯其原，則亦送迎之費有以階之屬也。

北朝郡縣，送迎之弊，與南朝同。《魏書·高祖紀》：延興二年，十二月詔曰：“《書》云：三載一考，三考黜陟幽明。頃者已來，官以勞升，未久而代。牧守無恤民之心，競爲聚斂，送故迎新，相屬於路，非所以固民志，隆治道也。自今牧守溫仁清儉、克己奉公者，可久於其任；歲積有成，遷位一級。其有貪殘非道、侵削黎庶者，雖在官甫爾，必加黜罰。著之於令，永爲彝準。”此詔之意，雖在久任以觀治效，速黜以去貪殘，然送故迎新之煩擾，亦其所欲革之一端也。《任城王雲傳》：除徐州刺史，以太妃蓋氏薨，表求解任。“性善撫綏，得徐方之心，爲百姓所追戀。送遺錢貨，一無所受。”此事不足證雲之廉，適足證徐方送遺之厚爾。《鄧淵傳》：曾孫羨，出爲齊州長史，“在治十年，經三刺史，以清勤著稱。齊人懷其恩德，號曰良二千石。及代還，大受民故送遺，頗以此爲損。”《北史·循吏·孟業傳》：“魏彭城王韶，齊神武之壻也，拜定州刺史，除業爲典籤。及韶代下，業亦隨還，贈送一無所受。”則非徒刺史，即其僚屬，亦有因送迎而受餽遺者矣。《魏書·陸俟傳》：子馛，出爲相州刺史，假長廣公。徵爲散騎常侍。其還也，“吏民大斂布帛以遺之，馛一皆不受，民亦不取，於是以物造佛寺焉，名長廣公寺。”此雖不受，何益於民！《北齊書·酷吏傳》：宋遊道，“父季預，爲渤海太守。遊道弱冠隨父在郡。父亡，吏人贈遺，一無所受。”《周書·薛端傳》：轉基州刺史，至州未幾卒，“遺誡薄葬，府州贈遺，勿有所受。”能如是者蓋寡矣。

原刊一九四六年十一月二十二日《益世報》

〔六七七〕　上行下效之習

《論語·顔淵》："季康子患盜,問於孔子。孔子對曰:苟子之不欲,雖賞之不竊。"《左氏》襄公二十一年:"邾庶其以漆閭丘來奔,季武子以公姑姊妻之,皆有賜於其從者,於是魯多盜。季孫謂臧武仲曰:子盍詰盜? 武仲曰:不可詰也,子召外盜而大禮焉,何以止吾盜。"夫上之所爲,民之歸也。上所不爲,而民或爲之,是以加刑罰焉而莫敢不懲;若上之所爲,而民亦爲之,乃其所也,又可禁乎?《史記·夏本紀》曰:"皋陶敬禹之德,令民皆則禹,不如言,刑從之。"蓋邃古之世,曾以上之所行,即爲下所當爲,此上行下效之習,所以深入人心也。後世以爲人自有其所當循之道,爲上者亦不當背;古則以爲上之所行,即爲當然之道,其見解迥異。《後漢書·烏桓傳》:"其約法,違大人言者,罪至死。"與中國古俗可以參觀。

〔六七八〕　使臣圖自利

《聘義》述主國待客之禮曰:"古之用財者不能均如此,然而用財如此其厚者,言盡之於禮也。盡之於禮,則内君臣不相陵而外不相侵,故天子制之而諸侯務焉爾。"蓋外交之事,其集,兩國實利賴之;苟其不集,三軍暴骨,是以不得不慎也。乃貪鄙之夫,不恤糜國帑,壞國事,以爲私圖,此則雖聖人末如之何也已。《三國·魏志·武帝紀》:"安定太守毌丘興將之官,公戒之曰:羌胡欲與中國通,自當遣人來,慎勿遣人往。善人難得,必將教羌胡妄有所請求,因欲以自利;不從,便爲失異俗意,從之則無益事。興至,遣校尉范陵至羌中,陵果教羌,使自請爲屬國都尉。公曰:吾預知當爾,非聖也,但更事多耳。"《周書·突厥傳》:楊忠與突厥伐齊還,言於高祖曰:"突厥甲兵惡,爵賞輕,首領多而無法令,何謂難制馭,正由比者使人妄道其強盛,欲令國家厚其使者,身往重取其報。朝廷受其虛言,將士望風畏愒。今以臣觀之,前後使人皆可斬也。"夫當建安之世,涼州之彫敝,可謂甚矣。周、齊之時,中國之所以事突厥者,亦云疲矣。而使人之但圖自利如此,豈非所謂全無心肝者哉?

敝中國以事四夷者,漢武帝其首也。武帝之欲通西域,本爲招月氏共通匈奴,其意原欲寬中國之民力,意至善也。乃月氏不來,而聞大宛、大夏、安息、大月氏之屬,或兵弱,或兵雖強而可以賂遺設利朝,欲招致之,以示威德徧於四海，則動於侈心矣。卒之暴骨於大宛，憂勞於烏孫，竭中國以事四夷，曾不得其一卒以助攻匈奴，絲粟之財以實府庫，宜乎夏侯勝之發憤，而班孟堅作《西域傳贊》憤惋形於辭氣也。然而漢之彫敝，自其征大宛始，而大宛之逆命，則漢使之椎埋固有以激之。而漢使者之所以失體如此，則武帝明知其爲小人而猶聽其言且欲激而用之，有以使之然也。故非更事多者，不可以爲人君。若魏武者，雖曰未聖，吾必謂之聖矣。

〔六七九〕　江南風氣之變

項籍以江東子弟八千人渡江而西，其在北方，戰必勝，攻必取，未知其績出於此八千子弟者，究有幾何，然鉅鹿之戰，距籍出兵未遠，史所謂戰士一以當十，兵呼聲動天者，其中必有江東之士，則揆諸事理，似無足疑者也。漢人論各地方風氣及兵事，稱南方剽鋭者甚多，固未必皆指江東，然《地理志》言吳越之士，輕死好用劍，則江東風氣，仍甚勇悍可知，此孫策所由能以一旅之衆，定三分之業歟。迺自晉室東渡以後，江南遂以柔弱聞，何哉？用與不用之殊也。所以或用或不用，則以一國之民，或事生産，或備攻戰，亦有其分工協力之道焉，民風之強弱，非天之降才爾殊也，人事則使之然。

《宋書·武帝紀》：隆安五年，孫恩向滬瀆，高祖棄城追之，<small>高祖時築城於海鹽故治。</small>海鹽令鮑陋遣子嗣之，以吳兵一千，請爲前驅。高祖曰："賊兵甚精，吳人不習戰，若前驅失利，必敗我軍，可在後爲聲援。"不從，果爲賊所没。又自序：元凶弒立，分江東爲會州，以隨王誕爲刺史，沈正説誕司馬顧琛，以江東義鋭之衆，爲天下唱始，琛曰："江東忘戰日久。士不習兵，當須四方有義舉，然後應之。"此皆江東之民，欠闕訓練之證，然其風氣則實未遽變，宋武之討南燕，慕容超見羣臣，議距王師。公孫五樓言："吳兵輕果，初鋒勇鋭不可當。"此固未必皆吳人，其中亦未必無江東之士也。顧覬之於宋文帝坐論江東人物，及顧榮，袁淑謂覬之曰："卿南人怯懦，豈辦作賊。"誤矣。自晉滅吳以來，吳人之叛者踵相接。據《晉書》本紀，武帝太康二年九月，有吳故將莞恭帛奉舉兵反，攻害建業令，遂圍揚州。八年十月，有南康平固縣吏李豐反。十一月，有海安令蕭輔聚衆反。十二月，又有吳興人蔣迪聚黨反。至元帝大興元年，尚有孫皓子璠以謀反伏誅。《五行志》云：武帝平吳後，江南童謠曰："局縮肉，數横目，中國當敗，吳當復。"又曰："宮門柱，旦當杇，吳當復在三十年後。"又曰："雞鳴不拊翼，吳復不用力。"於是吳人皆謂在孫氏子孫，故竊發爲亂者相繼，則似紀所不書者尚多。《華譚傳》：譚舉秀才，武帝策之曰："吳蜀恃險，今既蕩平，蜀人服化，無攜貳之心，而吳人越睢，屢作妖寇，豈蜀人敦樸，易可化誘，吳人輕銳，難安易動乎？"亦可見是時江表情勢之岌岌也。陳敏起兵，實有割據江東之志，顧榮、甘卓等皆從之，以子弟凶暴而敗，後來周玘父子，仍有傾覆執政之謀，其成敗，亦間不容髮耳。晉初北方兵力，雖似強盛，實則諸將皆已驕淫，不可復用。觀樹機能之亂，功臣宿將，莫能陳力，卒藉新進疏逖之馬隆募兵平之可知。齊萬年之叛，關中危殆，六陌之戰，周處雖以無繼敗亡，然能寒氐賊之膽者，惟此一戰耳。"灑落君臣契，飛騰戰伐名"，緬想周瑜決策以拒曹公，又欲羈劉備而挾關羽、張飛以攻戰。魯肅最稱持重，亦不爲關羽所弱，至呂蒙，卒取羽而定荆州。陸遜又有猇亭之捷，英風浩氣，蓋非魏蜀所克比倫。東晉之不振，乃正以北來世族，把持政權，而不能任江東英銳之士耳。設以吳桓王大帝處此，五胡豈足平哉，烏乎！

　　過江以後，稱善戰者必曰傖楚。《宋書·殷孝祖傳》：太宗初即位，普天同逆，朝廷惟保丹陽一郡，永世縣尋又反叛，義興賊垂至延陵，內外憂危，咸欲奔散，孝祖忽至，衆力不少，并傖楚壯士，人情於是大安。《齊書·崔慧景傳》：慧景向京師，子覺及崔恭祖領前鋒，皆傖楚善戰，是其二事也。吳人謂中州人曰傖。語見《晉書·周處傳》。楚者，江淮之間，乃楚之舊壤也。《晉書·祖逖傳》云：京師大亂，逖率親黨數百家，避地淮泗。少長咸宗之，推爲行主。達泗口，元帝逆用爲徐州刺史，尋征軍諮祭酒，居丹徒之京口。逖以社稷傾覆，常懷振復之志，賓客義徒，皆暴桀勇士，逖遇之如子弟。時揚土大饑，此輩多爲盜竊，攻剽富室。逖撫慰問之曰："比復南塘一出否？"或爲吏所繩，逖輒擁護救解之，談者以少逖，然自若也。《郗鑒傳》：鑒寢疾，上疏遜位曰："臣所統錯雜，率多北人，或逼遷徙，或是新附，百姓懷土，皆有歸本之心。臣宣國恩，示以好惡，處與田宅，漸得少安。聞臣疾篤，衆情駭動，若當北渡，必啓寇心。太常臣謨，平簡貞正，素望所歸，謂可以爲都督徐州刺史。臣亡兄息晉陵內史邁，謙愛養士，甚爲流亡所宗，又是臣門戶子弟，堪任兗州刺史。公家之事，知無不爲，是以敢希祁奚之舉。"此等流亡暴桀之士，即當時之所謂傖，《梁書·陳伯之傳》：幼有膂力，年十三四，好着獺皮冠，帶刺刀，候伺鄰里稻熟，輒偷刈之。嘗爲田主所見，呵之云："楚子莫動。"將執之。伯之因杖刀而進，將刺之曰："楚子定何如？"田主皆反走。伯之徐檐稻而歸。此等家貧無行之徒，則當時之所謂楚也。流亡暴桀之士，家貧無行之徒，自易於輕悍好鬥，故欲求武用者多資焉。如齊王融欲輔竟陵王子良，招集江西諸傖楚，始安王遙光謀叛，亦召諸傖楚是也。劉牢之敗苻堅之師，陳慶之送元顥之衆，其中儈楚，必不少矣。然當時精兵中亦非遂無江東之士，沈田子青泥之戰，實爲勘定關中一大關鍵，而《宋書自序》稱其所領江東勇士，便習短兵，知公孫五樓稱宋武之衆爲吳兵，非無由也。輕死好用劍之風，誰謂其已消歇哉？

　　未經訓練臨時徵發之士，當時謂之白丁。《宋書·鄧琬傳》：安成太守劉襲舉郡歸順，琬遣廖琰率數千人并發廬陵白丁攻襲。《沈攸之傳》：索虜南寇，發三吳民丁，攸之亦被發，至京都，詣領軍劉遵考求補白丁隊主是也。《齊書·王敬則傳》：敬則以舊將舉事，百姓擔篙荷鍤隨逐之，十餘萬衆，遇左興盛、劉山陽二寨，盡力攻之，官軍不敵，欲退，而圍不開，各死戰。胡松領馬軍突其後，白丁無器仗，皆驚散，敬則軍遂大敗。此亦猶鮑嗣之之衆，牽動宋武之軍。唐寓之舉事，富陽發男丁防縣，會稽太守沈文季發吳、嘉興、海鹽鹽官民丁救之，亦敗。及齊武帝遣禁兵數千人馬數百匹東討，至錢塘，乃擒斬寓之，見《齊書·文季傳》。亦白丁不可用之證也。然此自由其關於訓練之故，苟加以訓練，即白丁亦成精兵。征姚泓也，拓跋氏發兵緣河隨大軍進止，宋武所遣先渡河者，即白直隊主丁旿也，胡三省《通鑑》注曰：選白丁之壯勇者入直左右，使旿領之。亦可見訓練所繫之重矣。

　　《宋書·劉敬宣傳》：孫恩舉事，牢之自表東討，軍次虎嘍，敬宣請以騎并南山趣其後，吳人畏馬，又懼首尾受敵，遂大敗。此與唐寓之之敗於齊禁兵，如出一轍，吳人畏馬，亦以不習騎戰故也。

　　缺訓練而不能戰，則何地不然。《梁書·楊公則傳》：攻東昏時，公則所領多湘溪人，性怯懦，城內輕之，以爲易與，每出蕩，輒先犯公則壘。公則獎勵軍士，克獲更多。湘溪何以蒙懦怯之稱，亦以地處腹里不習戰鬥故也。《宋書·沈曇慶傳》論曰：江南之爲國，外奉貢賦，內充府實，止於荊揚二州，揚部分析，境極江南，考之漢城，惟丹陽、會稽而已。地廣野豐，民勤本業，一歲或稔，則數郡忘饑。會土帶海旁湖，良疇亦數十萬頃，膏腴上地，畝直一金，鄠杜之間，不能比也。荊城跨南楚之富，揚部有全吳之沃，魚鹽杞梓之利，充仞八方，絲綿布帛之饒，覆衣天下。此所云者，乃自今兩湖至江、浙緣江沼澤之地，在當時，已爲南朝舉國財富之所自出矣。而淮南、江北之地，自吳魏來久爲爭戰之場，其民之習於戰伐亦宜也。故曰民風之強弱，非天之降才有殊，用與不用之異也。何以或用或不用，則一國之民，或事生產，或備攻戰，分工協力之道也，勢使之然也。

原刊一九四七年二月二十四日天津《民國日報》副刊"史與地"

〔六八〇〕　南　强　篇

《中庸》:"子路問强,子曰:南方之强與? 北方之强與? 抑而强與? 寬柔以教,不報無道,南方之强也,君子居之;衽金革,死而不厭,北方之强也,而强者居之。故君子和而不流,强哉矯;中立而不倚,强哉矯;國有道,不變塞焉,强哉矯;國無道,至死不變,强哉矯。"小時讀此,嘗竊疑於南方之强,與君子之所謂强哉矯者,是一是二,由今思之,乃知其斷然是一,不足疑也。蓋就風俗而論,只有南方之强與北方之强二端,孔子尚南方之强,而抑北方之强,而子路之所謂强,則實有類於北方之强者。孔子始而詰之曰:南方之强與? 北方之强與? 抑而强與? 一似子路之强,出於南北風氣之外者,辭之婉也。繼言南方之强,而明著之曰君子居之,明宗尚之所在也。言北方之强,而直斥之曰而强者居之,則明告子路,以其所謂强者,果居何等也。夫世俗之視南方之强,則徒以爲寬柔以教,不報無道而已,然其實不止於是,故又以和而不流四端,開示真諦也。

人孰不好强而惡弱,好榮而惡辱,然而撫劍疾視之爲强,則亦不足恃矣。一族一國,猶一人也,過剛者必折,不戢者自焚,理無難明,事亦習見,然而人莫不慕夫撫劍疾視之爲强,則以撫劍疾視者,固有時而獲勝;而雍容揖讓者,遂不免於敗績而失據也。然而勝負自有其原,衡論者固不當徒拘於其表。歷來民族國家之競爭,勝者之風氣,固多尚武,然其所以勝者,實別有在,初非由其好殺;敗者之風氣,固多柔靡,其使之柔靡者,亦自有其由,初非徒矯其柔靡之跡而遂克有濟;更不應因此遂懷偏激之見,并其所謂寬柔以教,不報無道者,而亦唾棄之也。寬柔以教,不報無道,固制勝之術,而非敗績之原也,曠觀往史:民族起於林麓沙磧、瘠薄之區者,恒好争而有勝;而其居於江海藪澤肥沃之區者,恒流於柔靡而敗,晉之於五胡,宋之於遼、金、元,明之於清,希臘之於馬其頓,羅馬之於日耳曼皆是也。其故何哉? 謂國力之不敵與? 人口之衆,財力之富,機器之利,兵法部勒之明,其相去皆不可以道里計也;而成敗利鈍,適與之反者,沃土之民多淫,瘠土之民思義,淫則溺於晏安,無復奮發有爲、杖節死綏之志;抑溺於淫樂者,豈肯胼手胝足,櫛風沐雨而致之,則必誅求其下,攘奪於人;又耽淫樂者必無直節,於是是非不明,毀譽無準,通敵者不見誅,守節者不見賞,怨毒之氣盈於下,苟媮之習成於朝,安往而不爲人弱也? 然則文明民族之敗績,野蠻民族之克捷,全與其人民之强弱無關。若徒就戰事立論，晉、宋、明、希臘、羅馬之兵，固未嘗眞不敵野蠻侵略之族。夫文明民族之敗於野蠻，在東方，其可徵者，則炎、黃之爭其始也。炎帝姜姓，三苗之祖也，《墨子》道三苗之事曰：“日妖宵出，雨血三朝，龍生於廟，犬哭於市”，《非攻下》。流傳之説如此。其營於機祥，可以想見。營於機祥，未有不耽於淫樂者，古所謂巫風也。炎族之不敵黃族，其原蓋由於此。然太古之文明，起於東南江海之交，而不起於西北山林之地，則彰彰明甚也。地下隰濕熱，則草木暢茂，生事資焉，《禮運》言先王之世，食草木之實，而《郊特牲》言農夫黃衣黃冠；知古衣食所資，實以植物爲主，此必東南濕熱之地也。《郊特牲》曰：“伊耆氏始爲蜡。”《明堂位》曰：“土鼓、蕢桴、葦籥，伊耆氏之樂也。”《禮運》言禮之初，亦曰“蕢桴而土鼓。”二篇所述，其皆神農氏之事。一説伊耆氏者，或以爲神農，或以爲堯，以爲神農者蓋是，以爲堯者非也。蜡之祭，合萬物而索饗之，則有坊與水庸；迎貓，爲其食田鼠也；迎虎，爲其食田豕也；主先嗇而祭司嗇，固農耕之民所有事也。若堯則黃帝之後，黃帝遷徙往來無常處，安知重農？堯命羲和曆象日月星辰，敬授人時，似非不知重農者？然特襲之所征服之族，非其所固有也。孟子曰：“夏后氏五十而貢。”又述龍子之言曰：“治地莫不善於貢。貢者，校數歲之中以爲常，樂歲，粒米狼戾，多取之而不爲虐，則寡取之；凶年，糞其田而不足，則必取盈焉。”《滕文公上》。然則貢者，君民異族，君但責其民歲納稅若干，而其苦樂生死，初非所問。有夏如此，況於陶唐哉？《商君書》曰：“神農之世，男耕而食，婦織而衣，刑政不用而治，甲兵不起而王，神農既殁，以强勝弱，以衆暴寡，故黃帝内行刀鋸，外用甲兵。”《畫策》。炎黃二族，一尚和平，一好戰伐，此其明證。在尚北方之强者，必曰：尚和平，則炎族之所以敗也。然蚩尤實始作兵，春秋戰國之世，吳楚之兵，猶銛於北方，炎帝之族，遁居江南之遺教也。黃族則弦木爲弧，剡木爲矢而已矣，其械器之不敵亦明矣。然而炎族終爲黃族弱，則知勝負之原，固別有在，而不在於其械器矣。豈惟械器？夫豈無謫士勇夫！大勢既去，則亦蒿目扼腕，五合六聚而不能救也。豈惟不能救？不北走胡，則南走越，蓋有反爲敵用者矣。

然則南方之所以敗，在其地肥而生事饒足，因之當路之人，溺於晏安，刻剥其下，固與寬柔以教，不報無道之風氣無涉。而寬柔以教，不報無道之風，實開世界大同之門，啓民族和親之路，往史具在，來者難誣。北方之族，以其貧瘠而奮發有爲，乖離不甚，所以遇異族者雖酷，然在其羣之内，則直道存焉。由余所以誨穆公，中行説所以折漢使，皆是物也。然其死而不厭之風，則實毁世界之文明，淪人道於禽獸。科學未興之世，人力弱而不能受制於天行，風氣之不同，各視其所居之地。治化之一進一退，文明之既成復毁，皆由於此。自今以後，革社會組織之偏，以拯各地方風氣之敝，因合各地方風氣之善，以矯一地方風氣之偏，世運之大同，民族之和親，必於是乎有賴矣。

《淮南王書》曰：“雁門之北，狄不穀食，賤長貴壯，俗尚氣力。人不弢弓，馬不解勒。”《原道訓》。此即孔子所謂北方之强也。《説苑》曰：“子路鼓瑟，有北鄙之聲。孔子聞之曰：信矣，由之不才也。夫先王之製音也，奏中聲，爲中節，流入於南，不歸於北。南者生育之鄉，北者殺伐之域。故君子執中以爲本，務生以爲基。故其音温和而居中，以象生育之氣，憂哀悲痛之感，不加乎心，暴厲淫荒之動，不在乎體。夫然者，乃治存之風，安樂之爲也。彼小人則不然，執末以論本，務剛以爲基。故其音湫厲而微末，以象殺伐之氣。和節中正之感，不加乎心，温儼恭莊之動，不存乎體。夫殺者，乃亂亡之風，奔北之爲也。昔舜造南風之聲，其興也勃焉。紂爲北鄙之聲，其廢也忽焉。”《修文》。修文此中國所謂中道，即南方之道；而所謂北方之强，即後世匈奴、鮮卑等游牧之族殺伐之俗之鐵證也。殷人所居，實近東南，紂都朝歌，乃漸徙而北，彼其淫虐，得毋漸染北俗與？然殷代文教，究近於南；周起豐鎬，實在於北，孔子修春秋，變周之文，從殷之質，其以此與？孔子亦言從周，則以杞、宋文獻不足，而周禮爲時所用故也。然曰周之失文勝者，野蠻人之學於文明人，固但能得其形跡也。此孔子所由欲變之與？

原刊一九三六年三月二十四日《時事新報》副刊“古代文化”第一期

〔六八一〕　尸　體　不　朽

《後漢書·劉盆子傳》云：“赤眉發掘諸陵，取其寶貨，遂汙辱吕后屍。凡賊所發，有玉匣。斂者率皆如生，故赤眉得多行姪穢。”《三國志·劉表傳注》引《世語》曰：“表死後八十餘年，至晉太康中，表冢見發，表及妻身形如生，芬香聞數里。”《吳志·孫休傳注》引《抱朴子》曰：“吳景帝時，戍將於廣陵掘諸冢，取版以治城，所壞甚多。復發一大冢，内有重閣，户扇皆樞轉可開閉，四周爲徼道通車，其高可以乘馬。又鑄銅爲人數十枚，長五尺，皆大冠朱衣，執劍列侍。靈座皆刻銅人，背後石壁言殿中將軍，或言侍郎、常侍，似公王之冢。破其棺，棺中有人，髮已班白，衣冠鮮明，面體如生人。棺中雲母厚尺許，以白玉璧三十枚藉尸。兵人輩共舉出死人，以倚冢壁。有一玉長一尺許，形似冬瓜，從死人懷中透出墮地。兩耳及鼻孔中，皆有黄金如棗許大，此則骸骨有假物而不朽之効也。"案其葬埋之侈,至於如此,則其别有不朽之術可知。謂其必由於金玉,亦未必然也。即《後漢書》之言,亦如葛洪者附會之耳。

〔六八二〕 藏 首 級

趙襄子殺知伯,漆其頭以爲飲器,世皆以是譏其暴。然其事非迄於襄子,則亦非始於襄子也。漢人戕新莽,藏其頭於武庫,至晉元康五年乃被焚,見《晉書·惠帝紀》及《五行志》。莽頭果至晉時尚存否,殊難質言,然漢人嘗藏其頭,則必不誣矣。《宋書·臧質傳》言質之死,江夏王義恭等請依漢王莽事例,漆其頭首,藏於武庫。詔可之。易代猶奉爲成例,果何爲哉?《陳書·宣帝紀》:太建五年十二月,詔曰:"古者反噬叛逆,盡族誅夷,所以藏其首級,戒之後世。比者所戮,止在一身,子胤或存,梟懸自足,不容久歸武庫,長比月支。惻隱之懷,有仁不忍。維熊曇朗、留異、陳寶應、周迪、鄧緒等及今者王琳首,并還親屬,以弘廣宥。"則其時於叛者,且以藏其首爲故常矣。觀詔文之意,似以其親屬既盡,莫爲收斂而然,然亦豈文王葬骨之仁也?《章昭達傳》言子大寶,至德三年反,生擒送都,於路死,傳首梟於朱雀航,夷三族。死而猶傳其首,亦淫刑也。又夷其三族,則又非宣帝時戮止其身者比矣。《南史》作"尋被擒,梟首朱雀航",則失"路死傳首"之事。史文之不可妄删如此。

或曰:匈奴殺月氏王,以其頭爲飲器,則此蓋胡俗,而趙襄子效之。然匈奴固淳維後,法俗類中國者甚多,予别有考,則亦難謂此非中國法也。

〔六八三〕 孝 子

行必貴中庸,何也?無所厚於此,則亦無所薄於彼,通觀焉而皆得其宜也。世恒於有所特厚者艷稱之,而不知其所特薄者已隨之而起,特人莫之覺耳。吾鄉有性情暴戾而居喪盡禮者,眾皆以其居喪盡禮而譽之,又以其性情暴戾而訾之,幾若其出於兩人之身,而不知其同具於一時也。高宗,殷之賢王也,繼世即位,而慈良於喪,然實殺孝己。其慈於親,正其所以虐於子,皆失中之情爲之也。高宗之爲人,蓋與周太王、晉獻公頗相類,夫吳太伯之不爲殷孝己晉共世子者亦幸耳。安知周太王、晉獻公不特有所厚乎?故曰:"世無惡,只有過不及。"

《舊唐書·楊炎傳》:"祖哲以孝行有異,旌其門閭;父播登進士第,隱居不仕,玄宗征爲諫議大夫,棄官就養,亦以孝行禎祥表其門閭。炎⋯⋯釋褐,辟河西節度,掌書記,神烏令李大簡嘗因醉辱炎,至是與炎同幕,率左右反接之,鐵棒撾之二百,流血被地,幾死,是悖戾之人也。”“節度使呂崇賁愛其才,不之責”,失政刑矣。炎後“徵拜起居舍人,辭祿就養岐下,丁憂,廬於墓前,號泣不絕聲,有紫芝白雀之祥,又表其門閭”,史稱“孝著三代,門樹六闕,古未有也”。禎祥豈足信哉? 況三世仍見乎? 然其行則必有足炫流俗者矣。是惟能反接人而撾之者優爲之,其名亦惟如是之人能居之不疑也。然則中庸之士如之何? 曰:施由親始,勢使然也。然毋忘愛無差等之義,故孟子之言,不足以難夷之也。咸丘蒙曰:“盛德之士,君不得而臣,父不得而子。舜南面而立,堯率諸侯北面而朝之,瞽瞍亦北面而朝之,舜見瞽瞍,其容有蹙。”孟子曰:“此非君子之言,齊東野人之語也。”《新唐書・康承訓傳》:“(龐)勛謁漢高祖廟受命,以其父舉直爲大司馬,守徐州。或曰:方大事,不可私於父,失上下序。舉直乃拜於廷,勛坐受之。”此與孟子所云齊東野人之言,何以異哉? 故知東野人之情,古今無異,固可以詭激之行詐之以立名也。

《新唐書・高儉傳》:子“真行至左衛將軍,其子岐連章懷太子事,詔令自誠切,真行以佩刀刺殺之,斷首棄道上。高宗鄙其爲,貶睦州刺史。”此其所爲,豈特可鄙? 衡以父殺其子當誅之義,高宗爲失刑矣。《舊五代史・晉少帝紀》:“天福八年十月,西京奏百姓馬知饒殺男吳九不死,以其侵母食也,詔赦之。”蓋律固以爲當誅也。又《李彦珣傳》:“彦珣素不孝於父母,在鄉絶其供饋。……范延光既叛,署爲步軍都監,委以守陴,招討使楊光遠……遣人就邢臺訪得其母,令於城下以招之,彦珣識其母,發矢斃之。……及隨延光出降,授坊州刺史,近臣以彦珣之惡逆,奏於高祖,高祖曰:赦命已行,不可改也。遂令赴郡。”此蓋當時叛者衆,務安反側,不敢行誅,不能以法論也。又《王瑜傳》:“入爲刑部郎中。丙午歲,父欽祚刺舉義州,瑜歸寧至郡,會契丹據有中夏,何建以秦州歸蜀。瑜説欽祚曰:若不西走,當是契丹矣。屬色數諫,其父怒而不從。因其臥疾涉旬,瑜仗劍而脅之曰:老懦無謀,欲趨炮烙,不即爲計,則死於刃下。父不得已而聽之。”此則臨爲戎之界,權以免其父於不義,與楊光遠之子劫父降敵志在自免者,殊不同科。瑜本有才,觀此事可知其明於民族大義,傳多載其惡,不足信也。

〔六八四〕　五　　倫

墨子言兼愛,而孟子斥爲無父,世雖或疑其辭之過甚,而終以其説爲不刊,此由溺於小康以降之俗,以爲親疏遠近,出於理勢之自然,無可變革,而不知其皆由於人羣之組織也。世言人羣之倫紀,以爲自然不可變革者,莫如五倫,其實無論諸子書,即儒書之言倫紀者,其説亦不一律;五倫之名,特見於《中庸》,最爲人所習熟,遂奉爲不刊之典耳。經、子言倫紀,全與《中庸》合者,惟《呂覽》之十際。《臺行》:"先王所惡,無惡於不可知;不可知,則君臣、父子、兄弟、朋友、夫妻之際敗矣;十際皆敗,亂莫大焉。凡人倫,以十際爲安者也;釋十際,則與麋鹿虎狼無以異,多勇者則爲制耳矣。"《孟子·滕文公上》曰:"使契爲司徒,教以人倫:父子有親,君臣有義,夫婦有別,長幼有序,朋友有信",以長幼易兄弟。《禮記·禮運》曰:"何謂人義? 父慈,子孝;兄良,弟弟;夫義,婦聽;長惠,幼順;君仁,臣忠";以長幼易朋友,《王制》七教,父子、兄弟、夫婦、君臣、長幼、朋友、賓客。於《中庸》五倫外,益以長幼賓客,《周書常訓》八政,夫妻、父子、兄弟、君臣。則又獨闕朋友。不特此也,《中庸》又曰:"君子之道四,丘未能一焉,所求乎子以事父,未能也;所求乎臣以事君,未能也;所求乎弟以事兄,未能也;所求乎朋友先施之,未能也。"獨闕夫婦一倫,則即本篇之中,亦且自相違異矣。《左氏》隱公三年,載石碏之辭曰:"賤妨貴,少陵長,遠間親,新間舊,小加大,淫破義,所謂六逆也。君義,臣行;父慈,子孝;兄愛,弟敬;所謂六順也。"文公十八年,載季文子之辭曰:"舜臣堯,舉八元,使布五教於四方,父義,母慈,兄友,弟共,子孝。"或闕夫婦朋友,或僅具父子兄弟二倫,其違異尤甚。其故何哉? 蓋古人之言,皆隨其意之所至,論理初不謹嚴。石碏之偏舉君臣、父子、兄弟,乃所以妃六逆;而季文子之辭,亦偶舉以盈五數耳;固未計及其所取所舍者,是否悉衷於理也。《中庸》之自相違異,亦若是則已矣;而其五倫之説,又安見其不可損益乎? 夫自小康以降,人羣之組織,既益繁複,分際之殊,悉舉而枚數之,奚翅十百? 若反諸人性之本然,則道仁,仁與不仁而已矣。不獨親其親,不獨子其子,惇樸之俗,固可徵於古,亦未嘗不有驗於今;驚怖其言,若河漢而無極,只見其有蓬之心也。

　　朱熹《章句》釋五倫曰:"即《書》所謂五典;《孟子》所謂父子有親,君臣有義,夫婦有別,長幼有序,朋友有信是也。"案《王制·禮運》,皆以長幼與兄弟并舉,可見《章句》之不然。《書》之五典,師無明説。僞孔即以左氏季文子之言釋之;康成釋"五品不遜"亦然;則徒尊信古文,蔑棄今説,而不計其中理與否,自不如《章句》引《孟子》之得矣。

原刊《齊魯學報》第二期,一九四一年出版

〔六八五〕　田　　制

井田之制，古之論者多以爲宜行諸大亂之後，人少之時。《漢紀》所載荀悦之論，最衆所熟知者也。此説自有其理，然謂非如此不可，則亦未爲的當。何者？歷代土田，固多爲私家所占，然在官者仍不少也。私家之田，不可卒奪，官田獨不可詳立制度，以之爲本，推諸私田乎？《漢書·高帝紀》：五年，五月，兵皆罷歸家。詔曰："民前或相聚保山澤，不書名數。今天下已定，令各歸其縣，復故爵、田宅。"又曰："諸侯子及從軍歸者，甚多高爵，吾數詔吏先與田宅，及所當求於吏者，亟與。爵或人君，上所尊禮，久立吏前，曾不爲決，甚無謂也。異日秦民爵公大夫以上，令、丞與亢禮，今吾於爵非輕也，吏獨安取此！且法以有功勞行田宅，今小吏未嘗從軍者多滿，而有功者顧不得，背公立私，守、尉、長吏教訓甚不善。其令諸吏善遇高爵，稱吾意。且廉問，有不如吾詔者，以重論之。"讀此詔，便知當時田宅，在官者多，吏且能制其予奪，九年徙齊、楚大族關中，所由能予以利田宅也。自晉至唐，田皆有還受之法，公田自必甚多。至金世，乃云賣質於人無禁。説見《田業賣質無禁》條。然《金史·高汝礪傳》言：軍户既遷，將括地分授，汝礪諍之，謂"河南民地、官田，計數相半"。民地自有隱匿，然官田數已不少。《明史·食貨志》載弘治時，"官田視民田得七之一"亦然。此豈不足立制度，爲推行之本乎？

荀悦言：井田之制，"土地布列在豪强，卒而革之，并有怨心，則生紛亂，制度難行。若高祖初定天下，光武中興之後，人衆稀少，立之易矣。既未悉備井田之法，宜以口數限田，爲之立限；人得耕種，不得賣買；以贍貧弱，以防兼并，且爲制度張本，不亦善乎？"此即《申鑒》所謂"耕而勿有，以俟制度"者。仲長統《昌言》曰："今者土廣民希，中地未墾，猶當限以大家，勿令過制。地有草者，盡曰官田，力堪農事，乃聽受之。若聽其自取，後必爲災也。"其説與悦若合符節。詳密之條例，不徒非急務，或且非必須。扼要言之，未耕者悉爲公田，惟能耕者乃得受之，即此二語，已盡哀多益寡、稱物平施之義矣。將此二語，明白宣示，與此違者，限期正之；詳密之條例，隨時隨地定之，豈必俟大亂之後？而亦豈慮紛亂之生乎？或曰：并兼者之悖戾，則何所不至？雖如此，豈遂不與政府抗？然耕者其右之乎？耕者不之右，豪强能爲亂乎？故均地之制，實不難行也。其不行，乃莫之行，非不可行也。何以莫之行？曰：皇莊也，官莊也，職田也，公廨田也，其剥削莫不同於豪强。然則自天子以至於公卿大夫士,皆豪强也。與虎謀皮得乎？然則荀悦等之論,特鑒於新莽之敗而云然耳,固未盡制土分民之理也。

魏三長之立也,李安世上疏曰:"竊見州郡之民,或因年儉流移,棄賣田宅,漂居異鄉,事涉數世。三長既立,始返舊墟,廬井荒毀,桑榆改植。事已歷遠,易生假冒。强宗豪族,肆其侵陵,遠認魏晉之家,近引親舊之驗。又年載稍久,鄉老所惑,羣證雖多,莫可取據。各附親知,互有長短,兩證徒具,聽者猶疑,爭訟遷延,連紀不判。良疇委而不開,柔桑枯而不採,僥倖之徒興,繁多之獄作。欲令家豐歲儲,人給資用,其可得乎？愚謂今雖桑井難復,宜更均量,審其逕術,令分藝有準,力業相稱,細民獲資生之利,豪右靡餘地之盈。則無私之澤,乃播均於兆庶;如阜如山,可有積於比戶矣。又所爭之田,宜限年斷;事久難明,悉屬今主。然後虛妄之民,絕望於覬覦;守分之士,永免於陵奪矣。"當時强宗豪族之所爲,即仲長統所謂自取者。而均田之令,則從事後正之者也,亦曷嘗見其能爲亂乎?

《韓非子》曰:"夫與人相若也,無豐年、旁入之利,而獨以完給者,非力則儉也。與人相若也,無饑饉、疾疫、禍罪之殃,獨以貧窮者,非侈則惰也。今人徵斂於富人,以布施於貧家,是奪力儉而與侈惰也。"《顯學》。人與人是否相若,事極難言。然使其資地相同,所異者祇在豐年、旁入之利,饑饉、疾疫、禍罪之殃,韓非之言,庸或未爲大過;若先據特厚之資,持是以剥削人,則其所以致富者,乃强豪,非力儉也。此而加以右護可乎?占荒田者是已。《晉書·李班載記》:班嘗謂李雄:"古者墾田均平,貧富獲所。今貴者廣占荒田,貧者種殖無地,富者以己所餘賣之。此豈王者大均之義乎?"《梁書·武帝紀》:大同七年,詔:"如聞頃者,豪家富室,多占取公田,貴價僦税,以與貧民,傷時害政,爲蠹已甚。"《宋史·食貨志》:紹興二十六年,通判安豐軍王時升言:"淮南土皆膏腴,然地未盡闢、民不加多者,緣豪强虛占良田,而無徧耕之力;流民襁負而至,而無開耕之地。"又淳熙九年,袁樞振兩淮還,奏:"民占田不知其數。力不能墾,則廢爲荒地。他人請佃,則以疆界爲詞,官無稽考。是以野不加闢,戶不加多,而郡縣之計益窘。"《金史·食貨志》:大定二十七年,"隨處官豪之家,多請占官地,轉與他人種佃,規取課利。"《世宗紀》:大定二十年,十月,上謂宰臣:"山後之地,皆爲親王、公主、權勢之家所占,轉租於民。"此等皆由人得自取所致。荀悦所由欲以口數立限,户調式所以有占田之數也。

土地制度之難立,在於太重先占之權。《晉書·隱逸傳》:郭翻,"欲墾荒田,先立表題,經年無主,然後乃作。稻將熟,有認之者,悉推與之。縣令聞而詰之，以稻還翻，翻遂不受。"此以制行論，原不失爲廉讓之美德，然非所語於爲政矣。李安世言桑井難復，宜更均量；所爭之田，宜立限斷。皆必破棄私有之權，然後其策克遂者也。《舊唐書·哀帝紀》：天祐二年十月，勑："洛城坊曲内，舊有朝臣、諸司宅舍，經亂荒榛。張全義葺理已來，皆已耕墾。既供軍賦，即係公田。或恐每有披論，認爲世業，須煩案驗，遂啓倖門。其都內坊曲及畿內已耕殖田土，諸色人并不得論認。如要業田，一任買置。凡論認者，不在給還之限。如有本主元自差人勾當，不在此限。如荒田無主，即許識認。"即以詔旨剥奪私有之權者也。謂不合義可乎？

宋楊戩之立公田也，《戩傳》謂其謀出於胥吏杜公才。"立法索民田契。自甲之乙，乙之丙，展轉究尋。至無可證，則度地所出，增立賦租。"以戩之暴，猶必展轉尋索田契，可見昔人視私有權之重。此在常局，固亦不得不然，然不能以此妨礙改革之大計也。

《漢書·王莽傳》載中郎區博諫莽之辭曰："井田雖聖王法，其廢久矣。周道既衰，而民不從。秦知順民之心，可以獲大利也，故滅廬井而置阡陌，遂王諸夏，訖今海内未厭其敝。今欲違民心，追復千載絶跡，雖堯、舜復起，而無百年之漸，弗能行也。"此所謂順民之心者，謂民滅廬井、置阡陌而秦聽之，非謂廬井爲秦所滅，阡陌爲秦所置也。曰民未厭其敝，乃謂民未思復井田，非謂其不惡富者占逾分之田，而己無立錐之地也。曰欲復井田，必有百年之漸，亦以繁碎之條例言。若知行井田之義在於均田，則亦初不俟此也。

《宋史·楊存中傳》：乾道元年，興屯田，存中獻私田在楚州者三萬九千畝。此亦乘兵荒而占取者也。王時升、袁樞所言不過平民，其爲害已如此，況將帥乎？

〔六八六〕　官家出舉上

振貸平民之事，後世日見其少，而出舉興生之事顧日多。《後漢書·樊宏傳》：子儵，以永平十年卒。"帝遣小黄門張音問所遺言。先是河南縣亡失官錢，典負者坐死及罪徙者甚衆，并委責於人，以償其耗。鄉部吏司因此爲姦。儵常疾之。又野王歲獻甘醪、膏餳，每輒擾人，吏以爲利。儵并欲奏罷之，疾病未及得上。音歸，具以聞。帝覽之而悲歎，勑二郡并令從之。"《虞詡傳》：永建元年，爲司隷校尉。爲張防所陷，論輸左校。復拜議郎。數日，遷尚書僕射。"是時長吏、二千石聽百姓讁罰者輸贖，號爲義錢，託爲貧人儲，而守令因以聚斂。詡上疏曰：元年以來，貧百姓章言長吏受取百萬以上者，匈匈不絕；謫罰吏人，至數千萬；而三公、刺史，少所舉奏。尋永平、章和中，州郡以走卒錢給貸貧人，司空劾案，州及郡縣，皆坐免黜。今宜遵前典，蠲除權制。於是詔書下詡章，切責州郡。謫罰輸贖，自此而止。"此皆官自放責以取利者也。《朱儁傳》："少孤，母嘗販繒爲業。儁以孝養致名，爲縣門下書佐。時同郡周規辟公府，當行，假郡庫錢百萬，以爲冠幘費，而後倉卒督責，規家貧無以備，儁乃竊母繒帛，爲規解對。"觀規所假之巨，而長吏受取之多，無足異矣。《北齊書・宋遊道傳》：爲尚書左丞，"入省，劾太師咸陽王坦、太保孫騰、司徒高隆之、司空侯景、録尚書元弼、尚書令司馬子如官貸金銀，催徵酬價，雖非指事臧賄，終是不避權豪。"可見官家出舉，歷代不絕。然論者究尚以爲非法，至隋、唐之世，而所謂公廨錢者，乃公然以出舉興生爲事矣。

《隋書・食貨志》："開皇八年，五月，高熲奏諸州無課調處，及課州管户數少者，官人禄力，乘前已來，恒出隨近之州。但判官本爲牧人，役力理出所部。請於所管户内，計户徵稅。帝從之。先是京官及諸州，并給公廨錢，迴易取利，以給公用。至十四年六月，工部尚書蘇孝慈等，以爲所在官司，因循往昔，以公廨錢物，出舉、興生。惟利是求。煩擾百姓，敗損風俗，莫斯之甚。於是奏皆給地以營農。迴易取利，一皆禁止。"此先是二字，可上溯至拓跋魏之世。魏百官本無禄，至孝文太和八年，乃頒禄而罷在官商人，見《魏書・本紀》。未頒禄前，疑即任商人出舉、興生以自給。然雖頒禄之後，疑亦未能盡絕，至衰敝之世，乃又從而揚之。宋遊道所劾咸陽王坦等，即其事也。《隋志》又云："開皇十七年，十一月，詔在京及在外諸司公廨，在市迴易，及諸處興生，并聽之，惟禁出舉收利。"蓋出舉之弊，較興生爲尤甚矣。唐世公廨錢，屢罷屢復，甚至祠祭、蕃夷別設、宰相堂除食利、六宮殯錢等，皆恃此以給之。事見《新唐書・食貨志》。其散見他處者：《舊唐書・玄宗紀》：開元二十六年，正月，長安、萬年兩縣，各與本錢一千貫，收利供馹。三月，河南、洛陽兩縣，亦借本錢一千貫，收利充人吏課役。《代宗紀》：永泰元年，三月，詔左僕射裴冕等十三人并集賢院待詔。上以勳臣罷節制者，京師無職事，乃合於禁門、書院間，以文儒、公卿寵之也。仍特給殯本錢三千貫。《穆宗紀》：元和十五年，八月，賜教坊錢五千貫，充息利本錢。長慶三年，十月，賜內蘭使公廨本錢一萬貫，軍器使三千貫。《懿宗紀》：咸通五年，五月，以南蠻侵犯湖南，桂州是嶺路係口，諸道兵馬、綱運，無不經過，頓遞供承，動多差配。潭、桂兩道，各賜錢三萬貫，以助軍錢，亦以充館驛息利本錢。江陵、江西、鄂州三道，比於潭、桂，徭配稍簡。令本道觀察使詳其閒劇，準此例興置。《禮樂志》：永泰二年，國子學成，貸錢一萬貫，五分收錢，以供監官、學生之費。《新唐書·宦者·魚朝恩傳》云：賜錢千萬，取子錢供秩飯。蓋無一事不恃爲經費之源矣。公家將資本放出，使民閒得資周轉，免於閒置，又得取其利息，以充經費，似亦未爲失計。然其授受之間，必盡守私家貸貸之法乃可。若其別有所挾，則其弊不可勝窮矣。

《宋史·寧宗紀》：嘉泰四年，七月，"蠲内外諸軍逋負營運息錢。"則宋時諸軍，仍有從事營運者。《遼史·聖宗紀》：開泰二年，七月，"詔以敦睦宮子錢振貧民。"此子錢亦必取之於民者也。《食貨志》："聖宗乾亨間，以上京云爲户，訾具實饒，善避徭役，遺害貧民。遂勒各户，凡子錢到本，悉送歸官，與民均差。"云爲户，蓋藉代官營運而免役者。《元史·河渠志》：蜀堰之成，餘款二十萬一千八百緡，責灌守以貸於民，歲取其息，以備祭祀及淘灘、脩堰之費。《百官志》：大司農司供膳司，所屬有輔用庫，掌規運息錢，以給供需。太醫院大都惠民局，掌收官錢，經營出息，市藥脩劑，以惠貧民。《食貨志》：惠民藥局：太宗九年，始於燕京等十路置局。官給銀五百錠，爲規運之本。世祖中統二年，又命王祐置局。四年，復置局於上都。每中統鈔一百兩，收息錢一兩五錢。至元二十五年，以陷失官本，悉罷革之。至成宗大德三年，又準舊例，於各路設置焉。内宰司廣惠庫，至元三十年，以鈔本五千錠立庫，放典收息，納於備用庫。《世祖紀》：至元十四年，二月，"立永昌路山丹城等驛。仍給鈔千錠爲本，俾取息以給驛傳之須。諸王只必鐵木兒言：永昌路驛百二十五，疲於供給，質妻孥以應役。詔賜鈔百八十錠贖還之。"《武宗紀》：大德十一年，七月，"從和林省臣請，如甘肅省例，給鈔二千錠，歲收子錢，以佐供給。"至大三年，十月，"三寶奴言：故丞相和禮霍孫時，參議府左右司斷事官、六部官日具一膳，不然則抱飢而還，稽誤公事，今則無以爲資。乞各賜鈔二百錠規運，取其息錢以爲食。制可。"《仁宗紀》：延祐六年，六月，"賜大乾元寺鈔萬錠，俾營子錢，供繕脩之費。"十一月，"中書省臣言：曩賜諸王阿只吉鈔三萬錠，使營子錢，以給田獵廩膳，毋取諸民。今其部阿魯忽等出獵，恣索於民，且爲姦事。宜令宗正府、刑部訊鞫之，以正典刑。制曰可。"《順帝紀》：至正六年，十二月，"詔復立大護國仁王寺昭應宮財用規運總管府，凡貸民間錢二十六萬餘錠。"《孔思晦傳》：仁宗時，襲封衍聖公。"子思書院舊有營運錢萬緡，貸於民，取子錢以供祭祀。久之，民不輸子錢，并負其本。思晦理而復之。"皆可見出舉關涉之廣也。

宋時布帛，有所謂預買者。《宋史·食貨志》云：太宗時，馬元方爲三司判官，建言："方春乏絕時，預給庫錢貸民，至夏秋令輸絹於官。"大中祥符三年，河北轉運使李士衡又言："本路歲給諸軍帛七十萬，民間罕有緡錢，常預假於豪民，出倍稱之息。至期則輸賦之外，先償逋欠，以是工機之利愈薄。請預給帛錢，俾及時輸送，則民獲利而官亦足用。"詔優予其直。自是諸路亦如之。或蠶事不登，許以大小麥折納。仍免倉耗及頭子錢。亦見元方及仕衡傳。案《五代史·常思傳》："廣順三年，徙鎮歸德，居三年，來朝，又徙平盧。思因啓曰：臣居宋，宋民負臣絲息十萬兩，願以券上進。太祖頷之。案時居位者應爲世宗。即焚其券，詔宋州悉蠲除之。"思蓋名進其券，實冀朝廷爲之徵償也。《通鑑》後唐莊宗同光二年，"孔謙貸民錢，使以賤價償絲，屢檄州縣督之。翰林學士承旨、權知汴州盧質上言：梁趙巖爲租庸使，舉貸誅斂，結怨於人。陛下革故鼎新，爲人除害，而有司未改其所爲，是趙巖復生也。"此與宋之預買，雖緩急不同，原其朔則同爲一事。蓋民間先有此等剝削之法，官乃恃其財勢，從而攘其利耳。故預買本意，雖在寬民，後亦變爲剝削之政矣。《宋史·王隨傳》：真宗時，"遷淮南轉運使，父憂，起復。時歲比饑，隨敕屬部出庫錢，貸民市種糧，歲中約輸絹以償，流庸多復業。"此亦初興時之預買。《張美傳》：太祖時，"拜定國軍節度。縣官市木關中，同州歲出緡錢數十萬以假民，長吏十取其一，謂之率分錢，歲至數百萬。美獨不取。他郡有詣闕訴長吏受率分錢者，皆命償之。"此則由預買變爲放債矣。依糴價亦豫給，見《青苗法》條。

　　《清史稿·陳鴻傳》：道光二年，"奉命稽察銀庫。其妻固賢明，曰：可送妾輩歸矣。驚問之，曰：銀庫美差，苟爲所染，暱君者麕至，禍且不測，妾不忍見君菜市也。鴻指天自誓，禁絕賂遺。中庭已列花數盆，急揮去，盆墮地碎，中有藏鏹，益聳懼。遂奏庫衡年久鐵陷，請敕工部選精鐵易之。送庫日，責成管庫大臣率科道庫員校驗，然後啓用。禁挪壓餉銀、空白出納，及劈鞘諸弊。庫吏百計餂之，不動。復請戶部逐月移送收銀總簿；別立放銀簿，鈐用印信，以資考覈。先是御史趙佩湘馭吏嚴，其死也，論者疑其中毒。鴻涖庫，勺水不敢飲。"又《徐法績傳》："遷給事中。稽察銀庫，案事在道光九年後。無所染。（道光）十二年，分校會試。同官與吏乘隙爲姦，匿雲南餉銀。法績出闈，亟按之，謀始沮。"《論》曰："陳鴻、徐法績，清操相繼，冀挽頹風，而庫藏大獄，卒發於十數年之間，甚矣實心除弊之罕覯其人也！"案所謂庫藏大獄者，事在道光二十三年，虧空凡九百萬兩，見《黃爵滋傳》。又《和瑛傳》：爲喀什噶爾參贊大臣，"劾喀喇沙爾歷任辦事大臣，私以庫款貸與軍民及土爾扈特回子，取息錢入己，降革治罪有差。"則知私以庫款出貸，歷代皆有其事。

　　又《覺羅寶興傳》：道光時，爲四川總督。"以馬邊諸廳、縣增設防兵，籌議邊防經費,請按糧津貼,計可徵銀百萬兩。以三十萬爲初設防兵之需。每歲經費,即以餘銀七十萬兩生息,置田供支。上以津貼病民,撥部帑銀百萬。翰林院侍讀學士王炳瀛奏:四川前買義田,徧及百餘州縣。若更以數十萬帑銀於各州縣買田收租,膏腴將盡歸公產。請限於四廳近邊地收買,安置屯防。下寶興妥議。疏言:邊防完竣,用銀二十二萬兩有奇。以三十七萬發鹽茶各商,歲得息三萬七千餘兩,足敷增設練勇餉械之需。餘銀四十萬,聽部撥別用。遂罷買田議。"此事亦見《何凌漢傳》,可以參觀。隋代以興生賢於出舉,給地賢於迴易,此則適與相反,足見社會情形,隨世變易也。存商利息,不過一分,亦遠較前代爲輕。

《新唐書·苗晉卿傳》:爲魏郡太守,"會入計,因上表請歸鄉里。出俸錢三萬爲鄉學本,以教授子弟。"則民間事業,亦多以出舉收息充經費。《宋史·常楙傳》:"爲浙東安撫使。值水災。兩浙及會稽、山陰死者暴露,與貧而無以爲斂者,以十萬楮置普惠庫,取息造棺以給之。"《黃𥊑傳》:"知台州。置養濟院;又創安濟坊,以居病囚;皆自有子本錢,使不廢。"此等雖出官辦,實與民間自辦者無異,故亦稱善政。公家之出舉,所惡者原在其恃勢橫行,實同豪奪,而非在其出舉也。

《元史·姦臣·盧世榮傳》:世榮奏:"國家雖立平準,然無曉規運者,以致鈔法虛弊,諸物踴貴。宜令各路立平準周急庫,輕其月息,以貸貧民。如此,則貸者衆而本且不失。"此欲出貸,與隋、唐之出舉不同;所云規運,亦與其所謂興生者大異。世榮理財之策,不徒非歷代計臣所知,并非學人議論所及,疑實來自西域。其能行於中國與否,自難遽斷,然入諸《姦臣傳》,則實厚誣也。

公家亦有入舉者,已見《古振貸二》條。宋元嘉二十七年北伐,揚、南徐、兗、江四州,富民家貲滿五千萬,僧尼滿二千萬者,并四分換一。過此率討,事息即還。蕭穎胄起兵,史亦言其換借富資,以充軍費。當時所謂換,即今所謂借也。《元史·王檝傳》:"戊子,宋理宗紹定元年,成吉思汗死之明年也。奉監國公主命,領省中都。屬盜起信安,結北山盜李密,轉掠近縣。檝曰:都城根本之地,何可無備?引水環城。調度經費,檝自爲券,假之賈人,而斂不及民。"燕帖木兒之起,伯顏應之,亦借貸商人,許以倍息。此等皆在用兵之時。《新唐書·薛仁貴傳》:子訥,遷藍田令。"富人倪氏,訟息錢於蕭政臺。中丞來俊臣受賕,發義倉粟數千斛償之。訥曰:義倉本備水旱,安可絕衆人之仰私一家?報上不與。會俊臣得罪,亦止。"訟息錢而判以義倉粟爲償,其事殊不可解。度其貸款,必與地方公務有關涉也,此則在於平時矣。

〔六八七〕　官家出舉下

專制之世，官私不甚分明。官之所爲，與作官者之所爲，往往混爲一談；而私家之所爲，亦有託諸官或作官之人者。出舉其一事也。

《史記·蕭相國世家》言：高祖擊黥布，數使使問相國何爲。客有説相國買田地，貰貸以自汙者。此説，蓋漢初治縱橫家言者所造，不足信，然當時有此等事，則可想見也。《漢書·王子侯表》：旁光侯殷，元鼎元年坐貸子錢不占租、取息過律，會赦，免；陵鄉侯訴，建始二年坐使人傷家丞，又貸穀息過律，免；其明證矣。《宋書·蔡興宗傳》："遷會稽太守。會土全實，民物殷阜。王公妃主，邸舍相望，撓亂在所，大爲民害。子息滋長，督責無窮。興宗悉啓罷省。"《隋書·秦王俊傳》：鎮并州，"出錢求息，民吏苦之。"《舊唐書·高季輔傳》：太宗時上封事，言"公主、勳貴，放息出舉，追求什一。"《新唐書·徐有功傳》：博州刺史琅琊王沖，責息錢於貴鄉，遣家奴督斂，與尉顏餘慶相聞知。《遼史·道宗紀》：清寧三年，十二月，"禁職官於部內假貸、貿易。"太康九年，七月，"禁外官部內貸錢取息，及使者館於民家。"《金史·馬琪傳》："世宗謂宰臣曰：比者馬琪主奏高德温獄，其於富户寄錢，皆略不奏。朕以琪明法律而正直，所爲乃爾。稱職之才，何其難也？"《元史·刑法志·禁令》："諸監臨官輒舉貸於民者，取與俱罪之。"《明史·太祖諸子傳》：寧王宸濠，"責民間子錢，强奪田宅、子女。"《外戚傳》：孫忠，"家奴貸子錢於濱州民，規利數倍，有司望風奉行，民不堪，訴諸朝，言官交章劾之。命執家奴戍邊，忠不問。"皆作官之人。若貴勢之家，自以其錢出貸，非以官錢也。其與官相依倚者，則如漢掖庭獄"爲人起責，分利受謝"；《漢書·谷永傳》。羅裒致千餘萬，舉其半賂遺曲陽、定陵侯，依其權力，賒貸郡國；《貨殖傳》。北齊諸商胡，負官債息者，宦者陳德信縱其妄注淮南富家，令州縣徵責，《北齊書·盧潛傳》。皆是。《明史·楊松傳》：附《駱開禮傳》。"歷官御史，巡視皇城。尚膳少監黃雄徵子錢與民鬨，兵馬司捕送松所。事未決，而内監令校尉趣雄入直，詭言有駕帖。松驗問無有，遂劾雄詐稱詔旨。帝穆宗令黜兵馬司官，而鐫松三級，謫山西布政司照磨。"則并有依託宫禁者矣。

與官相依倚者，以商人爲最多。以其兼事出舉、興生，二者皆有恃於官勢也。《魏書·高宗紀》：和平二年，正月，詔曰："刺史牧民，爲萬里之表。自頃每因發調，逼民假貸，大商富賈，要射時利，旬日之間，增贏十倍。上下通同，分以潤屋。爲政之弊，莫過於此。其一切禁絕。犯者十匹以上皆死。"此所謂假貸，蓋謂賒欠貨物，即晁錯所謂"乘上之急，所賣必倍"，乃興生之事，非出舉之事也。然游資在手，兼事出舉，自亦甚便。故劉從諫署賈人子爲牙將，使行賈州縣，其人遂所在暴橫，賣子貸錢矣。《新唐書》本傳。

《舊唐書·杜亞傳》：充東都留守。"既病風，尚建利以固寵。奏請開苑內地爲營田，以資軍糧，減度支每年所給。從之。""苑內地堪耕食者，先爲留司中官及軍人等開墾已盡。亞計急，乃取軍中雜錢舉息與畿內百姓。每至田收之際，多令軍人車牛，散入村鄉，收斂百姓所得菽粟將還軍。民家略盡，無可輸稅，人多艱食，由是大致流散。"此軍人從事放債者也。《明史·顏鯨傳》："擢御史，出視倉場。姦人馬漢，怙定國公勢，貸子錢漕卒。償不時，則没入其糧，爲怨家所訴。漢持定國書至，鯨立論殺之。"則又貴勢之放債於軍人者矣。

《北齊書·循吏·蘇瓊傳》：遷南清河太守。"道人道研爲濟州沙門統，資產巨富，在郡多有出息，常得郡縣爲徵。及欲求謁，度知其意，每見則談問玄理，應對肅敬。研雖爲債數來，無由啓口。"此可見當時僧人，亦多與官吏相結託。

與官吏相結託者，不過取其權力而已，綱紀頹敝之世，又有不待官而自行之者。《通鑑》後漢高祖乾祐元年，蜀司空兼中書侍郎、同平章事張業，於私第置獄繫負債者，或歷年，至有瘐死者，是也。然此等事非可常行，故與官結託者究多。

士大夫亦有以貰貸爲可恥者。《宋書·王弘傳》：父珣，"頗好積聚，財物布在民間。珣薨，弘悉燔燒券書，一不收責。"《顧覬之傳》："五子：約、緝、綽、縝、綝。綽私財甚豐，鄉里士庶多負其責，覬之每禁之不能止。及後爲吳郡，誘綽曰：我常不許汝出責，定思貧薄亦不可居。民間與汝交關，有幾許不盡，及我在郡，爲汝督之。將來豈可得？凡諸券書皆何在？綽大喜，悉出諸文券一大廚與覬之。覬之悉焚燒，宣語遠近：負三郎責，皆不須還，凡券書悉燒之矣。綽懊歎彌日。"《齊書·崔慰祖傳》："父梁州之資，家財千萬，散與宗族。料得父時假貰文疏，謂族子紘曰：彼有，自當見還，彼無，吾何言哉？悉火焚之。"《宋史·陳希亮傳》："幼孤，好學。年十六，將從師。其兄難之，使治錢息三十餘萬。希亮悉召取錢者，焚其券而去。"皆其事也。然此等人如鳳毛麟角矣。

士大夫亦有入舉者。如范質兄子杲，家貧，貸人錢數百萬是也。《宋史·質傳》。此等人，謹慎守法者，亦多爲債主所苦。《舊唐書·崔衍傳》：繼母李氏，不慈於衍，而衍事李氏益謹。李氏所生子郃，每多取子母錢，使其主以契書徵負於衍。衍歲爲償之。故衍官至江州刺史，而妻子衣食無所餘。蓋其盤剝頗深矣。宋王旦爲中書舍人，家貧，與昆弟貸人息錢，違期，以所乘馬償之。《宋史·王祐傳》。太宗并用李沆、宋湜、王化基爲右補闕、知制誥，各賜錢百萬。又以沆素貧，多負人錢，別賜三十萬償之。《宋史沆傳》。亦其事也。其豪橫者，則或不作償計。《漢書·高惠高后文功臣表》：河陽嚴侯陳涓，子信，坐不償人責過六月，免，其最早者矣。《宣元六王傳》：朱博自言負責數百萬，淮南憲王欽遣吏爲償二百萬。《佞幸傳》：鄧通敗後，家負責數巨萬。《後漢書·梁冀傳》：冀從士孫奮貸錢五千萬，奮與以三千萬。此等蓋皆相交關爲姦利，非迫於用，其借以供揮霍者。則如《潛夫論》言："王侯、貴戚、豪富，高負千萬，不肯償責。小民守門號哭啼呼，曾無怵惕惨怛哀矜之意。苟崇聚酒徒無行之人，或毆擊責主，入於死亡。諸妄驕奢、作大責者，必非救飢寒而解困急，振貧窮而行禮義者也，咸以崇驕奢而奉淫湎耳。"《斷訟》。是其事也。小民安有錢可以出借？蓋皆出於賒欠。漢高祖從王媼、武負貰酒；呂母益釀醇酒，賒與少年來沽者；《後漢書·劉盆子傳》。潘璋居貧好賒沽；皆是。王符又言："永平時，諸侯負責，輒有削黜之罰，其後皆不敢負民。"可見負民習爲恒事。然究不能不受法律之裁正，故又必崇聚酒徒無行之人，以其不畏法律也。此等可謂不法已極。唐章懷太子之子守禮，常帶數千貫錢債。或諫之。守禮曰：豈有天子兄，沒人葬？《舊唐書·高宗諸子傳》。轉爲愿樸者矣。

《宋史·姦臣·呂惠卿傳》：鄧綰言其兄弟強借秀州富民錢買田。此説未知信否。然以詆惠卿縱誣，當時必自有此等事。此又貴勢入舉之一種也。

《新唐書·宋璟傳》："京兆人權梁山謀逆，勅河南尹王怡馳傳往按，牢械充滿，久未決，乃命璟爲留守，復其獄。初，梁山詭稱婚集，多假貸，吏欲并坐貸人。璟曰：婚禮借索大同，而狂謀率然，非所防億。使知而不假，是與爲反。貸者弗知，何罪之云？平縱數百人。"假貸何必分向數百人？數百人何以皆信之？其事殊不可解。梁山蓋豪俠者流？其詭稱婚集，蓋亦如今豪俠者所謂"開賀"？特今則竟以相遺，爾時則猶稱假貸耳。史言陳湯家貧，匄貸無節，此與漢高、潘璋、從呂母賒沽之少年，正漢諸侯王所崇聚者耳。

《宋史·李漢超傳》："遷齊州防御使兼關南兵馬都監。人有訟漢超強取其女爲妾及貸而不償者，太祖召而問之曰：汝女可適何人？曰：農家也。又問：漢超未至關南，契丹如何？曰：歲苦侵暴。曰：今復爾邪？曰：否。太祖曰：漢超，朕之貴臣也，爲其妾，不猶愈於農婦乎？使漢超不守關南，尚能保汝家之所有乎？責而遣之。密使諭漢超曰：亟還其女并所貸。朕姑貰汝，勿復爲也。不足於用，何不以告朕耶？"此人敢與漢超訟，訟而能達九重，必非貧弱，漢超蓋亦擇富民而魚肉之耳。

　　時愈晚，則出舉取利之事愈多。《宋史·文苑·賀鑄傳》："以尚氣使酒，不得美官，悒悒不得志。食官祠禄，退居吳下，以是杜門，將遂其老。家貧，貸子錢自給。有負者，輒折券與之。秋豪不以丐人。"又《孝義·郝戡傳》："家貧，竭力營養。或憐傷之，貸以錢數百萬，使取息自贍。戡重謝，留錢五六年不用，復返之。"此雖尚與子錢家所爲有異，然亦足見士大夫之恃子錢自活者日多矣。

〔六八八〕　京　債

　　《陔餘叢考》卷三十三，有一條論歷代放債起息之重輕，其論近代京債云："富人挾貲住京師，遇月選官之不能出京者，量其地之遠近，缺之豐嗇，或七八十兩作百兩，謂之扣頭。甚至有四扣、五扣者，其取利最重。按此事古亦有之。《史記·貨殖傳》：吳楚七國反時，長安列侯當從軍者，欲貸子錢，子錢家莫肯貸，惟無鹽氏捐金出貸，其息十之。吳楚平，而無鹽氏之息十倍。曰子錢家，則專有此出錢取息之人，如今放京債者也。曰息十倍，則如今京債之重利也。又《舊唐書·武宗紀》：中書奏選官多京債，到任填還，致其貪求，罔不由此。乃定户部預借料錢到任扣還之例。此又後世京債故事，及官借俸錢之始。"愚案：肯貸款者獨一無鹽氏，可見當時所謂子錢家者，并不注意於此，故此例實不甚切。唐武宗時事，見《舊唐書·本紀》會昌二年，則真後世之京債也。《宋史·呂祐之傳》："端拱中，副呂端使高麗，假内府錢五十萬以辦裝。還遇風濤，舟欲覆，祐之悉取所得貨沈之，即止。復獻《海外覃皇澤詩》十九首。太宗嘉之，仍蠲其所貸。"此亦官借俸錢之類也。

　　《舊唐書·高瑀傳》云："大和初，忠武節度使王沛卒。物議以陳、許軍四征有功，必自擇帥，或以禁軍之將得之。宰相裴度、韋處厚議：瑀深沈方雅，曾刺陳、蔡，人懷良政，又熟忠武軍情，欲請用瑀。事未聞，陳、許表至，果請瑀爲帥。乃授忠武節度使。自大曆已來，節制除拜，多出禁軍中尉。凡命一帥，必廣輸重賂。禁軍將校當爲帥者，自無家財，必取資於人，得鎮之後，則膏血疲民以償之。及瑀之拜，以内外公議，縉紳相慶曰：韋公作相，債帥鮮矣！"然則京債之盤剝，又不止於文臣也。《后妃傳》：文宗母蕭氏，因亂去鄉里，有母弟一人。文宗詔閩越求訪。后，福建人。有蕭洪者，冒充后弟。上以爲復得元舅，拜河陽懷節度使，遷鄜坊。先是，有自神策兩軍出爲方鎮者，軍中多資其行裝，至鎮三倍償之。時有自左軍出爲鄜坊者，資錢未償而卒，乃徵錢於洪。洪不肯。卒以此敗。此則以軍人而放京債，無怪其神通之廣大矣。《宋史·尹洙傳》：知潞州，"部將孫用，由軍校補邊，自京師貸息錢到官，無以償。洙惜其才可用，恐以犯法罷去，假公使錢爲償之。"區區軍校補邊，亦爲京債所及，可謂無微不至矣。

《清史稿·劉蔭樞傳》：康熙時，除刑科給事中。疏言："京師放債，六七當十。半年不償，即行轉票，以子爲母。數年之間，累萬盈千。乞敕嚴立科條，照實貸銀數，三分起息。"與甌北所言，如出一轍。

〔六八九〕　營　　債

軍人不徒剝削債帥也，亦剝削其兵士。《宋史·兵志》：政和二年，臣僚言："祖宗軍政大備，比多逃亡，其弊有六。""二曰舉放營債。"所謂舉放營債，蓋貸款於兵士而收其息也。《志》又載熙寧十年，詔："安南道死、戰没者，所假衣奉，咸蠲除之。弓箭手、民兵、義勇等，有貸於官者，展償限一年。"出征須自假貸，其役使之酷可想。《元史·成宗紀》：大德元年，十二月，中書省臣同河南平章字羅歡等言："外郡戍卒封樁錢，軍官遷延，不以時取，而以己錢貸之，徵其倍息。"《兵志》：世祖至元十年，八月，"禁軍吏之長舉債，不得重取其息，以損軍力。違者罪之。"《刑法志·職制上》：軍官之罪，有"舉債倍息"。《職制下》："諸軍官役其出征軍人家屬，又借之錢而多取其息者，并坐之。"足見其弊之普徧。《明史·王章傳》："出按甘肅。邊卒貸武弁金，償以賊首，武弁以冒功，坐是數啓邊釁。章著令，非大舉毋得以零級冒功。"更可謂無奇不有矣。

坐此剝削，故兵士甚貧。《宋史·高宗紀》：紹興二十九年，五月，"禁權要豪民舉錢軍中取息。"《遼史·文學·蕭韓家奴傳》：重熙間，應詔言："戍卒之食，多不能給。求假於人，則十倍其息，至有粥子、割田不能償者。"《金史·奧屯忠孝傳》："改沁南軍。坐前在衛州句集妨農軍借民錢不令償，由是貧富不相假貸，軍民不相安，降寧海州刺史。"足見軍士之須假貸，歷代皆然也。兵之陵民，何所不至？而至於舉錢取息，則不得不受其羈靮。錢之爲力，可謂大矣。

《三國志·高柔傳》云："護軍營士竇禮近出不還。營以爲亡，表言逐捕，没其妻盈及男女爲官奴婢。盈連至州府，稱冤自訟，莫有省者。乃辭詣廷尉。

柔問曰：汝何以知夫不亡？盈垂泣對曰：夫少單特，養一老嫗爲母，事甚恭謹，又哀兒女，撫視不離，非是輕狡不顧室家者也。柔重問曰：汝夫不與人有怨讎乎？對曰：夫良善，與人無讎。又曰：汝夫不與人交錢財乎？對曰：嘗出錢與同營士焦子文，求不得。時子文適坐小事繫獄。柔乃見子文，問所坐。言次，曰：汝頗曾舉人錢不？子文曰：自以單貧，初不敢舉人錢物也。柔察子文色動，遂曰：汝昔舉寶禮錢，何言不邪？子文怪知事露，應對不次。柔曰：汝已殺禮，便宜早服。子文於是叩頭，具首殺禮本末，埋藏處所。柔便遣吏卒，承子文辭往掘禮，即得其尸。詔書復盈母子爲平民。班下天下，以禮爲戒。"此又營伍之中，自相假貸之事也。寶禮信非輕狡，然觀其事，則知出舉取利，謹厚者亦復爲之矣。

〔六九〇〕　民　間　借　貸

借貸之事，在城市者，蓋以工商爲多，鄉村則多農民。鄉村貲財少，農民又多愿樸，故其盤剝爲尤酷。晁錯説漢文帝，言商人兼并農人，蓋其意主抑商，故但言商人；其實田連阡陌之家，亦未嘗不如是也。《後漢書·樊宏傳》，言其父重，"世善農稼，好貨殖，開廣田土三百餘頃，年八十餘終。其素所假貸人間數百萬，遺令焚削文契。責家聞者皆慙，爭往償之。諸子從勑，竟不肯受。"《魏書·盧義僖傳》："義僖少時，幽州頻遭水旱。先有穀數萬石貸民。義僖以年穀不熟，乃燔其契。"《北齊書·盧叔武傳》："叔武在鄉時，有粟千石。每至春夏，鄉人無食者，令自載取，至秋，任其償，都不計較，而歲歲常得倍餘。"《北史·李士謙傳》："士謙出粟萬石，以貸鄉人。屬年穀不登，責家無以償，皆來致謝。士謙曰：吾家餘粟，本圖振瞻，豈求利哉？於是悉召債家，爲設酒食，對之燔契。明年，大熟，責家爭來償。士謙拒之，一無所受。"此等多粟之家，蓋皆當時之大地主也。諸人皆獲好義之名，然合全局觀之，則必求利者其常，而振施者其變矣。《宋史·食貨志》言：太宗時，"富者操奇贏之資，貧者取倍稱之息，一或小稔，責償愈急，税調未畢，貲儲罄然。遂令州縣戒里胥、鄉老察視，有取富民穀麥貲財，出息不得踰倍，未輸税，毋得先償私逋，違者罪之。""宣仁太后臨朝，起司馬光爲門下侍郎。光抗疏曰：四民之中，惟農最苦。幸而收成，公私之債，交爭互奪。穀未離場，帛未下機，已非己有。"其言之可謂痛矣。放此等債者，其追索恒特酷。宋武帝負刁逵社錢三萬，爲所執錄，事見《南史·本紀》。《魏書·刁雍》及《島夷傳》皆同，惟《北史·雍傳》作一萬。其後輾轉報復，可謂以涓涓之流，而釀滔天之禍。宋武亦豪傑之流，而猶如此，況於羸弱者乎？《宋史·崔與之傳》，言民有窘於豪民逋負，毆死其子誣之者，蓋誠有所不得已也。

亦有商人、地主，合而爲一者。《清史稿·循吏·鄭敦允傳》：附《狄尚絅傳》。道光八年，出爲湖北襄陽知府。"襄陽地瘠民貧，客商以重利稱貸，田産折入客籍者多。敦允許貸户自陳，子浮於母則除之。積困頓蘇。"以商人貸款而準折人田産，此晁錯所以謂商人兼并農人也。

乘人之急而魚肉之，已足誅矣。乃又有誘人使入陷阱者。《宋史·真宗紀》：大中祥符二年，正月，"詔誘人子弟析家産，或潛舉息錢，輒壞墳域者，令所在擒捕流配。"宜矣。

《元史·成宗紀》：大德五年，十月，"詔權豪勢要之家，佃户貸糧者，聽於來歲秋成還之。"此田主於收租之外，更以借貸剥削其佃户者也。

在城市者，蓋多以錢借貸。《元史·孝友傳》："孫秀實，大寧人。里人王仲和，嘗託秀實貸富人鈔二千錠，貧不能償，棄其親逃去。數年，其親思之，疾，秀實日餽薪米存問，終不樂。秀實哀之，悉爲代償，取券還其親。後命奴控馬齎金，訪仲和使歸，父子歡聚，聞者莫不歎美。又李懷玉等貸秀實鈔一千五百錠，度無以償，盡還其券不徵。"此等皆爲數頗巨，蓋工商有貲産者。《梁書·王志傳》：天監元年，遷丹陽尹。"京師有寡婦，無子，姑亡，舉債以斂葬，既葬而無以還之。志愍其義，以俸錢償焉。"則凡民之迫於用者也。《史記·貨殖列傳》：長安有子錢家。《元史吳鼎傳》：同知中政院事。"浙有兩富豪曰朱、張家，多貸與民錢。其後兩家誅没，而券之已償者，亦入於官，官惟驗券徵理，民不能堪。鼎力爲辨白，始獲免。"專以出貸爲事，蓋亦所謂子錢家矣。《宋史·吳奎傳》：權開封府。"富人孫氏幸權財利，負其息者，至評取物産及婦女。奎發孫宿惡，徙其兄弟於江淮間，豪猾畏斂。"子錢家之居輦轂下者，其神通，又非尋常之子錢家比也。

豪猾雖自有勢力，究仍多依倚官府。宋秦州民李益，民負息錢，官爲督理，引見《富人之不法》條。《金史·章宗紀》：明昌元年，八月，"禁指託親王、公主奴隸，占綱船，侵商旅，及妄徵錢債。"亦其倫也。《宋史·陳舜俞傳》：舜俞諍青苗法有云："祖宗著令：以財物相出舉，任從書契，官不爲理，其保全元元之意，深遠如此。"以官不理債務爲保全元元，蓋知官吏必左祖債主也。《儒林·黄震傳》："調吳縣尉，吳多豪勢家，告私債則以屬尉。民多飢凍窘苦，死尉卒手。震至，不受貴家告。"吳之豪勢家，亦秦之李益也。

官之右護富民，亦有出於不得已者。蓋既不能劃除貧富，又舉相沿已久、習以爲安之局而壞之，其爲患，必更有不堪設想者也。《宋史·沈立傳》：“遷兩浙轉運使。蘇、湖水，民艱食，縣戒强豪民發粟以振，立亟命還之，而勸使自稱貸，須歲稔，官爲責償。”《朱壽隆傳》：爲京東轉運使。“歲惡民移，壽隆諭大姓、富室畜爲田僕，舉貸立息，官爲置籍索之，貧富交利。”皆以此也。《崔與之傳》：知建昌之新城。“歲適大歉。有强發民廩者，執其首，折手足以徇，盜爲止。勸分有法，貧富安之。”《陳居仁傳》：“移建寧府。歲饑，出儲粟平其價，弛逋負以巨萬計，代輸畸零繭稅。有因告糴殺人者，會赦免，居仁曰：此亂民也，釋之將覆出爲惡，遂誅之。”意亦如是。然折其手足已甚矣，況殺之乎？

《金史·黄久約傳》：“時以貧富不均，或欲令富民分貸貧者，下有司議。久約曰：物之不齊，物之情也。貧富不均，亦理之常。若從或者言，適足以斂怨，非損有餘補不足之道。章宗時領右丞相，韙其議。”案行或者之言，則不得不官爲理欠，此其一難。然明二祖仁、宣時，曾令“富人蠲佃户租，大户貸貧民粟，免其雜役爲息，豐年償之。”見《明史·食貨志》。又《劉辰傳》：遷江西布政司參政。“歲饑，勸富民貸飢者，蠲其徭役，以爲之息。官爲立券，期年而償。”則迫之雖屬難行，勸之亦自有其術也。

富人莫能救恤，貧民自不得不相濡以沫。既曰貧民，安有餘力，則合衆之道尚焉。《新唐書·循吏傳》：韋宙，出爲永州刺史。“民貧無牛，以力耕。宙爲置社，二十家月會錢若干，探名，得者先市牛，以是爲準，久之，牛不乏。”此即後世糾會之法，緩急之藉以濟者多矣。

〔六九一〕　質　典

出舉者必不甘喪其所有也，於是乎有質典。可質典之物甚衆。《梁書·處士庾詵傳》：“隣人有被誣爲盜者，被劾安款。詵矜之，乃以書質錢二萬，令門生詐爲其親，代之酬備。”《南史·謝弘微傳》：曾孫僑，“素貴。嘗一朝無食，其子啓欲以《班史》質錢。答曰：寧餓死，豈可以此充食乎？”北齊祖珽，嘗以《華林偏略》數帙，質錢樗蒲。是書可爲質也。褚炫病，無以市藥，以冠劍爲質。《南史·褚彦回傳》。孫騰、司馬子如嘗詣李元忠，逢其方坐樹下，葛巾擁被，對壺獨酌，使婢卷兩褥，以質酒肉。及卒，又以金蟬質絹，乃得斂焉。杜甫之詩曰：“朝回日日典春衣，每向江頭盡醉歸。”詩人之辭，似不容盡據爲典實。然《宋史·張秉傳》言：“秉好飭衣服，潔饌具。每公宴及朋友家集會，多自挈看膳而往。家甚貧，常質衣以給費焉。"則杜陵之辭，亦非盡子虛矣。是凡衣飾皆可爲質也。《元史·儒學·胡長孺傳》：爲台州寧海縣主簿。"永嘉民有弟質珠步搖於兄者，贖焉，兄妻愛之，紿以亡於盜。屢訟不獲直，往告長孺。長孺曰：爾非吾民也，叱之去。未幾，治盜。長孺嗾盜誣兄受步搖爲臧，逮兄赴官，力辨數弗置。長孺曰：爾家信有是，何謂誣耶？兄倉皇曰：有固有之，乃弟所質者。趣持至驗之。呼其弟示曰：得非爾家物乎？弟曰：然。遂歸焉。"此又以貴重之物爲質者也。以物爲質而後出舉，實最利於舉主。然舉主必資力雄厚，且必能保守其質物。獨力不給，集衆爲之，而典肆興矣。然非一蹴可幾也。

《南史·循吏傳》：甄法崇孫彬。"嘗以一束苧就州長沙寺庫質錢。後贖苧還，於苧束中得五兩金，以手巾裹之，彬得，送還寺庫。道人驚云：近有人以此金質錢，時有事不得舉而失。檀越乃能見還，輒以金半仰酬。往復十餘，彬堅然不受。"案《齊書·褚淵傳》言：淵死後，弟澄，"以錢萬一千，就招提寺贖太祖所賜淵白貂坐褥，壞作裘及纓。"則當時僧寺，實爲一質押稱貸之所。《魏書·釋老志》：永平二年冬，沙門統惠深上言："比來僧尼，或因三寶，出貸私財。"僧尼且然，豈況於寺？出舉而多受質物，則寺庫立矣。《舊唐書·德宗紀》：建中三年，"借京城富商錢，所得纔八十萬貫。少尹韋積，又取僦櫃質庫法拷索之。"《通鑑》云："括僦櫃質錢，凡蓄積錢帛粟麥者，皆借四分之一，封其櫃窖。"胡《注》云："民間以物質錢，異時贖出，於母錢之外復還子錢，謂之僦櫃。"《通鑑》本文，質字下似奪庫字。綜觀諸文，蓋藏錢帛之所謂之櫃，粟麥之所謂之窖，出於錢粟之外者，則謂之庫也。至此則緣起僧寺，託於周急以自文者，公然爲牟利之舉矣。《老學庵筆記》云："今僧寺輒作庫質錢取利，謂之長生庫。"則宋時僧寺，猶有從事於此者，然日衰矣。《五代史補》云："慕容彥超之被圍也，勉其麾下曰：吾庫中金銀如山積，若全此城，盡以爲賜，汝等勿患富貴。有卒私言曰：侍中銀皆鐵胎，得之何用？諸軍聞之，稍稍解體。高祖入，有司閱其庫藏銀，鐵胎者果什七八。初，彥超令人開質庫，有以鐵胎銀質錢者，經年後庫吏始覺，言之彥超。初甚怒，頃之，謂吏曰：此易致耳，汝宜僞寶庫牆，凡金銀器用暨縑帛等，速皆藏匿，仍亂撒其餘，以爲賊踐，吾當擒此輩矣。庫吏如其教。彥超下令：恐百姓疑彥超隱其物，宜令三日內各投狀，明言質物色目，當倍償之。百姓以爲然，投狀相繼。翼日，鐵胎銀主果出。於是擒之，置之深屋中，使教部曲輩晝夜造，用廣府庫。此銀是也。"則五代時并有官典矣。

《金史·百官志》：“中都流泉務。大定十三年，上謂宰臣曰：聞民間質典，利息重者至五七分，或以利爲本，小民苦之。若官爲設庫務，十中取一爲息，以助官吏廩給之費，似可便民。卿等其議以聞。有司奏於中都、南京、東平、真定等處并置質典庫，以流泉爲名，各設使、副一員。凡典質物，使、副親評價直，許典七分，月利一分；不及一月者，以日計之。經二周年外，又踰月不贖，即聽下架出賣。出帖子時，寫質物人姓名、物之名色、金銀等第分兩、所典年月日、錢貫、下架年月之類。若亡失者，收贖日勒合干人，驗元典官本，并合該利息，陪償入官外，更勒庫子，驗典物日上等時估償之。物雖故舊，依新價償。仍委運司佐貳幕官識漢字者一員提控，若有違犯則究治。每月具數申報上司。大定二十八年十月，京府、節度州添設流泉務，凡二十八所。明昌元年，皆罷之。二年，在都依舊存設。”此典肆規制見於史最早者。其待質物者，較後世私典頗優。然此類事官辦必不能善，故後不得不皆罷也。《元史·文宗紀》：至順元年，正月，“賜燕帖木兒質庫一。”知元時亦有官典。然《刑法志·禁令》云：“諸典質不設正庫，不立信帖，違例取息者禁之。”則私典究盛矣。信帖，即金流泉務之帖子。《齊書·蕭坦之傳》：坦之死，收其從兄翼宗，“檢家赤貧，惟有質錢帖子數百。”此事《通鑑》見永元元年。《注》云：“質錢帖者，以物質錢，錢主給帖與之，以爲照驗，他日出子本錢收贖。”其昉也。

商業初興時，受官管制頗嚴，如《禮記王制》所載：“有圭璧金璋，不粥於市”等是也。典肆亦然。《元史·仁宗紀》：至大四年，九月，“禁衛士不得私衣侍宴服，及以質於人。”《寧宗紀》：至順三年，十月，“敕百官及宿衛士有只孫衣者，凡與宴饗，皆服以侍，其或質諸人者罪之。”《刑法志·職制下》：“諸管軍官輒以所佩金銀符充典質者，笞五十七，降散官一等。受質者減半。”皆是。然此等亦終成具文而已。

近代典業之興盛，實爲生計進步之一大端。私産未廢，貸貸之間，固終不能免於剝削，亦自有其淺深，不容不問其程度，一例誅責之也。“緩急人之所時有”，（《史記·游俠列傳》語。原意非指錢財，但愈至後世，緩急系於錢財者愈巨。）必不可無通融之所，而在鄉村爲尤難。自吾所傳聞之世，下逮少時所見，全國典肆，蓋有數千，而在鄉實多於在城。其受質也，主於粟米、絲綿、布帛、衣物；於他瑣屑之物，亦多受質。利率月二分。而其爲質者守護其作質之物，亦他放債者所弗逮也。又其受官管理頗嚴，故其營業頗爲穩固，存款者多樂於是，典肆得之，可以擴充其營業，而公私款項，亦有存放之所也。典肆之敗壞，實與銀圓之流行相關。當銀圓未行時，典肆實爲極穩固之業，逮其盛行,平錢稍盡,錢價日跌,典肆以受官管理故,出入仍皆用錢,而社會實已用銀。質物時得錢若干,將來仍以此數來贖,合之銀價,所虧甚巨,雖加息無益也。典肆在斯時,受創最巨。其後雖許改正,然民生日蹙,質物而不能贖者日多,且所質之物,多爲衣服。晚近風氣,裁製多尚新奇,而自洋布及人造絲盛行,衣服亦不如土布暨純絲所製紬緞之牢固,不贖者遂益增多,售諸衣莊,亦不能得善價,典肆遂紛紛倒閉矣。民國二十年後,上海銀行有至内地設抵押所者。然其所受之廣,及其與農民之相習,尚遠不如典肆也。倭難旋作,事亦遂輟。

鄉民除土地外,可以質典之物甚少,此兼并之所以盛行也。《宋史·仁宗紀》:天聖六年,九月,"詔河北災傷,民質桑土與人者悉歸之,候歲豐償所貸。"此等原欲保護貧民,然無益也。何者? 出舉者必不甘喪其所有,無質典,則借貸愈難也。《金史·高汝礪傳》:汝礪言:"循例推排",民"或虛作貧乏,故以產業低價質典"。足見質典之事,平時并不甚多。張駿嘗以穀帛付民,歲收倍利。利不充者,簿賣田宅。見《魏書》。宋時,以田宅抵市易錢久不償者,估實直如賣坊場河渡法。若未輸錢者,官收其租息。元豐二年令。見《宋史·食貨志》。此皆官家,故能如是。民間惟武斷者爲之,而兼并轉盛矣。此亦鄉間之典肆,所以有益於民也。

《宋史·劉文質傳》:子渙,"歷知邢、恩、冀、涇、澶五州。治平中,河北地震,民乏粟,率賤賣耕牛,以苟朝夕。渙在澶,盡發公錢買之。明年,民無牛耕,價增十倍。渙復出所市牛,以元直與民。澶民賴不失業。"此亦猶許其典質也。故典質者即或重取其息,較之迫買,相去終有間也。

以貨物爲抵,而貸款以經商者,爲《周官》之泉府。王莽亦行之。宋市易法、抵當所,亦頗得其意。市易法未能行,而抵當所卒不能廢。見《宋史·食貨志》、《職官志》。黃嘗知台州,"爲抵當庫";徐鹿卿爲江東轉運判官,"歲大饑,減抵當庫息";皆見《宋史》本傳。則地方亦頗藉以周轉。

《宋史·李謙溥傳》:子允正,雍熙四年,"遷閤門通事舍人。時女弟適許王,以居第質於宋偓。太宗詰之曰:爾父守邊二十餘年,止有此第耳,何以質之? 允正具以奏。即遣内侍齎錢贖還。縉紳咸賦詩頌美。"《向敏中傳》:"故相薛居正孫安上不肖,其居第有詔無得貿易,敏中違詔質之。會居正子惟吉妻婦柴,將攜資產適張齊賢,安上訴其事,柴遂言敏中嘗求娶己,不許,以是陰庇安上。"《金史·移剌子敬傳》:"卒,家無餘財,其子質宅以營葬事。"皆城市中以宅爲質者。

以人爲質,久爲法所不許,然亦終不能絶。《元史·刑法志·禁令》:“諸稱貸錢穀,奪人子女以爲奴婢者,重加之罪。”即其事也。前代奴婢,以罪没入與以貧窮粥賣者不同。以罪没入者可黥面,以貧窮粥賣者不能也。見《三國志·毛玠傳》。而《元史·世祖紀》:至元二十年,十一月,“禁雲南權勢多取債息,仍禁没人口爲奴,及黥其面者。”則并視如罪人矣。《宋史·食貨志》上:“寧宗開禧元年,夔路轉運判官范蓀言:本路施、黔等州荒遠,綿亘山谷,地曠人稀,其占田多者須人耕墾,富豪之家誘客户舉室遷去。乞將皇祐官莊客户逃移之法校定:凡爲客户者,許役其身,毋及其家屬;凡典賣田宅,聽其離業,毋就租以充客户;凡貸錢,止憑文約交還,毋抑勒以爲地客;凡客户身故,其妻改嫁者,聽其自便,女聽其自嫁。庶使深山窮谷之民,得安生理。刑部以皇祐逃移舊法輕重適中,可以經久,淳熙比附略人之法太重,今後凡理訴官莊客户,并用皇祐舊法。從之。”典賣田宅,而不許其離業;貸錢除交還外,又抑勒以爲地客;皆爲奴之漸也。淳熙比附略人法,亦必有其由,恐其不法,尚不僅如范蓀所言耳。

凡事獨力不如合衆徒,貸貲於人,而富家聯合爲之,乃近世錢莊所由興;其收受質物者,則典肆所由興也。故錢莊典肆之興,亦爲生計自然之演進。

〔六九二〕　借　貸　利　率

古書言利息最早者,爲《周官》泉府“以國服爲之息”之語。司農謂以其所賈之國所出爲息。假令其國出絲絮,則以絲絮償;其國出絺葛,則以絺葛償。説頗牽强,且亦未及息率。康成云:以其於國服事之税爲息。并據載師之文,而云:受園廛之田而貸萬泉者,則期出息五百。賈《疏》因并“近郊十一”等文用之,且推諸小宰八成之“稱貴”,其鑿空亦與司農同,其所言之利率,亦不足信矣。《史記·貨殖列傳》云:“封者食租税,歲率户二百。千户之君則二十萬,朝覲聘享出其中。庶民農、工、商賈,率亦歲萬息二千,百萬之家則二十萬,而更徭租賦出其中。衣食之欲,恣所好美矣。”《漢書·貢禹傳》云:“商賈求利,東西南北,各用智巧,好衣美食,一歲有十二之利。”而《食貨志》晁錯謂農夫“取倍稱之息”。如淳曰:“取一償二爲倍稱。”師古曰:“稱,舉也,今俗所謂舉錢者也。”案此猶今云借加倍償還之債。則當時息率之低者,爲今所謂二分,其高者則今所謂十分也。《史記·貨殖列傳》又云:“子貸金錢千貫;節駔會,貪賈三之,廉賈五之;此亦比千乘之家。”《集解》引《漢書音義》云:“貪賈未當賣而賣，未可買而買，故得利少而十得三；廉賈貴而賣，賤乃買，故十得五。"此説殊誤。金錢千貫，其什二正二十萬。三之五之，即《易・繋辭傳》"參伍以變"之"參伍"字，乃動字，非數字。此言賈人以駔會所平物價爲節度，而參伍用之，亦可得什二之利耳。故下文又總結之曰"他雜業不中什二，則非吾財"也。《貨殖列傳》又云："吳楚七國兵起時，長安中列侯封君行從軍旅，齎貸子錢。子錢家以爲侯邑國在關東，關東成敗未決，莫肯與。惟無鹽氏出捐千金貸，其息什之。三月，吳楚平。一歲之中，則無鹽氏之息什倍，用此富埒關中。"《索隱》云："出一得十倍。"此説更誤。本一息十，亙古未聞。果若所云，列侯封君，安肯俯首就範？其息什之，蓋亦謂子本相侔，即所謂倍稱之息。什倍，謂以十分之十加厚，非謂以一出，以十一入也。蓋以盤剝農夫之利率，施諸列侯封君耳。

《泉府注》云"王莽時，民貸以治產業者，但計贏所得受息，無過歲什一"，與《漢書・食貨志》合《王莽傳》云"收息百月三"，如淳曰"出百錢與民，月收其息三錢也"，二説不同，未知孰是。蓋《食貨志》所言爲定法，而初行時未能遽如法邪？

《魏書・張駿傳》：以穀帛付民，歲收倍利。利不充者，簿賣田宅。此亦倍稱之息，蓋沿民間舊習也。利不充即簿賣田宅，則民間出舉者所不能矣。

隋、唐之世，官之取於民者，遠過於秦、漢時之什二。公廨錢之制，見於《新書・食貨志》者：貞觀十五年，以捉錢令史主之，所主緡五萬錢以下，而市肆販易，月納息錢四千，此今所謂八分利也。永徽中，天下置公廨本錢，以典史主之，收贏十之七。開元十年罷之。十八年復，收贏十之六。元和十年新收置公廨本錢，則收息五之一。案《全唐文》卷三載玄宗詔云："比來公私舉放，取利頗深，有損貧下，事須釐革。自今已後，天下私舉質宜四分收利，官本五分收利。"《新唐書・禮樂志》：永泰二年，國子學成，貸錢一萬貫，五分收息。《舊唐書・沈傳師傳》："建中二年夏，勅中書、門下兩省分置待詔官三十員。各準品秩給俸錢、廩餼、幹力、什器、館宇之設；以公錢爲之本，收息以贍用。"傳師父既濟上疏，言"今官三十員，皆給俸錢、幹力，及廚廩、什器、廳宇，約計一月不減百萬。以他司息利準之，當以錢二千萬爲之本"，亦以五分爲率也。然則當時官貸五分，私貸四分，蓋視爲持平之利率，故中葉後咸遵之也。

古所謂倍稱之息者，并未言及其時之長短。然以理度之，其爲時必不長。以此等借貸，原出農家，必也春耕時借，秋穫時還也。設以半年爲期，則一年所得，將再倍其本矣。此其所以爲重也。後世則不論其時之長短，但息過於本則禁之。《舊五代史・梁末帝紀》：貞明六年，四月丁亥，《新五代史》作己亥。制："私放遠年債負，生利過倍，自違格條，所在州縣，不在更與徵理之限。"龍德元年，五月丙戌，制："公私債負，納利及一倍已上者，不得利上生利。"《唐明宗紀》：長興元年，圜丘赦制："應私債出利已經倍者，祇許徵本；已經兩倍者，本利并放。"《晉高祖紀》：天福六年赦詔："私下債負，徵利一倍者并放。"《宋史・太祖紀》：乾德四年，八月丁酉，"詔除蜀倍息。"《食貨志》：太宗時，"令州縣戒里胥、鄉老察視，有取富民穀麥貲財，出息不得踰倍。"《光宗紀》：淳熙十六年，閏五月，"免郡縣淳熙十四年以前私負。十五年以後，輸息及本者亦蠲之。"《金史・食貨志・和糴》：宣宗貞祐中，"上封事者言：比年以來屢艱食，雖由調度征斂之繁，亦兼并之家有以奪之也。收則乘賤多糴，困急則以貸人，私立券質，名爲無利，而實數倍。饑民惟恐不得，莫敢較者，故場功甫畢，官租未了，而囷已空矣。國朝立法，舉財物者，月利不過三分，積久至倍則止，今或不期月而息三倍。願明勅有司，舉行舊法，豐熟之日，增價和糴。"皆禁其踰倍者也。《元史・良吏・譚澄傳》：爲交城令。"歲乙未，籍民戶，有司多以浮客占籍，及征賦，逃竄殆盡，官爲稱貸，積息數倍，民無以償。澄入覲，因中書耶律楚材面陳其害，太宗惻然，爲免其逋。其私負者，年雖多，息取倍而止。"《劉秉忠傳》：秉忠上書世祖，時世祖未立。有云："今宜打算官民所欠債負，若實爲應當差發所借，宜依合罕皇帝聖旨，一本一利，官司歸還。凡陪償無名虛契所負，及還過元本者，并行赦免。"亦仍守中國舊法。其後遂自定爲法令。《布魯海牙傳》："世祖即位，擇信臣宣撫十道，命布魯海牙使真定。真定富民出錢貸人者，不踰時倍取其息。布魯海牙正其罪，使償者息如本而止。後定爲令。"《世祖紀》：至元六年，九月戊午，"敕民間貸錢取息，雖踰限，止償一本息。"《刑法志・禁令》："諸稱貸錢穀，年月雖多，不過一本一息。有輒取贏於人，或轉換契券，息上加息；或占人牛馬財産，奪人子女以爲奴婢者，重加之罪，仍償多取之息，其本息没官。"蓋皆《布魯海牙傳》所謂令者也。《成宗紀》：至元三十一年，六月，"完澤貸民錢，多取其息，命依世祖定制。"所指蓋亦此令。《陳思謙傳》："至順元年，拜陝西行臺監察御史。先是關陝大饑，民多粥産流徙，及來歸，皆無地可耕。思謙言聽民倍直贖之，使富者收兼并之利，貧者獲已棄之業。從之。"亦認倍稱爲合法者也。

　　月利不過三分，《金史・食貨志》外，又見《元史・世祖本紀》。至元十九年，四月，"定民間貸錢取息之法，以三分爲率"，其事也。亦重於漢時之什二。案《漢書・王子侯表》：旁光侯殷坐取息過律，陵鄉侯訢坐貸穀息過律，皆獲罪。則重利盤剥，久有法禁，但恒不易行耳。《周官》朝士："凡民同貨財者，令以國法行之，犯令者刑罰之。"司農云："同貨財謂合錢共買。"康成則云："富人畜積者，多時收斂之，乏時以國服之法出之。雖有騰躍，共贏不得過此，以利出者與取者；過此則罰之，若今時加貴取息坐臧。"釋"同貨財"未知孰是，謂其時有加貴取息坐臧之法，則必不誣也。

〔六九三〕　古代賤商之由

子貢廢著鬻財，而結駟連騎。束帛之幣，以聘享諸侯。所至，國君莫不分庭與之抗禮。烏氏倮以畜牧富，秦始皇帝令比封君，以時與列臣朝請。巴寡婦清擅丹穴之利，則以爲貞婦而客之。晁錯論當時商人，謂其交通王侯，力過吏勢。其重富人如此，然言及商賈，則又恒以爲賤，何哉？楊惲《報孫會宗書》曰："惲幸有餘禄，方糴賤販貴，逐什一之利，此賈竪之事，污辱之處，惲親行之，下流之人，衆毁所歸，不寒而栗。"可謂若將凂焉。又其甚者，"國君過市則刑人赦；夫人過市，罰一幕；世子過市，罰一帟；命夫過市，罰一蓋；命婦過市，罰一帷"。《周官·地官司市》。幾於刑餘之賤矣。豈真以其皇皇求財利，非士大夫之意，故賤之乎？非也。隆古之民好争，惟武健是尚，耕稼畜牧，已非所問。貿遷有無，更不必論矣。是惟賤者爲之。其後居高明者，非不欲自封殖，則亦使賤者爲之。《貨殖列傳》曰："齊俗賤奴虜。而刁閑獨愛貴之。桀黠奴，人之所惡也。惟刁閑收取，使之逐漁鹽商賈之利。"今所傳漢人樂府《孤兒行》曰："孤兒生，孤兒遇生，命當獨苦。父母在時，乘堅車，駕駟馬。父母已去，兄嫂令我行賈，南到九江，東到齊與魯。"王子淵《僮約》曰："舍後有樹，當裁作船。上至江州下到湔，主爲府掾求用錢。推訪蛮，販棕索。綿亭買席，往來都落。當爲婦女求脂澤，販於小市，歸都擔枲。轉出旁蹉，牽犬販鵝。武都買茶，楊氏儋荷。往來市聚，慎護姦偷。入市不得夷蹲旁卧，惡言醜罵。多作刀矛，持入益州，貨易羊牛。"雖諷刺之辭，或溢其實。游戲之文，不爲典要，然當時販鬻，皆使賤者爲之，則可見矣。《貨殖列傳》所列諸人，度亦深居，發踪指示，坐收其利，非真躬與賈竪處也。不然，安得曰"千金之子，不死於市"哉？且達官貴人，因好利故，至於與賈竪抗禮，而語及其人，則又賤之，亦非自舛倍也。近世淮南鹺賈，有起自奴僕者，士人或從之求匄，猶不欲與通婚姻。鄉人有嫁女軍人者，軍人故盜也。戚黨恥之，雖其人亦自慚惡。然恥之者，亦未嘗不以其從軍人餔啜爲幸。爲貪財利，乃蟻慕小人，語及家世，則又自矜亢，承流品之餘習，丁好利之末世，人之情固然，其無足怪。

附：市區

古代之市，皆自爲一區，不與民居相雜，所以治理之者甚備，監督之者亦嚴。其見於《周官》者，有胥師以察其詐僞；賈師以定其恒賈；司虣以禁其鬥囂；司稽以執其盜賊；胥以掌其坐作出入之禁令，肆長以掌其貨賄之陳列；而司市總其成。鄭《注》云："司市，市官之長。"又云"自胥師以及司稽，皆司市所自辟除也。胥及肆長，市中給繇役者"。又有質人以掌其質劑、書契、度量、淳制，廛人以斂其布。凡治市之吏，居於思次。司市："以次序分地而經市，凡市入，則胥執鞭度，守門市之羣吏平肆，展成奠賈，上旌於思次以令市。市師莅焉。而聽大治大訟。胥師賈師，莅於介次。而聽小治小訟。"《注》："次，謂吏所舍。思次，若今市亭也。介次，市亭之屬，別小者也。鄭司農云：思，辭也。次，市中候樓也。玄謂思當爲司，聲之誤也。"《天官》：内宰："凡建國，佐後立布，設其次，置其叙，正其肆，陳其貨賄，出其度量淳制。祭之以陰禮。"**通貨賄則以節傳出入之。**司市："凡通貨賄以璽節出入之。"司關："掌國貨之節，以聯門市。凡貨不出於關者，舉其貨，罰其人。凡所達貨賄者，則以節傳出之。"《注》："貨節謂商本所發司市之璽節也。自外來者，則案其節而書其貨之多少，通之國門，國門通之司市。自内出者，司市爲之璽節，通之國門，國門通之關門。"又云："商或取貨於民間，無璽節者至關，關爲之璽節及傳出之。其有璽節，亦爲之傳。傳如今移過所文書。"**物之藏則於廛。**《孟子·公孫丑》上："市廛而不征，法而不廛。"《注》："廛，市宅也。"《王制》："市廛而不税。"《注》："廛市物邸舍。"《周官》載師："以廛里任國中之地。"《注》："故書廛或作壇。鄭司農云：壇讀爲廛。廛，市中空地未有肆，城中空地未有宅者，玄謂廛里者，若今云邑里居矣。廛，民居之區域也，里，居也。"又《序官·廛人注》："故書廛爲壇。杜子春讀壇爲廛。説云市中空地。玄謂：廛，民居匠域之稱。"又廛布《注》云："邸舍之税。"又，遂人"夫一廛"《注》："鄭司農云：廛，居也。揚子雲有田一廛，謂百畝之居也。玄謂廛，城邑之居。孟子所云：五畝之宅，樹之以桑麻者也。"愚按廛爲區域之稱，所謂市中城中空地者，正區域之謂也。但鄉間可居之區域，亦稱爲廛。築室其上，亦得沿廛之稱。初不論其在邑在野、有宅無宅、爲民居、爲邸舍也。孟子言："廛而不税。"指商肆，下又言"廛無夫里之布。"則指民居。載師"以廛里任國中之地"，明言在國中。遂人"夫一廛"，則必在野矣。《荀子·王制》："定廛宅。"似以廛與宅爲對文。許行"願受一廛而爲氓"。則又似爲通名，不必鑿指其爲空地，抑爲宅舍也。**雖關下亦有之。**司關，"司貨賄之出入者，掌其治禁，與其證廛"，《注》："征廛者，貨賄之税與所止邸舍也。關下亦有邸客舍，其出布爲市之廛。"**是貨物之運販、屯積、粥賣，皆有定處，有定途也。**《周官》：司市"大市日昃而市，百族爲主。朝市朝時而市，商賈爲主。夕市夕時而市，販夫販婦爲主"。《疏》云："大市於中，朝市於東偏，夕市於西偏，《郊特牲》所云是也。"案《郊特牲》云："朝市之於西方，失之矣。"《注》："朝市宜於市之東偏。"引《周官》此文爲説，此疏所據也。然則一市之中，亦有部分不容紊越矣。《周官·王制》："有圭璧金璋，不粥於市。命服命車，不粥於市。宗廟之器，不粥於市。犧牲不粥於市。戎器不粥於市。用器不中度，不粥於市。兵車不中度，不粥於市。布帛精麤不中度，幅廣狹不中量，不粥於市。姦色亂正色，不粥於市。錦文珠玉成器，不粥於市。衣服飲食，不粥於市。五穀不時，果實未

熟，不粥於市。木不中伐，不粥於市。禽獸魚鱉不中殺，不粥於市。"又曰：天
子巡守，"命市納賈，以觀民之所好惡。"惟市有定地。故監督易施，而物價亦
可考而知也。秦漢而降，此意仍存《三輔黃圖》謂長安市有十，各方二百二十
六步，六市在道西，四市在道東，凡四里，爲一市。是漢之市有定地也。《唐
書‧百官志》謂："市肆皆建標築土爲候。凡市，日中擊鼓三百以會衆。日入
前七刻，擊鉦三百而散。有果穀巡邏，平貨物爲三等之直，十日爲簿。"兩京諸市
署令。是唐之市有定地也。此猶京國云爾。王莽於長安及五都立五均官，更名
長安東西市令及洛陽、邯鄲、臨菑、宛、成都市長，皆爲五均司市師。則大都會
皆有市長矣。隋開皇中，以錢惡，京師及諸州邸肆之上，皆令立榜置樣爲準。
不中樣者，不入於市。則天長安中，亦懸樣於市，令百姓照樣用錢。則諸州邸肆皆有定所
矣。北魏胡靈后時，嘗稅入市者人一錢。《遼史》謂太祖置羊城於炭山北，起榷務，以通
諸道市易。太宗得燕，置南京，城北有市，令有司治其徵；餘四京及他州縣產
懋遷之地，置亦如之。則遼之市亦由官設，由官管理矣。要之邸肆民居，毫無
區別，通衢僻巷，咸有商家，未有如今日者。此固由市制之益壞，亦可見貿易
之日盛也。

原刊《光華大學經濟雜志》創刊號，一九三〇年一月出版

〔六九四〕　論金銀之用

中國用金銀爲幣，果始何時乎？曰用銀爲幣，始於金末，而成於明之中
葉，金則迄未嘗爲幣也。自明廢紙幣以前，可稱爲幣者惟銅耳。何以言之？

《史記‧平準書》云："虞夏之幣，金爲三品，或黃，或白，或赤。"此爲書傳
言用金銀最古者。《平準書》本僞物，此數語在篇末，又係後人記識之語，混
入正文。《漢書‧食貨志》云："凡貨，金錢布帛之用，夏殷以前，其詳靡記
云。"記識者何由知之？《漢志》又言："太公爲周立九府圜法：黃金方寸，而
重一斤。"《管子》的《國蓄》、《地數》、《揆度》、《輕重》諸篇皆言先王以"珠玉
爲上幣，黃金爲中幣，刀布爲下幣"。所謂先王，蓋亦指周。《輕重乙》以爲癸度係
對周武王之言。則用黃金爲幣，當始於周也。《管子‧山權數》言禹以歷山、湯以莊山之金
鑄幣，未言何金，然下文係言銅。然此時所謂幣者，與後世之所謂幣，其意大異，不
可不察。

凡物之得爲易中者，必有二因：一曰有用，一曰好玩。《漢志》釋食貨之
義曰："食爲農殖嘉穀可食之物，布謂布帛可衣，及金刀龜貝，所以分財布利

通有無者也。"所謂食，即今所謂消費；所謂貨，即今所謂交易也。《志》又云："貨寶於金，利於刀，流於泉，布於布，束於帛。"則所謂貨者，實兼指金、銅、龜、貝、布、帛言之。是時之金，果可行用民間爲易中之物乎？則不能無疑矣。

漢志載李悝盡地力之教，粟石三十。《史記·貨殖列傳》亦言："糴二十病農，九十病末。"則三十實當時恒價。古權量當今四之一，則百二十錢得今粟一石，一錢得粟八合餘矣，此可供零星貿易之用乎？而況於黃金乎？然則古之金，果用諸何處？曰用諸遠方。《管子》曰："玉起於禺氏，金起於汝、漢，珠起於赤野，東西南北距周七千八百里。《通典》引作七、八千里。水絶壤斷，舟車不能通。先王爲其途之遠，其至之難，故託用於其重。"《國蓄》、《地數》、《揆度》、《輕重乙》略同。又曰："湯七年旱，禹五年水，民之無糧賣子者。湯以莊山之金鑄幣，而贖民之無糧賣子者。禹以歷山之金鑄幣，而贖民之無糧賣子者。"《山權數》。蓋古者交易未興，資生之物，國皆自給，有待於外者，厥惟荒歉之年。故《周官·司市》"國凶荒札喪，則市無徵而作布"。布者銅幣，所以通尋常之貿易。《揆度》所謂"百乘之國，中而立市，東西南北度五十里"；"千乘之國，中而立市，東西南北度百五十餘里"；"萬乘之國，中而立市，東西南北度五百里"者也。

至於相距七、八千里之處，則銅又傷重賚，而不得不以黃金珠玉通其有無也。此黃金珠玉，豈持以與平民易哉？非以爲聘幣而乞糴於王公貴人，則以與所謂萬金之賈者市耳。至於民間，則錢之用且極少，而黃金珠玉無論也。李悝言粟石三十，乃用以計價耳，非必當時之糴糶者，皆以錢粟相易也。《管子·輕重丁》：桓公欲藉國之富商畜賈，管子請使賓無馳而南，隰朋馳而北，寧戚馳而東，鮑叔馳而西，視四方稱貸之間，受息之民幾何家。反報西方稱貸之家，多者千鍾，少者六七百鍾，其出之中也一鍾，其受息之萌九百餘家。南方稱貸之家多者千萬，少者六七百萬，其出之中伯五也，其受息之萌八百餘家。東方稱貸之家丁惠高國，多者五千鍾，少者三十鍾，其出之中鍾五釜也，其受息之萌八九百家。北方稱貸之家多者千萬，少者六、七百萬，其出之中伯二十也，受息之氓九百餘家。凡稱貸之家，出泉參千萬，出粟參數千萬鍾，受子息民參萬家。可見當時稱貸錢穀并用，及當時富家藏粟之多。其中丁惠高國，乃大夫也。桓公又憂大夫并其財而不出，腐朽五穀而不散，可見大夫與富商畜賈，并爲多藏錢粟之家矣。大夫如此，國君可知。《山權數》：北郭有得龜者，管子請命之曰："賜若服中大夫。東海之龜，託舍於若。"四年，伐孤竹。丁氏家粟，可食三軍之師行五月。召丁氏而命之曰："吾今將有大事，請以寶爲質於子，以假子之邑粟。"當時以珠玉黃金等爲幣，皆用之。此等人非如後世帛幣用諸尋常貿易之間也。

然則貨幣之原始可知已矣。布帛泉刀，物之有用者也，所以與平民易也。泉爲錢之借字。錢本農器名，錢刀并以金爲之。械器麤拙之時，日用之物，人民并能自造，惟金所成之械器不然。《易·大傳》曰：神農"斫木爲耜，揉木爲耒。"黃帝、堯、舜"弦木爲弧，剡木爲矢"。則兵及農器，亦不用金。然究爲難造之物，非夫人所能爲，故爲人所貴，而可用爲易中也。珠玉黃金，可資玩好者,所以與王公貴人易也。龜爲神物,貝屬玩好,龜少而難得,惟王公貴人有之,貝則較多,故民間亦用爲易中焉。故曰"古者貨貝而寶龜"。《説文》寶者,保也。字或作㑂,與俘相似。故莊六年"齊人來歸衞寶"。左氏訛爲俘貨者,非也,對居言之。書曰:"懋遷有無非居。"《史記·貨殖列傳》作"廢著"。《漢志》云:"貨寶於金。"可見黃金與龜,并皆寶藏,不用於市。周時之錢,則貝之後身也。錢之圜所以像貝,函方所以便貫穿。古者貝亦貫而用之,故《説文》云:"貫,錢貝之貫。"毌,"從一橫貫。"毌,所以像寶貨之形也。漢武帝以白鹿皮爲幣,又造白金三品,以龍、馬、龜爲文,則古珠玉、黃金、寶龜之屬也。王侯宗室朝覲聘享,必以皮幣薦璧,然後得行,正合古者用上幣中幣之法。白金欲强凡人用之,則終廢不行矣。王莽變法,黃金重一斤,值錢萬。朱提銀重八兩爲一流,直一千五百八十。它銀一流直千。宣帝時,穀石四錢。然則挾它金一流者,將一舉買穀二百五十石乎? 其不行宜矣。買穀十石,用錢四十,取携毫無不便也。用銀尚不及三分之一兩。古權量當今四之一,尚不及一錢,如何分割乎? 王莽造錯刀,以黃金錯其文,曰一刀,直五千。張晏曰:"刻之作字,以黃金填其文,上曰一,下曰刀"。漢時黃金,一斤值錢萬。錯刀所錯之黃金,固必不及半斤,亦以金價太貴,不便分割,故欲錯之於銅而用之也。

職是故,古所謂子母相權者,非謂以金、銀、銅等不同之物相權,乃謂以銅所鑄之錢大小不同者相權。周景王將鑄大錢,單穆公曰:"不可。古者天降災戾,於是乎量資幣,權輕重,以救民。民患輕,則爲之作重幣以行之,於是有母權子而行,民皆得焉。若不堪重,則多作輕而行之,亦不廢重。於是乎有子權母而行,小大利之。今王廢輕而作重,民失其資,能無匱乎?"是其時金所以宜爲幣者,以其可分。什之伍之,其價亦必什之伍之。百取其一,千取其一,其價亦必爲百之一,千之一。夫物之不齊,物之情也。三品之金,其物固異,其價安能强齊? 今世以金銀爲主幣,銀銅爲輔幣,其視輔幣,以爲主幣若干分之一耳,不復視爲本物。猶恐其物故有直,民或舍其爲輔幣之值,而論其故直也。故必劣其成色,限其用數以防之,若防川焉,而猶時亦潰決。漢世錢之重,幾牟於今之銀圓,安得欲用金銀? 既不欲金銀,安得喻今主輔幣相輔而行之理? 既不喻今主輔幣相輔而行之理,相異之金安得并用爲幣乎? 漢志曰:"秦兼天下,幣爲二等:黃金以溢爲名,上幣;銅錢質如周錢,文曰半兩,重如其文。而珠玉龜貝銀錫之屬爲器飾寶藏,不爲幣。"珠玉龜貝銀錫之屬不爲幣固矣,黃金雖號上幣,實亦非今之所謂幣也。今之所謂幣者,必周浹於日用市易之間,秦漢之黃金能之乎? 則亦用爲器飾寶藏,特以有幣之名,故賜予時用之耳。得之者固與今之人得珠玉鑽石等同,非如今之人之得金銀也。或曰晁錯言"珠玉金銀輕微易藏,在於把握,可以周海内而無飢寒之患"。則固極通用矣,安得云不足爲幣?曰此言其易藏,非謂其可以易物。可以易物者,凡物之所同。輕微易藏,則珠玉金銀之所獨也。凡物之有用而爲人所欲者,果能挾以周行,皆可以無飢寒之患,然則凡物皆可謂之幣邪?

顧亭林《日知録》以金哀宗正大間,鈔廢不行,民間但以銀市易,爲上下皆用銀之始。王西莊《十七史商榷》謂專用銀錢二幣,直至明中葉始定。以生計學理衡之,説皆不誤。趙甌北《陔餘叢考》駁王氏之説,殊爲不然。然甌北又謂當時用銀,猶今俗之用金,則説亦不誤,而又駁王氏者,昔人於泉幣與人民尋常用爲易中之物,分别未清也。亭林引《後漢書·光武紀》王莽末天下旱蝗,黄金一斤易粟一斛,爲當時民間未嘗無黄金之證,則殊不然。此特以金計價,非謂真持金一斤易粟一斛,即有其事,其人幾何?今日荒歉之區,固亦有持黄金易粟者,可謂中國今日用金爲幣乎?

然則用銀爲幣,晚近以前,果絕無其事,而用金爲幣,則更從來未有乎?曰是亦不然,特其有之皆在偏隅之地耳。五朝史《志》云:梁初,“交廣以金銀爲貨”;後周時,“河西諸郡或用西域金銀之錢”。或者,不盡然之詞。《志》又云:陳時,“嶺南諸州多用鹽、米、布交易,不用錢”。蓋通用鹽、米、布;值巨,或須行遠,則濟以金銀。《日知録》引韓愈奏狀云:“五嶺買賣一以銀”;元稹奏狀言:“自嶺以南,以金銀爲貨幣。”張籍詩曰:“海國戰騎象,蠻州市用銀。”《宋史·仁宗紀》:“景祐二年,詔諸路歲輸緡錢,福建、二廣以銀。”則與偏隅之地交易,用金銀由來已久,且迄不絕。然終不能行之全國者,以其與銅異物,價不齊,相權固不便也。歷代錢法大壞,民至以物易物,數見不鮮。據《陔餘叢考》所考,其時金銀初未嘗乏,然民終不用爲幣。《舊唐書》:憲宗元和三年六月詔曰:“天下有銀之山,必有銅礦。銅者,可資於鼓鑄。銀者,無益於生人。其天下自五嶺以北見採銀坑,并宜禁斷。”則明言銀之不可爲幣矣。宋代交、會跌價,香藥犀象并供稱提,而民仍不用金銀。金以銀爲鈔本,亦弗能信其鈔。其後民間以銀市易,則鈔既不用,錢又無有,迫於無如何耳。故知中國人之用銀,乃迫不得已爲之,而非其所欲也。

夫民之所以不用金銀爲幣者,何也?曰:以其與銅異物,物異則價不齊,不能并用爲幣也。故在古代,患物之重,寧鑄大銅錢,與小錢相權。然生事日進,則資生之物有待於交易者日多;交易愈多,用幣愈廣;用幣既廣,泉幣之數,勢必隨之而增;泉幣日增,其價必落;幣價落而交易又多,勢必以重賫爲患。大錢之名值,與其實值不符,民所弗信也。符則大錢之重賫與小錢等矣。古之作大錢,非患小錢重賫,乃患錢幣數少耳。專用銅幣,至此將窮,安得不濟以金銀乎?曰斯時也,實當以紙幣濟銅錢之窮,不當以金銀也。《唐書·食貨志》載飛錢之始，由"商賈至京師，委錢諸道進奏院及諸軍，諸使，富家"，而"以輕裝趨四方，合券乃取之"。《文獻通考》載交子之始，由蜀人患鐵錢重，私爲券以便貿易，皆以爲錢之代表，而非遂以紙爲錢。其後宋造交、會、關子，金行鈔，或不畜本，或雖畜本而不足，或則所以代本者爲他物而非錢，故爲民所弗信耳。若其可以代錢，則唐於飛錢，宋於交子，并弗能禁。飛錢之行，京兆尹裴武請禁之。元和時，遂以"家有滯藏，物價寖輕"爲患。交子之行，富人十六户主之。後富人資稍衰，不能償所負，爭訟數起。寇瑊嘗守蜀，請禁之。薛田爲轉運使，議廢交子，則貿易不便，請官爲置務，禁民私造，乃置交子務於益州。金章宗初立，或欲罷鈔法，有司亦言"商旅利於致遠，往往以錢買鈔，公私俱便之事，豈可罷去"。以鈔代錢，有輕齎之益，而無價格不齊之患，實非并用金銀所逮，惜乎人民已自發明此策，而爲理財者所亂也。故曰："善者因之。"又曰："代大匠斲，希不傷手。"

今日紛紛，莫如逕用銀爲幣，其值巨者，以鈔代之。若慮匯兑之際，外人操縱金銀之價，則定一比率，設法維持之可也。銀之輔幣，不必爲銅，可別以一種合金爲之，爲一角、一分、一釐諸種。此猶以紙代銀，視爲十分圜、百分圜、千分圜之一，而不復視爲本物，特不用紙而用一種合金耳。所以不用紙者，以幣之值愈小，其爲用愈繁，紙易敝壞，多耗費也。所以并不用銅者，以銅行用久，民或不視爲銀幣之十分之一，百分之一，千分之一，而仍論其銅之價，則圜法不立。用新造之合金，其物爲舊日所無，自無固有之價，民自視爲銀幣之化身矣。此亦暫時之事，若論郅治，則必如孔子所言："貨惡其棄於地也，不必藏於己；力惡其不出於身也，不必爲己。"如今社會學家所言，有分配而無交易乃可。即以小康論，亦必支付，雖用泉幣，定數則以實物，如今謂貨物本位者。整齊錢幣，特姑取濟目前而已。

用鈔之弊，昔人有言之者，亭林所謂"廢堅剛可久之貨，而行軟熟易敗之物"也。紙值最賤，賤則彌利僞造矣。其質易敗，又不可以貯藏也。新舊鈔異價之事，往往有之。鈔法行時，民多用鈔而藏實幣，鈔價由是賤，實幣由是貴，久則實幣與鈔異價，而鈔法壞矣。固由民信實幣，不信虛鈔，亦由紙質易敗，不可久藏也。曠觀歷代值小之幣，未有能用紙者。宋之交會，本以代表見錢，金之行鈔，則爲銅少權制。元中統元年造鈔，始於十文，至元十一年，添造釐鈔爲一文、二文、三文，十五年而罷。明初設局鑄錢，後以無銅，乃更行鈔，然百文以下，皆用錢。至洪武二十七年，以民重錢輕鈔，乃令悉收錢歸官，依數換鈔，不許更用，則鈔法亦寖壞矣：鈔可以行錢，而不可以爲錢，固由虛不敵實，亦由輔幣之值愈小，愈便於用。金利分割，堅剛可久，紙不然也。故主幣可用紙，輔幣用紙易敗耳。

〔六九五〕　續論金銀之用

予嘗論古代之黃金，僅行於王公貴人、富商畜賈之間，人民初未以爲用，故不可以爲錢，觀於亭林論銅之語而益信，亭林之言曰："乏銅之患，前代已言之。江淹謂古劍多用銅，如昆吾、歐冶之類皆銅也。楚子賜鄭伯金，盟曰無以鑄兵，故以鑄三鍾。原注：杜氏注：古者以銅爲兵。《漢書·食貨志》：賈誼言，收銅勿令布，以作兵器。《韓延壽傳》：爲東郡太守，取官銅物，候月蝕，鑄作刀劍鈎鐔，放效尚方事。古金三品，黑金是鐵，赤金是銅，黃金是金。夏后之時，九牧貢金，乃鑄鼎於荆山之下。董安於之治晉陽公宮，令舍之堂，皆以煉銅爲柱質。荆軻之擊秦王中銅柱，而始皇收天下之兵鑄金人十二，即銅人也。原注：《三輔舊事》曰：聚天下兵器，鑄銅人十二，各重二十四萬斤。漢世在長樂宮門。《魏志》云：董卓壞以鑄小錢。吳門楊氏曰：門當爲王之誤。闔閭冢，銅椁三重。秦始皇冢，亦以銅爲椁。戰國至秦，攻爭紛亂，銅不充用，故以鐵足之。鑄銅既難，求鐵甚易，是故銅兵轉少，鐵兵轉多，年甚一年，歲甚一歲，漸染流遷，遂成風俗，所以鐵工比肩，而銅工稍絕。二漢之世，愈見其微。建安二十四年，魏太子鑄三寶刀、二匕首，天下百煉之精利，而悉是鑄鐵，不能復鑄銅矣。考之於史，自漢以後，銅器絕少，惟魏明帝銅人二，號曰翁仲。又鑄黃龍、鳳凰各一。而武后鑄銅爲九州鼎，用銅五十六萬七百一十二斤。原注：唐韓滉爲鎮海軍節度，以佛寺銅鐘鑄弩牙兵器。自此以外，寂爾無聞，止有銅馬、銅駝、銅匭之屬。昭烈入蜀，僅鑄鐵錢。而見存於今者，如真定之佛、蒲州之牛、滄州之獅，無非黑金者矣。"亭林論銅之漸少甚精，然謂銅所以少，由於攻爭紛亂，銅不充用，則非也。果如所言，秦、漢而後，天下統一，兵爭曠絕，民亦不挾兵器以自衛，往往歷一二百年，即戰爭亦不以銅爲兵器，何以銅不見多乎？蓋銅之少，非真少也，乃以散在民間而見其少耳。銅之所以散在民間，則因人民生計漸裕，所以資生者降而愈厚，用爲器者多也。無論如何巨富之家，一人之藏，斷不敵千萬人之積。秦始皇帝收天下之兵，鑄以爲金人十二，重各二十四萬斤。此數尚未必實。散給民則家得一斤，有銅者亦僅二百八十八萬家耳，不見其多也。推此論之，則古代黃金之多，亦以其聚覺其然耳，非值與後世相去懸絕也。今日中國人口號四萬萬，女子半之，姑以十分之一有黃金一錢計，已得二百萬兩，當漢八百萬兩，五十萬斤矣。

賈生説文帝"收銅勿令布"。武帝時，錢法大亂，卒之"悉禁郡國無鑄錢，專令上林三官鑄。錢既多，而令天下非三官錢不得行，諸郡國前所鑄錢皆廢銷之,輸入其銅三官"。錢法乃理,所行實即賈生之策也。漢世錢重,宣帝時粟石四錢,漢權量當今四之一,則得今粟六升餘矣。其時之民,所以資生者尚菲,所用之錢蓋無幾,故可悉收而改鑄。若在今日,雖黃金豈可得而悉收,雖銀圓亦豈易盡改鑄邪?漢世黃金一斤值錢萬,以宣帝時穀價除之,得粟二千五百石,豈人民所能有邪?

　　金之漸見其少,始於南北朝時。以《陔餘叢考》考金銀以兩計始於梁,而《書》《疏》謂漢、魏贖罪皆用黃金。後魏以金難得,令金一兩收絹十匹也。案《齊書·東昏侯紀》:"後宮服御,極選珍奇,府庫舊物,不復周用,貴市民間,金銀寶物,價皆數倍京邑,酒租皆折使輸金,以爲金涂,猶不能足。"此雖用之侈,亦府庫金漸少,民間金漸多之證。蓋三代以前,貴族平民階級甚著,秦、漢而後,天下一統,封建廢絕,官吏雖或貴富,較諸向者傳世之君、卿大夫,則不可以道里計,其數之多少,亦相懸絕矣。昔之富有者既以世變之劇烈,人事之推移,其財日趨於散。新興者之數不足與之相償。平民之財產,則以銖積寸累,而日有所增,財貨之下流,夫固不足爲怪。然因此故,而錢幣之措置,乃較古倍難,何者?錢法大亂時,必盡舉所有改鑄之,然數少收之易,數多則收之難,賈生"收銅勿令布"之說,惟漢武幾於行之,後世卒莫能行,以此也。後世盡收舊錢而鑄新錢者有兩次,一隋一明也。隋已無以善其後,明則以銷鑄有利,舊錢逐漸消磨以盡耳,非國家能悉收而改鑄之也。詳見《日知錄·錢法之變》條。銅禁金世最烈,銅器不可缺者,皆造於官。其後官不勝煩,民不勝弊,乃聽民冶造,而官爲立價以售。然其鑄錢,資銅於銷錢如故也。明初,置局鼓鑄,有司責民輸銅,民毀器皿以進,深以爲苦,乃改而行鈔。凡此皆銅散而不可復收之證也。北齊以私錢多,令市長銅價。隋時,鑄錢須和錫蠟,錫蠟既賤,私鑄不可禁約,乃禁出錫蠟處不得私採。此二者,一禁之於售賣之處,一禁之於開採之鄉,亦非今日礦產徧地,冶肆徧於窮鄉僻壤者之所能行矣。清雍正間,李紱疏言:錢文入爐,即化爲銅,不可得而捕,惟禁斷打造銅器之鋪,則銷毀亦無所用,其弊不禁自除。此仍"收銅勿令布"之意也。然其事豈可行乎?晚近康有爲又欲令金肆之金,先盡國家收買,積之以行金幣。一時之積或可致,然如是金價必貴,私銷之弊必起,非盡積之銀行,而以紙代之不可。然民信實幣既久,金不可見,而純以紙代,信亦不易立也。若謂錢幣之用,只在市買;市買必須,雖不見金,民亦不得不用;不得不用則信立矣,則又何必用金乎?謂金價貴,利輕賫,紙幣不益輕乎?故行金幣,究勞擾而無益,尚不如就見已流通之銀,而權之以紙也。

　　欲齊幣制,所難者不在私鑄,而尤在私銷。私鑄但能行不愛銅、不惜工之論即可防,政治苟清明,雖持法令,亦足齊其末也。私銷則錢一入爐,即化爲金,無形跡可求。其事不待技藝,人人可以爲之,又不必集衆置器,可各爲之隱屏。此直防無可防,非特防不勝防矣。以銀爲器,貴不如金,用不如銅,私銷初無所利,但使名值與實值相符,即爲能行不愛銅之論矣。以紙爲幣,制必極精,務使奸人不能仿爲,所以行不惜工之論也。紙質無值,不慮私銷。輔幣以合金爲之，故無此物，衆所不貴，使用之數不待限而自有限。以無此物，則莫以爲器，自亦不利私銷。或謂可以爲幣之物，不能使人不以爲器，則造此物，專以爲幣，可定法令，不許以造他器。苟見此物所造之器，即爲姦，法禁之自易，非如金銀銅等爲法爲姦，卒不可辨也。然則私鑄私銷，兩無可慮，不勞而幣制可理矣。

《日知録·以錢爲賦》一條，引《白氏長慶集策》曰："夫賦斂之本者，量桑地以出租，計夫家以出庸。租庸者，穀帛而已。今則穀帛之外，又責之以錢。錢者，桑地不生銅，私家不敢鑄，業於農者，何從得之？至乃吏胥追徵，官限迫蹙，則易其所有，以赴公程。當豐歲，則賤糶半價，不足以充緡錢；遇凶年，則息利倍稱，不足以償逋債。豐凶既若此，爲農者何所望焉！是以商賈大族，乘時射利者日以富豪，田壃罷人，望歲勤力者，日以貧困。"《李翱集·疏改稅法》一篇言："錢者，官司所鑄。粟帛者，農之所出。今乃使農人賤賣粟帛，易錢入官，由是豪家大商，皆多積錢，以逐輕重，故農人日困，末業日增。"宋紹熙元年，臣僚言："古者賦出於民之所有，不強其所無。今之爲絹者，一倍折而爲錢，再倍折而爲銀。銀愈貴，錢愈難得，穀愈不可售。使民賤糶而貴折，則大熟之歲，反爲民害。願詔州郡，凡多取而多折者，重置於罰。民有糶不售者，令常平就糶，異時歲歉，平價以糶，庶於民無傷，於國有補。"從之。顧氏《錢糧論》曰："往在山東，見登、萊并海之人，多言穀賤，處山僻不得銀以輸官。今來關中，自鄠以西，至於岐下，則歲甚登，穀甚多，而民且相率賣其妻子。至徵糧之日，則村民畢出，謂之人市。問其長吏，則曰一縣之鬻於軍營而請印者，歲近千人，其逃亡或自盡者又不知凡幾也。何以故？則有穀而無銀也。"其與薊門當事書，謂"目見鳳翔之民，舉債於權要，每銀一兩，償米四石。""請舉秦民之夏麥秋米及豆草，一切徵其本色，貯之官倉，至來年青黃不接之時而賣之，則司農之金固在也，而民間省倍蓰之出。"清任源祥《賦役議》亦謂"徵愈急則銀愈貴，銀愈貴則穀愈賤，穀愈賤則農愈困，農愈困則田愈輕。"昔人之非折色而欲徵本色者，其論大率如此。予謂此固由民貧，平時略無餘畜，欲完稅即不得不急賣其新穀；亦由鄉間資生，皆屬實物，即有餘畜，亦非銀錢也。近代之民如此，況於古昔。予謂古者金銅之多，特以其聚而見其然，審矣。《錢糧論》又曰："今若於通都大邑行商麕集之地，雖盡徵以銀，而民不告病。至於遐陬僻壤舟車不至之處，即以什之三徵，而猶不可得。"可見銀錢特乏於鄉間。或謂如此則近世之民，其乏泉幣與秦漢等耳。予謂金銅散之民間，豈盡在城市間乎？曰金大略在城市間，錢則近世鄉民亦皆有之。然徵稅又不以錢而以銀，此其所以覺其難得也。讀顧氏論火耗之説可知。

〔六九六〕　行鈔奇談，僞鈔奇技

楮幣尺寸可考，始於有明。陸容《菽園雜記》云：“金、元鈔皆不詳其尺寸之制。今之鈔，豎長一官尺，橫八寸。”此説也，少時見之嘗疑之。逮民國初年，南京掘得明代鈔版，尺寸一一相符，然後知前人記載之不虛。以此推之，宋、金、元之楮幣，其尺寸亦必不小也。不獨以前，清咸豐時行鈔，亦仍係如此。故許楗論鈔法有云：“洋錢乃外夷之制，謂非中國所應行使則可，謂鈔便於洋錢則不可。洋錢不過寸餘，身帶二寸之囊，貯洋錢十枚有餘，倘貯小鈔十貫，每貫長必尺許，闊必五六寸，紙又極厚，就令折叠如洋錢之大，囊腹皤然矣。或謂十貫自有總鈔，無須零析，此又不通之論。尋常日用，豈可從十貫起乎？”案昔時楮幣，所以不得不大，蓋緣欲防僞造，則花文字跡，鏤刻不得不多，而欲求花文字跡之多，則昔時鏤刻之技，必不能如今日印刷術所成之微細，蓋亦有所不得已也。然咸、同間士子應試所懷之書籍，字跡之細，亦僅累黍，與後來石印所成相差無幾。特其成之大難，所費工力太巨，與石印相較，自不合算，故自石印興而其業遂漸替耳。咸豐欲行鈔時，雖尚無石印之術，即用此等工人爲之，鈔之大，亦必不至長尺許闊五、六寸也。楗又述當時難者之辭，謂“民間用錢票，長不過四寸，闊不過三寸，紙又極薄”。紙薄或慮其易敝，長四寸闊三寸之制，何以官家必不可仿行邪？此亦可見辦事者不肯用心，不察實在情形之弊也。

楮幣既已通行，自可以法律定其所值。當其推行之始，民信未立，則必與實物相附麗，所附麗者，自以向來通行之錢幣爲便。故行鈔之初，必須兑換，而所與相兑換者，實莫便於現錢。斯時錢鈔，斷宜并行，況鈔制巨大，不宜零用邪？咸豐時千錢之鈔，其不便，尚有如許楗所云，況明世寶鈔，起自百文；元世中統鈔起自十文，至元鈔起自五文，其間嘗造釐鈔，則起自一文；至大時造銀鈔亦起於二釐者乎？然宋世稱提，即用香藥、寶貨，元則雜用金、銀與絲爲鈔本；議鑄錢與鈔并行，藉銅錢以實鈔法者，宋、金、元、明四朝，僅脱脱一人而已，而當時駁難者蜂起，即脩元史者之意，亦甚不以其説爲然。昧於錢幣之理如此，尚何以善其事乎？

楮幣本無所值，欲行鈔，自不得不注意於防僞。然昔人所言防僞之法，有極可笑者。許楗弟楣，作《造鈔條論》，述當時主行鈔者之議曰：“特造佳紙，禁民間不得行用。多爲印記，篆法精工，使人難於摹仿。”案包慎伯有答王亮臣書云："世臣前書云：取高麗及貢、宣兩紙之匠與料，領於中官，和合兩法爲紙，即使中習其法，而兩匠則終身不出，其紙既可垂久遠，而外間不得其法，無可作僞，固已得其大端。然鈔有大小，則紙亦隨之，雖至小之鈔，皆令四面毛邊；更考宋紙寬簾之法，使簾紋寬一寸以上；又用高麗發箋之法，先製數大字於夾層之中，正反皆見；此爲尤要。"即特造佳紙，禁民間不得行用之説也。王茂蔭條議鈔法，請"飭於製鈔局特派一二有心計之員，另處密室，於每鈔上暗設標識數處。所設標識，惟此一二人知之。仍立一標識簿，載明每年之鈔，標識幾處，如何辨認，封藏以便後來檢對。其標識按年更換，以杜窺測。"許槤述議者之説，又有謂"大鈔用善書者書之，使筆跡可驗。其餘則監造大臣，皆自書名，作僞者必不能以一人而摹衆字"。王茂蔭又欲"令各州縣解藩庫之鈔，均令於正面之旁，注明某年月日某州縣恭解。民間輾轉流通，均許背面記明年月，收自何人。或加圖記花字。遇有僞鈔，不罪用鈔之人，惟究鈔所由來，逐層追溯，得造僞之人而止"。此即多爲印記，篆法精工，使人難以模仿之見也。其説誠亦煞費苦心，然繁難迂曲如此，其事尚安可行？即造鈔者能行之，世尚有樂於用鈔者乎？

　　作僞之技，亦有迥出意外者。許楣《造鈔條論》，許槤曾加識語云："乙巳夏，在蘇州讞局，會審常熟民入京控該縣重徵一案。據粘呈串票數紙。將常熟印信比對符合，而漕書俱云實無此重串。逮後審明係原告人描畫印信。適有梟札在堂，令其當堂描畫。伊將筆管撕一箋片，隨醮印泥，點觸紙上，印文纖細缺蝕，絲毫不差。"又云："昔年在山左讞局，有吕姓粘莊票控告一案。票注二百千。錢莊只認二十千。檢查莊簿，實止二十千。細驗票上百字，一無補綴痕跡，圖記、花板、字跡，分毫不爽。竟不能斷爲僞票。初疑莊伙舞弊，虛出二百千之票，而書二十千於簿，研鞫至再，原告吐露真情。云以水洗去十字，改爲百字。始猶不信，令其當堂洗改。次日，持一白筆來，不知筆內有無藥水。即將原票千字，用清水一滴，以筆掃洗，上下襯紙按吸。隨洗隨吸，至白乃止。世有巧奪天工如此者。"此等奇技，縱有至密之法，又何從而防之？然恃此等奇技而作僞，所能僞者幾何？行鈔者又豈以是爲慮？故知政令之行，自有其康莊大道，籌國事者，正不必用心於無益之地也。

〔六九七〕　禁　奢

　　奢侈之風，雖歷代皆有，然在古代，固爲道德所不許，抑亦法律所不許也。

至漢世，此誼猶明。《後漢書·明帝紀》：永平十二年，詔"有司申明科禁，宜於今者，宣下郡國"。《章帝紀》：建初二年，詔"科條制度，所宜施行，在事者備爲之禁"。《和帝紀》：永元十一年，詔：舊令節之制度，"在位犯者，當先舉正。市道小民，但且申明憲綱，勿因科令，加虐羸弱。"《安帝紀》：永初元年，詔三公明申舊令。元初五年，詔"舊令制度，各有科品"，"設張法禁，懇惻分明，而有司惰任，訖不奉行。秋節既立，鷙鳥將用，且復重申，以觀後效"。《桓帝紀》：永興二年，詔"申明舊令，如永平故事"。皆欲以法齊其民。此等法令，後世匪曰無之；禁奢之時，亦未嘗不援以爲言；實明知其不能行，視爲官樣文章而已。漢世則事雖已不能行，人猶以爲可行，而冀行之也。故其議論亦然。晁錯言："法律賤商人，商人已富貴矣；尊農夫，農夫已貧賤矣。故俗之所貴，主之所賤也；吏之所卑，法之所尊也。上下相反，好惡乖迕，而欲國富法立，不可得也。"其言可謂深切著明。故其時之人，所譏切者，皆在法令之不定。《漢書·貨殖傳》論貧富之不均，"繇法度之無限。"而夏侯玄譏"漢文雖身衣弋綈，而不革正法度，似指立在身之名，非篤齊治制之意。"案《後漢書·荀爽傳》：爽於延熹元年對策陳便宜，言宜"略依古禮尊卑之差，及董仲舒制度之別，嚴督有司，必行其命"；而玄亦以當時之科制爲未足，欲大理其本，"準度古法文質之宜，取其中則，以爲禮度"；皆所謂革正法度者。彼皆信法度之必可行，故欲有事於革正也。

善夫嚴安之言之也。曰："今天下人民，用財侈靡。車馬、衣裘、宮室，皆競脩飾。調五聲使有節族，雜五色使有文章，重五味方丈於前，以觀欲天下。彼民之情，見美則願之，是教民以侈也。侈而無節，則不可澹。民離本而徼末矣。末不可徒得，故搢紳者不憚爲詐，帶劍者夸殺人以矯奪，而世不知愧。故姦軌浸長。臣願爲民制度，以防其淫。使貧富不相耀，以和其心。心既和平，其性恬安。恬安不營，則盜賊銷。盜賊銷則刑罰少。刑罰少則陰陽和。四時正，風雨時，草木暢茂，五穀蕃熟，六畜遂字，民不夭屬，和之至也。"《老子》曰"民之輕死，以其奉生之厚"，末不可徒得故也。《管子》曰："地之生財有時，民之用力有倦，而人君之欲無窮。以有時與有倦，養無窮之君，而度量不生於其間，則上下相疾也。是以臣有弑其君，子有弑其父者矣。"^{權脩}《易》曰："臣弑其君，子弑其父，非一朝一夕之故，其所由來者漸矣，由辨之不早辨也。"度量之有無，則有國家者所當謹也。

禁奢之舉，非不順於民心也。雖或違之，固不如順悅之者之衆也。何也？"失節之嗟，民所自患，正恥不及羣，故勉强而爲之"，故"釐其風而正其失，易於反掌"也。賀琛之言。見《梁書》本傳。張魯依月令,春夏禁殺,又禁酒,流移寄在其地者,不敢不奉,《三國志·魯傳注》引《典略》。況威權大於魯者乎? 然惟魯能行之,何也? 曰:惟米賊,乃與縱欲敗度者異其黨類也。董和爲成都令,防遏踰僭,爲之軌制。縣界豪強,憚和嚴法,遂説劉璋,轉和爲巴東屬國都尉。《三國·蜀志·和傳》。蓋法度之難行如此。豈無江充、陽球之倫,然此曹意實不在行法;毀法而有利於身,即遇壞法之事,熟視若無覩矣。陳思王妻衣繡,魏武帝怒其違制,殺之。見《三國·魏志·崔琰傳注》引《世語》。其事不可常行,亦不能常行也。《宋史·謝絳傳》言:仁宗初,"詔罷織密花透背,禁人服用,且云自掖庭始。既而内人賜衣,復取於有司。又後苑作製玳瑁器,索龜筒於市。龜筒,禁物也,民間不得有,而索不已。"此等法令,則直同兒戲矣。《後漢書·張酺傳》:"酺病臨危,敕其子曰:顯節陵掃地露祭,欲率天下以儉。吾爲三公,既不能宣揚王化,令吏人從制,豈可不務節約乎? 其無起祠堂,可作槀蓋廡,施祭其下而已。"不能正人,而徒自責,猶爲賢者。至於俗吏,則有縱釋勢豪,加虐羸弱者矣。漢宣帝五鳳二年詔,謂"今郡國二千石,或擅爲苛禁,禁民嫁娶不得具酒食相賀召"是也。豈徒科禁,即勸人治生者,如黄霸治潁川,"爲條教,置父老、師帥、伍長,班行之於民間";仇覽長蒲亭,"爲制科令,至於果菜爲限,雞豕有數",亦祇以擾民而已。何也? 指立在身之名者,必不免於爲僞,爲僞則未有能善其後者也。觀張敞譏黄霸之語可知。

　　《晉書·李重傳》,述泰始八年己巳詔書申明律令:"諸士卒、百工已上,所服乘皆不得違制。若一縣一歲之中,有違犯者三家,洛陽縣十家已上,官長免。"蓋明知官吏之不奉行,而以是督之也。此其終爲具文,亦無待再計矣。東渡後謝石奢侈,及死,博士范弘之議諡之曰襄墨。朝議不從,單諡曰襄。其議曰:"漢文襲弋綈之服,諸侯猶侈;武帝焚雉頭之裘,靡麗不息。良由儉德雖彰,而威禁不肅;道自我建,而刑不及物。若存罰其違,亡貶其惡,則四維必張,禮義行矣。"《晉書·儒林·范弘之傳》。此尚是漢人議論,然亦止於議論而已。

　　《舊唐書·文宗紀》:大和三年,九月,勅兩軍、諸司、内官不得著紗縠綾羅等衣服。十一月,南郊禮畢大赦節文,禁止奇貨,云"四方不得以新樣織成非常之物爲獻,機杼織麗若花絲布、繚綾之類,并宜禁斷。勅到一月,機杼一切焚棄。"四年,四月,詔内外班列職位之士,各務素樸。有僭差尤甚者,御史糾上。六年,六月,右僕射王涯奉勅,准令式條疏士庶衣服、車馬、第舍之制度。勅下後,浮議沸騰。杜悰於勅内條件易施行者寬其限,事竟不行,公議惜之。《新唐書·車服志》:文宗即位,以四方車服僭奢,下詔準儀制令品秩勳勞爲等級。詔下,人多怨者。京兆尹杜悰條易行者爲寬限，而事遂不行。惟淮南觀察使李德裕令管內婦人衣袖四尺者闊一尺五寸，裙曳地四五寸者減三寸。《王涯傳》：文宗惡俗侈靡，詔涯懲革，涯條上其制。凡衣服、室宇，使略如古。貴戚皆不便，謗訕囂然，議遂格。七年，八月，甲申朔，御宣政殿册皇太子永。是日，降詔云："比年所頒制度，皆約國家令式，去其甚者，稍謂得中。而士大夫苟自便身，安於習俗，因循未革，以至於今。百官士族，起今年十月，其衣服、輿馬，并宜準大和六年十月七日勅。如有固違，重加黜責。"六年十月七日勅，蓋即杜悰所條也。文宗禁奢之意，最銳最堅，然亦徒託空言而已。

　　漢世賢者，尚有不待禁制，自守軌範者。《漢書·王吉傳》言："自吉至崇，世名清廉，然材器名稱稍不能及父，而禄位彌隆。皆好車馬衣服，其自奉養，極爲鮮明，而亡金銀錦繡之物。及遷徙去處，所載不過囊衣，不畜積餘財。去位家居，亦布衣疏食。天下服其廉而怪其奢，故俗傳王陽能作黃金。"案漢世官禄較厚，居位者不事居積，自奉自可較豐，無足怪也。《三國·蜀志·費禕傳注》引《禕別傳》，言禕"雅性儉素，家不積財。兒子皆令布衣素食，出入不從車騎，無異凡人。"所守亦與吉同。古之制禮，奉養依貴賤而異。故古者富與貴一，貧與賤一。後世則不然矣。富與貴、貧與賤何以一？小儒必曰：才德之大小爲之也。盍亦思富與貴者，果因其才德而居之歟？抑亦既富且貴，乃爲是説以自文也。持此説者，以荀卿爲最力。宜乎康南海斥爲小康之言，未聞大同之教也。

　　王吉、費禕，能守法而已，尚未足以爲儉也。然能守法而不越，亦不故爲矯激，在當時已爲賢者矣。真可云有儉德者，蓋莫如公孫弘。論世者多譏其曲學阿世，此誣也。阿世者必有所求，彼也見舉則謝不肯行，晚達而無所畜聚，阿世果何爲哉？王吉、貢禹，志同道合。禹乞骸骨，自言禄賜愈多，家日益富，惟儉者爲能知足，則禹有儉德可知。禹有儉德，而吉亦可知矣。其自奉養之鮮明，蓋以爲法當如是，非有所溺於物欲，故去位家居，即能復其布衣疏食之舊也。《後漢書·袁安傳》，言其孫彭，"行至清，爲吏麤袍糲食。終於議郎。胡廣等追表其有清絜之美，比前朝貢禹、第五倫。"廣等去禹等近，所言必有灼見也。公孫弘、王吉、貢禹、第五倫，位皆不爲不顯，然絶未有聞風興起者，至毛玠、崔琰，因選權在手，乃稍收激揚之效。漢世之言禁奢者，皆欲乞靈於法律，豈無由哉？毛玠、崔琰所取，和洽譏其隱偽，是也，然國奢示儉，玠等亦或出於不得已。蓋嘗論之：軍興則萬事墮廢，綱紀墜地。曹爽，有爲之才也，然司馬氏譏其奢侈，恐不盡誣。奢侈之風，果何自來哉？竊疑魏武時已然，毛玠、崔琰不得已，乃矯枉而過其直。不然，彼豈不知其所取者之足容矯偽哉？

和洽言：“太祖建立洪業，奉師徒之費，供軍賞之用，吏士豐於資食，倉府衍於穀帛，由不飾無用之官，絶浮華之費。”夫君獨儉於上，而臣奢侈於下，何益？然則毛玠、崔琰之所爲，確有益於太祖也，然至曹爽等卒以賄敗。然則漢末奢侈之風，魏武雖一抑塞之而未能絶也。司馬氏以此罪曹爽，而身亦未能革，爲之徒者，縱恣尤甚於爽等，而神州陸沈矣。

《魏略》以常林、吉茂、沐并、時苗四人爲《清介傳》，《三國·魏志·常林傳注》引。皆和洽所謂隱僞之徒也。苗爲壽春令。“始之官，乘薄軬車，黃犉牛；布被囊。居官歲餘，牛生一犢。及其去，留其犢，謂主簿曰：令來時本無此犢，犢是淮南所生有也。羣吏曰：六畜不識父，自當隨母。苗不聽。時人皆以爲激，然由此名聞天下。”觀“由此名聞天下”六字，而其所爲爲之可知。時人皆以爲激，豈不如見其肺肝然哉？然隱僞者曾不以是爲媿也。此一時風氣所趨，能爲隱僞者之所以多也。然究尚愈於并不能爲隱僞之徒。《吴志·是儀傳》言：呂壹歷白將相大臣，或一人以罪聞者數四，獨無以白儀。則有清德者究易自全也。或曰：世遂無有清德而獲禍者歟？曰：有之矣，然非以其清也。時苗往謁蔣濟。濟素嗜酒，適會其醉，不能見苗。苗恚恨，還，刻木爲人，署曰酒徒蔣濟，置之牆下，且夕射之。其忿戾如此。詩曰：“不忮不求，何用不臧？”有清德者之獲禍，以其忮，非以其清也。晏子豈無清德？何以卒全於亂國哉？

《徐邈傳》：盧欽言：“往者毛孝先、崔季珪等用事，貴清素之士，於時皆變易車服，以求名高，而徐公不改其常。比來天下奢靡，轉相傲效，而徐公雅尚自若。”不改常度，自最可貴。所以如此，蓋由無求。隱僞者之遠利，實以求名也。《姜維傳》：郤正著論論維曰：“據上將之重，處羣臣之右，宅舍弊薄，資財無餘；側室無妾媵之褻，後庭無聲樂之娛。衣服取供，輿馬取備，飲食節制，不奢不約，官給費用，隨手消盡。察其所以然者，非以激貪厲濁，抑情自割也，直謂如是爲足，不在多求。”此幾於性之矣。蓋其所務者大，於小者自有所不暇及也。故曰：“士志於道，而恥惡衣惡食者，未足與議也。”《論語·里仁》。彼實未志於道也。

王吉言：“古者衣服車馬，貴賤有章。今上下僭差，人人自制，是以貪財誅利，不畏死亡。周之所以能致治，刑措而不用者，以其禁邪於冥冥，絶惡於未萌也。”言之亦可謂深切著明，彼其所以謹守小康之世之法度而不敢踰也。《潛書·尚樸》曰：“荆人炫服。有爲太僕者，好墨布，鄉人皆效之，帛不入境，染工遠徙。荆之尚墨布也，則太僕爲之也。陳友諒之父好衣褐，破蘄，不殺衣褐者。有洛之賈在蘄，以褐得免，歸而終身衣褐，鄉人皆效之。帛不入境，染工遠徙；洛之尚褐也,則賈爲之也。"鑄萬生直喪亂之時,侈固非民所欲,故有反之者,民從之如流水。《晉書·王導傳》言：蘇峻亂後,帑藏空竭,庫中惟有練數千端,鬻之不讎,而國用不給。導患之,乃與朝賢俱製練布單衣,士人翕然服之,練遂踴貴。乃令主者出賣,端至一金。與此可以參觀。此等皆不能有大效,故漢人必欲以法馭之也。

《舊唐書·鄭覃傳》："文宗謂宰臣曰：朕聞前時內庫惟二錦袍,飾以金鳥。一袍玄宗幸溫湯御之,一即與貴妃。當時貴重如此。如今奢靡,豈復貴之？料今富家,往往皆有。"然則世愈亂愈奢也。所以然者,法度廢而綱紀隳也。《新唐書·漢陽公主傳》：順宗女。"文宗尤惡世流侈。因主入,問曰：姑所服何年法也？今之弊何代而然？對曰：妾自貞元時辭宮,所服皆當時賜,未嘗敢變。元和後數用兵,悉出禁藏纖麗物賞戰士,由是散於人間,狃以成風。"可爲一證。

顧亭林《菰中隨筆》云："人富則難使也。夫人之輕於生,必自輕於貨也始。是故人富而重其生。絕吭伏劍,不出素封千户之家；感慨自裁,多在婢妾賤人之輩。"又曰："古之偷生蒙恥,幸免而歸,爲鄉里所不齒者有矣,未若今之甚也。非特不齒也,破其廬,劫其資,燔其室,而後厭於人心。何哉？古不富而今富也。富然後樹怨深,富然後人思奪之。"斯言也,可爲制富貴者之法,亦可爲乘亂攘竊者之炯戒也。景延廣處危幕之上,乃大治第宅,置妓樂,卒以此顧慮其家,不能引決,爲虜所縶。此可謂絕吭伏劍,不出素封千户之家者矣。

《史記·春申君列傳》云："平原君使人於春申君,春申君舍之於上舍。趙使欲夸楚,爲瑇瑁簪,刀劍室以珠玉飾之,請命春申君客。春申君客三千餘人,其上客皆躡珠履,以見趙使,趙使大慚。"此等誇飾之辭,原不足信。然太史公曰："吾適楚,觀春申君故城,宮室盛矣哉！"則必非虛語矣。哀哉,以是時之楚,而猶爲是城郭宮室也！至昌平君、項燕之死,不終爲他人奉矣乎？然豈徒一春申君哉？

〔六九八〕　毀奢侈之物

《晉書·武帝紀》：咸寧四年,十一月,太醫司馬程據獻雉頭裘。帝以奇技異服,典禮所禁,焚之於殿前。勑內外敢有犯者罪之。此事最爲讀史者所豔稱,其實類此者非一事也。《陸雲傳》：雲拜吳王晏郎中。"晏於西園大營第室。雲上書,言清河王昔起墓宅時,手詔追述先帝節儉之教,懇切之旨,形於四海。清河王毀壞成宅以奉詔命。"則當武帝時,實有奉教而毀已成之物者,雉頭裘之焚,不能謂其無益於觀聽也。《齊書·高帝紀》:"即位後,敕中書舍人桓景真曰:主衣中似有玉介導。此制始自大明末,後泰始尤增其麗。留此置主衣,政是興長疾源,可即時打碎。凡復有可異物,皆宜隨例也。"《文惠太子傳》:薨後,"世祖履行東宮,見太子服玩過制,大怒,勅有司隨事毀除。"《梁書·武帝紀》:"受相國、梁公之命。是日,焚東昏淫奢異服六十二種於都街。"《陳書·宣帝紀》:太建七年,四月,監豫州陳桃根於所部得青牛,獻之,詔遣還民。桃根又表上織成羅文錦被裘各二,詔於雲龍門外焚之。凡此皆棄其物。《南史·梁武帝紀》:天監四年,正月,有司奏吳令唐傭鑄盤龍火爐,翔鳳硯蓋。詔禁錮終身。則雖未毀其物而絕其人。《宋書·周朗傳》:朗上書論革侈俗曰:"自今以去,宜爲節目。若工人復造奇技淫器,皆焚之而重其罪。"則并欲絕其製造之源,其所及彌深廣矣。《魏書·韓秀傳》:子務,爲郢州刺史,獻七寶牀、象牙席。詔曰:"晉武帝焚雉頭裘,朕常嘉之。今務所獻,亦此之類矣。可付其家人。"此詔當出宣武。《長孫道生傳》:道生廉約,第宅卑陋。出鎮後,其子弟頗更脩繕,起堂廡。道生還,切責之,令毀宅。則北朝君臣,亦有知此義者。宇文氏仰慕華風,故其行之尤力。《周書·武帝紀》:建德元年,十二月,幸道會苑,以上善殿壯麗,焚之。六年,正月,入鄴。詔:"東山、南園及三臺,可并毀撤。瓦木諸物,凡入用者,盡賜下民。山園之田,各還本主。"五月,詔曰:"往者冢臣專任,制度有違,正殿別寢,事窮壯麗。非直雕牆峻宇,深戒前王,而締構宏敞,有踰清廟。不軌不物,何以示後? 兼東夏初平,民未見德,率先海內,宜自朕始。其露寢會義、崇信、含仁、雲和、思齊諸殿等,農隙之時,悉可毀撤。雕飾之物,并賜貧民。繕造之宜,務從卑樸。"又詔曰:"京師宮殿,已從撤毀。并、鄴二所,華侈過度,誠復作之非我,豈容因而弗革? 諸堂殿壯麗,并宜除蕩,甍宇雜物,分賜窮民。三農之隙,別漸營構,正蔽風雨,務在卑狹。"其靁厲風行,并非南朝所及矣。隋文儉德,冠絕古今。《本紀》:開皇十五年,六月,相州刺史豆盧通貢綾文布,命焚之於朝堂,絕與晉武帝焚雉頭裘類。《秦王俊傳》:薨後"所爲侈麗之物,悉命焚之",亦猶齊武帝之於文惠也。《舊唐書·張玄素傳》:貞觀四年,詔發卒脩洛陽宮乾陽殿,以備巡幸。玄素上書諫,有曰:"陛下初平東都,層樓廣殿,皆令撤毀。"其後面對,又言:"陛下初平東都,太上皇勅大殿高門并宜焚毀。陛下以瓦木可用,不宜焚灼,請賜與貧人。事雖不行,天下翕然,謳歌至德。"《竇璡傳》:"爲將作大匠,脩葺洛陽宮。於宮中鑿池起山,崇飾雕麗。太宗怒,遽令毀之。"亦周武帝之志也。《玄宗紀》:開元二年,六月,"内出珠玉、錦繡等服玩,又令於正殿前焚之。"《新唐書》:七月,乙未,"焚錦繡、珠玉於前殿"。《通鑑》：開元二十五年，"命將作大匠康𧗪素之東都毀明堂。𧗪素上言：毀之勞人。請去上層，卑於舊九十五尺，仍舊爲乾元殿。從之。"玄宗後雖奢侈，其初政，亦尚能式遵舊典也。中葉以後，武人跋扈，然《舊唐書·德宗紀》：大曆十四年，七月，"毀元載、馬璘、劉忠翼之第，以其雄侈踰制也。"則亦不能任意妄作。《文宗紀》：大和元年，四月，"毀昇陽殿東放鴨亭、望仙門側看樓十間，并敬宗所造也。"則前王之所爲，亦自正之矣。三年南郊赦文云："四方機杼纖麗，若花絲布、繚綾之類，并宜禁斷。勑到一月，機杼并即焚棄。"是欲舉周朗之所言者而行之也。《田弘正傳》："魏州自承嗣已來，館宇、服玩，有踰常制者，悉命徹毀之。"《舊五代史·周太祖紀》：廣順元年，二月，"内出寶玉器及金銀結縷寶裝牀几飲食之具數十，碎之於殿廷。仍詔所司：凡珍華悦目之物，不得入宫。"則武人之賢者，亦知此義矣。《宋史·太宗紀》：淳化元年，八月，毀左藏庫金銀器皿，亦與周太祖所爲同。《範雍傳》："玉清昭應宫災。章獻太后泣對大臣曰：先帝竭力成此宫，一夕延燎幾盡，惟一二小殿存耳。雍抗言曰：不若悉燔之也。先朝以此竭天下之力，遽爲灰燼，非出人意。如因其所存，又將葺之，則民不堪命，非所以畏天戒也。時王曾亦止之，遂詔勿葺。"此真侃侃直節矣。《高宗紀》：紹興二年，五月，"兩浙轉運副使徐康國獻銷金屏障。詔有司毀之，奪康國二官。"二十七年，三月，"詔焚交阯所貢翠羽於通衢，仍禁宫人服用銷金翠羽。"《王十朋傳》：秦檜死，上親政，策士，擢爲第一。用其言，嚴銷金鋪翠之令，取交阯所貢翠物焚之。《寧宗紀》：嘉泰元年，四月，"詔以風俗侈靡，災後官軍營造，務遵法制。三月臨安大火。内出銷金鋪翠，焚之通衢。禁民無或服用。"《明史·陳友諒傳》："友諒豪侈，嘗造鏤金牀甚工。宫中器物類是。既亡，江西行省以牀進。太祖歎曰：此與孟昶七寶溺器何異？命有司毀之。"皆能守前世之遺規者也。《彭澤傳》："出爲徽州知府。將遣女，治漆器數十，使吏送其家。澤父大怒，趣焚之，徒步詣徽。澤驚，出迓，見吏負其裝。父怒曰：吾負此數千里，汝不能負數步耶？入，杖澤堂下。杖已，持裝逕去。"古人之清正如此，此其所以毀既成之物而弗怍也。自恒人之情言之，必曰：弗之用，斯可矣，毀之寧不可惜？然自毀之者言之，則其物并無可用之處。夫無可用之處，則是無用之物也，毀之又何足惜？夫毀之則重勞者，莫如宫室。然翼奉説漢元帝，言其時宫室、苑囿，奢泰難供，以故民困國虛，亡累年之畜。不改其本，難以末正。漢德隆盛，在於孝文，躬行節儉，如令處於當今，因此制度，必不能成功名。故願遷都正本。衆制皆定，亡復繕治宫館不急之費，歲可餘一年之畜。夫亡復繕治，寧不漸壞？與撤毀亦何以異？撤毀固不能無勞民，然繕治則將勞民無已,與夫撤毀之止於一次者爲何如哉?且留之將何爲乎?將以觀欲天下乎?民生而日抒矣,雖用今所謂奢侈之物而不爲侈矣,至其時,豈不能更造哉?而留此不軌之物,以塞其革正之路乎?

《南史·宋武帝紀》:"帝素有熱病,并患金創,末年尤劇,坐臥常須冷物。後有人獻石牀,寢之極以爲佳。乃歎曰:木牀且費,而況石耶?即令毀之。"以疾而須石牀,實不可謂之侈。況於帝之金創,殆以定内禦外所致,而猶毀之,然則不必聖賢,即英雄亦不易爲也。

〔六九九〕　後世惠民之政多西京所已有

清湯文正斌嘗言:歲褪免租,特少蘇民困而已,必屢舉於豐年,富乃可藏於民。又凡免當年田租,皆中飽於官吏,故每遇國有大慶,或水旱形見,不肖者轉急徵以待賜除。必豫免次年田租,然後民不可欺,吏難巧法。聖祖深然之,遂定爲經法,凡免錢丁編折銀,必於前一年頒諭。康熙三十年,特諭户部:自今以往,海内農田正賦編折,通三年輪免一年,周而復始,直省均以編,不問歲之豐凶。其後雖以西邊事起中輟,然世宗、高宗屢蠲天下田租,皆先一年降旨,以次輪免,猶循行其意也。

此事論者亟稱文正之賢。然余讀《宋史·食貨志》:嘉熙二年臣僚言:陛下自登大寶以來,蠲賦之詔,無歲無之,而百姓未沾實惠,蓋民輸率先期歸於吏胥、攬户,及遇詔下,則所放者吏胥之物,所倚閣者攬户之錢,是以寬恤之詔雖頒,愁歎之聲如故。嘗觀漢史,恤民之詔多減明年田租。今宜仿漢故事,如遇朝廷行大惠,則以今年下詔,明年減租,示民先知減數,則吏難爲欺,民拜實賜矣。從之。然則免租之先一年降旨,特宋代已行之法,而宋又沿之於漢者也。至輪免天下田租,論者多稱爲有清仁政;然漢文帝時,除民之田租至於十有三年,則又非三年輪免一次之比矣。則信乎後世惠民之政,皆西京所已行者也。

原刊一九二〇年《武進商報》

〔七〇〇〕　寶　物

孟子曰:"諸侯之寶三:土地、人民、政事。寶珠玉者,殃必及身。"《盡心》下。乍觀之,其言似甚可怪。以一國之大,何至不知寶而寶珠玉?然觀古以覘重器而伐國、出重器而媾和者之多，而知孟子之言，非有過矣。楚靈王，雄主也，而其謂子革曰："昔我先王熊繹，與呂伋、王孫牟、燮父、禽父并事康王，四國皆有分，我獨無有。"《左氏》昭公十二年。蒯聵，亦久歷艱難之主也，而其謂渾良夫曰："吾繼先君而不得其器，若之何？"《左氏》哀公十六年。皆若不勝其怏怏之情焉。即樂毅報燕惠王，侈陳前王之功績，亦曰："珠玉、財寶、車甲、珍器，盡收入於燕。齊器設於寧臺，大呂陳於元英，故鼎返於厤室。"其重之也如是。無怪子常以裘珮與馬，止唐、蔡之君，而釀滔天之禍矣。"虞叔有玉，虞公求旃。弗獻。既而悔之，曰：匹夫無罪，懷璧其罪。吾焉用此？其以賈害也？乃獻之。又求其寶劍。叔曰：是無厭也。無厭，將及我。遂伐虞公。故虞公出奔共池。"《左氏》桓公十年。知懷璧之將以賈害而獻之，可謂難矣。而虞公猶以無厭之求致敗；叔亦以懼將及而出其君。處好寶物之世，而求自全，難矣哉！

《晉書·桓玄傳》，言其"尤愛寶物，珠玉不離於手。人士有法書、好畫及佳園宅者，悉欲歸己。猶難逼奪之，皆蒲博而取。遣臣佐四出，掘果移竹，不遠數千里。百姓佳果、美竹，無復遺餘"。此似癡絕，惟紈袴少年爲之，然歷代皇室，誰不多藏珠玉、法書、好畫邪？宋徽宗之花石綱，非即玄之遣人四出掘果移竹乎？《傳》又言其請平姚興，"初欲飾裝，無他處分，先使作輕舸，載服玩及書畫等物。或諫之，玄曰：書畫服玩，既宜恒在左右；且兵凶戰危，脫有不意，當使輕而易運。衆咸笑之。"然古來有國有家者，至於亡滅之際，孰不猶有所藏乎？《宋史·劉重進傳》，言其以顯德三年克泰州。"初，楊行密子孫居海陵，號永寧宮。周師渡淮，盡爲李景所殺。重進入其家，得玉硯、玉杯盤、水晶盞、碼磠盆、翡翠瓶以獻。"是楊氏亡時，其寶物初未盡亡也。又《賈黃中傳》，言其以太平興國二年知昇州，"一日，案行府署中，見一室，局鑰甚固。命發視之，得金寶數十匱，計直數百萬，乃李氏宮中遺物也，即表上之。"是李氏亡時，其寶物亦未盡亡也。然寶之果何益哉？《張洎傳》言：李煜既歸朝，貧甚，洎猶勾索之。煜以白金頮面器與洎，洎尚未滿意。然則不徒敵國，雖舊臣，猶以懷璧而肆誅求矣。寶之則其罪矣，果何爲哉？亦豈可終寶哉？

《宋史·賈似道傳》，言其"酷嗜寶玩，建多寶閣，日一登玩"，此即桓玄見人有寶，盡欲歸己之心。又云："聞余玠有玉帶，已殉葬矣，發其冢取之。"居宰相之位，而爲椎埋之行，此古人所以因求寶物而致動干戈也。《徐鹿卿傳》："丞相史彌遠之弟，通判溫州，利韓世忠家寶玩，籍之。鹿卿奏削其官。"世忠家不以寶玩，是時亦豈見籍哉？高宗幸醫王繼先，怙寵干法，富浮公室，數十年無敢搖之者。聞邊警，輦重寶歸吳興，爲避敵計。杜莘老疏其十罪。高宗乃籍其貲，鬻錢入御前激賞庫,以賞將士。事見《莘老傳》。亦以愛寶物促其敗也。

《明史·孟一脈傳》:一脈於萬歷時上疏有曰"浮梁之磁,南海之珠,玩好之奇,器用之巧,錙銖取之,泥沙用之,於是民間皆爲麗侈。窮耳目之好,竭工藝之新,不知紀極,中人得十金,即足供一歲之用,今一物常兼中人數家之產"云云。夫工藝之新,今人所譽爲文明者也。然人之因此而陷於飢寒者衆矣,而其物亦卒隨兵燹而盡,哀哉!

〔七〇一〕 疏 食 上

茹毛飲血,此皆以爲形容野蠻人之詞耳,其實不然,此四字見《禮記·禮運》。《正義》云:"雖食鳥獸之肉,若不能飽者,則茹食其毛以助飽,若漢時蘇武以雪雜羊毛而食之,是其類也。"古人恒苦饑荒,蘇武之窮乏,於古必數見不鮮,足見其非形容之詞。《詩·豳風》:"九月築場圃。"《箋》云:"耕治之以種菜茹。"《正義》云:"茹者咀嚼之名,以爲菜之別稱,故書傳謂菜爲茹。"案毛言茹,菜亦言茹,則古人之食菜,與茹毛同。肉不能飽而茹毛,草木之實不能飽而茹菜,其致一也。然茹植物之始,非必皆後世老圃之所植也,蓋草根樹皮,無弗食焉,其去後世饑荒時之所食,亦無幾耳。《禮記·月令》:仲冬之月,山林藪澤,有能取蔬食,田獵禽獸者,野虞教道之;其有相侵奪者,罪之不赦。《周官》大宰九職:"八曰臣妾,聚斂疏材。"委人:"掌斂野之賦,凡疏材、木材、凡畜聚之物。"《管子·七臣七主》曰:果蓏素食當十石。《八觀》曰:萬家以下,則就山澤;萬家以上,則去山澤。皆可見其養人之廣。若後世,則惟饑荒之時食之,見諸救荒本草中耳。

《淮南·主術》曰:夏取果蓏,秋畜疏食。則果蓏與疏食不同;果蓏者草木之實也,疏食其根莖也。《禮記》鄭《注》曰:草木之實爲疏食。《周官》鄭《注》曰:疏材,根實可食者。混二者爲一,恐非。

疏食較穀食爲麤,穀之麤者,亦較其精者爲麤,故後亦稱穀之麤者爲疏食。《禮記·雜記》:"吾祭,作而辭曰:疏食不足祭也。吾餐,作而辭曰:疏食也,不足以傷吾子。"《正義》曰:"疏麤之食,不可强飽,以致傷害。"是也。今者穀之精者,不足養人,人人知之矣。予謂更推之,則專食麤穀,或者不如兼食各種植物。古《本草》有所謂久服輕身延年者,今人試之,或無其效,則以古説爲不可信。然古人所謂久服者,恐非如今人以之爲藥物,乃以之爲饔飱也。國民軍圍武昌,某藥肆學徒,爲其肆送何首烏,中塗炮火大作,流彈紛至,不能至肆,姑歸家止焉,已而其肆閉。此學徒家惟老父一人,久癱瘓臥牀弗能動矣。父子二人,閉門坐守。糧絶,遂以何首烏當飯。一月許,其父竟愈。此事見上海某報,予曾録存之,今亦在游擊區中,弗能道其詳,然其大致固猶能記憶也。此人癱瘓之獲愈,不知果由以何首烏代飯否?然《本草》中所云常服之品,若以之代飯,必有效驗可見,則理有可信也。神農爲古農業之稱,本非指人,如《月令》云:毋發令而待,以妨神農之事是也。所謂《神農本草經》者,非謂炎帝神農氏所作之本草經,乃謂農家原本草木性味之書耳。古農家所以能知百草之性者,亦以其所食不專於穀物也。

原刊一九四一年《大美晚報》副刊“午刊”第一期

〔七〇二〕　疏　食　下

疏食足濟民食,漢世猶知之。《後漢書·和帝紀》:永元五年九月壬午,令郡縣勸民蓄疏食,以助五穀。其官有陂池,令得採取,勿收假税二歲。十一年二月,遣使循行郡國,禀貸被災害不能自存者,令得漁採山林池澤,不收假税。十二年二月,詔貸被災諸郡民種糧,賜下貧鰥寡孤獨不能自存者及郡國流民,聽入陂池漁採,以助疏食。十五年六月,詔令百姓鰥寡漁採陂池,勿收假税二歲。《安帝紀》:永初三年七月庚子,詔長吏案行在所,皆令種宿麥疏食,務盡地力。其貧者給種餉。案《劉玄傳》言:王莽末,南方饑饉,人庶羣入野澤,掘鳧茈而食之,此即所謂疏食也。《漢書·王莽傳》:天鳳五年,以大司馬司允費興爲荆州牧。見,問到部方略。興對曰:荆揚之民,率依阻山澤,以漁採爲業。間者國張六管,税山澤,妨奪民之利;連年久旱,百姓飢窮,故爲盜賊。莽怒,免興官。然至地皇三年,卒開山澤之防,諸能採取山澤之物而順月令者恣聽之,勿令出税,可見疏食關係之大。《劉玄傳》言:入野澤掘鳧茈者,更相侵奪,王匡王鳳爲平理諍訟,遂推爲渠帥。此所謂飲食必有訟,而能平理諍訟者,爲衆所推,亦即所謂争而不已,必就其能斷曲直者而聽命焉者也。元魏嘗罷河東鹽池之税矣,富强者專擅其用,貧弱者不得資益。延興初,復立監司,量其貴賤,節其賦入,公私兼利。世宗即位,復罷其禁。豪貴之家,復乘勢占奪。近池之民,又輒障吝。强弱相陵,聞於遠近。神龜初,卒復置監官。然則設官管理,本非徒計利入,亦所以抑豪强而公美利也。而惜乎主管權者,賢者徒知利國,不肖者且躬肆侵漁也。

《漢書·地理志》言:江南以漁獵山伐爲業,果蓏蠃蛤,食物常足,故呰窳媮生而亡積聚。飲食還給，不憂凍餓，亦無千金之家。夫其無積聚而不憂凍餓，正以山澤之利，不與五穀俱荒故也。莽以峻切之政齊之，其致亂宜矣。然龔遂爲渤海太守，秋冬課收斂，益畜果實菱芡，勞來循行，郡中皆有畜積，則北方亦未嘗無疏食之利也。《後漢書·江革傳》云：負母逃難，常採拾以爲養。《獨行傳》：范冉遭黨人禁錮，遂推鹿車，載妻子，捃拾自資。《注》引《袁山松書》曰：冉去官，嘗使兒捃拾麥，得五斛，此即收斂所餘，龔遂所以欲課民收斂也。《詩》曰：彼有遺秉，此有不斂穧，龍子言樂歲粒米狼戾，小民無遠慮，固不得不有賢長官教督之。或曰：一舉而盡斂之，寡婦之利安在？曰：禮義生於富足，孟子曰：民非水火不生活，昏暮叩人之門户，求水火，無勿與者，至足矣。聖人治天下，使有菽粟如水火，而民焉有不仁者乎？豈尚慮寡婦之無以爲養耶？

昧於義者，率言人生而自私，故行私産之制，則地無遺利，其實行私産之制，則遺利多而狼戾亦愈甚。何者？力非爲己，則不出於身，貨不藏於己，即任其棄於地也。《漢書·貨殖傳》言貧者含粟飲水，富者犬馬餘肉粟。犬馬而餘肉粟，豈非狼戾之甚者邪？

《後漢書·桓帝紀》：永興二年六月，詔司隸校尉部刺史曰：蝗災爲害，水變仍至，五穀不登，人無宿儲。其令所傷郡國種蕪菁，以助人食。此亦疏食助穀食，惟仍有待於種耳。古之種穀者不得種一穀，以防災害也。見《公羊》宣公十五年《解詁》。然災害有凡穀者皆不能種，而疏食猶可種者。又有地本不宜於穀，而猶可種疏食者。夫穀食較之疏食，穀食則美矣。然既知穀食，而遂盡廢疏食，則亦無是理。種穀者徒知種穀，穀不可種，遂束手待斃，亦未盡重民食之道也。

王莽末，天下旱蝗，黃金一斤，易粟一斛。建武之初，野穀旅生，麻尗尤盛，人收其利。《後漢書·光武紀》建武二年。此遭大亂之後，田畝荒廢，悉變爲平時之山澤也。馮異之入關，黃金一斤，易豆五升，道路斷隔，委輸不至，軍士悉以果實爲糧。《後漢書》本傳。獻帝之幸安邑，亦以棗栗爲糧。《後漢書·伏皇后紀》。《三國志·魏武帝紀注》引《魏書》，言自遭荒亂，率乏糧穀。袁紹之在河北，軍人仰食桑椹，袁術在江淮，取給蒲蠃建安元年。果實而足食三軍之師，雖曰不得飽；其利之厚，則可見矣。講求農業者，安得不推廣之於穀食之外邪？

《史記·陳丞相世家》曰：平爲人長，美色。人或謂曰：貧，何食而肥若是？其嫂嫉平之不視家生産，曰：亦食糠覈耳。其實糠覈之養人，未必邃遜於穀物也。《漢書·食貨志》言王莽分遣大夫謁者教民煮木爲酪，酪不可食，重爲煩擾。《莽傳》云：分教民煮草木爲酪，酪不可食，重爲煩費。夫至於遣使設教，則必固有其法審矣。大夫謁者教或不善；木可爲酪，則必不誣也。

原刊一九四一年《宇宙風半月刊》百年紀念

〔七〇三〕　肉食與素食

　　古惟貴者、老者乃得食肉，庶人之食，魚鱉而已。漢世猶有其風。《漢書·王吉傳》云：自吉至崇，世名清廉，禄位彌隆，皆好車馬衣服，其自奉養，極爲鮮明，而無金銀錦繡之物，及遷徙去處，所載不過囊衣，不畜積餘財，去位家居，亦布衣疏食，天下服其廉而怪其奢。故俗傳王氏能作黄金。蓋漢世居官者，多好畜積餘財，藏金銀錦繡，王氏一不事此，而惟以之自奉養，則固可使人怪其奢，何待能作黄金，彼豈不能預爲他日計，而必一去位即布衣疏食，蓋以爲制度宜然也。《後漢書·崔駰傳》云：子瑗，愛士好賓客，盛脩肴膳，單極滋味，居常疏食菜羹而已，亦非力不能自奉，以爲禮則然也。《三國·蜀志·費禕傳注》引《禕別傳》曰：禕雅性儉素，家不積財，兒子皆令布衣素食，出入不從車騎，無異凡人。可見凡人皆布衣素食。其居官而仍素食者，則爲儉德。《後漢書·孔奮傳》：守姑臧長，時天下擾亂，惟河西獨安，而姑臧稱爲富邑，通貨羌胡，市日四合，每居縣者，不盈數月，輒至豐積，奮在職四年，財産無所增，事母孝謹，雖爲儉約，奉養極求珍膳，躬率妻子，同甘菜茹。《楊震傳》：舉茂才，四遷荆州刺史，東萊太守，後轉涿郡太守，性公廉，不受私謁，子孫常蔬食步行。《黨錮傳》：羊陟拜河南尹，計日受奉，常食乾飯茹菜。《三國·吳志·是儀傳》：孫權幸儀舍，求視蔬飯，親嘗之，對之歡息，即增奉賜，益田宅。及費禕皆其選也。

　　孔奮躬率妻子，同甘菜茹，而事母極求珍膳，所以養老也。閔仲叔客居安邑，老病，家貧不能得肉，日買猪肝一片，屠者或不肯與，安邑令聞，敕吏常給焉。仲叔怪而問之，知，乃歎曰：閔仲叔豈以口腹累安邑邪？遂去。《後漢書·周燮等傳》。其未去時，豈不能素食，亦以爲養老之禮則然也。《郭泰傳》：茅容年四十餘，耕於野，時與等輩避雨樹下，衆皆夷踞相對，容獨危坐愈恭，林宗行見之，而奇其異，遂與共言，因請寓宿。旦日，容殺雞爲饌，林宗謂爲已設，既而以共其母，自以草蔬與客同飯。林宗起拜之曰：卿賢乎哉！因勸令學，率以成德，亦養老之禮，猶存於野者也。

　　茅容以草蔬與客同飯，蓋田家待客，本不過爾。故丈人爲子路殺雞爲黍，《論語》亦特記之矣。然即貴人待客，於禮亦不甚奢。張禹成就弟子尤著者，彭宣、戴崇。宣爲人恭儉有法度，而崇愷弟多知，禹心親愛崇，敬宣而疏之，崇每候禹，常責師宜置酒設樂，與弟子相娛，禹將崇入後堂飲食，婦女相對，優人管弦鏗鏘，極樂，昏夜乃罷。而宣之來也，禹見之於便坐，講論經義，日宴賜食，不過一肉，巵酒相對，宣未嘗得至後堂，及兩人皆聞知，各自得也。《漢書》本傳。禹之待戴崇，特奢淫之爲，其待彭宣則禮也。《三國·吳志·步騭傳》：世亂，避難江東，單身窮困，與廣陵衛旌，同年相善，俱以種瓜自給。會稽焦征羌，郡之豪族，人客放縱，騭與旌求食其地，懼爲所侵，乃共脩刺奉瓜以獻，征羌作食，身享大案，殽膳重沓，以小盤飯與騭、旌，惟菜茹而已。旌不能食，騭極飯致飽，乃辭出。旌怒騭曰：何能忍此？騭曰：吾等貧賤，是以主人以貧賤遇之，固其宜也，當何所恥。以貧賤遇人，食以菜茹，則知貧賤者食人，亦不過如是也。征羌之失，在其身享大案，殽膳重沓。若以一肉巵酒，與客相對，或如茅容，以草蔬與客同飯，亦不爲失。何則？漢和熹鄧后，朝夕一肉飯，而張禹亦以一肉賜彭宣，知食不重肉，貴人常奉則然，所以待客者，亦不過身所常御，征羌以是待客，又孰得而非之哉？《三國·魏志·武宣卞皇后傳注》引《魏書》曰：帝爲太后弟秉起第，第成，太后幸第，請諸家外親設，廚無異膳，太后左右，菜食、粟飯，無魚肉。此亦以常禮待客，又可見在平時，雖貴人左右，亦不肉食也。

　　《漢書·貨殖傳》：任公家約，非田畜所生不衣食，公事不畢，則不得飲酒食肉，此古田家禮本如是。任氏特家富而不改其故耳。《鹽鐵論·散不足篇》曰：古者燔黍食稗，而捭豚以相饗，其後鄉人飲酒，老者重豆，少者立食，一醬一肉，旅飲而已。及其後賓婚相召，則豆羹白飯，綦膾熟肉，今民間酒食，殽旅重叠，燔炙滿案。又曰：古者庶人糲食藜藿，非鄉飲酒、臘腊、祭祀無酒肉。故諸侯無故不殺牛羊，士大夫無故不殺犬豕。今閭巷縣佰，阡陌屠沽，無故烹殺，相聚野外，負粟而往，挈肉而歸。又曰：古者不粥飪，不市食。及其後則有屠沽沽酒，市脯魚鹽而已。今熟食編列，殽施成市。似乎漢人之食，奢侈異常矣。然《論衡》，謂海內屠肆，六畜死者，日數千頭，不過今日一大市耳。二十八年五月十三日《申報》云：戰前上海猪肉，日銷五千至八九千頭，大伏重陽，爲清淡之期，日僅四五百頭，通計日二千三四百頭。案此牛羊肉猶不在内也。知《鹽鐵論》之言，有過其實也。閔仲叔日買猪肝一片，屠者或不肯與，夫以仲叔之廉，豈其貰貸不還，所以不肯與者，蓋以宰殺無多，欲留以待他人之求也。濁氏以胃脯而連騎，《漢書·貨殖傳》。則凡小業皆可致富。亦不能以是而言漢世粥飪之盛也。要而言之，漢世之飲食，猶遠較今世爲儉。

無屠沽則食必特殺，因家常畜，惟有雞豚，《鹽鐵論》言：一豕之肉，得中年之收。亦見《散不足篇》。故多殺雞。《三國·魏志·典韋傳》：襄邑劉氏，與睢陽李永爲仇，韋爲報之，永故富春長，備衛甚謹，韋乘車載雞酒，僞爲候者，門開，懷匕首入，殺永，并殺其妻。可見相問遺者亦如是，使是處皆有屠肆，適市求之，豈不較殺雞更便，此亦可見漢世屠肆之不甚多也。

原刊一九四一年十月二日《大美晚報》副刊"午刊"

〔七○四〕　蔗　餳

蔗餳，《唐書》謂其法得自摩揭陀。然《三國·吳志·孫亮傳注》引《吳歷》，謂亮出西苑，食生梅，使黃門至中藏取蜜漬梅。《江表傳》則謂：亮使黃門以銀碗并蓋，就中藏吏取交州所獻甘蔗餳。裴松之謂：《吳歷》之言，不如《江表傳》爲實。案古人多食飴蜜，蔗餳在此時爲難得之物，記者訛蔗餳爲蜜，事所可有，訛蜜爲蔗餳，則無是理，裴氏之言是也。交州是時亦中國地，使知造蔗餳之法，唐初必無待取之摩揭陀矣。蓋有其物而非自造也。然中國之有蔗餳則舊矣。

〔七○五〕　車　與　騎

車戰之易而爲騎也，自戰爭之日烈始也。騎兵利馳逐，則戰場雖廣，而兵士不覺其勞，且可出敵後而斷其援，又旁鈔其兩側，間遇山陵，亦不爲所阻，較之兵車僅限於平原之地數十百里之間，利於持重而不宜於逐利者大異矣。故國土愈廣，戰事波及之地愈遠，則騎兵愈盛，車戰遂日以式微也。

南北朝分裂，垂三百年，南恒爲北弱，其機，實決於元嘉二十七年虜馬飲江之役。此役也，索虜初未能占中國之地，然六州殘破，元氣大傷，恢復之圖，自此遂不易言矣。其所由然，實緣虜於是役，不事攻取，并不求戰勝，而專事殘毀故也。元太祖之攻金，不求下燕京，而四出殘毀，河北遂不可守，與此役頗相似。居國之民，行軍不如行國之便捷，其所殘破之地，即不得如行國之遠。春秋以前，與中原錯處之戎狄，可謂皆在腹心之地，而不能爲深患者，以彼徒我車，擾亂僅及邊鄙也。衛懿公之滅於狄，蓋奇變，不恒有。雖大邑如長葛，亦非戎狄所能入矣，況於蹂躪數千里之地乎？自秦、趙、燕諸國越北山、踰太行而與匈奴隣，則中國始與騎寇相遇；冒頓盛强，北邊之侵擾愈亟，然亦緣邊之地耳，非深入腹裏也。此五胡之所以爲大患，晉初諸臣所以欲徙戎也。然則佛貍之南侵，實爲前此未有之局，此中國之所以不能豫與？佛貍寡謀，豈知以此爲制勝之策，不過肆其殘暴而已。然無意中卻爲戰事創一新局。此世變之所以可畏也。

孟子曰：“國家閒暇，及是時，明其政刑，雖大國必畏之矣。”《公孫丑》上。南北朝之世，北擾攘而南安謐者，莫如梁武帝之時，此國家閒暇時也。欲恢復北方，終不能不決勝於中原平曠之地，則非有騎兵不可。周朗之言曰：“今人知不以羊追狼，蟹捕鼠，而令重車弱卒與肥馬悍胡相逐，其不能濟固宜矣。漢之中年，能事胡者，以馬多也。胡之後服漢者，亦以馬少也。既兵不可去，車騎應蓄。”《宋書》本傳。其言可謂深切著明矣。乃梁武未嘗無恢復之圖，而終不聞有馬復之令，疆場之上，惟恃水軍以資扞禦，間欲攻取，亦惟恃決堰爲上策。然則寒山之敗，豈徒淵明之無能哉？觀其徒恃此以取彭城，而知其恢復之無望矣。

中原之地，可以爲牧場與？曰：不可。然當戎馬生郊之日，暫設監牧以擬戎備，夫固無所不可也。《隋書·賀婁子幹傳》：討吐谷渾還，“高祖以隴西頻被寇掠，甚患之。彼俗不設村塢，勅子幹勒民爲堡，營田積穀，以備不虞。子幹上書曰：隴西河右，土曠民希，邊境未寧，不可廣爲田種。比見屯田之所，獲少費多，虛役人功，卒逢踐暴。屯田疎遠者，請皆廢省。但隴右之民，以畜牧爲事，若更屯聚，彌不獲安。祇可嚴謹斥候，豈容集人聚畜？請要路之所，加其防守。但使鎮戍連接，烽候相望，民雖散居，必謂無慮。高祖從之。”營田積穀，實爲進取之基，然散野之民，卒逢踐暴，殆爲勢所必不能免。雖有堡塢，亦不易守。從來偏安之世，北方之不易復，淮南北之彫敝實爲之。其所由然，實以鄰敵，不易謀生聚也。若畫其地爲內外二重，內事田種，外營牧畜，則我之長技，皆與彼同，而生聚之謀易立矣。此從來用長淮者未之及。然予深信其計之可用，抑豈徒南北分爭之世，用諸長淮，國境與敵隣接而畏其蹂躪者，皆可以此爲外衛也。

魏戎馬之由來，《魏書·太宗紀》：永興五年正月，“詔諸州六十户出戎馬一匹。”泰常六年二月，“調民二十户輸戎馬一匹，大牛一頭。三月，制六部民羊滿百口輸戎馬一匹。”此諸詔令，雖徧及其境內，然能出戎馬者，必以北邊之地爲多。《尒朱榮傳》言其“家世豪擅，財貨豐贏。牛羊駞馬，色別爲羣，谷量而已。”榮父新興，太和中繼爲酋長。“朝廷每有征討，輒獻私馬，兼備資糧，助裨軍用。”及榮正光中，“四方兵起，遂散畜牧，招合義勇，給其衣馬”焉。尒朱氏之所以興，正拓跋氏之所以興也。《鐵弗傳》言衛辰之亡，魏獲其馬牛羊四百餘萬頭。鐵弗氏之久與拓跋爲强對，亦以是也。

《通鑑》：晉孝武帝太元十六年，拓跋珪追柔然，諸將請還，珪問："若殺副馬爲三日食，足乎？"胡三省《注》曰："凡北人用騎，兵各乘一馬，又有一馬爲副馬。"宋文帝元嘉六年，"魏主至漠南，捨輜重，帥輕騎兼馬襲擊柔然。"《注》曰："兼馬者，每一騎兼有副馬也。"副馬之制，蒙古猶然。故胡氏言凡北人以通今古，非專指鮮卑言也。《尒朱榮傳》："葛榮將向京師，衆號百萬，榮啓求討之。九月，乃率精騎七千，馬皆有副，倍道兼行，東出滏口。"榮之破葛榮，克以寡制衆，馳逐之利，亦有助焉。

《皮豹子傳》：豹子爲仇池鎮將。興安二年，表曰："臣所領之衆，本自不多，惟仰民兵，專恃防固。其統萬、安定二鎮之衆，從戎以來，經三四歲，長安之兵，役過期月，未有代期，衣糧俱盡，形顏枯槁，窘切戀家，逃亡不已，既臨寇難，不任攻戰。士民姦通，知臣兵弱，南引文德，共爲脣齒。計文德去年八月，與義隆梁州刺史劉秀之同征長安，聞臺遣大軍，勢援雲集，長安地平，用馬爲便，畏國騎軍，不敢北出。"以魏人當時兵勢之弱，而宋猶畏之，此騎步不敵之明證也。《宋書·劉敬宣傳》："孫恩爲亂，東土騷擾，牢之自表東討，軍次虎疁，賊皆死戰。敬宣請以騎傍南山趣其後。吳賊畏馬，又懼首尾受敵，遂大敗。"亦南人不習騎戰之徵。

兵車自秦、漢以來，非遂不用也。然特以防衝突，供載運，不恃以逐利矣。《史記·陳涉世家》言：涉起蘄，"行收兵，至陳，車六七百乘，騎千餘，卒數萬人。"又云：周文西擊秦，"行收兵，至關，車千乘，卒數十萬。"似其時行軍，用車仍不爲少。然衞青與匈奴遇，令武剛車自環爲營，李陵之擊匈奴，"至浚稽山，與單于相直。軍居兩山間，以大車爲營，且戰且引南行，數日抵山谷中，連戰，士卒中矢傷，三創者載輦，兩創者將車，一創者持兵戰。陵曰：吾士氣少衰而鼓不起者，何也？軍中豈有女子乎？始軍出時，關東羣盜妻子徙邊者，隨軍爲卒妻婦，大匿車中。陵搜得，皆劍斬之。"《漢書》本傳。及管敢亡降匈奴，教單于遮道急攻陵，陵乃棄車去，士徒斬車輻而持之。史言驃騎將軍車重與大將軍等；又《趙充國傳》言："義渠安國以騎都尉將騎三千屯備羌，至浩亹，爲虜所擊，失亡車重兵器甚衆。"皆車以防衝突供運載之證。《後漢書·南匈奴傳》言：光武"造戰車，可駕數牛，上作樓櫓，置於塞上，以拒匈奴"，亦用以拒守，非以之攻戰也。言秦、漢兵制者，多以車騎爲騎兵，材官爲步兵，樓船爲水兵，其實不然。《漢書·刑法志》云："天下既定，蹈秦而置材官於郡國，京師有南北軍之屯。至武帝平百越，內增七校，外有樓船，皆歲時講肄脩武備云。"言材官不言車騎。《鼂錯傳》：“材官騶發。”《注》引臣瓚曰：“材官，騎射之官也。”則材官與車騎是一。《惠帝紀》：七年，“發車騎材官詣滎陽。”師古曰：“車，常擬軍興者，若近代之戍車也；騎，常所養馬，并其人使行充騎，若今武馬及所養者主也。”則車與騎又有別。車蓋即所謂車士，《馮唐傳》：唐“拜爲車騎都尉，主中尉及郡國車士”是也。騎士之名，則諸書習見，不待徵引矣。《高帝紀》二年《注》引《漢儀注》曰：“民年二十三爲正，一歲爲衛士，一歲爲材官騎士，習射御騎馳戰陳。”又曰：“年五十六，衰老，乃得免爲庶民，就田里。”習射御者習爲車兵，習騎馳者習爲騎兵，習戰陳者習爲步兵。即材官，不言車士者，騎之爲用尤要，故以騎士該之。抑步兵或不閑車騎之術，車騎則不可不閑步兵之技；故材官爲兵之大名，言材官又可以統車騎也。灌嬰、傅寬、靳歙等皆以騎將立功，而其傳中有車司馬、候騎、將騎、千人將、騎長等名，知將吏之間，所職亦自有別。《張敞傳》言其“以正違忤大將軍霍光，而使主兵車”，則主車之職，固下於主騎矣。戰車雖可以防衝突，然必以騎兵爲之翼衛，而其勢乃張。何承天撰《安邊論》，其第三策曰：“纂耦車牛，以飾戎械。計千家之資，不下五百耦牛，爲車五百兩，其第二策言浚復城隍，以一城千室計。參合鉤連，以衛其衆。設使城不可固，平行趨險，賊所不能干。”《宋書》本傳。此徒爲自免計而已。檀道濟之救青州，刁雍策之曰：“賊畏官軍突騎，以鎖連車爲函陳。大峴已南，處處狹隘，不得方軌。雍求將義兵五千，要險破之。”《魏書·刁雍傳》。此徒用車不能制勝之證。宋武帝伐南燕，分車四千兩爲二翼，方軌徐行，而以騎爲游軍，則聲勢較壯而敵弗能拒。拓跋燾之寇彭城，沈慶之議以車營爲函箱，陳精兵爲外翼，奉二王走歷城。説雖未行，然慶之畫策素謹慎，其爲是議，必度其可以自達也。呂梁之役，蕭摩訶勸吳明徹“率步卒乘馬轝徐行，摩訶領鐵騎數千，驅馳前後，必當使公安達京邑”，猶此意矣。宋武之伐後秦，魏使數千騎緣河隨大軍進止。帝使丁旿率七百人及車百乘於河北岸上，而使朱超石繼之，卒大破虜。兵車之建功，至於是而止矣。然其用，亦仍在拒守自固也。

《宋書·蒯恩傳》：“高祖征孫恩，縣差爲征民，充乙士，使伐馬芻。恩常負大束，兼倍餘人，每捨芻於地，歎曰：大丈夫彎弓三石，奈何充馬士！高祖聞之，即給器杖。恩大喜。”此馬士則徒主芻牧而已，并不與戰鬥，故并器杖而無之也。

〔七〇六〕　鐵　　面

《唐書·吐蕃傳》：“其鎧胄精良，衣之周身，竅兩目，勁弓利刃，不能甚傷。"《宋史·西夏傳》述其制亦如是，蓋即受諸吐蕃者也。人之最不可傷者爲面，胄雖深，亦不能盡蔽之。此吐蕃所製之所以爲良。《晉書·朱伺傳》："夏口之戰，伺用鐵面自衛。"蓋所以補胄之不足。《宋書·殷孝祖傳》：太宗初即位，"遣向虎檻，拒對南賊。御杖先有諸葛亮筒袖鎧帽，二十五石弩射之不能入，上悉以賜孝祖。"兼護手面，蓋亦鎧胄之良者矣。

〔七〇七〕 胡　考

匈奴爲東方人種，昔之人無異辭也，夏穗卿撰《古代史》，始據《晉書·石季龍載記》，冉閔之誅胡羯，高鼻多鬚濫死者半，而疑其形貌有類西方人，然未能言其故也。其後王靜安撰《西胡考》、《西胡續考》，博徵故籍，斷言：先漢之世，匈奴、西域，業已兼被胡稱；後漢以降，匈奴寖微，西域遂專胡號；其見卓矣。顧又引冉閔誅胡羯，暨《季龍載記》崔約狎孫珍事，謂羯爲匈奴別部，而其形貌爲高鼻多鬚，則匈奴形貌可想。蓋匈奴之亡，鮮卑起而代之，自是迄於蠕蠕，主北垂者皆鮮卑同族。後魏之末，高車代興，亦與匈奴異種。獨西域人形貌與匈奴相似，故匈奴失國，遂專胡名，則非也。今請得而辯之。

胡之名，初本專指匈奴，後乃貤爲北族通稱，更後，則凡深目高鼻多鬚，形貌與東方人異者，舉以是稱焉。其初貤以稱北族也，以其形貌相同，不可無以爲別，故以方位冠之。烏丸、鮮卑之先，稱爲東胡是也。其後循是例，施諸西北，則曰西胡，曰西域胡。其但曰胡者，略稱也。_{陳湯之誅郅支，紀云發西域胡兵，傳但稱胡兵。}居地可以屢遷，俗尚亦易融合，惟形貌之異，卒不可泯，故匈奴、烏丸、鮮卑等，入中國後，胡名遂隱，惟西域人則始終蒙是稱焉。浸假凡貌類西域人者，皆以是稱之，而胡之名，遂自方位之殊，易爲種族之別矣。然則胡爲匈奴本名，後轉移於西域者，正以匈奴形貌與中國同，西域則殊異故。乃轉以西域形貌之異，而疑匈奴形貌本不與中國同，則僨矣。近人何君震亞、衛君聚賢撰《匈奴與匈牙利考》，謂匈奴膚色本白，高鼻多鬚，其後鼻低額闊，頭員膚黃，由與漢族相雜，亦億度而未得其實。匈奴之入居中國者，固可因昏姻相通，變其形貌，其西遷者，則與中國人昏媾甚鮮；即有一二殽雜，斷不能遽變其形貌也。《呂纂載記》："纂嘗與鳩摩羅什某。殺羅什子，曰斫胡奴頭。"蓋時俗以胡形相詬病，故以此相靳，此石宣所以一怒而誅崔約。然必羯貌本不同胡，乃有是怒，否則諱之不可得，轉不以爲忌矣。《三國·吳志·士燮傳》，謂燮出入，胡人夾轂焚香者數十，此胡人必天竺之流。《南史·鄧琬傳》，謂劉胡本以面坳黑似胡，故名坳胡，可證南人而亦稱爲胡。可見胡名主於形貌，與方位無關矣。然自後漢至唐，胡固猶西方人種與匈奴之公稱也；昔人但知匈奴稱胡，王氏又謂後漢以降，胡名爲西域所專，兩失之矣。

王氏《西胡考》曰：“魏晉以來，凡草木之名冠以胡字者，其實皆西域物也。”其説是也，顧猶不止此。西域諸國，文明程度本高，故其器物之流傳中國者亦夥，北族則無是也。《續漢書·五行志》曰：“靈帝好胡服、胡帳、胡牀、胡坐、胡飯、胡箜篌、胡笛、胡舞，京都貴戚，皆競爲之。此服妖也。其後董卓多擁胡兵，填塞街衢，虜掠宮掖，發掘園陵。”靈帝所好諸物，來自西域，不言可喻。董卓所擁兵，其中容有西域胡，然必不能皆是。《三國·蜀志》：延熙十年，涼州胡王白虎文等率衆降，姜維迎逆安撫，居之於繁縣。白爲西域姓，然白虎文所率，亦必不能盡爲西域人也。

《晉書·匈奴傳》，謂其入居塞内者十九種，而屠各最豪貴，故得爲單于，統領諸種。屠各事跡，見於史者頗多，蓋其部落本大也。然頗與羌及漢人雜。《石勒載記》：勒討靳準，準使卜泰送乘輿服御請和。勒送泰於劉曜。曜潛與泰結盟，使還平陽，宣慰諸屠各。《苻堅載記》：屠各張罔聚衆數千，自稱大單于，寇掠郡縣。堅使鄧羌討平之。《苻登載記》：登僭位後，屠各董成、張龍世等應之。姚萇死，登盡衆而東，攻克屠各姚奴、帛蒲二堡。《姚萇載記》：僭位後如秦州，與苻堅刺史王統相持。天水屠各、略陽羌胡應萇者二萬餘户。統懼，乃降。《禿髮傉檀載記》：與赫連勃勃戰陽武，爲所敗。慮東西寇至，徙三百里内百姓，入於姑臧，國中駭怨。屠各成七兒，率其屬三百人，叛傉檀於北城，推梁貴爲盟主。此中惟卜氏爲匈奴四姓之一，餘皆漢姓，蓋二族相殽久矣。《宋書·傅弘之傳》，高祖北伐，弘之與沈田子等自武關入，進據藍田，招懷戎、晉。晉人龐斌之、胡人康橫等，各率部落歸化。弘之素善騎乘，高祖至長安，弘之於姚泓馳道内，緩服戲馬，或馳或驟，往反二十里中，甚有姿制。羌胡觀者數千人，并驚惋歎息。《柳元景傳》云：龐法起據潼關，關中義徒，處處蜂起。四山羌胡，咸皆請奮。此與《姚萇載記》之羌胡同，皆羌與匈奴部落；康雖西域姓，特爲之首領而已，未必其部落中多有深目高鼻之徒。何也？此等羌胡多山居，西胡則未必入山也。見後。

匈奴部落遁居山中者曰稽胡，亦曰山胡，《周書》有傳，云：“劉元海五部之苗裔也。或曰山戎、赤狄之後。”二説以前爲是。若如後説，兩漢史籍，不得一言不及也。《周書》所記者：劉蠡升、見後。劉平伏、見《周書·文帝紀》魏大統七年。亦見于謹、豆盧寗、庫狄昌、梁椿、梁臺、侯莫陳崇諸傳。郝阿保、與劉桑德并見《豆盧寗傳》。郝狼

皮、劉桑德、郝三郎、白郁久、喬是羅、喬三勿用、喬白郎、喬素勿用、劉没鐸、見
《周武帝紀》建德六年。亦見齊煬王憲、趙王招、譙孝王儉、滕閞王友、李遷哲、劉雄各傳。劉受羅
干，見《周書・宣帝紀》宣政元年，及《越野王盛》、《宇文神舉》、《宇文孝伯傳》。〇《隋書・王誼傳》云：
汾州稽胡叛，越王、譙王雖爲總管，并受誼節度。然實遠不止此，今請得而備徵之。《魏
書》：太祖登國六年，山胡酋大幡頽、業易于等降附。天興元年，離石胡帥呼延
鐵、西河胡帥張崇等叛，使庾岳討平之。亦見《岳傳》。郿城屠各董羌、杏城盧水
郝奴各率其衆內附。二年，西河胡帥護諾于內附。太宗永興二年，詔將軍周
觀率衆詣西河離石鎮撫山胡。亦見《觀傳》。三年，詔安同等持節循行并、定二州
及諸山居雜胡、丁零，問其疾苦。亦見《同傳》。是歲，西河胡張賢等率營部內附。
五年，赦天下。西河張外、建興王紹，自以所犯罪重，不敢解散。遣元屈鎮并
州，劉潔、魏勤等鎮西河。濩澤劉逸自號征東將軍、三巴王，王紹爲署置官屬，
攻逼建興郡。屈等討平之。河西胡曹龍、張大頭等入蒲子，逼脅張外。外推
龍爲大單于。龍降魏，執送張外，斬之。是歲，吐京叛胡招引赫連屈丐。元屈
督劉潔、魏勤討。兵敗，勤死，潔被執，送屈丐。屈，文安公泥子，見《神元平文諸子孫
傳》，又見《劉潔》及《公孫表傳》。神瑞元年，并州刺史樓伏連誘西河胡曹成、吐京胡劉
初原，攻殺屈子所置吐京護軍，并禽叛胡阿度支等。亦見《伏連傳》。屠各帥張文
興等率流民七千餘家，河西胡酋劉遮、劉退孤等率部落萬餘家，渡河內屬。二
年，河西胡劉雲率數萬戶內附。河西飢胡屯聚上黨，推白亞栗斯爲盟主，自號
單于，建元建平，命公孫表等五將討之。衆廢栗斯而立劉虎，號率善王。表兵
敗，用崔玄伯計，使叔孫建攝表軍討平之。時泰常元年矣。亦見《天象志》、《靈徵
志》。公孫表、崔玄伯、叔孫建、邱惟諸傳。三年，河東胡、蜀五千餘家相率內屬。五年，河
西屠各帥黃大虎遣使內附。世祖始光四年，西討赫連昌，濟君子津。三城胡
酋鵲子相率內附。神䴥元年，并州胡酋卜田謀反伏誅，餘衆不安。詔王倍斤
鎮慮虒撫慰之。王建子。見《建傳》。上郡休屠胡酋金崖率部、屠各隗詰歸率萬餘
家內屬。延和二年，崖與安定鎮將延普、涇州刺史狄子玉子玉係羌，見《陸俟傳》。
搆隙，攻普，不克，退往胡空谷，驅掠平民，據險自固。轉陸俟爲安定鎮將，追
討崖等，皆獲之。亦見《俟傳》。隴西休屠王弘祖率衆內屬。金崖既死，部人立其
從弟當川。三年，常山王素討獲之，斬於長安以徇。是歲，命諸軍討山胡白龍
於西河，克之，斬白龍及其將帥，屠其城。亦見《娥清奚眷傳》。大破其餘黨於五原。
太延三年，討其餘黨於西河，滅之。世祖攻白龍，以輕兵爲所窘，賴陳建以免。見《建傳》。
又《宋書・薛安都傳》：索虜使助秦州刺史北賀汩擊反胡白龍子，滅之。太平真君六年，二月，
西至吐京，討徙叛胡，出配郡縣。三月，酒泉公郝溫反於杏城，殺守將王幡。

縣吏蓋鮮率宗族討温,温棄城走,自殺。九月,盧水胡蓋吳復反於杏城。遣其部落帥白廣平西掠新平、安定,分兵略臨晉、長安。河東蜀薛永宗永宗,汾陰人,見《裴駿傳》。又案汾陰薛氏,爲蜀中大姓,見《薛辯傳》。當時胡、蜀關係甚密。入汾曲,受其位號。魏兵屢敗,世祖親征經年,僅乃克之。吳未平時,金城邊冏、天水梁會反,據上邽東城。休官屠各及諸雜户二萬餘人,爲之形援。秦州刺史封勑文擊斬冏。衆復推會爲帥。安定屠各路那羅亦與之合。安豐公閭根與勑文并討,會走漢中。蓋吳之亡,并禽路那羅,而略陽王元達,復因梁會之反,聚衆攻城,招引休官、屠各,推天水休官王宦興爲秦地王。復爲勑文所破。以上兼據《勑文傳》。八年,吐京胡阻險爲盜,武昌王提、淮南王他討之,不下。山胡曹僕渾等渡河西,保山以自固,招引朔方諸胡。提等引軍討僕渾。高涼王那自安定討平朔方胡,與提等共攻僕渾,斬之。亦見《神元平文諸子孫》及《道武七王傳》。高宗興安元年,隴西屠各王景文叛。詔統萬鎮將、南陽王惠壽討平之。亦見《于栗磾傳》。和平元年,遣樂安王良、皮豹子兩道討河西叛胡。高祖太和二十年,右將軍元隆大破汾州叛胡。二十一年,南巡,次離石。叛胡歸罪,宥之。世宗永平四年,汾州劉龍駒反,薛和討破之。亦見《辛紹光傳》,云胡賊,又云作逆華州。肅宗正光五年,汾州山胡薛羽等爲寇,正平、平陽二郡,尤被其害。裴良爲西北道行臺,被圍於汾州。裴延儁、章武王融等討之。延儁以疾還,融等與五城郡山胡馮宜都、賀悦回成等戰,敗績。宜都等乘勝圍城。良出戰,於陳斬回成,復誘諸胡斬送宜都首。然劉蠡升衆復振,良卒與城人奔西河。見《融》及《延儁傳》。孝昌元年,蠡升遂自稱天子。二年,絳蜀陳雙熾亦自號建始王。遣長孫稚討平之。其羣胡北連蠡升,南通絳蜀者,裴慶孫自軹關入討,至陽胡城,於其地立邵郡。見《延儁傳》。而蠡升居雲陽谷,西土歲被其患,謂之胡荒。至孝静帝天平二年,北齊神武帝乃討平之。亦見《北齊書·神武紀》。又《崔挺傳》:從父弟元珍,正光末,山胡作逆,除平陽太守,頻破胡賊,郡内以安。其明年,汾州胡王迢觸、曹貳龍反。立百官,建年號。神武復討平之。此條見《北齊書·神武紀》及《皮景和傳》。武定二年,神武復與文襄討山胡,俘獲萬餘户,分配諸州。此條見《魏書·孝静帝紀》。石樓之險,自魏世不能至,北齊文宣帝天保四年,山胡圍離石,帝討之,未至,胡已逃竄。亦見《薛循義傳》。明年,乃與斛律金、常山王演犄角,攻破石樓。以上皆見本紀。其見列傳者:則魏世有秦州屠各王法智,推州主簿呂苟兒爲主,建年號,置百官,攻逼州郡。涇州屠各陳瞻亦聚衆反。以濟陰王之子麗爲秦州刺史,率楊椿討平之。見《景穆十二王》及《楊播傳》。高祖初,吐京胡反,自號辛支王。南安惠王第二子彬行汾州事,討平之,因除汾州刺史。胡民去居等六百餘人謀反,又率州兵討破之。本傳及《奚

康生傳》。山胡劉什婆寇掠郡縣，穆崇玄孫羆爲吐京鎮將，討滅之。本傳。陸眞爲
長安鎮將，胡賊帥賀略孫叛於石樓，眞擊破之。泰常初，郡縣斬叛胡翟猛雀於
林慮山，遺種竄行唐、襄國，周幾追討，盡誅之。上邽休官呂豐、屠各王飛廉等
八千餘家據險爲逆，呂羅漢討禽之。以上皆見本傳。此外《魏書》來大千、尉撥、封
軌，《封懿傳》。李洪之、王椿、《王叡傳》。《北齊書》皮景和、鮮于世榮、綦連猛、元景
安、《周書》李穆，《李弼傳》。達奚武、楊忠、韓果、辛威、宇文深，《宇文測傳》。竇熾、
韋孝寬、楊檦、王子直、《北史》魏城陽王徽、韓均，《韓茂傳》。房豹，《房法壽傳》。房
謨，《隋書》虞慶則、宇文慶、侯莫陳穎、慕容三藏諸傳，亦咸有征撫山胡之事。
諸胡中惟劉、卜、蓋，《魏書·官氏志》：蓋樓氏，後改爲蓋氏。呼延、賀悦爲北族姓，白爲
西域姓，白亞栗斯究複姓，抑但姓白，頗難定。史雖稱爲栗斯，然昔時於外國人名，固恒截取其末兩
字爲稱也。餘皆漢姓矣。跡其所爲，則據山險，《魏書·景穆十二王傳》：安定靖王次子燮，
世宗初，除華州刺史，表言"州治李潤堡，胡夷內附，遂爲戎落。居岡飲澗，井谷穢雜，升降劬勞，往還數
里。"《北齊書·皮景和傳》：征步落稽，將五六騎深入一谷中，值賊百餘人，便共格戰。《周書·韓果
傳》：從大軍破稽胡於北山，"胡地險阻，人跡罕至，果進兵窮討，散其種落。稽胡憚果勁健，號爲著翅
人。"均可見其所居之深阻。事劫掠，《北史·城陽王長壽傳》：孫徽，明帝時爲并州刺史。汾州山胡
舊多劫掠，自徽爲郡，羣胡自相戒，勿得侵擾。《韓茂傳》：子均，除雍州阿鎮大將。趙郡屠各、西山丁零聚
黨山澤，以劫害爲業，均皆誘慰追捕，遠近震跼。《周書·韋孝寬傳》：移鎮玉壁，兼攝南汾州事。先是
山胡負險，屢爲劫盜，孝寬示以威信，州境肅然。汾州之北，離石之南，悉是生胡，鈔掠居人，阻斷河路。
孝寬深患之。而地入於齊，無方誅翦。孝寬當其要處，置一大城，遣開府姚岳監築之。《隋書·郭榮
傳》：宇文護以稽胡數爲寇，使綏集之。榮於上郡、延安築五城，以遏其要路，稽胡由是不能爲寇。漏
籍而不供租稅，《魏書·景穆十二王傳》：京兆王子推子遥，肅宗初，遷冀州刺史。以諸胡先無籍
貫，姦良莫辨，悉令造籍。又以諸胡設籍，欲稅之以充軍用。胡人不願，乃共構遥。《周幾傳》：白澗、行
唐民數千家，負險不供租稅，幾與長孫道生宣示禍福，逃民遂還。征討俘獲，動至千萬。其最多
者，曹僕渾之平，赴險死者以萬數。劉虎之敗，斬首萬餘級，餘衆奔走，投沁而死，水爲不流，虜其男女
十餘萬口。劉蠡升之亡，《魏書》云獲連逃二萬餘户，《北史》云胡、魏五萬户，則連逃與胡人數略相等
也。文宣之破石樓，斬首數萬級，獲雜畜十餘萬。招以仁政，亦有不待兵而服者。《魏書·穆
崇傳》：玄孫羆，改吐京鎮爲汾州，以羆爲刺史。前吐京太守劉升，居郡甚有威惠，限滿還都，胡民八百
人詣羆請之。羆爲表請，高祖從焉。《尉撥傳》：出爲杏城鎮將，在任九年，大收民和，山民一千餘家，上
郡屠各、盧水胡八百餘落，盡附爲民。《王叡傳》：子椿，孝昌中尒朱榮表慰勞汾胡。汾胡與椿比世，服
其聲望，所在降下。《周書·楊檦傳》：稽胡恃險不賓，屢行鈔竊，檦往慰撫。檦頗有權略，能得邊情，誘
化酋渠，多來款附，乃有隨檦入朝者。《隋書·虞慶則傳》：越王盛討平稽胡，將班師。高熲與盛謀，須
文武幹略者鎮遏之。表請慶則，於是拜石州總管，甚有威惠，稽胡慕義歸者八千餘户。○當時山民，實
多苦賦役逃死者，然上之人遇之殊酷，征討斬殺無論矣，即平時亦然。《魏書·李彪傳》，謂彪慰喻汾
胡，得其兇渠，皆鞭面殺之，其一事也。哀哀生民，復何所逃死邪？○齊文宣之平石樓，《北史》云男子

十二以上皆斬，女子及幼弱以賞軍士，其酷如此。或謂積重之勢，不得不然，然《魏書·李洪之傳》云：河西羌胡反，顯祖親征，詔洪之爲河西都將討山胡。皆保險拒戰。洪之開以大信，聽其復業，胡人遂降。則拒戰者亦不過求免死耳，初不必妄肆殺戮，而後可服也。**且其人本亦服征役**，《魏書·尉元傳》：上表言彭城戍兵多是胡人，欲換取南豫州徙民之兵，又以中州鮮卑增其兵數。《劉潔傳》：與建寧王崇於三城胡部中簡兵六千，將以戍姑臧。胡不從命，千餘人叛走。潔與崇擊誅之，虜其男女數千人。《周書·韋孝寬傳》：陳平齊之策，欲使北山稽胡絶汾晉之路。建德五年，趙王招自華谷攻汾州，果發稽胡，與大軍犄角。《隋書·豆盧勣傳》：子毓，爲漢王諒主簿。諒反，毓閉城拒之，遣稽胡守堞。皆稽胡從戎事之證。《隋書·高祖紀》：開皇元年四月，發稽胡脩築長城，二旬而罷。是役也，胡亡者千餘人，命韋沖綏懷，月餘，并赴長城，見《韋世康傳》。又唐隱太子討劉仚成，揚言增置州縣，須有城邑，悉課羣胡執板築，而陰勒兵執殺之。新舊《唐書》本傳皆同。皆稽胡服力役之證。**輸軍資**，《周書·楊忠傳》：保定四年，大軍東伐，晉公護出洛陽，命忠出沃野以應突厥。時軍糧少，諸將憂之，而計無所出。忠曰：當權以濟事耳。乃招稽胡諸首領，咸令在坐，使王傑盛軍容鳴鼓而至。忠驚怪而問之，傑曰：大冢宰已平洛陽，天子聞銀、夏之間，生胡擾動，使傑就公討之。又令突厥使者馳至告曰：可汗更入并州，留兵馬十餘萬在長城下，故遣問公，若有稽胡不服，欲來共公破之。坐者皆懼，忠慰喻而遣之，於是諸胡相率歸命，饋輸填積。是胡人亦能供軍也。齊文宣九錫之命曰：「胡人別種，延蔓山谷，酋渠萬族，廣袤千里，馮險不恭，恣其桀黠，有樂淳風，相攜叩款，粟帛之調，王府充積。」雖有溢美之辭，必非盡子虛矣。**得之則可配郡縣**，太平真君六年、武定二年之役見前。又呼延鐵、張崇之叛，史言由於不樂內徙。討白龍餘黨時，詔山胡爲白龍所逼及歸降者，聽爲平民。王景文之平，徙其黨三千餘家於趙、魏。純與三國時之山越、南北朝時之羣蠻同。知雜居其間者，實以漢人爲多。又其人與蜀甚親，蜀即竇，亦久與漢人相雜。其舉事者或稱單于，或稱天子，非襲匈奴舊名，即用漢族尊號，亦可見其與西域無干。山胡與索虜相抗者甚多，惟蓋吳爲有雄略。其將白廣平，實可疑爲西域種。又吳之死，《魏書·陸俟傳》云其爲二叔所殺，《宋書·索虜傳》則云屠各反叛，吳自討之，爲流矢所中死，疑《宋書》之言爲實。二叔蓋會逢其適，借以要功耳。然則吳本客族，故屠各叛之邪？非也。內相乖攜，何國蔑有？觀吳上宋室表，堂堂之陳，正正之旗，聲討索虜，辭嚴義正，儼然以神明之冑自居。蓋北族久居中原，深漸漢化者。白固非必胡姓，即謂爲胡姓，亦爲吳效奔走者耳，不得以此，并疑吳爲西胡也。《隋書·侯莫陳穎傳》：周武帝時，從滕王逌擊龍泉文城叛胡，與柱國豆盧勣分路而進。先是稽胡叛亂，輒略邊人爲奴婢；至是，詔胡有壓匿良人者誅，籍沒其妻子。有人言爲胡村所隱匿者，勣將誅之，以穎言而止。則知漢人除逋逃入胡者外，又有爲其所略者。胡中漢人之多可知。雖以故爲夷落，仍稱爲胡，實則十之八九，未嘗非神明之冑也。十九種蓋以微矣，而況於深目高鼻之徒歟？

　　隋有天下後，胡患頗息，然及大業十年，復有劉苗王之叛。見《隋書·本紀》。

其子季真、六兒繼之，至唐初始平。見《新唐書·本紀》武德二、三年。新舊《唐書》有《季真傳》。又見《北史·隋宗室諸王·離石太守王崇》《唐書·宗室·襄武王琛傳》。唐兵之起也，稽胡五萬略宜春，竇軌討破之。《舊唐書·竇威傳》。其時又有劉迦論者據雕陰，稽胡劉鷂子，與相影響。《舊唐書·屈突通傳》。至太宗進取涇陽，乃擊破之。《新唐書·本紀》。馬三寶從平京師，亦別擊破叛胡劉拔真於北山，《新唐書》本傳。稽胡大帥劉仚成部落數萬，爲邊害，隱太子討之，破之鄜州，詐誅六千餘人。事在武德三、四年。見《新唐書·本紀》。仚成降師都，師都信讒殺之。其下乃多叛，來降。新舊《唐書·師都傳》。高宗永淳二年，綏州城平縣人白鐵余率部落稽以叛。此據《舊唐書·程務挺傳》。《新唐書》則云：綏州部落稽白鐵余據平城叛。程務挺討禽之。至中葉後，僕固懷恩上書自陳，尚有鄜坊稽胡草擾之語。《舊唐書》本傳。又據《舊唐書·吐蕃傳》：大曆九年四月，以吐蕃侵擾，豫爲邊備，降勅，令郭子儀以上郡、北地、四塞、五原、義渠、稽胡、鮮卑雜種步馬五萬，嚴會枸邑。則至安史亂後，其部落猶有存者。其同化亦可謂難矣。然此特其種姓可稽，其俗尚當無以異於華人也。

匈奴人入中原者，其境遇可分三等：上焉者，頗漸染中原之文教，如劉元海、劉聰、劉曜、劉宣、卜珝之徒是也。卜珝見《晉書·藝術傳》，元海等均見《載記》。雖或有溢美之詞，亦必不能盡誣也。又有離石胡人劉薩阿，出家名慧達，見《梁書·諸夷傳》。次之者則從戎事，冉閔所誅及魏時戍彭城者，蓋即其倫。魏太武與臧質書曰："吾今所遣鬪兵，盡非我國人，城東北是丁零與胡，南是三秦氐羌。設使丁零死者，正可減常山趙郡賊；胡死，減并州賊；氐羌死，減關中賊。卿若殺丁零與胡，無不利。"《宋書·質傳》。知冉閔屠戮後，其衆之在行間者尚多也。然其從事田作者實尤多。此等能漢語者，蓋多已與漢人無別，其不能者，則入山而爲山胡矣。《周書·稽胡傳》曰："其丈夫衣服及死亡殯葬，與中夏略同。其渠帥頗識文字，然語類夷狄，因譯乃通。"

《晉書·北狄傳》云："呼韓邪單于失其國，攜率部落，入臣於漢，漢嘉其意，割并州北界以安之。於是匈奴五千餘落，入居朔方諸郡，與漢人雜處。其部落隨所居郡縣，使宰牧之，與編户大同，而不輸貢賦。"此特招懷寬典，不責之以輸將，非其人不習農事也。其衆既至千萬落，沿邊雖云土滿，不得盡爲牧場，非力耕何以自存乎？《傳》又云："武帝踐阼後，塞外匈奴大水，塞泥、黑難等二萬餘落歸化，帝復納之，使居河西故宜陽城下，復與晉人雜居。"《石勒載記》言其"年十四，隨邑人行販洛陽"，又言"鄔人郭敬、陽曲寧驅，并加資贍。勒亦感其恩，爲之力耕。又言勒與李陽鄰居，歲嘗爭麻地，互相毆擊。太安中，并州饑亂，勒與諸小胡亡散，乃自雁門還依寧驅。北澤都尉劉監欲縛賣之，驅匿之獲免。勒於是潛詣納降都尉李川。路逢郭敬，謂敬曰：今日大餓，不可守窮。諸明飢甚，宜誘將冀州就穀，因執賣之,可以兩濟。敬深然之。會建威將軍閻粹説并州刺史東嬴公騰,執諸胡於山東賣充軍實。勒亦在其中,賣與茌平人師懽爲奴。”《晉書·王恂傳》,言太原諸郡,以匈奴人爲田客,動有百數,觀勒事而知其不誣矣。《苻堅載記》云:“匈奴左賢王衞辰遣使降於堅,遂請田内地。堅許之。”《宋書·索虜傳》亦云:“朔方以西,西至上郡,東西千餘里。漢世徙謫民居之。土地良沃。苻堅時,衞臣入塞寄田,春來秋去。堅雲中護軍賈雍掠其田者,獲生口馬牛羊,堅悉以還之,衞臣感恩,遂稱臣入居塞内。”知匈奴之居緣邊者,亦皆能勤事耕牧,況於内地? 當風塵澒洞之日,不避之山深林密之地而安歸哉? 冉閔所誅,《載記》不言其數。《晉書·天文志》:月奄犯五緯下云“十萬餘人”,月五星犯列舍妖星客星下云“十餘萬人”。疑亦當作十萬餘。《宋書·天文志》同。《韋謏傳》言閔“以降胡一千處麾下”,又載謏諫閔之辭,則云“降胡數千”。降者之數如此,不降者度亦不過倍蓰。鄴中之數如此,益以四方屯戍,辜較不過十萬。二志所云,當非虛語。此於匈奴之衆,蓋不過十一耳,宜其從征戍者猶多,入山林者逾衆也。夫爭名者必於朝,爭利者必於市,未有退居田野者也。西胡之入中國,大抵以朝貢或行賈,其文明程度素高,未必甘爲胼手胝足之事,故山胡雖種落繁熾,絶不聞其中有深目高鼻之徒。白廣平等庸或西域種,不過平時爲之大長,戰時爲之支將而已矣。此猶太伯之居吴,無余之處越,以君之資章甫,而謂其民悉襲冠裳,可乎? 冉閔之誅胡羯,高鼻多鬚,濫死者半,則以殺機既動,見異類即誅鋤之,而不暇别擇耳。正惟胡羯非高鼻多鬚,故高鼻多鬚之死爲濫,安得以此轉疑胡羯之貌爲高鼻多鬚乎?

《北齊書·楊愔傳》云:“太保、平原王隆之與愔隣宅。愔嘗見其門外有富胡數人,謂左右曰:我門前幸無此物。”《北史·柳虯傳》,謂雍州有胡家被劫,廣陵王欣家奴與焉。必其家故富厚,乃爲盜賊所覬覦,此蓋皆賈胡之流。又《元諧傳》:諧與王誼往來,胡僧告其謀反。此胡僧必與朝士相交通,故能誣陷勳舊也。《齊幼主本紀》云:幼主時,“諸宫奴婢、閹人、商人、胡户、雜户、歌舞人、見鬼人,濫得富貴者,將以萬數。”而《恩倖傳》云:“史醜多之徒胡小兒等數十,眼鼻深險,一無可用。”眼鼻深險,即深目高鼻之謂。史爲昭武九姓之國,當時西胡,固多以國名爲姓也。此皆南北朝之世西胡事跡可徵者,與匈奴、羯固迥不侔矣。

《宋書·天文志》:咸和六年,正月,“胡賊殺掠婁、武進二縣民。於是遣戍中州。明年,胡賊又略南沙、海虞民。”此胡賊當是航海來之賈胡。《恩倖傳》有于天寶,其先胡人,亦當是西胡,惟不知其何時來,航海抑遵陸耳。《州郡志》:"華山太守胡人流寓,孝武大明元年立。"此則稽胡之類,來自并、雍者也。故知以一"胡"字通稱西北二族,當時南北皆然。

《晉書‧石勒載記》云:"其先匈奴別部羌渠之胄。祖邪奕于,父周曷朱,一字乞翼加,并爲部落小率。"《魏書‧羯胡傳》無"羌渠之胄"四字,而多"分散居於上黨武鄉羯室,因號羯胡"十四字。羌渠二字,可有二解;匈奴單于之名,一也。《晉書‧北狄傳》,述匈奴入居塞內者十九種,中有羌渠,二也。外夷有名不諱,或即以先世之名爲種號,則二名仍係一實矣。然竊疑非也。羌渠卒於中平五年。石勒卒於咸和七年,年六十,當生於泰始九年。上距中平五年八十五歲。勒果羌渠之胄,非其曾孫,即其玄孫,安得不詳其世數,泛言胄裔乎?匈奴單于入居中國者,於扶羅、呼廚泉,皆羌渠子。劉元海者,於扶羅之孫,而羌渠之曾孫也。勒果亦羌渠後,則於單于爲近屬,安得父祖已微爲小率,勒且爲人耕作,隨人商販,至於爲人縛賣乎?於扶羅之衆留漢者,左部居太原、泫氏,右部居祁,南部居蒲子,北部居新興,中部居大陵。劉氏皆家居晉陽、汾澗之濱,曷嘗有散居武鄉者?且勒果先單于後,安得云別部乎?故知此羌渠二字,必非單于之名。抑予并疑其非十九種中之羌渠種。何也?勒之稱趙王也,號胡爲國人。下令禁國人不得報嫂,及在喪昏取,其燒葬令如本俗。報嫂固匈奴舊俗,在喪昏取,或亦非所禁,燒葬則匈奴不聞有是也,惟氐羌有之。然則羌渠之胄,猶言羌酉之裔耳。《載記》言勒之討靳準也,據襄陵北原,羌羯降者四萬餘落。及攻準於平陽,巴帥及羌羯降者十餘萬落。皆以羌羯連言,其情若甚親者,豈無因哉?《晉書‧張寔傳》:愍帝將降劉曜,下詔於寔曰:"羯胡劉載僭稱大號,禍加先帝,肆殺藩王。"寔叔父肅,請爲先鋒擊曜。寔不許。肅曰:"羯逆滔天,朝廷傾覆。肅晏安方裔,難至不奮,何以爲人臣?"逕皆稱匈奴爲羯,則以羯與匈奴,雜居既久耳。其流合,其原未必同也。

《舊唐書‧唐休璟傳》:"調露中,單于突厥背叛,誘扇奚、契丹侵略州縣。後奚、羯胡又與桑乾突厥同反,(營州)都督周道務遣休璟將兵擊破之。"則羯種至唐,尚有存於東北者。杜陵《詠懷古跡》詩稱安祿山爲羯胡,疑亦必有所據也。

西胡譸張於北族之中,蓋自柔然時始。前乎此者,匈奴、鮮卑,皆東方種;柔然雖鮮卑別部,所用實多鐵勒之衆,鐵勒固自北海蔓延於兩海之間者也。柔然之敗而復振也,雖曰乘魏之衰,然其社句可汗名婆羅門,實爲胡語。其姊妹三人,皆妻嚈噠,又自豆崙以後,與鐵勒副伏至羅部爭,多在西域之地。副伏至羅與嚈噠,亦關係甚深。然則柔然當衰敝之時,實與西域諸國頗密。其蹷而復起,安知不有西域人爲之主謀?特史於四裔事多荒略,弗能道耳。至於突厥，則有資於西胡殊顯。裴矩言突厥淳陋，易離間，但内多羣胡教道之。因以計誅史蜀胡悉。《新唐書》本傳。始畢時事。張公謹策突厥可取曰："頡利疏突厥，親諸胡，胡性反覆，大軍臨之，内必生變。"《新唐書》本傳。是突厥以諸胡强，亦以諸胡亡也。《唐書·突厥傳》，言突厥再亡，後或朝貢，皆舊部九姓。九姓者，曰藥羅葛、曰胡咄葛、曰㖦羅勿、曰貊歌息訖、曰阿勿嘀、曰葛薩、曰斛嗢素、曰藥勿葛、曰奚邪勿，見《回紇傳》，蓋皆鐵勒。史言其處磧北，然實近西域。九姓部落，蔓衍甚廣。頡利之敗於白道也，屯營磧口，遣使請和。詔唐儉往赦之。李靖、李勣相與謀曰：頡利雖敗，人衆尚多，若走度磧，保於九姓，追則難及。今詔使至，彼必弛備，隨後襲之，不戰而平賊矣。又陳子昂上疏，言國家能制十姓者，繇九姓强大，臣伏中國。今九姓叛亡，磧北諸姓，已非國有。欲犄角亡叛，惟金山諸蕃，共爲形勢。《新唐書·突厥傳》言默啜討九姓，戰磧北，九姓潰，輕歸不設備，爲拔野固殘卒所殺。此皆以九姓在磧北者也。《新唐書·方鎮表》，言河西節度使治涼州，副使治甘州，景雲元年置，督察九姓部落。而陳子昂亦言甘州北當九姓，則地接河西矣。薛仁貴之定天山也，九姓有衆十餘萬，令驍健數千人來拒，仁貴并阬殺之。新舊《書》皆言九姓自此遂衰，則天山又其薈萃之區也。蓋自伊列河以往，乃十姓地，其東皆九姓也。○《張説傳》：王晙誅河曲降虜，并州大同、橫野軍有九姓同羅、拔曳固等部落，皆懷震懼。説率輕騎二十人，持旌節直詣其部落，宿於帳下，召酋帥慰撫之。九姓感其義，乃安。此九姓，乃開元時内附，散居太原以北，置天兵軍領之者。見《張嘉貞傳》。《回紇傳》：始回紇至中國，常參以九姓胡，往往留京師，居資殖産甚厚。蘇定方之征賀魯也，至怛篤城，有胡降附，定方盡殺之，而取其資財。新舊《唐書》本傳同。蓋其人皆賈胡之流。回紇居中國者，多以放債爲事，蓋非回紇，實九姓胡爲之也。張光晟言回紇非素强，助之者九胡爾。《新唐書·回紇傳》。是回紇亦以西胡强也。史朝義平後，回紇留其將安恪、石常庭於河陽，以守護所掠財物。見新舊《唐書·馬燧》、《李忠臣傳》。又張光晟殺突董後，回紇使康赤心來。安、石、康皆胡姓，知回紇中西胡多矣。不特此也，北族喪敗之餘，往往得西胡而復振。河曲六州，雖屢反側，訖無能爲，及康待賓用之，則六州皆陷，卒空其地而禍始已。與待賓俱叛者，曰安慕容，曰何黑奴，曰石神奴，曰康鐵頭，繼待賓而叛者曰康願子，皆胡姓也。《張孝忠傳》，言禄山使破九姓突厥，新舊《唐書》同。則九姓蔓衍，已及東方。而賈胡亦即隨之而至，《舊唐書·地理志》言燕、威、慎、玄、崇、夷賓、師、鮮、帶、黎、沃、昌、歸義、瑞、信、青山、凛十七州，皆東北蕃降胡散處。皆在幽州、營州境内。其中瑞州以處突厥、凛州以處降胡，《新唐書》亦以凛州爲降胡州。餘爲靺鞨、奚、契丹、室韋、海外新羅等。此諸種落，蓋皆有交關，而胡人仍操貿遷之業。故兩書《宋慶禮傳》，皆言其復立營州，招集賈胡，爲立邸肆也。兩書皆言安禄山、史思明通六蕃語，爲互市郎，蓋亦賈胡中之佼佼者矣。《舊書》言禄山爲柳城雜種胡，本無姓氏。《新唐書》謂其本姓康。胡未聞無姓氏，《新唐書》之言是也。史思明，

《新唐書》言爲突厥種，《舊唐書》謂爲突厥雜種胡人。思明貌麆目側鼻，蓋猶類胡，《舊唐書》之言是也。然則二人非特躬操軀儈之業，其種姓固亦出西胡矣。王氏引《侯鯖錄》，言後唐莊宗像，兩眼外皆髭，此即所謂多須髯者。《五代史·氏叔琮傳》，言晉人攻臨汾，叔琮選壯士二人，深目而胡鬚者，《舊史》作深目虯鬚，貌如沙陀。牧馬襄陵道旁，晉人以爲晉兵。雜行道中，伺其怠，禽晉二人以歸。此所謂晉人，實即沙陀。沙陀之狀貌，斷可識矣。五代諸臣，出代北者多胡姓，如康福、蔚州人、世爲軍校。莊宗嘗曰：吾家以羊馬爲生。福狀貌類胡人，而豐厚。胡宜羊馬，乃令福牧馬於相州。福善諸戎語，明帝嘗召入便殿，訪以外事，輒爲蕃語以對。康思立、本山陰諸部人。康義誠、代北三部落人。康延孝、塞北部落人。安叔千、沙陀三部落人。安重榮、朔州人。安從進、振武索葛部人。李存孝、代州飛狐人，本姓安。存信、本姓張氏。其父君政，回鶻李思忠部人。案存信能四夷語，通六蕃書。子從訓，《舊唐書》亦言其善蕃字，通佛理，亦必與西胡關係甚深者也。安審琦、其先沙陀部人。白奉進、雲州清塞軍人，父曰達才，世居朔野，以弋獵爲事。皆是也。然則沙陀雖云突厥，其與西胡相殽，亦云甚矣。《五代史·雜傳》，馬重績，其先出於北狄，而世事軍中。重績明數術，通歷法，疑亦西域種也。蓋北族雖勁悍，然文明程度不高，故非有曠世之才，如冒頓、阿保機、帖木真者以用之，即不能以自振，西胡則不然也。安史之亂，實可謂西胡驅北族以成之者。康待賓亦其流，沙陀特其禍之尤烈者耳。然則西胡雖不能以獨力擾亂中原，固亦不能謂其不足爲患矣。

　　文明人入野蠻部落中，往往爲所尊奉。《五代史·康福傳》云：“福世本夷狄，而夷狄貴沙陀，故嘗自言沙陀種也。福常有疾，臥閣中，寮佐入問疾，見其錦衾，相顧竊戲曰：錦衾爛兮。福聞之，怒曰：我沙陀種也，安得謂我爲奚？”沙陀之見尊可想。此李克用父子所由能收率北族，橫行中原歟？

　　唐世於四夷，凡貌類白種者，仍稱之爲胡。《舊唐書·楊元琰傳》：元琰奏請出家，“中宗不許。敬暉聞而笑曰：向不知奏請出家，合贊成其事，剃卻胡頭，豈不妙也？元琰多鬚類胡，暉以此言戲之。”又《五代史·慕容彥超傳》，謂其“黑色胡髯，號閻崑崙”，皆可爲證。《新唐書·高宗紀》，顯慶元年，“禁胡人爲幻戲者”。此胡人，亦必來自西域之白種也。

原刊《國學論衡》第六期，一九三五年十二月三十一日出版

〔七〇八〕　胡服考書後①

　　古服上衣下裳，連衣裳而一之則曰深衣，無以袴爲外服者。此篇因謂袴褶

---

①　原題《書觀堂集林胡服考後》

之制,始於趙武靈王,其原出於胡服,似未必然也。康成説韍之緣起曰:"古者田漁而食,因衣其皮,先知蔽前,後知蔽後。後王易之以布帛,而獨存其蔽前者,不忘本也。"夫但知蔽前爲韍,兼知蔽後,則爲裳矣。朝祭之必裳,猶其存韍,皆不輕變古之意也。謂古人凡事因仍,不知改變,亦可。至就勞役,則有袴而不袴者,《淮南子·原道》:"短綣不袴,以便涉游",司馬相如著犢鼻褌,與庸保雜作是也。有袴而不裳者,《禮記》"童子不衣裘裳"是也。勞役有之,戎事亦宜。然王氏謂《周禮·司服》鄭《注》云:"今伍伯緹衣。崔豹《古今注》云:今户伯絳幘繡衣。伍伯者,車前導引之卒,見《釋名》、《續漢志》、《古今注》。今傳世漢畫像車前之卒,皆短衣著褲,由伍佰之絳幘繡衣爲褲褶之服,知光武之絳衣赤幘,及赤幘大冠,不獨冠胡服之冠,亦服胡服之服矣。"又曰:"《漢書·匈奴傳》:中行説曰:其得漢絮繒,以馳草棘中,衣袴皆裂弊,以視不如旃裘堅善也。中國古服如端衣深衣,袴皆在内,馳草棘中不得裂弊。袴而裂弊,是匈奴之服,袴外無表,即同於跗褶服也。"案:《司服》鄭《注》兼引《左氏》成公十六年"有韎韋之跗注",杜《注》曰:"跗注,戎服,若袴而屬於跗。"鄭引此,蓋僅證其衣裳之同色。《疏》謂鄭以跗當爲幅者,非若袴而屬於跗,則與衣不連,其制蓋亦有踦。杜云:若袴而不逕云袴者,以袴不皆屬於跗也。此古戎服著袴之徵,不待胡也。《曲禮》:"童子不衣裘裳。"《玉藻》:"童子不裘不帛。"《内則》:"十年,衣不帛,襦袴。""衣不帛"句,即《曲禮》所謂"童子不裘",《玉藻》所謂"不裘不帛"也。不言裳者,與下文"二十而冠,可以衣裘帛"互相備也。"襦袴",則《曲禮》所謂"童子不裳"也。所以不裳者,《曲禮》鄭《注》曰:"裘太温,消陰氣,使不堪,《正義》:使不堪苦者,熱消陰氣,則不堪苦使。不衣裘裳便易。"《疏》曰:"給役,則著裳不便,故童子并緇布襦袴。"初説不誤。《内則》《注》云:"不用帛爲襦袴,爲太温,傷陰氣。"正以"不用帛"句,恐人不知古人言語互相足之例,故備言之。《疏》云:"衣不帛襦袴者,謂不以帛爲襦袴",則誤矣。童子之不裘不帛,固以太温,亦以不堪苦使,不裳則專爲便易,可見服勞者之必去裳矣。戴德喪服變除:"童子當室,謂十五至十九,爲父後,持宗廟之重者,其服深衣不裳。"《玉藻》:"童子無緦服,聽事不麻。"《注》:"雖不服緦,猶免,深衣,無麻,往給事也。"蓋喪祭不可以襦袴,故加之深衣。《曲禮》《疏》曰:"童子不衣裘裳,二十則可。故《内則》云:二十可以衣裘帛。"二十而後裘帛,則亦二十而後裳,不言者,與上文互相備故。《大戴》言:童子不裳,以十九爲限也。然則裳,冠者之服也,冠而不裳者,將責成人之禮焉。然則裳,禮服也,服勞役者,非童子則賤者,禮不下庶人,其不必裳明矣。故庶人但以深衣爲吉服,同於襦袴之童子也。《左氏》昭公二十五年:師已稱童謡曰:"鸜鴝趺趺,公在乾侯,徵褰與襦。"《説文》:"褰,袴也。"《方言》:"袴,齊魯之間謂之襱。"褰之言"袪也",《曲禮》:"暑無褰裳"見《注》。舉也。褰裳,則利遐舉也。故《詩》曰:"子惠思我,褰裳涉溱。"然則欲遠行者,亦必袴而不裳矣。《説文》:"襦,短衣也。"《方言》:"復襦,江、湘之間謂之䙔。"䙔從豎,豎者,童豎。《廣雅》:"襦,短也。"故短人稱侏儒。古有恒言:"寒者利短褐。"短褐者,襦之以褐爲之者也。然則古之賤貧人,殆無袴而不裳也。《玉藻》曰:"纊爲繭,緼爲袍,禪爲絅,帛爲褶。"《詩》:"豈曰無衣,與子同袍。"《傳》:"袍,襺也,《釋言》文。《玉藻》云:纊爲襺,緼爲袍。《注》云:衣有著之異名也。緼謂今纊及舊絮也。然則純著新綿名爲襺,雜用舊絮名爲袍,雖著有異名,其制度是一;故云袍襺也。"《釋名》:"袍,丈夫著下至跗者也。袍,苞也,苞内衣也。"《周官・内司服》《注》謂王后六服,皆袍制,然則古惟賤貧人但有短褐,貴人衣裳之内,固有長袍,特外必加以衣裳,若深衣耳。去之則貴者長袍,賤者短褐,與今同矣,豈待胡服哉?《喪大紀》:"袍必有表。"《士喪禮》《疏》:"褖衣,連衣裳者,用以表袍。"王静庵此《胡服考》篇,考索之功深,而於事理未嘗深思也。

原刊《小雅》第五期,一九三一年出版

〔七〇九〕　突厥與蒙古同祖

突厥原起,《北史》所載,凡有三説。一曰:"其先居西海之右,獨爲部落,蓋匈奴之別種也。姓阿史那氏。後爲鄰國所破,盡滅其族。有一兒,年且十歲,兵人見其小,不忍殺之,乃刖其足,斷其臂,棄草澤中。有牝狼以肉餇之。及長,與狼交合,遂有孕焉。彼王聞此兒尚在,重遣殺之。使者見在狼側,并欲殺狼。於時若有神物,投狼於西海之東,落高昌國西北山。山有洞穴,内有平壤茂草,周迴數百里,《隋書》作地方二百餘里。四面俱山,狼匿其中,遂生十男。十男長,外託妻孕。其後各爲一姓,阿史那即其一也,最賢,遂爲君長。故牙門建狼頭纛,示不忘本也。漸至數百家。經數世,有阿賢設者,率部落出於穴中,臣於蠕蠕。"二曰:"突厥本平涼雜胡,姓阿史那氏。魏太武皇帝滅沮渠氏,阿史那以五百家奔蠕蠕。世居金山之陽,爲蠕蠕鐵工。金山形似兜鍪,俗號兜鍪爲突厥。因以爲號。"三曰:"突厥之先,出於索國,在匈奴之北。其部落大人曰阿謗步,兄弟七十人,其一曰伊質泥師都,狼所生也。阿謗步等性并愚癡,國遂被滅。泥師都既別感異氣,能徵召風雨。娶二妻,云是夏神、冬神之女。一孕而生四男:其一變爲白鴻;其一國於阿輔水、劍水之間,號爲契骨;其一國於處折水;其一居跋斯處折施山,即其大兒也。山上仍有阿謗步種類,并多寒露。大兒爲出火温養之，咸得全濟。遂共奉大兒爲主，號爲突厥，即納都六設也。都六有十妻，所生子皆以母族姓，阿史那是其小妻之子也。都六死，十母子内欲擇立一人。乃相率於大樹下，共爲約曰：向樹跳躍，能最高者，即推立之。阿史那年幼，而跳最高，諸子遂奉以爲主，號阿賢設。"又《元史譯文證補》譯拉施特《蒙古全史》，述蒙古緣起曰："相傳古時蒙兀與他族戰，全軍覆没。僅遺男女各二人，遁入一山，斗絶險巇，惟一逕通出入。而山中壤地寬平，水草茂美，乃攜牲畜輜重往居，名其山曰阿兒格乃袞。二男：一名腦古，一名乞顏。乞顏，義爲奔瀑急流。以其膂力邁衆，一往無前，故以稱名。乞顏後裔繁盛，稱之曰乞要特。乞顏變音爲乞要，曰特者，統類之詞也。後世地狹人稠，乃謀出山，而舊逕葽塞，且苦艱險。繼得鐵礦，洞穴深邃，爰伐木熾炭，籌火穴中。宰七十牛，剖革爲筒，鼓風助火，鐵石盡鎔，衢路遂闢。後裔於元旦鍛鐵於爐，君與宗親，次第捶之，著爲典禮。"與《北史》第一説絶相類。而鍛鐵之説，又足與第二説之世爲鐵工相印證。以風馬牛不相及之兩族，而其傳説之相似，至於如是，實可異也。土門求婚柔然，阿那瓌晉之曰：爾是我鐵奴，何敢發是言也。

民族緜悠之傳説，雖若爲情理所必無。然其中必有事實存焉。披沙揀金，往往見寶，正不容以言不雅馴，一筆抹殺也。今試先即《北史》所載三説觀之。案此三説雖相乖異，然其中仍有相同之處。突厥姓阿史那氏，一也；突厥有十姓，阿史那其一，二也；首出之主曰阿賢設，三也；突厥先世，嘗爲他族所破滅，四也。狼生十子，説極荒唐，然突厥後世，牙門實建有狼頭纛。又有所謂九姓部落者，於突厥爲最親。九姓之名：曰藥羅葛，曰胡咄葛，曰啒羅勿，曰貊歌息訖，曰阿勿嘀，曰葛薩，曰斛嗢素，曰藥勿葛，曰奚邪勿。見《唐書·回紇傳》。《突厥傳》述突厥之亡，謂後或朝貢，皆舊部九姓云。此謂阿史那氏既亡，其餘九姓，猶或來朝貢也。又《回紇傳》載九姓胡勸牟羽可汗入寇，宰相頓莫賀達干諫，不聽，怒，遂弑可汗。屠其支黨及九姓胡幾二千人。九姓胡先隨回紇入中國者聞之，因不敢歸。此爲九姓胡與回紇有別之證。九姓胡既與回紇較疏，則突厥之於九姓，必較回紇爲親。故《唐書》稱爲舊部。蓋回紇等皆後來服於突厥者，惟九姓則爲阿史那同族也。又突厥可汗，嘗歲率重臣，祭其先窟。而西突厥亦歲遣使臣，向其先世所居之窟致祭。則緜悠之傳説，實爲數典所不忘，斷不容指爲虚誣矣。據《元史譯文證補》，突厥最西之可薩部，實在裏海、黑海之濱。然則突厥先世，殆本居西海之右，迨爲他族所破，乃輾轉遁入阿爾泰之南山中，其地在高昌西北，其名則跋斯處折施邪？鍛鐵之業，發明頗難。鮮卑、契丹皆與漢人相習久而後能之。女真初起時，漢人有攜甲至其部者，尚率其下出重貲以市。突厥僻陋，未必有此。或沮渠亡後，敗逋北走者之所教與？

蒙古傳説，與突厥相類，洪氏疑蒙人襲突厥唾餘以叙先德。夫突厥之在當日，則亦敗亡奔北之餘耳，引爲同族，豈足爲榮？若謂傳述者語涉不經，載筆者意存毀謗，則拉施特身仕宗藩之朝，親見捶鐵典禮；又乞要特即奇渥溫，爲有元帝室得氏之由，亦斷不容指爲虛構。拉施特之脩史也，其主盡出先時卷牘，以資考核；又命蒙古大臣，諳習掌故者，襄理其事；安得作此謂他人父之言？拉施特亦安敢億造異説，作爲謗書邪？然此説與《北史》第一説，相類太甚。又《蒙古祕史》，蒙古始祖名孛兒帖赤那，譯言蒼狼。帖赤那與阿史那、泥師都，似皆同音異譯；雖欲不謂爲一説而不得也。此又何故邪？予反覆思之，然後知蒙古爲韃靼、室韋雜種，韃靼爲靺鞨及沙陀突厥雜種，拉施特《蒙古全史》之説，確與《北史》第一説，同出一原也。

蒙古先世，《元史》不載。洪氏謂即《唐書》大室韋之蒙兀部，其説甚確。然蒙人實自稱韃靼。《祕史》即然。《祕史》作達達，即韃靼異譯也。順帝北遷，五傳而大汗統絶。其後裔仍自號韃靼可汗。此何説邪？《五代史》云："韃靼，靺鞨之遺種。本在奚、契丹之東北。後爲契丹所攻，而部族分散。或屬契丹，或屬渤海。別部散居陰山者，自號韃靼。後從克用入關，破黃巢。由是居雲、代之間。"據《唐書》、《五代史》、《遼史》，渤海盛時，靺鞨悉役屬之。契丹太祖以前，并無攻破靺鞨之事。《滿洲源流考》引《册府元龜》：謂"黑水帥突地稽，隋時率部落千餘家內屬，處之營州。唐武德中，以其部落置燕州。《五代史》所謂爲契丹攻破者，實即此族。"其説是也。然此族實與室韋之蒙兀部風馬牛不相及，何緣以之自號乎？案彭大雅《黑韃事略》曰："黑韃之國，號大蒙古。沙漠之地，有蒙古山。韃語謂銀曰蒙古。女真名其國曰大金，故韃名其國曰銀。"黃震《古今紀要逸編》云："韃靼與女真同種，皆靺鞨之後。其在混同江者曰女真。在陰山北者曰韃靼。韃靼之近漢者曰熟韃靼，遠漢者曰生韃靼。韃靼有二：曰黑，曰白，皆事女真。黑韃靼至忒没真叛之，自稱成吉思皇帝。又有蒙古國，在女真東北。我嘉定四年，韃靼始并其名號，稱大蒙古國。"孟珙《蒙韃備錄》曰："韃靼始起，地處契丹西北。族出於沙陀別種，故歷代無聞。其種有三：曰黑，曰白，曰生。案生、熟自以距漢遠近言，不得與黑白并列爲種別，此説蓋誤。所謂白韃靼者，顏貌稍細。所謂生韃靼者，甚貧，且拙，且無能爲，惟知乘馬隨衆而已。今成吉思皇帝及將相大臣，皆黑韃靼也。"據此三説，則韃靼及蒙古，自係二族。而韃靼之中，又有黑、白之別。族出於沙陀別種，蓋緣李克用敗亡，曾居其部，遺種與靺鞨相雜，遂生黑白之別，其無足怪。惟所謂蒙古國者，除室韋之蒙兀部，無可當之。二者相距甚遠，何由并合，爲可疑耳。案《蒙韃備錄》又云："韃人在本國時，金虜大定間，燕京及契丹地有謠言云：韃靼去，趕得官家沒處去。虜酋雍宛轉聞之，驚曰：必是韃人，爲我國患。乃下令：極於窮荒，出兵剿之。每三歲，遣兵向北剿殺，謂之減丁。迄今中原盡能記之。韃人遁逃沙漠，怨入骨髓。至僞章宗明昌年間，不令殺戮。以是韃人稍稍還本國，添丁長育。"因童謠而出兵剿殺，語涉不經。然世宗初年，北邊曾有移剌窩斡之亂，牽動甚衆，仍歲興師，説非無據。韃靼之北走而與蒙兀合，蓋在此時也。然此以韃靼之部落言也。至於有元帝室，則其與蒙兀部落之牉合，尚別有一重因緣。《蒙古祕史》云："自天而生之孛兒帖赤那，與其妻豁阿馬闌勒，同渡騰吉思水，東至斡難沐漣之源不兒罕哈勒敦。"孛兒帖赤那，譯言蒼狼。豁阿，女子美稱。馬闌勒，譯言慘白牝鹿。乃人以狼鹿名。《大典》本之譯述，意在考證蒙古語言，非以求其史實。故但旁注其爲狼鹿，而不復釋爲人名。輯《大典》本《祕史》者，但就其旁解之文鈔之，遂有狼鹿生人之譌也。此爲奇渥溫氏徙居漠北之始。孛兒帖赤那生巴塔赤罕。巴塔赤罕生塔馬察。塔馬察生豁里察兒蔑兒干。豁里察兒蔑兒干生阿兀站孛羅溫。阿兀站孛羅溫生撒里合察兀。撒里合察兀生也客你敦。也客你敦生撏鎖赤。撏鎖赤生合兒出。合兒出生孛兒只吉歹蔑兒干。孛兒只吉歹蔑兒干之妻曰忙豁勒真豁阿。忙豁勒真，猶言蒙古部人。蓋孛兒帖赤那之後，至此娶蒙古部女，遂以蒙古爲部名。猶金始祖函普，娶完顏部女，子孫遂以完顏爲氏也。説本屠氏寄《蒙兀兒史記》。○又案《蒙古源流考》云："土伯特智固木贊博汗，爲姦臣隆納木所弑。三子皆出亡。季子布爾特齊諾，渡騰吉思海，東行，至拜噶所屬之布爾干哈勒勒圖納山下必塔地方，人衆尊爲君長。"布爾特齊諾即《祕史》之孛兒帖赤那也。或據此，謂有元先世，出自吐蕃王室。然《源流考》之作，意在闡揚喇嘛教，故援蒙古以入吐蕃。其説殊不足信。即如此處，以智固木贊博汗爲色哩特贊博汗之子。色哩特贊博汗者，尼雅特贊博汗之八世孫也。而下文又云：尼雅特贊博汗七世孫色哩特贊博汗，爲其臣隆納木所弑。又此處述智固木贊博汗，遠在名哩勒丹蘇隆贊之前。名哩勒丹蘇隆贊即《唐書》之棄宗弄讚，與太宗同時者也。其言尚可信乎？爲金守長城之部曰汪古。成吉思汗之侵金，汪古實假以牧地，爲之鄉導，故金人先失外險，猝不及防。乃蠻之伐蒙古，約汪古與俱。汪古以告成吉思，成吉思乃得先發制人。蓋汪古之於蒙古，論部酋，論部族，皆有同族之親；而減丁剿殺之舉，汪古雖力不能救，未嘗不心焉痛之；故於元爲特厚，而於金乃獨酷邪？納都六三字，與腦古音極相近。"設"爲突厥別部典兵者之稱。豈突厥先世，爲他族所破壞後，分爲二派：一爲腦古，即納都六設；一爲乞顏，即奇渥溫氏之祖與？果然，則阿兒格乃衰之名，且足補突厥先窟稱名之闕矣。

寫於一九三四年四月前

〔七一〇〕　突厥渠帥凡五

隋文帝討沙鉢略之詔曰："且彼渠帥，其數凡五。"五者，蓋謂沙鉢略一、菴羅二、阿波三、處羅侯四、貪汗五也。突厥之大,肇基葉護,《隋書》但云“當後魏之末,有伊利可汗,以兵擊鐵勒,大敗之,……遂求婚於茹茹”俱見《隋書·突厥傳》。而已。不言其與葉護世係也。《新唐書·西突厥傳》則云:“西突厥,其先訥都陸之孫吐務,號大葉護,長子曰土門伊利可汗,次子曰室點蜜,亦曰瑟帝米。即室點蜜異譯耳。《隋書·突厥傳》云:攝圖號伊利俱盧設莫何始波羅可汗,一號沙鉢略。下文沙鉢略致書隋文帝,自稱伊利俱盧設莫何始波羅可汗,而文帝報書稱爲伊利俱盧設莫何沙鉢略可汗,明沙鉢略即始波羅異譯也。瑟帝米之子曰達頭可汗……始與東突厥分烏孫故地有之。”則似當大葉護時,已有二子東西分治之制矣。《周書·突厥傳》云:“土門死,子科羅立。科羅號乙息記可汗。科羅死,弟俟斤立,號木汗可汗。”《隋書·突厥傳》云:“伊利可汗卒,弟逸可汗立。病且卒,捨其子攝圖,立其弟俟斗,當作俟斤,字之誤。稱爲木杆可汗。”《北史·突厥傳》云:“乙息記可汗且死,捨其子攝圖,立其弟俟斤,是爲木杆可汗。”明乙息記與逸可汗爲一人。後來攝圖捨其子雍虞閭,而立其弟處羅侯。雍虞閭使迎之,處羅侯曰:“我突厥自木杆可汗以來,多以弟代兄,以庶奪嫡,失先祖之法,不相敬畏。汝當嗣位,我不憚拜汝也。”《北史》、《隋書·突厥傳》。可見突厥弟兄相及,實始木杆矣。《周書·楊忠傳》:忠以保定三年與突厥伐齊,木汗可汗、控也頭可汗、步離可汗等以十萬騎來會。又《楊荐傳》:“孝閔帝踐阼,使突厥結婚。突厥可汗弟地頭可汗阿史那庫頭居東面,與齊通和,説其兄欲背先約。”地頭疑即也頭字之誤。木杆復捨其子大邏便,而立其弟,是爲佗鉢可汗。佗鉢以攝圖爲爾伏可汗,統其東面;又以其弟褥但可汗子爲步離可汗,居西方。見《北史》、《隋書·突厥傳》。然則步離殆爲居西方者之稱號,木杆時,也頭或地頭亦當統東面也。佗鉢且卒,謂其子菴羅避大邏便,而菴羅竟立。旋又讓於攝圖,是爲沙鉢略可汗、居都斤山,菴羅降居獨洛水,稱第二可汗。大邏便謂沙鉢略曰:“我與爾俱可汗子。爾今極尊,我獨無位,何也?”沙鉢略患之,以爲阿波可汗,還領所部。見《北史》、《隋書·突厥傳》。隋文帝討沙鉢略之役,沙鉢略率阿波、貪汗二可汗來拒戰。長孫晟使説阿波,阿波留塞上,使人隨晟入朝。攝圖聞其貳,乃掩北牙,盡獲其衆,而殺其母。事見《隋書·長孫晟傳》。云北牙,蓋對攝圖所遷爲南牙言之。然則《突厥傳》云阿波還領所部者,即謂還居木杆故地;還領所部者爲北,乃對攝圖所處爲南而言之也。晟之説文帝曰:“通使玷厥,説合阿波,則攝圖迴兵,自防右地。又引處羅,遣連奚霫,則攝圖分衆,還備左方。”《長孫晟傳》。明阿波在西,處羅在東。然阿波之爲右,特對處羅之在左言之。以言木杆分國之舊,則右方實當爲貪汗。故阿波、攝圖之釁既啓,攝圖以貪汗素睦於阿波,奪其衆而廢之，而貪汗亦亡奔達頭也。處羅侯之子啓民，_{染干。}初號突利可汗，《突厥傳》以爲沙鉢略子，誤。長孫晟曾與相見，必不誤也。其後始畢之子什鉢，亦號突利可汗，居東方。然則居東方者，又嘗號突利。要之大可汗外，以一人分主東方，一人分主西方，殆爲突厥之定制。至沙鉢略時，既有一廢可汗之子，稱爲第二可汗，又有更前可汗之子，還據舊都，而與己相侔，以致與己而爲五，已足啓分崩之漸。

又案王孝傑在西域取四鎮後，尚有冷泉之捷，事在延載元年，見《新唐書·本紀》，其詳則見於《西突厥傳》。云：“西突厥部立阿史那俀子爲可汗，與吐蕃寇武威道。大總管王孝傑與戰冷泉、大領谷，破之。碎葉鎮守使韓思忠又破泥熟俟斤及突厥施質汗、胡祿等，因拔吐蕃泥熟没斯城。”《通鑑》則云：“武威道總管王孝傑破吐蕃勃論贊及突厥可汗俀子等於冷泉及大嶺，各三萬餘人。碎葉鎮守使韓思忠破泥熟俟斤等萬餘人。”《考異》曰：“此事諸書皆無，惟《統紀》有之。《統紀》又破吐蕃萬泥勳没馱城，此語不可曉，今刪去。”案《新唐書》之文，與《統紀》大同小異，云惟《統紀》有之，蓋溫公之偶疏。所刪《統紀》之語，雖不甚可曉，要爲當時與蕃戰又一克捷。“泥熟没斯城”，蓋即泥熟俟斤所居，俟斤乃突厥官號。而云“吐蕃泥熟没斯城者”，蓋時泥熟俟斤服屬於吐蕃也。此役蓋吐蕃、突厥連兵而來，然卒爲孝傑等所破，可見吐蕃在西域兵力有限，此欽陵所由但以筆舌求之而終不能以兵力取之也。天寶後，河隴雖陷，而安西、北庭仍久之而後亡，竊疑其亦由於此。

〔七一一〕　突　厥　之　兵

《北史·高車傳》云：“爲性麤猛，黨類同心，至於寇難，翕然相依。鬭無行陳，頭別衝突，乍出乍入，不能堅戰。”《鐵勒傳》曰：“人性凶忍，善於騎射。貪婪尤甚，以寇抄爲生。”是其事也。社崙始立軍法：以千人爲軍，軍置將；百人爲幢，幢置帥。先登者賜以鹵獲，退懦者，以石擊首殺之，或臨時捶撻，見《北史·蠕蠕傳》。然收效蓋寡。楊忠與突厥伐齊，還，言於周武帝曰：“突厥甲兵惡，賞罰輕，首領多而無法令，何謂難制馭？”《北史·突厥傳》。頡利入寇，唐太宗謂突厥“衆而不整，君臣惟利是視。可汗在水西，而酋帥皆來謁我，我醉而縛之，其勢易甚”。《唐書·突厥傳》。可見自南北朝至隋、唐，其散漫情形，迄未嘗改。此其所以地雖廣，兵雖多，而終不競於中國歟？《北史·突厥傳》：“候月將滿，轉爲寇抄。”與匈奴同，蓋所以利夜行也。

〔七一二〕 賨、叟、駱、蜀

《後漢書·劉表傳》："初平元年,長沙太守孫堅殺荆州刺史王叡,詔書以表爲荆州刺史。時江南宗賊大盛。"亦見《三國志·劉表傳注》引司馬彪《戰略》,蓋《後漢書》所本。《注》云："宗黨共爲賊。"何義門云："宗恐與巴賨之賨同義,南蠻號也。"案何説是也。賨人,即《後漢書》所謂巴郡南郡蠻。《後漢書》云:"秦昭襄王時,有一白虎,嘗從羣虎數遊秦、蜀、巴、漢之境,傷害千餘人。昭王乃重募國中有能殺虎者,賞邑萬家,金百鎰。時有巴郡閬中夷人,能作白竹之弩,乃登樓射殺白虎。昭王嘉之,而以其夷人,不欲加封,乃刻石盟要,復夷人頃田不租,十妻不算,傷人者論,殺人者得以倓錢贖死。至高祖爲漢王,發夷人還伐三秦。秦地既定,乃遣還巴中,復其渠帥羅、朴、督、鄂、度、夕、龔七姓不輸租賦,餘户乃歲入賨錢,口四十。"《南蠻傳》。《晉書·李特載記》云:"秦并天下,以爲黔中郡,薄賦斂之,口歲出錢四十,巴人呼賦爲賨,因謂之賨人焉。"此説亦誤。《三國·蜀志·季漢輔臣贊》云:程季然,"劉璋時爲漢昌長。縣有賨人,種類剛猛,昔從高祖以定關中。"蓋因其人名賨,乃稱其所出之錢爲賨錢,非呼賦爲賨,而謂其人爲賨人也。

賨人當後漢末,蔓衍頗廣。《三國·吳志·孫策傳》曰:時,豫章上繚宗民萬餘家在江東,策勸廬江太守劉勳攻取之。《注》引《江表傳》曰:勳"乃遣從弟偕告糴於豫章太守華歆。歆郡素少穀,遣吏將偕就海昏上繚,使諸宗帥共出三萬斛米以與偕。偕往歷月,纔得數千斛。偕乃報勳,具説形狀,使勳來襲取之。勳得偕書,便潛軍到海昏邑下。宗帥知之,空壁逃匿,勳了無所得"。又《太史慈傳注》引《江表傳》曰:"慈見策曰:郡陽民帥別立宗部,阻兵守界,不受子魚所遣長史。海昏有上繚壁,有五六千家相結聚作宗伍,惟輸租布於郡耳,發召一人遂不可得。"又《孫輔傳注》引《江表傳》曰:"策既平定江東,逐袁胤。袁術深怨策,乃陰遣間使齎印綬與丹陽宗帥陵陽祖郎等,使激動山越,大合衆,圖共攻策。"則今江西、安徽均宗人所蔓衍矣。《後漢書·巴郡南郡蠻傳》云:"建武二十三年,南郡潳山蠻雷遷等始反叛。遣武威將軍劉尚討破之,徙其種人七千餘口,置江夏界中,今沔中蠻是也。和帝永元十三年,巫蠻許聖等以郡收税不均,懷怨恨,遂屯聚反叛。明年夏,遣使者督荆州諸郡兵討破之。聖等乞降,復悉徙置江夏。"末年蔓衍今皖贛之境者,蓋即當時所徙也。然屯聚者,仍當以漢人爲多,特與賨相依附耳。參看《山越》條。

　　近人游記云："暹羅人民，舊分暹與猺二種。暹之故國，實在緬甸北境，與雲南鄰。分南北二區，各有土王。予游仰光，嘗至上緬甸，入其王居。猺亦有土王。最尊者在暹北青梅。"又云："暹人實來自雲南大理一帶。旅暹蕭君佛成，謂雲南土人言數與暹羅同。予聽之，惟五讀如海，六讀如霍，稱十二曰十雙，餘皆與華同。雲君竹亭有友，能操暹語。而不能操華語。至廣西，遇土人，語竟相通云。"予案暹即竇也。《三國·吳志·士燮傳》：燮卒，孫權以交阯縣遠，乃分合浦以北爲廣州，呂岱爲刺史；交阯以南爲交州；戴良爲刺史。又遣陳時代燮爲交阯太守。岱留南海，良與時俱前。行到合浦，而燮子徽，自署交阯太守，發宗兵拒良，交阯桓鄰，燮舉吏也，叩頭諫徽。徽怒，笞殺鄰。鄰兄治子發，又合宗兵擊徽。此即宗人之在後印度者也。

　　又竇、叟亦係同音。《蜀志·諸葛亮傳注》引《漢晉春秋》載亮上言曰："自臣到漢中，中間朞年耳，然喪趙雲、陽羣、馬玉、閻芝、丁立、白壽、劉郃、鄧銅等及曲長屯將七十餘人，突將無前。竇、叟、青羌散騎、武騎一千餘人，此皆數十年之内所糾合四方之精鋭，非一州之所有。"此特以大體言之，竇、叟未必不取自蜀。《後漢書·劉焉傳》："馬騰與範劉焉第四子。謀誅李傕，焉遣叟兵五千助之。"《三國·蜀志·二牧傳》："劉璋聞曹公征荆州，遣別駕從事蜀郡張肅送叟兵三百人。"則叟兵正出於蜀。《後漢書》《注》曰："漢世謂蜀爲叟。孔安國注《尚書》云：蜀，叟也。"又《董卓傳》："呂布軍有叟兵内反。"《注》亦曰："叟兵，謂蜀兵也。"竊疑蜀與竇、叟仍係一語。古稱蜀，漢世則或稱竇或稱叟耳。孔明以竇、叟連稱，蓋所謂複語。或自巴以東稱竇，蜀稱叟，孔明之兵二者兼有，故并舉之邪？《後漢書·光武紀》：建武十九年，西南夷寇益州郡。《注》引《華陽國志》曰："武帝元封二年，叟夷反。將軍郭昌討平之，因開爲益州郡。"《西南夷邛都夷傳》：越嶲太守"巴郡張翕，政化清平，得夷人和。在郡十七年卒，夷人愛慕如喪父母。蘇祈叟二百餘人，齎牛羊送喪至翕本縣安漢，起墳祭祀"。《三國·蜀志·李恢傳》："遂以恢爲庲降都督，使持節領交州刺史，住平夷縣。先主薨，高定恣睢於越嶲，雍闓跋扈於建寧，朱褒反叛於牂牁。丞相亮南征，先由越嶲，而恢案道向建寧。諸縣大相糾合，圍恢軍於昆明。恢出擊，大破之。追奔逐北，南至槃江，東接牂牁，與亮聲勢相連。南土平定，恢軍功居多。後軍還，南夷復叛，殺害守將。恢身往撲討，鉏盡惡類，徙其豪帥於成都，賦出叟、濮耕牛戰馬金銀犀革，充繼軍資，於時費用不乏。"《張嶷傳》："越嶲郡自丞相亮討高定之後，叟夷數反，殺太守龔祿、焦璜。"并今川、滇境夷人稱叟之證。

　　至於獠，《晉書·李勢載記》："李奕自晉壽舉兵反之。初，蜀土無獠，至此始從山而出,北至犍爲、梓潼,布在山谷十餘萬落,不可禁制,大爲百姓之患。勢既驕奓,而性愛財色,荒淫不恤國事。夷僚叛亂,軍守離缺,境宇日蹙。”《苻堅載記》:堅遣王統、朱彤寇蜀,晉梁州刺史楊亮率巴僚萬餘拒之。益州陷後,蜀人張育、楊光等起兵與巴僚相應,以叛於堅。育自號蜀王,與巴僚酋帥張重、尹萬等進圍成都。《殷仲堪傳》:仲堪奏言:“巴、宕二郡,爲羣僚所覆,城邑空虛,士庶流亡,要害膏腴,皆爲僚有。”此所謂僚,并在巴、氐之地。《三國·蜀志·張嶷傳注》引《益部耆舊傳》,謂“牂柯、興古僚種復反”。《晉書·武帝紀》:太康四年,“牂柯僚二千餘落內屬。”則漢世夜郎之地,亦有僚矣。僚之名,漢世不見,非不見也,漢所謂甌駱者,即僚也。《史記·南越列傳》曰:“以兵威邊,財物賂遺閩越、西甌駱,役屬焉。”其謝文帝書云:“其西甌駱裸國亦稱王。”《傳》又云:“越桂林監居翁諭甌駱屬漢。”“其西甌駱”,《漢書》作“西有西甌”。而《史記·東越列傳》:惠帝三年,“立搖爲東海王,都東甌,世俗號爲東甌王。”《南越傳》《索隱》:“姚氏案:《廣州記》云:交趾有駱田,仰潮水上下,人食其田,名爲駱人,有駱王、駱侯。諸縣自名爲駱將,銅印青綬,即今之令長也。後蜀王子將兵討駱侯,自稱爲安陽王,治封溪縣。後南越王尉佗攻破安陽王,令二使典主交趾、九真二郡。”即駱越也。蓋單呼曰甌,曰駱,累呼則兼言甌駱,二字本雙聲。晉以後所謂僚,後漢時所謂哀牢,《三國志·霍峻傳》:“時永昌郡夷僚恃險不賓,數爲寇害。”此僚即哀牢之證。今日所謂仡佬,皆同音異字。而《廣州記》所謂蜀王子,亦即叟人,以蜀伐駱,即是以叟伐僚。以今日之語言之,則以猓伐佬耳。《廣州記》所載駱、蜀相爭之事,《水經·葉榆水注》引《交州外域記》,言之尤詳。其言曰:“交趾昔未有郡縣之時,土地有雒田,其田從潮水上下。民墾食其田,因名爲雒民。設雒王、雒侯,主諸郡縣。縣多爲雒將,雒將銅印青綬。後蜀王子將兵三萬來討雒王、雒侯,服諸雒將,蜀王子因稱爲安陽王。後南越王尉佗舉衆攻安陽王。安陽王有神人,名皋通,下輔佐,爲安陽王治神弩一張,一發殺三百人。南越王知不可戰,卻軍住武寧縣;越遣太子名始,降服安陽王,稱臣事之。安陽王不知通神人,遇之無道。通便去,語王曰:能持此弩王天下,不能持此弩者亡天下。通去。安陽王有女名曰媚珠,見始端正,珠與始交通。始問珠,令取父弩視之。始見弩,便盜以鋸截弩,訖,便逃歸,報南越王。南越進兵攻。安陽王發弩,弩折,遂敗。安陽王下船,逕出於海,越遂服諸雒將。”又曰:“越王令二使者典主交趾、九真二郡民。後漢遣伏波將軍路博德討越王。路將軍到合浦,越王令二使者齎牛百頭酒千鍾及二郡民戶口簿詣路將軍,乃拜二使者爲交趾、九真太守。諸雒將主民如故。後朱載雒將子名詩,索甌泠雒將女名徵側爲妻。側爲人有膽勇,將詩起賊,攻破州郡,服諸雒將,皆屬。徵側爲王,治甌泠縣,復交趾、九真二郡民二歲調賦。後漢遣伏波將軍馬援將兵討側,詩走入金溪究,三歲乃得。爾時西蜀并遣兵共討側等,悉定郡縣,爲令長也。”《舊唐書·地理志》引《南越志》云:“交趾之地,最爲膏腴,舊有君長曰雄王,其佐曰雄侯。後蜀王將兵三萬討雄王,滅之。蜀以其子爲安陽王,治交趾。尉佗在番禺,遣兵攻之。王有神弩,一發殺越軍萬人,趙佗乃與之和,以其子始爲質。安陽王以媚珠妻之。子始得弩,毀之。越兵至，乃殺安陽王，兼其地。"此所謂曰雄王、曰雄侯乃"曰雒王、曰雒侯"之誤。下文雄王，亦雒王之誤。《後漢書·臧宮傳》："建武十一年，將兵至中盧，屯駱越。"《注》："中盧，縣名，屬南郡。蓋駱越人徙於此，因以爲名。"此駱越其本必在巴、氐之地，尤顯而易見也。

叟之所居，與氐密邇，故二字亦連稱。《李特載記》曰：辛冉"遣人分牓通逵，購募特兄弟，許以重賞。特見，大懼，悉取以歸，與驤改其購云：能送六郡之豪李、任、閻、趙、楊、上官及氐叟侯王一首，賞百匹。"此氐叟二字，亦複語耳。其北出者多稱氐，亦或稱叟。《懷帝紀》：永嘉三年七月，"平陽人劉芒蕩自稱漢後，誑誘羌戎，僭帝號於馬蘭山。支胡五斗叟郝索聚衆數千爲亂，屯新豐，與芒蕩合黨。"《高密孝王略傳》："京兆流人王逌與叟人郝洛聚衆數千，屯於冠軍。"此所謂叟，即北朝時所謂"蜀與汾胡結不解緣"者也，在晉世亦或稱蜀。《孝武帝紀》：太元十八年九月，"楊佺期擊氐帥楊佛嵩於潼谷，敗之。"《姚萇載記》云："楊佛嵩帥胡蜀三千餘户降於萇，晉將楊佺期、趙睦追之。"《載記》之蜀，即《本紀》之氐也。

南北朝之世，賨、叟之名罕見，皆稱爲蜀。《宋書·孔覬傳》："阮佃夫募得蜀人數百，多壯勇便戰，皆著犀皮鎧，執短兵。本應就佃夫向晉陵，未發，會農夫須人，分以配之。及戰，每先登，東人并畏憚。又怪其形飾殊異，舊傳狐獠食人，每見之輒奔走。"《五行志》："晉元帝永昌元年，寧州刺史王遜遣子澄入質，將渝、濮雜夷數百入京邑。民忽訛言寧州人大食人家小兒。親有見其蒸煮滿釜甑中者。又云失兒皆有主名，婦人尋道，拊心而哭。於是百姓各禁録小兒，不得出門。尋又言已得食人之主，官當大航頭大杖考竟。而日有四五百人晨聚航頭，以待觀行刑。朝廷之士相問者，皆曰信然。或言郡縣文書已上。王澄大懼，檢測之，事了無形，民家亦未嘗有失小兒者；然後知其訛言也。"此事蓋即所謂舊傳狐獠食人者，蜀之即僚可知矣。其在北者，以河東爲大宗；在河東者，又以薛氏爲大。《魏書·太祖紀》：天興元年，河東蜀薛榆、氐帥符興各率其種内附。二年，蜀帥韓礬内附。《太宗紀》：永興三年河東蜀民黃思、郭綜等率營部七百餘家内屬。泰常三年，河東胡、蜀五千餘家相率内屬。八年，河東蜀薛定、薛輔率五千餘家内屬。《世祖紀》：太平真君六年，河東蜀薛永宗舉兵與蓋吳相應。明年爲魏所破，永宗男女無少長皆赴汾水死。《薛辯傳》曰："其先自蜀徙於河東之汾陰，因家焉。祖陶《北史》作濤。與薛祖、薛落等分統部衆，世號三薛。父彊《北史》作强。復代領部落，而祖、落子孫微劣，彊遂總攝三營。歷石虎、符堅，常馮河自固。仕姚興爲鎮東將軍，入爲尚書。彊

卒,辯復襲統其營。劉裕平姚泓,辯舉營降裕。及裕失長安,辯來歸國。子謹
隨裕渡江。辯將歸國,密使報謹,遂自彭城來奔。"其後世仕魏。蓋吳、薛永宗
舉兵時,謹子洪祚世祖賜名初古拔。受詔糾合宗鄉,壁於河際,以斷其往來之路。
蓋其黨類猶在也。《北史·辯傳》云:强字威明,與王猛友善。"桓溫入關中,
猛以巾褐謁之。溫曰:江東無卿比也。秦國定多奇士,如生董尚有幾人?吾
欲與之俱南。猛曰:公求可與撥亂濟時者,友人薛威明其人也。溫曰:聞之
久矣。方致朝命。强聞之,自商山來謁。與猛皆署軍謀祭酒。强察溫有大志
而無成功,乃勸猛止。俄而溫敗。乃苻堅立,猛見委任。其平陽公融爲書,將
以車馬聘强,猛以爲不可屈,乃止。及堅如河東伐張平,自與數百騎馳至强壘
下,求與相見。强使主簿責之。因慷慨宣言曰:此城終無生降之臣,但有死節
之將耳。堅諸將請攻之。堅曰:須吾平晉,自當面縛。捨之以勸事君者。後
堅伐晉,軍敗,强遂總宗室强兵,威振河輔。强卒,辯襲統其營。"蓋諸薛之在
汾陰,根柢深固,不肯捨之而去。其不屈於苻堅,與其不肯隨桓溫而南,用意
正同,非果能豫燭溫之喪敗也。諸薛雖仕於魏,而河東之蜀,黨類迄未嘗渙,
延及秦、隴,亦多聲氣相通,迄周、齊之世猶然。《魏書·文成五王傳》:河間王
琛以討汾晉胡、蜀,卒於軍。長孫道生曾孫稚,正平郡蜀反,假鎮西將軍、討蜀
都督討之。《魏書·長孫道生傳》。時則建興蜀亦反,源賀孫子恭與稚合勢進討,大
破之。《魏書·源賀傳》。孝昌二年,絳蜀反,費于之孫穆討平之。《魏書·費于傳》。
《傅豎眼傳》:爲益州刺史。及高肇伐蜀,假豎眼征虜將軍、持節,領步兵三萬
先討北巴。蕭衍遣寧州刺史任太洪從陰平入益州北境,欲擾動氐蜀,以絕運
道。氐蜀翕然從之。太洪率氐蜀數千圍逼關城,豎眼遣寧朔將軍成興孫討
之。太洪遣軍主邊昭等率氐蜀三千攻逼興孫柵。《尒朱兆傳》:兆將入洛陽,
招齊獻武王,獻武辭以山蜀未平,今方攻討。《北齊書·神武紀》云:辭以絳蜀、汾胡數
反。《尒朱天光傳》:天光爲雍州刺史,以討万俟醜奴,赤水蜀賊斷路,天光擊破
之。此事亦見《周書》賀拔岳寇洛,《李弼》、《侯莫陳悅傳》皆云討赤水蜀。《自序》云:
子建除東
益州刺史。"正光五年,南、北二秦城人莫折念生、韓祖香、張長命相繼構逆,
僉以州城之人莫不勁勇,同類悉反,宜先收其器械。子建以爲城人數當行陳,
盡皆驍果,安之足以爲用,急之腹背爲憂,乃悉召居城老壯曉示之。并上言:
諸城人本非罪坐而來者,悉求聽免。肅宗優詔從之。子建漸分其父兄子弟外
居郡戍,內外相顧,終獲保全。及唐永代之,羣氐慕戀,相率斷道。慰譬旬日,
方得前行。東益氐、蜀尋反,攻逼唐永,永棄城而走。"《北齊書·封隆之傳》:
子子繪,爲平陽太守,"大軍討復東雍,平柴壁及喬山、紫谷絳蜀等,子繪恒以

太守前驅慰勞。"此所謂蜀,并即巴氏。《魏書·董紹傳》云:"蕭寶夤反長安也,紹上書求擊之,云:臣當出瞎巴三千,生噉蜀子。肅宗謂黃門徐紇曰:此巴真瞎也?紇曰:此是紹之壯辭,云巴人勁勇,見敵無所畏懼,非實瞎也。"其明證也。《周書·異域傳》云:"世宗時,興州人段吒及下辯、柏樹二縣民反,氐酋姜多復率廚中氐、蜀攻陷落叢郡以應之。"姜爲羌姓,而姜多復爲氐帥,則氐、羌族類相近耳。

《魏書·自序》謂東益州城人莫不勁勇;徐紇亦謂巴人勁勇,見敵無所畏懼;則巴氏北遷之後,剽悍之性,初未失墜。《北史》載:魏孝文與朝臣論海內姓地人物,"戲謂薛謹孫聰曰:世人謂卿諸薛是蜀人,定是蜀人不?聰對曰:臣遠祖廣德,世仕漢朝,時人呼爲漢臣。九世祖永隨劉備入蜀,時人呼爲蜀臣。今事陛下,是虜,非蜀也。帝撫掌笑曰:卿幸可自明非蜀,何乃遂復苦朕?"孝文雖虜,頗即華風,非苦人如唐太宗者;以蜀戲聰,明聰非蜀。然洪祚族叔安都實勁勇有氣力,不下於楊大眼,久與之居,故當習而自化耳。

《後漢書·板楯蠻傳》云:"閬中有渝水,其人多居水左右。俗喜歌舞,高祖觀之,曰:此武王伐紂之歌也。乃命樂人習之,所謂《巴渝舞》也。"漢初雅樂,實未淪亡,高帝之言,必有所據。乃晉以後所謂僚者,幾於一無所知,何哉?夫巴在春秋時,久與楚有交涉,非固陋之國也。秦滅巴、蜀,疑尚有待於戰國之時,豈有武王伐紂,乃能用劍閣以南之衆?竊疑《牧誓》所謂庸蜀等,并不在後世之地。巴氏亦然,其與僚實同類而異種。氐處水濱,僚居山谷,氐人北徙,僚乃乘虛出居平地,寖至蔓延,盡由李勢之失政也。率竇人從漢高定三秦者,名范因。秦中既定,封爲閬中侯,前後《漢書》皆不載,見《晉書·樂志》。

原刊《雲南旅滬學會會刊》第二期,一九三五年四月三十日出版

〔七一三〕　丁　　令

洪氏鈞《元史譯文證補》,謂:今日葱嶺西北西南諸部,我國統稱之曰回,西人則稱爲突厥。回紇之盛,威令未行於鹹海、裏海之間;其衰,播遷未越於葱嶺、金山以外。突厥盛時,東自遼海以西至西海,萬里;南自沙漠以北至北海,五六千里。極西之部可薩,亦曰曷薩。西國古籍,載此部名哈薩克,即曷薩轉音;亦曰喀薩克,即可薩轉音。裏海、黑海之北,皆其種落屯集。又東羅馬古書,載與突厥通使。東羅馬即《唐書》之拂菻國也。種落繁多,幅員遼闊,匈奴而後,實惟突厥。而散居西土,亦惟突厥舊部爲多。回紇、突厥之稱,誠

不敢謂己是而人非。予案洪氏此言，乃知二五而不知一十也。若舉强部以概其餘，則西人與突厥之交涉多，而在東土，則回紇爲後亡，彼我所稱，均未爲失。若原其朔，則此族當正稱曰丁令。突厥、回紇皆其分部之後起者耳。我之稱回紇固非，彼之稱突厥，亦未是也。

丁令之名，昉見於漢。《山海經·海内經》："有釘靈之國，其民從膝以下有毛，馬蹄，善走。"《山海經》僞書，此條乃據後世史志所造。其來歷見《三國志》注引《魏略》。又黄佐《六藝流别》卷十七《五行篇》引《尚書大傳》："北方之極，自丁令北至積雪之野，帝顓頊神玄冥司之。"陳氏壽祺《尚書大傳輯校》採之。亦作丁零，丁靈。異譯作敕勒，又作鐵勒。中夏稱爲高車。《北史》分高車、鐵勒爲二傳，乃就其服於魏與未服於魏者分之，似無所據。《唐書》以回紇初與鐵勒諸部并屬突厥，仍列爲鐵勒十五部之一，而於突厥别爲一傳，不復著其爲鐵勒，亦未安也。

何以知突厥、回紇皆鐵勒之分部也？曰：言語相同，爲種族相同之鐵證。洪氏於突厥、回紇言語之相同者，歷舉凡如干事，則二者必爲同族無疑。《唐書》回紇本列爲鐵勒十五部之一。回紇又作袁紇。《魏書·高車傳》，其種有表紇氏。表紇即袁紇之譌。又《北史·鐵勒傳》：獨洛河北有韋紇。韋紇亦回紇之異譯也。回紇之爲鐵勒，明白無疑，而突厥言語，與之相同，安得不爲鐵勒哉？又突厥興於金山，金山固鐵勒之地也。《北史》述突厥緣起，其一説曰：突厥之先，"伊折泥師都娶二妻，云是夏神、冬神之女。一孕而生四男。其一國於阿輔水、劍水之間，號爲契骨。"契骨者，《唐書》所謂黠戛斯，古堅昆國。或曰居勿，曰結骨，其種雜丁令者也。又《魏書·高車傳》云："或云：其先，匈奴之甥也。俗云：匈奴單于生二女，姿容甚美，國人皆以爲神。單于曰：我有此女，安可配人？將以與天。乃於國北無人之地築高臺，置二女其上。曰：請天自迎之。經三年，其母欲迎之。單于曰：不可，未徹之間耳。復一年，乃有一老狼，晝夜守臺嘷呼，因穿臺下爲空穴，經時不去。其小女曰：吾父處我於此，欲以與天。而今狼來，或是神物，天使之然。將下就之。其姊大驚，曰：此是畜生，無乃辱父母也。妹不從，下爲狼妻而産子。後遂滋繁成國。故其人好引聲長歌，又似狼嘷。"此説謂鐵勒之先，出於匈奴單于之二女，與伊質泥師都娶二妻之説，頗有類似之處。又《北史》述突厥原起第一説，亦以突厥爲狼種。突厥姓阿史那氏，以予考之，即《元祕史》帖赤那三字之異譯，義謂狼也。見《突厥與蒙古同祖》條。然則突厥、鐵勒，其謬悠傳説，亦實不可分也。

《魏書》云："高車，蓋古赤狄之餘種也。初號爲狄歷，北方以爲敕勒，諸夏以爲高車、丁零。其語略與匈奴同，而時有小異。"赤狄餘種，不知何所據而云然。徵諸史傳，鐵勒之語亦無與匈奴類者。豈丁令種落有與匈奴近者，其種遂相雜，故其語多同，吾國人因別稱之曰高車以與其餘之丁零別與？赤狄餘種之説，似又因其語與匈奴同而附會，以古以匈奴即狄也。高車傳説既自託於匈奴之甥；又謂其先祖母，匈奴單于實之國北無人之地；則高車故地，必在匈奴之北。謂其與匈奴相近，或不誣邪？《魏書》述高車之稱所由來，謂其"車輪高大，輻數至多"。阿卜而嘎錫則謂古時其部侵掠他族，鹵獲至多，騎不勝負。有部人能製車，車高大，勝重載，乃盡取鹵獲以返，故以高車名其部。見《元史譯文證補‧康里補傳》。鐵勒種類，程度至低。能製車之部落，或亦其與匈奴近者與？推測之説，雖若可通，終未敢遂以爲信已。或云古代匈奴，實與漢族雜居大河流域。北荒之地，不得無人。今據《魏書》，則丁令、鐵勒、實爲狄歷異譯。狄歷疊韻，簡稱之，固可但作一狄字。豈丹稱北族爲狄，其原實指此族言之邪？此説於音譯雖近，然丁令古代與漢族有交接之證據太乏，亦未敢遂以爲信也。○日本高桑駒吉曰：康里二字 Kankey 乃突厥語，謂車也。

寫於一九三四年四月前

〔七一四〕　丁　令　居　地

　　鐵勒諸族，大者曰突厥，曰薛延陀，曰回紇。突厥至南北朝之末始盛；延陀、回紇之强，則當唐世矣。然其種落散布朔垂，實由來已久。突厥疆域之廣，實由於此，非其力征經營，果有以超匈奴而幾蒙古也。今就諸史所載鐵勒居地，略爲考索如下。

　　鐵勒古稱丁令，其名首見於《史記‧匈奴列傳》。《匈奴列傳》云：冒頓"北服渾庾、屈射、丁靈、鬲昆、薪犂之國"。《漢書》渾庾作渾窳，丁靈作丁零，鬲昆作隔昆，薪犂作新犂。新犂上又衍一龍字。《漢書‧匈奴列傳》云：郅支"北擊烏揭，烏揭降。發其兵，西破堅昆，北降丁令"。《三國志注》引《魏略》云："呼得國在蔥嶺北，烏孫西北，康居東北，勝兵萬餘人。堅昆國在康居西北，勝兵三萬人。丁令國在康居北，勝兵六萬人。此上三國，堅昆中央，俱去匈奴單于庭安習水七千里，《史記‧索隱》亦引此語，而誤作接習水。南去車師六國五千里，西南去康居界三千里，西去康居王治八千里。或以爲此丁令即匈奴北丁令也，而北丁令在烏孫西，似其種別也。又匈奴北有渾窳國，有屈射國，有丁令國，有隔昆國，有新黎國，明北海之南自復有丁令，非此烏孫之西丁令也。"案匈奴徙蘇武北海上，丁令盜武牛羊，見《漢書‧李廣蘇建傳》。北海，今拜喀勒湖，而此與堅昆、呼得接壤之丁令，則實在今西伯利亞西南境。隔昆、堅昆，一音之轉，即唐時之黠戛斯。

《唐書・回鶻傳》：“黠戛斯，古堅昆國也。或曰居勿，曰結骨。其種雜丁令，乃匈奴西鄙也。其君曰阿熱。阿熱駐牙青山。青山之東，有水曰劍河。”劍河即後世之謙河，在今唐努烏梁海境内。見《元史譯文證補・謙河考》。安習水，今額爾齊斯河。烏孫，今伊犂。康居之地，起今伊犂之西，西訖裏海，北抵鹹海附近。《元史譯文證補・西域古地考康居奄蔡》。然則此三國之地，實在今西伯利亞境内，唐努烏梁海之西北，額爾齊斯河之東南，略當今吐魯番諸縣之正北。《魏略》云堅昆中央，而《漢書》云，郅支降烏揭後，西破堅昆，北降丁令，則烏揭在堅昆之東，丁令在堅昆之西北。其去北海，蓋千里而遥。故《三國志注》諍其非一，然按諸後世史傳，則丁令居地，實尚不止此也。《北史》述鐵勒諸部，勝兵最多者，不過三萬，且皆已合若干部落。而《魏略》謂丁令勝兵六萬，亦必合多部言之。

　　《北史・鐵勒傳》云：“鐵勒種類最多。自西海之東，依山據谷，往往不絶。獨洛河北，有僕骨、同羅、韋紇、拔也古、覆羅，并號俟斤，蒙陳、吐如紇、斯結、渾、斛薛等諸姓，勝兵可二萬。伊吾以西，焉耆之北，傍白山，則有契苾、薄落職、乙咥、蘇婆、那曷、烏護、紇骨、也咥、於尼護等，勝兵可二萬。金山西南，有薛延陁、咥勒兒、十槃、達契等，一萬餘兵。康國北，傍阿得水，則有訶咥、曷截、撥忽、比干、具海、曷比悉、何嵯蘇、拔也末、謁達等，有三萬許兵。得嶷海東西，有蘇路羯、三素咽、篾促、薩忽等諸姓，八千餘。拂菻東，則有恩屈、阿蘭、北褥、九離、伏嗢昏等，近二萬人。北海南，則都波等。雖姓氏各別，總謂爲鐵勒。”案以上諸部名，多不可句讀，然其地則大略可徵：西海，蓋今裏海。獨洛河，今土拉河。伊吾，今新疆哈密縣。焉耆，今新疆焉耆縣。白山在其北。金山，今阿爾泰山。康國，今撒馬兒干。得嶷海，疑今鹹海。拂菻，則羅馬也。

　　《新唐書》：鐵勒，凡十五部：曰袁紇，即回紇，居薛延陁北娑陵水上。曰拔野古，漫散磧北，地千里，直僕骨東，鄰於靺鞨。曰僕骨，在多覽葛之東，地最北。曰同羅，在薛延陁北，多覽葛之東，距京師七千里而贏。曰渾，在諸部最南。曰契苾，在焉耆西北鷹娑川，多覽葛之南。曰多覽葛，在薛延陁東，濱同羅水。曰都播，北瀕小海，西堅昆，南回紇。曰骨利幹，處瀚海北。其地北距海，去京師最遠，又北度海，則晝長夜短，日入烹羊胛，熟，東方已明。曰白霤，居鮮卑故地，直京師東北五千里，與同羅、僕骨接。避薛延陁，保奥支水、冷陘山，南契丹，北烏羅渾，東靺鞨，西拔野古，地圓袤二千里，山繚其外。曰斛薛，處多覽葛北。曰奚結，處同羅北。曰思結，在延陁故牙。回紇在薛延陁北娑陵水，則延陁故牙，在娑陵水南。娑陵水，今色楞格河。《唐書》異譯，亦作仙娥。同羅水，亦今土拉河。都播北瀕小海,蓋今庫蘇古爾。骨利幹北距海,仍即今拜喀勒湖。《地理志》:骨利幹西十三日至都播,又北六七日至堅昆,道里符合。惟謂骨利幹、都播二部落北有小海,冰堅時馬行八日可度,一似骨利幹、都播共瀕一小海者然,則語欠分析。馬行八日可度,自指拜喀勒湖,庫蘇古爾無此大。若謂都播亦瀕拜喀勒,則道里不合。且北海自古不稱小海,必《地理志》誤。至《北史》云北海南則都播等者,以北海爲大水,故舉以爲言;且言“等”,則非指都播一部也。鮮卑故地,當在今東北、蒙古之間。云圓袤二千里,山繚其外,則包今嫩江流域矣。

此族居地,蓋自貝加爾湖西附金山之陰;又西,當庫里鄂模,伊犂河所注泊,今圖作巴勒哈什。鹹海、裏海之北,直抵黑海。東西緜亙,成一直綫。南北朝以前,據漠南北之地者,爲匈奴、鮮卑。其西則中國、匈奴狎主齊盟之城郭三十六國也。又其西,則烏孫也,大宛也,大月氏也。繼大月氏而起者,則嚈噠也。皆强國也。故此族無由南牧。迨鮮卑漸次南遷,此族乃踵之而入色楞格、土拉二河流域,且東取鮮卑故地。其爲魏所破,而遷諸漠南者,則史所謂高車也。留居漠北,爲柔然所撫用者,則史所謂鐵勒也。至南北朝之末,而此族之中,自有一强部起,則突厥是也。突厥之興,適當柔然、嚈噠之衰,一舉而皆爲所破。散處之鐵勒靡不臣之。而其疆域,遂大莫與京矣。延陀、回紇之盛,雖未能踵武突厥,摶東西爲一體,然其種人之散布各地者固自若。此其所以自唐以後,仍爲中西亞及東歐之一大族也。

寫於一九三四年四月前

〔七一五〕 丁 令 宗 教

丁令諸族敬天地、日月、先祖,亦與匈奴同。《隋書·突厥傳》:“五月中,多殺羊馬以祭天。”《北史·突厥傳》:“以五月中旬,集他人水拜祭天神。於都斤西五百里,有高山迥出,上無草樹,謂之勃登凝棃,夏言地神也。”此可見“因高祀高”之禮,意登封所由昉也。又云:“可汗恒處於都斤山。牙帳東開,蓋敬日之所出也。此類烏桓。每歲率諸貴人,祭其先窟。”西突厥亦“歲使重臣向其先世所居之窟致祭焉”。又曰:“以五月、八月聚祭神。”《高車傳》:“時有震死及疫癘,則爲之祈福。若安全無他,則爲之報賽。多殺雜畜,燒骨以燎,走馬遶旋,多者數百匝。男女無大小皆集會。”又曰:“文成時,五部高車合聚祭天,衆至數萬,大會走馬,殺牲游遶,歌吟忻忻。其俗稱自前世以來,無盛於此會。”此即匈奴蹛林之俗也。亦重休咎徵。木杆可汗與周武帝約昏,武帝使逆女,突厥貳於齊,會有雷風之變，乃許使者以后歸。《周書·皇后傳》。隋文帝之罪狀突厥也，曰：
"彼地咎徵妖作，年將一紀。乃獸爲人語，人作神言，云其國亡，訖而不見。"《隋
書·突厥傳》。文帝固好機祥，然唐太宗亦謂突厥"盛夏而霜，五日并出，三月連
明，赤氣滿野"，《唐書·突厥傳》。則必彼中先有此等妖祥之説，然後中國從而撝
拾之矣。又其見於《唐書》者：武德元年，始畢牙帳自破，明年而始畢死。天雨
血三日，國中羣犬夜號，求之不見，而處羅死。均見《突厥傳》。"延陀將滅，有丐食
於其部者，延客帳下，妻視客，人而狼首，主不覺，客已食，妻語部人共追之。
至鬱督軍山，見二人焉，曰：我神也，薛延陀且滅。追者懼，卻走，遂失之。果
敗此山下。"《回鶻傳》。又回紇人自述其亡國之事云："唐以金蓮公主憲宗女太和公
主，穆宗時，下嫁登囉羽録没密施句主毗伽可汗。又三傳而爲黠戛斯所破。女回紇葛勱的斤。
別建牙於和林之別力跋力答，言婦所居山也。又有山曰天哥里于答哈，言天
靈山也。南有石山曰胡力答哈，言福山也。唐使與相地者至其國，曰：和林之
盛强，以有此山也。盍壞之以弱其國？乃詭語葛勱曰：既爲昏姻，將有求於
爾，其與之乎？福山之石，於上國無所用，而唐人願見。葛勱與之。石大不能
動，唐人烈而焚之，沃以醇酢，石碎，輦去，國中鳥獸爲之悲號。後七日，葛勱
卒。自是災異屢見，民弗安居。傳位者又數亡，乃遷於西州。"語出虞集《高昌王世勳
碑》，《元史·亦都護傳》採之，而誤西州爲交州。於内憂多患，一無所憶，而轉傳此荒誕不經
之語，亦可以見其程度矣。《北史·高車傳》："俗不清潔，喜致震霆。每震，則叫呼射天而棄之，移
去。來歲，秋，馬肥，復相率候於震所，埋殺羊，然火拔刀，女巫祝説，似如中國被除，而羣隊馳馬，旋繞百
匝，乃止。人持一束柳桋回，竪之，以乳酪灌焉。"一震霆之微，亦以爲祥而禳之。可謂甚矣。

　　《唐書·黠戛斯傳》，謂其呼巫爲甘。黠戛斯雖白種，亦雜丁令，其語言多
同回紇，此殆丁令語邪？柔然末主阿那瓌，兄曰醜奴。醜奴父曰伏圖，伏圖父
曰那蓋。那蓋，可汗豆崙之叔父也。豆崙時，高車副伏羅部叛，部長阿伏至羅
與從弟窮奇走車師之北，自立。豆崙與那蓋分兩道擊之，豆崙數敗，而那蓋累
捷。國人咸以那蓋爲天所助，殺豆崙而立之。卒，伏圖立。時窮奇已爲嚈噠
所殺，虜其子彌俄突等。阿伏至羅亦以殘暴，爲其下所殺。立其宗人跋利延。
嚈噠將納彌俄突，國人殺跋利延迎立之。伏圖擊彌俄突，敗死於蒲類海北。
醜奴立，壯健善用兵，西擊高車，大破之，禽殺彌俄突，盡并叛者，柔然復盛，實
中興之主也，而以信巫亡其國。初，伏圖納豆崙之妻候吕陵氏，生醜奴、阿那
瓌等六人。醜奴立後，忽亡一子，字祖惠，求募不能得。副升牟妻是豆渾地
萬，年二十許，爲醫巫。言此兒今在天上，我能呼得之。醜奴母子欣悦。後歲
仲秋，在大澤中施帳幄，齋潔七日，祈請天神。經一宿，祖惠忽在帳中，自云恒

在天上。醜奴母子抱之悲喜，大會國人，號地萬爲聖女，納爲可賀敦，授夫副升牟爵位，賜牛馬羊三千頭。地萬既挾左道，亦有姿色，醜奴甚加寵愛，信用其言，亂其國政。如是積歲，祖惠年長，其母問之，祖惠言我恒在地萬家，不曾上天；上天者，地萬教也。其母以告醜奴，醜奴言地萬懸鑒遠事，不可不信，勿用讒言也。既而地萬恐懼，譖祖惠於醜奴，醜奴陰殺之。魏明帝正光初，醜奴母遣莫何去汾李具列等絞殺地萬。醜奴怒，欲誅具列等。會阿至羅_{未詳何人。}侵醜奴，醜奴擊之，軍敗，還，爲母與其大臣所殺。立阿那瓌。十日，其族兄俟力發示發伐之，阿那瓌戰敗，南走歸魏。阿那瓌母及其二弟，尋爲示發所殺。見《北史·蠕蠕》、《高車傳》。案阿那瓌自降魏後、遂居漠南。北方諸部，非復威力所及，突厥遂以此時大張。向使仍居漠北，挾積世之聲威，以攝服諸部，突厥之興，或不至如是其速也。地萬雖以色寵，其始實由巫進，亦可見巫風之足以亡人國矣。僕固懷恩之挾回紇入寇也，回紇有二巫，言此行必不戰，當見大人而還。及與郭子儀盟，相顧笑曰：巫不吾欺也。其出兵必以巫卜可知。又其巫自謂能致風雨，亦常用之於行軍。見《唐書·回鶻傳》。《南史·蠕蠕傳》："其國能以術祭天而致風雪，前對皎日，後則泥潦橫流。故其戰敗，莫能追及。或於中夏爲之，則不能雨。問其故，蓋以暖云。"薛延陀之敗，會雨雪，衆輒蹈，死者十八。《唐書》謂"始延陀能以術禬神致雪，冀困勍師，及是反自敝"云。此即《悦般傳》所謂"術人能作霖雨盲風大雪及行潦"者，《北史·西域傳》。蓋北族之舊俗也。《北史·突厥傳》：可汗初立，近侍重臣等輿之以氈。隨日轉九回。每回，臣下皆拜。拜訖，乃扶令乘馬，以帛絞其頸，使纔不至絕，然後釋而急問之，曰：你能作幾年可汗？其主既神情昏亂，不能詳定多少，臣下等隨其所言，以驗脩短之數。

〔七一六〕 奚

　　奚衆當唐時，未嘗犯邊，有勞征討，致遭破壞；然其後反弱於契丹，豈以宴安致然邪？抑其衆本寡弱也？南北朝時，奚分五部：曰辱紇主，曰莫賀弗，曰契箇，曰木昆，曰室得。有阿會氏，五部中最盛，諸部皆歸之。見《北史·奚傳》。唐時，五部：曰阿會，曰處和，曰奧失，曰度稽，曰元俟折。見《新唐書·奚傳》。五代時五部：曰阿薈，曰啜米，曰粵質，曰奴皆，曰黑訖支，《新五代史·奚傳》。蓋即唐五部異譯。居幽州東北數百里之琵琶川。契丹太祖强，奚服屬之，常爲之守界上。契丹苛虐，奚王去諸怨叛，以別部西徙嬀州，依北山射獵。嬀州北之山。常採北山麝香、人參略劉守光以自託。其族至數千帳，始分爲東西奚。去諸卒，子掃剌立。莊宗破劉守光，賜掃剌姓李，更其名曰紹威。紹威卒，子拽剌立。初，紹威娶契丹女舍利逐不魯之姊爲妻。後逐不魯叛，亡入西奚，紹威納之。及幽、薊十六州割，紹威與逐不魯皆已死。契丹太宗北還，拽剌迎謁。太宗曰：“非爾罪也；負我者，掃剌與逐不魯爾。”乃發其墓，粉其骨而颺之。後太宗滅晉，拽剌常以兵從。其後不復見於中國。蓋奚至是始盡入契丹。見《新五代史·奚傳》。然奚在契丹中，尚爲大部族。遼之亡，奚王回離保猶能擁衆自立云。奚之名，見於《遼史·屬國表》者，西奚、東奚之外，又有烏馬山奚。

〔七一七〕　幽　都

《書》：“流共工于幽洲”，《淮南子》作幽都，《史記》作幽陵，三者蓋一地。《正義》引《括地志》云：“故龔城在檀州燕樂縣界，故老傳云舜流共工幽州，居此城。”案此在約略之詞。《山海經·海内經》：“北海之内有山名曰幽都之山。”《淮南·墜形訓》：“西北方曰不周之山，曰幽都之門。”高誘《注》：“幽，闇；都，聚也。”則幽都蓋以山爲名，以闇、聚爲義。《後漢書·烏桓傳》：“俗貴兵死，斂尸以棺，有哭泣之哀；至葬，則歌舞相送。肥養一犬，以彩繩纓牽，并取死者所乘馬衣物，皆燒而送之；言以屬累犬，使護死神靈歸赤山。赤山在遼東西北數千里，如中國人死者魂神歸岱山也。”《三國志·烏丸傳注》：“至葬日，夜聚親舊員坐，牽犬馬歷位，或歌哭者，擲肉與之，使二人口誦咒文，使死者魂神逕至，歷險阻，勿令橫鬼遮護，達其赤山，然後殺犬馬衣物燒之。”

《遼史·禮志》：歲時雜儀：“冬至日，國俗，屠白羊、白馬、白雁，各取血和酒，天子望拜黑山。黑山在境北，俗謂國人魂魄，其神司之，猶中國之岱宗云。每歲是日，五京進紙造人馬萬餘事，祭山而焚之。俗甚嚴畏，非祭不敢近山。”契丹，鮮卑後。鮮卑與烏桓同種。赤山、黑山名雖異，二史俱謂人死後魂魄所歸，當即一地，與闇聚之義正合。凡後世史籍所載諸四裔，有爲古代聲教所及者，有不然者。其爲古代聲教所及者，禮俗亦往往與中國古代相類，如匈奴、鮮卑等是也。別有考。

赤山、黑山之傳説，亦必有所受之。契丹故地在木葉山潢河、土河合流處，見《遼史·地理志》。此爲契丹人自述，其史實校他史所述出於漢人之記載者爲確。其北正在遼東西北數千里，地望亦符；惟自中國言之，當云正北。故《史記》亦云以變北狄。與《淮南》於西北方之説，頗似牴牾。然古人言山，所包甚廣，非如今世但指一邱一壑言之；今熱河道北方之山，與漠北大幹氣脈，固亦相接；則古所云幽都之山者,或竟統括今金山、杭愛之脈,亦未可知;果如是,則言北、言西北,均無不可矣。然則古所謂幽州,實包今內外蒙古及西伯利亞南境,故拓跋氏世處北荒,亦云受封中國也。

〔七一八〕　蠻夷滑夏由傳漢人文化[①]

漢靈帝時,議擊鮮卑。蔡邕謂"關塞不嚴,禁網多漏,精金良鐵,皆爲賊有;漢人逋逃,爲之謀主,兵利馬疾,過於匈奴。"《後漢書·鮮卑傳》。又《三國志》稱軻比能:"自袁紹據河北,中國人多亡叛歸之,教作兵器鎧楯,頗學文字。故其勒御部衆,擬則中國。出入弋獵,建立旌麾,以鼓節爲進退。"《後漢書》謂烏桓:"婦人能刺韋作文繡,織氀毲。男子能作弓矢鞍勒,鍛金鐵爲兵器。"疑皆中國人所教也。

契丹既與中國交通,其文明程度頗有進。契丹太祖之興也,史稱劉守光暴虐,幽、涿之人,多亡入契丹。阿保機又間入塞,攻陷城邑,俘其人民,依唐州縣置城以居之。其後自爲一部,治漢城。其地可植五穀,阿保機率漢人耕種,爲治城郭、邑屋、廛市,如幽州制度,漢人安之,不復思歸。又謂阿保機之久專旗鼓而不肯受代,實出漢人之教。《新五代史·契丹傳》。此雖未必然,然其自爲一部,所用實係漢人,則彰彰矣。契丹隋世十部,兵多者不過三千,少者千餘。大賀氏八部,勝兵合四萬三千。阿保機會李克用於雲中,乃以兵三十萬;伐代北,兵四十萬。天祐二年。親征幽州,旌旗相望數百里。此如林之旅,果何自來哉?契丹建國,誠以部族爲爪牙。阿保機北討南征,所俘降游牧之民亦不少。然《遼史》稱其析本部迭剌部。爲五院六院,宮衛缺然,乃分州縣,析部族,以立宮衛軍;述律后居守之際,又摘蕃、漢精騎爲屬珊軍;凡三十萬。則其兵實有漢人,漢人有造於契丹亦大矣。《魏書·蠕蠕傳》:道武帝謂崔宏:"蠕蠕之人,昔來號爲頑嚚,每來抄掠,駕牸牛奔遁,驅犍牛隨之。牸牛伏不能前,異部人有教其以犍牛易之者,蠕蠕曰:其母尚不能行,而況其子! 終於不易,遂爲敵所虜。今社崘學中國,立法置戰陳,卒成邊害。道家言聖人生,大盜起,信矣。"

〔七一九〕　以結昏姻求和親

以女之於外國求和親也,統一之後,自婁敬之建策始也。蓋古列國間之

①　曾改題爲《四裔傳漢人文化》。

爲是者多矣，故敬初不以是爲辱。然"齊景公曰：'既不能令又不受命，是絕物也。'涕出而女於吳"。則古固有迫而出此者矣。《唐書·新羅傳》："貞觀五年，獻女樂二。太宗曰：'比林邑獻鸚鵡，言思鄉，丐還，況於人乎？'《林邑傳》：獻五色鸚鵡、白鸚鵡，數訴寒，有詔還之。付使者歸之。"《高麗傳》："其王藏遣使者，上方物，且謝罪，獻二妹口。帝敕還之，謂使者曰：'色者人所重，然愍其去親戚以傷乃心，我不取也。'"又玄宗開元中"獻二女，帝曰：'女皆王姑姊妹，違本俗，別所親，朕不忍留。'厚賜還之。"可謂盛德矣。及中宗以雍王守禮女爲金城公主，妻吐蕃，念其年幼，"賜錦繒別數萬，雜伎諸工悉從，給龜玆樂……帝爲幸始平，帳飲，引羣臣及虜使者宴酒所，帝悲涕噓唏，爲赦始平縣，罪死皆免，賜民繇賦一年，改縣爲金城，鄉曰鳳池，里曰愴別。"肅宗以幼女寧國公主下嫁回紇，"帝餞公主，因幸咸陽，數慰勉。主泣曰：'國方多事，死不恨。'"此所謂念其遠也，亦哀之矣。然卒不能庇而使之，違本俗，別所親，豈不哀哉？寧國之下嫁也，漢中郡王瑀攝御史大夫，爲册命使，可汗"引瑀入，瑀不拜。可汗曰：'見國君，禮無不拜。'瑀曰：'天子顧可汗有功，以愛女結好。比中國與夷狄昏，皆宗室子。今寧國乃帝玉女，有德容，萬里來降，可汗天子婿，當以禮見，安踞受詔邪？'可汗慚，乃起奉詔，拜受册。翼日，尊主爲可敦。"案淮陽壯王道玄弟道明送弘化公主於吐谷渾，坐漏言非帝女，奪王。而吐蕃言公主非帝女，我亦知之。則唐世公主下嫁，雖宗室子，皆冒稱帝女，而瑀乃明言之，何邪？

〔七二〇〕　貉　族　考

序云：少時讀《周書·王會篇》，見其所列多漢世遠國，以爲漢以後人僞爲之，不之信也。稍長，讀義疏，見《王制疏》引李巡注《爾雅》，釋九夷、八蠻、六戎、五狄，雜舉漢後郡縣夷狄之名，尤一笑置之。近考貉族事，見夫餘、句麗開國傳説，乃與淮泗間之徐偃王同，更上溯之秦、楚、殷、周，亦無不相類者，乃怳然於種落遷徙不恒厥居，古者對內之夷未嘗不可播遷於塞外，而郡縣建置亦多因部落舊名，《周書》及李巡之言，固皆非無據也。讀書不能深思博考，而率爾致疑，亦繆矣。夫知種落遷徙，一部族之名先後相暎，可以至於數百千里，持是以讀古書，可以發前人所未發者，豈獨《周書》與《爾雅注》兩事。今亦未暇博考，姑舉一二事言之。漢世大夏在嬀水之濱，嬀水今阿母河也。以西史證中籍，大夏即 Bactria 安息即 Parthia，明白無疑。安息之名，蓋 Aisakidal 之音譯，大夏則爲中國舊名。

《史記》言齊桓公西伐大夏,涉流沙。秦始皇帝二十六年《琅邪刻石》言:皇帝之土,西涉流沙,南盡北戶,東有東海,北過大夏。今案:《禮記·王制》言四海之内,東不盡東海,西不盡流沙,南不盡衡山,北不盡恒山;則北戶在衡山之南,大夏亦在恒山之北耳。夫安得在嬀水之濱?然《史》、《漢》於大夏皆不著其非先秦舊國,又不言稱名之由來,何哉?讀《周書·王會》暨《伊尹獻令》,北方咸有大夏,而《獻令》又有莎車,然後知漢世西域諸國,多本處内地,後乃遠徙,出於玉門、陽關,而接乎葱嶺也。《漢書·西域傳》云:“自且末以往,皆種五穀,土地草木,畜産作兵,略與漢同,有異乃記云。”今讀諸國傳,記其事者少,不記者多。又漢言諸國種,有塞、有氐羌;然明言其爲塞若氐羌,或據其俗,可見其爲塞若氐羌者亦少。則知三十六國,固多中原移殖之民。抑氐羌亦秦、隴、楚、蜀間民族也。漢族與氐羌可以西徙,何獨至於莎車、大夏而疑之?然則嬀水之濱大夏,殆即殷、周之世列於四門之國所移殖。雖史無可徵,而種族法俗咸有可考,故史不明言也。不特此也,丁零、堅昆,亦漢後之遠國也。《漢書·蘇武傳》言武居北海濱,丁零盜武牛羊。北海者,今貝加爾湖,而《三國志注》引《魏略》言堅昆在康居西北,丁零在康居北,并去匈奴單于庭安習水七千里,則在今額爾齊斯河之表矣。然《漢書》言冒頓北服渾庾、屈射、丁零、隔昆、龍、新犂之國,而《王會》正北有犪犩、其龍。犪犩、其龍即龍、新犂,新犂亦即李斯《諫逐客書》所謂乘纖離之馬者。秦人得乘其馬,其距秦必不甚遠,然則丁零、堅昆,始亦當近中國,後乃隨匈奴之遠徙而北走也。大地之表,寒燠不同,肥磽亦異。文明之啓,勢不能不視其所處之境,故民族進化,遲速不同,後進之族,必藉先進之誘掖。夫以行事觀之,則葱嶺之東,北海之南,南海之北,殆無非我所教導者,先知先覺之稱,我民族殆無愧矣。古之人所由“以東漸西,被朔南暨,聲教訖於四海”自誇歟?然有文事者必有武備。我國民以文教之昌,武備遂落人後。今日者,我夙所啓發之地,無不爲他人所覬覦,浸至邱墓廬舍,遊釣之鄉,亦岌岌不自保,豈不哀哉!作貉族考,亦欲我國民思先烈而克自振拔也。中華民國二十三年四月二十六日,武進吕思勉自序。

古所謂四裔者,程度莫高於東夷,此讀經、子者所共喻;而謂東夷之程度,高於三方,求諸後世之史籍,厥惟貉族足以當之,此又讀史者所無異辭也。貉族名國,著稱史籍者,曰夫餘,曰高句麗,曰百濟。又有不成爲國,惟有若干邑落者,時曰沃沮,曰濊。麗、濟同出夫餘。夫餘,《三國志》本傳曰:“其印文言濊王之印，國有故城名濊城。"沃沮分爲南北，言語法俗，大抵與句麗同。南沃沮即漢樂浪東部都尉所主嶺東七縣之地，《三國志》謂其"皆以濊爲民"；《志》又云："其耆老舊謂與句麗同種。"種者，種姓。史於四夷言種姓，猶於中國言姓氏，可見夫餘與濊，君長亦係同族。其所出布名貊布。然則夫餘、句麗、百濟、沃沮及濊，皆古所謂濊貊也。

此族在東北，實爲文化之先驅。所謂東北者，以地理言之，實在興安嶺之東南，渤海灣之東北，既異蒙古之沙磧，復殊西伯利亞之苦寒。而遼東、朝鮮兩半島，映出南方，尤得海上交通之便。日本三島，以地理形勢論，亦當屬此區。此區中之文化，貊族實爲之師長。日本之開化，由於朝鮮，人所共知。滿族開化，始於渤海；繼渤海而起者爲金，繼金而起者爲清。渤海大氏，本臣屬句麗。句麗滅，遷於營州。後因契丹李盡忠之亂東走。唐師追之，大氏因句麗、靺鞨之衆以拒，乃克自立。金始祖函普，實高麗人。清人自神其種姓，託之天女所生。實據近人所考，其始受明建州衛指揮使之職者曰猛哥帖木兒，嘗入侍朝鮮，受其官職，見日本稻葉君山《清朝全史》，及近人孟森《心史史料》。則亦朝鮮之臣僕耳。蓋東北諸族，其開化，無非貊族所牖啓者。諸族爲我再傳弟子，貊族則我之高第弟子也。

貊族之文化，何自來乎？然謂古代之朝鮮，即在後世朝鮮之地，終覺其說之難通。詳見予所撰《朝鮮東遷之跡》條。古皆謂其出於箕子。《漢書·地理志》："殷道衰，箕子去之朝鮮，教其民以禮義田蠶織作。樂浪朝鮮民犯禁八條：相殺以當時償殺；相傷以穀償；相盜者，男沒入爲其家奴，女子爲婢；欲自贖者，人五十萬，雖免爲民，俗猶羞之，嫁娶無所讎；是以其民終不相盜，無門戶之閉，婦人貞信不淫辟。可貴哉，仁賢之化也。"今觀夫餘，在國衣尚白，祭天以殷正月，見《三國志》。其說誠有不盡誣者。古有所謂肅慎者，即後世之挹婁、靺鞨也。知挹婁、靺鞨必爲古之肅慎者，以楛矢石砮，至後世猶存；且《三國志》、《晉書》本傳及《史記·夏本紀索隱》引《括地志》，皆謂其長尺有咫，與《國語》、《史記》、《說苑》、《家語》合也。據《晉書》，此族當魏景元末，及晉元帝中興時，皆嘗以楛矢石砮來貢；而據《宋書》及《南史》，宋大明中，高句麗又嘗貢之；則其物得諸目擊，非苟襲舊文者比矣。○又此族，《後漢書》、《三國志》皆稱挹婁，而《晉書》仍稱肅慎，云一名挹婁，此必其人仍以肅慎之名自通，不則當云挹婁古肅慎矣。《魏書·勿吉傳》："舊肅慎國也。"舊字蓋指晉時言之，若指三代以前，亦當用古字也。而《左氏》昭公九年詹桓伯讓晉之辭，以之與燕、亳并列，爲周之北土，與魏、駘、芮、岐、畢爲西土，蒲姑、商奄爲東土，巴、濮、楚、鄧爲南土者同科。此濮在今河南、湖北之間，《國語》楚蚡冒始啓濮，韋《注》謂爲南陽之國；又《左氏》杜《注》，謂庸亦百濮夷是也。又此時之楚，尚在丹、淅二水之間，見《過庭錄·楚鬻熊居丹陽武王徙郢考》。若謂古代肅慎，即在後世挹婁、靺鞨之地，則今松花江上游，周初視之，已與河南北、山東西、陝西、湖北相等，此爲情理所必無。然則肅慎殆亦始鄰燕、亳，後乃播遷於今之吉林者也。肅慎如是，朝鮮何獨不然？然則箕子封地，雖不可考，以理度之，恐不能在渝關之外也。朝鮮初封之地，雖不可考，而其播遷之跡，則略有可稽。《史記·蘇秦列傳》載秦説燕文侯之辭曰："燕東有朝鮮、遼東"，此時朝鮮似尚在遼東之内。其後燕將秦開襲破東胡，置上谷、漁陽、右北平、遼西、遼東五郡，朝鮮蓋以此時，播越塞表。肅慎、濊貊之北徙，當在是時。詳見《朝鮮東遷之跡》。《三國志·辰韓傳》云："其耆老傳世，自言古之亡人避秦役來適韓國。"《夫餘傳》亦云："國之耆老，自説古之亡人。"十口相傳，歷時不能甚久。其相傳甚久者，往往爲荒唐之辭，如神話等。以辰韓證夫餘，亦可知其東走，不過在戰國之世也。

　　然則濊貊東徙之跡，尚有可考者乎？曰：有。今欲考其播遷之時，必先稽其故居之地。古書言濊貊者，始於《管子》。《小匡》篇云："西征，攘白狄之地，遂至於西河，方舟投柎，乘桴濟河，至於石沈。縣車束馬，踰太行與卑耳之貉，拘秦、夏。"卑耳之貉，當作卑耳之谿。《小問》篇曰："桓公北伐孤竹，未至卑耳之谿"；《説苑·辨物》篇，亦謂桓公北征孤竹，未至卑耳谿，見知道之神，從之而太行，踰之正入西河也。《荀子·彊國》謂秦北與胡、貉爲鄰；《墨子·兼愛》以燕、代、胡、貉、西河之民并舉；而《史記·封禪書》，桓公謂"寡人北伐山戎，過孤竹；西伐大夏，涉流沙；縣車束馬，上卑耳之山"；可見胡、貉、秦、夏，四者相次。以大較言之：踰太行，濟卑耳，則涉西河，接胡、貉；益西爲秦；自秦而西爲夏；過大夏則入流沙。桓公兵力，未必至是，蓋齊人侈言之。然諸國之地望必不誤，此猶作寓言者，其事雖子虛，其名物必不妄也。獨山戎，《左氏》謂其病燕；而《穀梁》曰："燕，周之分子也，貢職不至，山戎爲之伐矣。"莊三十年。則其地近於薊；孤竹，《漢志》謂在遼西令支，今河北遷安縣也；其地若不相及者。然《管子·輕重甲》曰："今寡人欲北舉事孤竹、離枝。"《輕重戊》曰："桓公問於管子曰：代國之出何有？管子對曰：代之出，狐白之皮，公其貴買之。代民必去其本，而居山林之中。離枝聞之，必侵其北。"離枝即令支。孤竹、令支，當時皆近代；其地在北方，不在東北，故《孟子》言"伯夷辟紂，居北海之濱"也。《離婁》上。《公羊》謂齊侯伐山戎，旗獲而過我；《檀弓》謂孔子過泰山側，有婦人哭於墓者而哀；《新序》亦記此事，而云孔子北之山戎；《論衡·遭虎》篇云孔子行魯林中，《定賢》篇云魯林中哭婦；則山戎實在泰山附近，其所病者，恐爲南燕而非北燕。魯濟之遇，《左氏》曰："謀山戎也。"《説苑·權謀》亦曰："齊侯將伐山戎、孤竹，使人請助於魯。"果在北燕之表，請助於魯何爲？而其還，亦安得旗獲而過魯邪？杜預《釋例·土地名》，以北戎、山戎、無終三者爲一，昭公元年《疏》。説蓋有所受之。北戎見於《春秋》者：僖公十年，齊侯、許男伐北戎，其見於《左氏》者：隱公九年侵鄭，桓公六年伐齊。無終見於《左氏》者：襄公四年，遣使如晉，請和諸戎，魏絳勸晉侯許之，曰："戎狄荐居，貴貨易土，土可賈焉。"又曰："邊鄙不聳，民狎其野，穡人成功。"則其地必密邇晉。昭公元年，荀吳敗無終及羣狄太原，蓋亦即晉陽之地耳。然則山戎在齊、晉、鄭、許之間；孤竹在其北，近代；濊貉則在其西，近西河，與胡雜處，而鄰於秦也。《韓奕》之詩曰："王錫韓侯，其追其貉。"此韓侯，鄭以爲即後來韓原之地，故謂梁山在左馮翊西北；而釋"溥彼韓城，燕師所完"之燕師爲平安時衆民。王肅、孫毓，不滿其說，乃以燕爲北燕；《釋文》。而以涿郡方城縣之寒號城爲韓侯城；《水經·聖水注》：方城，今河北固安縣。後儒亦有主其說者；皆由誤以燕爲北燕，謂驅薊丘之衆，於役韓原，爲不可通耳。而不知《詩》明言韓姞，其爲南燕而非北燕彰彰也。俞理初說，見《癸巳類稿》。知燕之爲南燕，則韓之在韓原無可疑，而追、貉爲王畿北面之國，亦無可疑矣。陳碩甫《毛詩傳疏》，謂追、濊聲相近，疑追貉即濊貉，徒據音讀推測，更無他證。然以情事揆之，說亦可立。何者？《史記·趙世家》，載山陽侯朱書曰："余將賜女林胡之地，至於後世，且有伉王，奄有河宗，至於休溷諸貉。"所謂伉王，蓋指武靈。此乃武靈王既闢西河之後，史氏造作此言，可見其時西河之地，仍有貉族居之，蓋即《詩》之所謂追貉，《管子》之所謂濊貉也。鄭《箋》又云："其後追也、貉也，爲獫狁所逼，稍稍東遷。"此言未知所本。然觀武靈王時，荐居西河者，實以林胡、樓煩爲大，而濊貉無聞焉；又孤竹、離枝等，故近代者，咸有東徙之跡，則鄭說疑亦有據。濊貉故處西河，後乃日徙而東北，其留者，蓋僅如南山之小月氏矣。然西河故濊貉之所處，故言西河者猶舉其名，而征略則不之及也。自此濊貉遂近北燕。《史記·燕世家》謂"燕北迫蠻貉"，《貨殖列傳》謂"燕東綰濊貉、朝鮮、真番之利"是也。自五郡開，乃益被逐東北走。《漢書·武帝紀》：元朔元年，"東夷薉君南閭等口二十八萬人降，爲蒼海郡。"此即《食貨志》所謂"彭吳穿濊貉、朝鮮，置滄海郡"者，曰穿，則地必在朝鮮之表，《史記·平準書》作"彭吳賈滅朝鮮，置滄海之郡。"彭吳賈與彭吳，未知孰是。言滅朝鮮，則《史記》似誤，以是時朝鮮尚未滅也。蓋即後來嶺東七縣之地。然其部落，仍有留居北燕附近者。《高帝紀》：四年，"北貉、燕人，來致梟騎助漢"是也。濊貉東北徙之遺跡，可考見者如此。《水經注》：清漳逾章武故城西，故濊邑也。枝瀆出焉，謂之濊水。章武今河北大城、滄兩縣之地。此亦濊之近於北燕者。

　　然當時之播越東北者，正不獨濊貉一族也。《三國志·夫餘傳》云："國之耆老，自說古之亡人。""其印文言濊王之印，國有故城名濊城。蓋本濊貉之地，而夫餘王其中，自謂亡人，抑有似也。"何以知夫餘非即濊貉，而謂其王濊貉中？故老傳言，當必有據。然謂夫餘、濊貉，截然異族，則又不可。何者？果其君民異族，則其文化之間，彼此必有差異，然夫餘與出於夫餘之句麗、百濟，其文化固與沃沮及濊大同也。《晉書・夫餘傳》，言"其國殷富，自先世以來，未嘗被破"，此亦非以同族入主者不能。然則夫餘、麗、濟之與濊貉，乃同民族而異其部落者耳。彼又何自來邪？曰：蓋古之九夷也。

古釋九夷者有二說：一《後漢書・東夷傳》，所謂畎夷、于夷、方夷、黄夷、白夷、赤夷、玄夷、風夷、陽夷；一李巡注《爾雅》，所謂一曰玄菟、二曰樂浪、三曰高驪、四曰滿飾、五曰鳧臾、六曰索家、七曰東屠、八曰倭人、九曰天鄙者也。《禮記・王制孔疏》。《後漢書》之說，出於《竹書紀年》，見《注》。李巡之說，玄菟、樂浪，皆漢郡名；高驪即高句麗，鳧臾即夫餘，與倭人并漢世東北遠國；以釋古之九夷，毋乃不類？其餘名目，尤雅記無徵。故說經者多不之信也。然郡縣名之不可爲夷狄名；漢世之夫餘、句麗與倭，其地與古之九夷不相及；李巡即固陋，豈不之知？又豈有僞造書史無徵之名，而可以欺人者乎？古來作僞者多矣，有如是其拙者乎？然則李巡之說，殆有所本，特後人不之知耳。

且巡所舉九夷之名，固不盡無徵也。《周書・王會》：北方臺正東有高夷，其西有屠州。西面者，正北方有良夷。高夷蓋即高句麗，高句麗但言高，《三國志・高句麗傳》云："漢時賜鼓吹技人，常從玄菟郡受朝服衣幘。後稍驕恣，不復詣郡，於東界築小城，置朝服衣幘其中，歲時來取之，今胡猶名此城爲幘溝婁。溝婁者，句麗名城也。"《周書》云："自號曰高句麗，仍以高爲氏。"此言實誤。句麗、溝婁，同音異譯。實緣其王氏高，故國號高句麗，猶華言高氏城耳。良夷蓋即樂浪。高句麗爲種落名，又爲漢縣名，事極明白。然則樂浪、玄菟，事同一律，非李巡妄以漢郡縣名爲九夷之名，乃漢郡縣固以種落名，而其種落，實有古之九夷在其中耳。屠州疑即東屠。州蓋聚落之稱，初但稱屠，後或分爲東西也。滿飾疑即所謂滿潘汗者。《魏略》云滿潘汗，而漢有潘汗縣，蓋滿與潘汗爲二也。倭人，蓋亦即漢世之倭。晚周之世，海道交通頗盛，中國東方之夷，能浮海而至日本，其無足怪。惟天鄙不可考。至於索家，則予又因此而得妙悟焉。

《後漢書・夫餘傳》云："初，北夷索離國王出行，其侍兒於後姙身。王還，欲殺之。侍兒曰：前見天上有氣，大如雞子，來降我，因以有身。王囚之，後遂生男。王令置於豕牢，豕以口氣嘘之，不死。復徙於馬蘭，馬亦如之。王以爲神，乃聽母收養，名曰東明。東明長而善射，王忌其猛，復欲殺之。東明奔走，南至掩㴲水，以弓擊水，魚鼈皆聚浮水上，東明乘之得度，因至夫餘而王之焉。"此事亦見《論衡・吉驗》篇，索離作橐離；《後漢書注》亦云："索或作橐，音度洛反。"

《三國志注》引《魏略》則作槀離，記事并大同。《梁書·高句麗傳》，則謂句麗出自東明，東明本北夷橐離王之子。其下記事，亦與《後漢書》、《魏略》、《論衡》不異。槀離，橐離，并即高麗，顯而易見，蓋億謂夫餘之類惟有高麗而改之。然諸書皆言高麗出自夫餘，不言夫餘出自高麗，億改者實誤，索離，蓋即索家也。

因此神話，又可推見古代貉族分布之廣。《魏書·高句麗傳》曰："高句麗者，出自夫餘。自言先祖朱蒙。朱蒙母，河伯女，爲夫餘王閉於室中，爲日所照，引身避之，日影又逐。既而有孕，生一卵，大如五升，夫餘王棄之與犬，犬不食；棄之於路，牛馬避之；後棄之野，衆鳥以毛茹之。夫餘王割剖之，不能破，遂還其母。其母以物裹之，置於暖處。有一男，破殼而出，及其長也，字之曰朱蒙。其俗言朱蒙者，善射也。夫餘人以朱蒙非人所生，將有異志，請除之。王不聽，命之養馬。朱蒙每私試，知有善惡，駿者減食令瘦，駑者善養令肥。夫餘王以肥者自乘，以瘦者給朱蒙。後狩於田，以朱蒙善射，限之一矢。朱蒙雖矢少，殪獸甚多。夫餘之臣，又謀殺之。朱蒙母陰知，告朱蒙曰：國將害汝，以汝才略，宜遠適四方。朱蒙乃與烏引、烏違等二人棄夫餘東南走。中道，遇一大水，欲濟無梁。夫餘人追之甚急。朱蒙告水曰：我是日子，河伯外孫，今日逃走，追兵垂及，如何得濟？於是魚鼈并浮，爲之成橋，朱蒙得渡，魚鼈乃解，追騎不得渡。朱蒙遂至普述水，遇見三人：其一人著麻衣，一人著衲衣，一人著水藻衣，與朱蒙至紇升骨城，遂居焉。"其説與《後漢書》、《魏略》、《論衡》小異，而與《好大王碑》大同。《好大王碑》曰："惟昔始祖鄒牟王之創基也，出自北夫餘，天帝之子，母河伯女郎，剖卵降出。"又曰：命駕巡東南下，路由夫餘奄利大水。王臨津言曰：我是皇天之子，母河伯女郎，爲我連葭浮龜。應聲即爲連葭浮龜，然後造渡。於沸流谷忽本西城山上而建都焉。○《北史》同《魏書》，《周書》辭少略，惟其所本與《魏書》同則無疑。惟碑又謂"黃龍來下，王於忽本東岡負龍，上升天"，爲《魏書》所未及耳。今案《博物志》述徐偃王之事曰："徐君宮人，娠而生卵，以爲不祥，棄之水濱。獨孤母有犬，名鵠倉，獵於水濱，得所棄卵，銜以來歸。獨孤母以爲異，覆煖之，遂蚨成兒。生時正偃，故以爲名。徐君宮中聞之，乃更録取。長而仁智，襲徐君國。後鵠倉臨死，生角而九尾，實黃龍也。偃王令葬之徐界中，今見狗壟。"此説與《魏書》、《好大王碑》之説，相似已極，謂非同出一原不可也。然則徐與夫餘、句麗，關係必極密矣。

昔人説貉，或以爲在北方，《孟子·告子》下趙《注》、《周官》職方鄭《注》、《説文·豸部》貉字下。或以爲在東北方，《周官·秋官》貉隸鄭《注》、《詩》、《周官正義》引《鄭志》、《説文·羊部》羌字下。無以爲在南方者。《魯頌》有"淮夷蠻貃"之文,《論語》有"蠻貃之邦"之語,《衛靈公》。咸以爲汎指異族之辭耳。夷、蠻、戎、狄等名,其初或有所專屬,其後遂變爲通稱,此誠習見不足疑。然細考之,亦有不盡然者。四字之中,惟夷與其餘三字,均可相屬。戎狄二字,亦可連言。若蠻與戎狄,則從無舉者。惟貃亦然。有夷貃,有蠻貃,無戎貃、狄貃也。然則汎指異族之辭者,仍與方位略有關係,貃不與戎狄相屬,而與夷蠻相屬,可知其初本在東南矣。《魯頌·閟宮》之詩曰:"奄有龜、蒙,遂荒大東,至於海邦,淮夷來同。"又曰:"保有鳧、嶧,遂荒徐宅,至於海邦,淮夷、蠻貃。"皆以淮夷與徐、貃同稱。《公羊》僖公十四年,"諸侯城緣陵,孰城之?城杞也。曷爲城杞?滅也。孰滅之?蓋徐、莒脅之。"《左氏》則曰:"會於鹹,淮夷病杞故。"十四年,"諸侯城緣陵而遷杞焉。"此爲徐即淮夷之證。《左氏》昭公元年:"周有徐、奄。"杜注:"二國皆嬴姓。《書序》曰:成王伐淮夷,遂踐奄。徐即淮夷。"蓋以其地言之,則曰淮夷;以其族言之則曰貃;以其中之名國言之,則曰徐耳。孫仲容《墨子閒詁》引李巡之説而辨之曰:"《王制疏》所云,皆海外遠夷之種別,此九夷與吳、楚相近,蓋即淮夷,非海外東夷也。《書叙》云:成王伐淮夷,遂踐奄。《韓非子·説林上篇》云:周公旦攻九夷而商蓋服。商蓋即商奄,則九夷亦即淮夷。故《吕氏春秋·古樂》篇云:成王立,殷民反,王命周公踐伐之。商人服象,爲虐於東夷,周公遂以師逐之,至於江南。又《樂成》篇云:猶尚有管叔、蔡叔之事,與東夷八國不聽之謀。高《注》云:東夷八國附從二叔,不聽王命。周公居攝,三年伐奄,八國之中最大,著在《尚書》。餘七國小,又先服,故不載於經也。案東夷八國,亦即九夷也。春秋以後,蓋臣屬楚、吳、越三國;戰國時,又專屬楚。《説苑·君道》篇,説越王句踐與吳戰,大敗之,兼有九夷。《淮南子·齊俗訓》云:越王句踐霸天下,泗上十二諸侯,皆率九夷以朝。《戰國策·秦策》云:楚苞九夷,方千里。《魏策》云:張儀曰:楚破南陽九夷,内沛,許、鄢陵危。《文選》李斯《上秦始皇書》,説秦伐楚,苞九夷,制鄢、郢。李《注》云:九夷屬楚。若然,九夷實在淮、泗之間,北與齊、魯接壤。故《論語》子欲居九夷。參互校覈,其疆域固可考矣。"《非攻中》。案孫説九夷之地是也,必謂其非海外東夷,則猶昧於種落遷徙之事。蓋自商、周之間,至於秦、漢之世,其爲時亦久遠矣。後世種落遷徙,有數十百年之間而大異於其故者,何獨至於三代、秦、漢之世而疑之乎?古書皆但言夷、蠻、戎、狄,《周官》獨益之以閩、貃,職方氏。《禮記》、《明堂位》。《論語》、《子罕》。《爾雅》,皆言九夷,《周書·伊尹朝獻》:正東九夷。《墨子·節葬下》:禹東教乎九夷。《周官》獨有所謂九貃,知此九種者,以地言之則曰夷,以族言之則曰貃,《周官》之别九貃於四夷,蓋以其在東夷中爲最大耳。然則古所謂夷貉、蠻貉，固有所專指，而非盡汎稱矣。

抑貉族之分布，尚有不止於此者。《魯頌》曰："戎狄是膺，荊、舒是懲。"所謂戎者，蓋指徐言之。徐之國雖在南，而其兵力嘗及西北，故亦可稱戎。見予《江漢常武》條。《費誓》曰"徂茲淮夷，徐戎并興"是也。狄則足句辭耳。《閟宫》之詩，皆頌魯平淮、徐之功，而必兼及荊、舒，則荊、舒之與淮、徐，必有關係可知。今案《史記·楚世家》云："楚之先祖出自帝顓頊高陽。高陽生稱，稱生卷章，卷章生重黎。重黎爲帝嚳高辛居火正，甚有功，能光融天下，帝嚳命曰祝融。共工氏作亂，帝嚳使重黎誅之而不盡。帝乃以庚寅日誅重黎，而以其弟吳回爲重黎後，復居火正，爲祝融。吳回生陸終。陸終生子六人，坼剖而產焉。其長，一曰昆吾，二曰參胡，三曰彭祖，四曰會人，五曰曹姓，六曰季連，芈姓，楚其後也。"坼剖而產，《集解》引譙周、干寶，皆以爲疑，而引脩己背坼而生禹，簡狄胸剖而生契；魏黃初五年，汝南屈雍妻王氏生男，從右胳下出，以爲之解，殆失《史記》之意。坼剖而產，蓋亦謂始生爲卵，後乃破殼而出耳。《史記》之文，與《大戴禮記·帝繫》篇，大同小異。《帝繫》篇云："陸終氏娶於鬼方氏，鬼方氏之妹謂之女隤氏，產六子，孕而不粥，三年，啓其左脅，六人出焉。其一曰樊，是爲昆吾；其二曰惠連，是爲參胡；其三曰籛，是爲彭祖；其四曰萊言，是爲云鄶人；其五曰安，是爲曹姓；其六曰季連，是爲芈姓。"《史記索隱》引《世本》同。惟籛作籛鏗，萊言作求言，云鄶人作鄶人耳。《集解》又引《世本》曰："昆吾者，衛是也；參胡者，韓是也；彭祖者，彭城是也；會人者，鄭是也；曹姓者，邾是也；季連者，楚是也。"《戴記》、《世本》之文，較《史記》爲具。然啓左脅而六人出，恐係後人以附會之辭改竄，非元文。《大戴記》無傳授，昔人即不盡信。《太平御覽》引《帝繫》此文，作"啓其左脅三人出，右脅三人出"。是楚與徐之神話，極相類也。舒當春秋時有舒庸、舒蓼、舒鳩、舒龍、舒鮑、舒龔，皆偃姓。《左氏》文公十二年《正義》引《世本》。偃姓皋陶後，與秦同祖；而秦楚之關係，又有極密者。《秦本紀》曰："秦之先，帝顓頊之苗裔孫曰女脩。女脩織，玄鳥隕卵，女脩吞之，生子大業。"是秦所祖與楚同，而其神話亦極相類也。又曰："大業取少典之子，曰女華。女華生大費，與禹平水土。已成，帝錫玄圭。禹受曰：非予能成，亦大費爲輔。帝舜曰：咨爾費，贊禹功，其賜爾皁游，爾後嗣將大出。乃妻之姚姓之玉女，大費拜受。佐舜調馴鳥獸，鳥獸多馴服，是爲柏翳，舜賜姓嬴氏。"《索隱》曰："尋檢《史記》上下諸文，伯翳與伯益是一人不疑，而《陳杞系家》，即叙伯翳與伯益爲二，未知太史公疑而未決邪？抑亦謬誤爾。"案《陳杞世家》之文，實漏彭祖而重出一益，予別有考。翳、益之爲一人，則無可疑。此秦與舒同祖也。《左氏》文公五年："臧文仲聞六與蓼滅，曰：皋陶、庭堅不祀，忽諸！"《注》："蓼與六，皆皋陶後。"此蓼當即舒蓼。此云蓼滅，而宣公八年又云"楚爲衆舒叛故，伐舒蓼滅之"者，春秋時國滅而復建者多矣，如舒鳩，於襄公二十五年，爲楚所滅，而定公二年，吳子又使舒鳩氏誘楚人，亦其一例也。其同類又有六；而徐與奄又皆嬴姓，《左》昭元年杜《注》，見前引。《正義》云：《世本》文。與秦同；然則秦與淮、徐、荊、舒，皆同出一祖矣。

更由此而上推，則商周先世之神話，亦有與此類者。《商頌》曰："天命玄鳥，降而生商。"鄭《箋》謂"鳦遺卵，娀氏之女簡狄吞之而生契"，《史記・殷本紀》及《三代世表》褚先生引《詩傳》説同。説既極與徐楚類。而《生民》之詩，詠后稷生於姜嫄之事曰："不坼不副，無災無害。"鄭《箋》於此無説。毛《傳》乃云："凡人在母，母則病；生則拆副，菑害其母。"此必妄爲之説。毛《傳》不取緯候，後人或以此多之，其實古説自係如此，適見其爲無本之學耳。詩又云："誕寘之隘巷，牛羊腓字之。誕寘之平林，會伐平林。誕寘之寒冰，鳥覆翼之。鳥乃去矣，后稷呱矣。"竊疑坼副狀卵之破；不坼不副，言其卵未嘗自破；無災無害，蓋亦如《魏書》之説，謂割剖等不能傷；鳥去而后稷呱，則亦如《魏書》、《博物志》之言，謂以煖孚之，乃破殼而出耳。此説而確，則商周先世之神話，實與徐、楚、夫餘、句麗大同。所謂剖左脅而出，以及坼背、剖胸，全係後人不解坼副字義，而妄行穿鑿矣。《蜀本紀》云："禹坼副而生。"而其地有剖兒坪，《路史》引。亦此説之一證也。《論衡・奇怪》篇引儒者之説曰："禹、卨逆生，闓母背而出，后稷順生，不坼不副，不感動母體。"説與《蜀本紀》岐異。蓋《蜀本紀》爲舊説，《論衡》所引，則附會之説也。徐與句麗神話皆託之於龍，似起於近海之處，正是九夷之地。吾國開化，肇自羲、農，地皆在今山東，實與九夷相接。黃帝之族，起自河北，兵力雖視羲、農之族爲强，開化實較羲、農之族爲晚。凡後起之國，往往蹈襲先進之族之文化。殷周皆黃帝後，得毋其神話，實竊之於東方近海之國歟？邈哉尚矣，弗可得而質矣，然其事則殊可深長思也。

抑古之所謂東夷及嬴姓、芈姓之族，其與西北民族爭鬥之跡，則通古史，猶有可考見者焉。《國語・鄭語》：史伯述祝融之後凡八姓：曰己、曰董、曰彭、曰禿、曰妘、曰曹、曰斟、曰芈。夏之霸曰昆吾，商之伯曰大彭、豕韋。昆吾，己姓；大彭，彭姓；豕韋，彭姓之別也。韋《注》。史伯言斟姓無後，然夏之亡於寒浞，實依斟灌及斟尋，則斟雖無後於周時，初非無國於夏代。以斟灌、斟尋爲夏同姓之國者蓋非。桀之亡也，昆吾實與之俱。而湯於伐昆吾之先，又嘗伐韋、顧，《詩・商頌》。夏師敗績，湯遂伐三㚇；《史記・殷本紀》。豷夷氏則董姓也。《左氏》載椒舉之言曰："夏桀爲仍之會，有緡叛之；商紂爲黎之蒐，東夷叛之。"昭公四年。○《韓非子・十過》："紂爲黎丘之盟，而東夷叛之。"又載叔向之言，謂"桀克有緡以喪其國，紂克東夷而隕其身。"昭公十一年。緡者，有仍之姓。《史記・吳世家集解》引賈逵説。帝相之滅，后緡方娠，逃出自竇，歸於有仍。《左氏》哀公元年。以患難相依、昏姻之國而至於叛離，桀之亡蓋有由矣。《説苑·權謀》篇曰："湯欲伐桀。伊尹曰：請阻乏貢職，以觀其動。桀怒，起九夷之師以伐之。伊尹曰：未可。彼尚能起九夷之師，是罪在我也。湯乃謝罪請服，復入貢職。明年，又不供貢職。桀怒，起九夷之師。九夷之師不起。伊尹曰：可矣。湯乃興師伐桀而殘之。"案《春秋》桓公五年，"仍叔之子來聘"，《穀梁》作任叔，則仍、任二字古通，古之有仍，即春秋之任國，實亦東夷之地。有緡之叛，與九夷之不起，事正相因。此可見夏與祝融之後及東夷，關係之密也。大彭，即春秋時彭城，正東夷形勝之地，而殷之末世滅之，《楚世家》。似乎自翦其羽翼者。楚莊王謂"紂之百克，而卒無後"，《左氏》宣公十二年。合諸叔向之言，又似紂之兵力甚强，特疲敝於東，致爲西方之周所乘者。書缺有間，難以質言。然紂之亡也以妲己，妲己不知果有逸德，足以亡殷與否，而己姓於殷爲昏姻之國，則信而有徵矣。而嬴姓之奄與淮夷、徐戎，尤爲殷之强輔。《孟子》言："周公伐奄，三年討其君。"《滕文公》下。《墨子》亦言："周公旦非關叔，辭三公，東處於商蓋。"《耕柱》。商蓋，即商奄也。王懷祖云："蓋字古與盍通。盍奄草書相似，故奄譌作盍，又譌作蓋。《韓子·説林》：周公旦已勝殷，將攻商奄，今本奄作蓋，誤與此同。昭二十七年《左傳》吳公子掩餘，《史記·吳世家》、《刺客傳》并作盍餘，亦其類也。"孫仲容《閒詁》曰："王説是也。"《史記·秦本紀》云："蜚廉生惡來，惡來有力，蜚廉善走，父子并以材力事紂。周武王之伐紂，并殺惡來。是時蜚廉爲紂石北方，還，無所報，爲壇霍太山而報，得石棺。銘曰：帝令處父，不與殷亂，賜爾石棺以華氏。死，遂葬於霍太山。"與《孟子》言"驅飛廉於海隅而戮之"《滕文公》下。不合。竊疑《秦紀》之言，有所諱飾，然其言不與殷亂則真矣。蓋禄父叛周之時，又起而佐之，以致爲周所戮。竊疑伐奄三年討其君，與驅飛廉於海隅而戮之，正是一事，飛廉即奄君也。奄之地在魯，《左昭》九年《疏》引服虔。《説文·邑部》："郁，周公所誅郁國在魯。"又《史記·周本紀集解》引鄭："奄國，在淮夷之北。"其南爲大彭故墟，又其西則徐。《漢志》臨淮郡，治徐縣，春秋時徐子國，今安徽盱眙縣也。案徐疆域頗廣。《説文·邑部》："郤，郑下邑地，魯東有徐戎。"《史記·魯世家》：頃公十九年，"楚伐我，取徐州。"徐廣曰："徐州，在魯東，今薛縣。"《索隱》引《郡國志》曰："六國時曰徐州。"此今山東滕縣地。蓋徐盛時，疆域嘗至此。奄之抗周也，淮夷、徐戎并興，魯公伯禽實征之。見《書·費誓》。奄既亡，以其餘民封伯禽於少皥之虛。《左氏》定公四年。淮夷、徐戎蓋未嘗大破，故數傳之後，徐偃王復乘繆王之好遊，起而自王焉。詳見予《江漢常武》條。是役也，蜚廉之後造父實助穆王，東歸平亂，見《史記·秦本紀》。《趙世家》云："造父爲繆王御，長驅歸周，一日千里。"自係傳説非實。然造父之黨於周，必不虛也。由是獲封於趙城，雖趙氏之族，由此而大，然忘親事讎，實媿見蜚廉於地下矣。偃王稍後而楚始强。《楚世家》言熊渠當夷王時。熊渠封長子康爲句亶王,中子紅爲鄂王,少子執疵爲越章王。越章,即豫章,地在今安徽當塗,見《楚鬻熊封丹陽武王徙郢考》。九夷之服屬於楚,當始於是。及齊桓稱霸,與楚争九夷甚烈。僖公四年,桓公伐楚,"還而齊人執陳轅濤塗。濤塗謂桓公曰:君既服南夷矣,何不還師濱海而東,服東夷且歸? 桓公曰:諾。於是還師濱海而東,大陷於沛澤之中,顧而執濤塗。"《公羊》僖公四年。《左氏》曰:"陳轅濤塗謂鄭申侯曰:師出於陳、鄭之間,國必甚病;若出於東方,觀兵於東夷,循海而歸,其可也。申侯曰:善。濤塗以告,齊侯許之。申侯見,曰:師老矣,若出於東方而遇敵,懼不可用也;若出於陳、鄭之間,共其資糧屝屨,其可也。齊侯説,與之虎牢,執轅濤塗。"一似齊桓聞申侯之言而悟,遂未嘗東略者。蓋其叙事有漏,正無妨虎牢之賞,爲既陷沛澤後追思之舉也。《左氏》本出《國語》,多記士大夫言行,叙軍國之事轉略,觀邲之戰可見。是役蓋攻東夷而敗。然十五年,楚人伐徐,《左氏》曰:"徐即諸夏故也。"則桓公之經略,頗有成績矣。是時,助桓公經略淮、徐者爲魯,《魯頌》盛誇其功伐;而黨於淮、徐者鄒、莒,緣陵之役,已見前。僖公十六年,有淮之會,《左氏》曰:"謀鄶,且東略也。"二十一年,邾人滅須句。二十二年,僖公伐而復之,旋復有升陘之敗。《檀弓》曰:"邾婁復之以矢,蓋自戰於升陘始也。"可見邾婁風氣之强悍,及其讐魯之深。鄒、莒則出自祝融之曹姓之後也。《管子》誇齊桓"北伐山戎,制令支,斬孤竹,而九夷始聽。"《小匡》。宰孔之告晉侯曰:"齊侯不務德而勤遠略,故北伐山戎,南伐楚,西爲此會也。東略之不知,西則否矣。"《左氏》僖公九年。可見齊桓東略之勤。當時争霸,實在中原之地,而勤於東略如此,蓋楚之强,實以九夷爲之輔,故欲披其黨而分其勢也。齊桓既亡,宋襄繼起圖霸,使邾文公用鄶子於次睢之社,欲以屬東夷。《左氏》僖公十九年。齊、魯謀鄶以拒邾,宋襄所爲,適與相反,蓋兵力不足,故以此示招懷,其意蓋亦欲攜之於楚,然此等詐謀,卒無所用,而有泓之敗。自是楚勢大張,魯且析而入之,而以其師伐齊焉。晉文崛起,運其譎而不正之智,齊、秦與宋,皆爲之輔,乃獲助楚於城濮。然至文公九年,晉君少,不在諸侯,楚公子朱遂自東夷伐陳。此可見楚之有資於東夷。晉雖合北方之諸侯,力終不足服楚,乃有通吳以撓楚之舉。《左氏》成公六年。其謀發自巫臣,而巫臣之有憾於楚,實以夏姬之故。《左氏》成公二年。其事殊詼詭可喜,然恐傳説非實。傳説之事,往往以一婦人爲之經緯,如《蒙古源流》書中如夏之妹喜,殷之妲己,周之褒姒,楚之夏姬,吳之西施,實皆此種性質。吳之先,"斷髮文身,嬴以爲飾";《左氏》哀公七年。乘車、射御、戰陳,皆有待於巫臣之教而後能;其文明程度,實遠較淮、徐之夷爲低,而晉人不恤屈己以通之;而吳自是亦遂世睦於晉以謀楚。雖曰遠交近攻,外交之策宜然,得毋以其同爲姬姓故,其情易親歟? 而吳、越世讎,其相齮齕尤甚。夫夫差之於句踐,固有殺父之仇;句踐之於夫差，亦有滅國之怨。然自闔廬以上，其相齮齕，又何爲哉？《國語》、《世本》，皆云越爲芈姓，得毋越之讎吳，正猶吳之親晉，皆由種姓同異使之然歟？詳見《越之姓》條。吳、越皆斷髮文身，九夷則初無此俗。《左氏》昭公三十年，"吳滅徐，徐子章禹斷其髮，攜其夫人，以逆吳子"，蓋從其俗以示服。杜《注》謂"自刑示懼"，非也。楚成王之使獻天子也，天子賜之胙，曰："鎮爾南方夷、越之亂。"《楚世家》。《荀子》亦曰："干、越、夷、貉之子，生而同聲，長而異俗。"《勸學》。以夷與越分言，其確爲兩族可知。《春秋》昭公五年，楚子、蔡侯、陳侯、許男、頓子、沈子、徐人、越人伐吳。《左氏》云："楚子以諸侯及東夷伐吳。"諸侯指蔡、陳、許、頓、沈五國，東夷指徐、越也。越與吳同俗，而與徐同稱東夷，此亦越之君與楚相近之一證。夫以吳之強，能溝通江、淮，且遣偏師入海以伐齊，寧不能溯江以攻楚？然而入郢之役，必有待於大隧、直轅、冥阨之開，則以東夷大抵從楚也。巫臣之通吳也，《左氏》言"蠻夷屬於楚者，吳盡取之"，此所謂蠻夷，蓋即羣舒之類，實當吳沿江上溯之路者也。然嗣後吳楚之爭，大抵在南巢以下，可見吳實未大得志。哀公十九年春，"越人侵楚，以誤吳也。""秋，楚沈諸梁伐東夷。三夷男女與楚師盟於敖。"三夷，蓋即越之所侵，可見入郢之後，東夷仍多屬楚。不特此也，秦除繆公之世嘗一與晉親外，率皆助楚以掎晉。昭王之出走，惟秦人不憚遠役，以卻吳師；亦惟越人批亢搗虛，以躡吳後。則民族之親疏同異，又有隱然可見者。太公初封，萊夷即與之爭國；晉居深山之中，戎狄之與鄰，而遠於王室；王靈不及，拜戎不暇。以視秦雜戎狄之俗；楚篳路藍縷，崎嶇山林之間者，又何以異？而秦自繆公脩政，東境至河，宗周故壤，悉爲所據，其視東方，亦何多讓？楚之久儕於聲明文物之國，與晉狎主齊盟者，更無論矣。然山東諸國，率皆以夷狄遇之，得毋非盡文野之殊，亦有民族異同之見歟？邈哉尚矣，弗可得而質矣，然其事則殊可深長思也。

孟子之難白圭也，曰："子之道，貉道也。"又曰："夫貉，五穀不生，惟黍生之，無城郭宮室宗廟祭祀之禮，無諸侯幣帛饔飧，無百官有司，故二十取一而足也。"《告子》下。此蓋指南方之貉言之。若北方之濊貉，東北徙而爲夫餘、句麗、百濟者，則固有城郭宮室宗廟祭祀之禮；有諸侯幣帛饔飧；有百官有司矣。然則北方之貉，文明程度，實較南方爲高。然孟子又曰："欲輕之於堯、舜之道者，大貉、小貉也；欲重之於堯、舜之道者，大桀、小桀也。"此語亦見《書·大傳》及《公羊》，宣公十五年。蓋儒家所常道。然則貉與中國所異者，征斂輕重之間耳，其立法固相類矣。在四夷之中，實惟貉差堪與中國比擬也。此子所以欲居九夷歟？

《生民》之詩曰："克禋克祀，以弗無子。"《傳》、《箋》皆以爲高禖之祀。高禖之祀，以燕至之月，可見其與殷之神話相關，而其禮實著於《月令》。《月令》

者，古明堂行政之典，然授朔以九月，武職以尉名，則其篇籍實傳自秦。《秦始皇本紀》曰："始皇推終始五德之傳，以爲周得火德，秦代周，德從所不勝。方今水德之始，改年始、朝賀，皆自十月朔。衣服旄旌節旗皆上黑。"而《封禪書》言："秦始皇既并天下而帝，或曰：黃帝得土德，黃龍地螾見；夏得木德，青龍止於郊，草木暢茂；殷得金德，銀自山溢；周得火德，有赤鳥之符；今秦變周，水德之時。昔秦文公出獵，獲黑龍，此其水德之瑞。於是秦更命河曰德水，以冬十月爲年首，色尚黑。"案授朔以九月，則秦之以十月爲歲首，所由來者舊矣。《封禪書》又曰："自齊威、宣之時，騶子之徒論著終始五德之運，及秦帝，而齊人奏之，故始皇採用之。"恐未必然也。《三國志》言夫餘以殷正月祭天，而句麗及濊，皆以十月。蓋貉族舊有二法，夫餘同於殷，句麗及濊，則同於秦也。《封禪書》又言："秦以冬十月爲歲首，故常以十月上宿郊見，通權火，拜於咸陽之旁，而衣尚白。"則其後來雖尚黑，其舊俗實有同於殷者，亦可見諸族關係之密矣。《封禪書》："秦襄公始作西畤，祠白帝；宣公作密畤，祭青帝；靈公作吳陽上畤，祭黃帝；下畤，祭炎帝；而獨不聞有黑帝之祠。高帝二年，東擊項籍，而還入關，問故秦時上帝祠何帝也？對曰：四帝有白、青、黃、赤帝之祠。高祖曰：吾聞天有五帝，而有四，何也？莫知其說。"竊疑秦以黑帝爲感生帝，祠之特異於四帝，非無祠也。

劉申叔嘗言："八卦五行，各爲一教。周信八卦，殷信五行。有扈氏居西方，而夏啓征之，以威侮五行爲其罪狀，蓋八卦之教行於西，五行之教行於東。武王雖問《洪範》於箕子，蓋未嘗用其說也。"案周人果背五行與否，難定；夏、殷之信五行，則彰彰矣。九疇錫於夏后，《洪範》傳自胥餘，則其徵也。《史記》謂匈奴出於夏桀，說實不誣，予別有考。見《匈奴爲夏后氏苗裔》條。而匈奴之於五行，即極尊信。日上戊己，祭天神以戊日。其圍高帝於平城也，其騎：西方盡白，東方盡駹，北方盡驪，南方盡騂。此其久知十千及方色之徵，斷不能謂爲偶合也。貉族諸國亦然。《周書·百濟傳》謂"其王以四仲之月祭天及五帝之神"，又謂其"都下有萬家，分爲五部：曰上部、前部、中部、下部、後部。城之內外民庶，及餘小城，皆分隸焉。"此即《三國志》所謂"諸加別主四出道"者，亦五官之制也。朱蒙與烏引、烏違同行，其後又遇三人，亦適合五官之數。

貉族又有浮海而東者，時曰扶桑。扶桑之地，以予考之，實當在美洲，而希勒格氏著書，謂在堪察加半島，見近人馮承鈞譯《中國史乘中未詳諸國考證》。姑勿具論，其爲貉族之分支，則章章也。國王名乙祁，貴人稱對盧，皆句麗語。又句麗，其昏姻，方語已定，女家作小屋於大屋後，名壻屋。壻暮至女家戶外，自名跪拜，乞得就女宿。如是者再三，女父母乃聽，使就小屋中宿。至生子已長大，乃將婦歸家。而扶桑，其昏姻，壻往女家門外作屋，晨夕灑掃。經年而女不悅，即驅之；相悅，乃成昏。其俗亦相類。扶桑之俗，衣色隨年改易。甲乙年青,丙丁年赤,戊己年黄,庚辛年白,壬癸年黑,雖與《月令》之隨時改易不同,然其原實出於一,則亦不容疑也。

《三國志・高句麗傳》謂:"其國東有大穴,名隧穴,十月國中大會,迎隧神還於國東上祭之,置木隧於神坐。"此制於中國無徵,然亦合因地事地之義。又《濊傳》,言其俗"祭虎以爲神"。案《左氏》言楚子文之生,"鄀夫人使棄諸夢中,虎乳之。鄀子田,見之,懼而歸,以告,遂使收之。"宣公四年。鄀固祝融之後;而此説與夫餘王之棄朱蒙,亦極相類,似非偶然。又《周書・高麗傳》,謂其"有神廟二所:一曰夫餘神,刻木作婦人之象;一曰登高神,云是其始祖夫餘神之子。并置官司,遣人守護,蓋河伯女與朱蒙云。"此亦猶周人特立姜嫄之廟也。

《書》曰:"高宗諒闇,三年不言。"而廢立之事,惟伊尹嘗一行之,蓋其君權故輕也。《宋書・扶桑傳》,謂其"嗣王立,三年不親國事";而《三國志・夫餘傳》,謂"舊夫餘俗,水旱不調,五穀不熟,輒歸咎於王,或言當易,或言當殺",豈猶有殷之遺風歟?

貉族之俗,與中國類者,莫如喪禮。案《禮記・雜記》載孔子之言曰:"少連、大連善居喪,三日不怠,三月不懈,期悲哀,三年憂,東夷之子也。"此則淮泗之夷,其俗亦與北方之貉類。又夫餘,殺人殉葬,多者百數,而諸國皆好厚葬,其俗亦頗類於秦。

貉族用刑,最爲嚴急。《三國志・夫餘傳》云:"殺人者死,没其家人爲奴婢。竊盜者一責十二。男女淫,婦人妒,皆殺之。尤憎妒,已殺,尸之國南山上,至腐爛。女家欲得,輸牛馬,乃與之。"《周書・高麗傳》:"其刑法:謀反及叛者,先以火焚爇,然後斬首,籍没其家。盜者,十餘倍徵贓,若貧不能備,及負公私債者,皆聽評其子女爲奴婢以償之。"案《韓非》言:"殷之法,刑棄灰於街者。"《内儲説》。又曰:"一曰:殷之法,棄灰於道者斷其手。"得毋用法之峻,亦有由來邪?觀前所引《漢書・地理志》之文,亦可見殷人用法之峻。

原刊《中山文化教育館季刊》創刊號,一九三四年八月十五日出版

〔七二一〕　貉族發現西半球説

近人《法顯發見西半球説》云:"《法顯佛國記》云:弘始二年,歲在己亥,與慧景、道整、慧應、慧嵬等同契,至天竺尋求戒律。初發長安,六年,到中印國。停經六年,到師子國。同行紛披,或留或亡。即載商人大舶上,可有二百餘人。得好信風。東下。三日,便直大風,舶漏水入。商人大怖,命在須臾。如

是大風,晝夜十三日,到一島邊。潮退之後,見船漏處,即補塞之。於是復前。大海彌漫無邊,不識東西;惟望日月星宿而進。若陰雨時,爲逐風去,亦無所準。當夜暗時,但見大浪相搏,恍若火色。商人荒遽,不知那向。海深無底,又無下石住處。至天明已,乃知東西,還復望正而進。若直伏日,則無活路。如是九十許日,乃到一國,名耶婆提,其國外道婆羅門興盛,佛法無足言。停此國五月日,復隨他商人大船,亦二百許人;賫五十日糧。以四月十六日發,東北行趣廣州。一月餘日,夜鼓二時,遇黑風暴雨,於是天多連陰,海師相望僻誤,遂經七十餘日。即便西北行求岸。晝夜十二日,到長廣郡界牢山南岸。得好水菜,知是漢地。或言未至廣州,或言已過,莫知所定。即乘小舶,入浦覓人,得兩臘人,即將歸;今法顯譯語問之,答言此是青州長廣郡界,統屬晉家。是歲晉義熙十二年矣。案師子國,即今錫蘭。本欲自錫蘭東歸廣州,乃反爲風所播,東向耶婆提國。耶婆提者,以今對音擬之,即南美耶科陁尒國;直墨西哥南,而東濱太平洋。科音作婆者,六代人婆、和兩音多相混。如婆藪槃豆,一譯作和修槃頭,是其證。耶婆提,正音作耶和提,明即耶科陀尒矣。世傳墨西哥舊爲大國,幅員至廣,則耶科陁尒,當時爲墨西哥屬地無疑。所以知耶科提必在美洲,非南洋羣島者,自師子國還向廣州,爲期不過四十六日。據《唐書·地理志》。故法顯失道,商舶亦賫五十日糧。今遭大風,晝夜十三日,始至一島,又九十日而至一國,合前三日計之,已得一百六日;是東行倍程可知。況南洋師子國,途次悉有洲島;當時帆船,皆傍海而行,未有直放大洋者。今言海深無底,不可下石,而九十日中,又不見附海島嶼,明陷入太平洋中,非南洋羣島。逮至耶婆提國,猶不知爲西半球,復向東北取道;又行百餘日,始折而西。夫自美洲東行,又百許日,則還繞大西洋而歸矣。當時海師,不了地體渾圓,惟向東方求逕,還繞太西,進行既久,乃軼青州海岸之東,始向西北折行,十二日方達牢山。是顯非特發見美洲,又還繞地球一周也。然據《佛國記》言:耶婆提國,已先有婆羅門,特無佛法。則法顯以前,必有印度人遇風漂播至此者,故婆羅門教得傳其地。又觀美洲山脈,橫貫南北者,在北美曰落迦,南美曰昂底斯。落迦本印度稱山之語,如補陀落迦,咀落迦,彈落迦,竭地落迦是也。落迦岡底斯爲西藏大山,即葱嶺所自起。美之山脈,莫長於昂底斯,正與葱嶺等,明昂底斯亦即岡底斯音轉。斯皆以梵語命山,益明婆羅門曾先至美洲,特以姓名不著,而尸其名者獨在法顯,斯可爲梵國前哲悲,亦爲漢土尊宿幸矣。”予案觀《宋書·四裔傳》,則知印人浮海而東者,自古即極多。婆羅門之先至美洲,非必如原文所云,出於遇風漂播,特其與貉族之至美洲,熟爲先後,則尚不可知耳。

近人《異聞録》云:"《山海經·海外東經》:言湯谷上有扶桑,十日所浴。《淮南子·天文訓》:言日出於湯谷,浴於咸池,拂於扶桑。此皆悠謬之談。然《梁書》確有扶桑國。齊永元元年,其國有沙門慧深,來至荆州。云扶桑在大漢國東二萬餘里。近西人諾哀曼(Nenmann),推度其地,謂即美洲墨西哥。此説未知確否。特墨西哥建國甚早。與閩粤沿海諸地,同一緯綫,中隔太平洋,在齊梁時,非不能與中華交通。《梁書》言扶桑國多扶桑,故以爲名。扶桑葉似桐,而初生如筍。績其皮爲布,以爲衣,亦以爲棉。其文字以扶桑皮爲紙。今考墨西哥特産之植物,則有摩伽(Magney)。其學名曰 Agave Ameri cana。土人亦名百歲花,謂經百歲始一花。其物多纖維。古時墨西哥象形文字,皆書於摩伽葉。此猶印度之貝葉,埃及之巴比利葉。若遽謂摩伽即梁時之扶桑,恐亦近於附會。但齊、梁時由中國東行二萬餘里,果有文物之國,則除墨西哥外,實無地以當之。此諾哀曼氏所以疑扶桑爲墨西哥也。近世落花生,本來自南美之巴西,而《福清縣志》言僧應元往扶桑覓種寄回,似亦以南美爲扶桑。或者古人知中國極東有美洲,因附會《山海經》,名曰扶桑也。"又三十年代初,外交部嘗咨教育部云:"據駐紐約總領事張祥麟呈稱:准美國亞拉斯加省前任總督函稱:本省前年掘土,發現古物二件:一係陶器,一係銅器。如能證明確係中國古物,則可證實華人曾經發見美洲。乞查明示覆等因。并附發現古物拍照四紙前來。職領檢閲《金石索》,内載形似泉幣一圖,其形恰與美人所發現之銅器相同;正面反面之摹本,亦無差異。該書注云:係唐代孫思邈《入山符》。惟未能釋明所載符文,係何意義。此地書籍不備,無從研究。至所發現之陶器,因物未目睹,亦無從查考。兹特將照片四紙,隨呈附送。可否咨行教育部,將符文意義,查明見覆,以憑轉覆等情。相應檢同原送照片二紙,咨行貴部,查照核覆,以憑轉知可也。"教育部覆文云:"查該項銅器,確係我國厭勝錢幣。《西清古鑒圖》録是錢,以其面有符文,定名爲符印錢,且謂文與孫思邈《入山符》略髣髴。《金石索》及《吉金所見録》等錢譜,均沿襲其説,而未詳其製作年代及符文意義。本部辨其形制、圖像、筆意,當屬宋代道家作品。又查各項厭勝錢文,皆祈福避凶之作。是錢符文,意義要不外此。一俟本部考有確證,再行詳覆。至陶器形制,甚似我國宋、元時磁洗。惟有無磁釉,質地及色澤若何,該總領事既未目睹原器,原文亦未經注明,本部自未便臆斷爲何時器物也"云云。觀此,知華人至美洲,雖或在印度人後,亦必在歐人之先矣。

〔七二二〕 朝鮮東徙之跡

武王封箕子於朝鮮，昔人皆以爲即後世朝鮮之地。夫如是，則自周以前，遼東西非久經開闢不可。然謂遼東西久經開闢，書傳無徵也。昔人有青州越海之説，蓋由《堯典》之暘谷，緯候謂在遼西而然。然《尚書大傳》：“元祀岱大山”，“中祀大交霍山”，“秋祀柳谷華山”，“幽都弘山祀”。《注》云：“弘山，恒山也。”則羲和四子之所宅，即四時巡守之所至；以暘谷爲在遼西，乃緯候侈大之辭，實不足據矣。暘谷在遼西之説破，則青州越海之説，殊不足憑。遼東西之開闢，恐不能在燕置五郡以前。謂箕子所封，即後世朝鮮之地，乃事理所必無矣。

朝鮮古地雖不可考，然《管子·輕重甲》曰：“吳、越不朝，珠象而以爲幣乎？發、朝鮮不朝，請文皮毤服而以爲幣乎？禺氏不朝，請以白璧爲幣乎？崑崙之虚不朝，請以璆琳琅玕爲幣乎？故夫握而不見於手，含而不見於口，而閼千金者珠也，然後八千里之吳、越，可得而朝也。一豹之皮，容金而金也，然後八千里之發、朝鮮，可得而朝也。懷而不見於抱，挾而不見於掖，而閼千金者，白璧也，然後八千里之禺氏，可得而朝也。簪珥而閼千金者，璆琳琅玕也，然後八千里之崑崙之虚，可得而朝也。”其視朝鮮，與其視吳、越等耳，可證其不甚遠也。發亦北方古國，別見《發北發》條。

《山海經》一書，言朝鮮者二：《海内北經》云：“朝鮮在列陽東，海北，山南，列陽屬燕”，列陽者，列水之陽。《漢志》：樂浪郡吞列縣，《注》云：“分黎山，列水所出，西至粘蟬入海，行八百二十里。”蓋即今臨津江。列陽在其北，朝鮮在列陽之東，蓋即漢樂浪郡之朝鮮縣。此朝鮮既東徙後之地。《海内經》：“東海之内，北海之隅，有國名曰朝鮮。”或古箕子之所封歟？然其所在，不可得而確考矣。

朝鮮遷徙之跡，史亦無徵。然反復推校，尚有隱約可見者。《史記·蘇秦列傳》載秦説燕文侯之辭曰：“燕東有朝鮮、遼東。”古書叙述地名，大率近者居前，則爲此辭者之意，似尚謂遼東在朝鮮之表。《燕世家》及《六國表》蘇秦之説，均在文侯二十八年。《三國志·注》引《魏略》曰：“昔箕子之後朝鮮侯，見周衰，燕尊爲王，欲東略地，朝鮮侯亦自稱爲王，欲興兵逆擊燕，以尊周室。其大夫禮諫之，乃止。使禮西説燕，燕止之，“之”字疑衍。不攻。後子孫稍驕虐，燕乃遣將秦開攻其西方，取地二千餘里，至滿番汗爲界。”案《史記·匈奴列傳》言燕將秦開爲質於胡，歸而襲破東胡，東胡卻千餘里。燕築長城，自造陽至襄平，置上谷、

漁陽、右北平、遼西、遼東郡以拒胡。《鹽鐵論・伐功篇》亦曰："燕襲走東胡，
闢地千里，度遼東而攻朝鮮。"似燕所開之五郡，皆取之於胡，而朝鮮是時，已
在遼東之表者。然東胡之後爲烏桓、鮮卑，其所分保之二山，似不能越今蘇克
蘇魯、索岳爾濟一帶。謂燕人開置以前，五郡之地悉爲所有，似不近情。竊疑
秦漢之世，東北種落，朝鮮、夫餘、肅慎等，其初并處塞內，至燕開五郡時，乃移
居塞外也。漢遼東郡有番汗縣，疑即滿番汗之地。《注》云："沛水出塞外。"
番、沛同音，非水以種落名，則種落以水名也。

　　《朝鮮列傳》言自始全燕時，嘗略屬眞番、朝鮮，爲置吏，築鄣塞。秦滅燕，
屬遼東外徼。漢興，爲其遠，難守，復修遼東故塞，至次水爲界，屬燕。燕王盧
綰反，入匈奴。滿亡命，走出塞，渡浿水，居秦故空地上下鄣，稍役屬眞番、朝
鮮、蠻夷及故燕齊亡命者王之，都王險。自序：燕丹散亂遼間，滿收其亡民，厥聚海東，以
集眞番，葆塞爲外臣。所謂上下鄣，蓋即燕所築鄣塞也。燕初與朝鮮以滿番汗爲
界，後竟略屬之，則秦開攻朝鮮之後，燕嘗又拓一境，朝鮮至北遂夷爲臣僕矣。
然其封爵自在，至秦世猶然。《秦始皇本紀》：二十六年"地東至海，暨朝鮮"，
此秦東界仍燕之舊之證。朝鮮亦在封內，《朝鮮列傳》所謂"屬遼東外徼"者
也。《魏略》言："及秦并天下，使蒙恬築長城，到遼東。時朝鮮王否立，畏秦襲
之，略服屬秦，不肯朝會。"此其封爵仍存之證也。秦長城東端在樂浪郡遂成
縣，見《晉書・地理志》。蓋自襄平以西之長城，爲燕拒胡所築；自此東至遂
城，則蒙恬所爲也。然鄣塞即長城之類，燕既略屬眞番、朝鮮，自襄平以東，不
得毫無防衛，蒙恬蓋亦因燕之舊而脩之耳。

　　《漢武帝紀・注》臣瓚引《茂陵書》：臨屯縣治東暆縣，去長安六千一百三
十八里；眞番郡治霅縣，去長安七千六百四十里。《續書・郡國志》朝鮮去洛
陽五千里。則臨屯在朝鮮之表，眞番又在臨屯之表也。然《史記》言全燕時，
嘗略屬眞番、朝鮮；又言衛滿稍役屬眞番、朝鮮；皆先眞番而後朝鮮。惟《貨殖列
傳》言：燕鄰烏桓、夫餘，東綰穢貉、朝鮮、眞番之利。"朝鮮次眞番之前。又言"滿得兵威財物，
侵降其旁小邑，眞番、臨屯皆未服屬。"亦先眞番而後臨屯。豈其叙次皆自遠
而近哉？非也。上云"稍役屬眞番、朝鮮"者，指眞番、朝鮮之民；下云"眞番、
臨屯皆來服屬"者，指眞番、臨屯之邑。眞番之邑，後來雖在臨屯之表；竊疑其
民，其初更在朝鮮之裏；故并舉二國者，皆以眞番次前；其後雖越臨屯而作邑，
而其民猶有與朝鮮雜處，而爲衛滿所役屬者也。然則戰國、秦、漢之間，東北
種落之遷移，亦云亟矣。

原刊《光華大學半月刊》第三卷第一期，一九三四年十月十日出版

〔七二三〕　朝鮮終不用清年號

東洋諸國,漸漬中國文教最深者,莫如朝鮮,故其仇視清人亦最甚。《春在堂隨筆》云:“《玉吾集》十八卷,朝鮮人宋相琦字玉汝者所撰。玉吾其別號也,詩文皆有可觀,末卷附神道碑銘及謚狀。稱公於崇禎丁酉十一月二十日卯時生,癸卯六月一日卒,春秋六十有七。考明崇禎十七年中無丁酉,疑有舛誤。及讀卷末附其孫名載禧者跋語,稱崇禎三庚辰十月,乃知彼國在定鼎之初,雖奉大清年號,而仍以崇禎紀年。其生於崇禎丁酉,實順治十四年。卒於癸卯,實雍正元年。其孫所稱崇禎三庚辰,實乾隆二十五年,蓋以崇禎十三年歲在庚辰,至此凡三歷庚辰耳。夫清朝龍興之始,朝鮮沿襲亡明年號,或尚可附於洪範十有三祀之義,至乾隆中葉,彼國久列藩封,世膺封號,乃尚以崇禎紀年,不亦傎乎!”夫以文明事野蠻,猶之以大事小,尺蠖之屈,事非得已。若如曲園之言,一膺封號,即當心悅誠服,然則宋高宗亦當傾心以奉金虜乎?是非傎倒之譏,不知其果當誰屬矣。終朝鮮之世,未嘗奉清年號,至其亡猶然,此金于霖先生親爲余言之者。

匹夫時有義舉,國家則無之,以合人而成羣,其程度恒低於其羣中人之高者也。專制之世,舉國惟一人之命是聽,義師轉時或有之,明神宗之援朝鮮是矣,故朝鮮人甚德之。明亡後乃爲大報壇以祀之,然朝鮮之傾心中國,亦不徒以神宗之救援朝鮮。在句麗之世,猾夏最甚。蓋當其爲中國郡縣時,頗受抑厭使然,及王氏時,則頗歸心於宋而敵視遼金元矣。宋亡之後,王氏嗣君多取元女。元人又或置行省於其國,剃髮易服,胡化大行,然乃其梟獍之媚外者爲之,非其民心之所欲也。朝鮮太祖本以攘斥胡虜興,終李氏之朝,提倡中國文教最力,其於中國學術,實深入堂奧,非日本所及也。今世論民族者,以同化爲最高之義。若朝鮮者雖因言語不同,未能盡與華化。然其文教,則可謂與中國無殊矣。草尚之風必偃,士君子者,細民之率將,朝鮮今雖暫屈於强暴,然民心不死,國必不亡。復國之後,當與中國合爲聯邦也。

〔七二四〕　辰　　國

《史記·朝鮮列傳》言:“真番旁衆國,欲上書見天子,又擁閼不通。”《漢書》作"真番、辰國"。案此當作真番旁辰國。《漢書》奪"旁"字，《史記》之"衆"
字，則淺人臆改也。《三國志》云：韓"有三種：一曰馬韓，二曰辰韓，三曰弁
韓。辰韓者，古之辰國也。"又云："辰王治月支國。"又云：辰韓，"其耆老傳世，
自言古之亡人避秦役來適韓國，馬韓割其東界地與之。……始有六國，稍分
爲十二國。弁辰亦十二國。"又云："弁、辰韓當作弁辰、辰韓，奪一辰字。合二十四
國。其十二國屬辰王。辰王常用馬韓人作之，世世相繼。辰王當作辰韓。不得
自立爲王。"《注》引《魏略》曰：明其爲流移之人，故爲馬韓所制。案既云辰韓者古之辰國
矣，又云爲古之亡人；既云韓有三種矣，又云辰王常用馬韓人作之；未免自相
矛盾。韓有三種之"種"，謂種姓。史於四裔言種姓，猶於中國言姓氏，乃指其王之氏族，非指其民之
種類也。《後漢書》云：馬韓在西，五十四國，辰韓在東，十有二國，弁辰在辰韓之
南，亦十有二國，凡七十八國，皆古之辰國也。馬韓最大，共立其種爲辰王，都
目支國，盡王三韓之地，其諸國王先皆是馬韓種人焉。又云："初，朝鮮王準爲
衛滿所破，乃將其餘衆數千人走入海，攻馬韓，破之，自立爲韓王。準後滅絶，
馬韓人復自立爲辰王。"其文較《國志》爲清晰。蓋在箕準攻破馬韓之先，自有
所謂辰王者，爲馬韓種，都目支，即《國志》所謂月支，嘗盡王三韓之地，此古之
辰國也。逮箕氏亡而馬韓復立，則僅有五十四國，而弁辰、辰韓亦各有十二
國，此則所謂韓有三種者也。諸國王皆是馬韓種，指古之辰國言，或但指後來
之馬韓五十四國；否則不得云韓有三種矣。韓之分而爲三，蓋在箕氏入據之
後；其初則自爲一統，故《史記》但以辰國言之也。

　　《後漢書》云：箕準自立爲韓王，《國志》亦謂侯淮，《注》引《魏略》亦作準，則此淮
字誤。自號韓王。《後漢書》又謂準後滅絶，馬韓人復自立爲辰王；則辰爲韓人
自稱之名，韓乃箕氏所立之號耳。弁韓亦稱弁辰，可見其舊無韓名也。衛滿
既攘箕準，箕準即服馬韓，則《史》、《漢》所云"欲上書見天子者"，實即箕氏之
後，乃稱爲辰國而不稱爲韓王，蓋以其舊名名之也。

　　《詩・韓奕》"溥彼韓城，燕師所完。"鄭箋以韓即後來之韓原，釋燕師爲平
安時衆民。王肅、孫毓非之，以燕爲北燕。見《釋文》。而肅以涿郡方城縣之寒號
城爲韓侯城。見《水經・聖水注》。案《詩》明言韓姞，則燕師之燕，即係國名，亦屬
南燕，肅及孫毓説殊非。然其説實本於王符。《潛夫論・志氏姓》曰："昔周宣
王亦有韓侯，其國也近燕。故《詩》云：溥彼韓城，燕師所完。其後韓西亦姓
韓，爲衛滿所伐，遷居海中。"此韓侯所近者爲南燕抑北燕，《潛夫論》未嘗明
言；則以寒號城爲韓侯，乃王肅之妄耳。爲衛滿所伐者亦姓韓，其説當有據，
殊足考箕子之後自立爲韓王之所由也。蓋箕子之後，周時初不以箕爲氏。

　　漢武帝之略朝鮮，以其地爲樂浪、臨屯、玄菟、真番四郡。樂浪，《史記·正義》引"《括地志》云：高驪都平壤城，本漢樂浪郡王險城。又古云朝鮮地也。"而《史記·朝鮮列傳》言衛滿"得兵威財物，侵降其旁小邑，真番、臨屯皆來服屬。"則樂浪乃朝鮮故土，爲衛滿所攘取者；真番、臨屯則其以兵威財物所侵降之小邑也。《後漢書·東沃沮傳》言："武帝滅朝鮮，以沃沮地爲玄菟郡。後爲夷貊所侵，徙郡於高句驪西北，更以沃沮爲縣，屬樂浪東部都尉。"《濊傳》言："元朔元年濊君南閭等畔右渠，率二十八萬口詣遼東內屬。武帝以其地爲蒼海郡，數年乃罷。蒼海郡之罷，《本紀》不載其事。據《公孫弘傳》則與罷西南夷同時。西南夷之罷，據《本紀》事在元朔三年。至元封三年，滅朝鮮，分置樂浪、臨屯、玄菟、真番四部。至昭帝始元五年，罷臨屯、真番以并樂浪、玄菟，玄菟復徙居句驪。自單單大領以東，沃沮、濊、貊悉屬樂浪；後以境土廣遠，復分嶺東七縣置樂浪東部都尉。"《三國志》言嶺東七縣皆以濊爲民，蓋即南閭故壤，史言其叛右渠來降，則其先亦屬衛氏。漢滅衛氏之時，末聞分兵略地，所置四郡不得出衛氏故封之外，而沃沮爲玄菟郡治，蓋亦先屬衛氏矣。然則自衛滿出塞以前，朝鮮、真番、臨屯、沃沮、濊、貊、辰國當各自分立，不相統屬；至衛氏興，朝鮮既爲所竊據；真番、臨屯、沃沮、濊、貊亦爲所羈制；惟辰國非其兵力財力所及，而又爲朝鮮所破壞。漢武滅衛氏，其所羈制之地，悉以之爲郡縣。後以夷貊強盛，漸次撤廢，而句驪始強。南方之地，箕氏雖旋絕，辰國亦不能復，遂裂爲三韓也。自戰國至漢，半島諸族興替之跡，略可睹矣。

　　《三國志注》引"《魏略》曰：初，右渠未破時，朝鮮相歷溪卿以諫右渠不用，東之辰國，時民隨出居者二千餘户，亦與朝鮮、真番不相往來。至王莽地皇時，廉斯鑡爲辰韓右渠帥，聞樂浪土地美，人民饒樂，亡欲來降。出其邑落，見田中驅雀男子一人，其語非韓人。問之，男子曰：我等漢人，名户來，我等輩千五百人伐材木，爲韓所擊得，皆斷髮爲奴，積三年矣。鑡曰：我當降漢樂浪，汝欲去不？户來曰：可。鑡因將户來出詣含資縣，縣言郡，郡即以鑡爲譯，從芩中乘大船入辰韓，逆取户來降伴輩，尚得千人，其五百人已死。鑡時曉謂辰韓：汝還五百人。若不者，樂浪當遣萬兵乘船來擊汝。辰韓曰：五百人已死。我當出贖直耳。乃出辰韓萬五千人，弁韓布萬五千匹，鑡收取直還。郡表鑡功義，賜冠幘、田宅，子孫數世。至安帝延光四年時，故受復除。"觀此事，知辰國與其北方往來頗稀，故衛氏不能役屬之也。

　　　　原刊《光華大學半月刊》第三卷第一期，一九三四年十月十日出版

〔七二五〕　高麗遣人來學　中國爲置博士①

《宋史·高麗傳》：徽宗時，其王顒卒，子俁嗣。貢使接踵，且令士子金端等五人入太學。朝廷爲置博士。《張根傳》：弟樸，爲太學博士。"改吏部員外郎。高麗遣子弟入學肄業，又兼博士"。蓋即其時事也。宋時，高麗人來學最誠。太宗初，其王伷，即命金行成入國子監。太平興國二年，賜進士第。遂仕中國。伷弟治，表乞放還，而行成不肯。淳化初，卒於安州通判，在中國凡十五年。治於雍熙三年，遣崔罕、王彬入國學。淳化三年，賜進士第，授官，遣還，在中國亦歷七年。而康戩，其父允，三世爲高麗兵部侍郎。開寶中，即遣戩隨賓貢肄業國學。太平興國五年，登進士第。歷仕中國，至景德三年乃卒，則在中國逾三十年。胡馬依北風，越鳥巢南枝，行成等貪戀上國，遂忘首丘之思，似不免於忘本。其愛慕華風，可謂深矣。於其來學而特爲之置博士，蓋中國亦甚重其事矣。

然有愛樂中國而來者，亦必有出於勉强者，此事理之自然也。《明史·朝鮮傳》：太祖即位之五年，高麗表請遣子弟入太學。帝曰："入學固美事，但涉海遠，不欲者勿强。"蓋時高麗以遣子弟入學爲交際之策，帝有以燭其情也。胡惟庸反，日本與通。帝決意絕之，專以防海爲務。然其時王子滕祐壽來入國學，帝猶善待之。琉球中山生與山南生有非議詔書者，帝聞，置之死，而待其國如故。其人之來學者亦如故。帝固非拒外國來學之人也。宣宗宣德八年，朝鮮王李祹奏遣子弟詣太學或遼東學，帝仍不許，但賜《五經》、《四書》、《性理》、《通鑑綱目》諸書，亦必有所見。

《陳書·儒林陸詡傳》言："梁世，百濟國表求講《禮》博士。詔令詡行。"此又中國派遣博士至外國者。

〔七二六〕　琉　球　來　學

外國遣人來學，以唐代爲最盛，爾後迄不能及。蓋外國初通中國時，文明程度，相去較遠，久之則漸近；而中國學校亦有名無實時多，故來者不勸也。東洋諸國，通於中國者，以琉球爲最晚，故其來學，在近世亦爲最勤。《明史·

---

① 曾改題爲《高麗遣人來學》。

琉球傳》言：洪武時，中山嘗遣女官生二人先後來肄業，此爲自古所無之事，足見其向學之殷。清世遣陪臣子弟入學，始於康熙二十七年，同治間猶有至者，見《清史稿·選舉志》。《本紀》：二十三年六月，書"遣球請遣子弟入國子監讀書，許之。"二十七年不記此事，但書"琉球入貢"。蓋二十三年請而得許，至二十七年，乃遣隨貢使來也。又《紀》於康熙五十九年八月，書"琉球請令其陪臣子弟入國子監讀書，許之。"同治六年四月，書"允琉球國子弟入監讀書。"蓋每來輒奏請，而非循例派遣？然來者必不止此數也。來者稱爲官生，凡四人，見《屬國傳》。又《職官志》：琉球學，有漢教習一人，以貢生選充，後省。此在彼國，或亦成爲進取之一途，未必果爲學問，然其來究最久也。又《德宗紀》：光緒六年九月，"允朝鮮派工匠來天津學造器械。"此蓋新式兵器仿自西洋者，爲朝鮮所無，故又遣人來學也。

〔七二七〕　鄉　　校

民國三十五年九月八日，上海《大公報》載徐頌九論移民實邊之文，述滇西之俗：謂其"村必有廟。廟皆有公倉，衆出穀以實之。廟門左右，必有小門，時曰茶鋪，衆所集會之地也。議公事，選舉鄉、保長，攤籌經費，辦理小學皆於此。婚、喪、祝壽等事，亦於此行之。故是廟也，非尋常佛寺、道院，耗民財以豢閒民者比也。村之議會也，公所也，學校也，禮堂也，殯儀館也，而亦即其俱樂部也"。予案此正古之學校也。《公羊解詁》述井田之制曰："在田曰廬，在邑曰里。一里八十户。八家共一巷。中里爲校室。選其耆老有高德者，名曰父老。""十月事訖，父老教於校室。八歲者學小學，十五者學大學。"宣公十五年。此與伏生《書傳》所云"大夫、士七十而致仕，老於鄉里。大夫爲父師，士爲少師。穫鉏已藏，祈樂已入，注：祈樂，當爲新穀。歲事已畢，餘子皆入學。十五始入小學，見小節，踐小義；十八入大學，見大節，踐大義焉。距冬至四十五日，始出學，傅農事"，正係一說。《左氏》襄公三十一年，"鄭人游於鄉校，以論執政。然明謂子產曰：毀鄉校何如？子產曰：何爲？夫人朝夕退而游焉，以議執政之善否。其所善者，吾則行之；其所惡者，吾則改之；是吾師也。若之何毀之？"惟僅冬日教學，餘時皆如議會、公所，亦如俱樂部，故人得朝夕游其間也，《新唐書·韋挺傳》：挺上疏言："閭里細人，每有重喪，不即發問，先造邑社，待營辦具，乃始發哀。至假車乘、雇棺椁以榮送葬。既葬，鄰伍會集，相與酺醉，名曰出孝。"以是爲風俗之薄。其實，此亦猶今滇西行喪禮於廟也。貧家營葬且不易，乃能假車乘、雇棺椁以爲榮，蓋由同社者之相助。宜興童伯章斐嘗告予："其邑之某某鄉，有喪者，弔客至，喪家之鄰共飲食之，喪家不問也。"隣伍蓋皆弔者,豈可無以飲食之?所醉飽者,蓋亦出衆力,非必喪家所費也。假車乘、雇棺椁以爲榮,誠爲無謂。然不有多其車乘,美其棺椁以爲榮者,民又孰從而效之?所謂士大夫者,厚葬靡財以爲孝,而又禁民之厚葬,乃曰:以貴賤分厚薄,自然之等差也。制爲禮,强民守之。其所令,反其所好,民孰能從之哉?

原刊《華東師範大學學報》一九五七年
第三期,一九五七年七月十五日出版

〔七二八〕　不　樂　仕　進

　　儒教行於中國二千餘年,所謂士君子者,皆自少即讀儒書,以其所言爲至當,而於其時社會之情形,大異於今日,曾不之察,其所主張之治法,遂無不生今反古矣,此其所以見目爲迂遠而闊於事情也。如論教學,皆以爲榮以仕進,人必競勸,即其一端。

　　《漢書·循吏傳》云:"文翁,景帝末爲蜀郡守。見蜀地辟陋,有蠻夷風,乃選郡縣小吏開敏有材者張叔等十餘人,親自飭厲,遣詣京師,受業博士,或學律令。數歲,蜀生皆成就還歸,文翁以爲右職,用次察舉,官有至郡守、刺史者。又脩起學官於成都市中,招下縣子弟,以爲學官弟子,爲除更繇,高者以補郡縣吏,次爲孝弟力田。常選學官僮子,使在便坐受事。每出行縣,益從學官諸生明經飭行者與俱,使傳教令,出入閨閣。縣邑吏民,見而榮之。數年,爭欲爲學官弟子,富人至出錢以求之。繇是大化。蜀地學於京師者,比齊、魯焉。"《新唐書·文藝·歐陽詹傳》云:"閩越地肥衍,有山泉禽魚,雖能通文書吏事,不肯北宦。及常衮罷宰相,爲觀察使,始擇縣鄉秀民能文辭者,與爲賓主,鈞禮,觀游饗集必與,里人矜耀,故其俗稍相勸仕。"觀此二事,似乎榮以仕進,人必競勸矣。然《宋史·地理志》言:川峽四路,"土植宜柘,蠶絲織文纖麗者,窮於天下。地狹而腴,民勤耕作,無寸土之曠,歲三四收。其所獲,多爲遨遊之費,踏青、藥市之集尤盛焉,動至連月。好音樂,少愁苦,尚奢靡,性輕揚,喜虛稱。庠塾聚學者衆,然懷土,罕趨仕進。"則爲學者會不樂仕進也。抑又何也?人孰肯以虛名易實利?抑懷居人人所同。《潛書·養重》篇曰:"昔者蜀有二士:曰駱純,曰殷正,以文學稱。楊榮爲相,使使奉書幣二,而屬之於布政使,曰:駱、殷二子,蜀之雋士也,吾懷其人久矣,君其爲我致之來。於是駱子貧而無妻,教生徒於鄉里。殷子富有田園、畜牧、山林之饒。駱子受書幣,越三日而啓行。殷子辭以疾，固不肯行。其友勸之行。殷子曰：吾非不知楊公之賢，可與爲交，且力能進用我也。然富貴之家，不可客也；危疑之朝，不可居也。車馬之上，不如我山居之安；公卿之祿，不如我歲入之多。舍己之安而任人之危，舍己之多而受人之少，不待智者而知其不可矣。遂終身隱而不出焉。"然則文翁、常衮之所致，得無皆駱純之流乎？《宋史·張去華傳》："父誼，好學，不事產業。既孤，諸父使督耕隴上。他日往視之，見閱書於樹下。怒其不親稼事，詬辱之。誼謂其兄曰：若不就學於外，素志無成矣。遂潛詣洛陽龍門書院。"《元史·王思誠傳》："七歲從師，授《孝經》、《論語》，即能成誦。家本業農。其祖佑，詬家人曰：兒大不教力田，反教爲迂儒邪？"此二者，皆富人通有之見，雖殷正未能免焉者也。人孰肯以虛名易實利？抑誰無懷土之情？而可徒以仕進誘乎。

　　然則人富其遂不可教乎？曰：否。不以虛名易實利，懷土不肯仕宦，多數人則然。然古人有不以飽暖逸居爲已足者。《宋史·孝義傳》：胡仲堯，洪州奉新人。"構學舍於華林山別墅，聚書萬卷，大設廚廩，以延四方游學之士。"陳昉，江州德安人。"建書樓於別墅，延四方之士。肄業者多依焉。"洪文撫，南康建昌人。"就所居雷湖北創書舍，招來學者。"彼獨非張誼之諸父、王思誠之大父之倫乎？而其所爲如是，然則世固有少數人不以飽暖逸居爲已足者也。此等人亦必先飽暖逸居而後能爲之，故言教必先言富，然亦非徒榮進所可誘致也。故徒執爵祿，而以爲無所求而不得者，終爲不察情實之談也。

〔七二九〕　入　學　之　年

　　《尚書大傳》言，古者十八而入大學。漢世太常補博士弟子，限年十八以上，蓋遵是説也。然其時入學者多遲。終軍年十八，選爲博士弟子，年數適符。軍固雋材。若蕭望之治《齊詩》，事同縣后蒼且十年，乃以令詣太常受業，則其年必非弱冠矣。詣博士者如此，事私師者亦然。公孫弘年四十餘，乃學《春秋》、《雜説》是也。翟方進年十二三，失父孤學，給事太守府爲小史，數爲掾史所詈辱。乃從汝南蔡父相，問已能所宜。辭其後母，欲西至京師受經。母憐其幼，隨之長安，織屨以給。方進是時雖云幼，距十八亦必不遠。史稱其積十餘年，經學明習，徒衆日廣，則必不止三十矣。先漢末年，情勢漸變，至後漢而益甚。魯恭年十五，即與弟丕俱居太學。張堪年十六，受業長安。張霸七歲通《春秋》。丁鴻，年十三，從桓榮受《歐陽尚書》，三年而明章句。杜安，年十三，入太學，號奇童。安，根父，見《後漢書·根傳》，此語係本《先賢行狀》，《三國志·杜襲傳注》引之，而作"號曰神童"。任延，年十二，爲諸生，學於長安，明《詩》、《易》、《春秋》，顯名太學，號爲任聖童。鍾會，四歲受《孝經》，七歲誦《論語》，八歲誦《詩》，十歲誦《尚書》，十一誦《易》，十二誦《春秋左氏傳》、《國語》，十三誦《周禮》、《禮記》，十四誦《成侯易記》，十五入太學，問四方奇文異訓。《三國志·會傳注》引其母傳。并有弱冠即事教授如梁竦者。竦，統子，見《後漢書·統傳》。世固有早慧之士，豈能如是比肩接踵？其爲務名而不務實無疑矣。魏、晉而後，此風彌盛。《宋書·范泰傳》：高祖受命，議建國學，以泰領國子祭酒。泰上表曰："十五志學，誠有其文。若年降無幾，而深有志尚者，何必限以一格？"則其時功令，入學之年，已較漢世爲早，而時人猶以爲遲也。斯時入學之年見於史者：王錫，年十二，爲國學生。錫，份孫，見《梁書·份傳》。王承，七歲通《周易》，選補國子生，年十五，射策高第。蕭乾，年九歲，召補國子《周易》生，十五舉明經。張瓚，召補國子生，起家祕書郎，時年十七。實較後漢尤早。而許懋，十四入太學，受《毛詩》，且領師説，晚而覆誦，坐下聽者，常數十百人，亦更甚於梁竦之弱冠即事教授者矣。蓋斯時學校，已成爲選舉之一途，貴族出仕皆早，故其入學亦隨之，全與學業無涉也。謝幾卿，年十二，召補國子生。齊文惠太子自臨策試，謂祭酒王儉曰："幾卿本長玄理，今可以經義訪之。"儉承旨發問，幾卿隨事辨對，辭無滯者，文惠大稱賞焉。周弘正，年十歲，通《老子》、《周易》，十五召補國子生，仍於國學講《周易》，諸生傳習其義。以季春入學，孟冬應舉，學司以其日淺，弗許。博士到洽議曰："周郎年未弱冠，便自講一經，雖曰諸生，實堪師表，無俟策試。"大同八年，梁武帝撰《孔子正言章句》，詔下國學宣制旨義。袁憲時年十四，被召爲國子《正言》生，謁祭酒到溉，溉目而送之，愛其神采。在學一歲，國子博士周弘正謂憲父君正曰："賢子今茲欲策試否？"君正曰："經義猶淺，未敢令試。"居數日，君正遣門下客岑文豪與憲候弘正。會弘正將登講坐，弟子畢集。乃延憲入室，授以麈尾，令憲樹義。時謝岐、何妥在坐，弘正謂曰："二賢雖窮奧賾，得毋憚此後生邪？"何、謝於是遞起義端，深極理致。憲與往復數番，酬對閑敏。弘正謂妥曰："恣卿所問，勿以童稚相期。"時學衆滿堂，觀者重沓，而憲神色自若，辯論有餘。弘正亦起數難，終不能屈，因告文豪曰："卿還咨袁吳郡，此郎已堪見代爲博士矣。"時生徒對策，多行賄賂，文豪請具束脩。君正曰："我豈能用錢爲兒買第邪？"學司銜之。及憲試，爭起劇難。憲隨問抗答，剖析如流。到溉顧憲曰："袁君正其有後矣。"及君正將之吳郡，溉祖道於征虜亭，謂君正曰："昨策生，蕭敏孫、徐孝克非不解義，至於風神器局，去賢子遠矣。”尋舉高第。上下扶同，共爲欺罔，真堪浩歎；而其諂媚之態，尤令人作惡也。

《宋書·隱逸傳》：周續之。豫章太守范寧，於郡立學，招集生徒，遠方至者甚衆。續之年十二，詣寧受業。居學數年，通五經并緯候，名冠同門，號曰顏子。風氣所漸，不徒京師，郡邑亦不免矣。然寧素好學，其所立學，考校亦必較核實。其徒尚浮名，或轉不如國學之甚也。

〔七三〇〕　學校由行禮變爲治經

古之言學校者，皆重行禮視化，非重讀書講學問也。漢武帝元朔五年之詔，猶曰：“導民以禮，風之以樂，今禮壞樂崩，朕甚愍焉。其令禮官勸學，舉遺興禮，以爲天下先。太常其議與博士弟子崇鄉黨之化。”而丞相與太常博士之議，亦曰：“聞三代之道，鄉里有教，夏曰校，殷曰序，周曰庠，”不曰古有辟雍、泮宮也。然則徒爲博士置弟子，而教不及於鄉里，殆非初意也。然此亦非但政府之咎，民間之風氣，實有使之然者。《後漢書·文苑傳》：劉梁除北新城長。大作講舍，延聚生徒數百人，身執經卷，試策殿最。《三國志·杜畿傳》言：畿守河東，冬月脩戎講武。又開學官，親自執經教授。《注》引《魏略》曰：博士樂詳，由畿而升。至今河東特多儒者，則畿之由矣。又《王肅傳注》引《魏略》，言賈洪歷守三縣令，所在輒開除廄舍，親授諸生。《管輅傳注》引《輅別傳》云：父爲琅邪即丘長，時年十五，來至官舍讀書。於時黌上有遠方及國內諸生四百餘人，皆服其才。此所治者，皆博士弟子之業，非所謂導民以禮，風之以樂，以崇鄉黨之化者也。此其故何哉？人亦孰不欲富貴？既設科射策，勸以官祿矣，孰肯舍是路而不由哉？《明史·選舉志》：“社學。自洪武八年，延師以教民間子弟，兼讀御製《大誥》及本朝律令。正統時，許補儒學生員。弘治十七年，令各府、州、縣建立社學，選擇明師。民間幼童十五以下者，送入讀書，講習冠、婚、喪、祭之禮。然其法久廢，寖不舉行。”讀《大誥》、律令，講習冠、婚、喪、祭之禮，猶古所謂導民以禮，風之以樂，所以求其馴擾易治者也。許補儒學生員，則使爲博士弟子，治治人之學矣。卒不能不許，而讀法、習禮，寖廢不行，足見入社學者之所求，與立社學者之所期不同也。亦猶漢世勸學，本欲以行禮視化，而其後來者，皆以讀書治學問爲務也。此等級之平夷爲之，以是爲病，則不免拘墟之見矣。

〔七三一〕　孔　子　廟

《新唐書‧劉禹錫傳》:"禹錫嘗歎天下學校之廢,乃奏記宰相曰:言者謂天下少士,而不知養材之道,鬱埋不揚,非天不生材也。是不耕而歎廩庾之無餘,可乎? 貞觀時,學舍千二百區,生徒三千餘,外夷遣子弟入附者五國。今室廬圮廢,生徒衰少,非學官不振,病無貲以給也。凡學官,春秋釋奠於先師,斯止辟雍、泮宮,非及天下。今州縣咸以春秋上丁,有事孔子廟,其禮不應古,甚非孔子意。武德初,詔國學立周公、孔子廟,四時祭。貞觀中,詔脩孔子廟兗州。後許敬宗等奏天下州縣置三獻官,其他如立社。玄宗與儒臣議,罷釋奠牲牢,薦酒脯。時王孫林甫爲宰相,不涉學,使御史中丞王敬從以明衣牲牢著爲令,遂無有非之者。今夔四縣,歲釋奠費十六萬。禹錫時爲夔州刺史。舉天下州縣,歲凡費四千萬。適資三獻官飾衣裳、飴妻子,於學無補也。請下禮官博士議,罷天下州縣牲牢衣幣,春秋祭如開元時。籍其貲,半畀所隸州,使增學校,舉半歸太學,猶不下萬計,可以營學室,具器用,豐饌食,增掌故以備使令;儒官各加稍食;州縣進士,皆立程督;則貞觀之風,粲然可復。"其指陳利害,可謂深切著明矣。然《文獻通考‧學校考》引歐陽修《襄州穀城縣夫子廟記》曰:"隋、唐之際,天下州縣,皆立學,置學官、生員,而釋奠之禮,遂以著令。其後州縣學廢,而釋奠之禮,吏以其著令故,得不廢。學廢矣,無所從祭,則皆廟而祭之。"馬君按云:"自唐以來,州縣莫不有學,則凡學莫不有先聖之廟矣。然考之前賢文集,如柳子厚《柳州文宣王廟碑》與歐公此記,及劉公是《新息縣鹽城縣夫子廟記》,皆言廟而不及學。蓋衰亂之後,荒陋之邦,往往庠序頹圮,教養廢弛,而文廟獨存。長官之有識者,以興學立教,其事重而費鉅;故姑葺文廟,俾不廢夫子之祠,所謂猶賢乎已。"然則有廟而無學,又非禹錫惜祭祀所費太多,而學校經費不足者比矣。其故何哉? 二公所言,固爲當時實錄,然若深求其故,則尚有不止乎此者在也。

《齊書‧江祐傳》:祐弟祀,爲南東海太守,治下有宣尼廟,久廢不脩,祀更開構建立。則有孔子廟者,久不止京師及魯國矣。先聖、先師,蓋釋奠時祀之於學,不別作廟。然《隋書‧梁彥光傳》言:彥光爲相州刺史。滏陽人焦通,性酗酒,事親禮闕,爲從弟所訟。彥光將至州學,令觀於孔子廟。廟中有韓伯瑜母杖不痛,哀母力弱,對母悲泣之像。通遂感悟。則學中久有廟矣。《唐書‧禮志》:貞觀四年,詔州縣學皆作孔子廟;咸亨元年,詔州縣皆營孔子廟;《舊唐書·高宗紀》：咸亨元年，五月，詔曰："諸州縣孔子廟堂有破壞，并先來未造者，宜令所司，速事營造。"則營建更形普徧。《舊唐書·良吏傳》：韋機，顯慶中爲檀州刺史。邊州素無學校，機敦勸生徒，創立孔子廟。圖七十二子及自古賢達，皆爲之贊。其營建實以廟爲急。又《倪若水傳》：開元初，出爲汴州刺史。增修孔子廟堂及州縣學舍，勸勵生徒，儒教甚盛。《曹華傳》：爲沂州刺史、沂海兗觀察使，移理於兗。春秋釋奠於孔子廟，立學講經。亦皆以廟、學并言。馬君謂自唐以來，州縣莫不有學，則凡學莫不有廟者，殆非虛語也。自宋以降，重廟更甚。《宋史·王承美傳》：爲豐州刺史，請於州城置孔子廟，詔可之。《田錫傳》：移睦州。睦州人舊阻禮教，錫建孔子廟，表請以經籍給諸生，詔賜九經，自是人知向學。《孝義傳》：胡仲容，建本縣孔子廟，頗爲宏敞。皆言廟而不及學。《龔鼎臣傳》：知渠州。渠故僻陋，無學者，鼎臣請於朝，建廟、學，選邑子爲生，日講説，立課肄法，人大勸。亦以廟、學并言。《外國·大理傳》：政和六年，使李紫琮來，過鼎州，求詣學瞻拜先聖像，徧謁見諸生。其意亦以瞻拜聖像爲重也。《遼史·能吏傳》：大公鼎，改良鄉令，建孔子廟學。《百官志》縣學下，則但云大公鼎爲良鄉縣尹，建孔子廟。其重廟而輕學可知。《金史·孔璠傳》。熙宗即位，興制度禮樂，立孔子廟於上京。蓋徒立廟。《章宗紀》：明昌元年，三月，詔修曲阜孔子廟、學。泰和四年，二月，詔刺史：州郡無宣聖廟、學者，并增修之。雖言學，意所重亦必在廟。《蒲察鄭留傳》：改順義軍節度使。西京人李安兄弟爭財，府縣不能決，按察司移鄭留平理。月餘不問。會釋奠孔子廟，鄭留乃引安兄弟與諸生列坐會酒，陳説古之友悌數事。安兄弟感悟，相讓而歸。《任天寵傳》：遷威戎縣令。縣故堡塞，無文廟、學舍，天寵以廢署建。可見金時州縣，有學者亦皆有廟也。《元史·選舉志》：國初燕京始平，宣撫王楫，請以金樞密院爲宣聖廟。《世祖紀》：中統二年，八月，命開平守臣釋奠於宣聖廟。《哈刺哈孫傳》：爲左丞相，京師久闕孔子廟，而國學寓他署，乃奏建廟、學，選名儒爲學官，採近臣子弟入學。其重廟亦與金人等。《何伯祥傳》：子瑋。京師孔子廟成，瑋言唐、虞、三代，國都閭巷，莫不有學，今孔廟既成，宜建國學於其側。從之。是反以廟爲主，而以學從之也。《張柔傳》：移鎮保州，遷廟學於城東南，增其舊制。《嚴實傳》：子忠濟，襲東平路行軍萬户。東平廟學故隘陋，改卜高爽地於城東。《木華黎傳》：弟帶孫之後只必，襲父爲東平達魯花赤。嘗出家藏書二千餘卷置東平廟、學，使學徒講肄之。《趙良弼傳》：良弼別業在溫縣，故有地三千畝。乃析爲二：六與懷州，四與孟州，皆永隸廟、學，以贍生徒。《段直傳》：爲澤州長官。大修孔子廟。割田千畝，置書萬卷，迎儒士李俊民爲師，以招延四方來學者。不五六年，學之士子，以通經被選者百二十有二人。《白景亮傳》：特授衢州路總管。郡學之政久弛，從祀諸賢無塑像，諸生無廩膳，祭服、樂器有缺，景亮皆爲備之，儒風大振。《賽典赤瞻思丁傳》：至元十一年，行省雲南。創建孔子廟、明倫堂，購經史，授學田，由是文風稍興。三子忽辛，大德時，改雲南行省右丞。瞻思丁爲平章時，建孔子廟爲學校，撥田五頃，以供祭祀、教養。瞻思丁卒，田爲大德寺所有，忽辛按廟學舊籍奪歸之。乃復下諸郡邑，徧立廟、學，選文學之士，爲之教官，文風大興。《張立道傳》：至元十五年，除忠慶路總管，佩虎符。先是雲南未知尊孔子，祀王逸少爲先師。立道首建孔子廟，置學舍，勸士人子弟以學，擇蜀士之賢者，迎以爲弟子師，歲時率諸生行釋奠禮，人習禮讓，風俗稍變矣。遷臨安廣西道軍民宣撫使，復創廟學於建水路。諸人於學皆極有功，然所脩飭必及於廟。蓋有有廟而無學者矣，未有立學而不先立廟者。其有如《明史・忠義傳》所云：王愷，太祖克衢州，命總制軍民事，學校毀，與孔子家廟之在衢者并新之。視家廟與學校等重者矣。《錢唐傳》：洪武二年，詔孔廟春秋釋奠，止行於曲阜，天下不必通祀。唐伏闕上疏，言孔子垂教萬世，天下共遵其教，故天下得通祀孔子，報本之禮不可廢。侍郎程徐亦疏言：古今祀典，獨社稷、三皇與孔子，通祀天下。民非社稷、三皇則無以生，非孔子之道則無以立。孔子以道設教，天下祀之，非祀其人，祀其教也，祀其道也。今使天下之人，讀其書，由其教，行其道，而不得舉其祀，非所以維人心，扶世教也。皆不聽。久之，乃用其言。二人之論，與劉禹錫適相反，以明太祖之剛愎而不能終違也，可以見輿情之所在矣。予猶及見清世所謂府、州、縣學者，人皆稱爲孔子廟，無或知爲學校者也。其故何哉？官府所設之學，學術久不存焉，而祭祀則人知嚴之，故其遷流所屆如此也。《清史稿・世宗紀》：雍正二年，正月，"建孔子廟於歸化城。"《仁宗紀》：嘉慶元年，二月，"勅甘肅貴德廳建文廟。"亦徒云建廟。

〔七三二〕　鄉飲射禮

古代教育，重於行禮，六禮之中，鄉爲尤重，故鄉飲、鄉射，至漢世猶不絕焉。《史記・孔子世家》言："魯世世相傳，以歲時奉祠孔子冢，而諸儒亦講禮鄉飲大射於孔子冢。"其盛況可想。《自序》言"觀孔子之遺風，鄉射鄒、嶧"，則史公并曾親與其事也。漢既崇儒，尤重其事。《漢書・成帝紀》：鴻嘉二年，三月，博士行飲酒禮。《漢紀》作鄉飲酒禮，《五行志》作大射禮，蓋射、鄉并行。

《後漢書·伏湛傳》：建武三年，爲大司徒，奏行鄉飲酒禮。《續漢書·禮儀志》：明帝永平二年，三月，上始率羣臣，躬養三老、五更於辟雍，行大射之禮。郡、縣、道行鄉飲酒於學校。皆祀聖師周公、孔子，牲以犬。《注》引鄭玄注《鄉飲酒禮》曰："今郡國十月行鄉飲酒禮。"《後漢書·儒林傳》：本初元年，梁太后詔曰：大將軍下至六百石，悉遣子就學，每歲輒於鄉射月一饗會之，以此爲常。《注》引《漢官儀》曰："春三月，秋九月，習鄉射禮，禮生皆使太學學生。"蓋在東京，飲射皆爲常典矣。韓延壽，所至必脩治學宮，春秋饗射，陳鐘鼓管絃，盛升降揖讓。李忠，遷丹陽太守。以越俗不好學，嫁娶禮儀，衰於中國，乃爲起學校，習禮容，春秋鄉飲。鮑永，拜魯郡太守。孔子闕里，無故荆棘自除，乃會人衆脩鄉射之禮，因以格殺彭豐。秦彭，遷丹陽太守。敦明庠序，每春秋饗射，輒脩升降揖讓之儀。皆良吏之欲以此化民者也。劉昆，王莽世，教授弟子五百餘人。每春秋饗射，常備列典儀。以素木瓠葉爲俎豆，桑弧蒿矢，以射菟首。每有行禮，縣宰輒率吏屬而觀之。則私家講習，亦甚重此矣。魏、晉而後，其事稍衰，然仍不絕。《晉書·隱逸·索襲傳》：敦煌太守陰澹，欲行鄉射之禮，請襲爲三老。《宋書·蔡廓傳》：子興宗，遷會稽太守。三吳舊有鄉射禮，久不復脩，興宗行之，禮儀甚整。是也。《唐書·太宗紀》：貞觀六年，七月，詔天下行鄉飲酒禮。則唐世又以爲常典。《李栖筠傳》：出爲常州刺史。大起學校，堂上畫孝友傳示諸生。爲鄉飲酒禮，登歌降飲，人人知勸。亦其能奉行者也。宋儒好復古，故宋後其禮又漸盛。《宋史·李沆傳》：弟維，知歙州。至郡，興學舍，歲時行鄉射之禮。《王沼傳》：降知滑州，徙成德軍。建學校，行鄉飲酒禮。《龔茂良傳》：爲廣東提刑。即番山之址建學，又置番禺、南海縣學。既成，釋奠，行鄉飲酒以落之。《儒林·魏了翁傳》：知眉州。朔望詣學宮，親爲講說。行鄉飲酒禮，以示教化。《元史·烏古孫澤傳》：行興化路總管府事。興學校，召長老及諸生，講肄經義，行鄉飲酒禮。《儒學·周仁榮傳》：署美化書院山長。美化在處州萬山中，人鮮知學。仁榮舉行鄉飲酒禮，士俗爲變。《明史·魏觀傳》：洪武五年，知蘇州府。前守陳寧苛刻，人呼陳烙鐵。觀盡改寧所爲，以明教化、正風俗爲治。建黌舍，行鄉飲酒禮，政化大行。皆其事之往往不絕者也。古去草昧之世近，其民好爭鬥，故爲鄉飲酒之禮以教弟，爲鄉射之禮以示不爭，後世風俗久變；素木瓠葉，桑弧蒿矢，亦與人生日用不切；而猶沿襲其事，欲以化民，可謂循名而不察實者矣。抑飲、射皆所以禁未然也，貴能使人感奮興起。而明世鄉飲酒之禮，顧使"凡有過犯之人，列於外坐，同類者成席，不許雜於善良之中。"洪武二十二年令。見《明史·禮志》。是會人衆以僇辱之也。將使强者忿戾，弱者自棄，曷若不使與於會聚之爲得哉？

〔七三三〕 束　脩

　　《論語・述而》：“子曰：自行束脩以上，吾未嘗無誨焉。”束脩二字，可有二解：一以脩爲贄，一束身脩行也。即以前說爲是，亦所以致其敬，而非曰利其物。然此乃古道，在後世，則教者必有所取，學者必有所與，而束脩二字，遂爲弟子奉其師以財利之名矣。

　　然古道在後世，仍久而後湮。叔孫通之降漢，從弟子百餘人，及爲漢制朝儀，得賜金五百斤，皆以賜諸生。趙典，每得賞賜，輒分與諸生之貧者。包咸，顯宗以師傅舊恩，而素清苦，常特賞賜，奉禄增於諸卿；皆散與諸生之貧者。皆弟子無以奉其師，顧有取於其師者也。此猶曰貧者。若戴崇，每候張禹，常責師宜置酒設樂，與弟子相娛。則并非因其困乏矣。蓋古師弟子之倫，介乎君臣、朋友之間，君固當食其臣，朋友亦有通財之義，故其相處之道如此也。漢世於教授者多稱爲養徒，如《後漢書・來歙傳》，言其六世孫豔，“好學下士，開館養徒”是也，蓋由於此。此似爲高義，然社會之組織既變，古道終不可行，遂有“不行束脩，未嘗有所教誨”之劉焯矣。《隋書》本傳。然猶有不行束脩者，又可見古道之未盡泯也。《北齊書・儒林傳》：馮煒，“門徒束脩，一豪不受”，亦由於此。

　　養徒之弊，有不免所識窮乏得我者，竇武得兩宮賞賜，悉散與太學諸生，及載肴糧於路，匄施貧民是也。此所施者，猶爲諸生及貧民。若竇瓌，周紆劾其“學無經術，而妄搆講舍，外招儒徒，實會姦黨”，《後漢書・酷吏傳》。則其弊有不可勝言者，宜乎其事之不可久也。

　　《馮偉傳》言其“閉門不出，將三十年，不問生產”，蓋其家本饒足。又言其“耕而飯，蠶而衣，簞食瓢飲，不改其樂”，蓋其性實澹泊，儉於自奉，初不由於貧乏，故能無所取於學者。若乃家無儋石，藉勞力以自活，則既從事於教授，自不可無以代耕。邴原鄰舍之師，許不求資而徒相教，見《游學》條。此出特許，則其本必求資可知。蓋藉以餬口者。《漢書・藝文志》有閭里書師，蓋以教書故稱書師。邴原之師，原從之讀《孝經》、《論語》，可稱《孝經》、《論語》師，要皆閭里之師也。閭里之師，殆皆藉教授以餬口。至於傳經之大師，然後所取者多而且廣，可以有所取，亦可以有所與，乃得模擬古之士大夫，而以養徒爲名高矣。然氾毓不蓄門人，稱爲清静，亦見《游學》條。則蓄焉者可知。轉不如閭里之師，自食其力者之無愧於心矣。

　　社會之組織既變，則人之所以自處及其相處之道，亦隨之而變，此勢之必不可免者也。一巨子多養徒衆之局既去，而人皆恃通工易事以爲生，師固不能無所取於弟子。此在漢世，亦業已如是。文翁選郡縣小吏詣京師，受業博士，或學律令，減省少府用度，買刀布蜀物，齎計吏以遺博士，即弟子必有以奉其師之一事也。《宋史・趙安仁傳》：孫君錫，爲宗正丞。時增諸宗院講書教授官，而逐院自備緡錢爲月餽，貧者或不能以時致，宗師輒移文督取。君錫言：國家養天下士於太學，尚不較其費，安有教育宗室，令自行束脩之理？詔悉從官給。《元史・李謙傳》：爲東平府教授，生徒四集。累官萬户府經歷。復教授東平。先時教授無俸，郡斂儒户銀百兩備束脩。謙辭曰：家幸非甚貧，豈可聚貨以自殖乎？此皆教師不能無禄之證。然無禄而有所取可也，元時國學，不聞無禄，而《宇术魯翀傳》言：舊制，弟子員初入學，以羊贄，所貳之品與羊等，則取之有傷於廉矣。吾少時所見清世之府、州、縣學，生員入學之初，尚必有以贄其師。應試時，本有廩膳生爲之保任，保其身家清白及非冒籍。及此，更由其與教官議贄幣多少，斤斤頗甚。議定，生員投贄一見其師，自此師生若路人矣。

　　《元史・列女傳》：王德政妻郭氏。少孤，事母張氏孝謹，以女儀聞於鄉。及笄，富貴家慕之，爭求聘。張氏不許。時德政教授里中，年四十餘，貌甚古陋。張氏以貧不能教二子，欲納德政爲壻，使教之。宗族皆不然。郭氏慨然，願順母志。既婚，與德政相敬如賓。屬教二弟有成。此亦師不能徒相教之一事。卒教其二子有成，亦爲不負託付，然終媿邴原之師矣。

　　《元史・許有壬傳》：有壬之父熙載，仕長沙日，設義學訓諸生。既殁而諸生思之，爲立東岡書院。《明史・隱逸・楊恒傳》：諸曁人。外族方氏建義塾，館四方游學士。恒幼，往受諸經，輒領其旨要。曰義學，蓋不取其資者。孤寒向學之士，殆非此無以濟也。

〔七三四〕　論語、孝經

　　漢人讀經，率先《論語》、《孝經》，此法相沿甚久。《顏氏家訓・勉學》篇云：“士大夫子弟，數歲已上，莫不被教，多者或至《禮》、《傳》，少者不失《詩》、《論》。”又云：“自荒亂已來，諸見俘虜，雖百世小人，知讀《論語》、《孝經》者，尚爲人師。”《魏書・外戚傳》：馮熙，生於長安，爲姚氏魏母所養。以叔父樂陵公遐因戰入蠕蠕，魏母攜熙逃避，至氐羌中撫育。年十二，好弓馬，有勇幹，氐羌皆歸附之。魏母見其如此，將還長安。始就博士學問，從師受《孝經》、《論語》。《周書・文閔明武宣諸子傳》：宋獻公震。年十歲，誦《孝經》、《論語》、《毛詩》，後與世宗俱受《禮記》、《尚書》於盧誕。《隋書・蔡王智積傳》：父景王整，高祖龍潛時與不睦；太妃尉氏，又與獨孤皇后不相諧；以是智積常懷危懼。有五男，止教讀《孝經》、《論語》而已，亦不令交通賓客。《韋師傳》：初就學，始讀《孝經》，捨書而歎曰：名教之極，其在茲乎？《文學傳》：王頍，少好游俠，年二十，尚不知書，爲兄顒所責怒，於是感激，始讀《孝經》、《論語》。《元史・王思誠傳》：七歲從師，授《孝經》、《論語》，即能成誦。《儒學傳》：陳櫟生三歲，祖母吳氏口授《孝經》、《論語》，輒成誦。又伯顏，六歲從里儒授《孝經》、《論語》，即成誦。蓋至朱子之學大行，入學者皆先誦《四書》，而先誦《論語》、《孝經》之法乃變。

〔七三五〕　學校中體罰

近世學校，禁用體罰，然中國自昔有之。《陳書・新安王伯固傳》：“爲國子祭酒。爲政嚴苛。國學有惰游不脩習者，重加楚撻，生徒懼焉。由是學業頗進。”此必國學中舊有此罰，伯固乃得施之也。《舊唐書・陽嶠傳》言：嶠“爲國子祭酒。學徒漸弛。嶠課率經業，稍行鞭箠。學生怨之，頗有喧謗，乃相率乘夜於街中毆之。上聞，而令所由杖殺無理者。由是始息”。學校中無可行鞭箠之理，蓋亦用夏楚，而史家措辭不審也。此皆國學，尚不免夏楚，而郡縣以下之學可知矣。《宋史・馬仁瑀傳》：“十餘歲時，父令就學，輒逃歸。又遣於鄉校習《孝經》，旬餘不識一字。博士笞之。仁瑀夜中獨往焚學堂，博士僅以身免。”此則私塾中習用體罰，由來舊矣。

《宋史・宗室傳》：趙師𥊍，知臨安府。“武學士柯子沖、盧宣德以事至府，師𥊍擅撻遣之，衆盡喧，文武二學之士交投牒，師𥊍乃罷免，與祠。”地方官擅責學生，近世爲法所不許。不論文武，學生未經斥革者，有犯祇能送學中羈禁。學中亦可用木板責打手心，所謂夏楚也，然久無其事矣。羈禁時，學中胥役，或亦小有求取，然較州縣衙門之胥役，則不可同日語矣。故健訟之地，視生員特重，以官威有所格，則可以有所恃，而干與訟事以牟利耳。

《清史稿・德宗紀》：光緒三十三年，四月，“命衍聖公孔令貽稽察山東學務。”此人在當時，曾責打某校教師手心。論者頗不然之。以擅施體罰於學生，已爲其時所不許，乃施之教師也。封建在中國，久成虛名，乃忽焉任之以事，而其壞法亂紀即如此。除惡務盡，信哉！

〔七三六〕　鳴　鼓　衆　質

事莫惡於挾勢以相臨。挾貴，挾賢，挾長，挾有勳勞，挾故，見《孟子·盡心》上篇。挾故，趙《注》云："與師有故舊之好。"此無可挾，疑非。故，事也。蓋謂挾一事足以相脅者。其實皆挾勢也。挾衆亦然。歷代講學，喜於衆屬耳目之地，以口舌争勝。使聽者而賢於我歟，我安可靦顔講説？使聽者而不如我歟，我顧因博其稱許，而不惜自衒粥，是無恥之甚者也。然猶有可恕者，曰：此等皆選耎不自樹立之徒，雖卑鄙，猶未至於暴戾也。若乃挾衆勢以攻一人，則更不可恕矣。《宋史·吳師禮傳》："游太學。時兄師仁爲正，守《春秋》學。他學官有惡之者，條其疑問諸生。師禮悉以兄説對。學官怒，鳴鼓坐堂衆質之。師禮引據三傳，意氣自如。"此學官果自居何等邪？熙寧學校貢舉之法，平心論之，未爲非是，然法雖善而行之不善，亦有不能免於惡者。《石公弼傳》云："三舍法行，士子計等第，頗事告訐。"虞蕃訟博士受賄，蓋即告訐之一事。見《蔡碩傳》。其言或不免過甚。然株連衆而追求酷，則必非虛語也。《劉摯傳》云："神宗更新學制，養士以千數，有司立爲約束，過於煩密。摯上疏哲宗時。曰：比以太學屢起獄訟，有司緣此，造爲法禁，煩苛愈於治獄，條目多於防盜，上下疑貳，以求苟免。甚可怪者，博士、諸生，禁不相見，教諭無所施，質問無所從，月巡所隸之齋而已。齋舍既不一，隨經分隸，則又《易》博士兼巡《禮》齋，《詩》博士兼巡《書》齋。所至備禮請問，相與揖諾；亦或不交一言而退，以防私請，以杜賄賂。學校如此，豈先帝所以造士之意哉？"豈不令人駭笑乎？《崔鶠傳》："欽宗即位，上疏曰：諫議大夫馮澥近上章曰：士無異論，太學之盛也。澥尚敢爲此姦言乎？王安石除異己之人，著三經之説以取士，天下靡然雷同，陵夷至於大亂，此無異論之效也。蔡京又以學校之法馭士人，如軍法之馭卒伍，一有異論，累及學官。若蘇軾、黃庭堅之文，范鎮、沈括之雜説，悉以嚴刑重賞，禁其收藏，其苛錮多士，亦已密矣。而澥猶以爲太學之盛，欺罔不已甚乎？"鶠乃舊黨，所言必不免失中。然謂"紹述一道德而天下一於諂佞，紹述同風俗而天下同於欺罔"，則甚可痛而不可不深長思也。人固有所行者是，而其行之之心則非者。一時雖或有功，久必不勝其弊。昔賢所以貴"正其義不謀其利，明其道不計其功"也。

《金史·選舉志》：章宗大定二十九年，上封事者乞興學校，推行三舍法。事下尚書省集百官議。户部尚書鄧儼等謂三舍法行，"多席勢力尚趨走之弊。故蘇軾有三舍既興、貨賂公行之語。臣等謂立法貴乎可久。彼三舍之法，委之學官選試，啓僥倖之門，不可爲法。"則熙、豐時太學有弊，自是事實。然此豈嚴刑密網所能治邪？入太學本爲官祿之勸，委學官選試，而望其無貨賂、告訐，豈可得哉？其關鍵在毋以選試之權，委之學官而已。此學校所以必與科舉并行也。

宋理宗時，太學生林日養，受宦官之賂，上書攻謝方叔、洪天錫。學舍惡其黨姦，鳴鼓攻之，引見《學校風潮》條。《明史·王省傳》："凡三爲教官，最後得濟陽。燕兵至，爲游兵所執。從容引譬，詞義慷慨。衆舍之。歸坐明倫堂，伐鼓聚諸生，謂曰：若等知此堂何名？今日君臣之義何如？因大哭。諸生亦哭。省以頭觸柱死。"伐鼓，蓋學中相傳聚衆之法也。或以教忠，或則挾衆以臨匹夫，以媚權貴而快私忿，人之度量相越，何其遠也！

講學以口舌爭勝，非爭學術是非之流失，實由古人本有以口舌爭勝之惡習，而貤及於學術耳。讀《抱朴子·疾謬》之篇而可知也。《後漢書·儒林傳》：戴憑，"年十六，郡舉明經，徵試博士，拜郎中。時詔公卿大會，羣臣皆就席，憑獨立。光武問其意。對曰：博士説經皆不如臣，而坐居臣上，是以不得就席。帝即召上殿，令與諸儒難説，憑多所解釋，帝善之，拜爲侍中。正旦朝賀，百僚畢會，帝令羣臣能説經者更相難詰，義有不通，輒奪其席以益通者，憑遂重坐五十餘席。"憑幼不遜悌，光武之用之，亦如其令優伶剽剥人耳。《陳書·儒林傳》：張譏，"天嘉中，遷國子助教。是時周弘正在國學，發《周易》題。弘正第四弟弘直，亦在講席。譏與弘正論議，弘正乃屈。弘直危坐屬聲，助其申理。譏乃正色謂弘直曰：今日義集，辯正名理，雖知兄弟急難，四公不得有助。弘直曰：僕助君師，何爲不可？舉坐以爲笑樂。"此亦如觀優戲耳。《隋書·儒林傳》：元善，"通博在何妥之下，然以風流醖藉，俯仰可觀，音韻清朗，聽者妄倦，由是爲後進所歸。妥每懷不平，心欲屈善。因善講《春秋》初發題，諸儒畢集。善私謂妥曰：名望已定，幸無相苦。妥然之。及就講肆，妥遂引古今滯義以難善，多不能對。善深銜之，二人由是有隙。"又劉焯，"因國子釋奠，與劉炫二人論義，深挫諸儒，咸懷妬恨，遂爲飛章所謗，除名爲民。"《新唐書·儒學·孔穎達傳》："煬帝召天下儒官集東都，詔國子祕書學士與論議，穎達爲冠，又年最少，老師宿儒恥出其下，陰遣客刺之，匿楊玄感家得免。"其妬嫉賊害，至於如此，豈不可駭？《周書·儒林·熊安生傳》："天和三年，齊請通好。兵部尹公正使焉，與齊人語，及《周禮》。齊人不能對。乃令安生至賓館與公正言。公正有口辯，安生語所未至者，便撮機要而驟問之。安生曰：禮義弘深，自有條貫。必欲升堂觀奧，寧可汩其先後？但能留意，當爲次第陳之。公正於是具問所疑,安生皆爲一一演說,咸究其根本,公正深所嗟服。"以口給禦人始,而以請益從善終,何其賢也!

〔七三七〕 學 校 風 潮

今世有所謂學校風潮者,其事實古已有之。學校風潮,乃一種羣衆運動。可以大聲疾呼,申明一事之是非曲直,而不能深謀遠慮,定措置之方。并不能洞燭隱微,知癥結所在。論者或以是爲學生運動病,此乃未知學生運動之性質者也。歷代之學校風潮,雖亦不盡純正,然其所蘄求指斥,合於義者究多。此可見羣衆之可欺以其實,而不可欺以其名也。進一步,使大多數人,皆知綜核名實之道,以羣衆運動,申明事之是非曲直,而更有切實而持久之辦法以繼之,則政治可以改觀矣。

漢哀帝時,鮑宣爲司隸,鉤止丞相掾史,没入其車馬。事下御史中丞。侍御史至司隸官,欲捕從事,閉門不肯内。坐距閉使者,下廷尉獄。博士弟子濟南王咸舉幡太學下,曰:欲救鮑司隸者會此下。諸生會者千餘人。朝日,遮丞相孔光自言,丞相車不得行。又守闕上書。後漢光武帝時,歐陽歙徵爲大司徒,坐在汝南臧罪千餘萬發覺下獄。諸生守闕,爲歙求哀者千餘,至有自髡剔者。案宣本著高節。歙之被繫也,平原禮震,自繫上書,求代其死。高獲亦冠鐵冠,帶鈇鑕,詣闕請歙。見《後漢書·方術傳》。光武不赦,歙死獄中。歙掾陳元,又上書追訟之,言甚切至。帝乃賜以棺木,贈印綬,賻縑三千匹,子復并獲嗣爵。則歙獄蓋實冤,不然,以光武用法之嚴,未必肯輕於平反也。桓帝時,梁冀專朝,而帝無子,連歲饑荒,災異數見。劉陶游太學,乃上疏陳事。朱暉孫穆,以治宦者趙忠,輸作左校,陶等數千人,又詣闕上書訟之。桓帝覽其奏,爲之赦穆。時有上書言宜改鑄大錢者,事下四府羣僚及太學能言之士,陶上議沮之,帝竟不鑄錢。則陶實達於政事,非徒能鼓衆唱議。而桓帝之於諸生也,能用其言,又導之使言,實賢於光武之遂殺歐陽歙,哀帝之竟抵鮑宣罪者矣。靈帝時,皇甫規爲徐璜等所陷,下吏,論輸左校,諸公及太學生張鳳等三百餘人上書訟之。史云規會赦歸家,不云由鳳等之訟,則靈帝之聽言,亦不如桓帝。熹平元年,有何人書朱雀闕,言"天下大亂,曹節、王甫幽殺太后,侯覽多殺黨人,公卿皆尸禄,無有忠言者"。司隸校尉劉猛不肯急捕,月餘,主名不立。猛坐左轉,代以段熲,四出逐捕,及太學游生,繫者千餘人。見《後漢書·宦者傳》。《靈帝紀》云:宦官諷司隸校尉段熲捕繫太學諸生千餘人。則始公然與輿論爲敵矣。段頰武人，剿羌時恣意殺戮，又比宦者，捕繫平民，及於學生，罪不容於死矣。竇武難作，陳蕃將官屬諸生八十餘人，并拔刃，突入承明門。則漢世儒生，不徒主持清議，并有能以身赴難者，要不失爲正氣所在也。

晉世於太學外復立國子學。孝武帝用謝石之説，增置生員，造廟屋百五十五間，而學生頑嚚，因風放火，焚房百餘間。此爲歷代學校風潮中最無意識者，説見《國子太學》條。唐玄宗初，陽嶠入爲國子祭酒。時學徒漸弛，嶠課率經業，稍行鞭箠，學生怨之，頗有喧謗，乃相率乘夜於街中毆之。上聞，令所由杖殺，由是始息。此其輕俠，或非因風放火之倫，其頑不率教，則更甚矣。至於令所由杖殺，不亦酷哉？晉世國學固皆貴游，唐則并太學亦皆品官及勳封子弟，足見貴人之不可教矣。楊瑒遷國子祭酒，請明經習《左傳》者盡帖平文；通《周禮》、《儀禮》、《公羊》、《穀梁》者量加優獎。詔習此諸經者，出身免任散官，遂著於式。生徒爲瑒立頌學門外。歐陽詹舉進士，與韓愈聯第，又與愈善。詹先爲四門助教，率其徒伏闕舉愈博士。此等徒知干進，且或比周，亦殊愧士節。蓋唐代士風，本近嗜利，故其所爲如此也。其關涉政治者，惟德宗時之請留陽城。然城所因之得罪者薛約，實非佳士；留城之太學諸生，以何蕃爲首，亦矯僞之徒；則此舉亦黨爭，非關政事得失也。柳宗元顧遺蕃等書，比之李膺、嵇康時太學生徒仰闕執訴，不亦輕於許可乎？

以唐世之黨爭與宋世之黨爭較，則唐世徒爲私利，而宋世實有政見之不同，二者未可同日語也。學潮亦然。神宗時，太學盛而學風實壞，説見《鳴鼓衆質》條。然張商英罷而蔡京復用，太學諸生嘗訟其冤。何執中代京相，太學諸生陳朝老亦詣闕上書言之。鄧肅入太學，時東南貢花石綱，肅作詩十一章，言守令搜求擾民；用事者見之，屏出學。則雖用威脅利誘，并不能遂弭人言。陳公輔爲平江府教授，朱勔方嬖倖，當官者奴事之，公輔絶不與交；勔有兄喪，諸生欲往弔，公輔不與告。則郡縣教官，亦有毅然不可犯者矣。及金兵至，而陳東等代表民意，力主澄清政局，抗禦强敵，正氣大伸。東以欽宗即位後上書，數蔡京、童貫、王黼、梁師成、李彥、朱勔之罪，謂之六賊。靖康元年二月，復及都民數萬人此據《欽宗紀》。《聶昌傳》云十餘萬人，恐失實。伏闕上書，請復用李綱及种師道，且言李邦彥等嫉綱，恐其成功，罷綱正墮金人之計。會邦彥入朝，《邦彥傳》云退朝。衆數其罪而罵。《邦彥傳》云：且欲毆之，邦彥疾馳得免。吳敏傳宣，衆不退，遂搥登聞鼓，山呼動地。殿帥王宗濋恐生變，奏上勉從之。遣耿南仲號於衆曰：已得旨宣綱矣。内侍朱珙之宣綱後期，衆臠而磔之，并殺内侍數十人。此純爲一羣衆運動。政府後雖從衆，初亦欲以兵力壓伏之。時與東俱上書者,尚有太學生高登。《登傳》云:"軍民不期而會者數萬,王時雍縱兵欲盡殲之,登與十人屹立不動。"可謂見危授命者矣。金兵解去,學官觀望時宰議,盡屏伏闕之士,自東始。時雍又欲盡置諸生於獄,人人惴恐。聶昌力言不可。乃用楊時爲祭酒,復東職,遣昌詣學撫諭,然後定。是時嬖臣多從上皇東下,惟宦者梁師成,當欽宗爲太子時,鄆王楷寵盛,有動搖東宫意,能力保護,以舊恩留京師。東又與布衣張炳俱疏其罪,其於一時之嬖幸,可謂無所寬假矣。明年,正月,欽宗如金軍。太學生徐揆,率諸生扣南薰門,以書抵二酋,請車駕還闕。二酋使以馬載揆至軍詰難,揆厲聲抗論,爲所殺。金人脅立異姓,衆如其意舉張邦昌。孫傅、張叔夜不署狀,金人執之,置軍中。王時雍時爲留守,再集百官詣祕書省。至即閉省門,以兵環之。俾范瓊諭衆以立邦昌。衆意唯唯。有太學生難之。瓊恐沮衆,厲聲折之,遣歸學舍。此時獨持異議,安得不爲徐揆之續? 然則是時之太學生,實有見危授命之節,非客氣也。初吳敏欲弭謗議,奏補陳東官,賜第,除太學録。東又請誅蔡氏,且力辭官以歸,前後書凡五上。高宗即位,相李綱,召東赴行在。比至,綱已罷。東即上書乞留綱而罷黃潛善、汪伯彦。會崇仁布衣歐陽澈上書詆時事,語侵宫掖,帝謂其言不實,潛善乘間啓殺澈,遂并及東。《澈傳》云:金人大入,要盟而去。澈聞,輒語人曰:我能口伐金人,强於百萬之師,願殺身以安社稷。有如上書不見信,請質子女於朝,身使穹廬,御親王以歸。鄉人每笑其狂,止之,不可,乃徒步走行在。高宗即位南京,伏闕上封事,極詆用事大臣,遂見殺。澈蓋迂儒,無足憚,當局所憚者實東也。是時而猶殺言者,誠足使人流涕者矣。秦檜成和議,太學生張伯麟題壁曰:夫差,而忘越王殺而父乎? 杖脊,刺配吉陽軍。其悖悍如此。然檜死,王十朋、馮方、胡憲、查籥、李浩相繼論事,太學生爲《五賢詩》述其事。周葵素與檜異,權禮部侍郎,兼國子祭酒,侍御史湯鵬舉乞罷之。太學生黃作、詹淵率諸生都堂留葵。翼日,博士何俌等言於朝,乞懲戒。詔作、淵皆送五百里外編管,葵出知信州。太學中之正氣,殊未泯也。孝宗隆興二年,十一月,甲午,以黃榜禁太學生伏闕。是日,太學生張觀等七十二人上書,請斬湯思退、王之望、尹穡,竄其黨洪适、晁公武,而用陳康伯、胡銓等,以濟大計。幾復見陳東、高登之慷慨矣。

　　凡騖於名或激於意氣者,往往遇一事焉而隨之而動,己亦不知其所以然。此所謂役於氣而不能自主者也。一人如此,成衆自更然。光宗之不朝重華宫,此特一家之私事,於朝政無與也。君民之關係久疏,但使朝無覬覦之人,即植遺腹,朝委裘,天下亦自不亂。趙汝愚等之謀禪,蓋實有功名之心焉? 人民何必附和？然紹熙五年，大學生汪安仁等二百餘人欲上書，而龔日章等百餘人以投匭上書爲緩，必欲伏闕，《宋史·楊大全傳》。是亦不可以已乎？及汝愚罷相，國子祭酒李祥、博士楊簡皆以爲言。侂胄党正言李沐劾罷之。侍講章穎亦以言汝愚罷。太學生楊宏中、周端朝、張衛、林仲麟、蔣傅、徐範留汝愚、穎及祥、簡，悉送五百里外編管。此亦參與黨爭而已。然《宏中傳》云：祥、簡被斥，宏中曰：師儒能辨大臣之冤，而諸生不能留師儒之去，於義安乎？衆莫應。獨仲麟、範、衛、傅、端朝願與其議。《範傳》云：書已具，有閩士亦署名。忽夜傳韓侂胄將寘言者重辟，閩士怖，請削名。範之友亦勸止之。範慨然曰：業已書名，尚何變？其臨難毋苟免，亦無愧高登矣。

開禧元年，四月，武學生華岳上書，諫朝廷不宜用兵，恐啓邊釁。以忤韓侂胄，送建寧府編管。書辭見本傳，論侂胄之專恣，政事之敗壞，武備之不脩，極伉直。《侂胄傳》云：乞斬侂胄、蘇師旦、周筠，以謝天下。書奏，侂胄大怒，下大理，貶建寧圖土中。侂胄誅，放還，復入學，登第，爲殿前司官屬，鬱不得志。謀去史彌遠，事覺，下臨安獄。獄具，坐議大臣當死。寧宗知岳名，欲生之，彌遠曰：是欲殺臣者。竟杖死東市。史言岳輕財好俠，蓋意氣用事者，然不肯以國事爲孤注，則非武夫寡慮者比也。先攻韓侂胄，後謀史彌遠，蓋極知權姦之誤國，內安爲外攘之本者，其識見頗與陳東類也。時太學博士錢廷玉，附會侂胄，言恢復之計，見《侂胄傳》。

華岳不欲啓釁，以其無幸勝之理，非謂義不當謀恢復也，故事勢一有轉變，輿論亦即隨之。嘉定七年，十一月，遣聶子述使金賀正旦，刑部侍郎劉鑰等及太學諸生上章言其不可；十二年，五月，太學生何處恬等伏闕上書，以工部尚書胡榘欲和金人，請誅之以謝天下，皆是。皆見《本紀》。

爭濟王之獄，與請朝重華宮不同。請朝重華宮，可以沽名，而無後患，爭濟王之獄，則不然也。獄之起也，大學博士李韶上封事諫，且以書曉史彌遠，亦爲難得矣。

宋之末葉，學潮頗牽涉黨爭。其顯著者，一爲爭史嵩之起復。事在淳祐四年。太學生百四十四人，武學生六十七人，京學生九十四人，宗學生三十四人，及建昌軍教授盧鉞，皆上書言其不可。《嵩之傳》。侍御史劉漢弼言願聽嵩之終喪，帝乃以范鍾、杜範并相。五年，正月，漢弼卒。太學生蔡德潤等百七十三人伏闕上書，以爲暴卒。《漢弼傳》。是年，四月，杜範卒；六月，兵部侍郎徐元杰卒，時亦謂非善終。程公許上書極言之。公許時爲起居郎，兼直學士院，權中書舍人。嵩之罷起復及相范鍾、杜範三制，皆其所草。先是嵩之從子璟卿，嘗以書諫嵩之，暴卒，相傳嵩之致毒。《嵩之傳》。然實皆莫須有之事也。讀《程公許傳》可見。

一爲攻余晦之事。晦爲天錫從子。《宋史·程元鳳傳》云："淳祐十二年，拜右正言，兼侍講。余晦恃恩妄作，三學諸生伏闕上書，白其罪狀，司業蔡抗又力言之，元鳳數其罪劾之。奏上，以晦爲大理少卿，抗爲宗正少卿。元鳳又上疏，請留抗而黜晦，以安士心。乃命抗仍兼司業，晦予郡。"晦時爲臨安尹。理宗生平，於援立之恩最惓惓，蓋不免放縱之也。

一爲攻宦官盧允升、董宋臣。寶祐三年，監察御史洪天錫疏論二人，留中不下，而御筆授天錫大理少卿。太學生池元堅論擊允升、宋臣。讒者以天錫之論，爲時相謝方叔意；及天錫去，亦曰：方叔意也。方叔上疏自解。監察御史朱應元攻方叔罷相。允升、宋臣猶以爲未快，厚賂太學生林日養，上書力詆天錫、方叔。且曰：乞誅方叔，使天下明知宰相、臺諫之去，出自獨斷，於内侍初無預焉。書既上，學舍惡自養黨姦，相與鳴鼓攻之，上書以聲其罪。自有學潮以來，太學中人，以此次爲最不一致矣。

一爲攻丁大全之事。大全迫逐董槐，事在寶祐四年六月，三學生屢上書以爲言。詔以槐爲觀文殿大學士，提舉臨安府洞霄宮。十一月，以監察御史吳衍、翁應弼劾太學、武學生劉黻等八人不率，詔拘管江西、湖南州軍。宗學生與伯等七人并削籍，拘管外宗正司。是時太學生獲罪者六人：劉黻外爲陳宗、黃鏞、曾唯、陳宜中、林則祖。《大全》及《宜中傳》。司業率十二齋生冠帶送之橋門之外。大全益怒，立碑三學，誡諸生毋妄議國政，且令自後有上書者，前廊生看詳，以牒報檢院。士論翕然，稱六人爲六君子。而宗學諭馮去非，亦不肯書名石碑下，諸生下獄，去非復調護宗學生之就逮者焉。《宜中》、《去非傳》。大全貶，劉黻還太學。侍御史陳垓劾程公許，右正言蔡榮劾黃之純，去職，黻又率諸生上書爭之。《黻傳》，亦見《公許傳》。

《賈似道傳》云："似道既專恣日甚，畏人議己，務以權術駕馭。不愛官爵，牢籠一時名士。又加太學餐錢，寬科場恩例，以小利啗之。由是言路斷絶，威福肆行。"然景定五年，太學生蕭規、葉李等上書言似道專政，似道命京尹劉良貴招撼以罪，悉黥配之。是役也，《食貨志》云：三學六館皆上書；《元史·葉李傳》云：伏闕者凡八十三人；而良貴之陷李，亦誣其僭用金飾齋扁，未敢以攻執政爲其罪；則初未能以一手掩天下目也。李亦可謂能持正論者。其後受虜命北上，至晚節不終，則聲華之爲累耳。故明夷利貞也。

陳宜中初本攻人者，後乃爲人所攻。丁大全之敗也，丞相吳潛奏還宜中。賈似道入相，復爲之請，有詔六人皆免省試，令赴景定三年廷試，而宜中中第二人。宜中於似道，蓋實不免比周。似道督師江上，以國事付王爚、章鑑及宜中，蓋取其素與己。爚、宜中於其既出，稍欲自異，及聞其敗，乘勢蹙之。既而二人自爲矛盾。爚子乃嗾京學生劉九皋等伏闕上書，攻宜中擅權，黨似道。時爲德祐元年七月，宜中遂遁去，遣使召之，不至。其後罷爚，命臨安府捕逮京學生，召之，亦不至。蓋知國危，借此脱身也，亦云巧矣。然其後奔走朔方，身死異域，卒未肯屈節北廷，則曾讀詩書者，雖傾危之士，亦終知顧惜名義也。

宋末，學生忠貞不屈者頗多。淳祐七年，十二月，詔太學生程九萬自北脱身來歸，且條上邊事，賜迪功郎。德祐二年，正月，三學生誓死不去，特與放釋褐出身。俱見《宋史·本紀》。此足媿當時儒生如許衡輩之屈節外族，及朝臣之紛紛遁去者矣。《元史·世祖紀》：至元十三年，二月，甲子，董文炳、唆都發宋隨朝文士劉褒然及三學諸生赴京師。太學生徐應鑣父子四人同赴井死。五月，壬寅，宋三學生四十六人至京師。九月，庚子，命姚樞、王磐選宋三學生之有實學者留京師，餘聽還家。三學生之爲北廷所羈縶者，蓋甚少也。

金、元以外族入據中國，自無爲之盡忠者。《金史·僕散端傳》：“貞祐二年五月，判南京留守，與河南統軍使長壽、按察轉運使王質表請南遷，凡三奏，宣宗意乃決。百官士庶皆言其不可。太學生趙昉等四百人上書極論利害，宣宗慰遣之。”金之危亡，學生有所建白者，惟此而已。《元史·王思誠傳》：“國子監諸生相率爲鬨，復命爲司業。思誠召諸生立堂下，黜其首爲鬨者五人，罰而降齋者七十人，勤者升，惰者黜，於是更相勉勵。”此鬨不知其爲何事，然必無甚關係也。

至於明世，而學生之崇尚氣節者又多。王省死建文之難，引見《鳴鼓衆質》條。又陳思賢，洪武末爲漳州教授，以忠孝大義勖諸生。燕王登極詔至，慟哭曰：明倫之義，正在今日。堅卧不迎詔。率其徒吳性原、陳應宗、林珏、鄒君默、曾廷瑞、呂賢六人，即明倫堂爲舊君位，哭臨如禮。有司執之送京師，思賢及六生皆死。高賢寧，濟陽儒學生。嘗受學於王省，以節義相砥礪。建文中，貢入太學。燕兵圍濟南，賢寧在圍中。王射書城中諭降，賢寧作《周公輔成王論》射城外。王悦其言，爲緩攻。王即位後，賢寧被執入見。成祖曰：此作論秀才耶？秀才好人，予一官。賢寧固辭。錦衣衛指揮紀綱，故劣行被黜生也，素與賢寧善，勸就職。賢寧曰：君爲學校所棄，固應爾，我食廪有年，義不可，且嘗辱王先生之教矣。綱爲言於帝，竟得歸。然則紀綱亦非怙惡不悛者也。明有天下日淺，太祖又暴戾，無足爲效死，而其臣之忠於建文如此。蓋自宋以來，君臣之義久著，元時潛伏無所用之，至此又勃然而興也。高瑤，由鄉舉爲荊門州學訓導。成化三年，抗疏陳十事。其一請追加郕王廟號。憲宗雖不用，然久之，竟復郕王帝號。又有虎臣者，成化中貢入太學。孝宗踐阼，將建棕棚萬歲山，備登眺。臣抗疏切諫。祭酒費誾懼禍及，銀鐺縶臣堂樹下。俄官校宣臣至左順門，傳旨慰諭曰：若言是，棕棚已毀矣。誾大慚。此皆能責難於君者也。李時勉，正統六年，爲國子祭酒。初，時勉請改建國學，帝命王振往視，時勉待振無加禮。振銜之，廉其短，無所得。時勉嘗芟彝倫堂樹旁枝，振遂言時勉擅伐官樹入家，取中旨，與司業趙琬、掌饌金鑑并枷國子監前。方盛暑，枷三日不解。監生李貴等千餘人詣闕乞貸。有石大用者，上章願以身代。諸生圜集朝門，呼聲徹殿庭。振聞諸生不平，恐激變。及通政司奏大用章，振內慚。助教李繼，請解於太后父會昌侯孫忠。太后言之帝。帝初不知也，立釋之。大用樸魯，初不爲六館所知，及是，名動京師。時王驥攻籠川，會川衛訓導詹英抗疏劾之，辭極切至。見《驥傳》。蓋一時教官、學生，與權奄之搏鬭烈矣。楊守阯，守陳弟，附《守陳傳》。成化初鄉試第一。祭酒邢讓下獄，率六館生伏闕訟冤。《讓傳》云：讓以用會饌錢事，與後祭酒陳鑑、司業張業、典籍王允等俱得罪，坐死。用饌錢似屬不合，然在當時，似已成陋規，取陋規未必有罪，即有罪亦不至死。《讓傳》又言讓負才狹中，意所輕重，輒形於詞色，名位相軋者多忌之，則其獄或實冤，在諸生亦非阿私所好也。李夢陽爲江西提學副使，與同列相訐，羈廣信獄，諸生萬餘爲訟冤。夢陽非君子，與相訐者亦非正人，其事無足深論。劉大夏戍肅州，諸司憚劉瑾，絕饋問，儒學生徒傳食之，則公道究存於學校中矣。楊漣劾魏忠賢，得嚴旨，蔡毅中領祭酒事，率屬抗疏爭之，尤爲大義懍然。

學校中人，亦有不顧廉恥，干犯名義者。如林日養、費誾是也。尚不止此。魏忠賢之建生祠也，監生陸萬齡，至謂孔子作《春秋》，忠賢作《要典》；孔子誅少正卯，忠賢誅東林；宜建祠國學西，與先聖并尊。司業朱之俊，輒爲舉行。會熹宗崩，乃止。見《明史·閹黨·閻鳴泰傳》。此真匪夷所思者矣。然有羣衆運動，即有其蟊賊，亦不足怪也。

〔七三八〕　武　舉

武舉起於唐世，所試者長垛、馬槍、翹關、負重等，皆膂力之事也，至宋以後乃漸變。《宋史·選舉志》："孝宗隆興元年，殿中侍御史胡沂言：唐郭子儀以武舉異等，初補右衛長史，歷振遠、橫塞、天德軍使。國初，試中武藝人，并赴陝西任使。又武舉中選者，或除京東捉賊；或三路沿邊，試其效用；或經略司教押軍隊，準備差使。今率授以権酤之事，是所取非所用，所用非所學也。請取近歲中選人數，量其材品考任，授以軍職，使之習練邊事，諳曉軍旅，實選用之初意也。乾道二年，中書舍人蔣芾亦以爲言，請以武舉登第者，悉處之軍中。帝以問洪适。适對曰：武舉人以文墨進，雜於卒伍，非便也。帝曰：累經任使，可以將佐處之。”觀此，知武舉出身者，與卒伍絶非同類矣。用兵固非文墨之事，然忠義及智謀，皆自文墨而出，亦豈可舍之不務邪？黄梨洲以從毅宗死者皆文臣，建義於郡縣者，皆文臣及儒生，而武人之爲大帥者，無不乘時易幟，謂觀於此，然後知承平時待以徒隸者之未爲非。《明夷待訪録·兵制》二。其言或不免少激，然執干戈者不可不受教育，則理無可疑也。《元史·世祖紀》：至元十三年，“帝既平宋，召宋諸將問曰：爾等何降之易邪？對曰：宋有強臣賈似道，擅國柄，每優禮文士，而獨輕武官。臣等久積不平，心離體解，所以望風而送款也。帝命董文忠答之曰：借使似道實輕汝曹，特似道一人之過耳。且汝主何負焉？正如所言，則似道之輕汝也固宜。”其言頗足與梨洲之言相發明。元主而能知此者，此固事理之當然，不待智者而後知之也。而叛國之武臣，不得以憃愚爲解也審矣。

　　從來言教育者，皆詳於文而幾不及武。惟南北朝時，頗有異於是者。《齊書·崔祖思傳》：祖思啓陳政事，謂宜於太廟之南，引脩文序，司農以北，廣開武校是也。《魏書·韋閬傳》：族子彧，爲東豫州刺史。以蠻俗荒梗，不識禮儀，表立太學，魏世州郡之學，對縣以下之學，稱爲太學。《李平傳》言：平在相州，脩飾太學。《高祐傳》言：祐爲兖州刺史，鎮滑臺。以郡國雖有太學，縣黨宜有黌序，乃縣立講學，黨立教學，村立小學。《崔挺傳》：挺族子纂之從祖弟遊，轉河東太守。太學舊在城内，遊移置城南閑敞之處，親自説經。《北史·酈道元傳》：道元試守魯陽，表立黌序。詔曰：魯陽本以蠻人，不立大學，今可聽之，以成良守文翁之化。皆是。又成人之學，對童稚之學言之，亦曰大學。《景穆十二王傳》：南安王楨之子英，奏言太學之館久置於下國，四門之教方構於京瀍，是也。又於城北置崇武館以習武，則并曾試行之矣。《宋書·周朗傳》：世祖即位，普責百官讜言。朗上書，言“宜二十五家選一長，百家置一師。男子十三至十七，皆令學經；十八至二十，盡使脩武。習經者五年有立，則言之司徒；用武者三年善藝，亦升之司馬。”則人人當文武兼脩，其用意尤爲周至。蓋由競爭烈而其所責望於民者深也。別見《周朗》條。

〔七三九〕　春秋史記皆史籍通稱

《公羊》莊公七年，“《不脩春秋》曰：雨星不及地尺而復，君子脩之曰：星霣如雨。"《解詁》曰："《不脩春秋》,史記也。古者謂史記爲《春秋》。"此言漢時所謂史記,與古之《春秋》,異名同實也。案孟子曰："晉之《乘》,楚之《檮杌》,魯之《春秋》,一也。"《離婁》下。是《春秋》爲魯史專名。然墨子云吾見百國《春秋》,李德林答魏收書,見《隋書》本傳。案《史通六家》篇,亦有此語。則已爲史籍通名矣。《史記·十二諸侯年表》曰："魯君子左丘明,懼弟子人人異端,各安其意,失其真,故因孔子史記,具論其語,成《左氏春秋》。鐸椒爲楚威王傅,爲王不能盡觀春秋,採取成敗,卒四十章,爲《鐸氏微》。趙孝成王時,其相虞卿,上採《春秋》,下觀近世,亦著八篇,爲《虞氏春秋》。呂不韋者,秦莊襄王相,亦上觀尚古,刪拾《春秋》,集六國時事,以爲《八覽》、《六論》、《十二紀》,爲《呂氏春秋》。及如荀卿、孟子、公孫固、韓非之徒,各往往捃摭《春秋》之文以著書,不可勝紀。"諸家採摭,非徒魯史,皆稱《春秋》;而孔子之《春秋》,稱爲史記;此《春秋》、史記,異名同實之徵也。《十二諸侯年表》,非史遷元文,當經《左氏》既出後人脩改,疑爲東西漢間人語。《六國表》曰："太史公讀《秦記》",又曰："秦既得意,燒天下詩書,諸侯史記尤甚,爲其有所刺譏也。詩書所以復見者,多藏人家,而史記獨藏周室,以故滅,惜哉!惜哉!獨有《秦記》,又不載日月,其文略不具。"又曰："余於是因《秦記》,踵《春秋》之後,起周元王,表六國時事,迄二世。"或曰記,或曰史記,辭有單複,其實一也。《漢書·楚元王傳》:劉向言:"漢之入秦,五星聚於東井,得天下之象也。孝惠時,有雨血,日食於衝,滅光星見之異。孝昭時,有泰山臥石自立,上林僵柳復起,大星如月西行,衆星隨之,此爲特異,孝宣興起之表。天狗夾漢而西,久陰不雨者二十餘日,昌邑不終之異也。皆著於漢紀。"紀記同字,其後荀悅著書稱《漢紀》,亦猶太史公稱秦史爲《秦記》也。

《六國表》云因《秦記》,必多秦史原文。其體例皆如《春秋》。《秦始皇本紀》末重叙秦之先君立年及葬處,《索隱》云:皆當據《秦紀》爲説。其體例亦與《春秋》同。而墨子書所引《春秋》,體例顧與《春秋》異;見《明鬼下篇》。又《賈子·胎教》引青史氏之記,乃典志之倫,而亦稱爲記,則《春秋》與史記,并爲史籍之通名舊矣。竊疑通稱史籍爲《春秋》者,乃魯人之辭。蓋以本國之史,爲凡史籍之通名。而通稱史籍爲記,其由來實更古。何者?記、志一字。孔子言"大道之行也,與三代之英,丘未之逮也,而有志焉",《禮記·禮運》。莊子亦稱"《春秋》經世,先王之志",《天下》。皆即漢人之所謂記。其稱史記,則易單辭爲複語耳。

以史記爲史籍通稱,南北朝時,仍有此語。《周官·都宗人注》:"都或有山川及因國無主,九皇、六十四民之祀。"《疏》云:"按史記,伏羲以前,九皇、六十四民,并是上古無名號之君,絕世無後,今宜主祭之也。"此史記即史籍通稱,不專指一書。

原刊《齊魯學報》第二期,一九四一年七月出版

〔七四〇〕　記　　府

《史記·蒙恬列傳》:恬曰:"昔周成王初立,未離繈褓,周公旦負王以朝,卒定天下;及成王有病,甚殆,公旦自揃其爪,以沈於河,曰:王未有識,是旦執事,有罪殃,旦受其不祥,乃書而藏之記府;可謂信矣。及王能治國,有賊臣,言周公旦欲爲亂久矣,王若不備,必有大事。王乃大怒。周公旦走而奔於楚。成王觀於記府,得周公旦沈書,乃流涕曰:孰謂周公旦欲爲亂乎?殺言之者,而反周公旦。"秦、漢間人,通稱史籍爲史記,亦曰記;記府,謂藏史記之府也。恬述周初事雖不必實;然戰國之世,秦必有專藏史記之府矣,《秦始皇本紀》所謂"史官非秦記皆燒之"者也。

原刊《齊魯學報》第二期,一九四一年七月出版

〔七四一〕　空　籍　五　歲

《史記·陳杞世家》:"惠公立,探續哀公卒時年而爲元,空籍五歲矣。"《索隱》:"惠公探取哀公死,楚、陳滅之後爲元年,故今空經年籍五歲矣;一云:籍,借也,爲借失國之後年爲五年。"説不甚明,疑文有譌奪。《史記》之意,蓋謂自哀公死至惠公復立之時,其間凡五年,無史籍以記事,故惠公事之可紀者,當自其六年始也。此可見至春秋時,史官已逐年有事可紀,且頗致謹於記年。

原刊《齊魯學報》第二期,一九四一年七月出版

〔七四二〕　本紀世家皆史記前已有

《史記·管蔡世家》之末,總叙周文王之後曰:"伯邑考,其後不知所封。武王發,其後爲周,有本紀言。管叔鮮,作亂誅死,無後。周公旦,其後爲魯,有世家言。蔡叔度,其後爲蔡,有世家言。曹叔振鐸,其後爲曹,有世家言。成叔武,其後世無所見。霍叔處,其後晉獻公時滅霍。康叔封,其後爲衛,有

世家言。冉季載，其後世無所見。"此所謂有本紀言、有世家言者，并指舊史言之。其贊曰："管叔作亂，無足載者，然周武王崩，成王少，天下既疑，賴同母之弟成叔、冉季之屬十人爲輔拂，是以諸侯卒宗周，故附之世家言。"則自言其所編次之世家言者也。《衛世家贊》："太史公曰：余讀世家言，至於宣公之太子以婦見誅，弟壽爭死以相讓"云云，亦指舊有之世家言。

《陳杞世家》末，"舜之後，周武王封之陳，至楚惠王滅之，有世家言。禹之後，周武王封之杞，楚惠王滅之，有世家言。契之後爲殷，殷有本紀言。殷破，周封其後於宋，齊湣王滅之，有世家言。后稷之後爲周，秦昭王滅之，有本紀言。皋陶之後，或封英、六，楚穆王滅之，無譜。伯夷之後，至周武王，復封於齊，曰太公望，陳氏滅之，有世家言。伯翳之後，至周平王時封爲秦，項羽滅之，有本紀言。垂、益、夔、龍，其後不知所封，不見也。右十一人者，皆唐、虞之際名有功德臣也。其五人之後皆至帝王，餘乃爲顯諸侯。滕、薛、騶、夏、殷、周之閒封也，小，不足齒列，弗論也。周武王時，侯伯尚千餘人，及幽、厲之後，諸侯力攻相并，江、黃、胡、沈之屬，不可勝數，故弗採著於傳上。"殷本《考證》：張照云："按上當是云字之譌，各本皆同，故弗改。"此節總論唐、虞之際有功德之臣，其後有無可考，與《管蔡世家》末總論周文王之後同，而皋陶之後，獨云無譜，則知本紀、世家言，與譜係屬兩物。本紀、世家言，蓋據譜而作，故有本紀、世家言者，不必復計譜之有無；然無本紀、世家言者，不必其遂無譜也。有本紀、世家言者，譜亦不必皆具，如周及越，其先世次，并有奪佚。此與《管蔡世家》末節，疑并非史公之辭，乃舊史本有此語，而史公錄之。然則滕、薛、騶弗論，江、黃、胡、沈之屬弗著，亦皆非史公語矣。史公之作《史記》，於舊有之本紀、世家言，當無所棄取也。

《大宛列傳》："太史公曰：《禹本紀》言河出昆侖。昆侖，其高二千五百餘里，日月所相避隱爲光明也。其上有醴泉、瑤池。今自張騫使大夏之後也，窮河源，惡睹《本紀》所謂昆侖者乎？故言九州山川，《尚書》近之矣。至《禹本紀》、《山海經》所有怪物，余不敢言之也。"

案《山海經》，《漢書·藝文志》著録於形法家，蓋古度地居民之遺法，所謂大舉九州之勢，以立城郭宮舍者，非今之《山海經》。今之《山海經》，所載亦多古語，然其名爲《山海經》，事必較晚，或尚非劉歆所知。此篇論贊，斷非史公元文，然《禹本紀》則無害其爲古書；即謂其出較晚，其名亦必有所本，必非襲《太史公書》也。此亦本紀之名，太史公前已有之徵也。

《燕世家》云："孝王三年卒，子今王喜立。"可見作此世家者爲王喜時人。

原刊《齊魯學報》第二期，一九四一年七月出版

〔七四三〕　史記於衆所習知之事皆弗論

《史記·管晏列傳》:"太史公曰:吾讀管氏《牧民》、《山高》、《乘馬》、《輕重》、《九府》,及《晏子春秋》,詳哉其言之也。既見其著書,欲觀其行事,故次其傳。至其書,世多有之,是以不論,論其軼事。"《老莊申韓列傳》曰:"申子、韓子,皆著書傳於後世,學者多有。余獨悲韓子爲《說難》而不能自脫耳。"篇中獨頗載《說難》之辭,餘皆不及焉。《司馬穰苴列傳》曰:"世既多《司馬兵法》,以故不論,著穰苴之列傳焉。"《孫子吳起列傳》:"太史公曰:世俗所稱師旅,皆道《孫子十三篇》、吳起《兵法》,世多有,故弗論,論其行事所施設者。"《商君列傳》:"太史公曰:余嘗讀商君開塞、耕戰書,與其人行事相類。"傳中亦不及其書,是書爲世所多有者,皆弗論也。《孟子荀卿列傳》曰:"自如孟子至於吁子,世多有其書,故不論其傳云。""其傳云"上疑奪一"論"字。然《管晏傳贊》又曰:"方晏子伏莊公尸,哭之成禮然後去,豈所謂見義不爲無勇者邪? 至其諫說,犯君之顏,此所謂進思盡忠,退思補過者哉?"諫說犯君之言,庸或即在《晏子春秋》中,伏莊公尸哭之成禮,則真晏子之行事也,而傳中亦不之及。又《楚元王世家》:"太史公曰:國之將興,必有禎祥,君子用而小人退;國之將亡,賢人隱,亂臣貴。使楚王戊毋刑申公,遵其言;趙任防與先生;豈有篡殺之謀,爲天下僇哉?"《索隱》云:"此及《漢書》雖不見趙不用防與公,蓋當時猶知事跡,或別有所見,故太史公明引以結其贊。"然則行事之爲衆所習知者,史公亦多弗論也。《管晏列傳》云傳其軼事,蓋謂此也。此蓋古人著書,但求大意得,不以詳密爲貴;抑其時簡策繁重,縑帛賈貴,不如後世楮墨之便易,勢亦不得不然也。

原刊《齊魯學報》第二期,一九四一年七月出版

〔七四四〕　太史公書採戰國策

《史記·呂不韋傳》:"呂不韋者,陽翟大賈人也。"《索隱》:"《戰國策》以不韋爲濮陽人,又記其事跡,亦多與此傳不同。班固雖云太史公據《戰國策》,然爲此傳,當別有所聞見,故不全依彼說。或者劉向定《戰國策》時,以己異聞,改易彼書,遂令不與史遷記合也。"今案班固之論,蓋本於其父彪,然《漢書·司馬遷傳贊》,與《後漢書·彪傳》所載彪之《略論》,顯有異同。《遷傳贊》曰:"孔子因魯史記而作《春秋》。而左丘明論輯其本事以爲之傳。又纂異同爲

《國語》。又有《世本》，録黄帝以來至春秋時帝王公侯卿大夫祖世所出。春秋之後，七國并爭，秦兼諸侯，有《戰國策》。漢興伐秦定天下，有《楚漢春秋》。故司馬遷據《左氏》、《國語》，採《世本》、《戰國策》，述《楚漢春秋》，接其後事，訖於大漢。"《彪傳》所載彪《略論》則曰："唐虞三代，詩書所及，世有史官，以司典籍，暨於諸侯，國自有史，故《孟子》曰：楚之《檮杌》、晉之《乘》、魯之《春秋》，其事一也。定、哀之間，魯君子左丘明論集其文，作《左氏傳》三十篇。又撰異同，號曰《國語》，二十一篇。由是《乘》、《檮杌》之事遂闇，而《左氏》、《國語》獨章。又有記録黄帝以來至春秋時帝王公卿大夫，號曰《世本》，一十五篇。春秋之後，七國并爭，秦并諸侯，則有《戰國策》三十三篇。漢興定天下，太中大夫陸賈記録時功，作《楚漢春秋》九篇。孝武之世，太史令司馬遷，採《左氏》、《國語》，删《世本》、《戰國策》，據楚、漢列國時事，上自黄帝，下訖獲麟，作本紀、世家、列傳、書、表，凡百三十篇，而十篇缺焉。"《傳贊》言《左氏》、《國語》、《世本》、《楚漢春秋》，皆無篇數；而《略論》有之。且《傳贊》亦不言《楚漢春秋》爲陸賈作；云"漢興伐秦定天下，有《楚漢春秋》"；云"述《楚漢春秋》，接其後事"：頗似"楚漢春秋"四字，爲秦、漢間紀事之書之總稱，而非專指一書言之者。然則其所謂採《戰國策》者，是否指後來三十三篇之《國策》言！亦自有可疑也。何也？以凡世所傳古書，有劉向之叙者，多不可信也。

裴駰《集解序》："班固有言曰：司馬遷據《左氏》、《國語》，採《世本》、《戰國策》。"《索隱》："《戰國策》，高誘云：六國時縱橫之説也，一曰《短長書》，亦曰《國事》。劉向撰爲三十三篇，名曰《戰國策》，按此是班固取其後名而書之，非遷時已名《戰國策》。"案《戰國策》本縱橫家言，後人視爲史籍，本屬非是。漢時爲縱橫家言者，尚不乏人，其所傳，自不能與劉向所撰，絶無異同。且今之《戰國策》是否劉向所撰，亦有可疑。

古人著書，文辭非其所重，故其有所依據者，大抵直録前人之辭，不加更定。今《左氏》所載，事跡誠多與《史記》相同，辭句則皆大異。何史公於此，忽破成例乎？故謂今之《左氏》曾爲史公所見者必誣。即《世本》，世所傳者，亦未必盡與史公所據相合，以二者相校，其間亦有異同也。

〔七四五〕　路　史

太史公謂百家之言黄帝者，其文不雅馴，因之言五帝惟取古《繫世》及《尚書》家言。古説流傳，看似荒唐，中實苞含史實，因此而失傳者，蓋不知凡幾矣。後來緯候之作，雖妖妄不經，所苞古説仍甚多；設使不雜之以讖，由西漢人之手悉如其原狀而傳之，其有裨史學者必不少，亦可惜矣。然言古史，最爲後人所稱道者，莫如馬驌，實亦抱此等見解者也。惟《路史》最爲卓絶，所蒐異説極多；排比雖或失當，然考證論斷，多有特識，亦非規規於世俗之繩墨者，所能望其項背也。韋曜《洞紀》曰："天地剖判，君世宰人，可得而言者：惟庖犧畫卦，神農作稼，黄帝輿服，最爲昭顯；其餘非書紀所述，難可紀焉。"《御覽皇王部一》知曜亦規規於世俗之繩墨而不敢取異説者。語曰：彼自有解，汝不解耳。惜乎世之知信其所解者甚多，肯寶其所不解者甚少也。

〔七四六〕　史家講書法之原

史家講書法，起於歐陽公之脩《五代史》，而大成於朱子之脩《綱目》；然其由來實甚早。《漢書·文帝紀》：十年，"將軍薄昭死。"《注》引鄭氏曰："有罪，故言死。"後元年，"孝惠皇后張氏薨。"《注》引張晏曰："后黨於吕氏，廢處北宫，故不曰崩。"姑無論作《漢書》者有此意與否，而注家則確已有借書法以爲褒貶之意矣。

〔七四七〕　六經皆史之蔽

章實齋六經皆史之説，特有鑒於作史之道宜然，借是以發之而已。必如近人託古改制之説，謂其明知古事之不然，而姑爲是言以自重，昔人誠未必然。然古事傳者麤略；昔人又有一崇古之成見，心所跂慕之境，誤會爲古實如是，則其事極易。此猶今人憤國事之不淑，動輒曰東西列强如何如何，列强果如所言乎？無亦十九皆想象之聲乎！然謂其有意欺人，固不可也；然遂以其所言者爲實然，則尤不可。且如古者文書簡易，而其時簡策繁重，文書欲不簡易，亦不可得。章氏乃謂周代掌故，皆六倍其文而庋之諸司，此豈近情理哉？《隋書·劉炫傳》：牛弘問炫曰："《周禮》士多而府史少，今令史百倍於前，判官減則不濟，其故何也？"炫答曰："古人委任責成，歲終考其殿最，案不重校，文不繁悉，府史之任，掌要目而已。今之文簿，恒慮覆治，鍛鍊若其不密，萬里追證百年舊案，故諺曰'老吏抱案死'。古今不同，若此之相懸也，事繁政弊，職此之由。"士多而府史少一語，足破古代文書繁重之惑。

《周書·高昌傳》，述其設官，頗爲委曲；而又曰："其大事決之於王，小事則世子及二公（王子爲之）隨狀斷決，平章録記，事訖即除。籍書之外，無久掌之文柣。官人雖有列位，并無曹府，惟每旦集於牙門，評議衆事。"官無曹府，此古之明堂所以於政事無所不苞也；作《周官》者所據之國，固非高昌之比，然謂其能容更繁於後世之文書，得乎？

原刊一九四七年十一月五日《東南日報》副刊"文史"

〔七四八〕　崔 浩 魏 記

　　崔浩之死，非以史事，而浩書亦未嘗廢。見《崔浩論》條。然《李彪傳》，彪表求脩史，言"自成帝已來，至於太和，崔浩、高允，著述國書，編年序錄，爲《春秋》之體，遺錄時事，三無一存"。則高允所記，雖云續浩，而浩書之見刊落者，亦不少矣。此何故歟？《浩傳》言浩書"盡述國事，備而不典，而石銘顯在衢路，往來行者咸以爲言"。此語最可注意。野蠻部族，史事流傳，悉由十口，《魏書‧序紀》謂其"世事遠近，人相傳授，如史官之記錄"。《序紀》固矯誣之物，而拓跋先世事跡，有由故老相傳者，則必不誣。《奚斤傳》言：斤聰辯强識，善於談論，遠説先朝故事，雖未皆是，時有所得，聽者歆美焉。《北史‧魏諸宗室傳》云："（東陽王）丕聲氣高朗，博記國事，饗宴之際，恒居坐端，必抗音大言，叙列既往成敗"，皆其徵也。十口流傳，安有故書爲證，好奇愛博，過而存之，則所謂備而不典者矣。南北朝時，視史記爲褒貶所寓，欲以是榮其先世，其有過惡，引爲深玷，務求毁滅者甚多。觀魏收作史，諸家子孫，陳訴不絶，雖齊文宣祖收，訴者反致獲罪，而仍不能止可知。然則當時於浩，多有不滿，致魏朝得借以爲浩罪狀者，其流謗之人可知也。然拓跋氏之史跡，因此而見刊落喪失者，必不少矣，豈不惜哉！

　　或云：崔光既志在覆魏，而又斤斤爲之存其史跡，何也？曰：史也者，天下之公，不徒非一人一家之私，抑亦非一部一族之私也。況我既見侮於魏矣，前車之覆，後車之鑒，可不詳魏之行事，以資我之鑒戒歟？盡力於魏之史記者，前有李彪，後有崔光。光之還領著作也，史言其年耆多務，疾病稍增，而自强不已，及疾甚，敕子侹等，猶以史功不成，殁有遺恨。臨殁，又言弟子鴻於肅宗，鴻即撰《十六國春秋》者也。其作《十六國春秋》也，史言其二世仕江左，故不錄僭晉、劉、蕭之書。又恐識者責之，未敢出之於外。世宗聞其撰錄，遣散騎常侍趙邕，詔其隨成者送呈。鴻以其書有與國初相涉，言多失體，且既未訖，迄不奏聞。後典起居注，乃妄載其表，謂謹以所訖者附臣邕呈奏云云。又云，鴻自正光以前，不敢顯行其書，自後，以其伯光貴重當朝，知時人未能發明其事，乃頗相傳讀，亦以光故，執事者遂不論之。子子元，永安中乃奏其父書。夫曰涉魏初者言多失體，則鴻之書必義正辭嚴，抑十六國事與魏相涉，因此與晉、宋相涉者，必也多存其真，而非如今《魏書》之矯誣諱飾。其亡也，實與崔浩之書所謂備而不典者，同其可惜矣。始祕其書，而正光已後，稍稍出之於外者，以其時魏政已亂，不暇更興文字之獄，亦非徒以光之庇之也。意雖疾魏，而猶妄言曾經呈奏者，蓋以如是，則可云其書曾經進御，而致攻擊之者，或以是而少息其心焉。永安之時，魏朝業幾不國，而子元猶欲奏其父書，則以時人率重金匱石室之藏，如是則其書易行也，凡欲以存史事而已，豈其有愛於魏歟？《魏書·自序》云：“世宗時，命邢巒追撰《高祖起居注》。書至太和十四年，又令崔鴻、王遵業補續焉。下訖肅宗，事甚委悉。”則鴻於魏史，亦曾竭力。以鴻之明於逆順，而其盡力於魏史如是，而光之心從可知，而浩之心亦從可知矣。豈其有愛於虜歟？

魏收撰《魏書》，時人稱爲穢史。其後北齊後主，曾於武平四年，詔史官更撰《魏書》，而其事未有成。隋文帝詔魏澹別成《魏史》，《隋書·澹傳》云“時稱簡正”。與其後煬帝又詔楊素更撰《魏書》，以素薨而止。事見《隋書·潘徽傳》，則澹之書必仍有不滿人意者在也。《北史·崔光傳》云：光子劼，常恨魏收書，欲更作編年紀。使其成之，必有足觀，而竟不能就，豈不重可惜歟？

原刊一九四七年七月二日《東南日報》副刊“文史”第四十八期

〔七四九〕　吳均齊春秋

《梁書·文學·吳均傳》云：“均表求撰《齊春秋》，書成奏之，高祖以其書不實，使中書舍人劉之遴詰問數條，竟支離無對，敕付省焚之，坐免職。”《南史》云：“均將著史以自名，欲撰齊書，求借齊起居注及羣臣行狀，武帝不許，遂私撰《齊春秋》奏之。書稱帝爲齊明帝佐命，帝惡其實錄，以其書不實，使中書舍人劉之遴詰問數十條，竟支離無對，敕付省焚之，坐免職。”《史通·古今正史》篇曰：均乞給起居注并羣臣行狀，有詔：“齊氏故事，布在流俗，聞見既多，可自搜訪也。”詔辭不容僞造，則《南史》之説是也。流俗傳説，往往能知事之內情，而於其外表則不能皆確，如時、月、日、地名、官名等是也。既靳起居注及羣臣行狀不與，而復以不實爲之罪，可謂巧於立説矣。

《南史·梁書·帝紀》云：“初，皇考（梁武帝蕭衍父順之）之薨，不得志，事見《齊魚復侯傳》。至是，鬱林失德，齊明帝作輔，將爲廢立計，帝欲助齊明，傾齊武之嗣，以雪心恥，齊明亦知之，每與帝謀。”此即所謂帝爲齊明佐命者也。

復讎在當時，不徒不以爲諱，且以爲榮，梁武未必惡吳均之實録。然順之之殺魚復侯，亦本非美事，《齊書》亦不著其事。梁武蓋爲其父諱，故不欲著其實也。然均書竟不能絶，亦何益耶？《梁書》、《南史》，叙均所著書，皆有《齊春秋》，《隋志》亦著録。《史通》云：其私本竟能與蕭氏所撰并傳於後，蓋所焚者特其進呈之本而已。善乎孟子之言之也，曰：“暴其民甚，則身弒國亡；不甚，則身危國削，名之曰幽、厲，雖孝子慈孫，百世不能改也。”天下之公，固終不容以一人一家之私掩也。

原刊一九四七年七月二日《東南日報》副刊“文史”第四十八期

〔七五〇〕　江 淹 齊 史

《齊書·文學·檀超傳》云：“建元二年，初置史官，以超與江淹掌史職。超史功未就，卒官，江淹撰成之，猶不備也。”《南史》不云卒官。云徙交州，於路見殺，餘語同。《梁書·江淹傳》云：“凡所著述百餘篇，自撰爲前後集，并《齊史》十志，并行於世。”《南史》云：“淹任性文雅，不以著述在懷，所撰十三篇，竟無次序。”又云：“凡所著述，自撰爲前後集，并《齊史》傳志，并行於世。”《隋書·經籍志》史部正史類，梁有江淹《齊史》十三卷亡。《史通·古今正史》篇云：“淹始受詔著述，以爲史之所難，無出於志，故先著十志，以見其才。”云先著，後來當續有所撰。然則《隋志》之十三卷，當係十卷爲志，三卷爲傳也。

原刊一九四七年《東南日報》副刊“文史”第四十六期

〔七五一〕　沈 約 宋 書

趙甌北《廿二史劄記》謂沈約《宋書》，多取徐爰舊本，舉其革易之際，爲宋諱者反甚於爲齊爲證，可謂卓識。然謂“約於永明五年奉敕，次年二月即告成，共紀、志、列傳一百卷，古來脩史，未有若此之速者。”則其説未審。《十七史商榷》云：“約表云：本紀、列傳，繕寫已畢，合志、表七十卷，臣今奏呈，所撰諸志，須成績上。今約書，紀十卷，傳六十卷，適七十卷，外有志三十卷而無表，與《梁書》本傳云著《宋書》百卷適合，則表中志表二字乃衍文。”其説是也。然期月而成紀傳七十卷，亦非仍舊貫不爲功矣。宋史始於何承天，草立紀傳，止於武帝功臣，所撰志惟天文、律歷，亦見約上書表。《宋書》元本，實大成於徐爰，《郡齋讀書志》謂約書以何承天書爲本，旁採徐爰之説，則大誤矣。

原刊一九四七年四月二日《東南日報》副刊“文史”

〔七五二〕　唐以前無斷代史

正史自班氏而降，皆斷代爲書，頗爲論者所訾議。然史之斷代，乃成於事之偶然；初未有人謂理當如是，此至唐世猶然也。何以言之？《史通·古今正史》篇云："太宗以梁、陳及齊、周、隋氏，并未有書，乃命學士分脩，仍使祕書監魏徵總知其務，合爲《五代紀傳》，并目録凡二百五十二卷。書成，下於史閣。惟有十志，斷爲三十卷，尋擬續奏，未有其文。又詔左僕射于志寧、太史令李淳風、著作郎韋安仁、符璽郎李延壽同撰；其先撰史人，惟令狐德棻重預其事。太宗崩後，刊勒始成。其篇第雖編入《隋書》，其實別行，俗呼爲《五代史志》。"云"合爲《五代紀傳》"，則梁、陳、齊、周、隋之史，未嘗各別爲書可知。五代既合爲一書，十志自無編入《隋書》之理。所謂"編入《隋書》"者，蓋篇第之偶誤。然篇第雖誤，而書仍別行，可見十志未與《隋書》合，亦即可證《隋書》未與《梁》、《陳》、《齊》、《周書》分也。《梁》、《陳》、《齊》、《周》、《隋》既合爲一；《宋》、《齊》、《魏》何緣獨分？李延壽作《南北史》，實合八代爲一編，延壽亦嘗與官脩，觀私書之體例，自可推見官書之本意。隋爲一統之世，可繼《宋》、《齊》、《梁》、《陳》、《魏》、《齊》、《周》之後；《晉》又何不可冠《宋》、《齊》、《梁》、《陳》、《魏》、《齊》、《周》之前？更自此而上推，曹魏以前之史，又何不可合而爲一？《南北史·序傳》，自言以擬《史記》，則其明徵矣。然當時史家，意雖主合，而後人仍以斷代視之者，則緣纂脩之時，實係各爲起訖，體例既不畫一，前後銜接之間，又不免複緟矛盾，未免離之兩美，合之兩傷耳。

繼《太史公書》之後，最有意於貫穿古今者，自當推梁武帝之《通史》。《史通》云："其書自秦以上，皆以《史記》爲本，而別採他説，以廣異聞。至兩漢以還，則全録當時紀傳，而上下通達，臭味相依。又吳、蜀二主皆入世家，五胡及拓跋氏列於《夷狄傳》。大抵其體皆如《史記》，所異者無表而已。""上下通達，臭味相依"，蓋謂其體例，去其複緟矛盾，必如是，乃覺血脈相貫，而可合爲一編也。"別採他説，以廣異聞"，意蓋主於求備，於《史記》如是，《漢書》已下自亦不至有所刊落。故梁武帝語蕭子顯，謂此書若成，衆史可廢。其無表者，蓋析其事以入紀傳，而非遽行芟削也。《齊書·檀超傳》：超掌史職，上表立條例，即謂封爵各詳本傳，無假年表。此書《梁書·本紀》云六百卷，《史通》云六百二十卷。《本紀》或以成數言之，《隋志》作四百八十卷，自係有所闕佚；然《梁書·吳均傳》言書起三皇迄齊代，而《隋志》云起三皇迄梁，則後人或就原書有所增益；《梁紀》卷數減於

《史通》,亦不能斷爲係舉成數矣。以梁事續蕭齊,則又時人作史不主斷代之明徵也。《周書・明帝紀》言:"帝集公卿以下有文學者八十餘人,於麟趾殿刊校經史,又捃采衆書,自羲、農以來,訖於魏末,叙爲世譜,凡五百卷。"《陳書・陸瓊傳》:瓊子從典,陳亡後入隋,楊素奏使續《史記》,迄於隋,其書未就。二書體例,蓋與梁武帝之《通史》同。元暉《科録》,《隋志》入之子部雜家,意蓋以爲類書;《史通》叙於《古今正史》之篇,則意亦以爲通史。《魏書・儒林・平恒傳》云:"自周以降,暨於魏世,帝王傳代之由,貴臣升降之緒,皆撰録品第,商略是非,號曰《略注》,合百餘篇",意亦似與《科録》相類。《隋志》云,雜史類:"自後漢以來,學者多鈔撮舊史,自爲一書,或起自人皇,或斷之近代。"雖斷限有遠近之殊,取材有多寡之異,其意亦并主於通貫也。《宋書・江夏王義恭傳》:嘗撰《要記》五卷,起前漢,訖晉太元。所苞者廣,而卷帙甚少。《陳書・顧野王傳》:撰《通史要略》一百卷。則其卷帙頗巨矣。

原刊一九四七年天津《民國日報》副刊"史與地"

〔七五三〕　讀洞冥記

少讀《史記》,言李少君、欒大事,心嘗怪之,以爲其惑人之術何淺,而人亦何以竟爲所惑也。及讀《抱朴子・祛惑》篇,言古强自云曾見堯、舜、禹、湯、孔子,凡人皆信其言。及病死黄整家,整猶疑其化去。蔡誕自言爲老君守龍不謹,責付崑崙,崑崙去天不過數十丈,聞者亦多信之。項曼都自言乘龍升天,謁拜天帝,失儀見斥,河東因號爲斥仙人。稚川云:"予昔數見雜散道士輩,走貴人之門,專令從者作爲空名,云其已四五百歲矣。人適問之年紀,佯不聞也,含笑俯仰,云八九十。須臾自言:我曾在華陰山斷穀五十年,復於嵩山少室四十年,復在泰山六十年,復與某人在箕山五十年,爲同人徧説所歷。正爾,欲令人計合之,已數百歲人也。"此其術真不可以欺孺子,而亦能令人煙起霧合。然後知恒人之所信,不過如此,文成、五利之能惑人,無足怪也。

稚川言古强"曾略涉書記,頗知故事",此道家之書每多附會史事之由。其所附會,亦多淺陋可笑。予昔亦讀而疑之,今乃知其不足怪。其出之於口者如是,其筆之於書者,自亦不過如是也。其實《史記・封禪書》載公孫卿言黄帝事,即係如此,不過時代較早,且載諸正史,人不但不知其繆,且有援之以言古史者矣。

《洞冥記》載李充自言三百歲,孟岐年可七百歲。語及周初事,了然如目前。嘗侍周公升壇,以手摩成王足;周公與之玉笏。黃安懷荆讀書,畫地記數,日久地成池。坐一神龜,廣二尺。人問子坐此龜幾年矣? 對曰:昔伏羲始造網罟,獲此龜,以授吾,吾坐龜背已平矣。此蟲畏日月之光,二千歲即一出頭,吾坐此龜,已見五出頭矣。皆古强之類也。

歐洲文字有陰陽性之別,雖無生命之物,無形體之事,亦莫不然。予初聞怪之,繼而思之,古言干將、莫邪,以爲劍有雌雄,則歐人以無生命之物,亦有雌雄,亦不足怪也。蓋邃初之人,固不知生物與無生物之別也。《洞冥記》言漢武帝解鳴鴻之刀,以賜東方朔,朔曰:此刀黃帝採首山之銅鑄之,雄已飛去,雌者猶存,亦干將、莫邪之類也。

〔七五四〕 神 異 經

秦、漢間方士,多好求仙採藥於窮荒之地,故於域外地理,頗有所知。傳述既廣,即未嘗親歷者,亦摭拾其辭以欺世,故其書多荒怪之談。然輾轉傳譌,自有所本,理而董之,亦或可考見其朔也。

《神異經》云:"東方荒外,有豫章焉。樹主一州。其高千丈,圍百丈,本上三百丈。本如有條枝,敷張如帳。上有玄狐黑猿。樹主人,爲南北列,并面向西南。有九力士,操斧伐之,以占九州吉凶。斫復,其州有福;遲者,州伯有病;積歲不復者,其州滅亡。"據此,豫章在古亦爲神木,與扶桑等同。

又云:"荒外有大山,其中生不盡之木。晝夜火然。得暴風不猛,猛雨不滅。"又云:"不盡木,火中有鼠,重千斤。毛長二尺餘,細如絲。恒居火中,洞赤。時時出外而毛白。以水逐而沃之,即死。取紡績其毛,織以爲布。用之若有垢涴,以火燒之則净也。"又云:"南荒之外有火山。晝夜火然。火中有鼠重百斤。毛長二尺餘,細如絲,可以作布。恒居火中,時時出外而白。以水逐而沃之,乃死。取其毛,緝織以爲布。"又云:"東海之外,荒海中有山,焦炎而峙,高深莫測,蓋稟至陽之爲質也。海水激浪投其上,噏然而盡。計其晝夜,噏攝無極。若熬鼎,受其灑汗耳。"此皆因火山及火浣布而附會者也。《述異記》云:"南方有災火山。四月生火,十二月火滅。火滅之後,草木皆生枝條。至火生,草木葉落,如中國寒時也。取此木以爲薪,然之不爐。以其皮績之,爲火浣布。"與《神異經》同一附會。

又云:"南方山有邯蘧之林,其高百丈,圍三尺八寸。促節多汁,甜如蜜。咋嚙其汁,令人潤澤。可以節蚘蟲。人腹中蚘蟲,其狀如蚓,此消穀蟲也;多則傷人,少則穀不消。是甘蔗能減多益少。凡蔗亦然。"觀此,則中國人早知有蔗，特未能製以爲餳耳。邯邔，舊刻下注甘蔗二字，邯爲借字，邔則特造之字也。

又云："北方荒中有石湖，方千里，岸深五丈餘，恒冰，惟夏至左右五六十日解耳。有横公魚，長七八尺，形如鯉而目赤。晝在湖中，夜化爲人。刺之不入，煮之不死。以烏梅二枚煮之則熟。食之可止邪病。"此似今西伯利亞之湖。

原刊《齊魯學報》第二期，一九四一年七月出版

〔七五五〕　博　物　志

古人多有隨意鈔録之作，此書亦其一也。其題署何人，全不足據。書亦絶無體例，蓋鄉曲陋儒之所爲。古類書弘博者甚多，皆不傳，而此等書獨有傳於後者，卷帙少則迻録易；且不知體例之人所爲，正爲不知體例之人所悦。通知著述體例之士少，不知著述體例之人多，而此等書遂傳之寖廣，不易湮滅矣。

然其爲物既古，則作者雖陋，而仍時有可採。以其與他古籍間有異同，足資參證，又或足補他書之所不備也。如云："泰山，一曰天孫，言爲天帝孫也。主召人魂魄。東方萬物始成，知人生命之長短。"案《後漢書·烏桓傳》曰："俗貴兵死，斂尸以棺，有哭泣之哀；至葬，則歌舞相送。肥養一犬，以彩繩纓牽，并取死者所乘馬衣物，皆燒而送之，言以屬累犬，使護死者神靈歸赤山。赤山，在遼東西北數千里。如中國人死者魂神歸岱山也。"《注》即引此書爲説。又《風俗通義》云："俗説岱宗上有金篋玉策，能知人年壽脩短。武帝探策得十八，因讀曰八十，其後果用耆長。"泰山知人生死，其説蓋甚古，傳於今者鮮矣，賴有此書及《後漢書》、《風俗通》，可以相證也。又云："太行北去，不知山所限極，亦如東海，不知所窮盡也。漠北廣遠，中國人鮮有至北海者。漢使票騎將軍霍去病北伐單于，至瀚海而還，有北海明矣。"可見古人於北方地理，甚爲茫昧也。

古書述事多荒誕，然細加推勘，皆可知其致誤之由，雖荒誕，非虛構也；然其或見信或不見信，則仍視其傳之之書。此書云："有一國，在海中，純女無男。又説得一布衣，從海浮出，其身如中國人衣，兩袖長二丈。又得一破船，隨波出在海岸邊。有一人，項中復有面，生得，與語不相通，不食而死。其地皆在沃沮東大海中。"此事亦見《三國志·東夷傳》，蓋當時傳聞，實有此辭，抑且有事實爲據，非虛構也，然使不見《國志》，惟載是書，人亦將視爲東野人之語矣。

又云："禹平天下，會諸侯會稽之野，防風氏後到，殺之。夏德之盛，二龍

降之。禹使范成光御之行域外，既周而還。至南海，經防風。防風氏之二臣，以塗山之戮，見禹便怒而射之。迅風雷雨，二龍升去。二臣恐，以刃自貫其心而死。禹哀之，乃拔其刃，療以不死之藥，是爲穿胸民。”又云：“交趾民，在穿胸東。”説雖荒誕，然防風之族，及其所在，藉可推測。穿胸蓋文身之民，刻畫其胸以爲飾也。

又云：“荆州極西南界至蜀，諸民曰獠子。婦人姙娠，七月而産。臨水生兒，便置水中，浮則取養之，沈便棄之。然千百多浮。既長，皆拔去上齒牙各一，以爲身飾。”獠人能没水捕魚，觀此，可知其習之之夙矣。

又云：“交州夷名曰俚子。俚子弓長數尺，箭長（尺）餘，以燋銅爲鏑，塗毒藥於鏑鋒，中人即死。不時斂藏，即膨張沸爛，須臾燋煎都盡，惟骨耳。”説似過甚，然夷人有毒矢，則必不誣也。《後漢書·南蠻傳》：建武十二年，九真徼外蠻里張游，率種人慕化内屬，封爲歸漢里君。注：“里，蠻之別號，今呼爲俚人。”知俚之稱，實起於交域也。《志》又言：“西方之人高鼻深目，多毛。南方之人大口。”西方人蓋白種，南方人則馬來族，固皆實録也。

古人本好附會，不求其實。此等短書，其荒陋，自更出於意計之外，然其附會之由，亦間有可考者。如云：“堯以天下讓於虞，三苗之君非之，帝殺有苗；有苗之民，浮入南海，爲三苗國。”案鄭注《甫刑》，以苗民爲貶辭，其説蓋是。然高注《淮南子》，已別列一説，謂竄三苗國民於三危矣。郭注《山海經》亦云：“堯以天下讓舜，三苗之君非之，帝殺之，有苗之民，叛入南海，爲三苗國。”與《博物志》同，蓋因民字而附會。《志》又言：“漢武帝時，弱水西國，有人乘毛車渡弱水來獻。”蓋因弱字而附會也。又云：“齊桓公與管仲自敦煌西涉流沙。沙石千餘里，無水。時則有沃流處，人莫能知。皆乘橐駝，橐駝知水脈，遇其處，輒停，以足蹋地。人於其蹋處闕之，輒得水。”此釋流沙，其荒甚矣，然古文家以居延澤當之，庸愈乎？

最可笑者，謂魏武帝伐冒頓，遇物如狸，能殺師子，竟不知冒頓在漢初也。此等處幸而傳者亦皆淺陋，故能存其真，否則一經校改，轉無由知其本不可信矣。

《志》云：“《周書》曰：西域獻火浣布，昆吾氏獻切玉刀。火浣布汙則燒之，則潔。刀切玉如膡。布，漢世有獻者，刀則未聞。”此所云《周書》，未知爲何書。《志》又曰：“《莊子》曰：地三年種蜀黍，其後七年多蛇。”案《釋文》謂《莊子》“言多詭誕，或似《山海經》，或類占夢書，故注者以意去取。其内篇衆家并同，自餘或有外而無雜。惟郭子玄所注，特會莊生之旨，故爲世所貴”。《莊子》五十二篇，今本惟三十三篇，蓋非其全。此所引蓋在逸篇中。然則其云《周書》，亦必有據也。

《志》云："《老子》云：萬民皆附西王母，惟王、聖人、真人、仙人、道人之命，上屬九天君耳。"此方士壽命之説。又云："《神仙傳》曰：食者，百病妖邪之所鍾。"又曰："所食逾少，心愈開，（年）愈益。所食愈多，心愈塞，年愈損。"此方士攝養之方。其言壽命，妖妄不經；言攝養，頗有至理也。

《志》云："舊説云：天河與海通。近世有人居海渚者，年年八月，有浮槎，去來不失期。人有奇志，立飛閣於槎上，多齎糧，乘槎而去。十餘日中，猶觀日月星辰，自後茫茫忽忽，亦不覺晝夜。去十餘日，奄至一處，有城郭狀，屋舍甚嚴。遙望宮中，多織婦。見一丈夫，牽牛渚次飲之。牽牛人乃驚問曰：何由至此？此人具説來意，并問此是何處，答曰：君還至蜀郡，問嚴君平，則知之。竟不上岸。因還，如期。後至蜀問君平。曰：某年月日，有客星犯牽牛宿。計年月，正是此人到天河時也。"觀此，知古人謂水與天接。

《志》云："人有山行墮深澗者，無出路，饑餓欲死。左右見龜蛇甚多，朝暮引頸向東方。人因伏地學之，遂不餓。體殊輕便，能登巖岸。經數年後，竦身舉臂，遂超山澗上，即得還家。顏色悦懌，頗更黠慧勝故。還食穀，啖滋味，百餘日中，復本質。"案人不火食，即身輕能超越，野史中數見之。清末，似係光緒三十三年丁未。《時報》尚載有瑞典、那威人如此，蓋非虛語。人不食不能生，此人或亦以不火食而身輕；學龜蛇呼吸，則方士附會之辭也。

語有傳之甚久者。余小時，先母嘗語予曰："行霧中必飽食，飲酒尤佳。昔有三人，曉行遇霧，一無恙，一病，一死。無恙者飲酒，病者飽食，死者空腹。"先母云聞諸故老，不云見於書史也。余後讀方書見之，亦不云説有所本。然是書已載之。

《志》云："人藉帶眠則夢蛇。"與今心理學家之説合。

《志》云："燒白石作白灰，既訖，積著地，經日俱冷，遇雨及水澆，即便然，煙焰起。"此事今人無不知之者矣，然此書鄭重而道之，以爲戲術，可見其時知者尚少，更無論資以爲用也。

《志》云："居無近絶溪羣冢，狐蠱之所近，此則死氣陰匿之處也。"其説無稽。然絶溪羣冢，易以致疾，而非尊生者之所居，則實矣。又云："山居之民，多癭腫疾，由於飲泉之不流者，今荊南諸山郡多此疾。瘴由踐土之無鹵者，今江外諸山縣，偏多此病。"言醫理未然，然言何地多何病，亦足備醫史之甄采也。

原刊《齊魯學報》第二期，一九四一年七月出版

〔七五六〕　拾　遺　記

此書爲道家之書，其附會之跡，顯然可見，然亦有間存古説者。

《記》云："帝嚳之妃，鄒屠氏之女也。軒轅去蚩尤之凶，遷其民善者於鄒屠之地，遷惡者於有北之鄉。其先以地命族，後分爲鄒氏、屠氏。女行不踐地，常履風雲，游於伊洛。帝乃期焉，納以爲妃。"案顓頊取於蜀山氏，爲蚩尤之族，予別有考。今觀此説，則帝嚳亦取於蚩尤，無怪秦、楚等南方之族，皆以帝嚳爲祖也。

《記》云："堯命夏鯀治水，九載無績。鯀自沈於羽淵，化爲玄魚，時揚鬐振鱗，橫脩波之上；見者謂爲河精。羽淵與河、海通源也。海民於羽山之中，脩立鯀廟，四時以致祭祀。常見玄魚與蛟龍，跳躍而出，觀者驚而畏矣。鯀之靈化，其事互説。神變猶一，而色狀不同。玄魚黃熊，四音相亂。傳寫流文，鯀字或魚邊玄也。羣疑衆説，并略記焉。"案以鯀化爲玄魚，似據字形傅會。然《尚書》亦言禹錫玄圭，何爲而必錫玄圭乎？殷起東南，而契稱玄王；鯀、禹治水，亦在東南，而鯀化玄魚，禹錫玄圭。又古東南之族稱黎，黎即黑也。夏后氏尚黑，大事斂用日昏，戎事乘驪，牲用玄。然則古東南之族，殆以黑爲徽號，而殷人尚白，乃其遷殷後事，封商時初不然也。

《記》云："禹鑿龍關之山，亦謂之龍門。至一空巖，深數十里，幽暗不可復行，禹乃負火而進。有獸，狀如豕，銜夜明之珠，其光如燭。又有青犬，行吠於前。禹計可十里，迷於晝夜。既覺，漸明，見向來豕犬，變爲人形，皆著玄衣。又見一神，虵身人面。禹因與語，神即示禹八卦之圖，列於金板之上。又有八神侍側。禹曰：華胥生聖子，是汝邪？答曰：華胥是九河神女，以生余也。乃探玉簡授禹，長一尺二寸，以合十二時之數，使量度天地。禹即執持此簡，以平水土。蛇身之神，即羲皇也。"此説亦以豕犬之神爲玄衣，又以華胥爲九河神女，以羲皇爲蛇身，并足見吾族起於江海之會。

《記》云："(周)昭王二十四年，塗脩國獻青鳳、丹鵲，各一雌一雄。孟夏之時，鳳、鵲皆脱易毛羽，聚鵲翅以爲扇，緝鳳羽以飾車蓋也。扇：一名遊飄，二名條翮，三名虧光，四名仄影。時東甌獻二女：一名延娟，二名延娛。使二人更搖此扇，侍於王側，輕風四散，泠然自涼。此二人，辯口麗辭，巧善歌笑；步塵上無跡，行日中無影。及昭王淪於漢水，二女與王乘舟，夾擁王身，同溺於水。故江漢之人，到今思之，立祀於江湄。數十年間，人於江漢之上，猶見王與二女,乘舟戲於水際。至暮春上巳之日,禊集祠間,或以時鮮甘味,采蘭杜苞裹,以沈水中,或結五色紗囊盛食,或用金鐵之器,并沈水中,以驚蛟龍水蟲,使畏之,不侵此食也。"此與帝之二女傳説相涉,所沈之食,又與角黍相類也。

《記》云:燕昭王九年,"思諸神異。有谷將子,學道之人也,言於王曰:西王母將來遊,必語虛無之術。不踰一年,王母果至,與昭王遊於燧林之下,説炎帝鑽火之術。"又云:"秦始皇好神仙之事。有宛渠之民,乘螺舟而至。舟形似螺,沈行海底,而水不浸入,一名淪波舟。其國人長十丈,編鳥獸之毛以蔽形。始皇與之語,及天地初開之時,了如親覩。曰:臣少時,躡虛卻行,日遊萬里。及其老朽也,坐見天地之外事。臣國在咸池,日没之所,九萬里,以萬歲爲一日。俗多陰霧,遇其晴日,則天豁然雲裂,耿若江漢,則有玄龍、黑鳳,翻翔而下。及夜,燃石以繼日光。此石出燃山,其土石皆自光澈,叩之則碎,狀如粟,一粒輝映一堂。昔炎帝始變生食,用此火也。"古書皆以爲燧人鑽木取火,此獨以爲炎帝,顧名思義亦通,蓋亦有所本。

《記》云:"(漢)孝惠帝二年,四方咸稱車書同文軌,天下太平,干戈偃息,遠國殊鄉,重譯來貢。時有道士,姓韓,名稚,則韓終之胤也,越海而來,云是東海神使,聞聖德洽乎區宇,故悦服而來庭。時有東極,出扶桑之外,有泥離之國來朝。其人長四尺,兩角如璽,牙出於脣,自乳以來,有靈毛自蔽,居於深穴,其壽不可測也。帝云方士韓稚,解絶國人言。令問人壽幾何? 經見幾代之事? 答曰:五運相承,迭生迭死,如飛塵細雨,存殁不可論算。問女媧以前可聞乎? 對曰:媧身已上,八風均,四時序,不以威悦,攬乎精運。又問燧人以前,答曰:自鑽火變腥以來,父老而慈,子壽而孝。自軒皇以來,屑屑焉以相誅滅,浮靡囂動,淫於禮,亂於樂,世德澆譌,淳風墜矣。"此以燧人爲變腥,與前説異,蓋各有所本。以女媧爲媧身,亦舊説也。

《記》云:"晉太始元年,魏帝爲陳留王之歲,有頻斯國人來朝,以五色玉爲衣,如今之鎧。其使不食中國滋味,自齎金壺,壺中有漿,凝如脂,嘗一滴則壽千歲。其國有大楓木,成林,高六七十里,善算者以里計之,雷電常出樹之半。其枝交蔭於上,蔽不見日月之光,其下平浄掃灑,雨霧不能入焉。樹東有大石室,可容萬人坐,壁上刻爲三皇之像,天皇十三頭,地皇十一頭,人皇九頭,皆龍身。亦有膏燭之處,緝石爲牀,牀上有膝痕,深三寸。牀前有竹簡,長尺二寸,書大篆之文,皆言開闢以來事,人莫能識。或言伏羲畫卦之時有此書,或言是蒼頡造書之處。傍有丹石井,非人之所鑿,下及漏泉,水常沸湧,諸仙欲飲之時，以長綆引汲也。"此言三皇，襲緯書之文，云皆龍身，亦依附舊説。

《記》云："石季倫愛婢名翔風，魏末於胡中得之，年始十歲，使房内養之；至十五，無有比其容貌。特以姿態見美，妙別玉聲，巧觀金色。石氏之富，方比王家，驕侈當世，珍寶奇異，視如瓦礫，積如糞土，皆殊方異國所得，莫有辨識其出處者。乃使翔風別其聲色，悉知其處。"是時胡人來者多賈客，所市率珍異之物，觀此等傳説，實隱見當時西域商業情形也。

《記》云："瀛洲，一名魂洲，亦曰環洲。東有淵洞，有魚，長千丈，色斑，鼻端有角，時鼓舞羣戲。遠望水間有五色雲，就視，乃此魚噴水爲雲，如慶雲之麗，無以加也。"此即今之鯨。可見説雖荒怪，自有所本。

此《記》附會，有極可笑者。如以鯀字亦作鮌，乃謂其化爲玄魚；長安城北有司寒之館，則謂爲漢惠帝祠韓終之所，改其字爲祠韓；因人家元日，刻木鑄金或畫雞於牖上，乃以爲堯時祇支所獻重明之鳥；皆是也。其云："傅説賃爲赭衣者舂於深巖以自給，夢乘雲繞日而行，筮得利建侯之卦，歲餘，湯以玉帛聘爲阿衡。"則并誤傅説與伊尹爲一人矣，真可發一噱。

《山海經·海外南經》有岐舌國。郭《注》云："其人舌皆岐，或云支舌也。"郝《疏》云："支舌即岐舌。《爾雅·釋地》云：枳首蛇，即岐首蛇，岐一作枝，枝支古字通也。又支與反字形相近，《淮南·墜形訓》有反舌民。高誘《注》云：語不可知，而自相曉。又注《吕氏春秋·功名》篇云：一説南方有反舌國，舌本在前，末倒向喉，故曰反舌。是支舌，古本作反舌也。《藝文類聚》十七卷引此經作反舌國，其人反舌。《太平御覽》三百六十七卷亦引此經同，而云一曰交。案交蓋支字之譌也。二書所引經文作反舌，與古本正合。"案《類聚》、《御覽》皆出郭《注》後，不應二書不誤，而郭《注》反誤。今觀此《記》云："西方有因霄之國，人皆善嘯。丈夫嘯聞百里，婦人嘯聞五十里，如笙竽之音。秋冬則聲清亮，春夏則聲沈下。人舌尖處倒向喉内；亦曰兩舌重沓，以爪徐刮之，則嘯聲愈遠。故《吕氏春秋》云反舌殊鄉之國，即此謂也。"然則郭《注》所引者，即此等道士造作之説耳。

《記》又云："太初二年，大月氏國貢雙頭雞，四足一尾，鳴則俱鳴。武帝置於甘泉故館，更以餘雞混之，得其種類，而不能鳴。諫者曰：《詩》云：牝雞無晨。一云：牝雞之晨，惟家之索。今雄類不鳴，非吉祥也。帝乃送還西域。行至西關，雞反顧，望漢宫而哀鳴。故謠言曰：三七末世，雞不鳴，犬不吠，宫中荆棘亂相係，當有九虎争爲帝。至王莽篡位，將軍有九虎之號。其後喪亂彌多，宫掖中生蒿棘，家無雞鳴犬吠。"案牝雞無晨，牝雞之晨，惟家之索，見僞

《古文尚書》，此書引之，而又誤《書》爲《詩》，方士之荒陋，固如是也，然其時代之晚，亦可見矣。

原刊《齊魯學報》第二期，一九四一年七月出版

〔七五七〕　述　異　記

此書雖亦小説之類，然中存古説頗多，較之輾轉改飾者，頗有區別。盤古古説，實賴此書以存，予别有考。今再略舉數事如下。

《記》云："南海小虞山中有鬼母，能産天地。鬼一産十鬼，朝産之，暮食之。今蒼梧有鬼姑神是也。虎頭龍足，蟒目蛟眉。《注》：蟒虵目圓，蛟眉連生。今吴、越間防風廟土木作其形，龍首牛耳，連眉一目。"案虞山即吴山，此可證吴之名或原於南方。鬼母能産天地，則宇宙原始，實由女神，較之《山海經》以羲和、常儀爲帝俊之妻，其思想更古矣。朝生子而暮食之，其性質頗爲酷虐，野蠻人固多畏惡神也。抑此亦古之寓言，以釋萬物之生死者與？其形狀類龍虵，可見其説起於海濱。而吴、越間防風廟土木作其形，又可見吴、越與南越，民族關係頗切也。抑其所謂龍首牛耳者，牛耳或牛角之傳譌，則又與蚩尤有關係矣。見下。

《記》又云："昔禹會塗山，執玉帛者萬國。防風氏後至，禹誅之。其長三丈；其骨，頭專車。今南中民有姓防風氏，即其後也，皆長大。越俗祭防風神，奏防風古樂，截竹長三尺，吹之如嘷，三人披髮而舞。"禹會諸侯，恐不能至越地。防風氏事，非禹後播遷南方者傳述而誤其地，則其人自與土著之越相争鬪，而傅諸禹也。然南方民有姓防風者，則可見防風氏之實有其國。抑"伏羲鱗身，女媧虵軀"，見《魯靈光殿賦》。而傳亦謂爲風姓；又北方實有房國，房即防也；得毋始皆在南，後乃稍徙而北歟？《記》又云："南康郡有君山，高秀重疊，有類臺榭，名曰女媧宫。"則女媧之傳説，固亦有在南方者矣。

《記》又云："軒轅之初立也，有蚩尤氏，兄弟七十二人，銅頭鐵額，食鐵石。軒轅誅之於涿鹿之野。蚩尤能作雲霧。涿鹿，今在冀州，有蚩尤神，俗云人身牛蹄，四目六手。今冀州人掘地，得髑髏如銅鐵者，即蚩尤之骨也。今有蚩尤齒，長二寸，堅不可碎。秦、漢間説：蚩尤氏耳鬢如劍戟，頭有角；與軒轅鬪，以角觝人，人不能向。今冀州有樂名蚩尤戲，其民兩兩三三，頭戴牛角而相觝。漢造角觝戲，蓋其遺製也。"又云："太原村落間祭蚩尤神，不用牛頭。今冀州有蚩尤川，即涿鹿之野。漢武時，太原有蚩尤神晝見，龜足虵首，首疫，其俗遂

爲立祠。”案銅頭鐵額，骨如銅鐵，皆因蚩尤造兵而傅會。古蓋以蚩尤之族，多力如牛，故涿鹿之戰，有教熊、羆、貔貅、貙、虎之説也。吴、越間防風廟鬼姑神，蓋亦牛首，故其像猶作牛耳；抑牛耳或亦牛角之譌也？角觝之戲盛於秦，秦爲飛廉後，固亦東南之族。《秦本紀》特記豐大特之神，亦可見其族之重牛矣。太原蚩尤神，龜足虵首，則其族本起濱海之徵也。《易·繫辭傳疏》引《帝王世紀》：炎帝人身牛首。《海外北經》：共工之臣相柳氏。相柳之所抵，厥爲津谿，疑亦謂其牛首有角。

蒼頡，古説皆以爲帝王，無以爲黄帝史者，其廟碑云：“天生德於大聖，四目靈光，爲百王作憲。”《春秋元命苞》云：“倉頡四目，是謂并明。”《路史》言：廬陵縣化仁山舊祠，有倉頡像，四目龍袞。蓋亦傳之自古。而蚩尤俗傳亦云四目，則倉頡亦南方之族矣。然則中國文字，實始於南也。

《記》又云：“堯使鯀治洪水，不勝其任，遂誅鯀於羽山，化爲黄能，入於羽泉。今會稽祭禹廟不用熊，曰：黄能即黄熊也。陸居曰熊，水居曰能。昉按今江、淮中有鮒名熊。熊虵之精，至冬化爲雉，至夏復爲虵。今吴中不食雉，毒故也。”此可見鯀之傳説，亦與南方有關。《月令》言“爵入大水爲蛤”，知古謂飛潛可以相化，龍特其尤神者耳。此亦水濱之民之思想也。堯使鯀治水時，蓋仍在東方，未遷西北。

《記》又云：“饒州，俗傳軒轅氏鑄鏡於湖邊。今有軒轅磨鏡石。石上常潔，不生蔓草。”案軒轅蹤跡，不得至饒州，然亦可見南方鑄冶之早。

《漢書·地理志》云：“粤地，牽牛婺女之分野也。今之蒼梧、鬱林、合浦、交阯、九真、南海、日南，皆粤分也。其君禹後，帝少康之庶子云，封於會稽。”臣瓚曰：“自交阯至會稽，七八千里。百粤雜處，各有種姓，不得盡云少康之後也。”案《漢書》之意，本指封於會稽者言之，臣瓚實誤駁。然會稽之越而外，其君固亦未必無禹後也。《述異記》云：“吴既滅越，棲句踐於會稽之上，地方千里。句踐得范蠡之謀，乃示民以耕桑。延四方之士，作臺於外，而館賢士。今會稽山有越王臺。今交州麻林，一名紵林，句踐種麻，將以弦弓。交州糠頭山，句踐貯米，於其上舂，積糠爲山。今會稽之上，有越王鑄劍洲、箭鏃洲。往往有得古箭鏃。”又云：“廣州東界，有大夫文種之墓。墓下有石，有華表柱，石鶴一隻。種即越王句踐之謀臣也。”又云：“洞庭湖中有釣洲。昔范蠡乘扁舟至此，遇風，止釣於洲上，刻石記焉。有一陂，陂中有范蠡魚。昔范蠡釣得大魚，烹食之，小者放於陂中。陂邊有范蠡石牀、石硯、鉆鏻。范蠡宅在湖中。”洞庭有范蠡遺跡，殊不足信。交、廣之域，秦、漢後始開闢，豈有能傅會句踐、文種者？然亦有其遺跡，則必會稽之越亡後，遺族濱於江南海上者，傳其先世之事跡而弗審其地,致有此誤也。

　　古人於植物多有迷信。其最顯而易見者爲桃。君臨臣喪,以巫祝桃茢執戈;桃弧棘矢,以共禦王事是也。羿死桃棓,蓋亦由是。《述異記》云:"南中有楓子鬼。楓木之老者爲人形,亦呼爲靈楓。"又云:"後漢季子長爲政,欲知囚情,以梧桐木爲之,象囚形。穿地爲坎,臥木囚於其中,祝之,罪正者不動,宛者木囚動出,時以爲精誠所應。子長時爲大理卿。"又云:"秦繆公時,陳倉人掘地得物,若羊非羊,似豬非豬。繆公道中逢二童子,曰:此名蝹,在地中,食死人腦。若以松柏穿其首,則死。故今種柏在墓上,以防其害也。"此皆謂草木自有精靈,蓋所謂物魅也。

　　《述異記》云:"袁紹在冀州時,滿市黄金,而無斗粟,餓者相食。人爲之語曰:虎豹之口,不如饑人。劉備在荆州時,粟與金同價。"又云:"永嘉之亂,洛中饑荒。懷帝遣人觀市,珠玉金銀,闐委市中,而無粟麥。袁宏表云:田畝由是丘虚,都市化爲珠玉是也。"又云:"漢末大饑,江淮間童謠云:太岳如市,人死如林。持金易粟,貴於黄金。"又云:"洛中童謠曰:雖有千黄金,無如我斗粟。斗粟自可飽,千金何所直?"觀此,知珠玉金銀,久爲市易所資,非徒以供玩飾矣。又云:"漢世古諺曰:雖有神藥,不如少年;雖有珠玉,不如金錢。"觀此,又知泉貨之早以金錢爲主也。

　　《唐書》云:"日本,古倭奴也。"又云:"後稍習夏音,惡倭名,更號日本。使者自言國近日所出,以爲名。或云:日本乃小國,爲倭所并,故冒其號,使者不以情,故疑焉。"《唐書》此語,繫咸亨元年遣使賀平高麗後,則自咸亨以前,猶以倭之名自通也。《述異記》云:"磅磄山,去扶桑五萬里,日所不及,其地甚寒。有桃樹,千圍,萬年一實。一説:日本國有金桃,其實重一斤。"一説之辭,必後人所附益矣。《記》又云:"大食王國在西海中。有一方石,石上多樹,幹赤葉青。枝上總生小兒,長六七寸。見人皆笑,動其手足。頭著樹枝,使摘一枝,小兒便死。"大食之名,亦非梁世所有也。

　　《記》又云:"殷紂時,大龜生毛而兔生角,是甲兵將興之兆。"龜毛兔角,古無此語,此必佛教入中國後附會之辭也。但任昉時已可有,不必後人竄亂耳。

原刊《齊魯學報》第二期,一九四一年七月出版

附録：吕思勉先生自擬讀史
札記分類及部分篇目

古史史事

古史時地略説上、下，讀《山海經》偶記，女媧與共工，神農與炎帝、大庭，炎黄之争考，少昊考，共工、禹治水，盤古考，華胥氏，緯書之三皇説，儒家之三皇五帝説，有巢燧人考，伏羲考，黄帝説探源（書三皇五帝考后），南强篇，論吴越文化，唐、虞、夏史考，禪讓説平議，囚堯城辨，丹朱傲，帝堯居陶，中國未經游牧之世

唐虞夏史

夏都考，唐虞夏都邑（一至三），有扈氏，太康失國少康中興，囚堯城，二十有二人

殷周史

釋亳，惟周公誕保文武受命惟七年，西周皆都豐鎬，周失西畿之年，自契至於成湯八遷，商，湯弱密須氏，湯冢，惟尹躬天見於西邑夏，盤庚五遷，余祭之死，是四國者，三王五霸，湯放桀，伊尹生於空桑，周先世世系，大公爲西方人，公劉，畢郢，武成取二三策

史事

齊桓公存三亡國考，諸葛亮治戎，高肇，煬帝雁門之圍，荆卿燕丹，司馬宣

---

① 此爲吕思勉先生自擬讀史札記的分類及部分篇目，標題系編者所加。先生的文稿札記，均按類别分别包扎，每一類包成一扎，内有同類之論文、讀史札記及其他資料。部分没有篇目的，如同原樣保持分類目録。已經出版的《吕思勉讀史札記》主要按時間順序編排，也兼顧内容的類别，但與先生的分類方法不盡相同，用作附録，以供讀者研讀參考。

王征遼東，二世，李斯，晋武帝不廢太子，唐高祖稱臣突厥

社會

政治

巧吏，后魏吏治之壞，治都邑之道，民主古義，并耕而食，如其不才君可自取，君與王之別，探籌，立憲古誼，漢初賞軍功之厚，封地大小，巡守相聘，五侯九伯，霸國貢賦，姬姓日也异姓月也，尊王（尊王與民貴之義相成），衛伯。興滅國繼絕世，三恪，篡立者諸侯既與之會則不復討，大上皇，附庸，魏武帝，君臣之義，以畜喻君，君臣朋友，車服，政（民與政相關之切）

職官

后魏吏治之壞，郡縣送故迎新之費，州郡秩俸供給，諸葛亮隨身衣食悉仰於宮，度地居民，掌固，計相主計，執金吾

選舉

才不中器，資格用人始於應付武人，傳衣鉢，中正非官，入財者得補郎，九品官人之始，漢吏治之弊，策試之制，宦學篇，考績之法，漢世選舉之弊，漢末名士，九品中正，山濤，限年入仕，訪問，用人以撫綏新附

刑法

三國之校事，母赦，獄之遲速，斷獄重情，后有犯罪宥勿坐，流罪賜外國（梁武帝改刑之謬），藏首級，龜兹刑法與中國類，九刑，民各有心，婦人無刑，鄭人鑄刑書上中下，戮尸，象刑，圜土即嫡作，象魏，五刑之屬三千，父子兄弟罪不相及，投畀豺虎，贖刑，比伍相及，與於青之賞必及於其罰，命夫命婦不躬坐獄訟，賊殺郡將郡不得舉孝廉，古今所無何八議之有（曲法失刑），諸署共咒且，吉翰，御史不宜司藩理，赦前侵盜仍究（懲臧私之道），扶桑國法，父爲子隱子爲父隱，爲法急於黎庶緩於權貴（梁武帝寬刑法），校郎，無赦，父母殺子同凡論，法粗術非妙道，決斗復仇，舜爲天子皋陶爲士，上行下效，儒法异同，以吏爲師，復仇，秦漢文法之學，古代法律不求統一，法令繁苛之弊，著魏律者，漢文帝除宮刑，追戮已出之女

兵制

蚩尤作兵,三革,六國之兵,漢世猶用銅兵,兵無鎧甲,屯田之弊,漢武用將,塞路,山澤堡塢,募兵之利弊,魏太祖征烏丸,魏時將帥之驕,文臣輕視軍人,孫氏父子輕佻,女子從軍,守險,交綏,宋襄公,國士,致師,古師行多侵掠,兵食,古水戰,戰船之弊,丘甲,軍師,五兵,私屬,教士,原兵,軍志,騎射,士氣,鐵面,開國之主必親戎,儒將,唐將帥之貪,北俗不解用彈,車騎

幣價

漢人貲産雜論

交通

漢時亭傳之制

度量衡

賦稅

入邊入中,户調之始,牢盆

户口

論中國户口册籍之法,讀朱子開阡陌辨(即井田之廢,又名讀商君書),滂,疇官,馬爾薩斯人口論

實業

馬鈞,居邊而富

飲食

飲食進化之序,古代貴族飲食之侈,肉食與素食,蔬食

錢幣

漢時珠玉之價,漢人不重黄金,皮幣,商賈以幣變易積貨逐利,居邊而富,户調之始,滂,疇官,冰鑒,盜摩錢質取鎔

移民

秦漢移民論

階級

漢世食客,寒素,韓起解玉,郭解

民食

經籍

四部,汲冢書,再論汲冢書,梁末被焚書籍,六經皆史之蔽

經學

論爾雅誰作,釋爾雅,易大義,論二戴記上中下,填然,稽古同天,獵校,子路問强,上國,左氏不傳春秋上中下,僞古文尚書本荀子,左國异同,古人著書只重大概,詩無作義,何邵公爲學海,馬鄭序周官之謬油,毛詩傳説之誣,詩序上下,左氏自相抵牾詩序襲之,詩序,毛詩訓詁之誤,公羊載后師之名甚多,孔子得百二十國寶書之誣,春秋所以明義,左氏,左氏記事不盡可信,

學術上

庶民惟星解,中和,心學之原,曾子大孝,天生時而地生財,禮運禮器,形法,無爲,大順,因,仁,大順,大略,帝,古哲學之傳,知之極,指窮於爲,補損以知足,命訓,天志明鬼,戒殺,一貫致一,哀樂禍福

學術中

楊朱之政治學説,形而上者謂之道、形而下者謂之器義,人生始生曰魄、既生魄、陽曰魂解,讀崔東璧遺書,漢儒術盛衰上、下,名他人之學,申公,讀論衡,思鄉原,焚書上、下

學術下

儒術之興》上、中、下

文字

史通點煩篇補，詩注

宗教

易抱龜南面，三兆三易，日者龜策列傳，神嗜飲食，竇公，大人見臨洮，淮南王書無中篇，讀抱樸子上、中、下，原神仙家，巫能視鬼，禁巫祠道中，賽本作塞，論漢人行序之說，圖讖（一至七），讀洞冥記，金人，輪廻，沙門致敬人主，沙門與政，梁武帝廢郊廟牲牷，僧徒爲亂，淫祀，黃老君，於吉神書，太平道五斗米道

葬埋

墳墓，桐棺三寸非禹制，墓祭，死於兵者不入兆域，厚葬，殉葬，不朽（《漢書·劉盆子傳》），東沃沮之葬，北邙

醫學

減食致壽，絕菜患腫，脉法，手術，瞽者審於音聲，父子相似，醫療貴人有四難

四裔上

吐蕃緣起，唐代吐蕃兵力，女國，西山八國，滑國考，徐福，偶夷即倭夷，唐代市舶，越之姓，幽都，畜蠱，拓跋氏先世考，肖望之對待匈奴之議論，使臣圖自利，西王母，北狄嗜利（輔弼勸遼興宗不用兵），九姓，秦韓，蒿離，大宗停薛延陀婚，周人畏突厥之甚，突厥渠帥凡五，四鎮，新羅擊走海寇，賨叟駱蜀，官南方者之貪，晉初東夷種落之多，卑彌乎，頭曼城，趙陀年壽，西夜子合，拓跋氏之虐，突厥之先，倭人國，匈奴官制，匈奴風俗，拓跋氏先世上下，鬼方考，山戎考

四裔中

鮮卑，宇文氏先世，辮髮，柔然，丁零，丁零居地，突厥與蒙古同祖，丁零宗教，突厥之兵，奚，康里，回文，契丹農業，契丹文字，契丹文學，突厥契丹宗教類烏桓，度斤、鬱督軍、都尉鞬、烏德鞬，蠻夷滑夏由傳漢人文化，山戎考，赤狄白狄，長狄考，匈奴龍庭，朝鮮東徙之迹，辰國，江漢常武，匈奴爲夏后氏苗裔，

越之姓

四裔下

　　唐宋以前之中日交涉,夜郎侯見殺,頭曼北遷及渡河南之年,優留單於非真單于,金代制匈奴,五胡次序無汝羌名,苻洪因讖改姓之誣,慕容拓跋,發、北發,淫洛諸戎,古匈奴居地,周伐獫狁爲東遷后事,作《洪範》之年,中山

服飾

官室

風俗

道德

　　處亂之道,勇以毅爲貴

宗族

　　漢人多從母姓,禁以异姓爲后

婦女

　　農業始於女子,唯女子與小人爲難養,女稱君亦稱君子。漢時男女交際之廢,交趾嫁娶之俗,烏丸俗從婦人計,漢時婚嫁之年,出妻改嫁上下,漢尚主之法,妻死不娶,王莽妃匹無二,漢世妾稱,取女不專爲淫欲(即取女閉之),適庶之別,漢世婚姻多出自願

倫理

　　孝子,五倫,救父殺夫助夫殺父,孟施舍似曾子北宫黝似子夏,君子有勇而無義爲亂小人有勇而無義爲盜,父爲子隱子爲父隱,竭力,往者不悔來者不預,子强,忠欲,辭色,知力,朋友之道

地理

　　地圖,五嶽,地平綫,歸虛,弱水黑水,南交,大九州考

紀年

生日,歷日,古人不重生日,古人周歲增年

史學

論晋書(一至七),路史,大史公書採戰國策,空籍五歲,本紀世家皆史記前已有,史記於衆所習知之事皆弗論,春秋史記皆史籍通稱,記府,唐以前無斷代史,六經皆史之蔽,崔浩魏記,吳均齊春秋,江淹齊史,沈約宋書

考古

未分類

神異經,博物志,拾遺記,述異記